Internationale Standardlehrbücher der Wirtschafts- und Sozialwissenschaften

Herausgegeben von Universitätsprofessor Dr. Lutz Kruschwitz

Bisher erschienene Werke:

Bagozzi u. a., Marketing Management
Bergstrom · Varian, Trainingsbuch zu Varian, Grundzüge der Mikroökonomik, 5. A.
Blasius, Korrespondenzanalyse
Büning · Naeve · Trenkler · Waldmann, Mathematik für Ökonomen im Hauptstudium
Dixit · Norman, Außenhandelstheorie, 4. A.
Dornbusch · Fischer, Makroökonomik, 6. A.
Ethier, Moderne Außenwirtschaftstheorie, 4. A.
Gordon, Makroökonomik, 4. A.
Granvogl · Perridon, Sozioökonomie
Heike · Târcolea, Grundlagen der Statistik und Wahrscheinlichkeitsrechnung
Hillier · Lieberman, Einführung in Operations Research, 5. A.
Horngren · Foster · Datar, Kostenrechnung, 9. A.
Hull, Einführung in Futures- und Optionsmärkte, 3. Auflage
Johnson, Kundenorientierung und Markthandlung
Kneis, Mathematik für Wirtschaftswissenschaftler
Kruschwitz, Finanzierung und Investition, 2. A.
Kruschwitz, Investitionsrechnung, 8. A.
Mehler-Bicher, Mathematik für Wirtschaftswissenschaftler
Meissner, Strategisches Internationales Marketing, 2. A.
Pindyck · Rubinfeld, Mikroökonomie, 4. A.
Sargent, Makroökonomik
Schäfer · Kruschwitz · Schwake, Studienbuch Finanzierung und Investition, 2. A.
Sloman, Mikroökonomie, 3. A.
Smith, Einführung in die Volkswirtschaftslehre, 2. A.
Stiglitz, Volkswirtschaftslehre, 2. A.
Stiglitz · Schönfelder, Finanzwissenschaft, 2. A.
Varian, Grundzüge der Mikroökonomik, 5. A.
Zäpfel, Grundzüge des Produktions- und Logistikmanagement, 2. A.
Zäpfel, Strategisches Produktions-Management, 2. A.
Zäpfel, Taktisches Produktions-Management, 2. A.
Zwer, Internationale Wirtschafts- und Sozialstatistik, 2. A.

Korrespondenz-analyse

Von
Privatdozent
Dr. Jörg Blasius

R. Oldenbourg Verlag München Wien

Die Deutsche Bibliothek - CIP-Einheitsaufnahme

Blasius, Jörg:
Korrespondenzanalyse / von Jörg Blasius. – München ; Wien :
Oldenbourg, 2001
(Internationale Standardlehrbücher der Wirtschafts- und
Sozialwissenschaften)
ISBN 3-486-25730-7

Rosenheimer Straße 145, D-81671 München
Telefon: (089) 45051-0
www.oldenbourg-verlag.de

Gedruckt auf säure- und chlorfreiem Papier
Gesamtherstellung: Druckhaus „Thomas Müntzer" GmbH, Bad Langensalza

ISBN 3-486-25730-7

Vorwort

Seit einigen Jahren wird in den Sozialwissenschaften ein neues multivariates Auswertungsverfahren diskutiert, die Korrespondenzanalyse. Bei dieser Technik handelt es sich um ein exploratives Verfahren zur grafischen und numerischen Darstellung von Zeilen und Spalten beliebiger Kontingenztabellen. Die Korrespondenzanalyse kann als Hauptkomponentenanalyse mit kategorialen Daten verstanden werden; beiden Verfahren ist gemeinsam, daß mit Hilfe eines Satzes von Variablen Faktoren berechnet werden, mit denen ein Raum aufgespannt wird. Diese Faktoren werden als latente Variablen interpretiert, deren Korrelationen mit den manifesten Variablen bzw. Variablenausprägungen als Faktorladungen bezeichnet werden. Der wichtigste Vorteil der Korrespondenzanalyse gegenüber der Hauptkomponentenanalyse ist, daß als Eingabedaten kategoriale Variablen verwendet werden können - und in der sozialwissenschaftlichen Umfrageforschung sind nahezu alle Variablen kategorial.

Die Korrespondenzanalyse wurde in Frankreich bereits in den frühen sechziger Jahren unter der Leitung von Jean-Paul Benzécri entwickelt. Seit etwa 20 Jahren ist sie dort das am häufigsten eingesetzte sozialwissenschaftliche Analyseverfahren. Die wohl bekanntesten Anwendungen dieses Verfahrens stammen von dem französischen Soziologen Pierre Bourdieu, dessen Arbeiten in viele Sprachen übersetzt wurden, so z. B. "Die feinen Unterschiede", die 1982 bei Suhrkamp erschienen.

Außerhalb Frankreichs begann die Diskussion des Verfahrens erst mit den beiden 1984 erschienenen englischsprachigen Lehrbüchern von Lebart u. a. und von Greenacre. Sowohl Pierre Bourdieu als auch Ludovic Lebart und Michael Greenacre hatten engen Kontakt zu der Arbeitsgruppe von Benzécri. Nachdem die internationale Diskussion anfangs ausschließlich in den statistischen Zeitschriften geführt wurde, gibt es inzwischen auch eine zunehmende Anzahl von Anwendungen aus dem sozialwissenschaftlichen Bereich. Aufgrund der vielfältigen Anwendungsmöglichkeiten der Korrespondenzanalyse und aufgrund der Möglichkeit der Verwendung von kategorialen Daten dürfte das Verfahren insbesondere bei der Auswertung von Umfragedaten in den nächsten Jahren einen hohen Stellenwert bekommen.

Danken möchte ich insbesondere Walter Kristof (Universität Hamburg), der mich als

Student an die Korrespondenzanalyse herangeführt hat und an den ich mich auch nach meinem Weggang aus Hamburg mit Fragen aus dem Bereich der Statistik wenden konnte; Jürgen Friedrichs (Universität zu Köln), der mich immer wieder ermahnt hat, die sozialwissenschaftlichen Anwendungen nicht zu vergessen; Wolfgang Jagodzinski (Universität zu Köln), der mich auf einige Ungenauigkeiten in einer früheren Version des Buches aufmerksam machte; sowie Michael Greenacre (Universitat Pompeu Fabra, Barcelona), mit dem ich in vielen Tagen und Nächten unendlich viele Diskussionen über Statistik im allgemeinen und über die Korrespondenzanalyse im besonderen geführt habe. Danken möchte ich auch den zahlreichen Studenten aus dem In- und Ausland die mich mit Fragen und Anmerkungen dazu gebracht haben, das Konzept dieses Buches zu verbessern. Ein ganz besonderer Dank gehört auch Dorothee Feldkamp, Stefan Schiel und Danijel Višević, die für mich einen großen Teil der in diesem Buch verwendeten Grafiken angefertigt haben, sowie Friederika Priemer (Köln) und Meherangis Bürkle (Darmstadt), die diese Arbeit Korrektur gelesen haben.

Jörg Blasius

Inhalt

1. Einleitung

1.1 Auswertung von Daten

Daten gibt es in nahezu allen Bereichen des Lebens. Sei es in der Biologie, wo Tiere und Pflanzen anhand von Charakteristika klassifiziert werden, sei es in der Medizin, wo Medikamente auf ihre Wirksamkeit hin getestet werden, sei es in der Meteorologie, um das Wetter vorherzusagen, und sei es in den Sozial- und Wirtschaftswissenschaften, wo z. B. *Umfragedaten* ausgewertet werden. Mit Umfragedaten wird u. a. ermittelt, welchen Familienstand Personen haben, welche Politiker sie schätzen und welche sie nicht schätzen, welche Konsumgewohnheiten Personen haben und wie ihre Einstellungen zu den unterschiedlichsten Bereichen der Gesellschaft sind, sei es die Einstellung zur Todesstrafe oder die zur wirtschaftlichen Entwicklung des Landes bzw. des eigenen Haushaltes. Die Auswertung der mit Hilfe von Interviews erhobenen Daten erfolgt meistens nicht nur in der Angabe der Randverteilungen der einzelnen Variablen, sondern auch bi- und multivariat.

Ein Beispiel für eine bivariate Analyse ist die Frage nach dem Zusammenhang von Familienstand und den bevorzugten Politikern, z. B. ist Bundeskanzler Schröder bei den Ledigen überdurchschnittlich beliebt oder nicht? Der Zusammenhang von unterschiedlichen Konsumgewohnheiten in Abhängigkeit vom Familienstand, vom Geschlecht und von der Bildung ist als multivariate Fragestellung zu behandeln. Auswertungen von Umfragedaten, mit denen z. B. die oben genannten Fragen beantwortet werden können, stehen im Mittelpunkt dieses Buches, die Beispiele kommen überwiegend aus dem Bereich der Umfrageforschung. Dennoch können die vorgestellten Techniken auch problemlos auf andere Disziplinen übertragen werden, bei denen die Datenstrukturen ähnlich sind.

Daten können nominal skaliert sein, d. h. die Ausprägungen der Variablen sind qualitativer Art; sie können zwar verglichen werden, aber es gibt auf der univariaten Ebene keine quantitativen Vergleiche zwischen den Ausprägungen. Beispiele für nominale Daten sind der Familienstand, die Konfessionszugehörigkeit und die bevorzugte politische Partei. Diesen Variablen ist gemeinsam, daß die Ausprägungen nicht in eine Rangfolge gebracht werden können - ein Katholik kann nicht zu drei Viertel Protestant und auch nicht zu einem Drittel konfessionslos sein. Beim Familienstand kann eine Person nicht "etwas verheiratet" und "etwas ledig" sein - entweder eine Person ist verheiratet oder sie ist ledig (oder sie gehört zu einer anderen Gruppe von Personen).

Sind die Daten ordinal skaliert, so gibt es innerhalb der einzelnen Variablen zwar eine Rangreihe der Ausprägungen, aber die Abstände sind unterschiedlich. Ein Beispiel für ordinale skalierte Daten sind Noten: Noten haben als Rangreihe z. B. die Werte von "Eins" bis "Fünf", bei der "Eins" besser als "Zwei" und "Vier" besser als "Fünf" ist - die Abstände zwischen jeweils zwei Noten sind aber lediglich numerisch identisch. Der Abstand von der "Eins" zur "Zwei" ist zwar ebenso gleich "eins" wie der zwischen "Vier" und "Fünf" - als Noten eines Kurses hat die Differenz "eins" in beiden Fällen jedoch eine unterschiedliche Bedeutung.

Ein anderes Beispiel für ordinale Daten sind "*Fünf-Punkt-Skalen*", also Items, die z. B. mit Hilfe einer Skala von "stimme vollkommen zu" über "stimme weder zu noch lehne ab" bis "lehne vollkommen ab" abgefragt werden. Bei derartigen Items ist die Bedeutung der mittleren Kategorie nicht eindeutig - der eine mag die Frage genau verstehen und hat sich mit ihrem Inhalt lange und intensiv beschäftigt und kommt daher zu der Einsicht, daß er der Aussage "weder zustimmen" noch sie "ablehnen" kann, der andere hat sich mit dieser Frage noch gar nicht beschäftigt, möchte aber aus irgendwelchen Gründen (z. B. aus Gründen der sozialen Erwünschtheit) nicht zugeben, daß er dazu keine Meinung hat und antwortet daher einfach mit "stimme weder zu noch lehne ab" (vgl. Converse 1964, 1970, Coombs und Coombs 1976, Thiessen und Blasius 1998, Blasius und Thiessen 2000). Die mittlere Kategorie ist im ersten Fall als "echte Mitte" zu interpretieren, im zweiten jedoch als versteckte Antwortverweigerung, d. h. sie symbolisiert nicht mehr - oder nur noch per Zufall - eine "ausgewogene Einstellung" zwischen "stimme eher zu" und "lehne eher ab". Ordinale und nominale Daten werden oft als "*kategorial*" zusammengefaßt - eine Klassifikation, der wir uns anschließen.

Im Gegensatz zu kategorialen Daten stehen die metrisch (kontinuierlich) skalierten Fragen. Diesen Variablen ist gemeinsam, daß alle Ausprägungen zwischen dem Minimum und dem Maximum der Skala als Meßwerte zugelassen sind. Als Beispiele für kontinuierlich skalierte Merkmale können aus dem Bereich der Umfrageforschung die Variablen "Einkommen" und "Alter" genannt werden. Rein theoretisch können beide Merkmale beliebig genau erhoben werden, jeder Meßwert innerhalb des Ranges der Skala ist zulässig: Beim Einkommen kann der pfenniggenaue Betrag ermittelt, das Alter kann auf den Tag genau erfragt werden. Aber auch bei diesen beiden Variablen gibt es Interpretationsprobleme bezüglich des Abstandes zwischen den manifesten Ausprägungen: Ist der Unterschied zwischen einem Einkommen von DM 2.000,- und DM 3.000,- derselbe wie der zwischen DM 12.000,- und DM 13.000,- und gibt es nicht auch beim Alter Sprünge jenseits der Zeitschiene, z. B. von 17 Jahre und 364 Tage auf 18 Jahre? Die Differenz beträgt zwar nur einen Tag, aber sie entscheidet z. B. ob eine Person wahlberechtigt ist oder nicht. Während beim Einkommen oft eine logarithmische Skala verwendet wird, um das Niveau des Einkommens zu berücksichtigen, wird das Alter häufig in Gruppen zusammengefaßt (z. B. 15 bis 17 Jahre, 18 bis 20 Jahre, ...) und als kategoriales Merkmal in der bi- und multivariaten Datenanalyse verwendet.

Wird die Vielzahl der Variablen betrachtet, die in der Umfrageforschung erhoben werden, so ist festzustellen, daß die überwiegende Mehrzahl kategorial skaliert ist; de Leeuw (1998: 4) ist sogar der Meinung, daß (Hervorhebungen von de Leeuw):

"*All Data are Categorical*".

Obwohl diese Aussage provozierend ist - und auch de Leeuw (1998: 4) schränkt sein Statement ein, indem er den Zusatz macht: "although perhaps some data are more categorical than others" -, bleibt festzuhalten, daß die meisten Variablen aus der Umfrageforschung kategorial skaliert sind. Gesucht ist somit eine Technik, mit der z. B. eine multivariate Analyse des Zusammenhanges zwischen Lebensstilmerkmalen, dem Familienstand, der bevorzugten politischen Partei und der Konfessionszugehörigkeit durchgeführt werden kann.

Das wohl bekannteste Verfahren zur Beschreibung von Zusammenhängen zwischen kategorial skalierten Variablen ist der Chi-Quadrat-Test. Aufbauend auf dieser Technik wurden u. a. die loglinearen Modelle und die Korrespondenzanalyse entwickelt. Während die Anzahl der Variablen(ausprägungen) bei den loglinearen Modellen relativ eng begrenzt ist - selten werden mehr als fünf Variablen verwendet und diese haben zudem nur eine geringe Anzahl von Ausprägungen (selten mehr als fünf) - ist die Anzahl der Variablen bei der Korrespondenzanalyse nahezu unbegrenzt.

1.2 Einordnung der Korrespondenzanalyse in die Verfahren der multivariaten Datenanalyse

Werden die Verfahren der multivariaten Datenanalyse in der Übersicht betrachtet, so wird zum einen zwischen kategorial und kontinuierlich skalierten Daten unterschieden, zum anderen zwischen latenten und manifesten Variablen. Werden diese beiden Differenzierungsmöglichkeiten auf die abhängige(n) Variable(n) (die zu erklärenden Variablen) bezogen, so können vier Fälle unterschieden werden (vgl. Abbildung 1.1):

1. die abhängige Variable ist kontinuierlich skaliert und wird manifest gemessen
2. die abhängige Variable ist kategorial skaliert und wird manifest gemessen
3. die abhängige Variable ist kategorial skaliert und wird latent gemessen
4. die abhängige Variable ist kontinuierlich skaliert und wird latent gemessen

Abbildung 1.1: Multivariate Analyseverfahren im Überblick

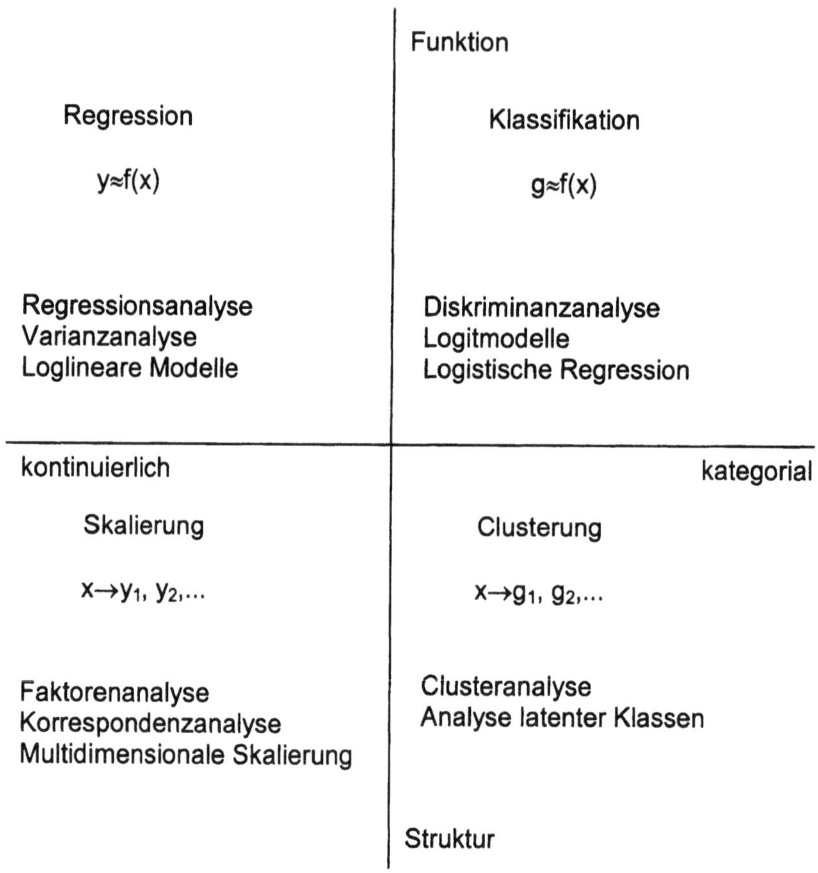

Zum ersten Fall gehört die *lineare Regression*: Die abhängige Variable ist kontinuierlich skaliert und wird mit Hilfe einer Linearkombination von manifesten Variablen beschrieben, die entweder metrisch oder dichotom erhoben werden. Sind die unabhängigen Merkmale kategorial skaliert, so kann die Varianz der abhängigen Variable mit Hilfe eines *Mittelwertdifferenzentests* (*Varianzanalyse*) erklärt werden. Diese beiden Techniken können als Regressionsansätze bezeichnet werden. In die gleiche Gruppe von Verfahren können auch die *loglinearen Modelle* eingeordnet werden (zum Verfahren: Agresti 1990, Hagenaars 1990, Andreß u. a. 1997, Vermunt 1997). Die zu beschreibenden Variablen sind in diesem Fall die Zellenhäufigkeiten, die erklärenden Merkmale sind die Haupt- und Interaktionseffekte der zugrundeliegenden Kreuzzähltabelle (vgl. auch Kapitel 6).

Zu den Klassifikationsverfahren gehören u. a. die *logistische Regression*, die *Logitmo-*

delle und die *Diskriminanzanalyse*. Bei diesen Verfahren soll mit Hilfe eines Satzes von Variablen entschieden werden, zu welcher Gruppe von Personen ein Element der Stichprobe gehört. Im Fall der beiden zuerst genannten Techniken kann die abhängige Variable z. B. die Wahlabsicht bei der nächsten Bundestagswahl sein (mit den beiden Merkmalen "werde zur Wahl gehen" und "werde nicht zur Wahl gehen"), erklärende Merkmale können unterschiedliche politische Einstellungen, das Geschlecht des Befragten und seine Bildung sein (vgl. z. B. Kühnel 1993, Andreß u. a. 1997). Werden die erklärenden Merkmale als kategoriale Variablen in die Analyse eingebracht, so wird von Logitmodellen gesprochen, werden die erklärenden Merkmale als kontinuierlich skalierte Variablen in die Analyse eingebracht, von logistischer Regression (zu den Ähnlichkeiten beider Verfahren, siehe Vermunt 1997, S. 34).

Während bei den Regressions- und Klassifikationsverfahren die abhängigen (die zu beschreibenden) Variablen manifest sind, stehen bei den Cluster- und Skalierungsverfahren latente Variablen im Mittelpunkt der Analyse. Bei den Clusterverfahren gibt es eine Anzahl von distinkten Klassen, die mit Hilfe eines Satzes von Variablen gefunden werden (zu den Verfahren, Bacher 1994). Erfolgt die Clusterung über die einzelnen Objekte (dies sind in der Umfrageforschung in der Regel die Befragten), so kann jedes Objekt aus der Stichprobe exakt einem Cluster zugeordnet werden. Die *Clusteranalyse* wird relativ oft in der Lebensstilforschung verwendet (z. B. Becker und Nowak 1982, Lüdtke 1989, 1994, Giegler 1994), die distinkten Cluster erhalten auf der Basis der sie definierenden manifesten Variablen dann Namen wie "alternative Asketen", "konservative ältere Kleinbürger" und "junge Fast-Food-Männer" (Giegler 1994, S. 262, 264). Als Spezialfall der Clusteranalyse kann die *Analyse latenter Klassen* angesehen werden (zum Verfahren: McCutcheon 1987, Andreß u. a. 1997); die unabhängigen Variablen sind kategorial skaliert und die einzelnen Ausprägungen der manifesten Variablen werden a priori den einzelnen Clustern zugeordnet.

Zu den Skalierungsverfahren zählen u. a. die *multidimensionale Skalierung*, die *Hauptkomponenten-* und die *Faktorenanalyse* sowie die *Korrespondenzanalyse*. Während bei der multidimensionalen Skalierung als Eingabedaten Paarvergleiche oder andere Ähnlichkeitsmerkmale (Koeffizienten wie der Phi-Koeffizient, der Produkt-Moment-Korrelationskoeffizient oder der Gini-Index) verwendet werden (vgl. ausführlich Blau und Duncan 1967, Borg und Lingoes 1987, Borg und Groenen 1997), sind es bei der Hauptkomponenten- und bei der Faktorenanalyse metrische Daten (zu diesen beiden Verfahren siehe auch Kapitel 3, sowie ausführlich Arminger 1979, Kim und Mueller 1979). Bei der multidimensionalen Skalierung steht die Visualisierung der Ähnlichkeiten (Unähnlichkeiten) der verwendeten Variablen(ausprägungen) in einem (meistens) zweidimensionalen Raum im Mittelpunkt des Interesses, bei der Hauptkomponenten- und Faktorenanalyse ist es die numerische Zuordnung der manifesten Variablen zu den latenten (die Korrelationen zwischen latenten und manifesten Variablen werden als *Faktorladungen* bezeichnet). Während bei der Clusteranalyse jedes Objekt genau einem Cluster zugeordnet wird, hat bei der Hauptkomponenten- und bei der Faktorenanalyse jedes Objekt auf jeder Dimension (auf jedem Faktor, auf jeder latenten Variable) einen Wert (den sogenannten *Faktorwert*).

Die *Korrespondenzanalyse* ist ein *exploratives Verfahren* zur grafischen und numerischen Darstellung von Zeilen und Spalten beliebiger Kontingenztabellen. Ähnlich wie bei der multidimensionalen Skalierung gibt es bei diesem Verfahren eine Distanzinterpretation zwischen den Variablen(ausprägungen) - und ebenso eine zwischen den Objekten. Des weiteren gibt es bei der Korrespondenzanalyse eine Zuordnung von Variablen(ausprägungen) zu den einzelnen Faktoren (latenten Variablen), wie sie bei der Interpretation der Hauptkomponentenanalyse üblich ist - und ebenso wie bei der Hauptkomponentenanalyse können die Faktorwerte der Objekte und die Variablen(ausprägungen) auf den einzelnen Dimensionen berechnet werden. Während bei der Hauptkomponentenanalyse die Interpretation der Koeffizienten im Vordergrund der Analysen steht und die grafische Darstellung der Variablen bzw. der Objekte nur selten erfolgt, ist diese bei der Korrespondenzanalyse zentral. Da die manifesten Variablen der Korrespondenzanalyse kategorial skaliert sind, wird die Korrespondenzanalyse auch als Hauptkomponentenanalyse mit kategorialen Daten bezeichnet (z. B. Benzécri et col. 1973, Greenacre 1984, Le Roux und Rouanet 1998).

Die Ursprünge der Korrespondenzanalyse können auf Hirschfeld (1935) zurückgeführt werden, der als erster eine algebraische Formulierung für die Korrelation zwischen den Spalten und Zeilen einer Kontingenztabelle gab. Etwas später entwickelte Guttman (1941, 1950) eine Methode zur Konstruktion von Skalen für kategoriale Daten, wobei er die Theorie auf mehr als nur zwei kategorial skalierte Variablen erweiterte. In den fünfziger Jahren entwickelte Hayashi (1950, 1952, 1954) mit der "*quantification of qualitative data*" ebenfalls eine Skalierungsmethode, die ähnlich der von Guttman vorgeschlagenen ist.

Als wichtige parallele Entwicklungen zur Korrespondenzanalyse sind die *optimale* und *duale Skalierung* (Nishisato 1978, 1980, 1994, 1996) sowie die *Homogenitätsanalyse* (de Leeuw 1984, Gifi 1990, Heiser und Meulman 1994) zu nennen. Obwohl die Algorithmen unterschiedlich sind, führen die Verfahren zu den gleichen numerischen Ergebnissen. Während bei der Homogenitätsanalyse die numerische Interpretation der Ergebnisse im Mittelpunkt des Interesses steht, ist bei der Korrespondenzanalyse die geometrische Darstellung zentral. Diese geometrische Interpretation ist das, was als typisch für die "französische Schule" dieser Technik bezeichnet werden kann; statt mit Hilfe von numerischen Werten werden komplexe Zusammenhänge mit Hilfe einer grafischen Darstellung beschrieben. Die Korrespondenzanalyse ist der zentrale Bestandteil der *Analyse des Données* (Benzécri et col. 1973, Benzécri 1982, Rouanet und Le Roux 1993), die im Englischen als *Geometric Data Analysis* bezeichnet wird (Le Roux und Rouanet 1998), im Deutschen kann von *geometrischer Datenanalyse* gesprochen werden.

1.3 Sozialwissenschaftliche Probleme

Bei der Korrespondenzanalyse können verschiedene Arten der Anwendung unterschieden werden. Die einfachste Möglichkeit ist die Analyse einer Kontingenztabelle, die aus zwei Variablen besteht. Des weiteren können *zusammengesetzte Kontingenztabellen* untersucht werden, d. h. Tabellen, bei denen eine Spaltenvariable mit einer beliebigen Anzahl von Zeilenvariablen kreuztabelliert wird; die Häufigkeiten dieser Tabellen werden untereinandergeschrieben und die resultierende Tabelle wird analysiert. Bei der *multiplen Korrespondenzanalyse* wird der Effekt von jeder Variablen auf jede andere Variable berücksichtigt. Dieser Fall ist der Hauptkomponentenanalyse am ähnlichsten, in beiden Fällen werden alle Interaktionen erster Ordnung der beteiligten Variablen berücksichtigt.

Ein Beispiel für die Anwendung einer Korrespondenzanalyse mit nur zwei Variablen ist die Beschreibung der Kontingenztabelle "wichtigste Freizeitbeschäftigung" versus "Berufsposition". Das Ergebnis ist u. a. eine grafische Darstellung, aus der ersichtlich wird, von welchen Berufsgruppen welche Freizeitaktivitäten überdurchschnittlich oft bzw. relativ selten ausgeübt werden. Dabei wird ersichtlich, welche Aktivitäten in den jeweiligen Berufsgruppen überdurchschnittlich oft (relativ selten) ausgeübt werden, d. h. welche Freizeitaktivitäten für eine Berufsgruppe typisch (atypisch) sind. Das Verfahren impliziert keine Richtung der Abhängigkeit; wenn dennoch eine angegeben wird, so ist sie als Bestandteil der sozialwissenschaftlichen Interpretation der Ergebnisse zu verstehen. Ein anderes Beispiel für die Anwendung der Korrespondenzanalyse auf zwei Variablen ist die Beschreibung von quadratischen Tabellen wie sie z. B. in den Sozialwissenschaften bei Mobilitäts- und Netzwerkanalysen vorliegen.

Bei der Korrespondenzanalyse auf eine zusammengesetzte Tabelle gibt es eine "*zu beschreibende*" Variable und mehrere "*beschreibende*" Variablen. Bei Verwendung der Begriffe "beschreibende" und "zu beschreibende" Variable(n) wird bewußt auf die Ausdrücke "abhängig" und "unabhängig" verzichtet - in der Korrespondenzanalyse werden üblicherweise keine kausalen Abhängigkeiten formuliert, wie dies z. B. in der konfirmatorischen Faktorenanalyse der Fall ist. Soll zwischen abhängigen und unabhängigen Variablen unterschieden werden, so kann auf die von Lauro und anderen entwickelte *nicht-symmetrische Korrespondenzanalyse* zurückgegriffen werden (Lauro und D'Ambra 1984, D'Ambra und Lauro 1989, Lauro und Siciliano 1989, Balbi 1994, 1998) - ein Verfahren, welches bis dato hauptsächlich in Italien diskutiert und angewendet wird.

Die wohl am häufigsten zitierte sozialwissenschaftliche Anwendung der Korrespondenzanalyse auf eine zusammengesetzte Tabelle gibt Bourdieu (1982 [1979]) mit seinem Buch "Die feinen Unterschiede". Ausgangspunkt dieser Arbeit ist die Beschreibung von unterschiedlichen Klassenfraktionen (operationalisiert über die Berufspositionen) innerhalb der "herrschenden", der "mittleren" und der "unteren Klassen". Dabei ordnet Bourdieu den einzelnen Berufspositionen (innerhalb seiner "herrschenden Klassen" z. B. den "Künstlern und Kunstproduzenten" sowie den "Hochschullehrern") eine Vielzahl von unterschiedlichen Lebensstilmerkmalen (u. a. "Möbelkauf im Kaufhaus" und "Servieren von Speisen für Gäste: exotisch") und weitere soziodemografische Merkmale zu (z. B. "Beruf des Vaters: Selbständig"). Ein Teil dieser "beschreibenden" Variablen wäre im klassischen Sinn als "abhängig" zu bezeichnen, z. B. der Möbelkauf im Kaufhaus, die Berufspositionen wäre die "unabhängige Variable". Bezogen auf den "Beruf des Vaters" wäre die "Berufsposition" jedoch das abhängige Merkmal. Entsprechend dem Modell der Korrespondenzanalyse - und entsprechend der Theorie von Bourdieu - ist die Berufsposition die "zu beschreibende" Variable (oder das Spaltenmerkmal), die soziodemografischen Merkmale und die Lebensstile sind die "beschreibenden Variablen" (die Zeilenmerkmale). Die latenten Variablen, die Dimensionen des "sozialen Raums", interpretiert Bourdieu (1982) u. a. als "kulturelles Kapital" und "ökonomisches Kapital" (vgl. auch Abschnitt 9.1).

Analog zur Clusteranalyse können die Variablen in aktive und passive unterschieden werden. Während mit Hilfe der *aktiven Variablen* (oder Variablenausprägungen) der Projektionsraum aufgespannt wird, werden die *passiven Merkmale* erst nachträglich in diesen hineinprojiziert, sie haben keinen Einfluß auf die geometrische Ausrichtung der Achsen. Bourdieu (1982) verwendet passive Variablen, um die soziodemografischen Charakteristika seiner Klassenfraktionen in den "sozialen Raum" zu integrieren.

Ein anderes Beispiel kann aus der Marktforschung übernommen werden: Eine Reihe von Produkten (z. B. diverse Automarken) und soziale Merkmale von Konsumenten sollen einander zugeordnet werden. Eine sehr übersichtliche und relativ leicht zu interpretierende Form der Zuordnung ist eine grafische Darstellung, in dem die unterschiedlichen Gruppen von Käufern, (z. B. Männer und Frauen, Junge und Alte sowie Rentner, Studenten, leitende Angestellte, Facharbeiter, ...) zu den für sie spezifischen Produkten in Beziehung gesetzt werden, z. B. zu ihren präferierten Automarken. Mit Hilfe der grafischen (und numerischen) Darstellung kann dann gezeigt werden, welche (potentiellen) Käufergruppen mit welchen Produkten in Verbindung gebracht werden können. Derartige Informationen werden benötigt, um z. B. gruppenspezifische Werbung machen zu können - wobei wiederum mit Hilfe der Korrespondenzanalyse untersucht werden kann, auf welche Art von Werbung welche potentielle Käufergruppe am besten anspricht.

Weitere sozialwissenschaftliche Themen gibt es im Bereich der Wahlforschung: Welches Profil haben die Wähler der unterschiedlichen Parteien? In welchen Bereichen unterscheiden sich deren Einstellungen? Welche Themen sind welchen Wählern wichtig und welche Erwartungen haben sie an die Politik (an den Bundeskanzler, ...)? Die hier zu beschreibende Variable könnte die Parteipräferenz sein, die beschreibenden Variablen ausgewählte Merkmale der Wähler wie z. B. höchster Bildungsabschluß, Einkommen, Einstellungen zu relevanten Themen wie gemeinsamer europäischer Markt und Umweltschutz.

In der multiplen Korrespondenzanalyse werden alle Variablen zueinander in Beziehung gesetzt - wie bei der Hauptkomponentenanalyse gibt es keine Unterscheidung in "beschreibende" und "zu beschreibende" Merkmale. In dem bereits angeführten Beispiel von Bourdieu (1982) sollten "Klassenfraktionen", operationalisiert mit Hilfe der Berufsposition, u. a. anhand von Lebensstilmerkmalen beschrieben werden. In der oben diskutierten Anwendung der Korrespondenzanalyse auf die zusammengesetzte Tabelle ist lediglich von Interesse, welcher Berufsgruppe (welchen Berufsgruppen) welche Lebensstilmerkmale zugeschrieben werden können - unberücksichtigt bleibt, welche Kombinationen von Lebensstilmerkmalen überdurchschnittlich oft und welche relativ selten vorkommen. Bei Anwendung der multiplen Korrespondenzanalyse steht die Frage der gemeinsamen Merkmale im Mittelpunkt des Interesses: Servieren die Leute, die den Antiquitätenhändler zum Möbelkauf aufsuchen, ihren Gästen überdurchschnittlich oft feine und erlesene Speisen und bevorzugen die Personen, die ihre Möbel im Möbelhaus kaufen, überdurchschnittlich oft eine gemütliche Wohnungseinrichtung? In dem hier gegebenen Beispiel werden die Variablen(ausprägungen) betrachtet und wie diese miteinander verbunden sind; die einzelnen Objekte (die einzelnen Befragten) sind selten von Interesse.

Wenn auf die Verortung der Objekte im Projektionsraum verzichtet wird, so lediglich aus inhaltlichen Gründen, in dem oben gegebenen Beispiel ist die Clusterung der Lebensstilmerkmale von Interesse; die Visualisierung von einzelnen Objekten im Darstellungsraum dürfte bei großen Stichproben auch generell wenig aufschlußreich sein. Anders ist die Situation bei kleinen Stichproben, bei denen die einzelnen Objekte bekannt sind - handelt es sich z. B. um bekannte Politiker oder bekannte Vertreter der Wirtschaft, so ist deren Position im Darstellungsraum von Interesse. In den Zeilen der zu analysierenden Kontingenztabelle stehen die Objekte (die Befragten, die Politiker, die Vertreter der Wirtschaft), in den Spalten die sie charakterisierenden Variablenausprägungen (ist das Merkmal vorhanden, so wird bei der jeweiligen Person eine "Eins" in die entsprechende Spalte eingetragen, sonst eine "Null"). Eine Korrespondenzanalyse auf eine derartige *Indikatormatrix* wird als multiple Korrespondenzanalyse bezeichnet. Als viel zitiertes Beispiel für eine derartige Analyse kann Bourdieus Homo Academicus (1988) angegeben werden. In diesem Buch beschreibt Bourdieu Pariser Hochschullehrer anhand einer Vielzahl von Indikatoren wie der Fakultätszugehörigkeit, der Universitätszugehörigkeit und der Anzahl der Kinder. Die Hochschullehrer, die bezogen auf die in der Analyse verwendeten Merkmale einander ähnlich sind (gleiche Kinderzahl, gleiche Fakultät, ...), befinden sich in der grafischen Darstellung in räumlicher Nähe, die Hochschullehrer, die einander unähnlich sind, sind räumlich separiert. Den so zusammengefaßten Hochschullehrern können die für sie typischen Merkmale (Fakultätszugehörigkeit, Kinderzahl, ...) zugeordnet werden.

Auf die gleiche Art, wie Bourdieu Pariser Hochschullehrer unterscheidet, könnten auch

Politiker anhand ihrer Einstellungen zu relevanten Themen unterschieden werden. Die benötigten Daten können den Darstellungen in den Medien entnommen werden und auf der Basis dieser Informationen können Profile abgebildet werden - unterscheiden sich z. B. die führenden Politiker hinsichtlich ihrer Einstellungen zu Kernkraftwerken bzw. zur Europäischen Union? Derartige Aussagen können sowohl bezogen auf einen Zeitpunkt als auch im Rahmen eines Paneldesign (z. B. mit Erhebungen ein Jahr vor der Wahl, kurz vor der Wahl, ein Jahr nach der Wahl) analysiert werden. Werden Paneldaten mit Hilfe der Korrespondenzanalyse beschrieben, so kann grafisch gezeigt werden, welcher Politiker in welchem Zeitraum bei welchem Thema seine Meinung von wo nach wo gewechselt hat. Anders als bei vielen anderen multivariaten Verfahren werden keine großen Fallzahlen benötigt, in dem Beispiel der Politiker können z. B. die Einstellungen (oder die Einstellungsänderungen) von zehn Personen beschrieben werden.

Da mit Hilfe der Korrespondenzanalyse beliebige Kontingenztabellen beschrieben werden können, kann die Fallzahl auch noch kleiner sein - Wolff und Gabler (1998) geben ein Beispiel mit der Fallzahl $n = 1$. Von dieser einen Person werden die Beschreibungen der eigenen Person, der Idealperson, des Vaters und der Mutter als Datenmaterial verwendet. In den vier Zeilen stehen die Angaben für die Personen, in den Spalten die Ausprägungen der Variablen (u. a. "friedlich" versus "konfliktsuchend"), die für alle vier Personen abgefragt wurden.

1.4 Zum Aufbau des Buches

Da die geometrische Interpretation der zentrale Bestandteil der Korrespondenzanalyse ist, steht diese Art der Interpretation von Ergebnissen auch im Mittelpunkt dieses Buches. Eine ausführliche Einführung in die Geometrie des Verfahrens auf der Basis einer Kontingenztabelle mit lediglich drei Zeilen und sechs Spalten wird im nachfolgenden Kapitel gegeben. Im Anschluß an die grafische Ableitung der Ergebnisse erfolgt im dritten Kapitel die numerische Herleitung auf der Basis der gleichen Daten. Im vierten Kapitel wird die Korrespondenzanalyse auf die Analyse von zusammengesetzten Tabellen erweitert, statt einer beschreibenden Variablen wird eine größere Anzahl von beschreibenden Variablen betrachtet. Im fünften Kapitel erfolgt die Einführung in die multiple Korrespondenzanalyse und es wird ausführlich beschrieben, wie die grafischen und numerischen Ergebnisse interpretiert werden können. Mit Hilfe der multiplen Korrespondenzanalyse werden jedoch "lediglich" die Interaktionseffekte erster Ordnung berücksichtigt, Interaktionseffekte höherer Ordnung, z. B. zwischen drei Variablen, gehen nicht in die Analyse ein. Diese Art von Effekten wird im sechsten Kapitel berücksichtigt, wenn mit der multi-way Korrespondenzanalyse mehrdimensionale Tabellen diskutiert werden. In diesen ersten Kapiteln werden sehr einfache Beispiele verwendet, bei denen die Ergebnisse sehr plausibel sind, eine inhaltliche Diskussion ist nicht erforderlich. Damit kann die Korrespondenzanalyse vorgestellt werden, ohne daß die Ergebnisse sozialwissenschaftlich interpretiert werden müssen, sie sind ersichtlich.

In den letzten drei Kapiteln werden spezielle Anwendungen diskutiert. Dabei stehen im siebten Kapitel quadratische Tabellen im Mittelpunkt der Analyse, bei denen die Spalten- und Zeilenausprägungen identisch sind. Beispiele hierfür sind Mobilitätstabellen, wo in den Zeilen der alte Wohnstandort (z. B. die Stadt oder die Gemeinde) und in den Spalten der neue Wohnstandort abgetragen wird; in der Konsumforschung kann in den Zeilen die bisherige Marke eines bestimmten Produktes (z. B. die Automarke), in den Spalten die Marke des Produktes beim Neukauf stehen. Diesen Tabellen ist gemeinsam, daß die Hauptdiagonale überdurchschnittlich stark besetzt ist, Personen bleiben beim Umzug überdurchschnittlich oft an ihrem Wohnstandort (z. B. der Stadt) bzw. beim Neukauf des Produktes bei ihrer alten Marke.

Im achten Kapitel wird die Analyse von Panel- und Trenddaten diskutiert. Im neunten Kapitel werden Anwendungen der Korrespondenzanalyse auf Daten und Datenstrukturen vorgestellt, die in den Sozial- und Wirtschaftswissenschaften vielfach vorkommen, so z. B. kleine Fallzahlen, ordinale Daten, Rangdaten und Multi-Response-Daten.

Um das Nachvollziehen der Ergebnisse zu erleichtern und um das Nachrechnen zu ermöglichen, wird in den Anwendungen der einfachen Korrespondenzanalyse die Matrix der Eingabedaten angegeben. In den Fällen, in denen die multiple Korrespondenzanalyse verwendet wird und wo aufgrund der Tabellengröße eine derartige Angabe nicht möglich ist, werden Datensätze verwendet, die vom Zentralarchiv für Empirische Sozialforschung für Zwecke der Sekundärdatenanalyse angefordert werden können. Seit dem Ende der achtziger Jahre/Beginn der neunziger Jahre gibt es eine Vielzahl von Programmen zur Korrespondenzanalyse, die eine menuegesteuerte Dateneingabe haben (z. B. SimCA von Michael Greenacre; Greenacre 1990a), Prozeduren zu diesem Verfahren sind zudem in allen großen Statistikpaketen enthalten, in SPSSX seit der Version 4.0 im Modul CATEGORIES (SPSS 1990).

2. Die Geometrie der Korrespondenzanalyse

Der zentrale Bestandteil der Korrespondenzanalyse ist die grafische Darstellung der Ergebnisse. Die Abbildungen, wie sie etwa von Bourdieu (1982, 1988) publiziert wurden, sehen relativ einfach zu interpretieren aus, aber es gibt eine Reihe von Bedingungen, die beachtet werden müssen. In einer Übersicht über die wichtigsten Regeln der Interpretation warnt Gabler (1993) vor Nichtbeachtung derselben und vor daraus resultierenden Fehlinterpretationen der grafischen Darstellung. Im Rahmen der nachfolgenden Einführung in die Geometrie des Verfahrens werden die Regeln der Interpretation nicht nur aufgeschrieben, sondern ausführlich hergeleitet. Anhand eines einfachen Beispiels werden die Ergebnisse der Korrespondenzanalyse grafisch abgeleitet und dabei wird ausführlich diskutiert, was in einer Abbildung interpretiert werden darf und was nicht.

2.1 Ein einführendes Beispiel

In der 1986 durchgeführten Allgemeinen Bevölkerungsumfrage (ALLBUS 1986)[1] wurden mehrere Fragen zur "kulturellen Kompetenz" gestellt, u.a. nach den Fähigkeiten "Hosen umzunähen", "Schach zu spielen" und nach "Popmusik zu tanzen". Als Antwortalternativen wurden jeweils drei Kategorien vorgegeben ("ja, kann ich", "ja, kann ich etwas", "nein, kann ich nicht"). Es dürfte ersichtlich sein, daß derartige "kulturelle Kompetenzen" einen Geschlechts- bzw. einen Alterseffekt enthalten: So kann auch ohne Kenntnis der Daten davon ausgegangen werden, daß wesentlich mehr Frauen als Männer sich die Fähigkeit zugeschrieben haben, daß sie "Hosen umnähen" können und daß jüngere Leute wesentlich häufiger als ältere angaben, "nach Popmusik tanzen" zu können.

---

1 Der Datensatz ist im Zentralarchiv für Empirische Sozialforschung unter der Studiennummer 1500 erhältlich.

Um den Alters- und den Geschlechtseffekt innerhalb einer Variablen zu verbinden - und um diese Effekte in den nachfolgenden Analysen wieder herausrechnen zu können -, wurde eine Variable mit insgesamt sechs Ausprägungen gebildet: Männer bis 39 Jahre, Männer zwischen 40 und 59 Jahren, Männer ab 60 Jahre, Frauen bis 39 Jahre, Frauen zwischen 40 und 59 Jahren sowie Frauen ab 60 Jahre. Diese Variable, deren Ausprägungen sowohl ein Alters- als auch ein Geschlechtsmerkmal haben, wurde als "beschreibende" gewählt - mit ihrer Hilfe soll u. a. untersucht werden, welche "kulturellen Kompetenzen" geschlechts- und welche altersspezifisch sind.

Für die Einführung in das geometrische Modell der Korrespondenzanalyse wird nur eine zu beschreibende Variable betrachtet: die "kulturelle Kompetenz" Hosen umzunähen. Diese Variable wird mit der oben gebildeten Variablen aus "Geschlecht" und "Altersgruppe" kreuztabelliert (Tabelle 2.1).

Tabelle 2.1: Kulturelle Kompetenz "Hosen umzunähen", absolute Werte

Hosen umnähen	Männer bis 39J.	Männer 40-59J.	Männer ab 60J.	Frauen bis 39J.	Frauen 40-59J.	Frauen ab 60J.	Summe
ja	167	109	91	637	500	406	1910
etwas	132	76	62	32	12	12	326
nein	308	291	165	23	10	11	808
Summe	607	476	318	692	522	429	3044

Entsprechend Tabelle 2.1 ist "Hosen umzunähen" - wie erwartet - eine geschlechtsspezifische Fähigkeit: So gaben 167 der Männer bis 39 Jahre, aber 637 der Frauen bis 39 Jahre an (von insgesamt 3044 Befragten, die diese Frage beantwortet haben und von denen das Alter und das Geschlecht bekannt waren), daß sie Hosen umnähen können. Bei den ab 60jährigen ist das Verhältnis mit 406 zu 91 zugunsten der Frauen ähnlich. Damit korrespondierend sagten 308 jüngere und 165 ältere Männer, daß sie nicht die Fähigkeit haben, Hosen umzunähen, von den jüngeren Frauen machten nur 23 und von den älteren Frauen nur 11 eine derartige Angabe.

2.2 Profile

Wären die Ergebnisse nicht derartig eindeutig, könnte anhand von Tabelle 2.1 die Aussage "Hosen umnähen *ist* eine geschlechtsspezifische Variable" nicht unmittelbar gemacht werden - die oben angegebenen Werte müßten ins Verhältnis zu den jeweiligen Randsummen, in diesem Fall also zu den Summen der befragten Männer und Frauen in den jeweiligen Altersgruppen, gesetzt werden (und es müßte ggf. ein Test auf Signifikanz gerechnet werden). Um diese für das spätere Verständnis der Korrespondenzanalyse sehr wichtigen Schritte nicht auszulassen, werden die Rohdaten der Kontingenztabelle zunächst ins Verhältnis zu den Randsummen der Variablen "Alter × Geschlecht" gesetzt (Tabelle 2.2). Mit dieser Prozentuierung werden die Spaltensummen auf den Wert Eins normiert; die Spalten können nun unabhängig von der Häufigkeit ihrer absoluten Nennungen miteinander verglichen werden. Die sechs Spalten der resultierenden Matrix werden als *Spaltenprofile* bezeichnet. So hat z. B. das Spaltenprofil der Variablenausprägung "Männer bis 39 Jahre" die Komponenten 0,2751 (aus: 167 / 607), 0,2175 und 0,5074.

Tabelle 2.2: Spaltenprofile der Variable "Alter × Geschlecht"

Hosen umnähen	Männer bis 39J.	Männer 40-59J.	Männer ab 60J.	Frauen bis 39J.	Frauen 40-59J.	Frauen ab 60J.	Durchschnitt
ja	0,2751	0,2290	0,2862	0,9205	0,9579	0,9464	0,6275
etwas	0,2175	0,1597	0,1950	0,0462	0,0230	0,0280	0,1071
nein	0,5074	0,6113	0,5189	0,0332	0,0192	0,0256	0,2654
Summe	1,0	1,0	1,0	1,0	1,0	1,0	1,0

Anhand von Tabelle 2.2 sind die geschlechtsspezifischen "Unterschiede" in der Fähigkeit "Hosen umzunähen" direkt abzulesen. So können von den unter 40jährigen Männern lediglich 27,5% "Hosen umnähen", von den gleichaltrigen Frauen sind es 92,1%. Ähnlich ist das Verhältnis bei den ab 60jährigen: Hier gaben 28,6% der Männer und 94,6% der Frauen an, daß sie diese Fähigkeit haben. Korrespondierend mit diesen deutlichen Differenzen sind die Anteile der verbleibenden zwei Ausprägungen dieser Variablen bei den Männern in den drei Altersgruppen deutlich höher als bei den Frauen; der Anteil der Männer, die Hosen nicht umnähen können, liegt zwischen 50,7% und 61,1%, bei den Frauen sind es lediglich zwischen 1,9% und 3,3%. Des weiteren wird aus Tabelle 2.2 ersichtlich, daß bei den drei Frauengruppen das Verhältnis von "Hosen umnähen: etwas" zu "Hosen umnähen: nein" auf sehr niedrigem Niveau nahezu ausgeglichen ist; der größte Unterschied besteht bei den Frauen bis 39 Jahre mit 4,6% zu 3,3%. Dementgegen gaben von den Männern in allen Altersgruppen wesentlich mehr an, daß sie Hosen *nicht* umnähen können, als daß sie diese Fähigkeit *etwas* besitzen - in der Gruppe der 40- bis 59jährigen ist das Verhältnis sogar nahezu eins zu vier (61,1% zu 16,0%).

Bezogen auf die Fähigkeit, Hosen umnähen zu können, gibt es zwischen den drei Gruppierungen der Männer nur geringe Unterschiede: Von den bis 39jährigen können es 27,5%, von den 40- bis 59jährigen sind es 22,9% und von den ab 60jährigen 28,6%. Ähnliches gilt für die drei Altersgruppen der Frauen: Hier ist das entsprechende Verhältnis 92,1% zu 95,8% zu 94,6%. Diese altersspezifischen Unterschiede sind noch geringfügiger, wenn Männer und Frauen zusammengefaßt werden. Aus diesen Ergebnissen kann abgeleitet werden, daß Männer und Frauen bezüglich der kulturellen Kompetenz "Hosen umzunähen" einander sehr verschieden sind; bezogen auf das Alter gibt es jedoch keine zu interpretierenden Unterschiede. Anders ausgedrückt: es gibt lediglich einen Geschlechts-, aber keinen Alterseffekt.

Ebenso wie die Profile der sechs Spaltenvariablen bestimmt werden können, kann für die Spalte der Zeilensummen ein Profil angegeben werden, das *durchschnittliche Spaltenprofil* oder *Durchschnittsspaltenprofil*. Hierfür werden die Randsummen der Zeilen ins Verhältnis zu der Gesamtsumme gesetzt, also 1910, 326 und 808 zu 3044; das resultierende durchschnittliche Spaltenprofil hat somit die Komponenten 0,6275, 0,1071 und 0,2654. Da dieses durchschnittliche Spaltenprofil die relativen Randsummen der Zeilen enthält, woraus abgelesen werden kann, wie groß die Anteile der Merkmale der Zeilen an der Gesamtsumme sind, ist es gleichzeitig ein Beschreibungsmerkmal der Zeilen (es wird im nachfolgenden Abschnitt auch als *Masse der Zeilen* bezeichnet). In dem gegebenen Beispiel kann anhand des durchschnittlichen Spaltenprofils angegeben werden, daß 62,8% der befragten Personen angaben, "Hosen umnähen zu können", des weiteren können 10,7% "Hosen etwas umnähen" und 26,5% "Hosen nicht umnähen".

Beim Vergleich des durchschnittlichen Spaltenprofils mit den einzelnen Spaltenprofilen wird ersichtlich, daß die Frauen in allen Altersgruppen überdurchschnittlich oft angaben, daß sie die Fähigkeit haben, Hosen umzunähen (0,9205; 0,9579 und 0,9464 > 0,6275); entsprechend ist bei den Männern diese Fähigkeit relativ selten vorhanden (0,2751, 0,2290 und 0,2862 < 0,6275). Entgegengesetzt ist das Verhältnis von Männern zu Frauen bei den anderen beiden Ausprägungen der Variable "Hosen umnähen" - hier sind die entsprechenden Werte für die Altersgruppen der Männer überdurchschnittlich hoch und die der Frauen relativ niedrig (vgl. Tabelle 2.2).

Das durchschnittliche Spaltenprofil wird als Vergleichsmaßstab für die einzelnen Spaltenprofile verwendet. Dabei liegen die Werte des durchschnittlichen Spaltenprofils immer im Mittelbereich der korrespondierenden Spaltenprofilwerte; sie sind deren gewichtete Mittelwerte. Das durchschnittliche Spaltenprofil ist daher der *Schwerpunkt* (oder Gleichgewichtspunkt) *der Spaltendarstellung*. Eine sinnbildliche Analogie zum Schwerpunkt ist die Balkenwaage; was bei dieser der Auflagepunkt ist, also der Punkt, an dem beide Seiten im Gleichgewicht sind, ist bei der Spaltendarstellung das durchschnittliche Spaltenprofil.

Ebenso wie die Spaltenprofile können die Zeilenprofile einer Kontingenztabelle beschrieben und interpretiert werden. Um die Variablenausprägung "Hosen umnähen: ja" mit den Ausprägungen "Hosen umnähen: nein" und "Hosen umnähen: etwas" direkt miteinander vergleichen zu können, werden die *Zeilenprofile* und das *durchschnittliche Zeilenprofil* (oder *Durchschnittszeilenprofil*) bestimmt. Im Unterschied zur vorangegangen Analyse werden die Werte zeilenweise und nicht spaltenweise auf Eins normiert, die Werte in den Zeilen werden durch die jeweilige Zeilensumme dividiert, z. B. für "Hosen umnähen: ja, Männer bis 39 Jahre": 167 / 1910 = 0,0874 (Tabelle 2.3).

Tabelle 2.3: Zeilenprofile der Variablen "Hosen umnähen"

Hosen umnähen	Männer bis 39J.	Männer 40-59J.	Männer ab 60J.	Frauen bis 39J.	Frauen 40-59J.	Frauen ab 60J.	Summe
ja	0,0874	0,0571	0,0476	0,3335	0,2618	0,2126	1,0
etwas	0,4049	0,2331	0,1902	0,0982	0,0368	0,0368	1,0
nein	0,3812	0,3601	0,2042	0,0285	0,0124	0,0136	1,0
Durchschnitt	0,1994	0,1564	0,1045	0,2273	0,1715	0,1409	1,0

Im Gegensatz zu Tabelle 2.2 basiert die Interpretation diesmal auf den Zeilen: So sind 8,7% derjenigen, die angaben, Hosen umnähen zu können, männlich und bis 39 Jahre alt (vgl. Tabelle 2.3). Von den Mitgliedern der Gruppe, die den eigenen Angaben zufolge nicht die Fähigkeit haben, Hosen umzunähen, beträgt der Anteil der Männer bis 39 Jahre 38,1%. Des weiteren haben die Frauen bis 39 Jahre einen Anteil von 33,4% an der Gruppe, die Hosen umnähen können, aber nur einen Anteil von 2,8% an der Gruppe, die diese Frage verneinten. Anhand der gegebenen Beschreibungen wird ersichtlich, daß die Interpretation der Zeilenprofile mit der der Spaltenprofile übereinstimmt; die prozentualen Angaben sind zwar unterschiedlich, doch sie basieren auf den gleichem Datenmaterial (den Häufigkeiten, vgl. Tabelle 2.1) und sie sind ineinander überführbar.

Das durchschnittliche Zeilenprofil ergibt sich aus dem Verhältnis der Spaltensummen zur Gesamtsumme der zu analysierenden Kontingenztabelle (607; 476; 318; 692; 522 und 429 zu 3044), die Elemente sind daher auch die *Massen der Spalten*. Aus dem Vergleich der Werte des durchschnittlichen Zeilenprofils mit den korrespondierenden Werten der Zeilenprofile wird ersichtlich, wie stark über- bzw. unterdurchschnittlich die einzelnen Gruppierungen die Fähigkeit haben, "Hosen umzunähen". So wurde z. B. von den "Männern bis 39 Jahre" relativ selten angegeben, daß sie diese Fähigkeit haben (0,0874 < 0,1994), wogegen sie überdurchschnittlich oft angaben, daß sie die Fähigkeit "etwas" oder "nicht" haben (0,4049 und 0,3812 > 0,1994). Analog zur Darstellung der Spaltenprofile ist das durchschnittliche Zeilenprofil der Schwerpunkt der Zeilendarstellung.

Unabhängig davon, ob Zeilen- oder Spaltenprofile interpretiert werden, die Aussagen über die Verteilung der Daten sind ineinander überführbar. Eine Zelle der zu analysierenden Kontingenztabelle, die bei der *Zeilendarstellung* gegenüber dem korrespondierenden durchschnittlichen Zeilenprofilelement einen überdurchschnittlich hohen Wert hat, hat auch bei der *Spaltendarstellung*, verglichen mit dem korrespondierenden durchschnittlichen Spaltenprofilelement, einen überdurchschnittlich hohen Wert. Das Verhältnis von einem Zeilenprofilelement zu dem durchschnittlichen Zeilenprofilelement ist gleich dem Verhältnis des entsprechenden Spaltenprofilelements zu dem durchschnittlichen Spaltenprofilelement, z. B. für "Männer bis 39 Jahre" und "Hosen umnähen: ja": 0,2751 / 0,6275 = 0,0874 / 0,1994 = 0,4383.

In diesem Abschnitt wurden die Profile der zu analysierenden Kontingenztabelle ausführlich beschrieben. Damit soll auf eine Interpretationsweise hingeführt werden, wie sie in der Korrespondenzanalyse üblich ist - der Interpretation von *Profilen*. Diese Interpretation von Profilen ist eine der drei Basisregeln der Korrespondenzanalyse (vgl. Greenacre 1993a, 1994a).

Des weiteren wurde bei der Beschreibung der Profile nach Zeilen- und Spaltendarstellung unterschieden, auch dies ist ein weiteres wichtiges Merkmal der Korrespondenzanalyse. Die Betrachtung von Spalten- und Zeilenprofilen führt zwar zu identischen Schlußfolgerungen, die Betrachtungswinkel der Interpretationen unterscheiden sich jedoch: Hilfreich für diese Vorstellung sind beliebige Punkte in einem drei-dimensionalen Raum, die mit Hilfe der Angaben "Länge", "Breite" und "Höhe" exakt lokalisiert werden können. Unabhängig vom Ausgangspunkt, die Punkte sind immer an der gleichen Stelle; die angegebenen Koordinaten unterscheiden sich jedoch.

2.3 Chi-Quadrat-Statistik

Eine zur Beschreibung von Zusammenhängen zwischen Zeilen und Spalten einer Kontingenztabelle oft verwendete Methode ist der Chi-Quadrat-Test. Mit Hilfe dieses Tests kann für beliebige Kontingenztabellen angegeben werden, ob es einen Zusammenhang zwischen Zeilen- und Spaltenmerkmalen gibt. Auf der Basis der Unabhängigkeitsannahme zwischen den beiden Variablen wird geprüft, ob es überzufällige Abweichungen gibt - diese können sich auf die gesamte Tabelle, auf einzelne Zeilen bzw. Spalten als auch auf einzelne Zellen beziehen; die Abweichungen werden berechnet aus den quadrierten Differenzen von empirischen und erwarteten Werten, dividiert durch die erwarteten Werte (zum Chi-Quadrat-Test, vgl. auch ausführlich Abschnitt 2.7). Um einen ersten Überblick über die Verteilung der Variation in den Daten (in der zu untersuchenden Kontingenztabelle) zu erhalten und um zu erkennen, an welchen Stellen diese Variation am stärksten ist, wurden die einzelnen Komponenten der Chi-Quadrat-Statistik bestimmt (Tabelle 2.4).

Tabelle 2.4: Chi-Quadrat-Komponenten

Hosen umnähen	Männer bis 39J.	Männer 40-59J.	Männer ab 60J.	Frauen bis 39J.	Frauen 40-59J.	Frauen ab 60J.	Summe
ja	120,09	120,45	59,04	94,72	90,81	69,54	554,65
etwas	69,04	12,28	22,93	23,93	34,48	25,08	187,74
nein	133,89	214,56	76,94	140,56	119,28	92,94	778,17
Summe	323,02	347,29	158,91	259,21	244,57	187,56	1520,56

Erwartungsgemäß ist der Zusammenhang zwischen den beiden Variablen hochsignifikant ($\chi^2 = 1520$ mit df = 10). Des weiteren wird ersichtlich, in welchen Zellen die größten gewichteten quadrierten Abweichungen von empirischen und erwarteten Werten stehen: Dabei sind die mit "Hosen umnähen: nein" korrespondierenden Chi-Quadrat-Komponenten in allen Spalten am größten, d. h. diese Ausprägung hat auf der Ebene der Zeilen den größten Anteil an der Variation der Daten (vgl. Tabelle 2.4). Die Komponenten von "Hosen umnähen: etwas" tragen nur relativ wenig zur Gesamtvariation bei, was u. a. durch die relativ geringe Fallzahl dieser Zeilenausprägung bedingt ist. Diese gewichteten quadrierten Abweichungen von erwarteten und empirischen Werten sind zentraler Bestandteil der Korrespondenzanalyse.

2.4 Massen

Mit Hilfe der Korrespondenzanalyse werden Profile interpretiert. Bei der bisherigen Betrachtung blieben deren Ausprägungshäufigkeiten, also die Randsummen der Kontingenztabelle, unberücksichtigt, die Summen der Komponenten wurden auf Eins standardisiert (vgl. die Tabellen 2.2 und 2.3). Bei dieser Standardisierung bleiben wichtige Informationen unberücksichtigt; in der praktischen Umsetzung sollte jedoch z. B. das Zeilenprofil "Hose umnähen: etwas" in der Analyse ein geringeres "Gewicht", oder besser: eine geringere Masse, haben als das Zeilenprofil "Hose umnähen: ja" - und zwar proportional zum empirischen Verhältnis von 326 zu 1910. Statt (standardisierte) Profile sollen daher "gewichtete Profile" betrachtet werden; diese Gewichtung erfolgt sowohl über die Zeilen- als auch über die Spaltensummen.

Die Berücksichtigung der Massen wird auch für die spätere Verbindung von Zeilen- und Spaltendarstellung benötigt. Beginnen wir mit den Zeilenprofilen und dort mit dem Merkmal "Hosen umnähen: ja". Dieses hat in der Spalte "Männer bis 39 Jahre" die Ausprägung 0,0874, d. h. von denjenigen, die die Fähigkeit haben, Hosen umzunähen, sind 8,7% Männer bis 39 Jahre. Dieser Wert wird üblicherweise aus der Division des absoluten Tabellenwertes (167) durch die Zeilensumme (1910) bestimmt. Derselbe Wert kann ebenso über eine Gewichtung des entsprechenden Spaltenprofilwertes dieser Zelle ermittelt werden - dieser ist 0,2751 (siehe Tabelle 2.2), d. h. 27,5% der Männer bis 39 Jahre gaben an, Hosen umnähen zu können. Wird dieser Wert auf die korrespondierende Zeile normiert, wird er also durch den Anteil der Zeile an der Gesamtsumme dividiert und wird zusätzlich die Masse der Spalte berücksichtigt, wird er also mit dem Anteil der Spalte multipliziert, so ergibt sich der Wert des korrespondierenden Zeilenprofils: z. B. für die Zelle "Männer bis 39 Jahre; Hosen umnähen: ja": 0,1994 * 0,2751 / 0,6275 = 0,0874 oder für die Zelle "Frauen bis 39 Jahre; Hosen umnähen: ja": 0,2273 * 0,9205 / 0,6275 = 0,3335. Mit Hilfe der Informationen der Spaltenprofile und der Randsummen können somit die Werte der Zeilenprofile bestimmt werden; des weiteren können mit den Informationen der Zeilenprofile und denen der Randsummen die Werte der Spaltenprofile errechnet werden, z. B. für "Männer bis 39 Jahre; Hosen umnähen: ja": 0,6275 * 0,0874 / 0,1994 = 0,2751.

Was für die Zeilen- und Spaltenprofile gilt, gilt auch für die durchschnittlichen Profile von Zeilen und Spalten - auch diese können als gewichtete Werte der jeweils anderen Darstellung interpretiert werden, so z. B. das durchschnittliche Zeilenprofil mit den Komponenten (0,1994; 0,1564; 0,1045; 0,2273; 0,1715; 0,1409). Die Werte des durchschnittlichen Zeilenprofils werden üblicherweise aus den Divisionen der Spaltensummen durch die Gesamtsumme bestimmt, z. B. gilt für das erste Element: 607 / 3044 = 0,1994. Dieser Wert - und analog alle anderen - kann auch aus den Werten der Zeilenprofile (spaltenweise gelesen) und dem durchschnittlichen Spaltenprofil errechnet werden. Dabei werden die entsprechenden Komponenten aus den Zeilenprofilen in der Spalte "Männer bis 39 Jahre" (0,0874; 0,4049; 0,3812) mit den korrespondierenden Komponenten des durchschnittlichen Spaltenprofils (0,6275; 0,1071; 0,2654) multipliziert und anschließend addiert, also 0,0874 * 0,6275 + 0,4049 * 0,1071 + 0,3812 * 0,2654 = 0,1994; der resultierende Wert ist gleich dem des durchschnittlichen Zeilenprofilelementes "Männer bis 39 Jahre". Analog zu dieser Berechnung können die Elemente des durchschnittlichen Spaltenprofils bestimmt werden. Die Berücksichtigung der Massen (der Randsummen) bei der Zeilen- und Spaltendarstellung kann als das zweite Basiskonzept der Korrespondenzanalyse angesehen werden.

In diesem Abschnitt wurde gezeigt, daß die Werte der Zeilendarstellung auch als gewichtete Werte der Spaltendarstellung angesehen werden können und umgekehrt die Werte der Spaltendarstellung als gewichtete Werte der Zeilendarstellung. Damit wurde ein weiterer Zusammenhang zwischen der Darstellung der Spalten und der Darstellung der Zeilen hergeleitet. Bevor das dritte Basiskonzept der Korrespondenzanalyse eingeführt wird, die Chi-Quadrat-Distanz, wird der Begriff der *Euklidischen Distanz* erklärt.

2.5 Euklidische Distanzen

Der Abstand von zwei Punkten in einem mehrdimensionalen Raum wird als "Distanz" bezeichnet, die Messung kann auf unterschiedliche Arten erfolgen. Zur (grafischen) Illustration des Begriffs soll mit einem einfachen Beispiel begonnen werden: der Distanz zwischen zwei Punkten in einem zweidimensionalen Raum, also in der Ebene. Zwei Arten der Messung der Distanz zwischen den Punkten "A" und "B" sollen nachfolgend unterschieden werden; zum einen mittels einer direkten Verbindungslinie von A nach B, dies ist die sogenannte *Euklidische Distanz*, und zum anderen mittels einer Linie, die jeweils nur einer Dimensionsrichtung folgt, also erst der einen Achse und dann der anderen; diese Distanz wird als *City-Block-Distanz* bezeichnet.

Die Begriffe "Euklidische Distanz" und "City-Block-Distanz" werden anschaulich bei Betrachtung von Teilgebieten amerikanischer Großstädte, so z. B. von Manhatten in New York. Die Messung eines mit dem Auto zurückzulegenden Weges innerhalb von Manhatten (des Gebietes, in dem alle Straßen entweder in Nord-Süd- oder in Ost-West-Richtung verlaufen) zwischen zwei Orten A und B würde mit der City-Block-Distanz erfolgen, die mit dem Hubschrauber zurückzulegende mit der Euklidischen Distanz (ohne Berücksichtigung der Höhe der Häuser und bei Wahl des direkten Weges). Auch wenn es, wie z. B. bei der Messung des Weges in Manhatten, oft gute Gründe für die Wahl der City-Block-Distanz gibt (siehe Krause 1975, Larson und Sardic 1983, Arabie 1991), so ist die Euklidische Distanz die in der sozialwissenschaftlichen Statistik mit Abstand am häufigsten verwendete (zur Illustration siehe Abbildung 2.1).

Wird die Entfernung zwischen A und B mit der City-Block-Distanz gemessen, so wird zuerst die Distanz in der ersten Dimension betrachtet - dies ist die Differenz aus $|a_1 - b_1|$. Die Distanz in der zweiten Dimension entspricht der Differenz von $|a_2 - b_2|$, die Gesamtdistanz von A nach B ist gleich der Summe der Differenzen $|a_1 - b_1| + |a_2 - b_2|$.

Die Euklidische Distanz von A nach B in dem betrachteten zweidimensionalen Raum kann mit Hilfe des Satzes von Phythagoras angegeben werden:

$$d^{(2)}(\mathrm{A,B}) = \sqrt{(a_1 - b_1)^2 + (a_2 - b_2)^2} = \sqrt{\sum_{i=1}^{2} (a_i - b_i)^2}$$

In einem dreidimensionalen Raum gilt für die City-Block-Distanz:

$$d(\mathrm{A,B}) = |a_1 - b_1| + |a_2 - b_2| + |a_3 - b_3| = \sum_{i=1}^{3} |a_i - b_i|$$

und in *n* Dimensionen:

$$d(\mathrm{A,B}) = \sum_{i=1}^{n} |a_i - b_i|$$

Abbildung 2.1: Distanzen zwischen zwei Punkten in einem zweidimensionalen Raum

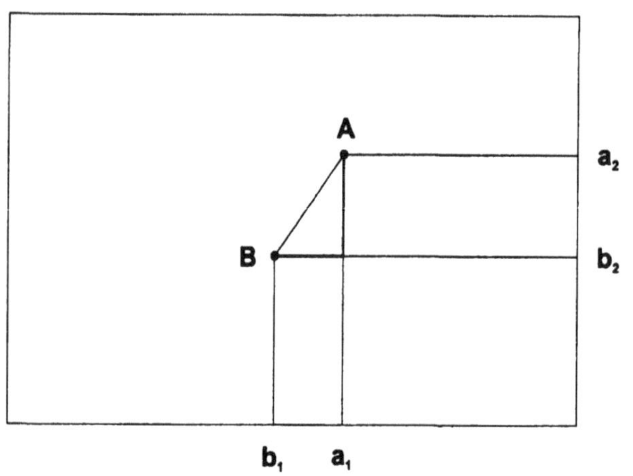

Für die Euklidische Distanz gilt im *n*-dimensionalen Raum:

$$d^{(2)}(\mathrm{A,B}) = \sqrt{\sum_{i=1}^{n} (a_i - b_i)^2}$$

Diese beiden und weitere Distanzmaße wurden bereits 1891 von Minkowski zusammengefaßt, der einen *p*-dimensionalen Raum betrachtet. Der nach ihm benannten Metrik zufolge gilt:

$$d^{(p)}(\mathrm{A,B}) = \left[\sum_{i=1}^{n} |a_i - b_i|^p\right]^{\frac{1}{p}}$$

Sonderfälle der *Minkowski-Metrik* sind die *City-Block-Distanz* (p=1) und die *Euklidische Distanz* (p=2), letztere bzw. die (noch zu erklärende) *gewichtete Euklidische Distanz* sind die in der sozialwissenschaftlichen Statistik am häufigsten verwendeten Abstandsmaße. Da bei der Korrespondenzanalyse standardmäßig letztere verwendet wird, verzichten wir auf Details zur Berechnung von anderen Distanzen und kommen zurück zur *Chi-Quadrat-Statistik*; dafür wird ein zweites empirisches Beispiel eingeführt.

2.6 Die Untersuchung von Porst

Da als Eingabeinformationen der *einfachen Korrespondenzanalyse* in der Regel die Rohdaten von Kontingenztabellen verwendet werden, können auch bereits publizierte Tabellen weitergehend analysiert werden, so z. B. um bereits vorliegende Ergebnisse grafisch darzustellen. Als Beispiel für eine derartige "weitergehende" Auswertung verwenden wir die Ergebnisse einer Arbeit von Porst (1991), und zwar seine Studie über "Ausfälle und Verweigerungen bei einer telefonischen Befragung".

In dieser Studie untersuchte Porst (1991) u. a. den Einfluß unterschiedlicher Anschreiben auf die Teilnahmebereitschaft von telefonisch durchzuführenden Interviews. Nach Dillman u. a. (1976) und Dillman (1978, 1991) sollten schriftliche Vorabinformationen die Ausschöpfungsquote deutlich erhöhen, Kontakte ohne vorherige Ankündigung sollten dementgegen nur zu niedrigen Ausschöpfungsquoten führen. Unter Hinweis auf eine Untersuchung von Hippler (1988) erwartete Porst zudem, daß bei zunehmender Vertrauenszusicherung die Ausschöpfung eher vermindert wird, da mit einer derartigen Beteuerung Mißtrauen erst geweckt werden könnte. Für eine zu Beginn des Jahres 1989 durchgeführte Befragung wurden 124 Haushalte mit einem kurzen Anschreiben informiert, 117 Haushalte erhielten ein langes Anschreiben und zusätzlich ein Datenschutzblatt sowie eine Institutsbroschüre. Weitere 121 Haushalte wurden vorher nicht informiert, d. h. sie wurden "kalt" kontaktiert (vgl. Porst 1991, angegeben sind die Daten der Nettostichprobe). Die neutralen Ausfälle der Studie waren mit den unterschiedlichen "Anschreibeformen" unkorreliert und werden hier nicht weiter berücksichtigt.

Porst (1991, S. 65) unterschied die Zielpersonen in "Verweigerer", "Nicht-Angetroffene" und "sonstige Ausfälle". Zu den Verweigerern zählte er u. a. die vom Interviewer notierten Angaben "Zielperson hat keine Zeit", "Zielperson hat kein Interesse" und "Zielperson hat sofort aufgelegt". Als "Nicht-Angetroffene" wurden u. a. "Freizeichen", "ständig besetzt" und "Zielperson nicht anwesend" gewertet, zu den "sonstigen Ausfällen" gehören u. a. "andere Person als Zielperson hat verweigert" und "Zielperson war dauerhaft krank". Zur deskriptiven Beschreibung seiner Ergebnisse kreuztabellierte Porst diese Variable mit den drei Ausfallmerkmalen mit der Variable "Version des Anschreibens" (kurzes, langes oder kein Anschreiben). Für die nachfolgende Reanalyse wurde die von Porst verwendete Tabelle um das Merkmal "Interview durchgeführt" erweitert, diese Variablenausprägung wurde an anderer Stelle seines Papiers entsprechend der benötigten Aufschlüsselung angegeben.

Anhand von Tabelle 2.5 wird deutlich, daß der von Porst erwartete Effekt des Anschreibens auf die Bereitschaft zur telefonischen Interviewteilnahme in der postulierten Richtung vorhanden ist. So haben von den Interviewten 40,4% das kurze Anschreiben, 31,6% das lange Anschreiben und 28,1% gar kein Anschreiben erhalten. Von den "Verweigerern" haben lediglich 22,5% das kurze, 33,8% das lange, aber 43,7% überhaupt kein Anschreiben erhalten ($\chi^2 = 16{,}5$ mit df = 6, $p < .05$).

Tabelle 2.5: Durchgeführte Interviews, Verweigerer, Nicht-Angetroffene und sonstige Ausfälle nach Version der Kontaktaufnahme - Rohdaten, Zeilen- und Spaltenprofile

Status	ohne Anschreiben	kurzes Anschreiben	langes Anschreiben	Summe
Interviewte	32	46	36	114
Verweigerungen	62	32	48	142
Nicht-Angetroffene	17	19	13	49
sonstige Ausfälle	13	20	24	57
Summe	124	117	121	362

(Quelle: Porst 1991, S. 64, 67)

Status	ohne Anschreiben	kurzes Anschreiben	langes Anschreiben	Summe/ Durchschnitt
Interviewte	0,281/0,258	0,404/0,393	0,316/0,298	1,0/0,315
Verweigerungen	0,437/0,500	0,225/0,274	0,338/0,397	1,0/0,392
Nicht-Angetroffene	0,347/0,137	0,388/0,162	0,265/0,107	1,0/0,135
sonstige Ausfälle	0,228/0,105	0,351/0,171	0,421/0,198	1,0/0,157
Durchschnitt/Summe	0,343/1,0	0,323/1,0	0,334/1,0	1,0/1,0

2.7 Chi-Quadrat-Distanzen

Der Chi-Quadrat-Wert einer Kontingenztabelle wird bestimmt aus der Summe der quadrierten Abweichungen von beobachteten und erwarteten Werten der einzelnen Zellen, dividiert durch die jeweiligen Erwartungswerte. Die Berechnung der Erwartungswerte erfolgt unter der Annahme der statistischen Unabhängigkeit der beiden Variablen:

$$\chi^2 = \sum_{i=1}^{I} \sum_{j=1}^{J} \frac{(n_{ij} - \hat{n}_{ij})^2}{\hat{n}_{ij}} \tag{2.1}$$

Dabei ist n_{ij} die empirisch ermittelte Anzahl von Personen (Objekten, ...) in der *i*-ten Zeile und *j*-ten Spalte der Kontingenztabelle, $\hat{n}_{ij}$ die erwartete Anzahl von Personen (Objekten, ...) in der Zelle (ij) der Kontingenztabelle und (I * J) die Anzahl der Zellen. Die Erwartungswerte werden aus dem Produkt der zu den Zellen gehörenden Randsummen, dividiert durch die Gesamtsumme der zugrundeliegenden Kontingenztabelle, bestimmt.

Wird die Zelle (1,1) betrachtet, so steht in der ersten Zeile ("durchgeführte Interviews") und in der ersten Spalte ("ohne Anschreiben") der Wert n_{11} = 32. Wird angenommen, daß dieser Wert, ebenso wie alle anderen Werte innerhalb der Tabelle, unbekannt ist und daß lediglich die (univariaten) Randverteilungen bekannt sind, so kann dieser Wert geschätzt werden.

Aus den Randsummen ist bekannt, daß die Wahrscheinlichkeit, daß ein Interview durchgeführt werden konnte, 0,315 oder 31,5% ist (100 * 114 / 362). Des weiteren ist aus den Randsummen bekannt, daß die Wahrscheinlichkeit, daß eine Zielperson "kein Anschreiben" erhielt, 0,343 oder 34,3% (100 * 124 / 362) ist. Hat die Art des Anschreibens keinen Effekt auf das Zustandekommen des Interviews, müßten bei allen drei Arten der Kontaktaufnahme (kurzes, langes oder kein Anschreiben), abgesehen von Zufallsschwankungen, 31,5% Interviews durchgeführt sein. Die Frage ist: Können die empirisch gemessenen Abweichungen (ohne Anschreiben: -5,7%; kurzes Anschreiben: +7,8%; langes Anschreiben: -1,7%; vgl. Tabelle 2.5) als Zufall interpretiert werden oder sind sie mit der Art der Kontaktaufnahme assoziiert?

Wird die gemeinsame Wahrscheinlichkeit betrachtet, daß erstens, ein Interview zustande kam und daß zweitens, kein Anschreiben erfolgte, so ist die Wahrscheinlichkeit für die erste Annahme 0,315 und für die zweite 0,343; unter der Bedingung der statistischen Unabhängigkeit ist damit die Wahrscheinlichkeit, daß ein Interview durchgeführt wurde *und* daß "kein Anschreiben" erfolgte, 0,315 * 0,343 = 0,108 oder 10,8%. Bezogen auf die 362 Personen der Nettostichprobe, von denen theoretisch jede die Wahrscheinlichkeit von 10,8% hat, die genannte Ausprägungskombination aufzuweisen, werden 362 * 0,108 = 39,1 Personen in dieser Zelle erwartet. Der Wert "39,1 Personen" ist der Erwartungswert der Zelle (1,1) - der empirische Wert ist $n_{11} = 32$.

Die erwarteten Häufigkeiten können für alle Variablenkombinationen der bivariaten Verteilung berechnet werden - in der ersten Zeile (Interviewte) sind es die Werte 39,1, 36,8 und 38,1; die Zeilensumme der Erwartungswerte ist gleich der Summe der empirischen Werte, z. B. $n_{1+} = 39{,}1 + 36{,}8 + 38{,}1 = 32 + 46 + 36 = 114$. Zur Berechnung von Chi-Quadrat (vgl. Formel 2.1) müssen die quadrierten Differenzen aus erwarteten und beobachteten Werten bestimmt, durch die jeweiligen Erwartungswerte dividiert und anschließend - summiert werden. Also

$$\chi^2 = \frac{(39{,}1 - 32)^2}{39{,}1} + \frac{(36{,}8 - 46)^2}{36{,}8} + 9 \text{ weitere Terme} + \frac{19{,}0 - 24^2}{19{,}0} = 16{,}48 \qquad (2.2)$$

Je größer der Chi-Quadrat-Wert bei gleichbleibender Anzahl von Zeilen und Spalten, desto größer sind die gewichteten quadrierten Abweichungen zwischen beobachteten und erwarteten Werten. Chi-Quadrat ist fallzahlabhängig, d. h. je größer die Fallzahl ist (bei gleichbleibender Verteilung der Variablenausprägungen), desto größer ist der Wert und auf desto höherem Niveau ist er signifikant; der maximale Chi-Quadrat-Wert ist gleich der Fallzahl, multipliziert mit dem Minimum von (Zeilen, Spalten) minus eins. Um die Fallzahlabhängigkeit und um den Einfluß der Tabellengröße von Chi-Quadrat aufzuheben, wurden mehrere Koeffizienten zur Messung der Teststärke vorgeschlagen, so z. B. *Cramer's V.*

$$\textit{Cramer's } V = \sqrt{\frac{\chi^2}{n * \min(I-1,\ J-1)}}$$

mit I = Anzahl der Zeilen und J = Anzahl der Spalten; der Koeffizient kann Werte zwischen Null (kein Zusammenhang) und Eins (perfekter Zusammenhang) annehmen. Einen Koeffizienten analog zu *Cramer's V* gibt es auch bei der Korrespondenzanalyse - hier wird der Chi-Quadrat-Wert durch die Gesamtsumme der Tabelle dividiert (in den bisher gegebenen Beispielen also durch die Fallzahl), der resultierende Wert wird als *Gesamtträgheitsgewicht* (oder exakter: *Gesamtträgheitsmoment*, im englischen: *total inertia*) bezeichnet.[2] Ähnlich wie mit Hilfe des Kontingenzkoeffizienten oder mit Hilfe von *Cramer's V* geprüft werden kann, wie stark ein Zusammenhang zwischen zwei Variablen ist, kann mit Hilfe des Gesamtträgheitsgewichtes geprüft werden, wieviel Variation in den Daten vorhanden ist (zur

2 Obwohl der Begriff "Gesamtträgheitsmoment" die genauere Übersetzung und geometrisch gesehen auch die bessere Bezeichnung ist, verwenden wir den Begriff "Gesamtträgheitsgewicht". Dies erleichtert zum einen das Herstellen von Analogien und zum anderen wurde der Begriff als solcher in der sozialwissenschaftlichen Literatur bereits mehrfach verwendet, so z. B. in der deutschen Übersetzung von Bourdieus "La Distinction", "Die feinen Unterschiede" (Bourdieu 1979, 1982).

Interpretation des Gesamtträgheitsgewichtes und des Chi-Quadrat-Wertes siehe Kapitel 4).

Kommen wir zurück zu den Daten von Porst (1991) und betrachten die Berechnung von Chi-Quadrat auf eine etwas andere Art. Nach Kürzung von Gleichung 2.2 durch die Randsummen der Zeilen gilt:

$$\chi^2 = \frac{\frac{(39,1-32)^2}{114}}{\frac{39,1}{114}} + \frac{\frac{(36,8-46)^2}{114}}{\frac{36,8}{114}} + \ldots + \frac{\frac{(19,0-24)^2}{57}}{\frac{19,0}{57}} \qquad (2.3)$$

Werden die Divisionen in den Doppelbrüchen ausgeführt, so verbleiben in den resultierenden Nennern die Werte der durchschnittlichen Zeilenprofile (vgl. Tabelle 2.5). Da in den oberen Zählern der Doppelbrüche von Gleichung 2.3 quadrierte Ausdrücke stehen, ist bei der Aufhebung des Doppelbruches die Multiplikation mit den Randsummen der Zeilen erforderlich. Die Berechnung von Chi-Quadrat erfolgt jetzt durch:

$$\chi^2 = 114 * \frac{(0,343-0,281)^2}{0,343} + 114 * \frac{(0,323-0,404)^2}{0,323} + \ldots$$

$$+ 57 * \frac{(0,334-0,421)^2}{0,334} = 16,48 \qquad (2.4)$$

Nach dieser Umformung bestehen die einzelnen Summanden aus den quadrierten Differenzen der erwarteten Zeilenprofilelemente minus der empirischen Zeilenprofilelemente, dividiert durch die erwarteten Zeilenprofilelemente und multipliziert mit der Zeilensumme. Dabei sind die erwarteten Zeilenprofilelemente gleich den durchschnittlichen Zeilenprofilelementen, d. h. in Gleichung 2.4 steht die Summe der gewichteten quadrierten Abweichungen der Zeilenprofilwerte von den korrespondierenden durchschnittlichen Zeilenprofilwerten. Daraus folgt, daß je größer die Variation in den Daten ist, oder anders ausgedrückt, je stärker die Zeilenprofilwerte um die jeweiligen durchschnittlichen Zeilenprofilwerte streuen, desto größer ist Chi-Quadrat. Um eine fallzahlunabhängige Testgröße zu erhalten, wird der Chi-Quadrat-Wert durch die Fallzahl dividiert, in dem Beispiel von Porst also durch $n = 362$:

$$\frac{\chi^2}{362} = 0,315 * \frac{(0,343-0,281)^2}{0,343} + 0,315 * \frac{(0,323-0,404)^2}{0,323} + \ldots$$

$$+\ 0{,}157 * \frac{(0{,}334 - 0{,}421)^2}{0{,}334} = 0{,}046 \quad (2.5)$$

Mit dieser Division durch die Gesamtsumme der Kontingenztabelle werden die Zeilensummen, die als Multiplikatoren in Gleichung 2.4 eingingen, in die Werte des durchschnittlichen Spaltenprofils überführt (vgl. Tabelle 2.5). D. h. mit alleiniger Kenntnis der Zeilenprofile sowie des durchschnittlichen Zeilenprofils und des durchschnittlichen Spaltenprofils kann die Stärke der Variation berechnet werden. Der resultierende Wert ist das bereits erwähnte *Gesamtträgheitsgewicht.* Anhand dieses Maßes kann - bei Berücksichtigung des Minimums von Zeilen und Spalten (vgl. z. B. die Definition von Cramer's V) - angegeben werden, wie groß die Variation in den Daten ist (siehe dazu ausführlich Kapitel 4).

Das Gesamtträgheitsgewicht beinhaltet die quadrierten Abweichungen von erwarteten und beobachteten Profilelementen, gewichtet mit den korrespondierenden durchschnittlichen Zeilen- und Spaltenprofilelementen. Im folgenden werden exemplarisch die ersten drei Elemente der zwölfelementigen Summe aus Gleichung 2.5 betrachtet, also die Elemente der ersten Zeile (Interviewte). Durch Ausklammern des gemeinsamen Multiplikators können die Elemente der ersten Zeile zusammengefaßt werden:

$$\frac{\chi^2}{362} = 0{,}315 * \left[\frac{(0{,}343 - 0{,}281)^2}{0{,}343} + \frac{(0{,}323 - 0{,}404)^2}{0{,}323} + \frac{(0{,}334 - 0{,}316)^2}{0{,}334}\right] + \ldots \quad (2.6)$$

Wird lediglich der Teil innerhalb der eckigen Klammer betrachtet, so stehen dort die quadrierten Abweichungen der einzelnen Zeilenprofilelemente von den jeweiligen durchschnittlichen Zeilenprofilelementen, also die quadrierten Abweichungen der Differenzen zum Schwerpunkt der Zeilendarstellung, dividiert durch die korrespondierenden Elemente des durchschnittlichen Zeilenprofils. Werden die Divisoren aus Gleichung 2.6 herausgenommen, so entspricht der verbleibende Ausdruck in der eckigen Klammer der *Euklidischen Distanz* zwischen der ersten Zeile und dem Schwerpunkt der Zeilendarstellung. Die Euklidische Distanz zwischen der ersten Zeile (I) und dem Schwerpunkt der Zeilendarstellung (Z) könnte demzufolge berechnet werden mittels:

$$d^{(*)}(\mathrm{I,Z}) = \sqrt{(0{,}343 - 0{,}281)^2 + (0{,}323 - 0{,}404)^2 + (0{,}334 - 0{,}316)^2}$$

Entsprechend Gleichung 2.6 werden die einzelnen Summanden gewichtet, in dem sie durch die korrespondierenden Elemente des durchschnittlichen Zeilenprofils dividiert werden. Die "gewichteten" Distanzen werden als *gewichtete Euklidische Distanzen* oder *Chi-Quadrat-Distanzen* bezeichnet (vgl. Greenacre 1993a, S. 27), sie sind ein weiteres fundamentales Konzept der Korrespondenzanalyse. Aufgrund dieses Zusammenhanges mit "Chi-Quadrat" wird auch von *Chi-Quadrat-Metrik* gesprochen. Für die Chi-Quadrat-Distanz zwischen "durchgeführtes Interview" und dem Schwerpunkt der Zeilendarstellung (Z) gilt:

$$d^{(2)}(\mathrm{Z,I}) = \sqrt{\frac{(0{,}343-0{,}281)^2}{0{,}343} + \frac{(0{,}323-0{,}404)^2}{0{,}323} + \frac{(0{,}334-0{,}316)^2}{0{,}334}} = 0{,}180$$

für jene zwischen der zweiten Zeile (VW) und dem Schwerpunkt der Zeilendarstellung gilt:

$$d^{(2)}(\mathrm{Z,VW}) = \sqrt{\frac{(0{,}343-0{,}437)^2}{0{,}343} + \frac{(0{,}323-0{,}225)^2}{0{,}323} + \frac{(0{,}334-0{,}338)^2}{0{,}334}} = 0{,}236$$

Zusätzlich zu den Distanzen zum Schwerpunkt können die Distanzen zwischen zwei Profilen berechnet werden. So ist die Distanz zwischen der ersten und der zweiten Zeile, also zwischen "Interviewte" (I) und "Verweigerer" (VW):

$$d^{(2)}(\mathrm{I,VW}) = \sqrt{\frac{(0{,}281-0{,}437)^2}{0{,}343} + \frac{(0{,}404-0{,}225)^2}{0{,}323} + \frac{(0{,}316-0{,}338)^2}{0{,}334}} = 0{,}414$$

Werden die beiden letzten Distanzen verglichen, so liegt die Variablenausprägung "Verweigerer" dichter am "Schwerpunkt der Zeilendarstellung" als an der Variablenausprägung "Interviewte", d. h. das Profil von "Verweigerer" ist dem durchschnittlichen Zeilenprofil ähnlicher als dem Profil von "Interviewte" (0,238 < 0,414). Dem "Schwerpunkt" (dem durchschnittlichen Zeilenprofil) wiederum ist das Zeilenprofil "Interviewte" ähnlicher als das Zeilenprofil "Verweigerer", die Distanz ist geringer (0,180 < 0,236).

Auf dieselbe Weise, wie in den exemplarisch vorgerechneten Beispielen, können alle Distanzen zwischen den Zeilenprofilen berechnet werden, einschließlich des durchschnittlichen Zeilenprofils. Das Ergebnis ist eine symmetrische Matrix der Distanzen zwischen den Zeilenprofilen (Tabelle 2.6), mit denen angegeben werden kann, wie nah beieinander die Profile liegen und, daraus folgend, wie ähnlich sie einander sind.

Die größte Distanz zwischen zwei Zeilenprofilen ist zwischen "Sonstige Ausfälle" und "Verweigerungen" ($d^{(2)} = 0{,}444$), die zweitgrößte zwischen "Interviewte" und "Verweigerungen" ($d^{(2)} = 0{,}414$), die drittgrößte zwischen "Verweigerer" und "sonstige Ausfälle" ($d^{(2)} = 0{,}349$). Damit unterscheidet sich das Profil "Verweigerer" hinsichtlich der beschreibenden Variablen "Form des Anschreibens" am stärksten von allen anderen der Variablen "Teilnahmebereitschaft", es liegt relativ separiert im Raum. Am ähnlichsten sind die Zeilenprofile "Interviewte" und "Nicht-Angetroffene" hinsichtlich des Merkmals "Form des Anschreibens" ($d^{(2)} = 0{,}146$).

Tabelle 2.6: Chi-Quadrat-Distanzen zwischen den Zeilenprofilen

	Interviewte	Verweige-rungen	Nicht-Angetroffene	sonstige Ausfälle
Verweigerungen	0,414	-		
Nicht-Angetroffene	0,146	0,349	-	
sonstige Ausfälle	0,223	0,444	0,344	-
Schwerpunkt	0,180	0,236	0,165	0,252

Die Herleitung der Distanzen für die Spaltenprofile erfolgt analog derjenigen für die Zeilenprofile; sie soll daher nicht im Detail erläutert werden. Als Beispiele für die Spaltendarstellung seien die Distanzen zwischen der ersten Spalte (OA, "ohne Anschreiben") und dem Schwerpunkt der Spaltendarstellung (S), $d^{(2)}$ (OA, S) =

$$\sqrt{\frac{(0{,}315-0{,}258)^2}{0{,}315}+\frac{(0{,}392-0{,}500)^2}{0{,}392}+\frac{(0{,}135-0{,}137)^2}{0{,}135}+\frac{(0{,}157-0{,}105)^2}{0{,}157}} = 0{,}239$$

und die zwischen den Spalten "kurzes Anschreiben" (KA) und "ohne Anschreiben" (OA) angegeben: $d^{(2)}$ (KA, OA) =

$$\sqrt{\frac{(0{,}393-0{,}258)^2}{0{,}315}+\frac{(0{,}274-0{,}500)^2}{0{,}392}+\frac{(0{,}162-0{,}137)^2}{0{,}135}+\frac{(0{,}171-0{,}105)^2}{0{,}157}} = 0{,}470$$

In den gegebenen Beispielen wurde streng zwischen Zeilen- und Spaltendarstellung getrennt. Eine mathematische Verknüpfung der beiden Darstellungsarten über die gewichteten Euklidischen Distanzen ist nicht definiert. Diese nicht vorhandene Berechnungsmöglichkeit von Distanzen zwischen Zeilen- und Spaltenprofilen ist für die spätere Interpretation der Ergebnisse von zentraler Bedeutung; sie bedeutet u. a., daß in einer simultanen Darstellung von Zeilen- und Spaltenprofilen zwar die Distanzen zwischen den Zeilenprofilen und die Distanzen zwischen den Spaltenprofilen, aber nicht die Distanzen zwischen Zeilen- und Spaltenprofilen definiert sind.

2.8 Grafische Darstellung der Profile

2.8.1 Spaltenprofile im Raum der Zeilen

Für die nachfolgende geometrische Herleitung der Korrespondenzanalyse wird wiederum das Beispiel der kulturellen Kompetenz verwendet. Bei der Darstellung der sechs Spaltenprofile hat jede dieser Spalten drei Komponenten, deren Summe Eins ist (vgl. Tabelle 2.2). Werden als Eingabedaten die Häufigkeiten einer empirisch ermittelten Kontingenztabelle verwendet, so ist der maximale Wert, den ein Element eines beliebigen Spaltenprofils annehmen kann, Eins, der minimale ist Null. In dem gegebenen Beispiel können die sechs Spaltenprofile mit ihren jeweils drei Komponenten innerhalb eines dreidimensionalen Raumes grafisch dargestellt werden. Der Projektionsraum hat die Dimensionen "Hose umnähen: ja", "Hose umnähen: etwas" und "Hose umnähen: nein"; er kann als "Würfel" grafisch dargestellt werden, also als ein Raum, in dem alle Seiten gleich lang sind (s. Abbildung 2.2).

Abbildung 2.2: Dreidimensionaler Raum mit gleichen Kantenlängen

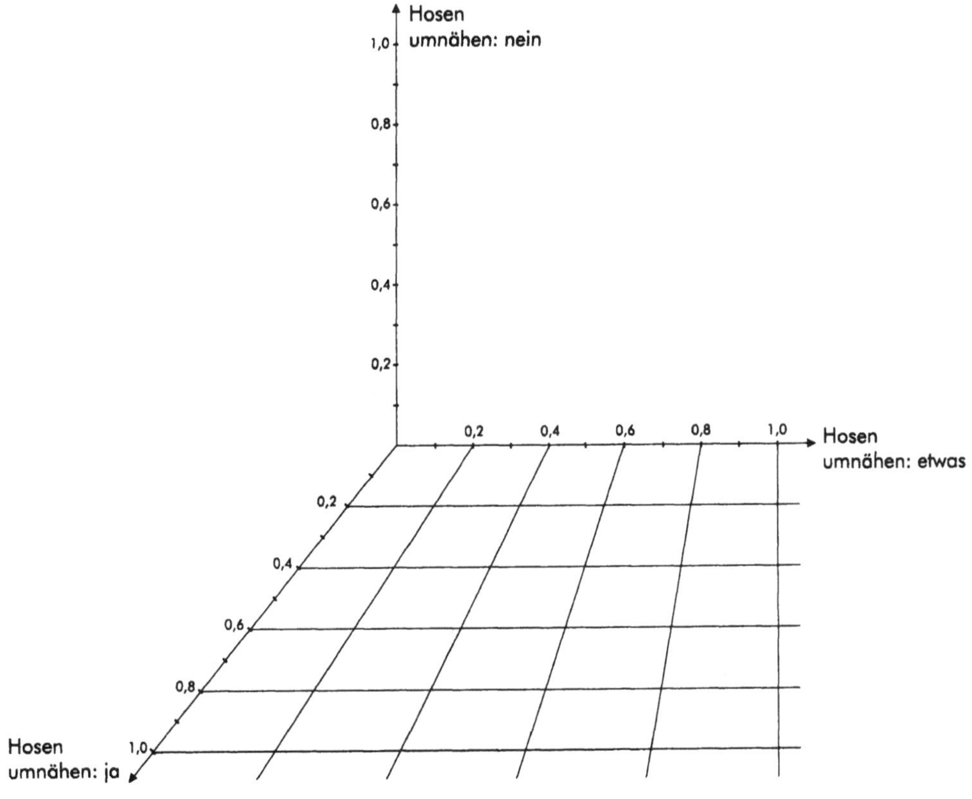

Die *Scheitelpunkte* des abgebildeten *Einheitswürfels*, also eines Würfels, bei dem jeweils eine Dimension die Länge Eins hat und die beiden verbleibenden Dimensionen die Länge Null haben, sind durch die Koordinaten (1; 0; 0), (0; 1; 0) und (0; 0; 1) gekennzeichnet. Die an den Scheitelpunkten verwendeten Bezeichnungen der Dimensionen sind zwar identisch mit denen der Variablenausprägungen der Zeilen, nicht aber mit deren Profilen: Die Scheitelpunkte haben drei Komponenten, die Profile der Zeilen sechs - und zwar in den Dimensionen "Männer bis 39 Jahre" bis "Frauen ab 60 Jahre" (vgl. Tabelle 2.3). Die Scheitelpunkte markieren zugleich die *Grenzen des Projektionsraums*, daher darf kein Profilelement einen größeren Wert als Eins bzw. einen kleineren Wert als Null haben. Aus dieser Bedingung kann abgeleitet werden, daß negative Werte in der Matrix der Eingabedaten nicht zugelassen sind; gibt es in einer Tabelle negative Werte, müssen die Daten vor der Analyse transformiert werden (zu derartigen Anwendungen der Korrespondenzanalyse, Kapitel 9).

Abgesehen von den oben beschriebenen Einschränkungen können in den durch die drei Scheitelpunkte aufgespannten Würfel beliebige Profile projiziert werden; diese müssen lediglich genau drei Komponenten haben, deren Dimensionen mit denen des Würfels übereinstimmen, in dem gegebenen Beispiel mit "Hosen umnähen: ja", "Hosen umnähen: etwas" und "Hosen umnähen: nein". Hätte ein Spaltenprofil die gleichen Koordinaten wie einer der drei Scheitelpunkte des Einheitswürfels (eine Eins und zwei Nullen), so würde dieses Profil exakt auf dem entsprechenden Scheitelpunkt des Würfels liegen - es gäbe dann z. B. eine Gruppe von Personen, deren Mitglieder alle die Fähigkeit haben, Hosen umzunähen.

In den oben definierten Einheitswürfel sollen jedoch keine Profile projiziert werden, die nur in einem Element einen Wert ungleich Null haben, sondern die empirisch ermittelten Spaltenprofile, einschließlich des durchschnittlichen Spaltenprofils (siehe Tabelle 2.2). Diese sieben Profile haben jeweils drei Komponenten, die Dimensionen entsprechen denen des Einheitswürfels. Wird z. B. das Profil "Frauen zwischen 40 und 59 Jahren" in diesen Würfel projiziert, so hat es in Richtung des Scheitelpunktes (in der Dimension) "Hose umnähen: ja" die Ausprägung 0,9579, d. h. es liegt relativ nah an diesem Punkt. Korrespondierend mit dieser Nähe liegt es relativ weit entfernt von den anderen beiden Scheitelpunkten: in Richtung "Hose umnähen: etwas" hat es die Ausprägung 0,0230, in Richtung des Scheitelpunktes "Hose umnähen: nein" die Ausprägung 0,0192. Werden die sechs Spaltenprofile in diesen Einheitswürfel projiziert, so sollten die drei Profile der Männer und die drei Profile der Frauen jeweils relativ nah beieinander liegen, wobei die Distanzen zwischen den Profilen der Frauen kleiner sein sollten als die zwischen den Männern (vgl. die Spaltenprofile in Tabelle 2.2). Des weiteren sollten die Distanzen zwischen den beiden "Geschlechtern" relativ groß sein: Während die Profile der Frauen in der unmittelbaren Nähe von "Hosen umnähen: ja" lokalisiert sein sollten, sollten die drei Profile der Männer am dichtesten an "Hosen umnähen: nein" liegen.

Wenn es möglich ist, die sechs Spaltenprofile in den definierten Einheitswürfel zu projizieren, so gilt dies auch für das Durchschnittsprofil der Spalten. Dieses Profil hat in Richtung des Scheitelpunktes "Hosen umnähen: ja" die Ausprägung 0,6275, in Richtung "Hosen umnähen: etwas" die Ausprägung 0,1071 und in Richtung "Hosen umnähen: nein" die Ausprägung 0,2654. In Abbildung 2.3 sind die Projektionen von zwei exemplarisch ausgewählten Spaltenprofilen und des Durchschnittprofils der Spalten im Einheitswürfel wiedergegeben.

Abbildung 2.3: Projektionen von zwei Spaltenprofilen und des durchschnittlichen Spaltenprofils in den Einheitswürfel

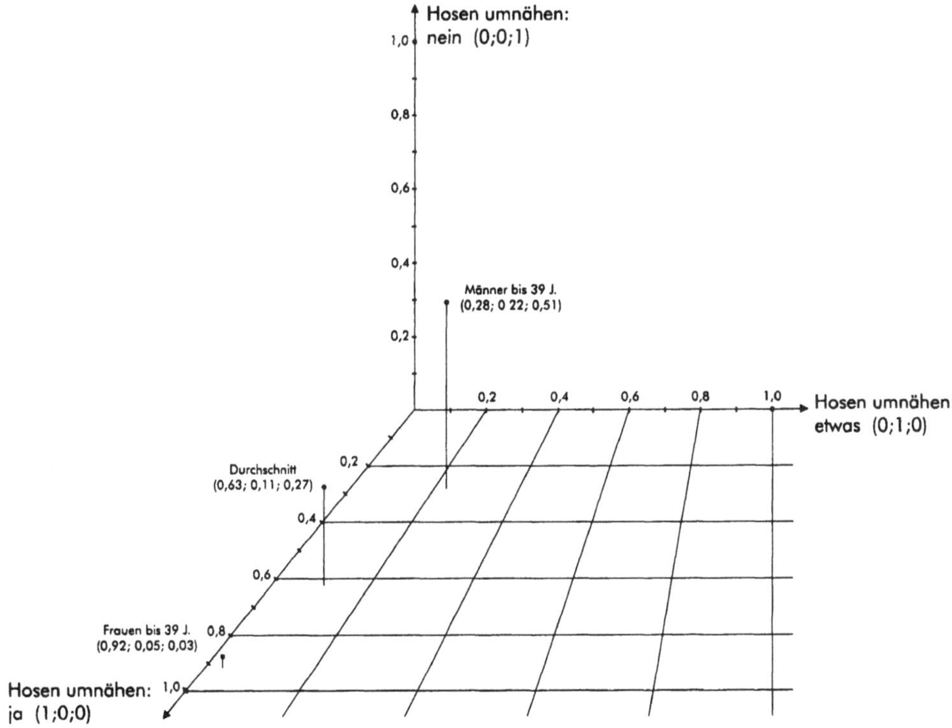

Die drei Scheitelpunkte des Einheitswürfel können mit einem gleichseitigen Dreieck verbunden werden. Die Eckpunkte des resultierenden Dreieckes entsprechen den Scheitelpunkten des Einheitswürfel, also den Dimensionen "Hosen umnähen: ja", "Hosen umnähen: etwas" und "Hosen umnähen: nein". Die Länge der Seiten kann mit Hilfe des Kathetensatzes bestimmt werden; demnach ist die Hypotenuse, also die Linie, welche die Scheitelpunkte des Würfels verbindet (siehe Abbildung 2.4), gleich der Wurzel aus der Summe der quadrierten Katheten, also der quadrierten Kantenlängen des Würfels. Da die Kantenlängen des Einheitswürfels alle gleich Eins sind, haben die Seiten des gleichseitigen Dreieckes alle die Länge $\sqrt{2}$.

Abbildung 2.4: Projektionsraum der Spaltenprofile mit gleichseitigem Dreieck, welches die Scheitelpunkte verbindet

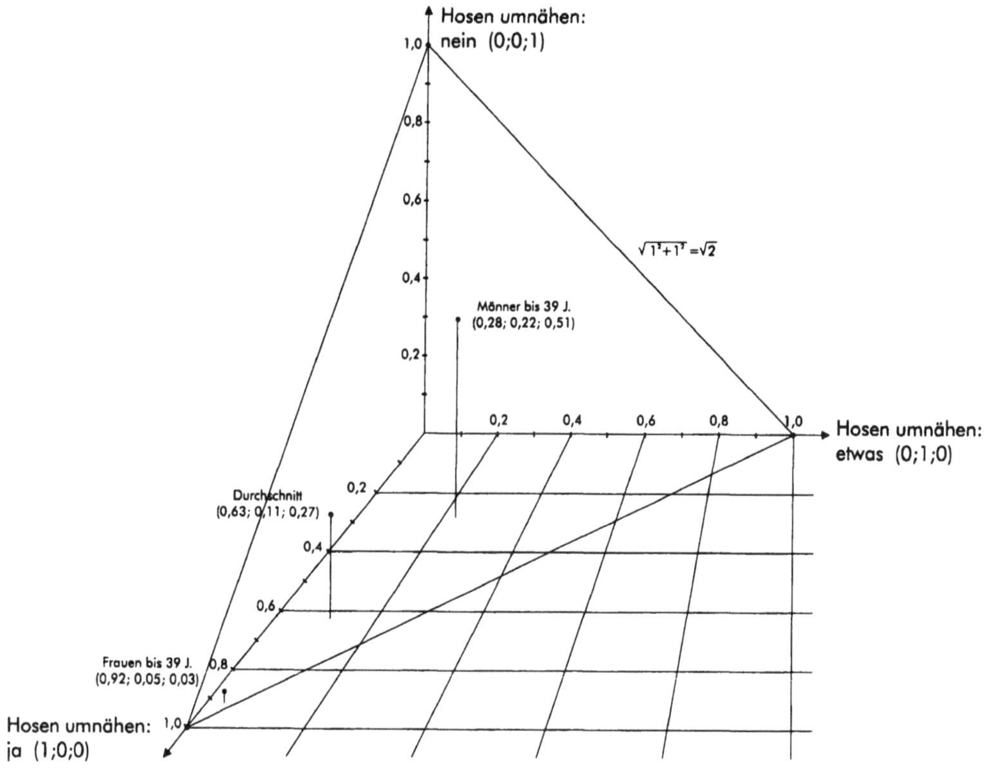

Da die Summe der Komponenten der sechs Spaltenprofile und des durchschnittlichen Spaltenprofils jeweils Eins ist, liegen die sieben Projektionspunkte auf der Fläche des Dreieckes (vgl. die exemplarische Darstellung von drei Profilen in Abbildung 2.4). Dieses gleichseitige Dreieck mit den Projektionen der Spaltenprofile und des durchschnittlichen Spaltenprofils kann aus der Grafik herausgezogen und als nunmehr zweidimensionale Darstellung interpretiert werden. Eine derartige Reduktion um eine Dimension gilt für alle Kontingenztabellen, bei denen zwei Variablen miteinander kreuztabelliert wurden: So ist die Dimensionalität bei vier Zeilen (und weiterhin sechs Spalten) drei, bei fünf Zeilen vier und bei sechs Zeilen fünf; die *Dimensionalität des Projektionsraums* ist immer um mindestens eins kleiner als das Minimum von Zeilen und Spalten der Matrix der Eingabedaten.[3] Dieser "Verlust" einer "Dimension" sei exemplarisch für den Übergang von der zwei- zur eindi-

3 Die Reduktion der Dimensionalität kann auch größer Eins sein, z. B. in der multiplen Korrespondenzanalyse (vgl. Kapitel 5).

mensionalen Darstellung gezeigt. Gegeben seien die Profile (1,0; 0,0), (0,9; 0,1), (0,8; 0,2), ..., (0,1; 0,9) und (0,0; 1,0), welche exemplarisch für alle weiteren, deren Summe der vorhandenen zwei Komponenten Eins ergibt, in Abbildung 2.5 eingezeichnet sind.

Abbildung 2.5: Projektionen auf einer Geraden

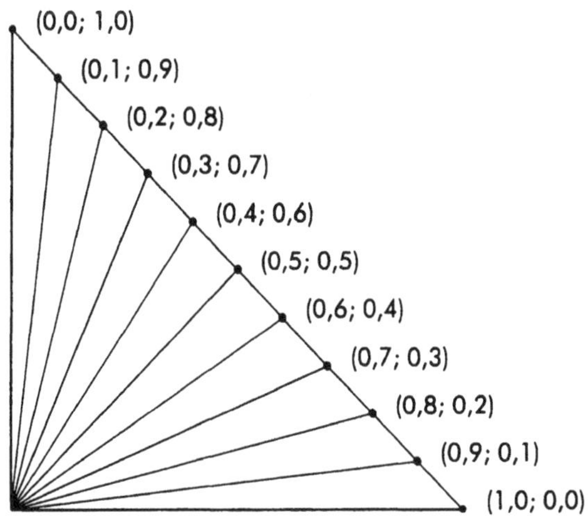

Wie anhand von Abbildung 2.5 zu erkennen ist, enden alle Projektionen auf einer Geraden, welche den Koordinatenpunkt (1,0; 0,0) mit dem Koordinatenpunkt (0,0; 1,0) verbindet. Somit können alle zweielementigen Profile ohne Informationsverlust in einer eindimensionalen Darstellung abgebildet werden; die Interpretation bezüglich der Ähnlichkeiten der Profile ist in der zweidimensionalen Darstellung die gleiche wie in der eindimensionalen, die zweite Dimension wird nicht benötigt.

Wie für den Übergang von der zwei- zur eindimensionalen Lösung gezeigt, gibt es auch keinen Informationsverlust beim Übergang von der drei- zur zweidimensionalen Darstellung oder, allgemein ausgedrückt, beim Übergang von der *k*- zur *(k-1)*-dimensionalen Lösung. Räumlich weit voneinander entfernte Profile liegen weiterhin weit voneinander entfernt, nah beieinander liegende Profile liegen weiterhin nah beieinander. Durch das Herausziehen des gleichseitigen Dreiecks aus der dreidimensionalen Darstellung werden aus den ehemaligen Eckpunkten des Würfels die Scheitelpunkte des Dreieckes, die Lage der Profile - der Vektorendpunkte - im zweidimensionalen Projektionsraum bleibt unverändert (Abbildung 2.6).

Werden die Abbildungen 2.4 und 2.6 verglichen, so besteht der Unterschied lediglich darin, daß in Abbildung 2.6 auf die - nicht benötigte - dritte Dimension verzichtet wird. Ein mit dem Lineal nachvollziehbarer Vergleich der Distanzen zwischen den Lokalisationen der Profile als auch zwischen diesen und den Scheitel- bzw. Eckpunkten im Projektionsraum führt in beiden Abbildungen zu exakt den gleichen Ergebnissen. Da Abbildung 2.6 keine gute grafische Darstellung des zweidimensionalen Projektionsraums ist, wird das Dreieck derart gedreht, daß alle drei Seiten nicht nur in der numerischen, sondern auch in der grafischen Darstellung gleich lang sind. In dieses gleichseitige Dreieck werden die sechs Spaltenprofile und das durchschnittliche Spaltenprofil eingezeichnet (Abbildung 2.7).

Abbildung 2.6: Dreieck mit den Projektionen der zwei Spaltenprofile und des durchschnittlichen Spaltenprofils

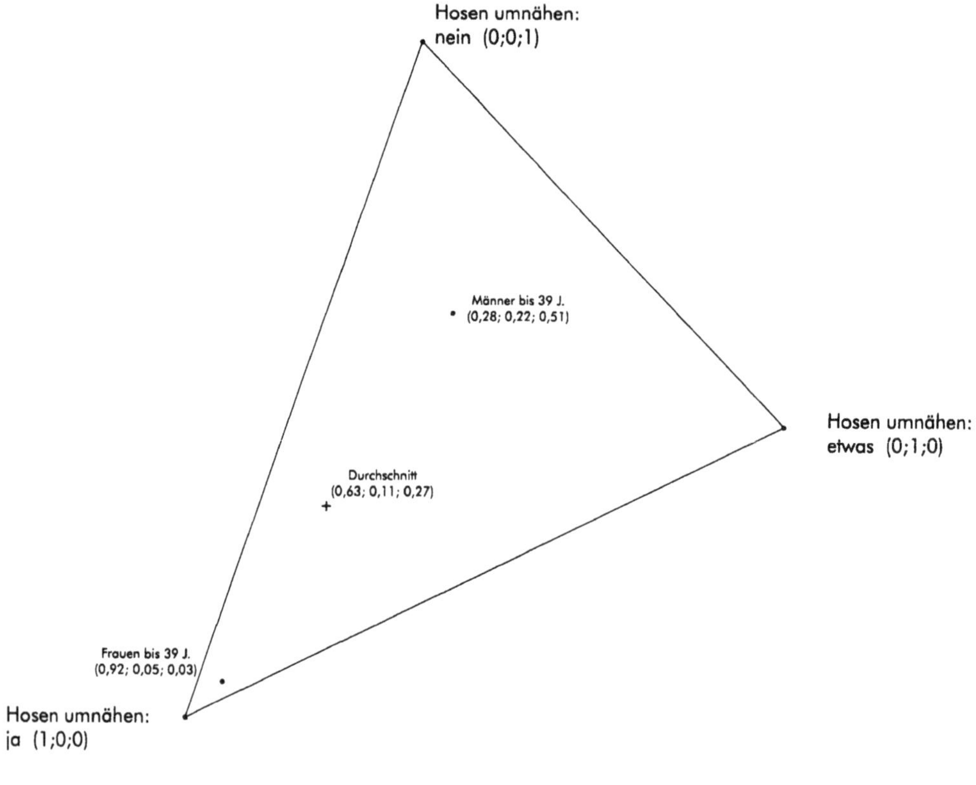

Anhand von Abbildung von 2.7 sind die kurzen Distanzen sowohl zwischen den drei Profilen der Frauen als auch zwischen den drei Profilen der Männer gut zu erkennen. Dabei sind die beiden "Cluster" von Profilen relativ weit voneinander entfernt - die unterschiedliche "kulturelle Kompetenz" von Männern und Frauen bezüglich der Fähigkeit "Hosen umzunähen" wird sichtbar. Zwischen den beiden "Clustern" liegt das durchschnittliche Spaltenprofil als Mittelwert der sechs Profile.

Wie bereits für die Positionierung der Spaltenprofile in den dreidimensionalen Einheitswürfel beschrieben, kann auch die Position der Spaltenprofile in diesem gleichseitigen Drei-

Abbildung 2.7: Gleichseitiges Dreieck mit den Projektionen der Spaltenprofile und dem durchschnittlichen Spaltenprofil

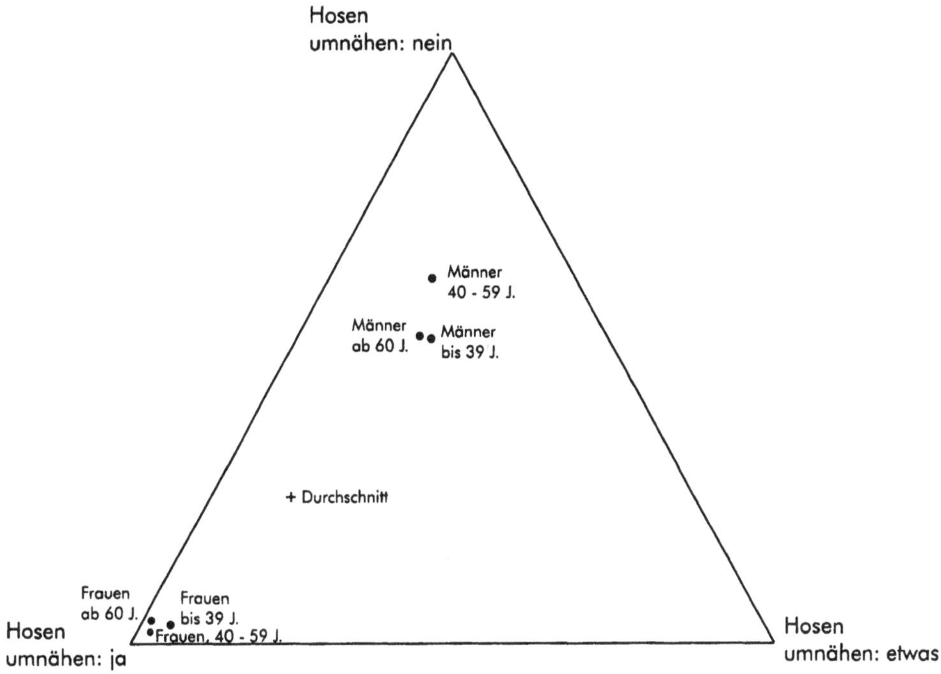

eck gefunden werden (in den Abbildungen 2.8a und 2.8b exemplarisch dargestellt für das Spaltenprofil "Männer bis 39 Jahre"). Für das Finden der Position wird zuerst eine Bewegungsrichtung vorgegeben (z. B. von "Hosen umnähen: ja" über "Hosen umnähen: etwas" zu "Hosen umnähen: nein"), anschließend werden die Entfernungen in Richtung der Scheitelpunkte abgetragen, die zu den jeweiligen Elementen des zu betrachtenden Profils gehören. Dabei werden die Werte des Profils "Männer bis 39 Jahre" (Tabelle 2.2) auf den Kantenlinien abgetragen: 0,5074 Einheiten in Richtung "Hosen umnähen: nein", 0,2175 Einheiten in Richtung "Hosen umnähen: etwas" und 0,2751 Einheiten in Richtung "Hosen umnähen: ja". Durch Parallelverschiebung der Schnittpunkte auf den Kantenlinien wird die Position des Profils innerhalb des gleichseitigen Dreieckes gefunden. Die Bewegungsrichtung selbst (im oder entgegen dem Uhrzeigersinn) ist für das Finden der Position ohne Bedeutung (vgl. Abbildungen 2.8a, b).

Da bisher alle Profile als "gleichgewichtet" betrachtet wurden, hat die Euklidische Distanz in den bis an dieser Stelle verwendeten Abbildungen keine Gültigkeit; d. h. die Abstände zwischen den Profilen können nicht auf der Basis dieser Metrik interpretiert werden. So kann z. B. anhand der bisherigen Abbildungen nicht eindeutig angegeben werden, welches der sechs Spaltenprofile dem durchschnittlichen Spaltenprofil am ähnlichsten ist

(Abbildung 2.7). Um die Distanzen in der grafischen Darstellung euklidisch interpretieren zu dürfen, müssen die einzelnen Profilelemente - wie anhand der Daten von Porst bereits vorgerechnet (vgl. Abschnitt 2.7) - mit den korrespondierenden durchschnittlichen Profilelementen gewichtet werden. Dieses numerische Vorgehen wird nachfolgend auf die grafische Darstellung übertragen.

Abbildungen 2.8a, b: Positionierung eines Spaltenprofils innerhalb des gleichseitigen Dreieckes

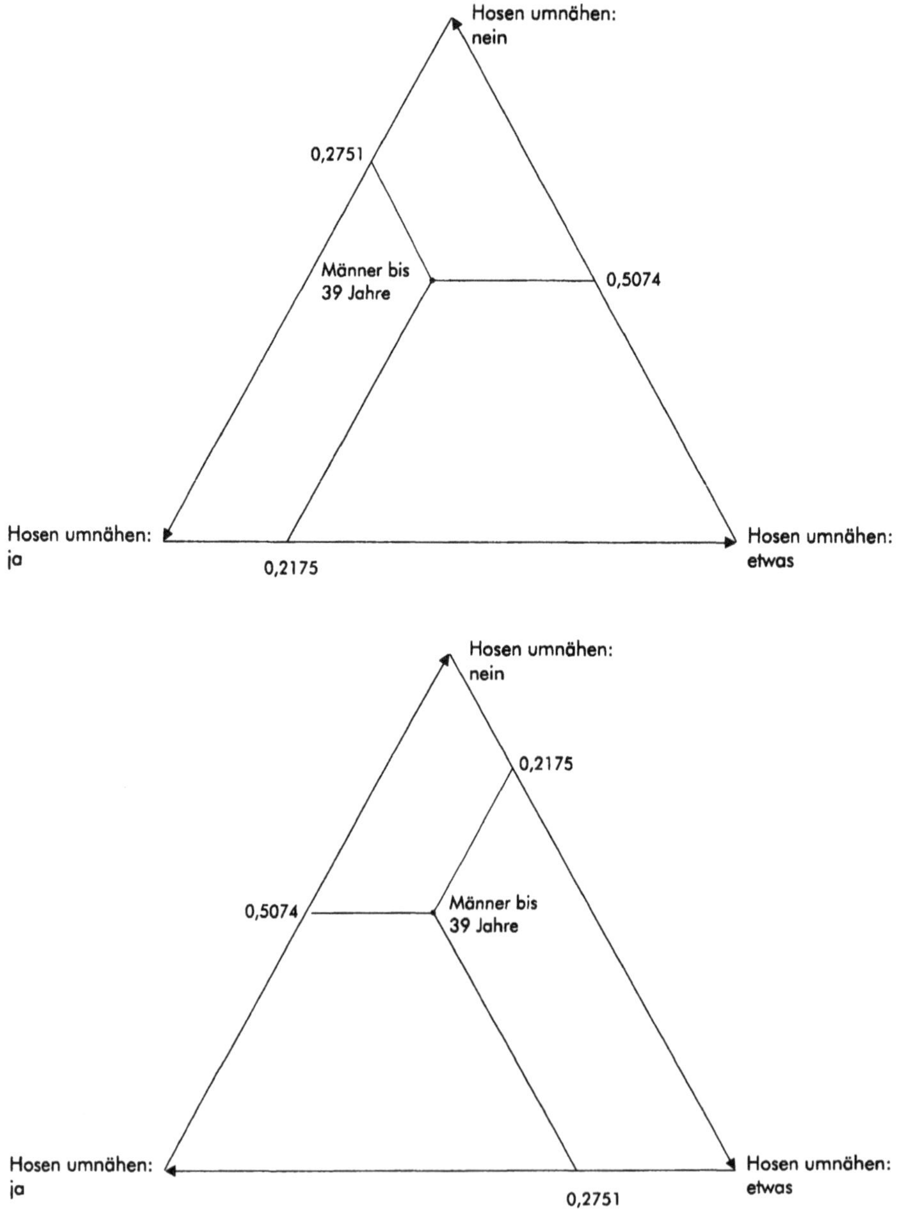

Betrachten wir weiterhin das Ausgangsbeispiel mit den drei Kategorien der Fähigkeit "Hosen umnähen", kreuztabelliert mit den sechs Merkmalen der Variablen "Alter × Geschlecht". Entsprechend Abbildung 2.4 haben die drei Zeilenscheitelpunkte alle als Maximum den Wert Eins in der einen Dimension und den Wert Null in den beiden anderen. Im folgenden werden mit der Berücksichtigung der *Massen der Zeilen* (= Elemente des durchschnittlichen Spaltenprofils), "gewichtete Scheitelpunkte" betrachtet; so werden dem Scheitelpunkt "Hosen umnähen: ja", der anfangs die Koordinaten (1; 0; 0) hatte, mit der Gewichtung die neuen Koordinaten $(1/\sqrt{0{,}6275};0;0)=(1{,}26;0;0)$ zugewiesen. Die entsprechenden Werte für die Scheitelpunkte "Hose umnähen: etwas" und "Hose umnähen: nein" sind $(0;1/\sqrt{0{,}1071};0)=(0;3{,}06;0)$ und $(0;0;1/\sqrt{0{,}2654})$. Der mit Hilfe dieser gewichteten Scheitelpunkte aufgespannte dreidimensionale Projektionsraum ist in Abbildung 2.9 wiedergegeben.

Abbildung 2.9: Projektionsraum mit gewichteten Achsen

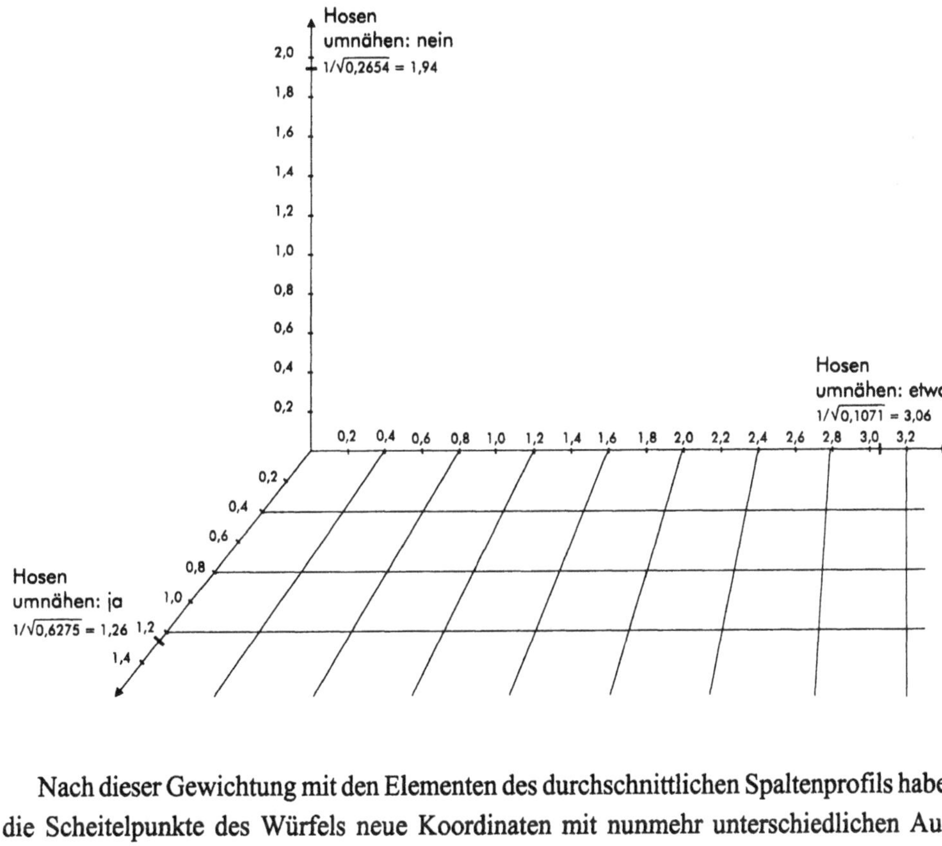

Nach dieser Gewichtung mit den Elementen des durchschnittlichen Spaltenprofils haben die Scheitelpunkte des Würfels neue Koordinaten mit nunmehr unterschiedlichen Ausprägungen. Diese *gewichteten Scheitelpunkte* des ehemaligen Einheitswürfels sind die Scheitelpunkte des "neuen" Projektionsraums, die durch Kantenlinien - nunmehr ebenfalls unterschiedlicher Länge - verbunden werden können. Die Längen der Kanten werden wiederum mit Hilfe des Kathetensatzes bestimmt; so ist z. B. die Kantenlänge zwischen den Scheitelpunkten "Hose umnähen: ja" und "Hose umnähen: etwas"

$$\sqrt{1{,}26^2 + 3{,}06^2} = 3{,}31,$$

die zwischen "Hose umnähen: ja" und "Hose umnähen: nein"

$$\sqrt{1{,}26^2 + 1{,}94^2} = 2{,}31$$

und die zwischen "Hosen umnähen: etwas" und "Hose umnähen: nein"

$$\sqrt{1{,}94^2 + 3{,}06^2} = 3{,}62.$$

Sollen die sechs Spaltenprofile und das durchschnittliche Spaltenprofil in diesen (gewichteten) Projektionsraum projiziert werden, so müssen auch sie zuvor derart gewichtet werden, daß ihre maximalen Werte mit denen des "neuen" Projektionsraums übereinstimmen. Diese Gewichtungen sollen exemplarisch erläutert werden: Das ungewichtete Profil "Frauen bis 39 Jahre" hat die Komponenten (0,9205; 0,0462; 0,0332), die gewichteten Elemente dieses Profils sind:

$$(0{,}9205/\sqrt{0{,}6275};\ 0{,}0462/\sqrt{0{,}1071};\ 0{,}0332/\sqrt{0{,}2654}) = (1{,}16;\ 0{,}14;\ 0{,}06)$$

Auch wenn es durch die unterschiedliche Gewichtung der einzelnen Profilelemente zu Verschiebungen der relativen Lagen der Spaltenprofile kommt, so bleibt - in diesem einführenden Beispiel - die globale Interpretation hinsichtlich der Nähe zu den (ebenfalls gewichteten) Scheitelpunkten bestehen; die drei Spaltenprofile der Frauen liegen z. B. weiterhin in unmittelbarer Nähe des Scheitelpunktes "Hosen umnähen: ja" (1,26; 0; 0). Doch lediglich im gewichteten Fall dürfen die Abstände zwischen zwei Profilen euklidisch interpretiert werden. Da es in dem gegebenen Beispiel lediglich zwei Dimensionen gibt, können die Abstände mit dem Lineal gemessen werden.

Ebenso wie die Spaltenprofile muß auch das durchschnittliche Spaltenprofil mit den Massen der Zeilen gewichtet werden, um die Gültigkeit der Euklidischen Metrik herzustellen. Die gewichteten Elemente des durchschnittlichen Spaltenprofils sind:

$$(0{,}6275/\sqrt{0{,}6275};\ 0{,}1071/\sqrt{0{,}1071};\ 0{,}2654/\sqrt{0{,}2654}) = (0{,}79;\ 0{,}33;\ 0{,}52)$$

Dieser, mit den Elementen des durchschnittlichen Spaltenprofils gewichtete, ehemalige Schwerpunkt der Spaltenprofile ist der "neue" Schwerpunkt der Spaltendarstellung im (gewichteten) Projektionsraum der Zeilen. Analog den vorgerechneten Beispielen werden auch die verbleibenden fünf Spaltenprofile gewichtet, so daß sie in dem neuen Projektionsraum grafisch dargestellt werden können; diese Darstellung erfolgt exemplarisch für drei Profile in Abbildung 2.10.

Die in Abbildung 2.10 dargestellten Abstände zwischen den Profilen können als Euklidische Distanzen interpretiert werden: Je näher zwei Spaltenprofile (inkl. des durchschnittlichen Spaltenprofils) beieinander liegen, desto ähnlicher sind sie. Da die (gewichteten) Scheitelpunkte des Projektionsraums die gleichen Dimensionen wie die Spaltenprofile haben, dürfen sie in die Interpretation einbezogen werden; die Distanzen der Spaltenprofile zu den Scheitelpunkten des Raumes sind definiert und dürfen als Ähnlichkeiten/ Unähnlichkeiten gemeinsam mit den Distanzen zwischen den Spaltenprofilen interpretiert werden. Dabei sei nochmals explizit darauf hingewiesen, daß die Scheitelpunkte lediglich die maximalen Ausprägungen der Zeilen symbolisieren, nicht aber mit den Zeilenprofilen verwechselt werden dürfen.

Abbildung 2.10: Darstellung von drei Profilen im gewichteten Projektionsraum

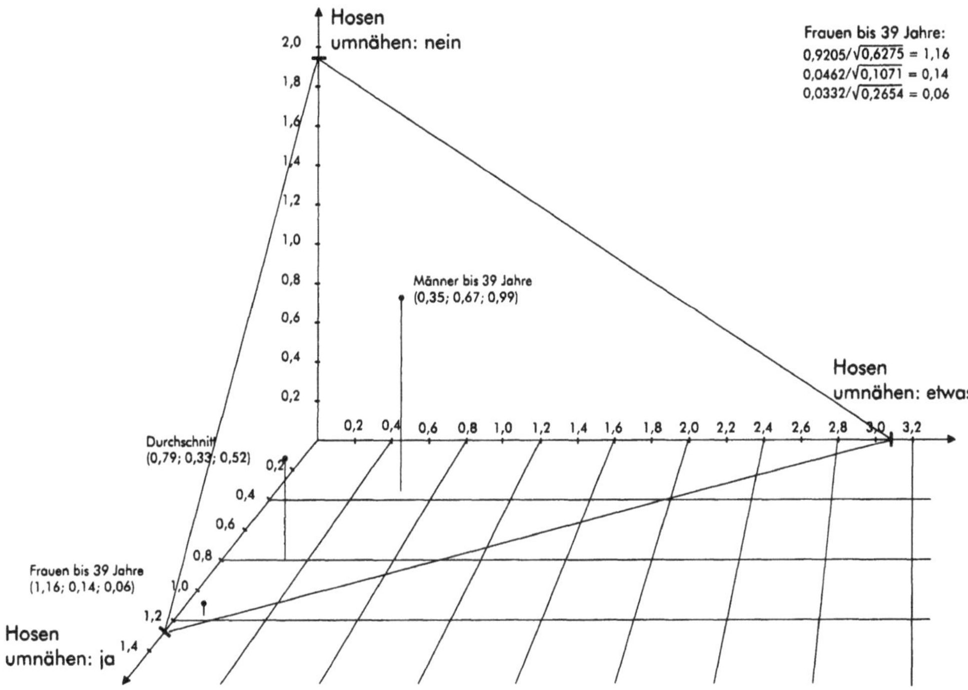

Die Scheitelpunkte des oben definierten dreidimensionalen Projektionsraums werden wie beim Einheitswürfel mit Hilfe eines Dreieckes verbunden - eines Dreieckes, welches aufgrund der nun unterschiedlichen Kantenlängen nicht mehr gleichseitig ist. Analog zur Darstellung des Einheitswürfels und des dazugehörigen gleichseitigen Dreieckes liegen auch in diesem gewichteten Projektionsraum alle Spaltenprofile und das durchschnittliche Spaltenprofil innerhalb des Dreieckes. Das Dreieck kann wiederum ohne Informationsverlust aus der Abbildung herausgezogen (Abbildung 2.11) und anschließend derart gedreht werden, so daß es sich um eine echte zweidimensionale Darstellung handelt (Abbildung 2.12).

Abbildung 2.11: Gewichtetes Dreieck mit den zwei Spaltenprofilen und dem durchschnittlichen Spaltenprofil

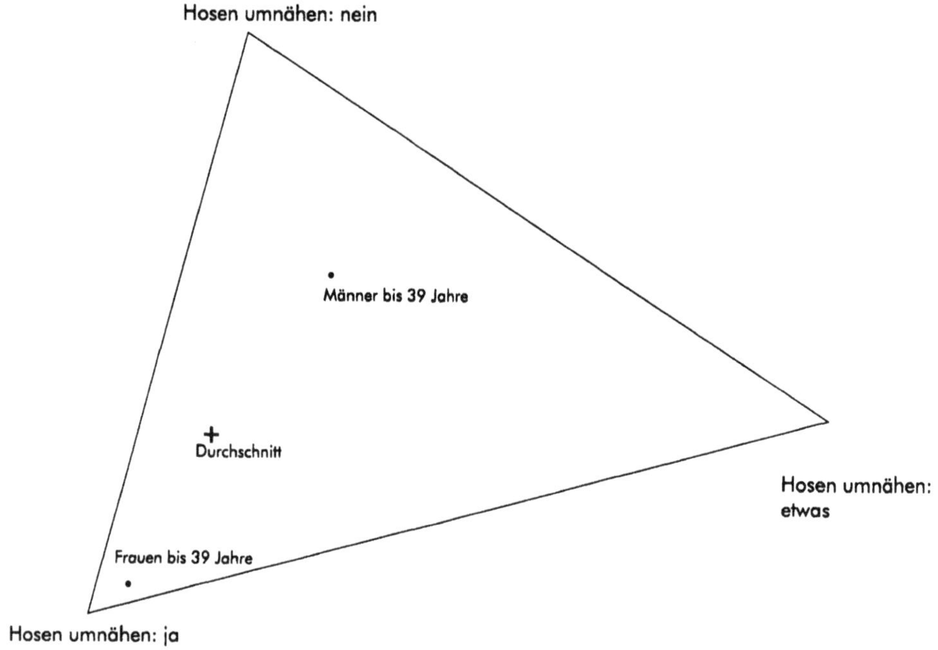

Abbildung 2.12: Darstellung des gewichteten Dreiecks mit den sechs Spaltenprofilen und dem durchschnittlichen Spaltenprofil im zweidimensionalen Raum

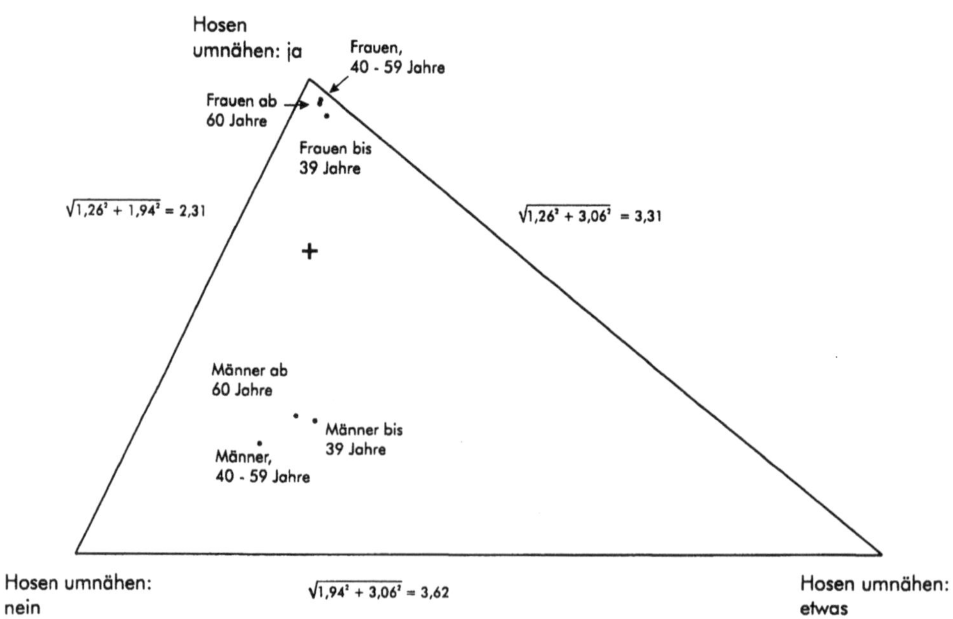

In diesem Dreieck können, analog zu dem zuvor beschriebenen gleichseitigen Dreieck, alle Spaltenprofile und das durchschnittliche Spaltenprofil lokalisiert werden,- dargestellt werden soll dies am Beispiel von "Frauen bis 39 Jahre". Die gewichteten Elemente dieses Spaltenprofils sind (1,16; 0,14; 0,06), die der Scheitelpunkte sind (1,26; 0; 0), (0; 3,06; 0) und (0; 0; 1,94); die Kantenlänge zwischen den Scheitelpunkten "Hosen umnähen: nein" und "Hosen umnähen: ja" ist $\sqrt{1{,}26^2 + 1{,}94^2} = 2{,}31$. Der Scheitelpunkt "Hosen umnähen: ja" hat die Ausprägung 1,26, das korrespondierende Element des Spaltenprofils "Frauen bis 39 Jahre" hat den Wert 1,16, d. h. es müssen 1,16 / 1,26 Teile des Weges auf der 2,31 Einheiten messenden Kantenlänge zurückgelegt werden, der auf dieser Kante abzutragende Wert ist somit 2,31 * 1,16 / 1,26 = 2,13 Einheiten. Analog dazu ist der auf der Kantenlinie von "Hosen umnähen: ja" bis "Hosen umnähen: etwas" abzutragende Wert 3,31 * 0,14 / 3,06 = 0,15 Einheiten und auf der Kantenlinie von "Hosen umnähen: etwas" bis "Hosen umnähen: nein" sind es 3,62 * 0,06 / 1,94 = 0,11 Einheiten. Durch Parallelverschiebung der gekennzeichneten Abschnitte auf den Kantenlinien (vgl. Abbildung 2.8) wird die Lage des Spaltenprofils "Frauen bis 39 Jahre" in dem gewichteten Dreieck gefunden.

In dem in Abbildung 2.12 dargestellten Projektionsraum gilt die Euklidische Metrik, d. h. Distanzen zwischen den Spaltenprofilen als auch zwischen den Spaltenprofilen und dem durchschnittlichen Spaltenprofil können als Ähnlichkeiten interpretiert werden: Je ähnlicher zwei Profile sind, desto näher liegen sie beieinander. Wie schon zuvor erläutert, dürfen die Scheitelpunkte mit in die Analyse einbezogen werden - auch die Entfernungen zu ihnen können euklidisch gemessen und als Ähnlichkeiten interpretiert werden. Die Distanzen zwischen den Spaltenprofilen als auch die Distanzen zwischen den Scheitelpunkten und den Spaltenprofilen sind in Tabelle 2.7 wiedergegeben (zur Berechnung siehe Abschnitt 2.7). Da in dem gegebenen Beispiel mit der zweidimensionalen Darstellung eine fehlerfreie Reproduktion der Daten möglich ist, können die Distanzen mit Hilfe eines Lineals anhand von Abbildung 2.12 verifiziert werden. Anhand dieser Abbildung können selbst kleinste Differenzen erkannt werden: z. B. ist die Distanz der "Frauen zwischen 40 und 59 Jahren" zum Scheitelpunkt "Hosen umnähen: ja" 0,096, die der "Frauen ab 60 Jahre" ist mit 0,120 etwas größer und die "Frauen bis 39 Jahre" haben von den drei Gruppen der Frauen mit 0,185 den größten Abstand zu diesem Scheitelpunkt (vgl. die Werte in Tabelle 2.7 und die mit dem Lineal nachzumessenden Distanzen in Abbildung 2.12). Die Distanzen stehen auch im Verhältnis zu den Angaben in Tabelle 2.2, wonach die Frauen bis 39 Jahre (von den drei Gruppen der Frauen) am seltensten (92,1%) und die Frauen zwischen 40 und 59 Jahren am häufigsten (95,8%) angaben, daß sie Hosen umnähen können.

Die bereits mit Abbildung 2.12 angegebenen Euklidischen Distanzen der Spaltenprofile zueinander als auch zu den Scheitelpunkten sind in Tabelle 2.7 numerisch wiedergegeben. Deutlich werden z. B. die großen Ähnlichkeiten der drei Ausprägungen der "Frauen" (die Distanzwerte liegen zwischen 0,024 und 0,089) als auch die der "Männer" (deren Distanzwerte etwas größer sind, sie liegen zwischen 0,074 und 0,274). Diese Unterschiede hinsichtlich der Distanzen innerhalb des Clusters der Frauen und innerhalb des Clusters der Männer sind auch anhand von Abbildung 2.12 nachvollziehbar. Die Distanzen zwischen den Scheitelpunkten entsprechen den Kantenlängen des Projektionsraums, sie sind zwar definiert, haben aber keine sozialwissenschaftliche Interpretation.

Tabelle 2.7: Chi-Quadrat-Distanzen zwischen den Spaltenprofilen, dem durchschnittlichen Spaltenprofil und den Scheitelpunkten

	M1	M2	M3	F1	F2	F3	S	P1	P2
M2	0,274	-							
M3	0,074	0,221	-						
F1	1,336	1,463	1,318	-					
F2	1,412	1,530	1,391	0,089	-				
F3	1,389	1,508	1,368	0,066	0,024	-			
S	0,730	0,854	0,707	0,612	0,684	0,661	-		
P1	1,500	1,610	1,477	0,185	0,096	0,120	0,770	-	
P2	2,609	2,843	2,682	3,138	3,221	3,202	2,887	3,306	-
P3	1,215	0,944	1,165	2,212	2,257	2,239	1,664	2,315	3,620

M1 = Männer bis 39 Jahre
M2 = Männer zwischen 40 und 59 Jahren
M3 = Männer, 60 Jahre und älter
F1 = Frauen bis 39 Jahre
F2 = Frauen zwischen 40 und 59 Jahren
F3 = Frauen, 60 Jahre und älter
S = Schwerpunkt der Darstellung
P1 = Scheitelpunkt: Hosen umnähen: ja
P2 = Scheitelpunkt: Hosen umnähen: etwas
P3 = Scheitelpunkt: Hosen umnähen: nein

2.8.2 Zeilenprofile im Raum der Spalten

Im vorangegangenen Teilabschnitt wurde gezeigt, wie die sechs Spaltenprofile "Männer bis 39 Jahre" bis "Frauen ab 60 Jahre" in einen zweidimensionalen Raum projiziert werden können, der durch die drei Scheitelpunkte "Hosen umnähen: ja", "Hosen umnähen: etwas" und "Hosen umnähen: nein" aufgespannt wird. Ähnlich wie mit Hilfe der drei Zeilen ein Raum definiert werden kann, in den die Spaltenprofile projiziert werden, kann mit Hilfe der sechs Spalten ein Raum definiert werden, in den die drei Zeilenprofile projiziert werden können. Der durch die sechs Spalten definierte, ungewichtete Projektionsraum hat sechs Scheitelpunkte, die durch die Koordinaten (1; 0; 0; 0; 0; 0), (0; 1; 0; 0; 0; 0) ... (0; 0; 0; 0; 0; 1) gekennzeichnet sind. Von jedem Scheitelpunkt gibt es zu jedem anderen eine direkte Verbindung, insgesamt also 6 * 5 / 2 = 15 Kantenlinien. Wie für die Darstellung der Spalten im Raum der Zeilen gilt für die Darstellung der Zeilen im Raum der Spalten, daß je dichter ein Profil bei einem Scheitelpunkt liegt, desto größer ist seine Ähnlichkeit mit diesem: So läge das hypothetische Zeilenprofil (1; 0; 0; 0; 0; 0) genau auf dem Scheitelpunkt "Männer bis 39 Jahre", während das, ebenfalls hypothetische, Zeilenprofil (0; 0,5; 0; 0; 0,5; 0) genau in der Mitte der Kantenlinie "Männer, 40 bis 59 Jahre" und "Frauen, 40 bis 59 Jahre" läge. Die sechs Scheitelpunkte spannen einen fünfdimensionalen Raum auf; da nur drei Zeilen vorhanden sind, reichen zwei Dimensionen zur vollständigen Beschreibung des Projektionsraums aus.[4]

Analog der Darstellung der Spaltenprofile können auch zwischen den Zeilenprofilen sowie zwischen den Zeilenprofilen und dem durchschnittlichen Zeilenprofil *Chi-Quadrat-Distanzen* bestimmt werden. Für diese Berechnungen müssen - ebenfalls analog zur Darstellung der Spaltenprofile - im ersten Schritt gewichtete Scheitelpunkte bestimmt werden. Die Berechnung dieser gewichteten Scheitelpunkte, die die gleichen Bezeichnungen wie die Spaltenprofile haben ("Männer bis 39 Jahre", ..., "Frauen, 60 Jahre und älter"), aber nicht mit diesen verwechselt werden dürfen, erfolgt per Division durch die radizierten Elemente des durchschnittlichen Zeilenprofils (vgl. Abschnitt 2.7); die Koordinaten für die gewichteten Scheitelpunkte sind $(1/\sqrt{0{,}1994}; 0; 0; 0; 0; 0)$, ..., $(0; 0; 0; 0; 0;\ 1/\sqrt{0{,}1409})$. In diesen "neuen" Projektionsraum, in dem die Euklidische Metrik gültig ist, können die drei - ebenfalls gewichteten - Zeilenprofile mit ihren jeweils sechs Elementen hineinprojiziert werden.

Nach der Gewichtung mit den Elementen des durchschnittlichen Zeilenprofils sind die neuen Koordinaten des Zeilenprofils "Hosen umnähen: ja"

$$(0{,}0874/\sqrt{0{,}1994};\ 0{,}0571/\sqrt{0{,}1564};\ 0{,}0476/\sqrt{0{,}1045},$$
$$0{,}3335/\sqrt{0{,}2273};\ 0{,}2618/\sqrt{0{,}1715};\ 0{,}2126/\sqrt{0{,}1409})$$
$$= (0{,}196;\ 0{,}144;\ 0{,}147;\ 0{,}700;\ 0{,}632;\ 0{,}566).$$

Für das durchschnittliche Zeilenprofil gilt:

$$(0{,}1994/\sqrt{0{,}1994};\ 0{,}1564/\sqrt{0{,}1564};\ 0{,}1045/\sqrt{0{,}1045};$$
$$0{,}2273/\sqrt{0{,}2273};\ 0{,}1715/\sqrt{0{,}1715};\ 0{,}1409/\sqrt{0{,}1409})$$
$$= (0{,}446;\ 0{,}395,\ 0{,}322;\ 0{,}476;\ 0{,}414;\ 0{,}375).$$

Mit Hilfe dieser gewichteten Profile können die Chi-Quadrat-Distanzen zwischen den

4 Drei beliebige Punkte die in einem höherdimensionalen Raum liegen können durch eine Fläche verbunden werden, zwei beliebige Punkte durch eine Gerade.

Zeilenprofilen, einschließlich des durchschnittlichen Zeilenprofils, als auch zwischen den Zeilenprofilen und den Scheitelpunkten der Spalten berechnet werden (Tabelle 2.8).

Tabelle 2.8: Chi-Quadrat-Distanzen zwischen den Zeilenprofilen, dem durchschnittlichen Zeilenprofil und den Scheitelpunkten

	H1	H2	H3	S	P1	P2	P3	P4	P5
H2	1,287	-							
H3	1,519	0,370	-						
S	0,539	0,759	0,981	-					
P1	2,082	1,199	1,436	1,709	-				
P2	2,556	2,137	1,825	2,228	3,251	-			
P3	1,602	0,349	0,491	1,089	0,946	2,310	-		
P4	0,472	1,606	1,892	0,931	2,162	3,029	1,877	-	
P5	0,562	1,796	1,974	1,040	2,644	2,650	2,128	0,701	-
P6	0,471	1,733	1,928	0,973	2,548	2,689	2,059	0,587	0,115

H1 = Hosen umnähen: ja
H2 = Hosen umnähen: etwas
H3 = Hosen umnähen: nein
S = Schwerpunkt der Darstellung
P1 = Scheitelpunkt: Männer bis 39 Jahre
P2 = Scheitelpunkt: Männer, 40 - 59 Jahre
P3 = Scheitelpunkt: Männer, 60 Jahre und älter
P4 = Scheitelpunkt: Frauen bis 39 Jahre
P5 = Scheitelpunkt: Frauen, 40 - 59 Jahre
P6 = Scheitelpunkt: Frauen, 60 Jahre und älter

Werden die Distanzen zwischen den Zeilenprofilen betrachtet, so liegen "Hosen umnähen: nein" und "Hosen umnähen: etwas" relativ dicht beieinander ($d^{(2)} = 0{,}370$), beide sind vom Zeilenprofil "Hosen umnähen: ja" relativ weit entfernt ($d^{(2)} = 1{,}287$ und 1,519). Auch bei der Interpretation dieser Tabelle wird deutlich, daß sich die Personengruppen, die die Angabe "Hosen umnähen: ja" überdurchschnittlich oft verwendeten, von denen unterscheiden, die die Angaben "Hosen umnähen: etwas" und "Hosen umnähen: nein" relativ oft verwendeten.

Etwas schwieriger als die Interpretation der Distanzen zwischen den Zeilenprofilen ist die Interpretation der Distanzen zwischen den Zeilenprofilen und den Scheitelpunkten. Werden z. B. die Abstände des Scheitelpunktes "Männer, 60 Jahre und älter" (P3) zu den drei Zeilenprofilen mit den Scheitelpunkten von "Männer bis 39 Jahre" (P1) und "Männer zwischen 40 und 59 Jahren" (P2) zu den Zeilenprofilen verglichen, so sind in den beiden zuletzt genannten Fällen jeweils alle drei Distanzwerte deutlich niedriger. Aus diesem

Ergebnis kann aber nicht abgeleitet werden, daß die "Männer, 60 Jahre und älter" in allen drei Ausprägungen die höchsten Werte haben, dem jeweiligen Profil daher am ähnlichsten sind. Um derartige "Fehlinterpretationen" zu vermeiden, müssen beim Vergleich der Distanzen zu den Zeilenprofilen die Scheitelpunkte einzeln als *Referenzpunkt* verwendet werden: z. B. der Scheitelpunkt "Frauen bis 39 Jahre" liegt am dichtesten an dem Zeilenprofil "Hosen umnähen: ja", am zweitdichtesten bei "Hosen umnähen: etwas" und er ist am weitesten von dem Zeilenprofil "Hosen umnähen: nein" entfernt (vergleiche die entsprechenden Distanzen in Tabelle 2.8: 0,472, 1,606 und 1,892).

2.9 Der optimale Unterraum

In den Abbildungen 2.11 und 2.12 konnten zwar alle Spaltenprofile ohne Informationsverlust in einem zweidimensionalen Raum lokalisiert werden, ihre Koordinaten beziehen sich jedoch auf drei Dimensionen - auf "Hosen umnähen: ja", "Hosen umnähen: etwas" und "Hosen umnähen: nein". Gesucht ist im folgenden ein zweidimensionales Koordinatensystem, in welches die Profile und die Scheitelpunkte aus Abbildung 2.12 übertragen werden können. Bei der Definition dieses neuen Systems soll die erste Dimension derart gewählt werden, daß mit ihr ein Maximum der Variation der Daten ($\chi^2 = 1520{,}6$ mit df = 10; Gesamtträgheitsgewicht: $\lambda_G = 0{,}4995$), oder anders ausgedrückt, der Summe der Chi-Quadrat-Distanzen, erklärt werden kann. Bezogen auf die Darstellung der Spaltenprofile im Raum der Zeilen soll eine für diese Zwecke zu bestimmende "optimale Gerade" die Eigenschaft haben, daß die quadrierten Abstände der sechs Spaltenprofile - und nur dieser, die Scheitelpunkte der Zeilen bleiben unberücksichtigt - zu ihr minimal sind. Da der Projektionsraum in dem gegebenen Beispiel zweidimensional ist, können die Spaltenprofile mit dieser und einer zweiten Geraden, die orthogonal zur ersten ist, fehlerfrei, d. h. ohne Informationsverlust, reproduziert werden. Mit Hilfe des "kleinsten Quadrate-Ansatzes" sollen diese "optimalen Geraden" gefunden werden.[5]

Betrachtet werden die Differenzen der (gewichteten) Spaltenprofile ($\mathbf{c}_j^*$) von dem Durchschnittsspaltenprofil ($\mathbf{c}^*$), d. h. ($\mathbf{c}_j^* - \mathbf{c}^*$) = $\mathbf{h}_j$ (vgl. Abbildung 2.13), also die gewichteten Differenzen aus empirischen und erwarteten Werten. Um diese zu erklären, werden die Achsen derart in den Raum gelegt, daß die Summe der d_{j1}^2 (die quadrierten Abstände zur ersten Dimension) minimal bzw. daß die Summe der h_{j1}^2 maximal ist. Wurden nach diesem

5 In dieser Arbeit wird die Korrespondenzanalyse mit Hilfe des "kleinste-Quadrate-Schätzers" diskutiert. Eine alternative Möglichkeit, die bislang aber nur in wenigen, überwiegend statistischen Arbeiten beschrieben wurde, ist die *Maximum-Likelihood-Korrespondenzanalyse* (vgl. Goodman 1985, 1986, Gilua und Habermann 1986, 1988, van der Heijden u. a. 1994).

Kriterium die Distanzen zur ersten Dimension minimiert, wird die zweite Achse derart in den Raum gelegt, daß die Summe der d^2_{j2} (die quadrierten Abstände zur zweiten Dimension) minimal bzw. die Summe der h^2_{j2} maximal ist. Sofern vorhanden, werden die geometrischen Ausrichtungen der nachfolgenden Achsen sukzessive mit der gleichen Prozedur ermittelt. Bei diesem Mini- bzw. Maximierungsvorgang wird auch berücksichtigt, daß die einzelnen Spalten unterschiedliche Gewichte (unterschiedliche Massen) haben: Je größer die Masse ist, desto stärker zieht das jeweilige Spaltenmerkmal die Achsen in seine Richtung. Mit Hilfe der verallgemeinerten kanonischen Zerlegung werden Eigenvektoren gefunden ($\mathbf{e}_1$ für die ersten Achse, $\mathbf{e}_2$ für die zweite Achse, ...), mit denen die Lage der Achsen im Projektionsraum beschrieben werden kann (vgl. Kapitel 3). Da die zu maximierenden "Distanzen" (h^2_j) Chi-Quadrat-Distanzen (oder gewichtete Euklidische Distanzen) sind, wird statt von "*kleinster Quadrate-Lösung*" von "*gewichteter kleinster Quadrate-Lösung*" gesprochen.

Abbildung 2.13: Grafische Darstellung der Projektion

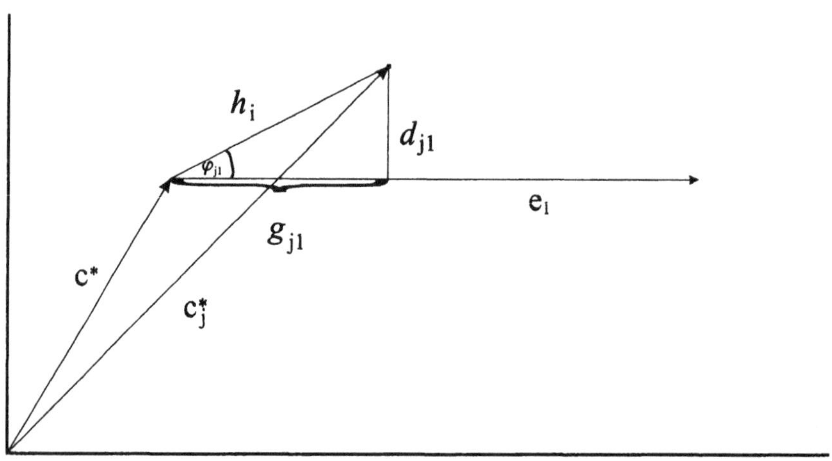

Nach Definition des *Skalarproduktes*[6] sind die Längen der Projektionen auf den jeweiligen Achsen (g_{jk}) gleich dem Produkt aus der Differenz der gewichteten Profile zum (gewichteten) Schwerpunkt (h_j) und den Eigenvektoren ($\mathbf{e}_k$) (vgl. Abbildung 2.13). Sind die Eigenvektoren bekannt, können die Koordinaten der Spaltenprofile auf den beiden Achsen bestimmt werden: So hat das zweite Spaltenprofil "Männer 40 bis 59 Jahre" auf der ersten Dimension im Projektionsraum den Koordinatenwert $g_{21} = 0{,}842$, auf der zweiten $g_{22} =$

6 Das Skalarprodukt ist der Wert, der durch Multiplikation eines Zeilenvektors mit einem Spaltenvektor entsteht.

-0,143, für das vierte Spaltenprofil "Frauen bis 39 Jahre" sind die analogen Werte g_{41} = -0,612 und g_{42} = 0,025 (zur Berechnung vgl. ausführlich Kapitel 3). Es sei an dieser Stelle vorweggenommen, daß die Dimensionen des Projektionsraums analog der Hauptkomponentenanalyse als latente Variablen interpretiert werden können.

Vorweggenommen sei an dieser Stelle auch, daß mit Kenntnis von g_{jk} (die Lokalisation der j-ten Variablenausprägung auf der k-ten Achse) und h_{jk} auch die φ_{jk} (der Winkel zwischen der j-ten Variablenausprägung und der k-ten Achse) bestimmt werden können. Der Kosinus von φ_{jk}, also der Quotient aus g_{jk} / h_{jk}, kann als Korrelation der j-ten Spaltenvariablenausprägung mit der k-ten Dimension interpretiert werden. In der Hauptkomponentenanalyse werden die Kosins der Winkel zwischen den Lokalisationen der Variablen im Projektionsraum und den Achsen als *Faktorladungen* bezeichnet (vgl. ausführlich Kapitel 3).

Das für diese Einführung verwendete Beispiel zur kulturellen Kompetenz "Fähigkeit: Hosen umzunähen" basiert auf einer Kontingenztabelle mit lediglich drei Zeilen und sechs Spalten. Die Dimensionalität der Eingabedaten ist drei, durch die Betrachtung von Profilen anstelle der Häufigkeiten wurde diese auf zwei reduziert. Die Darstellung von Profilen innerhalb eines zweidimensionalen Projektionsraums ist prinzipiell unproblematisch, die "optimalen Geraden" werden dabei lediglich für die Beschreibung des Projektionsraums mit Hilfe von latenten Variablen benötigt, eine Reduktion der Dimensionalität bräuchte in diesem Fall nicht zu erfolgen.

Anhand von Abbildung 2.12 ist zu erkennen, daß die drei Ausprägungen der "Frauen" sehr nah an dem Scheitelpunkt "Hose umnähen: ja" und die drei Ausprägungen der "Männer" zwischen den Scheitelpunkten "Hose umnähen: nein" und "Hose umnähen: etwas" liegen. Im folgenden soll in diesen Projektionsraum eine Gerade gelegt werden, mit der ein Maximum der Variation der sechs Spaltenprofile erklärt werden kann; d. h. die "optimale Gerade" soll derart durch die Lokalisationen der sechs Spaltenprofile gelegt werden, daß die Summe der quadrierten Abstände zu ihr minimal ist.

Die vollständige Lösung, also die Lösung, mit der die gesamte Variation der Daten erklärt wird, hat in diesem Beispiel zwei Dimensionen. D. h. mit zwei Achsen kann die gesamte Variation der Spaltenprofile erklärt werden, also deren gewichtete quadrierte Abweichungen vom durchschnittlichen Spaltenprofil. Anhand von Abbildung 2.14 ist zu erkennen, daß von den hypothetisch eingezeichneten Geraden die erste (gestrichelte Linie) auf der einen Seite durch das "Cluster" der Frauen und auf der anderen Seite durch das "Cluster" der Männer läuft.

Mit Hilfe der zweiten "optimalen Geraden" (gepunktete Linie), die entsprechend dem Modell der Korrespondenzanalyse orthogonal zur ersten ist, d. h. im rechten (90°) Winkel zu ihr ist, kann nur wenig zusätzliche Variation der Daten (gemessen am absoluten oder relativen Anteil am Gesamtträgheitsgewicht) erklärt werden; die Spaltenprofile können daher nur sehr unzureichend mit dieser unterschieden werden. Dies wird deutlich, wenn die

Variablenausprägungen im rechten Winkel auf diese Achse projiziert werden - alle Lokalisationen befinden sich dann in unmittelbarer Nähe des durchschnittlichen Spaltenprofils. Die zweite Achse wäre in dem gegebenen Beispiel zur Beschreibung der Variation der Daten daher nicht notwendig, die Lösung ist eindimensional.

Abbildung 2.14: Optimale Darstellung des gewichteten Dreiecks mit den sechs Spaltenprofilen, dem durchschnittlichen Spaltenprofil und den beiden "optimalen Geraden"

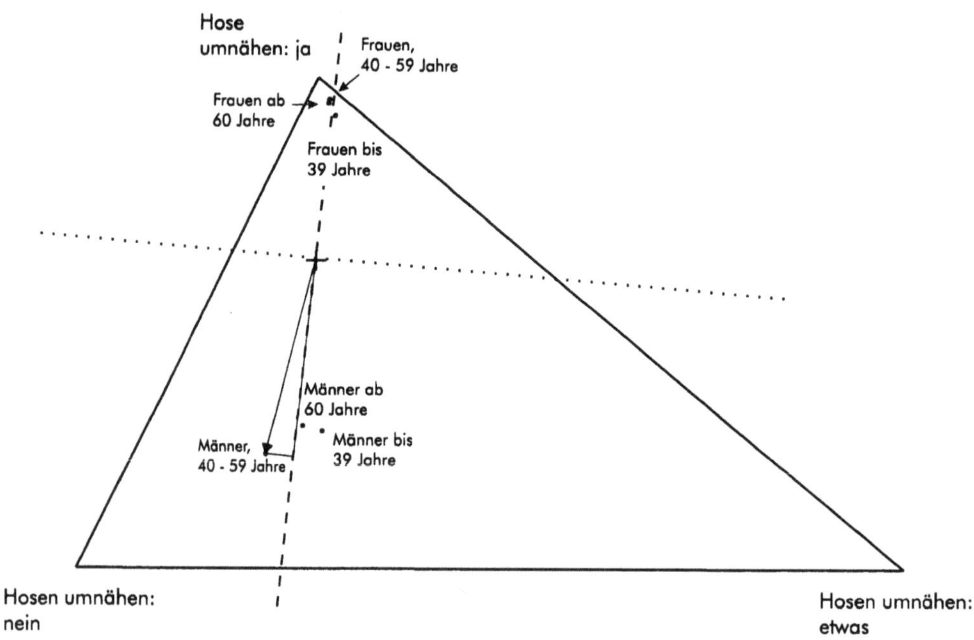

Generell wird mit der ersten Dimension ein Maximum der Variation der Daten erklärt, mit der zweiten Dimension ein Maximum der verbleibenden Restvariation, mit der dritten Dimension wiederum das Maximum der verbleibenden Variation usw., der "Abbruch" der Prozedur erfolgt spätestens beim Erreichen der vollständigen Lösung, d. h. wenn alle K Dimensionen berücksichtigt sind. An dieser Stelle ist ein direkter Vergleich mit der Hauptkomponentenanalyse möglich: Ähnlich wie mit Hilfe der Hauptkomponentenanalyse die Eingabedaten, z. B. eine Korrelationsmatrix, nach der Aufnahme aller Dimensionen (= Anzahl der Variablen) fehlerfrei reproduziert werden können, können die Eingabedaten der Korrespondenzanalyse, also die Häufigkeiten der Kontingenztabelle, fehlerfrei reproduziert werden (vgl. Abschnitt 2.12 und Kapitel 3; Blasius und Greenacre 1994). Die Verwendung der vollständigen Lösung ist jedoch weder bei der Korrespondenzanalyse noch bei der Hauptkomponentenanalyse üblich; bei beiden Verfahren werden die Daten mit möglichst wenigen

Faktoren beschrieben (zu der Anzahl der zu interpretierenden Dimensionen, vgl. Kapitel 4; Blasius 1994a).

In dem Beispiel der "kulturellen Kompetenz" wurden die mit dem durchschnittlichen Spaltenprofil gewichteten Spaltenprofile in den durch die drei gewichteten Zeilenprofile aufgespannten zweidimensionalen Raum projiziert (Abbildung 2.12). In diesen Projektionsraum wurde eine Gerade gelegt, zu der die quadrierten Abstände der Spaltenprofile minimal sind (Abbildung 2.14). Wie bereits erwähnt, müssen bei dem Minimierungsprozeß, zusätzlich zu den sechs Spaltenprofilen und dem durchschnittlichen Spaltenprofil, die sechs Elemente des durchschnittlichen Zeilenprofils berücksichtigt werden - diese *Massen der Spalten* (vgl. Abschnitt 2.4) gehen als Multiplikatoren in das Modell ein, d. h. die Anteile der Spaltenprofile, die diese an der Gesamtsumme haben, z. B. die Masse der "Männer zwischen 40 und 59 Jahren" ist $c_2 = 0{,}1564$ (oder 15,64% von allen Befragten, vgl. Tabelle 2.3). An der grafischen Darstellung der Distanzen zwischen den Profilen (Abbildung 2.12) ändert sich dadurch nichts, die Spaltenprofile als auch die Scheitelpunkte des Dreieckes bleiben an exakt den gleichen Stellen.

Um die Bedeutung dieser "Gewichte" zu verdeutlichen, sei wiederum die Analogie zur Balkenwaage hergestellt: Je weiter ein Gewicht vom Auflagepunkt der Waage entfernt ist und je größer es ist, desto stärker zieht es an dem Balken. In der Korrespondenzanalyse entsprechen die Massen (die relativen Häufigkeiten) der Variablenausprägungen den Gewichten; der Schwerpunkt der Darstellung - dieser wird in der grafischen Darstellung durch das Achsenkreuz gekennzeichnet - entspricht dem Auflagepunkt der Waage, und die Entfernungen der Variablenausprägungen zum Schwerpunkt (auf den Achsen) entsprechen den Längen der Balkenabschnitte (gerechnet ab den Punkten, an denen die "Gewichte" lokalisiert sind) bis zum Auflagepunkt. Es gilt daher: Je weiter ein Profil vom Schwerpunkt entfernt ist und je größer seine Masse ist, desto stärker trägt es zur geometrischen Ausrichtung der Achse bei (vgl. ausführlich Kapitel 3).

Im einfachsten Fall kann der optimale Unterraum durch eine Gerade ausreichend beschrieben werden. Die Distanzen der Spaltenprofile, oder genauer die Summe der quadrierten Chi-Quadrat-Distanzen aller Spaltenprofile zu diesem optimalen Unterraum, soll minimal sein. Die einzelnen Distanzen werden mit der jeweiligen Masse der Spaltenprofile (der Anteile der Spalten, also der Elemente des durchschnittlichen Zeilenprofils) gewichtet und über alle J Spalten summiert. Die Lösung dieses Minimierungsproblemes wird in Kapitel 3 diskutiert, es sei an dieser Stelle lediglich gesagt, daß die Lösung mittels einer verallgemeinerten Eigenwertzerlegung gefunden wird, der *singulären Wertezerlegung* (Eckart und Young 1936; bezogen auf die Korrespondenzanalyse: Greenacre 1984).[7] Mit Hilfe die-

7 In der Literatur werden auch die Begriffe "singular value decomposition", "Eckart-Young-Zerlegung" und "SVD" verwendet.

ses Theorems kann nicht nur das beschriebene Problem gelöst werden, parallel zur Spaltendarstellung kann auch die Zeilendarstellung betrachtet und beide Darstellungen können aufeinander bezogen werden. Diese (noch ausführlich zu diskutierende) gemeinsame Darstellung von Zeilen und Spalten einer Kontingenztabelle innerhalb eines gemeinsamen Projektionsraums ist eine der wichtigsten Eigenschaften der Korrespondenzanalyse.

Das *Trägheitsgewicht der ersten Achse* (dieses ist gleich dem *ersten Eigenwert*, vgl. Kapitel 3) ist $\lambda_1 = 0{,}4938$; bezogen auf das *Gesamtträgheitsgewicht* ($\lambda_G = 0{,}4995$) werden in dem gegebenen Beispiel 98,8% (0,4938 / 0,4995) der Variation in der Kontingenztabelle, d. h. der gewichteten quadrierten Abweichungen der Spaltenprofile vom durchschnittlichen Spaltenprofil, durch die erste Achse erklärt. Das bedeutet, daß mit Hilfe der ersten Dimension eine nahezu fehlerfreie Abbildung der Daten möglich ist und daß der Erklärungsverlust bei der Reproduktion der Spaltenprofile auf der Basis der ersten Dimension nur 1,2% beträgt.

Diese *Varianzerklärungen* von 98,8% (erste Achse) und 1,2% (zweite Achse) sind auch die durchschnittlichen Werte für die Varianzerklärungen der einzelnen Variablenausprägungen auf den beiden Achsen, sie können damit auch als *durchschnittliche quadrierte Faktorladungen* interpretiert werden. Für jede Variablenausprägung, getrennt für die Merkmale von Zeilen und Spalten, kann berechnet werden, wie ihre Varianz zerlegt wird. Für das Merkmal "Männer, 40 bis 59 Jahre" ist die grafische Darstellung dieser Varianzzerlegung in Abbildung 2.14 integriert. Da dieses Spaltenprofil relativ stark durch die zweite Achse erklärt wird (vgl. den relativ langen Abstand auf der zweiten Achse zum Achsenkreuz), ist der Anteil erklärter Varianz durch diese Achse größer als der durchschnittliche Wert von 1,2%.

Wie bei der Balkenwaage, bei der die Zugkraft aus dem Produkt von Gewicht und dem quadrierten Abstand zum Auflagepunkt berechnet wird, wo also ein größeres Gewicht auf der einen Seite durch eine entsprechend größere Distanz auf der anderen Seite ausgeglichen werden kann und es damit zu einem Gleichgewicht kommt, sind bei der Korrespondenzanalyse die Achsen im Gleichgewicht. Die Kräfte, mit denen die Variablenausprägungen auf den gegenüberliegenden Seiten vom Schwerpunkt an den Achsen "ziehen", um ein Gleichgewicht zu erzeugen, und die damit die geometrische Ausrichtung der Achsen bedingen, werden als *Trägheitsgewichte der Variablenausprägungen* bezeichnet; die Berechnung erfolgt analog zur Berechnung der Kraft bei der Balkenwaage aus dem Produkt von Gewicht (der Masse der Variablenausprägung) und dem Quadrat der Entfernung zum Schwerpunkt.

Im Gegensatz zur Balkenwaage gibt es bei der Korrespondenzanalyse mehrere Achsen, in dem gegebenen Beispiel zwei. Wird die gesamte Kraft eines Merkmals (die Varianz einer Variablenausprägung) gleich Eins gesetzt, so können die Anteile der Kraft (der Varianz), die auf die einzelnen Achsen entfallen, bestimmt werden. Dafür müssen die quadrierten Entfernungen des zu beschreibenden Merkmals auf den einzelnen Achsen zu der Summe der quadrierten Entfernungen aller Achsen ins Verhältnis gesetzt werden; da die Masse für alle Achsen konstant ist, braucht dieser Parameter nicht berücksichtigt zu werden. Die Distanzen zum Achsenkreuz von "Männer zwischen 40 und 59 Jahren" sind auf der ersten Achse $g_{21} = 0{,}842$ und $g_{22} = -0{,}143$ auf der zweiten; wird der Anteil der durch die erste Achse erklärten Varianz bestimmt, so ist $0{,}842^2 / (0{,}842^2 + -0{,}143^2) = 0{,}972$. Damit werden 97,2% der Varianz des Merkmals "Männer zwischen 40 und 59 Jahren" durch die erste Achse erklärt und 2,8% durch die zweite; diese Indikatoren sind die "*quadrierten Faktorladungen*" (vgl. Kapitel 3 und 4).

Werden in Abbildung 2.14 die Profile und die Scheitelpunkte im rechten Winkel auf die erste Achse projiziert und wird anschließend dieser Teil aus der Grafik herausgezogen, so erhalten wir die grafische Darstellung der ersten Dimension (Abbildung 2.15). Es sei an dieser Stelle nochmals darauf hingewiesen, daß ausschließlich die quadrierten Abstände der Profile zu den Achsen minimiert wurden, die Scheitelpunkte blieben unberücksichtigt; sie markieren (lediglich) die äußeren Grenzen des Projektionsraums (Abbildung 2.12).

Abbildung 2.15: Projektionen der Spaltenprofile und der Scheitelpunkte auf die erste Achse

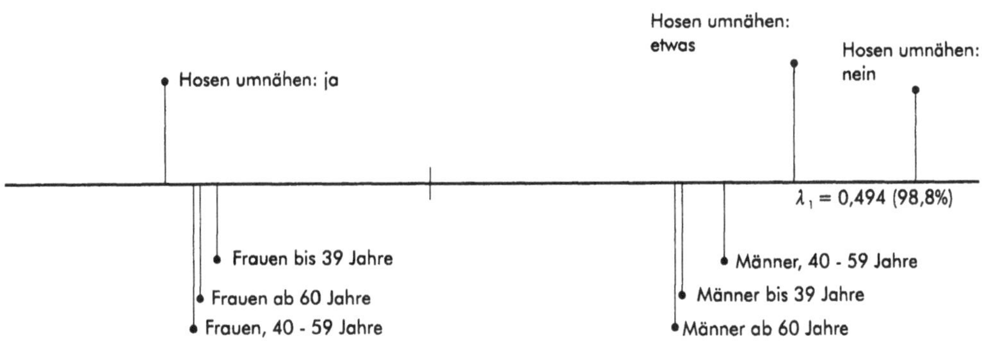

Anhand von Abbildung 2.15 ist zu erkennen, daß die sechs Spaltenprofile zwischen den drei Scheitelpunkten der Zeilen liegen. Wie auch schon anhand der in Abbildung 2.14 eingezeichneten "optimalen Geraden" deutlich wurde, laden auf der linken Seite die drei Ausprägungen der "Frauen" und auf der rechten Seite dieser Achse die drei Ausprägungen der "Männer". Somit spiegelt die erste Achse einen geschlechtsspezifischen Gegensatz in dem durch die dreistufige Variable "Fähigkeit Hosen umzunähen" aufgespannten Raum wider. Analog zu der Interpretationsweise bei der Hauptkomponentenanalyse kann die erste Achse als "Geschlechtsdimension" bezeichnet werden.

Wird die Ordnung innerhalb der beiden geschlechtsspezifischen Cluster betrachtet, so scheint die Reihenfolge der Variablenausprägungen nicht mit der Variablen "Alter" assoziiert zu sein: Auf der linken Seite sind der Reihe nach die Projektionen der Profile "Frauen,

40 bis 59 Jahre", "Frauen ab 60 Jahre" und "Frauen bis 39 Jahre", auf der rechten Seite die Projektionen der Profile "Männer, 40 bis 59 Jahre", "Männer bis 39 Jahre" und "Männer ab 60 Jahre" abgetragen. Des weiteren liegen die Variablenausprägungen, die zum gleichen "Geschlecht" gehören, jeweils sehr dicht beieinander, sie sind somit allenfalls tendenziell voneinander zu unterscheiden.

Aus Abbildung 2.15 wird ebenfalls ersichtlich, daß der Scheitelpunkt "Hose umnähen: ja" in unmittelbarer Nähe der drei Ausprägungen der "Frauen" liegt, wobei anscheinend die "40-59jährigen" die kleinsten und die "bis 39jährigen" die größten Chi-Quadrat-Distanzen zu diesem Wert haben. Diese Reihenfolge stimmt - obwohl mit der ersten Dimension "lediglich" 98,8% der Gesamtvariation der Daten erklärt werden und obwohl die Scheitelpunkte bei der Berechnung der geometrischen Ausrichtung nicht berücksichtigt wurden - mit den zuvor berechneten Werten überein: Die Distanz der "Frauen zwischen 40 und 59 Jahre" zum Scheitelpunkt "Hosen umnähen: ja" beträgt $d^{(2)} = 0{,}096$; die der "Frauen ab 60 Jahre" beträgt $d^{(2)} = 0{,}120$ und die der "Frauen bis 39 Jahre" ist gleich $d^{(2)} = 0{,}185$ (vgl. Tabelle 2.7).

Auf der entgegensetzten Seite der ersten Dimension liegen die Scheitelpunkte von "Hosen umnähen: etwas" und "Hosen umnähen: nein", beide in unmittelbarer Nähe der drei Ausprägungen der "Männer". Zurückbezogen auf die empirischen Daten und unter der Annahme, daß auch in der eindimensionalen Abbildung eine korrekte Darstellung der Scheitelpunkte möglich ist, so wäre zu erwarten, daß die Distanz der drei Ausprägungen zu "Hosen umnähen: nein" kürzer ist als die Distanz zu "Hosen umnähen: etwas", die entsprechenden Chi-Quadrat-Distanzen sind etwa um die Hälfte größer. Des weiteren müßte der Scheitelpunkt "Hosen umnähen: ja" dichter an den Ausprägungen der Männer liegen als der Scheitelpunkt "Hosen umnähen: etwas" - die Distanzen sind nahezu doppelt so groß (vgl. Tabelle 2.7, Abbildung 2.12). Die durch Abbildung 2.15 implizierte Fehlinterpretation basiert in diesem Beispiel auf dem Verzicht der zweiten Dimension; dieser führt bei der eindimensionalen Darstellung zu einer relativ starken Verzerrung der Lokalisierungen der Scheitelpunkte - und nur dieser, da mit der "optimalen Geraden" die (quadrierten) Abstände der Profile minimiert werden. Die "falsche" Reihenfolge von "Hosen umnähen: etwas" und "Hosen umnähen: nein" wird schon anhand von Abbildung 2.14 ersichtlich: Werden die beiden Scheitelpunkte im rechten Winkel auf die erste Achse projiziert (gestrichelte Linie), so liegt "Hosen umnähen: etwas" trotz der größeren Distanz dichter an den Profilen der Männer als "Hosen umnähen: nein". Im Gegensatz zu Abbildung 2.15 können auf der Basis der vollständigen Lösung in den Abbildungen 2.12 und 2.14 die Distanzen zwischen Profilen und Scheitelpunkten mit dem Lineal verifiziert werden.

2.10 Die gemeinsame Darstellung von Zeilen und Spalten

Analog wie in der Spaltendarstellung für die sechs Spaltenprofile eine "optimale Gerade" gefunden wurde, kann auch für die drei Zeilenprofile - unter Berücksichtigung ihrer Massen - eine "optimale Gerade" bestimmt werden, zu der die Summe der Projektionen der quadrierten Abstände der Zeilenprofile minimal ist. Diese Gerade liegt ebenfalls in einem zweidimensionalen Projektionsraum. War bei der Spaltendarstellung die Dimensionalität des ursprünglichen Projektionsraums drei (mit den Dimensionen "Hosen umnähen: ja", "Hosen umnähen: etwas" und "Hosen umnähen: nein") und wurde aufgrund der Verwendung von Profilen eine Dimension eingespart, so ist die Dimensionalität bei der Zeilendarstellung sechs (mit den Dimensionen "Männer bis 39 Jahre", ..., "Frauen ab 60 Jahre"). Da aber lediglich drei Zeilenprofile, deren Endpunkte wiederum mit zwei Dimensionen beschrieben werden können, in diesen Raum projiziert werden, sind zwei Dimensionen für eine fehlerfreie Darstellung ausreichend.

Da die Ausgangsdaten von Zeilen- und Spaltendarstellung die gleichen sind, somit der Chi-Quadrat-Wert und das Gesamtträgheitsgewicht gleich sind, und da des weiteren die Interpretation der Zeilen- und Spaltenprofile zu den gleichen Ergebnissen führt (s. Abschnitt 2.2), scheint es plausibel, daß die Trägheitsgewichte der einzelnen Achsen (λ_k) identisch sind und daß mit den einzelnen Dimension in beiden Darstellungen gleich viel Variation der Daten erklärt werden kann; bezogen auf die erste Dimension sind das 98,8 Prozent. Des weiteren kann gezeigt werden, daß beide Achsen in einem gemeinsamen Projektionsraum - geometrisch gesehen - übereinander liegen (vgl. Kapitel 3).

Betrachtet wird im folgenden die Darstellung der drei Zeilenprofile im Projektionsraum, diese werden durch eine "optimale Gerade" verbunden. Analog zur Spaltendarstellung, bei der zusätzlich zu den sechs Spaltenprofilen die drei Scheitelpunkte der Zeilen in die Abbildung aufgenommen wurden, sind in Abbildung 2.16 zusätzlich zu den drei Zeilenprofilen

Abbildung 2.16: Die Projektion der Zeilenprofile und der Scheitelpunkte der Spalten auf einer optimalen Geraden

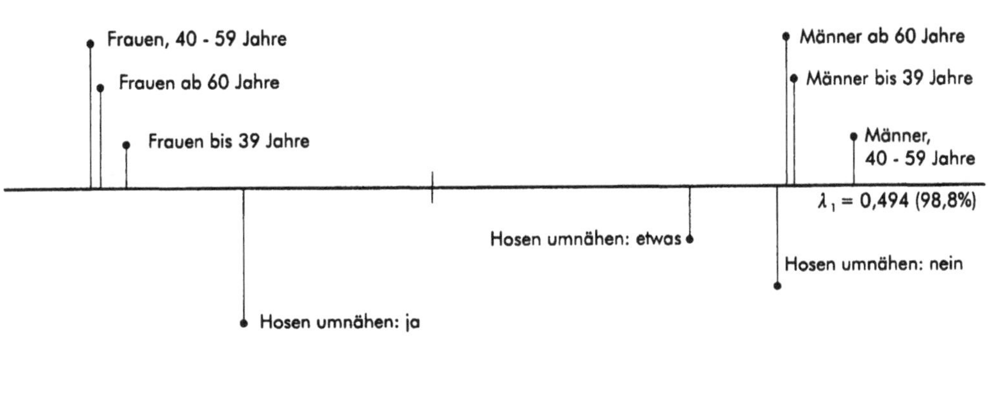

die sechs Scheitelpunkte der Spalten berücksichtigt, also jene sechs Profile, mit denen die Grenzen des ursprünglich sechsdimensionalen Projektionsraums markiert sind.

In Abbildung 2.16 sind auf der linken Seite die Projektionen der Variablenausprägung "Hosen umnähen: ja" und auf der rechten Seite die der beiden Variablenausprägungen "Hosen umnähen: etwas" und "Hosen umnähen: nein" lokalisiert. Die beiden letztgenannten Profile liegen räumlich relativ nah beieinander, während das Profil "Hosen umnähen: ja" von den beiden erstgenannten relativ weit entfernt ist. Auch anhand dieser Abbildung werden die Gegensätze bezüglich der kulturellen Kompetenz "Hosen umnähen" deutlich - die Frauen gaben überdurchschnittlich oft an, daß sie über diese Fähigkeit verfügen, die Männer beantworteten die diesbezügliche Frage relativ oft mit "etwas" oder mit "nein".

Wie auch bei der Spaltendarstellung können bei der Zeilendarstellung die die Raumgrenzen markierenden Scheitelpunkte nicht fehlerfrei auf die eindimensionale Darstellung übertragen werden. Obwohl die Ordnung innerhalb der Achsenabschnitte nicht mit den berechneten Distanzen übereinstimmt (vgl. Tabelle 2.8), ist die Zuordnung zu den Achsenabschnitten richtig; die Interpretation der ersten Dimension bleibt unverändert, der geschlechtsspezifische Gegensatz wird auch anhand von Abbildung 2.16 deutlich.

Ausgehend von den Scheitelpunkten ist es typisch für die Männer, daß sie Hosen "nicht" bzw. daß sie Hosen nur "etwas" umnähen können, während der Besitz dieser kulturellen Kompetenz für sie als untypisch zu bezeichnen ist. Bezogen auf die Frauen gilt, daß ihnen die Fähigkeit "Hosen umnähen" zu können zugeschrieben werden kann, "Hosen umnähen: etwas" und "Hosen umnähen: nein" wurden nur relativ selten angegeben.

Eine der wichtigsten Eigenschaften der Korrespondenzanalyse ist die simultane Darstellung von Zeilen und Spalten in einem gemeinsamen Projektionsraum. Wie noch gezeigt wird (Kapitel 3), liegen die Achsen der Zeilendarstellung und die Achsen der Spaltendarstellung geometrisch gesehen exakt übereinander (vgl. auch Greenacre 1984). Demzufolge dürfte es plausibel sein, daß auch eine gemeinsame Darstellung von Zeilen- und Spaltenprofilen einer Kontingenztabelle möglich ist und nicht nur, wie bisher dargestellt, von Zeilen- bzw. von Spaltenprofilen und den jeweils korrespondierenden Scheitelpunkten.

Es wurde bereits beschrieben, wie die Scheitelpunkte der Zeilen zusammen mit den Spaltenprofilen und wie die Scheitelpunkte der Spalten zusammen mit den Zeilenprofilen in einen gemeinsamen Raum projiziert werden können. Es bleibt noch zu zeigen, wie die Scheitelpunkte in die jeweils korrespondierenden Profile (re)skaliert werden können, so daß eine gemeinsame Darstellung von Zeilen- und Spaltenprofilen möglich ist.

Es wurde gezeigt, daß je ähnlicher Profile und Scheitelpunkte einander sind, sie desto dichter zusammenliegen (vgl. etwa Abbildung 2.12) und daß, je größer die Variation der Daten, also je größer das Gesamtträgheitsgewicht ist, desto mehr streuen die Profile innerhalb des durch die Scheitelpunkte aufgespannten Projektionsraums. Ist die Variation der Daten gering, so liegen alle Profile nahe am Achsenkreuz (also nah am durchschnittlichen

Zeilen- bzw. am durchschnittlichen Spaltenprofil). Was für das Gesamtträgheitsgewicht gilt, gilt auch für die Trägheitsgewichte der einzelnen Achsen: Je größer diese sind, desto stärker streuen die Variablenausprägungen entlang der jeweiligen Achse und desto näher liegen Profile und (dazugehörige) Scheitelpunkt(e) zusammen. Ist das Trägheitsgewicht einer Achse niedrig, so liegen die Profile auf dieser Achse in unmittelbarer Nähe des Achsenkreuzes. Zur grafischen Veranschaulichung wurden in Abbildung 2.12 die beiden vorhandenen Achsen hineingelegt (Abbildung 2.14). Nachfolgend wird diese Abbildung so gedreht, daß die erste Achse horizontal und die zweite Achse vertikal liegt; sämtliche Distanzen zwischen den Profilen, Scheitelpunkten und zu den Achsen bleiben bei dieser Drehung unverändert (Abbildung 2.17).

Abbildung 2.17: Zweidimensionaler Projektionsraum der Spaltenprofile mit den Scheitelpunkten der Zeilen

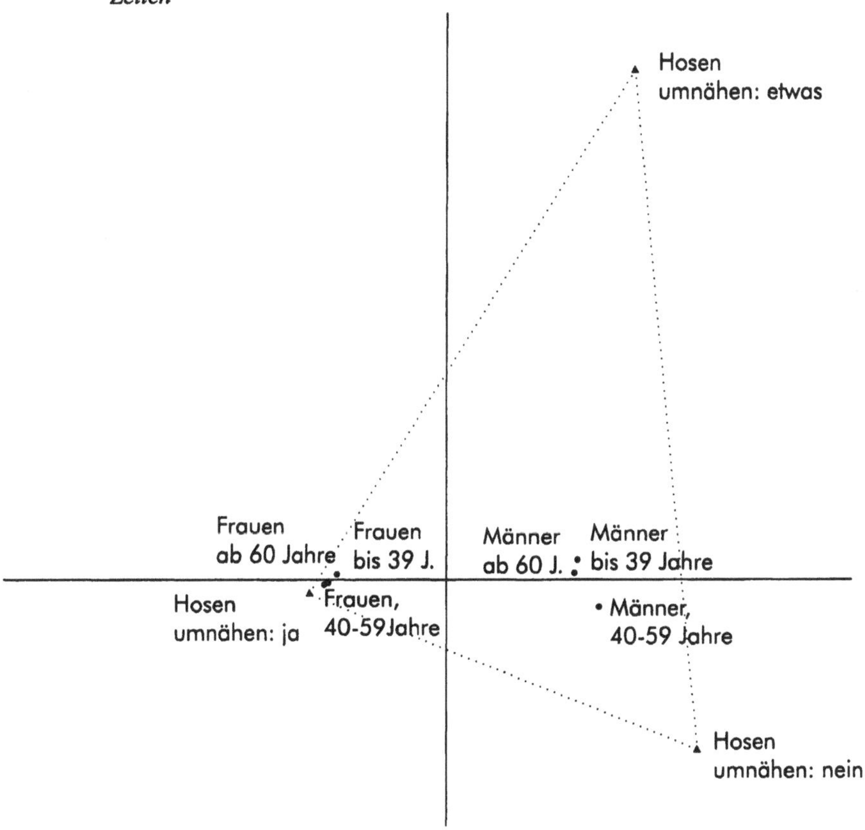

Werden die sechs Spaltenprofile und die drei Scheitelpunkte der Zeilen im rechten Winkel auf die beiden Achsen projiziert, so wird ersichtlich, daß die Spaltenprofile und die korrespondierenden Scheitelpunkte der Zeilen auf der ersten Achse relativ dicht beieinander liegen (vgl. auch Abbildung 2.15). Bezogen auf die zweite Achse liegen die Scheitelpunkte der Zeilen "Hosen umnähen: etwas" und "Hosen umnähen: nein" relativ weit vom Achsenkreuz entfernt, während die sechs Spaltenprofile in seiner unmittelbaren Nähe lokalisiert sind (vgl. die Projektionen auf die vertikale Achse); d. h. in der zweiten Dimension unterscheiden sich die Profile nur unwesentlich. Dabei laden im positiven Abschnitt zwei Profile der "Männer" und eins der "Frauen", zum negativen Abschnitt gehören die zwei verbleibenden Profile der "Frauen" und das verbleibende der "Männer"; d. h. es gibt auf dieser Achse keine geschlechtsspezifische Differenzierung. Des weiteren bildet die zweite Achse auch keine "Altersdimension" ab, die Reihenfolge beim Alter ist bei "Männer" und "Frauen": "bis 39 Jahre ", "60 Jahre und älter" und "zwischen 40 und 59 Jahren".

Die bereits in Abschnitt 2.8 angegebenen Lageparameter der Spaltenprofile und die der Scheitelpunkte der Zeilen können verwendet werden, um in dem Projektionsraum ein neues Koordinatensystem einzuführen, dieses wurde über Abbildung 2.17 gelegt. Von Abbildung 2.18 können die Koordinaten der Spaltenprofile als auch die der Scheitelpunkte der Zeilen direkt abgelesen werden (zur Berechnung vgl. Kapitel 3; die Koordinaten der Profile und der Scheitelpunkte sind in den Tabellen 2.9 und 2.10 angegeben).

Mit Hilfe dieses neuen Koordinatensystems können die Chi-Quadrat-Distanzen zwischen den Spaltenprofilen, zwischen den Spaltenprofilen und den Scheitelpunkten der Zeilen als auch zwischen den Scheitelpunkten der Zeilen bestimmt werden. Als Beispiel sei die Distanz zwischen den Spaltenprofilen "Männer bis 39 Jahre" und "Frauen, 60 Jahre und älter" vorgerechnet: Der Abstand zwischen diesen beiden Profilen beträgt auf der ersten Achse (0,722 - -0,661 = 1,383), auf der zweiten Achse (0,104 - -0,019 = 0,123). Die Distanz zwischen den beiden Profilen ist $\sqrt{1{,}383^2 + 0{,}123^2} = 1{,}39$; dieser Wert ist gleich jenem, der bereits auf der Basis der Profile (Tabelle 2.2) bestimmt wurde (vgl. Tabelle 2.7).

Sollen die Scheitelpunkte der Zeilen in die korrespondierenden Zeilenprofile überführt werden, so dürfte es aufgrund der oben angeführten Zusammenhänge plausibel sein, daß die Trägheitsgewichte der Achsen bei der Reskalierung berücksichtigt werden. Ohne die Aussage an dieser Stelle begründen zu wollen (vgl. hierzu Kapitel 3, Greenacre 1984, Greenacre und Hastie 1987, Blasius und Greenacre 1994), sei gesagt, daß der Koordinatenwert eines Scheitelpunktes auf der *k*-ten Achse mit $1/\sqrt{\lambda_k}$ multipliziert wird, wobei λ_k das Trägheitsgewicht (der *k*-te quadrierte singuläre Wert, der *k*-te Eigenwert) der *k*-ten Achse ist. Die Berücksichtigung der Trägheitsgewichte der einzelnen Achsen hat zur Folge, daß der (Re)-Skalierungsfaktor in jeder Dimension unterschiedlich ist, die Distanzen zwischen den Profilen der Zeilen und den Profilen der Spalten können daher nicht euklidisch interpretiert werden. Diese Reskalierung von einem Scheitelpunkt in das entsprechende Profil ist in Abbildung 2.19 exemplarisch für "Hosen umnähen: etwas" dargestellt.

Abbildung 2.18: Zweidimensionaler Projektionsraum mit den Spaltenprofilen, den Scheitelpunkten der Zeilen und dem Koordinatensystem

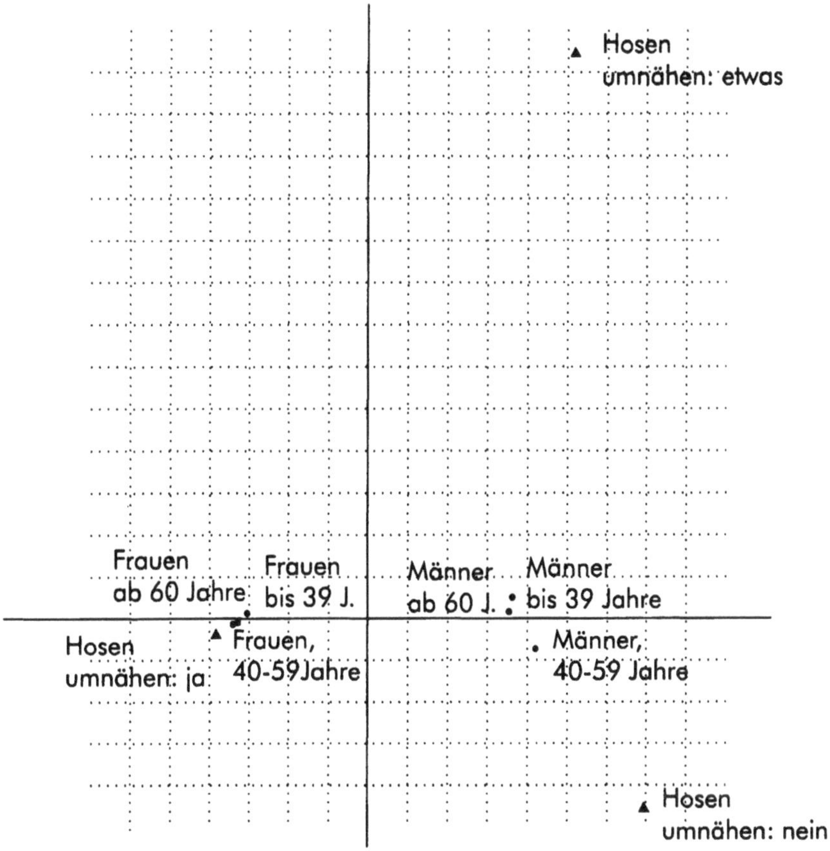

Der Reskalierungsfaktor der ersten Achse ist 1,423, der der zweiten Achse ist infolge des deutlich niedrigeren Trägheitsgewichtes mit 13,13 $(1/\sqrt{0{,}006})$ etwa zehnmal so groß. Für das hier gegebene Beispiel gilt daher, daß Scheitelpunkte, die auf der zweiten Achse relativ hohe Werte haben, nach der Reskalierung - nunmehr als Profile - relativ nah am Achsenkreuz liegen. Generell gilt, je kleiner die Trägheitsgewichte der Achsen sind, desto größer sind die Differenzen zwischen Scheitelpunkten und den entsprechenden Profilen. Auch an dieser Stelle wird somit ersichtlich, daß die Distanzen zwischen Zeilen- und Spaltenprofilen nicht definiert sein können, da die Reskalierung für jede Achse unterschiedlich ist.

Werden die Koordinaten der Scheitelpunkte im Projektionsraum aus den Profilen mit Hilfe der Reskalierungsformel $(1/\sqrt{\lambda_k})$ bestimmt, so ergibt sich z. B. für den Scheitelpunkt der Zeile "Hosen umnähen: ja" auf der ersten Achse der Wert -0,539 * $1/\sqrt{0{,}494}$ = -0.539

* 1.423 = -0.767, d. h. bezogen auf die erste Achse liegt der Scheitelpunkt um 0,228 (-0,767 - -0,539) Einheiten weiter entfernt vom Schwerpunkt (dem Achsenkreuz) als das dazugehörige Zeilenprofil. Bezogen auf die zweite Achse hat der Scheitelpunkt "Hosen umnähen: etwas" den Koordinatenwert 2,692, multipliziert mit dem radizierten Trägheitsgewicht der zweiten Achse $\left(\sqrt{0{,}006}\right)$, ergibt sich ein Zeilenprofilwert von 0,205.

Abbildung 2.19: Grafische Darstellung der Reskalierung

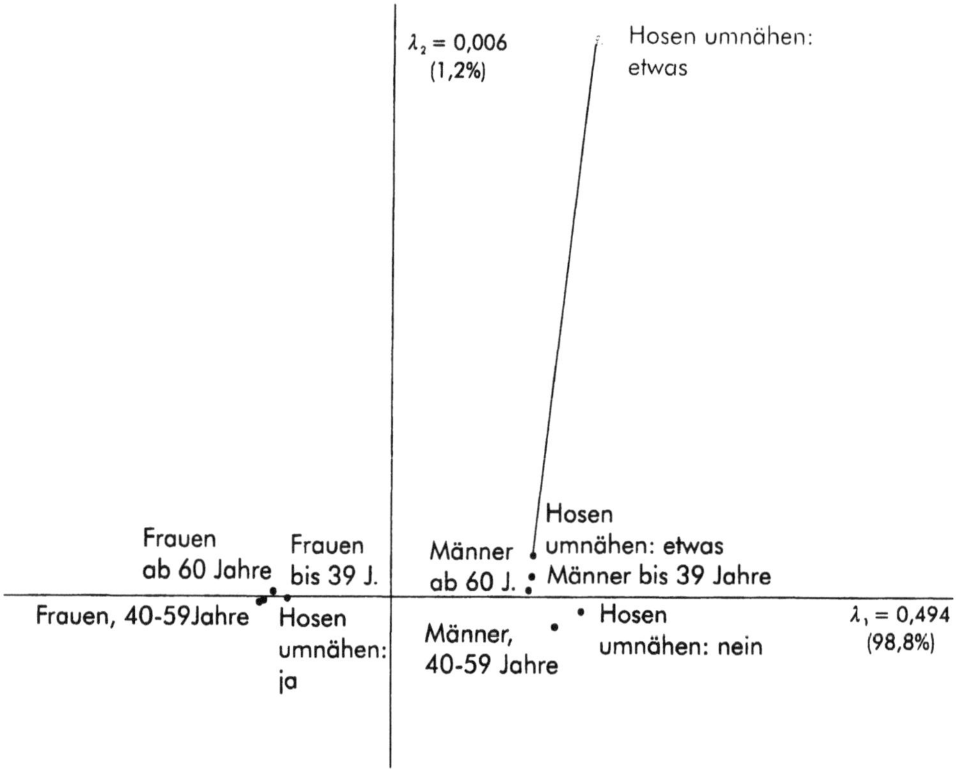

Die Koordinaten der Scheitelpunkte (für Zeilen und Spalten) werden als Standardkoordinaten (standard coordinates) bezeichnet, die der dazugehörigen Zeilenprofile als Hauptkoordinaten (principal coordinates). Mittels der oben beschriebenen Reskalierungsformel können für alle Achsen die Koordinaten der Zeilenprofile in die Koordinaten der Scheitelpunkte der Zeilen und die Koordinaten der Spaltenprofile in die Koordinaten der Scheitelpunkte der Spalten überführt werden (Tabellen 2.9, 2.10).

Wie anhand von Abbildung 2.18 schon exemplarisch gezeigt wurde, ist es mit Hilfe der Haupt- und Standardkoordinaten (Tabellen 2.9 und 2.10) möglich, die Distanzen zwischen

Tabelle 2.9: Haupt- und Standardkoordinaten der Zeilen im zweidimensionalen Projektionsraum

	1. Dimension		2. Dimension	
Hosen umnähen	Haupt-koordinaten	Standard-koordinaten	Haupt-koordinaten	Standard-koordinaten
ja	-0,539	-0,767	-0,006	-0,079
etwas	0,731	1,040	0,205	2,692
nein	0,979	1,393	-0,069	-0,906

Tabelle 2.10: Haupt- und Standardkoordinaten der Spalten im zweidimensionalen Projektionsraum

	1. Dimension		2. Dimension	
Alter × Geschlecht	Haupt-koordinaten	Standard-koordinaten	Haupt-koordinaten	Standard-koordinaten
Männer bis 39J.	0,722	1,027	0,104	1,366
Männer, 40-59J.	0,842	1,198	-0,143	-1,878
Männer ab 60J.	0,706	1,005	0,032	0,420
Frauen bis 39J.	-0,612	-0,871	0,025	0,328
Frauen, 40-59J.	-0,684	-0,973	-0,028	-0,368
Frauen ab 60J.	-0,661	-0,941	-0,019	-0,249

zwei Spaltenprofilen (bei Verwendung der Hauptkoordinaten aus Tabelle 2.10), zwischen zwei Scheitelpunkten der Spalten (bei Verwendung der Standardkoordinaten aus Tabelle 2.10), zwischen einem Spaltenprofil und einem Scheitelpunkt der Zeilen (unter Verwendung der Hauptkoordinaten aus Tabelle 2.10 und der Standardkoordinaten aus Tabelle 2.9), zwischen zwei Scheitelpunkten der Zeilen (unter Verwendung der Standardkoordinaten aus Tabelle 2.9), zwischen einem Zeilenprofil und einem Scheitelpunkt der Spalten (unter Verwendung der Hauptkoordinaten aus Tabelle 2.9 und der Standardkoordinaten aus Tabelle 2.10) als auch zwischen zwei Zeilenprofilen (unter Verwendung der Hauptkoordinaten aus Tabelle 2.9) zu berechnen. So kann der Abstand zwischen dem Spaltenprofil "Männer zwischen 40 und 59 Jahren" (siehe "Hauptkoordinaten", Tabelle 2.10) und dem Zeilenscheitelpunkt "Hosen umnähen: ja" (siehe "Standardkoordinaten", Tabelle 2.9) berechnet werden:

$$\sqrt{(0{,}842 - 0.767)^2 + (-0{,}143 + 0{,}079)^2} = \sqrt{1{,}609^2 + 0{,}064^2} = \sqrt{2{,}59} = 1{,}610;$$

der resultierende Wert ist gleich dem Wert aus Tabelle 2.7 (M2; P1), wo er auf der Basis der Profile bestimmt wurde. Als weiteres Beispiel sei die Chi-Quadrat-Distanz zwischen den Profilen "Hosen umnähen: ja" und "Hosen umnähen: nein" begerechnet (vgl. auch Tabelle 2.7; H1, H3):

$$\sqrt{(-0{,}539-0{,}979)^2 + (-0{,}006+0{,}069)^2} = 1{,}519$$

Werden die bisherigen Berechnungen zusammengefaßt, so konnten die Chi-Quadrat-Distanzen

- zwischen den Spaltenprofilen,
- zwischen den Zeilenprofilen,
- zwischen den Scheitelpunkten der Zeilen und den Spaltenprofilen,
- zwischen den Scheitelpunkten der Spalten und den Zeilenprofilen,
- zwischen den Scheitelpunkten der Zeilen und
- zwischen den Scheitelpunkten der Spalten

hergeleitet und als Ähnlichkeiten interpretiert werden. Dabei sind die Abstände zwischen den Zeilenprofilen, zwischen den Spaltenprofilen sowie zwischen den Profilen und den Scheitelpunkten inhaltlich relevant, die Abstände zwischen den Scheitelpunkten entsprechen lediglich den Kantenlängen im Projektionsraum und haben keine weitere Interpretation.

Obwohl die Scheitelpunkte lediglich "Extremprofile" sind, können die Abstände der Scheitelpunkte zu den Profilen gut interpretiert werden - sie entsprechen der Ähnlichkeit der Profile mit einem "Idealtyp", z. B. mit dem "Idealtyp", daß alle Mitglieder einer Gruppe "Hosen umnähen" können. Bei der Distanzinterpretation auf der Basis der grafischen Darstellung sollte jedoch berücksichtigt werden, daß die Scheitelpunkte auch in höheren, in den Abbildungen in der Regel nicht berücksichtigten, Dimensionen laden, so daß die Distanzen u. U. stark verzerrt wiedergegeben werden und nur die Zuordnung zu den Achsenabschnitten richtig ist. Aus dieser Einschränkung folgt, daß die Scheitelpunkte einzeln in Relation zu den Profilen betrachtet werden müssen; Verzerrungen durch weit vom Schwerpunkte entfernte Lokalisationen in höheren Dimensionen treffen auf alle Profile gleichermaßen zu.

Der Übergang von den Haupt- zu den Standardkoordinaten (und umgedreht) kann auch ohne die Verwendung der Trägheitsgewichte der Achsen erfolgen, wenn die Profile einbezogen werden. Wird das (ungewichtete) Spaltenprofil "Männer bis 39 Jahre" betrachtet (Tabelle 2.2), so hat dieses in der Zeile "Hosen umnähen: ja" den Wert 0,2751 (27,51% der Männer bis 39 Jahre können Hosen umnähen); der Koordinatenwert auf der ersten Achse des Scheitelpunktes "Hosen umnähen: ja" ist -0,767 (Tabelle 2.9). Werden alle drei Scheitelpunkte der Zeilen berücksichtigt und werden die Produkte aus den Elementen des Spaltenprofils und der Standardkoordinaten additiv verknüpft, so ist das Ergebnis der Hauptkoordinatenwert des betrachteten Profils. Für "Männer bis 39 Jahre" kann dieser Wert auf der ersten Achse demnach bestimmt werden aus: 0,2751 * -0,767 + 0,2175 * 1,040 + 0,5074 * 1,393 = 0,722 (Tabelle 2.10). Aufgrund dieses Zusammenhangs von Spalten- und Zeilendarstellung wird bei der Korrespondenzanalyse von einem *baryzentrischen System* gesprochen. Der oben gezeigte Zusammenhang gilt in beiden Richtungen: So kann der Hauptkoordinatenwert von "Hosen umnähen: ja" aus der Summe der Produkte der Elemente des Zeilenprofils "Hosen umnähen: ja" (Tabelle 2.3) und den Standardkoordinaten der Variablen "Alter × Geschlecht" (Tabelle 2.10) bestimmt werden; für den Hauptkoordinatenwert auf der ersten Achse ergibt sich: 0,0874 * 1,027 + 0,057 * 1,198 + ... + 0,2126 * -0,941 = -0,539 (Tabelle 2.9).

Auf der Basis der hier zusammengefaßten Distanzbeziehungen wurden bereits die ein- und die zweidimensionale Abbildung der Spaltenprofile und der Scheitelpunkte der Zeilen (Abbildungen 2.15 und 2.17) sowie die eindimensionale Abbildung der Zeilenprofile mit den Scheitelpunkten der Spalten (Abbildung 2.16) angefertigt. Zur Vervollständigung dieser Abbildungen wird nachfolgend die noch fehlende zweidimensionale Darstellung der Zeilenprofile mit den Scheitelpunkten der Spalten wiedergegeben (Abbildung 2.20).

Abbildung 2.20: Zweidimensionale Darstellung von Zeilenprofilen und Scheitelpunkten der Spalten

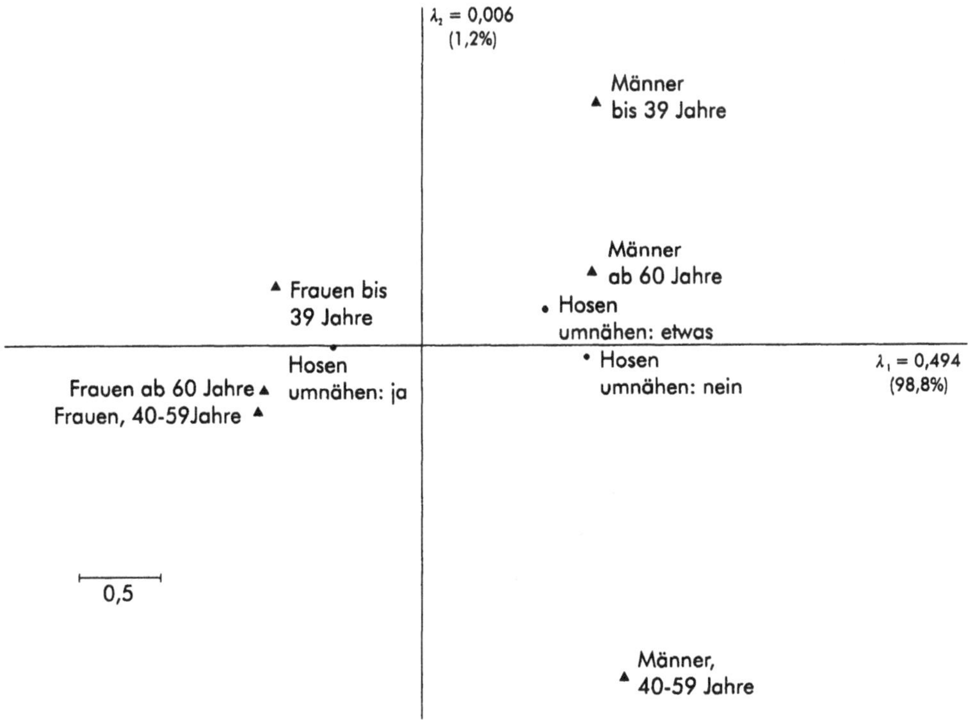

In Abbildung 2.20 wurde die erste Achse derart in den Projektionsraum gelegt, daß die Summe der quadrierten Abstände der drei gewichteten Zeilenprofile zu ihr minimal ist, die zweite Achse ist orthogonal zur ersten und erklärt den Rest der Variation der Daten. Die Interpretation dieser Abbildung ist analog zu den vorangegangenen: Die Scheitelpunkte der "Frauen" liegen auf der ersten Achse in der Nähe des Zeilenprofils "Hosen umnähen: ja", die Scheitelpunkte der Männer liegen auf der entgegengesetzten Seite der ersten Achse in der Nähe von "Hosen umnähen: etwas" und "Hosen umnähen: nein".

Des weiteren wurde in die Abbildung eine Skala integriert, mit der die Koordinaten der Variablenausprägungen bestimmt und mit der somit die Entfernungen der Profile und der Scheitelpunkte zum Achsenkreuz gemessen werden können. Eine einheitliche Skalierung der beiden Achsen ist die Grundvoraussetzung für die richtige Interpretation der Abbildungen der Korrespondenzanalyse - ungleiche Skaleneinheiten auf den Achsen würden zu Fehlinterpretationen führen, da durch eine fehlerhafte grafische Umsetzung die Euklidische Metrik nicht mehr gültig wäre (vgl. ausführlich Greenacre 1993a, Kapitel 1).

In den bisherigen grafischen Darstellungen wurden entweder die Profile der Zeilen mit den Scheitelpunkten der Spalten oder die Profile der Spalten mit den Scheitelpunkten der Zeilen zusammen abgebildet. Diese beiden Arten der Darstellung werden als *asymmetrisch* bezeichnet - getrennt für Zeilen und Spalten werden die räumlichen Lagen der Profile mit den räumlichen Lagen ihrer Extrempunkte im gemeinsamen Projektionsraum verglichen. Zusätzlich zu dem Vergleich der Profile mit den Scheitelpunkten gibt es eine gemeinsame Darstellung von Zeilen- und Spaltenprofilen. Aufgrund der identischen Eingabedaten (den Häufigkeiten der Kontingenztabelle), aufgrund der Reskalierungsmöglichkeit von Profilen in Scheitelpunkten (und umgedreht) und da sowohl die Trägheitsgewichte der Achsen (die Eigenwerte) in beiden Analysen identisch sind als daß auch die Eigenvektoren beider Darstellungen ineinander überführt werden können (vgl. Kapitel 3, Greenacre 1984), dürfte es plausibel sein, daß die Achsen der beiden Darstellungen übereinandergelegt werden können. Werden sowohl die Zeilenprofile als auch die Spaltenprofile in diesem Raum abgebildet, so wird von einer *symmetrischen Darstellung* bzw., in der französischen Tradition der Korrespondenzanalyse, von einem "*French Plot*" gesprochen.

Der schwerwiegenste Nachteil der symmetrischen Darstellung ist, wie bereits mehrfach erläutert, daß die Abstände zwischen Zeilen- und Spaltenprofilen *nicht* als Distanzen interpretiert werden dürfen, der wichtigste Vorteil ist die - noch zu zeigende - bessere Übersichtlichkeit der Abbildungen. Obwohl die symmetrische Darstellung aufgrund der nicht definierten Distanzen zwischen den Zeilen- und Spaltenprofilen zu Fehlinterpretationen verleiten kann, so ist sie zumindest in der französischen Tradition die mit Abstand am häufigsten verwendete. (Zur Diskussion von symmetrischer und asymmetrischer Darstellung siehe Abschnitt 2.11.) Für das Beispiel der kulturellen Kompetenz "Hosen umnähen" sind die beiden symmetrischen Darstellungen in den Abbildungen 2.21 und 2.22 wiedergegeben.

Auf der Basis der Abbildungen 2.21 und 2.22 dürfen sowohl die Abstände zwischen den Zeilenprofilen als auch die Abstände zwischen den Spaltenprofilen, nicht aber die Abstände zwischen Zeilen- und Spaltenprofilen interpretiert werden. Anhand beider Abbildungen wird deutlich, daß die "Männer zwischen 40 und 59 Jahren" etwas abseits von den beiden anderen Ausprägungen der "Männer" liegen. Diese Lokalisationen spiegeln die zuvor errechneten Distanzen wider: der Abstand dieses Spaltenprofils zu den "Männern bis 39 Jahren" ist $d^{(2)} = 0,274$, der Abstand zu den "Männern, 60 Jahre und älter" ist $d^{(2)} = 0,221$, während der Abstand zwischen den beiden Vergleichsgruppen lediglich $d^{(2)} = 0,074$ ist (vgl. Tabelle 2.7). Eine noch etwas feinere Unterscheidung gilt für die "Frauen": Die "Frauen bis 39 Jahre" liegen etwas abseits der beiden anderen Frauengruppen, die geringste Chi-Quadrat-Distanz mit $d^{(2)} = 0,024$ besteht zwischen den "Frauen ab 60 Jahren" und den "Frauen zwischen 40 und 59 Jahren" (vgl. Tabelle 2.7, Abbildung 2.22).

Abbildung 2.21: Eindimensionale symmetrische Darstellung

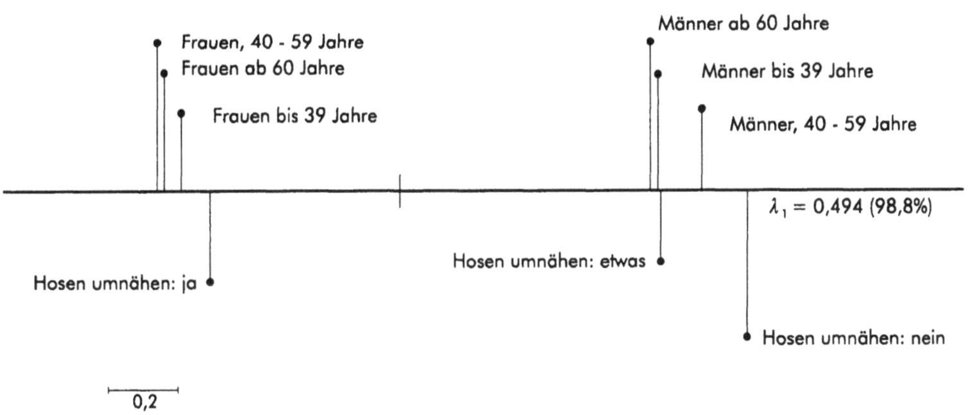

Abbildung 2.22: Zweidimensionale symmetrische Darstellung

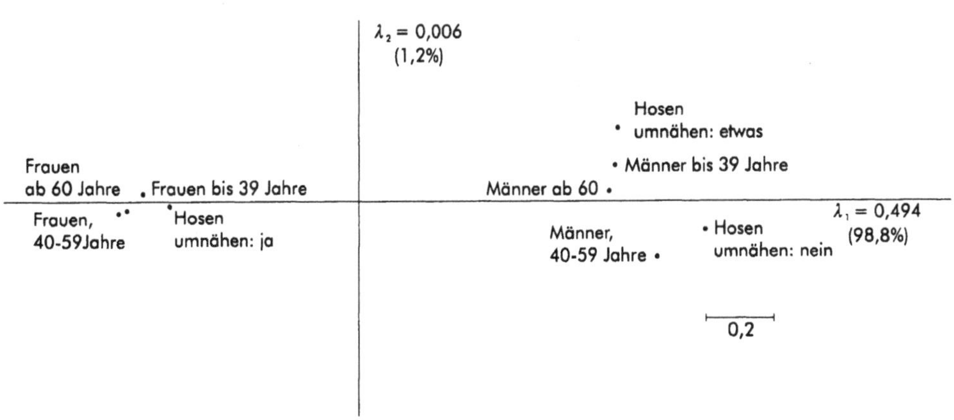

Daß eine Distanzinterpretation zwischen "Zeilen" und "Spalten" in der symmetrischen Darstellung zu falschen Ergebnissen führen würde, kann u. a. anhand von "Hose umnähen: ja" nachgewiesen werden: So wird mit Abbildung 2.22 suggeriert, daß dieses Zeilenprofil am dichtesten an dem Spaltenprofil "Frauen bis 39 Jahre" liegt. Anhand der berechneten Distanzen (Tabelle 2.7) und anhand der asymmetrischen Darstellung (z. B. Abbildung 2.17) wird jedoch deutlich, daß der Scheitelpunkt dieser Zeile (P2) sowohl dichter am Spaltenprofil "Frauen zwischen 40 und 59 Jahren" als auch dichter am Spaltenprofil "Frauen ab 60 Jahre" (0,185 > 0,096, 0,120) liegt. Dieser "Fehler" kann nicht einer mangelhaften grafischen Darstellung zugeschrieben werden, da mit Abbildung 2.22 die Variation der Daten fehlerfrei reproduziert wird (98,8% + 1,2% = 100%).

Werden auf der Ebene der zweidimensionalen Abbildungen die beiden *asymmetrischen Darstellungen* mit der *symmetrischen* (Abbildungen 2.17, 2.20 und 2.22) verglichen, so scheint bei den asymmetrischen die zweite Achse wesentlich wichtiger zu sein als bei der symmetrischen; diese größere "Bedeutung" der zweiten Achse ist jedoch ausschließlich auf die unterschiedliche Art der Darstellung zurückzuführen. Während die Grenzen des Projektsraums in der asymmetrischen Darstellung integriert sind, wird mit der symmetrischen Darstellung lediglich der Teil des Projektionsraums wiedergegeben, in dem die Profile lokalisiert sind. Letzteres ist wiederum der wichtigste Vorteil der symmetrischen Darstellung, insbesondere wenn die Anzahl der darzustellenden Profile deutlich größer als drei, sechs oder neun ist und es bei der asymmetrischen Darstellung zu vielen Überschneidungen bei der Plazierung der Bezeichnungen der Variablenausprägungen in der Nähe des Achsenkreuzes käme.

Auf die Frage, ob die asymmetrische oder ob die symmetrische Darstellung die bessere ist, gibt es keine generelle Antwort: So wird in der "holländischen Schule" die asymmetrische Darstellung favorisiert (z. B. Gifi 1990), in der "französischen Schule" ist es die symmetrische (z. B. Bourdieu 1982, Rouanet und Le Roux 1993, the BMS 1994) - die Entscheidung liegt letztendlich beim Anwender und dessen nicht zuletzt ästhetischen Gründen (vgl. Greenacre 1994a). Um die Unterschiede zwischen der symmetrischen und der asymmetrischen Darstellung zu vertiefen, und um weitere Kriterien für die Wahl der geeigneten Abbildung zu geben, wird ein neues Beispiel eingeführt - die hierfür verwendeten Daten sind der von Siemens in Auftrag gegebenen Studie "Einstellung zur Technik" entnommen, in deren Rahmen 1983 in Deutschland 1938 Personen befragt wurden.[8] Bevor wir dieses Beispiel geben, soll jedoch noch eine weitere Interpretation der Skalenwerte vorgestellt werden, die als *optimale Skalierung* bezeichnet wird (Nishisato 1978, 1994, Greenacre 1993a).

---

8 Der Datensatz ist unter der Studiennummer 1367 im Zentralarchiv für Empirische Sozialforschung erhältlich.

2.11 Optimale Skalierung

Bislang wurde schwerpunktmäßig die Interpretation der grafischen Darstellung der Korrespondenzanalyse diskutiert, wobei insbesondere über Massen, Profile, Chi-Quadrat-Distanzen sowie über symmetrische und asymmetrische Abbildungen gesprochen wurde. Eine alternative Betrachtungsweise ist die der *optimalen Skalierung*, wobei die zugrundeliegende Idee darin besteht, Werte für die Variablenausprägungen zu finden, die metrisch interpretiert werden können. Am einfachsten dürfte die Vorstellung der "optimalen Skalierung" sein, wenn auf der Ebene der manifesten Daten eine ordinal skalierte Variable betrachtet wird, so können z. B. die Ausprägungen der Variable "Hosen umnähen" ("ja", "etwas", "nein") als Rangfolge interpretiert werden. Bei ordinalen Skalen wird davon ausgegangen, daß es zwar eine Rangordnung der Merkmale gibt, in dem gegebenen Beispiel nimmt die Fähigkeit Hosen umzunähen sukzessive ab, daß aber die Abstände zwischen den einzelnen Merkmalen ungleich sind; so sollte der Abstand zwischen "ja" und "etwas" ungleich dem Abstand zwischen "etwas" und "nein" sein.

Wenn es eine Rangreihe entlang der Ausprägungen gibt, so kann rein formal auch der Mittelwert bzw. der *gewichtete Mittelwert* dieser Werte bestimmt werden. Da die "optimalen Skalenwerte" (noch) nicht bekannt sind, werden als erste Näherung des gesuchten Mittelwertes die (willkürlich) gewählten Ausprägungen der Variablen (z. B. 1 = Hosen umnähen: ja; 2 = Hosen umnähen: etwas; 3 = Hosen umnähen: nein) verwendet; diese werden mit den Anteilen der Ausprägungen gewichtet (Tabelle 2.2). Für die Variable "Hosen umnähen" ergibt sich damit ein gewichteter Mittelwert von: 0,6275 * 1 + 0,1071 * 2 + 0,2654 * 3 = 1,64; die "mittlere Fähigkeit" aller Befragten liegt somit zwischen "Hosen umnähen: ja" und "Hosen umnähen: etwas". Auf die gleiche Art, wie der gewichtete Mittelwert für alle Befragten bestimmt werden kann, kann ein derartiger Wert für jede der sechs Gruppierungen ermittelt werden, z. B. für die "Männer ab 60 Jahre": 0,2862 * 1 + 0,1950 * 2 + 0,5189 * 3 = 2,23. Der gewichtete Mittelwert für diese Gruppe liegt zwischen "Hosen umnähen: etwas" und "Hosen umnähen: nein", er ist deutlich größer als der Mittelwert für alle Befragten.

Gesucht sind nun Skalenwerte, mit denen die drei Ausprägungen von "Hosen umnähen" angemessener beschrieben werden können als mit "1", "2" und "3". Werden für die gesuchten Skalenwerte Platzhalter eingesetzt, so kann der Mittelwert der Skala beschrieben werden durch: 0,6275 * a_1 + 0,1071 * a_2 + 0,2654 * a_3 und für die Variablenausprägung "Männer ab 60 Jahre" gilt entsprechend: 0,2862 * a_1 + 0,1950 * a_2 + 0,5189 * a_3. Die Schätzung der a_i's soll unter den Bedingungen erfolgen, daß der gewichtete Mittelwert der neuen Skala Null und daß seine Varianz Eins ist.

Simultan zur Schätzung der neuen Skalenwerte von "Alter × Geschlecht" sollen neue Skalenwerte (b_j) der Variablen "Hosen umnähen" nach den gleichen Kriterien bestimmt werden, die für "Alter × Geschlecht" angegeben wurden - auch der neue gewichtete Mittelwert von "Hosen umnähen" soll Null und seine Varianz soll Eins sein. Für den neuen gewichteten Mittelwert der Variable "Hosen umnähen" gilt demzufolge: 0,1994 * b_1 + 0,1564 * b_2 + ... + 0,1409 * b_6 = 0.

Werden die Gleichungen für die Zeilen und für die Spalten simultan geschätzt, so kann gezeigt werden, daß bei der Zeilendarstellung die a_i's den Standardkoordinaten der Spalten auf der ersten Achse der Korrespondenzanalyse entsprechen; dies sind die *optimalen Werte* (vgl. Gifi 1990; Greenacre 1993a). Werden die Werte in die Gleichung für "Männer ab 60 Jahre" eingesetzt, so ergibt sich: 0,2862 * a_1 + 0,1950 * a_2 + 0,5189 * a_3 = 0,2862 * -0,767 + 0,1950 * 1,040 + 0,5189 * 1,393 = 0,706; dies ist der Hauptkoordinatenwert auf der ersten Achse der betrachteten Variablenausprägung (vgl. Tabellen 2.9 und 2.10). Dieser Zusammenhang zwischen Spalten- und Zeilendarstellung wurde bereits bei der Beschreibung der Ergebnisse der Korrespondenzanalyse in Abschnitt 2.10 gezeigt und als *baryzentrisches System* bezeichnet. Im umgedrehten Fall, der Darstellung der Spalten, entsprechen die b_j's den Standardkoordinaten bzw. den optimalen Skalenwerten - aus diesen können dann die Hauptkoordinaten der Zeilen bestimmt werden.

Es bleibt noch zu zeigen, daß der gewichtete Mittelwert auf der optimalen Skala Null und daß die Varianz Eins ist. Werden die optimalen Werte (die Standardkoordinaten) in die Gleichung eingesetzt, so ergibt sich für den Mittelwert: 0,6275 * -0,767 + 0,1071 * 1,040 + 0,2654 * 1,393 = 0 und für die Varianz: 0,6275 * -0,767^2 + 0,1071 * 1,040^2 + 0,2654 * 1,393^2 = 1. Damit sind die an die "optimalen Werte" gestellten Bedingungen erfüllt.

Die optimalen Skalenwerte können auf die ursprüngliche Skala (von "1" bis "3") zurückbezogen werden, so daß die Abstände zwischen den Werten auch auf der Ebene der manifesten Variablen interpretiert werden können. Die neue Skala reicht von -0,767, welcher "Hosen umnähen: ja" zugewiesen wird, bis 1,393 für "Hosen umnähen: nein" (vgl. Tabelle 2.9); die Differenz der beiden Werte ist 2,16. Wird der minimale Wert (-0,767) auf eins und der maximale Wert (1,393) auf drei gesetzt, so gelten wieder die Eckpunkte der alten Skalierung. Dem verbleibenden Skalenwert von "Hosen umnähen: etwas" (neuer Skalenwert: 1,040) muß dann noch ein neuer Wert zugewiesen werden: Werden die Spannweiten der alten und der neuen Skalenwerte verglichen, so ist das Verhältnis 2,16 zu 2 oder 1,08 zu 1. Auf der 2,16er Skala ist "Hosen umnähen: etwas" 1,807 Einheiten von "Hosen umnähen: ja" entfernt (0,767 + 1,040), bezogen auf die 2,0er Skala sind es 1,807 / 1,08 = 1,67 Einheiten. Da "Hosen umnähen: ja" auf dieser Skala den Wert eins hat, bekommt "Hosen umnähen: etwas" den Wert 2,67 (1 + 1,67) zugewiesen; "Hosen umnähen: etwas" liegt damit deutlich näher an "Hosen umnähen: nein" als an "Hosen umnähen: ja"; er liegt nicht (mehr) in der arithmetischen Mitte zwischen diesen Werten.

2.12 Eine Untersuchung zur Technikakzeptanz

Im Rahmen der Studie "Einstellung zur Technik" wurden von 1553 Personen u. a. Angaben zur Berufsposition (un- bzw. angelernter Arbeiter, Facharbeiter, einfacher Angestellter/Beamter, mittlerer Angestellter/Beamter, leitender Angestellter/Beamter, Selbständiger, freiberuflicher Akademiker) und zur Technikakzeptanz (auf einer siebenstufigen Skala von 1 = ich bin sehr skeptisch gegenüber Technik bis 7 = ich akzeptiere Technik voll und ganz) erhoben. Das Ergebnis der Kreuztabellation dieser beiden Variablen ist in Tabelle 2.11 wiedergegeben.

Bezogen auf die Technikakzeptanz wird ersichtlich, daß alle sieben Werte für eine inhaltliche Beschreibung ausreichend oft genannt wurden. Dabei wurden die mittleren Werte ("4" und "5") am häufigsten verwendet, beim Vergleich der Randkategorien hat die Zustimmung zur Technik einen etwa doppelt so großen Anteil wie die Ablehnung. Auf der Ebene der Berufspositionen könnte die Berücksichtigung der Kategorie "freiberuflicher Akademiker" diskutiert werden: Mit lediglich 33 Nennungen ist die durchschnittliche Anzahl der Nennungen in den sieben Kategorien der "Technikakzeptanz" relativ klein. Obwohl aufgrund dieser relativ geringen Anzahl von Nennungen diese Kategorie mit einer anderen zusammengefaßt werden könnte, soll sie aus inhaltlichen Gründen erhalten bleiben; die Interpretation dieser Ausprägung sollte aber wegen der relativ geringen Fallzahl vorsichtig erfolgen.

Tabelle 2.11: Technikakzeptanz und Berufsposition

	T1	T2	T3	T4	T5	T6	T7	Summe
Arbeiter	20	26	46	98	49	22	22	283
Facharbeiter	11	11	34	79	60	41	43	279
Einfacher Ang.	22	22	40	89	71	27	24	295
Mittlerer Ang.	12	24	57	117	121	65	48	444
Leitender Ang.	1	8	10	24	29	23	13	108
Selbständiger	6	7	14	22	26	23	13	111
Freiberuflicher	4	1	3	7	7	6	5	33
Summe	76	99	204	436	363	207	168	1553

Entsprechend der Chi-Quadrat-Statistik (χ^2 = 81,2 mit 36 Freiheitsgraden) ist der Zusammenhang zwischen "Berufsposition" und "Technikakzeptanz" hoch signifikant (p <

.001), mit *Cramer's* $V = 0{,}09$ jedoch relativ schwach. Es sei an dieser Stelle angemerkt, daß mit der Korrespondenzanalyse auch nicht signifikante Tabellen analysiert werden können - auch in "weißem Rauschen" können unter Umständen Strukturen "gesehen" werden, die sozialwissenschaftlich interpretiert werden können. So kann es z. B. in komplexen Tabellen, deren Chi-Quadrat-Werte nicht signifikant sind, in einzelnen Zellen deutliche Abweichungen von empirischen und erwarteten Werten geben, die mit Hilfe der Korrespondenzanalyse sichtbar gemacht werden können.

Tabelle 2.12: Technikakzeptanz und Berufsposition, Zeilenprofile

	T1	T2	T3	T4	T5	T6	T7	Summe
Arbeiter	0,071	0,092	0,163	0,346	0,173	0,078	0,078	1,0
Facharbeiter	0,039	0,039	0,122	0,283	0,215	0,147	0,154	1,0
Einfacher Ang.	0,075	0,075	0,136	0,302	0,241	0,092	0,081	1,0
Mittlerer Ang.	0,027	0,054	0,128	0,264	0,273	0,146	0,108	1,0
Leitender Ang.	0,009	0,074	0,093	0,222	0,269	0,213	0,120	1,0
Selbständiger	0,054	0,063	0,126	0,198	0,234	0,207	0,117	1,0
Freiberuflicher	0,121	0,030	0,091	0,212	0,212	0,182	0,152	1,0
Durchschnitt	0,049	0,064	0,131	0,281	0,234	0,133	0,108	1,0

Anhand der Zeilenprofile (Tabelle 2.12) wird ersichtlich, daß die Facharbeiter, die leitenden Angestellten und die Selbständigen "Technik" am stärksten befürworten; sie haben relativ niedrige Werte bei den "Ablehnungen" und relativ hohe Werte bei den "Zustimmungen". Als "indifferent" kann das Antwortverhalten bei den "freiberuflichen Akademiker" bezeichnet werden - innerhalb dieser Gruppe gibt es relativ viele (12,1%), die eine starke Skepsis gegenüber Technik haben (T1 - bin sehr skeptisch gegenüber Technik) als auch relativ viele (15,2%), die "Technik voll und ganz akzeptieren" (T7). D. h., sofern die Ergebnisse für die Freiberuflichen nicht als zufällig interpretiert werden, so ist diese Gruppe in bezug auf die Technikakzeptanz relativ heterogen zusammengesetzt.

Die Matrix der Eingabedaten hat sieben Zeilen und sieben Spalten, die Dimensionalität des Projektionsraums ist somit sechs. Die dazugehörigen Achsen werden durch Trägheitsgewichte in absteigender Ordnung und die dazugehörigen erklärten Varianzen beschrieben (vgl. Tabelle 2.13). Das Trägheitsgewicht der ersten Achse ist $\lambda_1 = 0{,}0357$; wird dieser Wert auf die Gesamtvariation der zu untersuchenden Daten, also auf das Gesamtträgheitsgewicht bezogen ($\lambda_T = \chi^2/n = 81{,}2 / 1553 = 0{,}0523$), also wird er durch diesen Wert dividiert (0,0357

/ 0,0523) und anschließend mit 100 multipliziert, so ist das Ergebnis die erklärte Varianz der ersten Achse. In dem gegebenen Beispiel werden durch die erste Achse 68,2% der Gesamtvariation der Daten erklärt, die Lösung ist somit nahezu eindimensional. Das Trägheitsgewicht der zweiten Achse ist $\lambda_2 = 0{,}0075$ mit einer erklärten Varianz von 14,3% und das der dritten ist $\lambda_3 = 0{,}0054$ mit einer erklärten Varianz von 10,4%. Die Trägheitsgewichte können auch als quadrierte *kanonische Korrelationskoeffizienten* interpretiert werden, womit eine Aussage über die Korrelation von Zeilen und Spalten der betrachteten Kontingenztabelle gemacht werden kann (vgl. Greenacre 1993a: 59-60, Kapitel 4).

Tabelle 2.13: Trägheitsgewichte und erklärte Varianzen

1	0,035660	68,18%	**
2	0,007498	14,34%	***********
3	0,005435	10,39%	********
4	0,003109	5,94%	****
5	0,000584	1,12%	*
6	0,000018	0,03%	
	0,052305		

Sind die Eigenwerte der Achsen (ihre Trägheitsgewichte) und deren Eigenvektoren bekannt, so können die Koordinaten der Zeilen- und Spaltenprofile als auch die Koordinaten der Scheitelpunkte von Zeilen und Spalten berechnet werden (Tabelle 2.14), mit denen wiederum die grafischen Abbildungen erstellt werden können. Obwohl prinzipiell alle sechs Achsen zur grafischen Darstellung der Ergebnisse verwendet werden können, werden in der Regel lediglich die ersten beiden gezeigt.[9] Für diese beiden Dimensionen, die zusammen 82,5% der Gesamtvarianz erklären (68,2% + 14,3%), wurden die beiden asymmetrischen Abbildungen (2.23 und 2.24) und die symmetrische Abbildung (2.25) angefertigt.

Anhand der beiden asymmetrischen Darstellungen wird ersichtlich, daß die jeweiligen Profile sehr eng beieinander und in der Nähe des Achsenkreuzes liegen. Werden die Distanzen der Profile zu den Scheitelpunkten betrachtet, so sind diese relativ ähnlich; auch anhand der asymmetrischen Darstellungen kann damit die relativ geringe Variation in den Daten erkannt werden. Während die Projektionsräume bei den asymmetrischen Darstellungen durch die Scheitelpunkte aufgespannt werden und die Profile infolge der relativ geringen Variation relativ dicht beieinander in der Nähe des Achsenkreuzes liegen, wird der Projek-

9 Zu den Kriterien für die Bestimmung der relevanten Anzahl von zu erklärenden Dimensionen vgl. Abschnitt 4.1.

Tabelle 2.14: Haupt- und Standardkoordinaten von Zeilen und Spalten

Variable	1. Dimension Haupt- koord.	Stand.- koord.	2. Dimension Haupt- koord.	Stand.- koord.	3. Dimension Haupt- koord.	Stand.- koord.	4. Dimension Haupt- koord.	Stand.- koord.	5. Dimension Haupt- koord.	Stand.- koord.	6. Dimension Haupt- koord.	Stand.- koord.
Arbeiter	0,295	1,562	0,012	0,135	-0,017	-0,235	0,068	1,227	0,006	0,236	-0,003	-0,642
Facharbeiter	-0,108	-0,571	-0,092	-1,067	-0,118	-1,604	0,007	0,122	-0,006	-0,253	0,003	0,671
Einfacher Ang.	0,172	0,910	0,004	0,044	0,053	0,719	-0,065	-1,172	-0,018	-0,722	0,004	1,012
Mittlerer Ang.	-0,112	-0,591	0,076	0,882	-0,014	-0,187	-0,037	-0,671	0,016	0,669	-0,003	-0,662
Leitender Ang.	-0,296	-1,566	0,087	0,999	0,070	0,945	0,090	1,622	-0,061	-2,522	-0,001	-0,218
Selbständiger	-0,181	-0,960	-0,080	-0,929	0,143	1,938	0,068	1,217	0,049	2,014	0,006	1,384
Freiberuflicher	-0,075	-0,400	-0,393	-4,541	0,151	2,048	-0,081	-1,454	-0,023	-0,955	-0,018	-4,250
Technik-1	0,381	2,018	-0,266	-3,074	0,158	2,141	-0,064	-1,141	-0,002	-0,093	-0,001	-0,141
Technik-2	0,207	1,098	0,110	1,267	0,109	1,474	0,115	2,066	-0,035	-1,463	0,008	1,816
Technik-3	0,122	0,646	0,026	0,301	-0,022	-0,299	0,021	0,385	0,057	2,358	0,002	0,554
Technik-4	0,134	0,709	0,018	0,206	-0,064	-0,869	0,006	0,108	-0,013	-0,543	-0,004	-0,978
Technik-5	-0,104	-0,551	0,070	0,810	0,035	0,480	-0,078	-1,405	-0,004	-0,157	0,001	0,300
Technik-6	-0,306	-1,621	-0,038	-0,440	0,072	0,980	0,064	1,153	0,007	0,281	-0,005	-1,145
Technik-7	-0,188	-0,994	-0,127	-1,465	-0,108	-1,463	0,009	0,165	-0,014	-0,558	0,007	1,622

Abbildung 2.23: Asymmetrische Darstellung mit Zeilenprofilen und Scheitelpunkten der Spalten

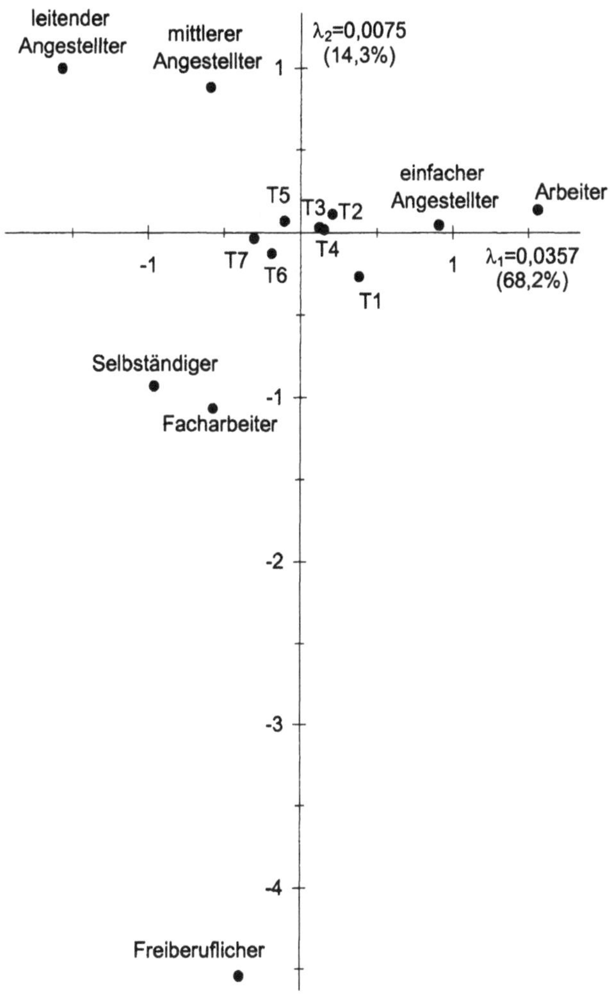

tionsraum bei der symmetrischen Darstellung durch die maximalen Koordinatenausprägungen der Profile festgelegt. Infolge des Fehlens der Scheitelpunkte kann damit eine übersichtlichere Darstellungsform gefunden werden. Mit Hilfe von Abbildung 2.25 ist jedoch das Ausmaß der Variation in den Daten nicht mehr anhand der *Lokalisationen der Merkmale im Projektionsraum* zu erkennen, sondern lediglich anhand der angegebenen Skala (je größer die Distanz von 0 bis 0,1 ist, desto geringer ist die Variation).

Werden die Ergebnisse inhaltlich interpretiert, so spiegelt die erste Achse das unterschiedliche Niveau der "Technikakzeptanz" wider, mit Ausnahme von "T3" und "T4" sowie von "T6" und "T7" bleibt die ordinale Ordnung der Ausprägungen der manifesten Variable auf der ersten Dimension erhalten (diese Zuordnungen werden ersichtlich, wenn die Ausprägungen der Variablen "Technikakzeptanz" im rechten Winkel auf die erste Achse projiziert werden; zu einem Test auf die Ordinalität von Items, siehe Abschnitt 9.4, Blasius und Thiessen 2001). Die rechte Seite spiegelt dabei eine eher kritische Sicht der Technik wider und ist auf der Ebene der Berufsklassifikation am ehesten durch die "Arbeiter" (AR) und die "einfachen Angestellten" (EA) gekennzeichnet, die linke Seite eine relativ hohe Akzeptanz gegenüber Technik; sie wird auf der Ebene der Berufsklassifikation insbesondere durch die "leitenden Angestellten" (LA) beschrieben.

Abbildung 2.24: Asymmetrische Darstellung mit Spaltenprofilen und Scheitelpunkten der Zeilen

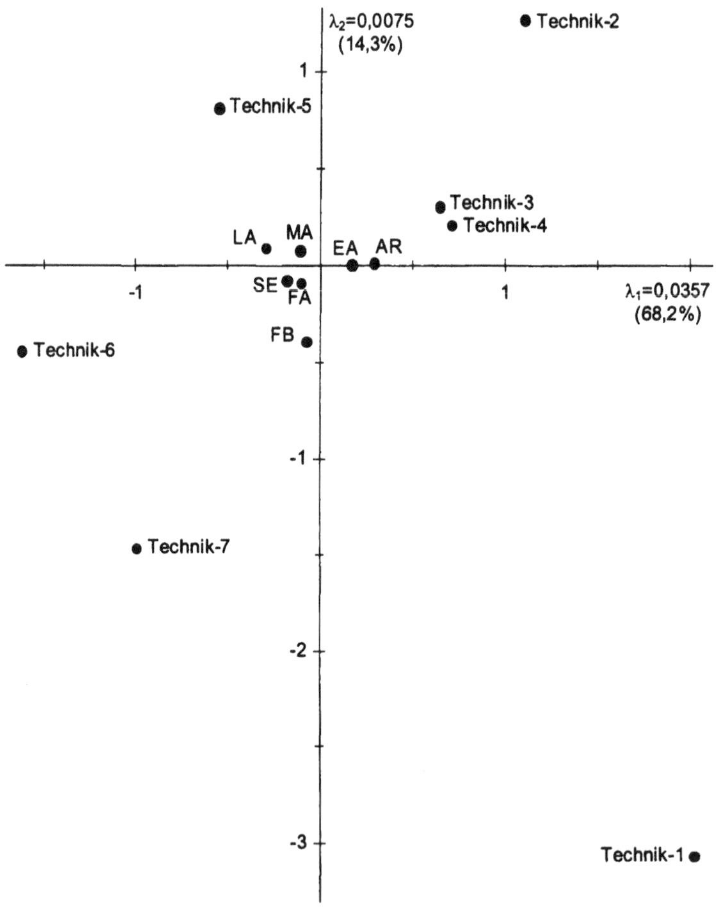

Abbildung 2.25: Symmetrische Darstellung von Zeilen- und Spaltenprofilen

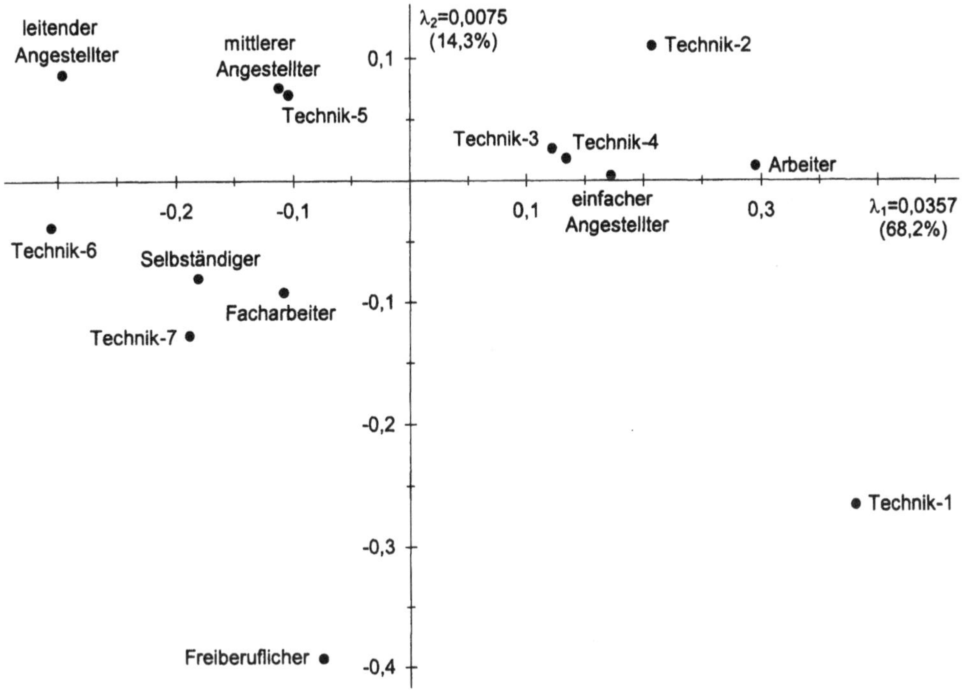

Die zweite Achse, die (lediglich) 14,3% der verbleibenden Variation erklärt, wird im negativen Bereich insbesondere durch die beiden Extremkategorien der "Technikakzeptanz" beschrieben, diese sind überdurchschnittlich weit vom Schwerpunkt entfernt lokalisiert. Auf der Ebene der "Berufsklassifikation" laden die "Freiberuflichen" ebenfalls auf dem negativen Abschnitt der zweiten Achse, sie sind damit auf dieser Achse sowohl mit der "niedrigsten Technikakzeptanz" (T1) als auch mit der "höchsten Technikakzeptanz" (T7) positiv assoziiert. Dieser Zusammenhang kann sowohl anhand der numerischen Ausprägungen der Profile verifiziert werden (vgl. Tabelle 2.12) als auch anhand der asymmetrischen Darstellung, bei der die Merkmale der "Technikakzeptanz" als Scheitelpunkte gewählt werden: Zu beiden Ausprägungen T1 und T7 haben die "Freiberuflichen" die kürzeste Distanz (vgl. Abbildung 2.23).

Anhand der Vorstellung, daß statt der sieben bzw. vierzehn Profile siebzig oder mehr verwendet werden - so z. B. in Bourdieus "feinen Unterschieden" (Bourdieu 1982) -, von denen bei der asymmetrischen Darstellung immer ein großer Teil nahe am Achsenkreuz liegen wird, kann nachvollzogen werden, daß die symmetrische Darstellung in der Regel die übersichtlichere ist. Es sind daher häufig pragmatische Gründe, wie die bessere Visualisierbarkeit, die zur Verwendung des "French Plot" führen (vgl. auch Greenacre 1994a).

2.13 Biplot-Interpretation

Eine Alternative zu der oben diskutierten symmetrischen und asymmetrischen Darstellung der Ergebnisse ist der *Biplot.* Mit der Silbe "bi" in dem Wort Biplot wird darauf verwiesen, daß es sich um eine Darstellung von Zeilen und Spalten (z. B. in der Korrespondenzanalyse auf der Basis einer Kontingenztabelle) bzw. von Objekten und Variablen (z. B. in der multiplen Korrespondenzanalyse) handelt. Das Verfahren wurde von Gabriel (1971, 1981) entwickelt und zuerst für die Interpretation von Ergebnissen der Hauptkomponentenanalyse verwendet. Inzwischen wurde die Technik auch auf andere multivariate Analyseverfahren übertragen, so z. B. auf die multidimensionale Skalierung, auf die Korrespondenzanalyse und auf die multiple Korrespondenzanalyse (vgl. ausführlich Gower und Hand 1996). Wir werden im folgenden die *Biplotinterpretation* für die einfache Korrespondenzanalyse diskutieren (vgl. insbesondere Greenacre 1993a, b).

Der Biplot ist eine Methode zur Visualisierung der Elemente einer rechteckigen Matrix, bei der die Zeilen und Spalten als Punkte oder Vektoren in einen gemeinsamen Raum projiziert werden (Greenacre 1993b, S. 251). Ausgangspunktpunkt für die Biplotinterpretation in der Korrespondenzanalyse ist die asymmetrische Darstellung, z. B. jene, bei der die sieben Einstellungswerte zur Technikakzeptanz den Projektionsraum aufspannen, in den die sieben Profile der Berufe hineingelegt werden (Abbildung 2.24). Jeweils beginnend bei den Koordinaten der sieben Scheitelpunkte, werden Achsen in den Projektionsraum gelegt, die durch den Schwerpunkt der Darstellung gehen - dies sind die sogenannten *Biplotachsen.* Auf diese Biplotachsen können die Profile im rechten Winkel projiziert werden und auf der Basis dieser Projektionen können die Werte für die Profile zurückgerechnet werden. Um diese Idee zu verdeutlichen, wurde in Abbildung 2.24 exemplarisch die Biplotachse für den Scheitelpunkt "Technik 1" gelegt und auf diese Achse wurden die Profile projiziert (Abbildung 2.26).

Die Biplotachsen haben in dem gegebenen Beispiel eine metrische Skala, die im Scheitelpunkt (in Abbildung 2.26, Technik-1) mit einem Wert von 1,0 (100%) beginnt. Der höchste Profilwert gehört mit 12,1% zu den "Freiberuflichen" (FB), die Projektion dieses Profils liegt auch am dichtesten am Scheitelpunkt "Technik-1". Der niedrigste Profilwert gehört mit 0,9% zu den "leitenden Angestellten" (LA), die Projektion dieses Profils liegt am weitesten vom Scheitelpunkt entfernt. Der zweit- und der drittgrößte Wert gehört mit 7,1% und 7,5% zu den "Arbeitern" (AR) und zu den "einfachen Angestellten" (EA), in Abbildung 2.26 folgen die beiden dazugehörigen Projektionen den "Freiberuflichen", jedoch in vertauschter Reihenfolge. Ebenfalls vertauscht sind die "Selbständigen" und die "Facharbeiter"; letztere sind in unmittelbarer Nähe des Achsenkreuzes lokalisiert. Diese "Fehlprojektionen" ergeben sich daraus, daß mit der gegebenen zweidimensionalen Darstellung (im Durchschnitt) "lediglich" 82,5% der Variation der Daten erklärt werden. Der zweitniedrigste Profilwert gehört mit 2,7% zu den "mittleren Angestellten" (MA) - hier stimmen Daten (Tabelle 2.12) und Projektion wieder überein (zur Berechnung der Einheiten auf den Biplotachsen: Greenacre 1993b). In der Biplotdarstellung ist die Verwendung der Achsen der Korrespondenzanalyse nicht notwendig. Statt dieser Achsen können alle Biplotachsen in den Projektionsraum gelegt und anhand ihrer gemeinsamen/unterschiedlichen Ausrichtungen interpretiert werden (Abbildung 2.27).

Aus Abbildung 2.27 ist zu erkennen, daß sich die sieben Biplotachsen im Schwerpunkt der Darstellung schneiden (in der Korrespondenzanalyse durch das Achsenkreuz gekennzeichnet). Werden die Achsen interpretiert, so verlaufen "Technik-1" und "Technik-5" gegensätzlich; d. h. die Profile der "Berufe", in denen die Werte von "Technik-1" überdurch-

Abbildung 2.26: Biplotachse in der korrespondenzanalytischen Darstellung

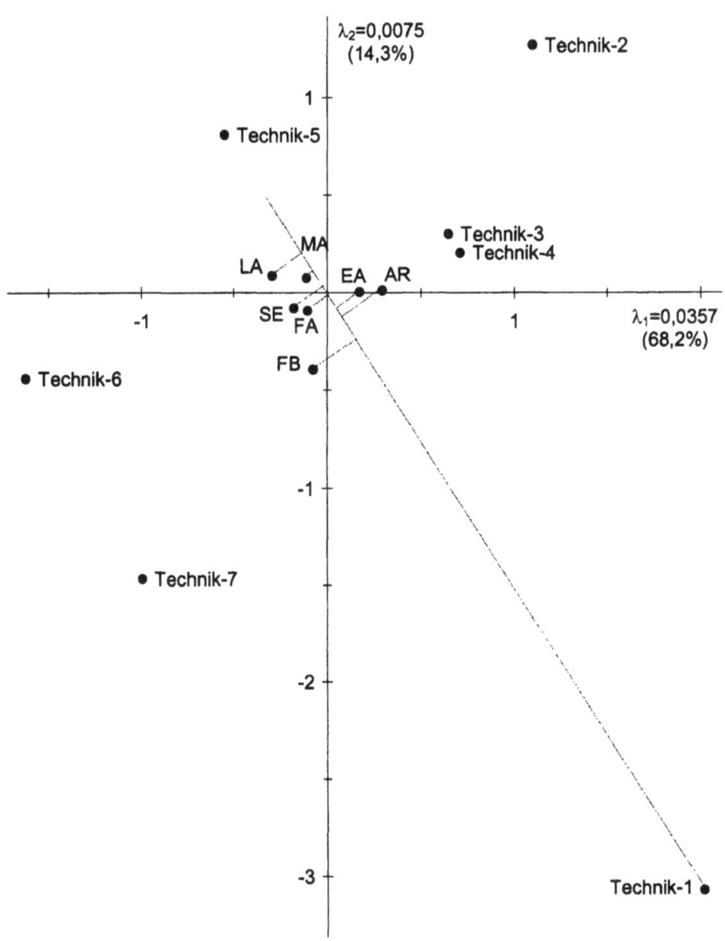

Abbildung 2.27: Biplotachsen

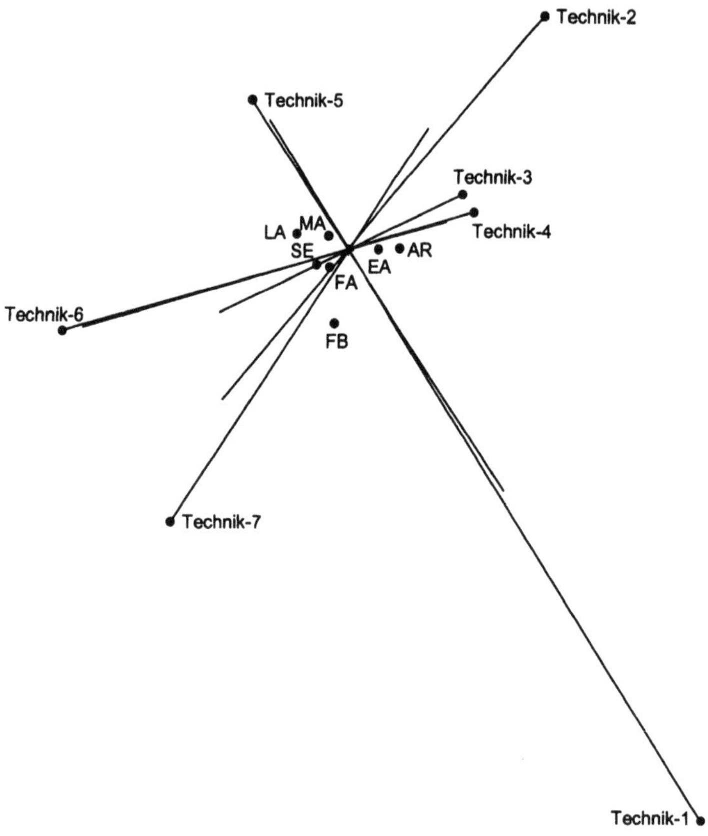

schnittlich hoch sind, haben relativ niedrige Werte in "Technik-5" - und umgekehrt. Ähnlich deutliche negative Zusammenhänge gelten für "Technik-4" versus "Technik-6" und für "Technik-2" versus "Technik-7". Am engsten positiv verbunden sind "Technik-3" und "Technik-4": Von den Mitgliedern einiger Berufe wurden die beiden Kategorien überdurchschnittlich oft gewählt (z. B. haben die "Arbeiter" in den beiden Kategorien die höchsten Anteilswerte; vgl. Tabelle 2.12), von den Mitgliedern anderer Berufe wurden sie relativ selten verwendet (z. B. die "Freiberuflichen", sie haben den niedrigsten Wert in "Technik-3" und den zweitniedrigsten Wert in "Technik-4"; vgl. Tabelle 2.12). Die Angaben "Technik-5" und "Technik-1" sind nahezu unkorreliert mit den anderen Kategorien der Variable "Technikakzeptanz" (vgl. die Winkel zwischen den Biplotachsen). Werden die Profile in die Interpretation einbezogen, so kann aus Abbildung 2.27 z. B. abgeleitet werden, daß die Freiberuflichen überdurchschnittlich hohe Werte in "Technik-1" und "Technik-7" haben sowie einen relativ niedrigen Wert in "Technik-5" (vgl. die Projektionen auf die Biplotachsen mit den Werten in Tabelle 2.12).

2.14 Rekonstruktion der Daten

Es wurde gezeigt, wie mit Hilfe der Korrespondenzanalyse Zeilen und Spalten von Kontingenztabellen in einen niederdimensionalen Raum projiziert und dort u. a. anhand von grafischen Darstellungen interpretiert werden können. Des weiteren kann mit Hilfe der Trägheitsgewichte der Achsen und mit Hilfe des Gesamtträgheitsgewichtes angegeben werden, wieviel Prozent der Variation der Daten mit Hilfe der einzelnen Achsen erklärt wird. Die Variation der Daten entspricht der Summe der gewichteten quadrierten Abweichungen der Elemente der Profile von den korrespondierenden Elementen des durchschnittlichen Profils. Da die Elemente der empirisch gefundenen Profile unter der Bedingung der statistischen Unabhängigkeit nur zufällig von den Elementen des durchschnittlichen Profils abweichen, entsprechen die Differenzen zwischen empirischen und erwarteten Werten den Abweichungen vom *Unabhängigkeitsmodell.* Je größer diese Abweichungen sind, desto größer ist das Gesamtträgheitsgewicht. Wie noch gezeigt wird, können die Abweichungen vom Unabhängigkeitsmodell mit Hilfe der Trägheitsgewichte und der Lokalisationen der Variablenausprägungen im Projektionsraum sukzessive minimiert werden, mit jeder zusätzlich berücksichtigten Dimension gelingt die *Rekonstruktion der Ausgangsdaten* besser - im vollständigen Modell, d. h. wenn alle Dimensionen berücksichtigt werden, können die Eingabeinformationen, die Häufigkeiten der Kontingenztabelle, mit Hilfe der genannten Parameter vollständig rekonstruiert werden (vgl. Kapitel 3, Blasius und Greenacre 1994).

Wird als Basis für die Rekonstruktion der Daten das Modell der statistischen Unabhängigkeit verwendet, so ist der Erwartungswert einer Zelle (ij) definiert als $\hat{n}_{ij} = n r_i c_j$, wobei r_i die Masse der i-ten Zeile, c_j die Masse der j-ten Spalte und n die Gesamtsumme der Kontingenztabelle ist. Die Differenz aus den erwarteten und empirischen Werten $(\hat{n}_{ij} - n_{ij})$ kann für jede Zelle berechnet werden aus dem Produkt der Hauptkoordinaten der i-ten Zeile auf der k-ten Achse (f_{ik}) und der Standardkoordinaten der j-ten Spalte auf der k-ten Achse (y_{jk}), summiert über alle Achsen. Werden für die Rekonstruktion der Daten die ersten beiden Achsen ($k = 2$) gewählt, soll also für die Abbildung der ersten beiden Achsen angegeben werden, wie gut die Zellen der Kontingenztabelle auf der Basis dieser Informationen rekonstruiert werden können, so gilt für die Rekonstruktion der Zelle (ij) (vgl. auch Kapitel 3):

$$\hat{n}_{ij} = n r_i c_j + n r_i c_j \sum_{k=1}^{2} f_{ik} y_{jk} = n r_i c_j \left(1 + \sum_{k=1}^{2} f_{ik} y_{jk} \right)$$

Im vorderen Teil der Gleichung ist angegeben, wie gut die Zelle (ij) unter der Annahme des Unabhängigkeitsmodells $(n\ r_i\ c_j)$ rekonstruiert werden kann, auf der rechten Seite die "Erklärung" der Abweichung von diesem Unabhängigkeitsmodell mit Hilfe der ersten beiden Dimensionen. Je besser das Modell durch das Unabhängigkeitsmodell bzw. durch die berücksichtigten Achsen rekonstruiert werden kann, desto geringer ist die Summe der Differenzen aus empirischen und rekonstruierten Daten. Wird die Korrespondenzanalyse von diesem Punkt aus betrachtet, so hat sie deutliche Ähnlichkeiten mit Modellen, wie sie von der loglinearen Analyse, den RC-Modellen und der Analyse latenter Klassen bekannt sind (vgl. ausführlich van der Heijden und de Leeuw 1985, van der Heijden u. a. 1989, 1994, 1999, Goodman 1985, 1986, 1991, McCutcheon 1998, van der Ark und van der Heijden 1998). Nach der Rekonstruktion der Ausgangsdaten kann geprüft werden, wie gut die einzelnen empirischen Werte der Kontingenztabelle "Technikakzeptanz × Berufsklassifikation" mit Hilfe der ersten beiden Achsen reproduziert werden können (Tabelle 2.15).

Tabelle 2.15: Rekonstruierte Daten mit Hilfe der ersten beiden Achsen

	T1	T2	T3	T4	T5	T6	T7	Summe
Arbeiter	22	24	44	96	56	19	21	283
Facharbeiter	15	14	33	71	64	45	38	279
Einfacher Angest.	19	22	43	93	63	28	26	295
Mittlerer Angest.	12	28	55	117	117	68	48	444
Leitender Angest.	1	5	12	25	31	21	14	108
Selbständiger	5	5	13	27	27	20	16	111
Freiberuflicher	3	1	4	8	6	6	6	33
Summe	76	99	204	436	363	207	168	1553

Werden die Daten von Tabelle 2.15 mit denen von Tabelle 2.11 verglichen, so fällt z. B. auf, daß auf der Basis der ersten beiden Achsen bei den Facharbeitern die Ablehnung von Technik (T1) überschätzt wird: statt der vorhergesagten 15 Personen wählten lediglich 11 Personen den negativsten Wert auf der vorgelegten Siebenerskala zur Technikakzeptanz. Diese Überschätzung wurde auch bereits in der Biplot-Darstellung sichtbar (Abbildung 2.26), die Projektion dieses Profils lag in unmittelbarer Nähe des Achsenkreuzes und nicht - wie aufgrund des unterdurchschnittlichen Profilwertes erwartet (Tabelle 2.12) - links davon. Bei den einfachen Angestellten wurde der diesbezügliche Wert unterschätzt (statt 19 gaben 22 Personen diesen Wert an) - in der Biplot-Darstellung (Abbildung 2.26) lag dieser Wert weiter links als erwartet -, bei den mittleren Angestellten entspricht der geschätzte Wert dem empirisch gemessenen.

2.15 Zusammenfassung

Bei der Korrespondenzanalyse gibt es drei Grundkonzepte, die bei der Interpretation beachtet werden müssen. Zum einen werden die *Profile* interpretiert und nicht die absoluten Werte; d. h. die Interpretationen von Spalten- und Zeilenmerkmalen sind immer relative Aussagen. So kann z. B. die Aussage gemacht werden, daß *überdurchschnittlich viele* Männer zwischen 40 und 59 Jahren angaben, "Hosen etwas umnähen zu können", d. h., verglichen mit allen anderen Gruppen, scheinen relativ viele Männer von 40 bis 59 Jahren diese "kulturelle Kompetenz" etwas haben - bezogen auf alle Männer dieser Altersgruppe waren es gerade 16,0% (vgl. Tabelle 2.2).

Das zweite Grundkonzept besteht in der Berücksichtigung der *Massen*, sowohl die Merkmale der Spalten als auch die der Zeilen werden entsprechend ihrer empirischen Vorkommenshäufigkeit berücksichtigt. Bezogen auf das Beispiel zur kulturellen Kompetenz "Hosen umnähen" bedeutet die Berücksichtigung der Massen u. a., daß bei dem Spaltenmerkmal (Alter × Geschlecht) die "Frauen bis 39 Jahre" das 2,18-fache Gewicht der "Männer ab 60 Jahre" haben (0,2273 / 0,1045, vgl. Tabelle 2.3), und es bedeutet auch, daß das Zeilenmerkmal "Hose umnähen: ja" fast das sechsfache Gewicht des Merkmals "Hosen umnähen: etwas" hat (0,6275 / 0,1071 = 5,86, vgl. Tabelle 2.2).

Das dritte Grundkonzept der Korrespondenzanalyse ist das der *Chi-Quadrat-Distanzen*. Ausgangsmaterial für die (einfache) Korrespondenzanalyse sind die Häufigkeiten von Kontingenztabellen; betrachtet wird die Variation in diesen Tabellen, also die quadrierten Abweichungen von erwarteten und empirischen Werten, dividiert durch die Erwartungswerte und summiert über alle Zellen. Wird der Chi-Quadrat-Wert durch die Gesamtsumme dividiert, so ist der resultierende Koeffizient das Gesamtträgheitsgewicht. Je größer die Distanzen der einzelnen Profile zu dem Durchschnittsprofil sind, desto größer sind die Abweichungen vom Achsenkreuz in der grafischen Darstellung.

Die Interpretation der Daten erfolgt zeilen- und spaltenweise getrennt. So ist es bei der symmetrischen Darstellung erlaubt, die Distanzen zwischen den Zeilenprofilen (einschließlich des durchschnittlichen Zeilenprofils) und die Distanzen zwischen den Spaltenprofilen (einschließlich des durchschnittlichen Spaltenprofils) als Euklidische Distanzen zu interpretieren. Dementgegen sind die Abstände zwischen Zeilen- und Spaltenprofilen nicht definiert, sie können daher auch nicht als Ähnlichkeiten interpretiert werden. Bei der asymmetrischen Darstellung werden Profile und Scheitelpunkte verglichen; hier dürfen zwar die Distanzen zwischen Zeilen und Spalten verglichen werden, aber die Scheitelpunkte markieren "lediglich" die Raumgrenzen, sie sind nicht zu verwechseln mit den Profilen.

3. Formale Darstellung der Korrespondenzanalyse

Die Korrespondenzanalyse ist, wie eine Vielzahl anderer Techniken, eine Datenreduktionsmethode, die auf einer Kleinsten-Quadrate-Schätzung basiert. Aufgrund ihrer Ähnlichkeit mit der Faktorenanalyse wird die Korrespondenzanalyse in Frankreich auch als "L'Analyse Factorielle des Correspondances" bezeichnet und ist zusammen mit dieser ein wichtiger Bestandteil der "Analyse des Données" (vgl. Benzécri et col. 1973, Rouanet und Le Roux 1993; Le Roux und Rouanet 1998). Der wohl wichtigste Vorteil der Korrespondenzanalyse gegenüber der Faktorenanalyse besteht in der Möglichkeit der Verwendung von kategorialen Daten.

Sowohl mit der Faktoren- als auch mit der Korrespondenzanalyse sollen nicht direkt meßbare Größen, latente Merkmale, mit Hilfe von manifesten Variablen beschrieben werden. Die Idee der Beschreibung von latenten Variablen ist schon sehr alt, die ersten Anfänge reichen weit ins vorige Jahrhundert zurück; bereits Spencer (1862) und Galton (1869) interessierten sich für die Beschreibung von "Typen" in ihren Diskussionen über die Existenz von allgemeinen und speziellen Fähigkeiten. Erste weitergehende Überlegungen sind von Pearson (1901) und Spearman (1904): Spearman entwickelte die "*Zwei-Faktorentheorie*" zur Messung von "Intelligenz", eines der klassischen Anwendungsbeispiele der Faktorenanalyse in der empirischen Sozialforschung. Dieser Theorie zufolge gibt es einen allgemeinen und einen testspezifischen Faktor, die orthogonal (unkorreliert) zueinander sind. Bis zur ersten algebraischen Darstellung sollte es jedoch noch fast 30 Jahre dauern: 1933 veröffentlichte Hotelling ein allgemeines Modell mit dessen Hilfe eine Vielzahl von direkt beobachteten Variablen durch eine reduzierte Anzahl von latenten Variablen ausgedrückt werden kann, die Hauptkomponentenanalyse (principal components analysis). Sowohl die Faktorenanalyse als auch die Korrespondenzanalyse können als eine Weiterentwicklung der Hauptkomponentenanalyse angesehen werden.

Auch wenn es unterschiedliche Möglichkeiten gibt, die numerischen Ergebnisse der Korrespondenzanalyse zu bestimmen, wollen wir uns im folgenden auf die Herleitung mittels der *singulären Wertezerlegung* (singular value decomposition oder kurz SVD) beschränken. Eckart und Young (1936) konnten zeigen, daß es sich bei dieser Zerlegung um eine Verallgemeinerung der bekannteren *Eigenwert-* oder *kanonischen Zerlegung* handelt, welche auf dem "Kleinsten-Quadrate-Kriterium" basiert. Während die (klassische) Eigenwertzerlegung auf quadratische Matrizes angewendet wird, z. B. auf Korrelations- oder Kovarianzmatrizes im Rahmen der Hauptkomponentenanalyse, kann die singuläre Wertezerlegung auf beliebige rechteckige Matrizes angewendet werden. Aufgrund der Ähnlichkeiten von Hauptkomponenten- und Korrespondenzanalyse beginnen wir mit einer kurzen Darstellung der Hauptkomponentenanalyse (vgl. z. B. Arminger 1979, Kim und Mueller 1979).[1]

3.1 Hauptkomponentenanalyse

Die Eigenwertzerlegung einer symmetrischen Matrix mit Q Variablen, im Fall der Hauptkomponentenanalyse ist dies meistens die Korrelationsmatrix ($\mathbf{R}$), ist definiert als das Produkt der Matrizes $\mathbf{R} = \mathbf{B}\,\mathbf{\Lambda}\,\mathbf{B}^T$; dabei enthält $\mathbf{B}$ in seinen Spalten die Eigenvektoren von $\mathbf{R}$ und $\mathbf{\Lambda}$ ist die Diagonalmatrix der Eigenwerte in abnehmender Ordnung $\lambda_1 > \lambda_2 > \ldots \lambda_k > \ldots > \lambda_Q$. Die Eigenvektoren sind standardisiert auf die Länge eins und orthogonal zueinander, so daß die Bedingung $\mathbf{B}^T\,\mathbf{B} = \mathbf{I}$ erfüllt ist. Dabei ist $\mathbf{I}$ die Einheitsmatrix, also eine Diagonalmatrix, bei der in der Hauptdiagonalen Einsen und in den verbleibenden Zellen Nullen stehen.

Mittels der Hauptkomponentenanalyse kann ein beliebiger Satz von Q Variablen mit Hilfe einer Linearkombination von k^* (mit $k^* < Q$) gemeinsamen Faktoren beschrieben werden kann. Für eine Datenmatrix mit Q Variablen und n Fällen gilt für die vollständige Lösung ($k^* = Q$), d. h. wenn genausoviele Faktoren berücksichtigt werden wie Variablen vorhanden sind,

$$\mathbf{Z} = \mathbf{S}\,\mathbf{L}. \tag{3.1}$$

Sofern die Korrelationsmatrix als Analyseeinheit gewählt wurde, enthält $\mathbf{Z}$ die z-transformierten Rohdaten (die Variablenausprägungen nach der Subtraktion des Mittelwertes und nach der Division durch die Standardabweichung), $\mathbf{L}$ die *Faktorladungen* und $\mathbf{S}$ die *Faktorwerte*. Im Fall der vollständigen Lösung können die Rohdaten fehlerfrei mittels der Faktorwerte und der Faktorladungen reproduziert werden.[2] Werden lediglich k^* Faktoren berücksichtigt, so werden entsprechend dem Kleinste-Quadrate-Kriterium die Faktoren berücksichtigt, mit welchen die meiste Variation der Daten erklärt werden kann, Gleichung (3.1) gilt

---

1 Die Notation ist an die Darstellung von Blasius und Greenacre (1994) angelehnt.

2 Diese vollständige Reproduktion der Daten auf der Basis der Faktorwerte und Faktorladungen gilt nicht für die Faktorenanalyse; hier wird zu jeder einzelnen Variablen noch ein spezifischer Fehler addiert, so daß $\mathbf{Z} = \mathbf{S}\,\mathbf{L} + \mathbf{D}_f$ ist.

dann nur noch approximativ.

Die Korrelationsmatrix kann aus der Matrix der z-transformierten Daten bestimmt werden: $\mathbf{R} = (1/n)\, \mathbf{Z}^T\, \mathbf{Z}$ und aufgrund der Orthogonalität der Faktorwerte gilt: $(1/n)\, \mathbf{S}^T\, \mathbf{S} = \mathbf{I}$. Aus Gleichung (3.1) folgt $\mathbf{R} = (1/n)\, \mathbf{L}^T\, \mathbf{S}^T\, \mathbf{S}\, \mathbf{L} = \mathbf{L}^T\, \mathbf{L}$; die Korrelationsmatrix kann somit in der vollständigen Lösung aus dem Produkt der Ladungsmatrix mit ihrer transponierten rekonstruiert werden, in der k^*-Faktoren-Lösung gilt diese Gleichung wiederum nur approximativ.

Wird die Eigenwertzerlegung $\mathbf{R} = \mathbf{B}\, \mathbf{\Lambda}\, \mathbf{B}^T$ so formuliert, daß $\mathbf{R} = \mathbf{B}\, \mathbf{\Lambda}^{1/2}\, (\mathbf{B}\, \mathbf{\Lambda}^{1/2})^T$, dann kann die Matrix der Faktorladungen aus $\mathbf{L} = (\mathbf{B}\, \mathbf{\Lambda}^{1/2})^T$ berechnet werden. Da die Spalten von $\mathbf{B}$ alle die Länge Eins haben, entsprechen die in jeder Spalte von $\mathbf{L}$ summierten quadrierten Elemente den korrespondierenden Eigenwerten; die Summe der Eigenwerte ist gleich der Spur von $\mathbf{R}$, also gleich der Summe der Variablen (Q). Werden die Eigenwerte auf die Summe der Eigenwerte bezogen, so ergeben sich die Anteile der erklärten Varianz der einzelnen Faktoren. Die quadrierten Elemente von $\mathbf{L}$, die innerhalb der Zeilen über die k^* Spalten (k^* = Anzahl der berücksichtigten Faktoren) summiert werden, sind die Kommunalitäten der Variablen, also die Anteile mit denen die Q manifesten Variablen durch die k^* berücksichtigten Faktoren erklärt werden. Im Fall der vollständigen Lösung ($k^* = Q$) sind die Kommunalitäten gleich Eins, also gleich den Diagonalelementen der Korrelationsmatrix. Die Eigenwerte, die erklärten Varianzen der Eigenwerte, die Faktorladungen und die Kommunalitäten werden standardmäßig für die Interpretation von Hauptkomponentenanalysen verwendet.

3.2 Der Algorithmus der Korrespondenzanalyse

Während die Eigenwertzerlegung nur auf quadratische Matrizes angewendet werden kann, kann die singuläre Wertezerlegung für beliebige rechteckige Matrizes verwendet werden, also z. B. auf eine Tabelle mit drei Zeilen und sechs Spalten. Diese verallgemeinerte Eigenwertzerlegung einer Matrix $\mathbf{A}$ mit I Zeilen und J Spalten ist definiert als das Produkt von drei Matrizes:

$$\mathbf{A} = \mathbf{U}\, \mathbf{\Gamma}\, \mathbf{V}^T \tag{3.2}$$

Dabei ist $\mathbf{\Gamma}$ die Diagonalmatrix mit singulären Werten in absteigender Ordnung $\gamma_1 \geq \gamma_2 \geq \ldots \geq \gamma_k \geq \ldots > 0$, mit dem Rang K der Matrix $\mathbf{A}$. Die Spalten der Matrizes $\mathbf{U}$, diese werden als *linke singuläre Vektoren* bezeichnet, und $\mathbf{V}$, diese werden als *rechte singuläre Vektoren* bezeichnet, sind orthonormal, so daß gilt $\mathbf{U}^T\, \mathbf{U} = \mathbf{V}^T\, \mathbf{V} = \mathbf{I}$. Die Verbindung der Eigenwertzerlegung und der singulären Wertezerlegung kann abgeleitet werden aus:

$$\mathbf{A}^T\, \mathbf{A} = \mathbf{V}\, \mathbf{\Gamma}\, \mathbf{U}^T\, \mathbf{U}\, \mathbf{\Gamma}\, \mathbf{V}^T = \mathbf{V}\, \mathbf{\Gamma}^2\, \mathbf{V}^T \tag{3.3}$$

und analog

$$\mathbf{A}\,\mathbf{A}^{\mathrm{T}} = \mathbf{U}\,\boldsymbol{\Gamma}^2\,\mathbf{U}^{\mathrm{T}}$$

Aus den Gleichungen 3.2 und 3.3 wird ersichtlich, daß die rechten singulären Vektoren von **A** den Eigenvektoren von $\mathbf{A}^{\mathrm{T}}\,\mathbf{A}$ entsprechen, die linken singulären Vektoren entsprechen den Eigenvektoren von $\mathbf{A}\,\mathbf{A}^{\mathrm{T}}$ und die (quadrierten) singulären Werte von $\boldsymbol{\Gamma}^2$ (von γ_1^2 bis γ_k^2) sind gleich den Eigenwerten (λ_1 bis λ_k) von $\mathbf{A}\,\mathbf{A}^{\mathrm{T}}$. Diese Eigenwerte werden im Kontext der Korrespondenzanalyse als *Trägheitsgewichte der Achsen* (principal inertias) bezeichnet.

Im Kontext der Hauptkomponentenanalyse wird in der Regel die (quadratische) Korrelationsmatrix zerlegt, bei der Korrespondenzanalyse ist es die (rechteckige) *Matrix der standardisierten Residuen*. In dieser Matrix stehen die (standardisierten) Abweichungen der empirischen Werte von den erwarteten Werten, gewichtet mit den Anteilen von Zeilen und Spalten. Sind die Trägheitsgewichte der Achsen (bzw. die singulären Werte) und die singulären Vektoren bekannt, so können für die Korrespondenzanalyse Koeffizienten analog denen der Hauptkomponentenanalyse berechnet werden. Auf der Basis des im Kapitel 2 eingeführten Beispiels mit der Zeilenvariable "Hosen umnähen" und der Spaltenvariable "Alter × Geschlecht" sollen diese Berechnungen Schritt für Schritt erläutert werden.[3]

Gegeben sei die Matrix der Eingabedaten **N** mit den Elementen n_{ij}, mit $I = 3$ Zeilen und $J = 6$ Spalten. Diese Daten sind (nochmals) in Tabelle 3.1 wiedergegeben.

Tabelle 3.1: Eingabedaten der Korrespondenzanalyse

	Mb39J	M40-59J	M60J+	Fb39J	F40-59J	F60J+
Hosen-ja	167	109	91	637	500	406
Hosen-etwas	132	76	62	32	12	12
Hosen-nein	308	291	165	23	10	11

Im ersten Schritt werden die Zeilen- und Spaltensummen der Matrix der Eingabedaten berechnet, für die erste Zeile ergibt sich: $n_{1+} = 167 + 109 + ... + 406 = 1910$ (Tabelle 3.2); für die erste Spalte: $n_{+1} = 167 + 132 + 308 = 607$ (Tabelle 3.3)

Tabelle 3.2: Zeilensummen

Hosen-ja	1910
Hosen-etwas	326
Hosen-nein	808

3 Die nachfolgenden Berechnungen erfolgten in SAS-IML, eine frühere Version des verwendeten Programms ist in Blasius und Rohlinger (1988, 1989) dokumentiert.

Tabelle 3.3: Spaltensummen

Mb39J	M40-59J	M60J+	Fb39J	F40-59J	F60J+
607	476	318	692	522	429

Die Gesamtsumme der Eingabedaten ist $n = 1910 + 326 + 808 = 3044$.

Die *Massen der Zeilen* (die Elemente des *durchschnittlichen Spaltenprofils*: $r_1, r_2, ..., r_i, ..., r_I$) werden mittels der Division der Zeilensummen (n_{i+}) durch die Gesamtsumme der Eingabedaten (n) bestimmt, z. B. für die Masse der ersten Zeile: $r_1 = 1910 / 3044 = 0{,}6275$.

Tabelle 3.4: Massen der Zeilen

Hosen-ja	0,6275
Hosen-etwas	0,1071
Hosen-nein	0,2654

Analog zu den Massen der Zeilen werden die *Massen der Spalten* (die Elemente des *durchschnittlichen Zeilenprofils*: $c_1, ..., c_j, ..., c_J$) aus den Spaltensummen, dividiert durch die Gesamtsumme, bestimmt; z. B. für die Masse der ersten Spalte: $c_1 = 607 / 3044 = 0{,}1994$.

Tabelle 3.5: Massen der Spalten

Mb39J	M40-59J	M60J+	Fb39J	F40-59J	F60J+
0,1994	0,1564	0,1045	0,2273	0,1715	0,1409

Die *Korrespondenzmatrix* **P** (Tabelle 3.6) mit den Elementen p_{ij} ist das Ergebnis der Division der Elemente der Matrix **N** durch die Gesamtsumme n; z. B. für das Element der ersten Zeile und ersten Spalte: $p_{11} = n_{11} / n = 167 / 3044 = 0{,}0549$. Die Korrespondenzmatrix kann ebenfalls für die Berechnung der Massen der Zeilen und der Massen der Spalten verwendet werden: Aus der innerhalb der Zeilen erfolgenden Addition der Elemente von **P** resultieren die *Massen der Zeilen*, z. B. für die erste Zeile: $r_1 = 0{,}0549 + 0{,}0358 + ... + 0{,}1334 = 0{,}6275$; aus der innerhalb der Spalten durchzuführenden Addition der Elemente von **P** resultieren die *Massen der Spalten*, z. B. für die erste Spalte: $c_1 = 0{,}0549 + 0{,}0434 + 0{,}1012 = 0{,}1994$.

Für die *Matrix der Zeilenprofile* (Tabelle 3.7) werden die Elemente von **N** durch die korrespondierenden Zeilensummen dividiert; z. B. für das zweite Element der ersten Zeile $n_{12} / n_{1+} = 109 / 1910 = 0{,}0571$. Die Elemente der Zeilenprofile können auch aus der Korrespondenzmatrix **P** und den korrespondierenden Elementen des durchschnittlichen Spaltenprofils bestimmt werden, z. B. $p_{12} / r_1 = 0{,}0358 / 0{,}6275 = 0{,}0571$, in Matrixschreibweise $\mathbf{D}_r^{-1}\mathbf{P}$, wobei $\mathbf{D}_r$ die Diagonalmatrix der Elemente des durchschnittlichen Zeilenprofils ist.

Tabelle 3.6: Korrespondenzmatrix

	Mb39J	M40-59J	M60J+	Fb39J	F40-59J	F60J+
Hosen-ja	0,0549	0,0358	0,0299	0,2093	0,1643	0,1334
Hosen-etwas	0,0434	0,0250	0,0204	0,0105	0,0039	0,0039
Hosen-nein	0,1012	0,0956	0,0542	0,0076	0,0033	0,0036

Tabelle 3.7: Matrix der Zeilenprofile

	Mb39J	M40-59J	M60J+	Fb39J	F40-59J	F60J+
Hosen-ja	0,0874	0,0571	0,0476	0,3335	0,2618	0,2126
Hosen-etwas	0,4049	0,2331	0,1902	0,0982	0,0368	0,0368
Hosen-nein	0,3812	0,3601	0,2042	0,0285	0,0124	0,0136

Die Elemente der *Matrix der Spaltenprofile* (Tabelle 3.8) werden berechnet, in dem die Elemente von **N** durch die korrespondierenden Spaltensummen dividiert werden, z. B. für die erste Zeile und zweite Spalte: $n_{12} / n_{+2} = 109 / 476 = 0{,}2290$. Die Elemente der Matrix der Spaltenprofile können ebenso aus der Korrespondenzmatrix **P** und den korrespondierenden Elementen des durchschnittlichen Zeilenprofils berechnet werden, z. B. $p_{12} / c_2 = 0{,}0358 / 0{,}1564 = 0{,}2290$, oder in Matrixschreibweise $\mathbf{D}_c^{-1}\mathbf{P}$,wobei $\mathbf{D}_c$ eine Diagonalmatrix ist, die die Elemente des durchschnittlichen Spaltenprofils enthält.

Tabelle 3.8: Matrix der Spaltenprofile

	Mb39J	M40-59J	M60J+	Fb39J	F40-59J	F60J+
Hosen-ja	0,2751	0,2290	0,2862	0,9205	0,9579	0,9464
Hosen-etwas	0,2175	0,1597	0,1950	0,0462	0,0230	0,0280
Hosen-nein	0,5074	0,6113	0,5189	0,0332	0,0192	0,0256

Nachdem die Zeilen und Spalten standardisiert wurden, sollen die Zeilen- und die Spaltendarstellung verbunden werden. Beginnend mit der Darstellung der *I* Zeilenprofile im Raum der *J* Spalten (vgl. auch Kapitel 2), also die Darstellung der Zeilen von $\mathbf{D}_r^{-1}\mathbf{P}$ in einem Raum, in dem die Distanzen durch die Diagonalmatrix $\mathbf{D}_c^{-1}$ definiert sind (vgl. z. B. die Abbildungen 2.9 bis 2.12). Der *Schwerpunkt der Zeilendarstellung* ist

$$\mathbf{r}^T\mathbf{D}_r^{-1}\mathbf{P} = \mathbf{1}^T\mathbf{P} = \mathbf{c}^T.$$

Die Elemente des Zeilenvektors $\mathbf{c}^T$ sind die Massen der Spalten bzw. die Elemente des durchschnittlichen Zeilenprofils (vgl. auch die geometrische Herleitung in Kapitel 2), $\mathbf{1}^T$ ist ein Zeilenvektor, der nur aus Einsen besteht. Die Matrix der standardisierten Residuen **A** kann damit geschrieben als:

$$\mathbf{A} = \mathbf{D}_r^{1/2}(\mathbf{D}_r^{-1}\mathbf{P} - \mathbf{1}\mathbf{c}^T)\mathbf{D}_c^{-1/2} = \mathbf{D}_r^{-1/2}(\mathbf{P} - \mathbf{r}\mathbf{c}^T)\mathbf{D}_c^{-1/2}$$

Analog gilt für die Darstellung der *J* Spalten im Raum der *I* Zeilen:

$$\mathbf{A} = \mathbf{D}_c^{-1/2}(\mathbf{P}^T - \mathbf{c}\mathbf{r}^T)\mathbf{D}_r^{-1/2}$$

Die Analogie der beiden Darstellungen von **A** wird auch ersichtlich, wenn die Zeilen und Spalten der Eingabedaten vertauscht werden - eine Transformation, die an den Ergebnissen der Korrespondenzanalyse nichts ändert. Wird betrachtet, was in der Matrix der standardisierten Residuen steht, so ist $(\mathbf{P} - \mathbf{r}\,\mathbf{c}^T)$ die Abweichung der empirischen Anteile (p_{ij}) von den erwarteten Anteilen ($r_i\,c_j$ ist der erwartete Anteil der Zelle (ij)). Die Differenzen aus empirischen und erwarteten Anteilen werden entsprechend der Chi-Quadrat-Statistik mit den korrespondierenden Elementen des durchschnittlichen Zeilenprofils und den Elementen des durchschnittlichen Spaltenprofils gewichtet (vgl. Abschnitt 2.7). Für das Element (a_{ij}) dieser Matrix gilt:

$$a_{ij} = (p_{ij} - r_i c_j)/\sqrt{r_i c_j}$$

Für die erste Zeile und die erste Spalte gilt entsprechend:

$$a_{11} = (0{,}0549 - 0{,}6275 * 0{,}1994)/\sqrt{0{,}6275 * 0{,}1994} = -0{,}1986$$

Somit stehen in der Matrix der standardisierten Residuen (Tabelle 3.9) die gewichteten Abweichungen von empirischen und erwarteten Anteilen; auf diese Matrix wird die singuläre Wertezerlegung angewendet.

Tabelle 3.9: Matrix der standardisierten Residuen.

	Mb39J	M40-59J	M60J+	Fb39J	F40-59J	F60J+
Hosen-ja	-0,1986	-0,1989	-0,1393	0,1764	0,1727	0,1511
Hosen-etwas	0,1506	0,0635	0,0868	-0,0887	-0,1064	-0,0908
Hosen-nein	0,2097	0,2655	0,1590	-0,2149	-0,1980	-0,1747

In den Tabellen 3.10 bis 3.12 sind die *singulären Werte* sowie die *linken* und *rechten singulären Vektoren* der singulären Wertezerlegung der Matrix der standardisierten Residuen $\mathbf{A} = \mathbf{U}\,\mathbf{\Gamma}\,\mathbf{V}^T$ wiedergegeben. Dabei ist der jeweils letzte singuläre Vektor bedeutungslos, da die Matrix **A** den Rang zwei hat.

Tabelle 3.10: Singuläre Werte

1. Achse	0,7027
2. Achse	0,0760
3. Achse	0,0000
4. Achse	0,0000
5. Achse	0,0000
6. Achse	0,0000

Tabelle 3.11: Linke singuläre Vektoren

-0,6074	-0,0596	0,7921
0,3403	0,8815	0,3273
0,7178	-0,4684	0,5152

Tabelle 3.12: Rechte singuläre Vektoren

0,4589	0,6101	0,0000
0,4739	-0,7437	0,0700
0,3248	0,1360	-0,4972
-0,4149	0,1578	0,3252
-0,4031	-0,1499	0,0477
-0,3531	-0,0944	-0,7999

Werden die Elemente der standardisierten Residuen quadriert, mit der Gesamtsumme der Eingabedaten ($n = 3044$) multipliziert und anschließend summiert, so ist das Ergebnis *Chi-Quadrat* (in dem gegebenen Beispiel mit sechs Zeilen und drei Spalten, mit df = 10 Freiheitsgraden). Für die vorliegende Tabelle ergibt sich:

$$\chi^2 = n \sum_{i=1}^{3} \sum_{j=1}^{6} \frac{(p_{ij} - r_i c_j)^2}{r_i c_j} = 1520{,}6$$

Die Zerlegung der Matrix der standardisierten Residuen beinhaltet damit auch eine Zerlegung des Chi-Quadrat-Wertes, welcher proportional zu der Summe der quadrierten Elemente von **A** ist. Die einzelnen Komponenten von Chi-Quadrat können aus den quadrierten Elementen von **A**, multipliziert mit der Gesamtsumme, bestimmt werden (Tabelle 3.13); z. B. für die zweite Zeile und zweite Spalte: $n * a_{22}^2 = 0{,}0635^2 * 3044 = 12{,}28$.

Tabelle 3.13: Chi-Quadrat-Komponenten

	Mb39J	M40-59J	M60J+	Fb39J	F40-59J	F60J+
Hosen-ja	120,09	120,45	59,04	94,72	90,81	69,54
Hosen-etwas	69,04	12,28	22,93	23,93	34,48	25,08
Hosen-nein	133,89	214,56	76,94	140,56	119,28	92,94

Wird Chi-Quadrat durch die Gesamtsumme der zugrundeliegenden Kontingenztabelle dividiert, also $\chi^2 / n = 1520{,}6 / 3044 = 0{,}4995$, so ist das Resultat das *Gesamtträgheitsgewicht* (λ_G); dieses ist wiederum gleich der Summe der quadrierten Elemente von A $\left(\sum a_{ij}^2\right)$ und gleich der Summe der Eigenwerte (Trägheitsgewichte der einzelnen Achsen).

Wie oben gezeigt, sind die Eigenwerte gleich den Quadraten der singulären Werte, für den ersten Eigenwert gilt somit $\lambda_1 = \gamma_1^2 = 0{,}7027^2 = 0{,}4938$. Werden die einzelnen Eigenwerte auf das Gesamtträgheitsgewicht bezogen, so sind die Anteile der erklärten Varianz das Ergebnis; für den ersten Eigenwert ergibt sich: $\lambda_1 / \lambda_G = 0{,}4938 / 0{,}4995 = 0{,}9884$; 98,84% der Variation der Daten kann somit nahezu vollständig durch den ersten Eigenwert erklärt werden.

Bei der Korrespondenzanalyse werden die *Lokalisationen* der Zeilen- und Spaltenmerkmale auf den einzelnen Achsen berechnet. Diese Lokalisationen sind die Ausprägungen der Merkmale und der Objekte (in der einfachen Korrespondenzanalyse die Zeilen- und Spaltenmerkmale, in der multiplen Korrespondenzanalyse stehen in der Regel die Befragten in den Zeilen und die Variablenausprägungen in den Spalten) auf den latenten Variablen, sie sind damit ein wichtiges Element für die Interpretation der Achsen. Im Gegensatz zur Hauptkom-

Tabelle 3.14: Eigenwerte (Trägheitsgewichte der Achsen) und deren erklärte Varianzen

	Eigenwert	Erklärte Varianz (in %)
1. Achse	0,4938	98,84
2. Achse	0,0058	1,16
3. Achse	0,0000	0,00

ponentenanalyse werden bei der Korrespondenzanalyse die einzelnen Variablenausprägungen berücksichtigt wobei, die Abstände zwischen den Ausprägungen als auch deren Reihenfolge ist nicht festgelegt (vgl. auch Kapitel 2). Für die Berechnung der *Hauptkoordinaten der Zeilen* gilt (vgl. ausführlich Greenacre 1984; zur Unterscheidung von Haupt- und Standardkoordinaten, vgl. Kapitel 2):

$$\mathbf{F} = \mathbf{D}_r^{-1/2}\mathbf{U}\boldsymbol{\Gamma}$$

und für die Lokalisation der *i*-ten Zeile auf der *k*-ten Achse:

$$f_{ik} = u_{ik}\gamma_k / \sqrt{r_i}$$

Für die Lokalisierung der zweiten Zeile auf der ersten Achse ergibt sich z. B.:

$$f_{21} = 0{,}3403 * 0{,}7027 / \sqrt{0{,}1071} = 0{,}7307$$

Tabelle 3.15: Hauptkoordinaten der Zeilen

	1. Achse	2. Achse
Hosen-ja	-0,5389	0,0057
Hosen-etwas	0,7307	-0,2047
Hosen-nein	0,9789	0,0691

Analog zur Berechnung der Hauptkoordinaten der Zeilen können die *Hauptkoordinaten der Spalten* (Tabelle 3.16) bestimmt werden:

$$\mathbf{G} = \mathbf{D}_c^{-1/2}\mathbf{V}\boldsymbol{\Gamma}$$

Für die *j*-te Spalte und *k*-te Achse gilt:

$$g_{jk} = v_{jk}\gamma_k/\sqrt{c_j}$$

und für die Lokalisierung der dritten Spalte auf der ersten Achse ergibt sich:

$$g_{31} = 0{,}3248 * 0{,}7027/\sqrt{0{,}1045} = 0{,}7062$$

In Kapitel 2 wurde bereits gezeigt, wie aus den Hauptkoordinaten die *Standardkoordinaten* errechnet werden können: mittels Division durch die den jeweiligen Achsen zugehörigen singulären Werte. Für die Standardkoordinaten der Zeilen (vgl. Tabelle 3.17) ergibt sich für die i-te Zeile auf der k-ten Achse: $x_{ik} = f_{ik} / \gamma_k$, z. B. für die erste Zeile auf der zweiten Achse: $x_{12} = 0{,}0057 / 0{,}0760 = 0{,}0752$; für die Standardkoordinaten der Spalten (vgl. Tabelle 3.18) ergibt sich für die j-te Spalte auf der k-ten Achse: $y_{ik} = g_{ik} / \gamma_k$, z. B. für die erste Spalte auf der ersten Achse: $y_{11} = 0{,}7221 / 0{,}7027 = 1{,}0276$.

Tabelle 3.16: Hauptkoordinaten der Spalten

	1. Achse	2. Achse
Mb39J	0,7221	-0,1038
M40-59J	0,8421	0,1429
M60J+	0,7062	-0,0320
Fb39J	-0,6115	-0,0251
F40-59J	-0,6839	0,0275
F60J+	-0,6609	0,0191

Tabelle 3.17: Standardkoordinaten der Zeilen

	1. Achse	2. Achse
Hosen-ja	-0,7669	0,0752
Hosen-etwas	1,0399	-2,6937
Hosen-nein	1,3932	0,9091

Ähnlich wie in der Hauptkomponentenanalyse gibt es bei der Korrespondenzanalyse weitere Koeffizienten zur numerischen Beschreibung der Ergebnisse. Aus der Physik abgeleitet wurde der Begriff des Trägheitsgewichtes: Dem Prinzip der Balkenwaage ähnlich gilt, daß je weiter eine Variablenausprägung vom Schwerpunkt der Darstellung (dem Achsenkreuz) entfernt ist und je schwerer es ist, also je größer seine Masse ist, desto größer ist der Anteil dieser Variablenausprägung an der geometrischen Ausrichtung der entsprechenden

Tabelle 3.18: Standardkoordinaten der Spalten

	1. Achse	2. Achse
Mb39J	1,0276	-1,3662
M40-59J	1,1985	1,8806
M60J+	1,0050	-0,4208
Fb39J	-0,8703	-0,3309
F40-59J	-0,9733	0,3620
F60J+	-0,9406	0,2516

Achse. Berechnet wird diese Größe aus der "Masse" multipliziert mit dem "Quadrat der Entfernung zum Schwerpunkt". Für die zweite Zeile auf der ersten Achse gilt $i_{a,21} = r_2 f_{21}^2 =$ 0,1071 * 0,7307² = 0,0572 (Tabelle 3.19). Werden die *(absoluten) Trägheitsgewichte der Zeilen* auf der *k*-ten Achse addiert, so ist der resultierende Wert das Trägheitsgewicht der *k*-ten Achse (der *k*-te Eigenwert):

$$\lambda_k = \sum_{i=1}^{I} r_i f_{ik}^2$$

und in Matrixnotation:

$$\mathbf{D}_\lambda = \mathbf{F}^T \mathbf{D}_r \mathbf{F}$$

Für das Trägheitsgewicht der ersten Achse (erster Eigenwert) ergibt sich: λ_1 = 0,18219 + 0,05719 + 0,25438 = 0,4938. Da die (absoluten) Trägheitsgewichte der Variablenausprägungen aufgrund der fehlenden Standardisierung nur schwer zu interpretieren sind, werden in der Regel die *relativen Trägheitsgewichte der Variablenausprägungen* angegeben (Tabelle 3.20); dafür werden die (absoluten) Trägheitsgewichte auf die Summe der Trägheitsgewichte der Variablenausprägungen der jeweiligen Achsen bezogen, also auf die Trägheitsgewichte der Achsen. Für die erste Zeile auf der ersten Achse ergibt sich ein relatives Trägheitsgewicht von $i_{r,11} = i_{a,11} / \lambda_1$ = 0,18219 / 0,4938 = 0,3690. Aus diesem Wert kann abgeleitet werden, daß in der Zeilendarstellung mit Hilfe der ersten Zeile "Hosen umnähen: ja" die geometrische Ausrichtung der ersten Achse zu 36,9% erklärt werden kann. Diese Interpretation hat die umgekehrte Logik von Faktorladungen in der Hauptkomponentenanalyse: Während mit den Faktorladungen angegeben wird, wieviel Prozent der Variation der Variablen mit Hilfe der einzelnen Faktoren erklärt werden kann, wird mit den relativen Trägheitsgewichten angegeben, wieviel Prozent der Variation der einzelnen Achsen mit Hilfe der Variablenausprägungen erklärt werden.

Tabelle 3.19: Absolute Trägheitsgewichte der Zeilen bezogen auf die Achsen

	1. Achse	2. Achse	Summe
Hosen-ja	0,18219	0,00002	0,18221
Hosen-etwas	0,05719	0,00449	0,06168
Hosen-nein	0,25438	0,00127	0,25565
Summe	0,49376	0,00578	0,49954

Werden die (absoluten) Trägheitsgewichte innerhalb der Spalten von Tabelle 3.19 addiert, so sind die Summen der Trägheitsgewichte der Achsen zu rekonstruieren. Werden die Elemente von Tabelle 3.19 innerhalb der Zeilen addiert, so kann angegeben werden, welchen Anteil die einzelnen Variablenausprägungen an der geometrischen Ausrichtung aller Achsen haben. Diese Angaben können absolut und relativ erfolgen, im zweiten Fall ist die Bezugsgröße das Gesamtträgheitsgewicht (Tabelle 3.21). Für die erste Zeile ergeben sich für das absolute Trägheitsgewicht $i_{a,1+} = 0{,}18219 + 0{,}00002 = 0{,}18221$ und für das relative Trägheitsgewicht $i_{r,1+} = 0{,}18221 / 0{,}4995 = 0{,}3648$; mittels der ersten Zeile können somit 36,5% der geometrischen Ausrichtung des gesamten Modells erklärt werden.

Tabelle 3.20: Relative Trägheitsgewichte der Zeilen bezogen auf die Achsen

	1. Achse	2. Achse
Hosen-ja	0,3690	0,0035
Hosen-etwas	0,1158	0,7771
Hosen-nein	0,5152	0,2194
Summe	1,0000	1,0000

Tabelle 3.21: Trägheitsgewichte der Zeilen (absolut und relativ)

	absolut	relativ
Hosen-ja	0,18221	0,3648
Hosen-etwas	0,06167	0,1235
Hosen-nein	0,25564	0,5118
Summe	0,49954	1,0000

Werden die Trägheitsgewichte der Zeilen auf den einzelnen Achsen (Tabelle 3.19) auf die Summe der Trägheitsgewichte der Zeilen bezogen (Tabelle 3.21, absolute Werte), so kann angegeben werden, wie stark die Variablenausprägungen durch die einzelnen Achsen determiniert werden; so ergibt sich für die zweite Zeile auf der ersten Achse ein Wert von $i_{a,21} / i_{a,2+} = 0{,}05719 / 0{,}06167 = 0{,}9273$. Die Interpretation dieser Koeffizienten ist analog der Interpretation von *quadrierten Faktorladungen* in der Hauptkomponentenanalyse; in dem gegebenen Beispiel werden 92,7% der Variation von "Hosen umnähen: etwas" durch die erste Achse erklärt. Die Werte in Tabelle 3.22 sind auch gleich dem quadrierten Kosinus (φ_{ik}) zwischen den Zeilenprofilen und den Achsen (vgl. Abbildung 2.13 in Kapitel 2).

Tabelle 3.22: Quadrierte Faktorladungen

	1. Achse	2. Achse	Summe
Hosen-ja	0,9999	0,0001	1,0000
Hosen-etwas	0,9273	0,0727	1,0000
Hosen-nein	0,9950	0,0050	1,0000

Des weiteren können die *Kommunalitäten* der Variablenausprägungen bestimmt werden, also die Anteile der Varianz die mit den k^* Faktoren erklärt werden. Für die Berechnung dieser Werte werden die quadrierten Faktorladungen innerhalb der Zeilen addiert; da es in dem gegebenen Beispiel nur zwei Faktoren gibt, sind die Kommunalitäten für alle Variablenausprägungen im zweidimensionalen Raum Eins (z. B. für die zweite Zeile: 0,9273 + 0,0727 = 1,0), im eindimensionalen Unterraum entsprechen sie den quadrierten Faktorladungen auf der ersten Achse. Die Kommunalitäten können, wie auch in der Hauptkomponentenanalyse, als Güte der Abbildung der Variablenausprägungen im k^*-dimensionalen Unterraum interpretiert werden.

Bei der Korrespondenzanalyse werden in der Regel die quadrierten Faktorladungen berichtet; für die Berechnung der "einfachen Faktorladungen" müssen die Elemente von Tabelle 3.22 lediglich radiziert werden, die Vorzeichen können der Tabelle mit den Koordinaten (Tabelle 3.15 oder 3.17) entnommen werden.

Tabelle 3.23: Faktorladungen (Korrelationen der Variablenausprägungen mit den Achsen)

	1. Achse	2. Achse
Hosen-ja	-0,9999	0,0106
Hosen-etwas	0,9629	-0,2697
Hosen-nein	0,9975	0,0704

Analog zur Berechnung der Koeffizienten für die Zeilendarstellung erfolgt die Berechnung der Koeffizienten für die Darstellung der Spalten - auch hier können die Trägheitsgewichte der Achsen in die Summe von jeweils zwei multiplikativ verknüpften Komponenten zerlegt werden: der Masse der Spalten und dem Quadrat der Entfernung zum Achsenkreuz auf den einzelnen Achsen, summiert über alle Spalten. Für die *j*-te Spalte auf der *k*-ten Achse ergibt sich:

$$\lambda_k = \sum_{j=1}^{J} c_j g_{jk}^2$$

und in Matrixschreibweise:

$$\mathbf{D}_\lambda = \mathbf{G}^T \mathbf{D}_c \mathbf{G}$$

Als Rechenbeispiel soll die zweite Spalte (Männer, 40 bis 59 Jahre) auf der ersten Achse betrachtet werden: $i_{a,21} = c_2 * g_{21}^2 = 0{,}1564 * 0{,}8421^2 = 0{,}11090$ (vgl. Tabelle 3.24); $\lambda_1 = 0{,}10397 + ... + 0{,}06156 = 0{,}4938$. Sind die *absoluten Trägheitsgewichte der Spalten* auf den einzelnen Achsen bekannt, so können die *relativen Trägheitsgewichte der Spalten* bestimmt werden (Tabelle 3.25), die absoluten und relativen Trägheitsgewichte der Spalten für das gesamte Modell (Tabelle 3.26), die quadrierten und die einfachen Faktorladungen der Spalten (Tabellen 3.27 und 3.28); die Bestimmung der Kommunalitäten ist aufgrund der nur zwei berücksichtigten Dimensionen ebenso wenig nötig wie in der Darstellung der Zeilen.

Tabelle 3.24: Absolute Trägheitsgewichte der Spalten auf den Achsen[4]

	1. Achse	2. Achse	Summe
Mb39J	0,10397	0,00215	0,10612
M40-59J	0,11090	0,00319	0,11409
M60J+	0,05210	0,00011	0,05220
Fb39J	0,08501	0,00014	0,08515
F40-59J	0,08022	0,00013	0,08035
F60J+	0,06156	0,00005	0,06161
Summe	0,49376	0,00578	0,49954

4 In den Tabellen 3.24 bis 3.28 stehen in den Zeilen die Variablenausprägungen der Spalten der Eingabedaten (Tabelle 3.1) und in den Spalten sind die Achsen abgetragen. Um eine einheitliche Bezeichnung der Inhalte der Tabelle der Ausgangsdaten und um eine konstante Schreibweise zu gewährleisten (in den Zeilen die Variablenausprägungen, in den Spalten die Achsen), wird die Variable "Alter × Geschlecht" weiterhin als Spaltenmerkmal bezeichnet.

Tabelle 3.25: Relative Trägheitsgewichte der Spalten auf den Achsen

	1. Achse	2. Achse
Mb39J	0,2106	0,3722
M40-59J	0,2246	0,5530
M60J+	0,1055	0,0185
Fb39J	0,1722	0,0249
F40-59J	0,1625	0,0225
F60J+	0,1247	0,0089
Summe	1,0000	1,0000

Die Berechnung der Distanzen wurde bereits ausführlich diskutiert (vgl. Kapitel 2); werden die in diesem Kapitel berechneten Hauptkoordinaten der Zeilen verwendet (Tabelle 3.15), so gilt die Berechnung der Distanzen zwischen zwei Zeilenprofilen (i und i'):

$$d_{ii'}^2 = \sqrt{\sum_{k=1}^{k^*} (f_{ik} - f_{i'k})^2}$$

Tabelle 3.26: Trägheitsgewichte der Spalten (absolut und relativ)

	absolut	relativ
Mb39J	0,10612	0,2124
M40-59J	0,11409	0,2284
M60J+	0,05220	0,1045
Fb39J	0,08515	0,1705
F40-59J	0,08035	0,1608
F60J+	0,06161	0,1233

Tabelle 3.27: quadrierte Faktorladungen der Spalten

	1. Achse	2. Achse	Summe
Mb39J	0,9797	0,0203	1,0000
M40-59J	0,9720	0,0280	1,0000
M60J+	0,9980	0,0020	1,0000
Fb39J	0,9983	0,0017	1,0000
F40-59J	0,9984	0,0016	1,0000
F60J+	0,9992	0,0008	1,0000

Tabelle 3.28: Faktorladungen der Spalten

	1. Achse	2. Achse
Mb39J	0,9898	0,1423
M40-59J	0,9859	-0,1673
M60J+	0,9990	0,0452
Fb39J	-0,9992	0,0411
F40-59J	-0,9992	-0,0402
F60J+	-0,9996	-0,0289

wobei k^* die Anzahl der berücksichtigten Dimensionen ist. In der vollständigen Lösung ist $k^* = K$, im zweidimensionalen Unterraum ist $k^* = 2$. In dem gegebenen Beispiel kann die Distanz zwischen zwei Zeilenprofilen - und ebenso die Distanz zwischen einem Zeilenprofil und einem Scheitelpunkt der Spalten - im ein- und im zweidimensionalen Projektionsraum betrachtet werden. Für die Distanz zwischen den ersten beiden Zeilen (Hosen umnähen: ja; Hosen umnähen: etwas) gilt demnach im zweidimensionalen Raum:

$$d^{(2)}_{\text{Hosen-ja, Hosen-etwas}} = \sqrt{(-0{,}5389 - 0{,}7307)^2 + (0{,}0057 - -0{,}2047)^2} = 1{,}2869$$

und im eindimensionalen Raum:

$$d^{(2)}_{\text{Hosen-ja, Hosen-etwas}} = \sqrt{(-0{,}5389 - 0{,}7307)^2} = 1{,}2696$$

Wie in dem gegebenen Beispiel, und wie ausführlich in Kapitel 2 beschrieben, können auf diese Art die Distanzen zwischen den Zeilenprofilen, zwischen den Spaltenprofilen, zwischen den Zeilenprofilen und den Scheitelpunkten der Spalten sowie zwischen den Spaltenprofilen und den Scheitelpunkten der Zeilen im k^*-dimensionalen Raum berechnet werden ($1 \leq k^* \leq K$). Des weiteren sind die Distanzen zwischen den Scheitelpunkten der Zeilen sowie zwischen den Scheitelpunkten der Spalten definiert, eine sozialwissenschaftliche Interpretation haben diese Distanzen jedoch nicht (zu den Ergebnissen der Berechnungen der Distanzen im zweidimensionalen Raum vgl. die Tabellen 2.7 und 2.8).

Ähnlich wie in der Hauptkomponentenanalyse die Korrelationsmatrix aus den Faktorladungen zurückgerechnet werden kann, kann die Korrespondenzmatrix mit Hilfe der Massen von Zeilen und Spalten, der Trägheitsgewichte der Achsen (bzw. den singulären Werten) und den Koordinaten von Zeilen und Spalten (Haupt- oder Standardkoordinaten) rekonstruiert werden (vgl. auch Abschnitt 2.14). Die Rekonstruktionsformel wird abgeleitet aus der singulären Wertezerlegung der Matrix der standardisierten Residuen und der Definition von Haupt- und Standardkoordinaten auf der Basis der singulären Vektoren und der singulären Werte (vgl. ausführlich Greenacre 1984, van der Heijden und de Leeuw 1985, van der Heijden u.a.1994). In Abhängigkeit davon, ob die Haupt- oder die Standardkoordinaten verwendet werden, können vier verschiedene Formeln zur Rekonstruktion der Eingabedaten angegeben werden:

$$\mathbf{P} = \mathbf{r}\mathbf{c}^T + \mathbf{D}_r\mathbf{F}\boldsymbol{\Gamma}^{-1}\mathbf{G}^T\mathbf{D}_c$$
$$\mathbf{P} = \mathbf{r}\mathbf{c}^T + \mathbf{D}_r\mathbf{F}\mathbf{Y}^T\mathbf{D}_c$$
$$\mathbf{P} = \mathbf{r}\mathbf{c}^T + \mathbf{D}_r\mathbf{X}\mathbf{G}^T\mathbf{D}_c$$
$$\mathbf{P} = \mathbf{r}\mathbf{c}^T + \mathbf{D}_r\mathbf{X}\boldsymbol{\Gamma}\mathbf{Y}^T\mathbf{D}_c$$

Die dazugehörigen Gleichungen für die einzelnen p_{ij} sind:

$$p_{ij} = r_i c_j \left(1 + \sum_{k=1}^{K} f_{ik} g_{jk} / \sqrt{\lambda_k} \right)$$

$$p_{ij} = r_i c_j \left(1 + \sum_{k=1}^{K} f_{ik} y_{jk} \right)$$

$$p_{ij} = r_i c_j \left(1 + \sum_{k=1}^{K} x_{ik} g_{jk} \right)$$

$$p_{ij} = r_i c_j \left(1 + \sum_{k=1}^{K} \sqrt{\lambda_k} x_{ik} y_{jk} \right)$$

Wird die vollständige Lösung betrachtet, so ist das Ergebnis die Korrespondenzmatrix **P**, oder, bei Multiplikation mit der Gesamtsumme *n*, die Matrix der Eingangsdaten **N**. Wird mittels der als erstes angegebenen Rekonstruktionsformel der Wert für die erste Zeile und erste Spalte zurückgerechnet, so ergibt sich für p_{11} = 0,6275 * 0,1994 * (1 + (-0,5389 * 0,7221 / 0,7027 + 0,0057 * -0,1038 / 0,0760)) = 0,0549 (vgl. Tabelle 3.6), aus der Multiplikation mit der Gesamtsumme *n* folgt n_{11} = 0,0549 * 3044 = 167. Für die Hauptkomponentenanalyse wurde gesagt, daß die Rekonstruktion der Daten im k^*-dimensionalen Raum approximativ möglich ist; dieses gilt ebenso für die Korrespondenzanalyse. Wird in dem gegebenen Beispiel der eindimensionale Projektionsraum betrachtet, so ist $p_{11} \approx$ 0,6275 * 0,1994 * (1 - 0,5389 * 0,7221 / 0,7027) = 0,0558; multipliziert mit *n* ergibt sich für die erste Zeile und erste Spalte ein zurückgerechneter Wert von 0,0588 * 3044 = 170 (vgl. Tabelle 3.29), der Wert liegt damit geringfügig über dem empirischen Wert von n_{11} = 167.

Tabelle 3.29: Zurückgerechnete Daten in der eindimensionalen Lösung (gerundet)

	Mb39J	M40-59J	M60J+	Fb39J	F40-59J	F60J+
Hosen-ja	170	106	91	638	499	406
Hosen-etwas	114	96	59	27	16	14
Hosen-nein	323	275	167	27	7	9

Abschließend werden noch einmal die numerischen Resultate der Korrespondenzanalyse derart zusammengefaßt, wie sie auch von der gängigen Statistik-Software bereitgestellt werden. Die Trägheitsgewichte der Achsen und deren erklärte Varianzen werden üblicherweise in einer separaten Tabelle aufgeführt; des weiteren werden in einigen Programmen anstelle der in Tabelle 3.30 gewählten prozentualen Darstellung aus Gründen der Platzersparnis die Werte mit 1000 multipliziert. Nachfolgend steht MASS für die Masse, SQCOR (sum of squared correlations) für die Kommunalitäten im k^*-dimensionalen Raum (in der gewählten zweidimensionalen Darstellung der numerischen Ausgabe sind diese alle gleich Eins), INR (inertia) für den Anteil der erklärten Varianz, den die einzelnen Variablenausprägungen auf die geometrische Ausrichtung aller Achsen im Modell haben (relative Trägheitsgewichte), LOC1 (location) für die Hauptkoordinaten auf der ersten Achse, QCOR1 (squared correlation) für die quadrierten Faktorladungen auf der ersten Achse, INR1 (inertia) für den Anteil der erklärten Varianz, den die einzelnen Variablenausprägungen auf die geometrische Ausrichtung der ersten Achse haben; mit LOC2, QCOR2 und INR2 sind die entsprechenden Koeffizienten für die zweite Achse bezeichnet.

Tabelle 3.30: Zusammenfassende Statistik

	MASS	SQCOR	INR	LOC1	QCOR1	INR1	LOC2	QCOR2	INR2
Mb39J	0,199	1,000	0,212	0,722	0,980	0,211	-0,104	0,020	0,372
M40-59J	0,156	1,000	0,228	0,842	0,972	0,225	0,143	0,028	0,553
M60J+	0,104	1,000	0,105	0,706	0,998	0,106	-0,032	0,002	0,018
Fb39J	0,227	1,000	0,170	-0,612	0,998	0,172	-0,025	0,002	0,025
F40-59J	0,171	1,000	0,161	-0,684	0,998	0,162	0,028	0,002	0,022
F60J+	0,141	1,000	0,123	-0,661	0,999	0,125	0,019	0,001	0,009
Hosen-ja	0,627	1,000	0,365	-0,539	1,000	0,369	0,006	0,000	0,004
Hosen-etwas	0,107	1,000	0,123	0,731	0,927	0,116	-0,205	0,073	0,777
Hosen-nein	0,265	1,000	0,512	0,979	0,995	0,515	0,069	0,005	0,219

4. Die Analyse von zusammengesetzten Tabellen

In den bisherigen Beispielen wurde jeweils eine Variable mit einer anderen kreuztabelliert. Die Häufigkeiten dieser Kreuztabellationen wurden als Eingangsmaterial der Korrespondenzanalyse verwendet, das Ergebnis war die gemeinsame Darstellung der Zeilen- und Spaltenausprägungen innerhalb eines Projektionsraums. Dabei sind die Abstände zwischen den Zeilenprofilen, die Abstände zwischen den Spaltenprofilen, die Abstände zwischen den Profilen und den Scheitelpunkten, aber nicht die Abstände zwischen Zeilen- und Spaltenprofilen definiert. Zusätzlich zu der Interpretation der Distanzen anhand der grafischen Darstellung kann die numerische Darstellung zu einer weitergehenden Beschreibung der Ergebnisse verwendet werden. Die entsprechenden Koeffizienten wurden im vorangegangenen Kapitel hergeleitet, nachfolgend sollen sie zusammen mit den grafischen Darstellungen zur Interpretation verwendet werden.

Für die bisher betrachteten Beispiele hätte es nicht eines Verfahrens wie der Korrespondenzanalyse bedurft, die Ergebnisse konnten nahezu direkt aus den Zeilen- und Spaltenprofilen abgelesen werden. In der Regel sind die zu analysierenden Daten jedoch viel komplexer, in den meisten Fällen sollen mehr als zwei Variablen in die Untersuchung einbezogen werden. Eine Art der Erweiterung der Korrespondenzanalyse ist die *Analyse von zusammengesetzten (oder verketteten) Tabellen*, wenn eine Variable mit Hilfe von mehreren anderen beschrieben werden soll. Diese Art der Vorgehensweise wird z. B. bei der Beschreibung von Lebensstilen zuvor definierter Gruppen verwendet (Bourdieu 1982, Blasius und Winkler 1989, Schulze 1992, Blasius 1993, 1994b, Wuggenig und Mnich 1994); die zu beschreibenden Gruppen sind bei Bourdieu (1982) die Klassenfraktionen (operationalisiert mit Hilfe der Berufsposition), die beschreibenden Merkmale sind Ausprägungen des Lebensstils (z. B. Präferenzen beim Servieren von Speisen für Gäste, die bevorzugte Art der Wohnungseinrichtung, Kenntnisse über Maler und Komponisten). Je nachdem, wie viele "Berufe" unterschieden werden sollen und je nachdem, wie viele Variablen zur Charakterisierung dieser "Berufe" verwendet werden sollen, kann die Matrix der Eingabedaten sehr komplex sein. So unterscheiden Blasius und Winkler (1989) in ihrer empirischen Überprüfung der Bourdieuschen Theorie bei ihren "groben Unterschieden" 17 Berufe (inkl. Hausfrauen, Studenten, Rentner) und 74 Merkmale des Lebensstils.[1] Die Matrix der Eingabedaten enthält damit 1258 Elemente, die Zusammenhänge sind nicht mehr "ersichtlich".

Derartig komplexe Datensätze, bei denen eine Variable zentral ist, gibt es nicht nur in der Lebensstilforschung. In der Geographie können Regionen oder Stadtteile auf der Basis einer Vielzahl von Indikatoren miteinander verglichen werden (z. B. Dangschat und Blasius 1987), in der Marktforschung können Produkte (z. B. Autos oder Telefone) anhand einer Reihe von Indikatoren (z. B. Alters- und Einkommensgruppen der Käufer bzw. Merkmale des Telefons wie Farbe, Gestaltung und technische Details) verglichen werden (Greenarce 1993, Snelders und Stokmans 1994) und in der Medienforschung können unterschiedliche Sender anhand ihrer Programme bzw. ihrer Hörergruppen unterschieden werden (z. B. Scheuch 1988). Bei diesen genannten Beispielen gibt es eine zu beschreibende Variable mit einer unterschiedlichen Anzahl von Ausprägungen, die mit Hilfe einer relativ großen Anzahl von Variablen beschrieben werden soll. Dabei sind nicht die Interaktionen zwischen den Merkmalen von Interesse, sondern es soll in einem *joint-bivariaten Modell* untersucht werden, welche Merkmale die wichtigsten zur Charakterisierung der zu beschreibenden Variable sind.

Wir wollen im folgenden (lediglich) das in Kapitel 2 und 3 verwendete Beispiel zur "kulturellen Kompetenz" um zusätzliche "Fähigkeiten" erweitern, um zu beschreiben, wie stark unterschiedliche kulturelle Kompetenzen mit der Variable "Alter × Geschlecht" zusammenhängen. Dabei soll geprüft werden, welche dieser Merkmale (eher) geschlechts- und welche dieser Merkmale (eher) altersspezifisch sind. Da die Tabelle der Eingabedaten bei der Korrespondenzanalyse einer zusammengesetzten Tabelle wesentlich komplexer ist (sein kann) als bei der Korrespondenzanalyse einer einfachen Kontingenztabelle, kann weder erwartet werden, daß die Ergebnisse unmittelbar aus den Profilen abzulesen sind, noch daß die Merkmale mit Hilfe einer zweidimensionalen Darstellung zufriedenstellend abgebildet werden können. In diesen Fällen sollte bei der Interpretation auch auf die numerische Ausgabe der Korrespondenzanalyse zurückgegriffen werden.

---

1 Bei der Korrespondenzanalyse gibt es keine Kausalitäten, die Differenzierung in "beschreibend" und "zu beschreibend" wird verwendet zur Unterscheidung von Zeilen- und Spaltenmerkmalen und sollte nicht als "abhängig" und "unabhängig" verstanden werden (Greenacre und Blasius 1994). Die "zu beschreibenden" Klassenfraktionen von Bourdieu (1982) sind somit auch nicht die abhängigen Merkmale, die Zuordnung zu einer Klassenfraktion erfolgt nicht auf der Basis der Lebensstilmerkmale; es gibt aber einen Zusammenhang zwischen "Lebensstilmerkmalen" und "Klassenfraktionen". Wenn in einigen Publikationen dennoch die Begriffe "abhängig" und "unabhängig" verwendet werden, so ist dies eine Interpretation und kein Ergebnis der Korrespondenzanalyse.

4.1 Die simultane Analyse mehrerer kultureller Kompetenzen

In diesem einführenden Abschnitt wird das im zweiten Kapitel gegebene Beispiel zur kulturellen Kompetenz "Fähigkeit: Hosen umnähen" um die drei Fähigkeiten "tanzen zu Popmusik", "Walzer tanzen" und "Schach spielen" erweitert. Diese drei kulturellen Kompetenzen haben ebenfalls die Ausprägungen "ja", "etwas" und "nein", dies ist jedoch keinesfalls eine Bedingungen für die Anwendung der Korrespondenzanalyse.

Ebenso wie davon ausgegangen werden konnte, daß "Hosen umnähen" ein geschlechtsspezifisches Merkmal ist, kann angenommen werden, daß "tanzen zu Popmusik" eine altersspezifische und daß "Schach spielen" eine geschlechtsspezifische Fähigkeit ist. Nicht eindeutig zuzuordnen ist die kulturelle Kompetenz "Walzer tanzen", diese könnte zum einen eher bei den älteren Leuten und zum anderen eher bei den Frauen erwartet werden. Als "beschreibende Variable" wird wiederum die aus "Geschlecht" und "Alter" zusammengesetzte Variable verwendet (Männer bis 39 Jahre; Männer zwischen 40 und 59 Jahren; Männer ab 60 Jahre; Frauen bis 39 Jahre; Frauen zwischen 40 und 59 Jahren; Frauen ab 60 Jahre). Die Häufigkeiten der insgesamt vier Kontingenztabellen werden derart untereinandergeschrieben, daß die Spaltenstruktur der beschreibenden Variable erhalten bleibt. Die resultierende Matrix besteht aus insgesamt zwölf Zeilen (den vier Variablen mit ihren jeweils drei Ausprägungen) und sechs Spalten (Alter × Geschlecht), die Häufigkeiten dieser Tabellen sind das Eingangsmaterial der nachfolgenden Korrespondenzanalyse (Tabelle 4.1).

Tabelle 4.1: Kulturelle Kompetenz mit vier Merkmalen, Häufigkeiten

	M_BIS39J	M_40B59J	M_60J+	F_BIS39J	F_40B59J	F_60J+	Summe
WALZ_J	208	298	208	426	425	323	1888
WALZ_E	178	103	64	158	69	52	624
WALZ_N	235	84	52	109	27	54	561
SCHACH_J	287	146	114	87	47	23	704
SCHACH_E	143	68	44	118	54	27	454
SCHACH_N	195	269	167	485	419	375	1910
HOSEN_J	167	109	91	637	500	406	1910
HOSEN_E	132	76	62	32	12	12	326
HOSEN_N	308	291	165	23	10	11	808
POPTZ_J	386	145	33	535	214	67	1380
POPTZ_E	138	105	33	92	88	32	488
POPTZ_N	95	234	249	58	208	312	1156
Summe	2472	1928	1282	2760	2073	1694	12209

Mit Hilfe von Tabelle 4.1 soll herausgefunden werden, welche von den kulturellen Kompetenzen "Walzer tanzen", "Schach spielen", "Hosen umnähen" und "tanzen zu Popmusik" geschlechtsspezifisch, welche altersspezifisch und welche sowohl geschlechts- als auch altersspezifisch ist. Werden die Effekte betrachtet, die mit der Analyse einer derart zusammengesetzten Tabelle beschrieben werden, so sind dies: "Alter × Geschlecht" versus "Walzer tanzen, "Alter × Geschlecht" versus "Schach spielen", "Alter × Geschlecht" versus "Hosen umnähen" und "Alter × Geschlecht" versus "tanzen zu Popmusik"; diese Art der Analyse wird auch als *joint bivariat* bezeichnet. Nicht berücksichtigt werden die Effekte zwischen den kulturellen Kompetenzen, die entsprechend benötigten bivariaten Zusammenhänge sind kein Bestandteil der Eingabedaten; eine Korrelation zwischen "tanzen zu Popmusik" versus "Hosen umnähen" ist für das Ergebnis ebenso irrelevant wie z. B. zwischen "Schach spielen" versus "Walzer tanzen". Anders ausgedrückt: Es soll an dieser Stelle lediglich untersucht werden, welche der kulturellen Kompetenzen geschlechts- und welche altersspezifisch sind und nicht ob es einen Zusammenhang zwischen "Schach spielen" und "Hosen umnähen" oder zwischen "Walzer tanzen" und "tanzen zu Popmusik" gibt.[2]

Auch bei der Analyse zusammengesetzter Tabellen gelten die drei Grundkonzepte der Korrespondenzanalyse: die Analyse von Profilen, die Berücksichtigung der Massen und die Interpretation von Chi-Quadrat-Distanzen. Gäbe es keine fehlenden Werte, so blieben die *Massen der Spalten*, also die *Elemente des durchschnittlichen Zeilenprofils*, gegenüber der Analyse der einzelnen Tabelle mit der Fähigkeit "Hosen umnähen" (Tabelle 2.3) unverändert, da sich die Werte der Spaltensummen um den gleichen Faktor erhöhen wie die der Gesamtstichprobe. Die *Massen der Zeilen* würden - wiederum im Fall, daß es keine fehlenden Werte gäbe - um den Faktor "Anzahl der berücksichtigten Zeilenvariablen" verringert, d. h. bei vier Variablen müßten die *Elemente des durchschnittlichen Spaltenprofils* durch vier dividiert werden.

Während die Anzahl der Elemente der Zeilenprofile und des durchschnittlichen Zeilenprofils beim Übergang von der Korrespondenzanalyse einer einzelnen Kontingenztabelle (Tabelle 2.1) auf die Korrespondenzanalyse der zusammengesetzten Tabelle 4.1 unverändert bleibt, erhöht sich die Anzahl der Elemente der Spaltenprofile und des durchschnittlichen Spaltenprofils um den Faktor "vier". Mit der Aufnahme der zusätzlichen Variablen wird der Maßstab der Interpretation verschoben: Statt die Ausprägungen einer Zeilenvariablen in Beziehung zu den Ausprägungen einer Spaltenvariablen zu setzen, werden nun die Ausprägungen von vier Zeilenvariablen simultan zu den Ausprägungen dieser Spaltenvariable gesetzt. Da aber die Elemente des durchschnittlichen Spaltenprofils mit den korrespondierenden Spaltenprofilelementen verglichen werden, haben die Ausprägungen, die in

2 Werden alle bivariaten Effekte zwischen den beteiligten Variablen berücksichtigt, so wird von der *multiplen Korrespondenzanalyse* gesprochen (vgl. ausführlich Kapitel 5).

der Analyse der einzelnen Kontingenztabellen durch hohe quadrierte Abweichungen von Erwartungs- und empirischen Werten charakterisiert werden, auch bei der Analyse der zusammengesetzten Tabelle hohe quadrierte Abweichungen.[3]

Die Effekte, die bei der Beschreibung der einzelnen Kontingenztabellen zu erwarten sind, sind die gleichen wie bei der Analyse der zusammengesetzten Tabelle. Es ist jedoch zu beachten, daß bei der Aufnahme zusätzlicher Variablen Abweichungen von Zeilenprofilen vom durchschnittlichen Zeilenprofil, die in der Analyse der einfachen Kontingenztabellen "berichtenswert" waren, bei der Analyse der zusammengesetzten Tabelle u. U. vernachlässigt werden können, da die zusätzlich berücksichtigten Effekte die Ergebnisse dominieren.

An dieser Stelle soll nochmals gesagt werden, daß in der Korrespondenzanalyse relative Unterschiede interpretiert werden, es werden die gewichteten quadrierten Abweichungen am stärksten hervorgehoben, die - relativ gesehen - am stärksten sind. Diese Abweichungen werden in der grafischen Darstellung der Ergebnisse dadurch sichtbar, daß die entsprechenden Profile relativ weit vom Durchschnittsprofil, dargestellt durch das Achsenkreuz, entfernt sind. Die Zeilen- und Spaltenprofile für die zusammengesetzte Tabelle sind in den Tabellen 4.2 und 4.3 wiedergegeben.

Anhand von Tabelle 4.2 kann aus dem Vergleich der Elemente der Zeilenprofile mit den korrespondierenden Elementen des durchschnittlichen Zeilenprofils abgeleitet werden, daß Männer relativ selten und Frauen relativ oft Hosen umnähen können. Während nur relativ wenige von den bis 39jährigen angaben, daß sie nicht zu Popmusik tanzen können - bei den Männern bis 39 Jahre waren es 8,2% zu 20,2% (Anteil der Männer bis 39 Jahre an allen Befragten), bei den Frauen bis 39 Jahre waren es 5,0% zu 22,6% -, konnten von den ab 60jährigen nur relativ wenige zu Popmusik tanzen: bei den Männern 2,4% zu 10,5%, bei den Frauen 4,9% zu 13,9%. Damit können bei den kulturellen Kompetenzen "Hosen umnähen" und "tanzen zu Popmusik" Abweichungen von den Durchschnittswerten schon anhand der Zeilenprofile relativ gut festgestellt werden. Weniger deutlich sind die Zusammenhänge von "Alter × Geschlecht" mit "Schach spielen" und "Walzer tanzen": So ist das Verhältnis von "Walzer tanzen: ja" zu "Walzer tanzen: nein" bei den Männern bis 39 Jahre 11,0% zu 41,9% und bei den Frauen derselben Altersgruppe 22,6% zu 19,4%. Dieser Geschlechtseffekt ist auf der Ebene der ab 60jährigen deutlich schwächer

---

3 Diese Folgerung gilt nur unter der Bedingung, daß die "fehlenden Werte" nicht mit der Variable "Alter × Geschlecht" korreliert sind. Ein Beispiel für einen Zusammenhang zwischen den sozio-demografischen Charakteristika der Befragten und von "fehlenden Angaben" wäre, daß Frauen bis 39 Jahre die Frage zu der einen kulturellen Kompetenz, z. B. Schach spielen, überdurchschnittlich oft verweigern, während die Männer ab 60 Jahren eine andere Frage, z. B. nach der Fähigkeit Walzer zu tanzen, überdurchschnittlich oft verweigern. In diesen Fällen sollten die Kategorien "keine Angabe" als zu interpretierende Merkmale in der Korrespondenzanalyse aufgenommen werden (vgl. Abschnitt 4.5). Eine derartige Vorgehensweise hat zudem den Vorteil, daß keine Fälle verloren gehen und daß etwas über die Verweigerer ausgesagt werden kann (vgl. z. B. Thiessen und Blasius 1998, Blasius und Thiessen 2000).

ausgeprägt: Bei den Männern dieser Altersgruppe ist das Verhältnis 11,0% zu 9,3%, bei den Frauen dieser Altersgruppe 17,1% zu 9,6%. Die Fähigkeit "Walzer tanzen" zu können scheint somit sowohl einen Geschlechts- als auch einen Alterseffekt zu haben.

Tabelle 4.2: Kulturelle Kompetenzen, Zeilenprofile

	M_BIS39J	M_40B59J	M_60J+	F_BIS39J	F_40B59J	F_60J+	Summe
WALZ_J	0,110	0,158	0,110	0,226	0,225	0,171	1,0
WALZ_E	0,285	0,165	0,103	0,253	0,111	0,083	1,0
WALZ_N	0,419	0,150	0,093	0,194	0,048	0,096	1,0
SCHACH_J	0,408	0,207	0,162	0,124	0,067	0,033	1,0
SCHACH_E	0,315	0,150	0,097	0,260	0,119	0,059	1,0
SCHACH_N	0,102	0,141	0,087	0,254	0,219	0,196	1,0
HOSEN_J	0,087	0,057	0,048	0,334	0,262	0,213	1,0
HOSEN_E	0,405	0,233	0,190	0,098	0,037	0,037	1,0
HOSEN_N	0,381	0,360	0,204	0,028	0,012	0,014	1,0
POPTZ_J	0,280	0,105	0,024	0,388	0,155	0,049	1,0
POPTZ_E	0,283	0,215	0,068	0,189	0,180	0,066	1,0
POPTZ_N	0,082	0,202	0,215	0,050	0,180	0,270	1,0
Durchschnitt	0,202	0,158	0,105	0,226	0,170	0,139	1,0

Tabelle 4.3: Kulturelle Kompetenzen, Spaltenprofile

	M_BIS39J	M_40B59J	M_60J+	F_BIS39J	F_40B59J	F_60J+	Durchschnitt
WALZ_J	0,084	0,155	0,162	0,154	0,205	0,191	0,155
WALZ_E	0,072	0,053	0,050	0,057	0,033	0,031	0,051
WALZ_N	0,095	0,044	0,041	0,039	0,013	0,032	0,046
SCHACH_J	0,116	0,076	0,089	0,032	0,023	0,014	0,058
SCHACH_E	0,058	0,035	0,034	0,043	0,026	0,016	0,037
SCHACH_N	0,079	0,140	0,130	0,176	0,202	0,221	0,156
HOSEN_J	0,068	0,057	0,071	0,231	0,241	0,240	0,156
HOSEN_E	0,053	0,039	0,048	0,012	0,006	0,007	0,027
HOSEN_N	0,125	0,151	0,129	0,008	0,005	0,006	0,066
POPTZ_J	0,156	0,075	0,026	0,194	0,103	0,040	0,113
POPTZ_E	0,056	0,054	0,026	0,033	0,042	0,019	0,040
POPTZ_N	0,038	0,121	0,194	0,021	0,100	0,184	0,095
Summe	1,0	1,0	1,0	1,0	1,0	1,0	1,0

Auf der Basis der Spaltenprofile können die gleichen Ergebnisse abgeleitet werden wie auf der Basis der Zeilenprofile: Auch anhand von Tabelle 4.3 werden die geschlechtsspezifischen Unterschiede bezüglich der Fähigkeit "Hosen umnähen" sowie die altersspezifischen Unterschiede bezüglich der Fähigkeit, nach Popmusik tanzen zu können, deutlich. Werden die Spaltenprofile der kulturellen Kompetenz "Walzer tanzen" betrachtet, so ist bei den Männern bis 39 Jahre das Verhältnis der Angaben "ja" zu "nein" 8,4% zu 9,5%, bei den Frauen der gleichen Altersgruppe 15,4% zu 3,9%. Diese deutliche geschlechtsspezifische Unterscheidung bei den Jüngeren gilt nicht für die ab 60jährigen, deren Verhältnisse in den Angaben von "zustimmen" und "ablehnen" dieser Fähigkeit relativ ähnlich sind - 16,2% zu 4,1% bei den Männern, 19,1% zu 3,2% bei den Frauen.

Die Frage, ob die zu diagnostizierenden Unterschiede sozialwissenschaftlich relevant sind oder ob lediglich "weißes Rauschen" interpretiert wird, kann, ähnlich wie auch bei der Analyse der einfachen Kontingenztabelle, mit Hilfe der Chi-Quadrat-Statistik beantwortet werden. Chi-Quadrat ist definiert als Summe der quadrierten Abweichungen von erwarteten und empirischen Werten, dividiert durch die jeweiligen Erwartungswerte. Zur Berechnung dieser Erwartungswerte wird die statistische Unabhängigkeit der beteiligten Variablen vorausgesetzt (vgl. Abschnitt 2.7). Diese Unabhängigkeit kann bei der Analyse einfacher Kontingenztabellen vorausgesetzt werden, bei der Analyse zusammengesetzter Tabellen kann der χ^2-Test nicht als globaler Signifikanztest verwendet werden. Die auf Chi-Quadrat basierende Größe des Gesamtträgheitsgewichtes ist aber weiterhin ein Maß für die Variation der Daten.

Numerisch wird Chi-Quadrat auf der Basis der vollständigen Tabelle berechnet (n = 12 209); sind keine fehlenden Werte vorhanden, so ist der resultierende Wert gleich der Summe der Chi-Quadrat-Werte der einzelnen Kontingenztabellen (zur Behandlung von "fehlenden Werten" vgl. ausführlich Abschnitt 4.4). Bei dieser Anwendung der Chi-Quadrat-Statistik kann die Anzahl der Freiheitsgrade nicht nach dem üblichen Verfahren berechnet werden, eine Prüfung auf "Signifikanz" des Zusammenhanges von Zeilen- und Spaltenmerkmalen gehört auch nicht zur standardmäßigen Anwendung der Korrespondenzanalyse.

Die Gesamtvariation der Eingabedaten wird durch Chi-Quadrat (χ^2 = 3423,5) und dem Gesamtträgheitsgewicht (λ_G = 0,280) beschrieben, wobei letzteres in dem gegebenen Beispiel als *durchschnittlicher Wert* interpretiert wird. Um diese Interpretation zu verdeutlichen, wurden die Chi-Quadrat-Werte als auch die Gesamtträgheitsgewichte für jede der vier Kontingenztabellen separat berechnet; als zusätzliche diagnostische Hilfsmittel sind die Chi-Quadrat-Distanzen zwischen den Zeilenprofilen der einzelnen Tabellen sowie - als traditionelles Maß der Stärke des Zusammenhanges in Kontingenztabellen - die Cramer's V-Werte angegeben (Tabelle 4.4).

Tabelle 4.4: Chi-Quadrat-Werte, Trägheitsgewichte der Achsen, Chi-Quadrat-Distanzen, Cramer's V und Stichprobenumfänge

	χ^2	Trägheits-gewichte	χ^2-Distanzen	*Cramer's V*	*n*
Walzer tanzen	368,1	0,120	1,736	0,245	3073
Schach spielen	554,2	0,181	2,076	0,301	3068
Hosen umnähen	1520,6	0,500	3,172	0,500	3044
Tanzen zu Popmusik	985,2	0,326	2,626	0,404	3024
Summe	3428,1	1,127	9,61	--	12 209
Gesamte Tabelle	3423,5	0,280	--	--	12 209

Anhand der in Tabelle 4.4 aufgelisteten Koeffizienten wird ersichtlich, daß die Variable "Hosen umnähen" den größten und daß die Variable "tanzen zu Popmusik" den zweitgrößten Anteil an der Gesamtvariation der Daten hat. Werden die Variablen einzeln betrachtet, ist der Zusammenhang von "Alter × Geschlecht" mit allen vier "kulturellen Kompetenzen" hochsignifikant. Es sei aber angemerkt, daß mit der Korrespondenzanalyse auch nicht-signifikante Zusammenhänge beschrieben werden können - auch in einem "weißen Rauschen" kann es eine Struktur geben, die visualisiert werden soll. So kann es in einer großen Tabelle inhaltlich relevante Zusammenhänge zwischen einzelnen Zeilen und Spalten geben, während der Zusammenhang zwischen den betrachteten Variablen, also zwischen allen Zeilen und allen Spalten, sehr gering ist und auf der Basis von χ^2 vernachlässigt werden könnte.

Die Summe der vier Gesamtträgheitsgewichte der einzelnen "kulturellen Kompetenzen" (kreuztabelliert mit "Alter × Geschlecht") ist 1,127; wird dieser Wert durch die Anzahl der Zeilenvariablen dividiert, so ist das durchschnittliche Gesamtträgheitsgewicht 0,282. Dieser Wert würde exakt dem Gesamtträgheitsgewicht der zusammengesetzten Tabelle entsprechen, wenn es keine fehlenden Werte gäbe. Da in dem gegebenen Beispiel die Anzahl der fehlenden Werte bei den beiden Variablen, die am stärksten zur Gesamtvariation beitragen, am größten ist (vgl. Tabelle 4.4), ist das Gesamtträgheitsgewicht von Tabelle 4.1 mit 0,280 zu 0,282 etwas niedriger als das *durchschnittliche Gesamtträgheitsgewicht*. Das Gesamtträgheitsgewicht einer zusammengesetzten Tabelle ist das durchschnittliche Gesamtträgheitsgewicht aller im Modell berücksichtigten Kontingenztabellen, gewichtet mit der Anzahl der gültigen Fälle der einzelnen Tabellen. Analog zu λ_G ist die Summe der Chi-Quadrat-Werte der einzelnen Kontingenztabellen mit 3428,1 zu 3423,5 etwas größer als der für Tabelle 4.1 bestimmte Wert.

Wie bereits im zweiten und dritten Kapitel ausführlich beschrieben, können die Distanzen zwischen den Zeilen- und die zwischen den Spaltenprofilen berechnet werden. Werden diese Distanzen variablenspezifisch summiert, so ist in dem gegebenen Beispiel die Distanz zwischen den drei Profilen von "Hosen umnähen" am größten. Der in Tabelle 4.4 angegebene Wert ist mit 3,172 etwas kleiner als der, der bei der Analyse der einzelnen Kontingenztabelle (1,287 + 1,519 + 0,370 = 3,176, vgl. Tabelle 2.8) bestimmt wurde. Diese Differenz basiert auf einem ungleichen Anteil von fehlenden Werten in den Spalten von "Alter × Geschlecht" bei den einzelnen "kulturellen Kompetenzen". Sollte es beim Vergleich der χ^2-Distanzen, die auf der Basis von Tabelle 4.2 berechnet wurden, und jenen χ^2-Distanzen, die auf der Basis der einzelnen Kontingenztabellen berechnet wurden, zu größeren Abweichungen kommen, kann die "statistische Unabhängigkeit" der *fehlenden Werte* von den Ausprägungen der Variablen "Alter × Geschlecht" nicht mehr vorausgesetzt werden. Die einfachste Abhilfe wäre in diesem Fall, daß bei jeder Zeilenvariablen zusätzlich die Ausprägung "fehlend" aufgenommen wird. In dem gegebenen Beispiel können die Abweichungen jedoch vernachlässigt werden.[4]

Die hier beschriebenen Chi-Quadrat-Distanzen können in der grafischen Darstellung wiedergefunden werden; das Verhältnis der Summe der Distanzen zwischen den Ausprägungen von "Hosen umnähen" (also der Summe der drei Distanzen zwischen "Hosen umnähen: ja", "Hosen umnähen: etwas" und "Hosen umnähen: nein") zu der Summe der Distanzen zwischen den Ausprägungen von "tanzen zu Popmusik" ist 3,172 zu 2,626 - dieses Verhältnis von Distanzen könnte mit dem Lineal nachgemessen werden, wenn mit der zweidimensionalen Darstellung die gesamte Variation der Daten erklärt würde. Da es in dem gegebenen Beispiel jedoch fünf Dimensionen gibt, kann das Verhältnis der Distanzen in der grafischen Darstellung nur approximativ wiedergegeben werden. Dabei gilt, daß je mehr Varianz mit der zweidimensionalen Darstellung erklärt werden kann, desto genauer werden die Distanzen zwischen den Variablenausprägungen mit Hilfe der Abbildung wiedergegeben.[5]

Zusätzlich zu den bereits diskutierten Koeffizienten für die gesamte Lösung bzw. für die einzelnen Tabellen kann auch bei der Analyse von zusammengesetzten Tabellen angegeben werden, wie hoch der Anteil der einzelnen Zellen an der Gesamtvariation der Daten ist. Tabelle 4.5 enthält die quadrierten Differenzen aus erwarteten und empirischen Werten der zusammengesetzten Tabelle, dividiert durch die erwarteten Werte; die Summe dieser Werte ist "Chi-Quadrat".

---

4 Die χ^2-Distanzen der einzelnen Kontingenztabellen mit "Alter × Geschlecht" sind: "Walzer tanzen" = 1,736, "Schach spielen" = 2,074, "Hosen umnähen" = 3.176, "tanzen zu Popmusik" = 2,630; sämtliche Abweichungen betreffen lediglich die dritte Nachkommastelle und sind daher zu vernachlässigen.

5 In dem gegebenen Fall gibt es eine Spaltenvariable mit sechs Ausprägungen (Dimensionalität: 6 - 1 = 5) und vier Zeilenvariablen mit jeweils drei Ausprägungen (Dimensionalität: 4 * 3 - 4 = 8), die Dimensionalität des Projektionsraums ist (Minimum (5, 8)) fünf.

Tabelle 4.5: Chi-Quadrat-Komponenten

	M_BIS39J	M_40B59J	M_60J+	F_BIS39J	F_40B59J	F_60J+	Summe
WALZ_J	79,45	0,00	0,48	0,00	34,02	14,22	128,17
WALZ_E	21,12	0,20	0,04	2,03	12,89	13,81	50,09
WALZ_N	129,78	0,24	0,81	2,50	48,91	7,30	189,54
SCHACH_J	146,40	10,91	21,73	32,71	44,01	57,10	312,86
SCHACH_E	28,38	0,19	0,28	2,30	6,91	20,57	58,63
SCHACH_N	95,05	3,53	5,62	6,56	27,65	45,65	184,05
HOSEN_J	124,84	123,01	59,85	97,54	95,19	75,01	575,43
HOSEN_E	65,98	11,68	22,53	23,59	33,95	24,42	182,15
HOSEN_N	127,46	209,26	75,73	139,55	117,92	91,19	761,11
POPTZ_J	40,66	24,40	86,42	159,45	1,76	80,92	393,62
POPTZ_E	15,55	10,13	6,49	3,04	0,32	18,83	54,36
POPTZ_N	82,62	14,50	134,16	158,20	0,70	143,30	533,48
Summe	957,28	408,05	414,13	627,49	424,23	592,30	3423,48

Anhand der Zeilen- und Spaltensummen von Tabelle 4.5 wird ersichtlich, daß die größte Variation der Daten auf der Ebene der Spaltenmerkmale zu den "Männern bis 39 Jahre" und auf der Ebene der Zeilenmerkmale zu der "Fähigkeit" und zu der "Unfähigkeit" "Hosen umnähen" gehört. Mit Hilfe der Chi-Quadrat-Komponenten kann zudem angegeben werden, welche Antwortkombinationen wie stark zur Variation in den Daten beitragen; sie sind damit gegebenenfalls ein Kriterium, ob und wenn ja, welche Variablen in dem Modell vernachlässigt werden können bzw. ob und wenn ja, welche Ausprägungen aus statistischen Gründen zusammengefaßt werden können.

Nachfolgend soll der optimale Unterraum bestimmt werden. Die Dimensionalität der (12x6)-Matrix der Eingabedaten ist fünf (Minimum (Zeilen, Spalten) minus Anzahl der Variablen), der Projektionsraum hat also fünf Dimensionen. Die dazugehörigen Trägheitsgewichte der Achsen (Eigenwerte) und deren erklärende Varianzen sind in Tabelle 4.6 wiedergegeben.

Das Trägheitsgewicht der ersten Achse ist 0,1792, sein Anteil an der erklärten Varianz des Gesamtmodells ist 63,9% (λ_1 = 0,1792 dividiert durch das Gesamtträgheitsgewicht λ_G = 0,2804; der letzte Wert ist gleich der Summe der Trägheitsgewichte der Achsen bzw. gleich dem Chi-Quadrat-Wert (χ^2 = 3423,5), dividiert durch die Fallzahl der Gesamtstichprobe, n = 12 209). Das Trägheitsgewicht der zweiten Achse ist λ_2 = 0,0904 (32,2% erklärter Gesamtvariation), die restlichen drei Trägheitsgewichte können vernachlässigt werden, da sie nur noch sehr wenig zur Erklärung der Variation beitragen (das dritte Trägheitsgewicht ist λ_3 = 0,0077 und erklärt 2,7% der Gesamtvariation, das vierte ist λ_4 =

0,0017 und das fünfte ist λ_5 = 0,0014). Ähnlich wie bei der Hauptkomponentenanalyse kann auch bei der Korrespondenzanalyse nicht immer eindeutig bestimmt werden, wieviele Dimensionen interpretiert werden sollen; es gibt zwar Entscheidungsregeln, diese können aber zu einer unterschiedlichen Anzahl von relevanten Faktoren führen.

Tabelle 4.6: Trägheitsgewichte der Achsen und deren erklärte Varianzen

1	0,179245	63,92%	**
2	0,090392	32,24%	*************************
3	0,007653	2,73%	**
4	0,001746	0,62%	
5	0,001369	0,49%	
	0,280406		

Sowohl in der Hauptkomponentenanalyse als auch in der Korrespondenzanalyse kann ein *Scree-Test* durchgeführt werden. Mit Hilfe dieses Tests kann geprüft werden, ob es einen oder mehrere Sprünge in der absteigenden Ordnung der Eigenwerte (der Trägheitsgewichte der Achsen) gibt; dieser Sprung bzw. der größte Sprung wird dann als Abbruchkriterium verwendet. Dabei werden die Faktoren, deren dazugehörige Trägheitsgewichte vor dem "Sprung" liegen, für die Interpretation berücksichtigt, die anderen fallen heraus. In Tabelle 4.6 wurde eine entsprechende visuelle Hilfe zur Bestimmung der Anzahl der relevanten Faktoren aufgenommen.

Das in der Hauptkomponentenanalyse vermutlich am häufigsten verwendete Kriterium zur Bestimmung der Anzahl der in die Interpretation aufzunehmenden Faktoren ist das *Eigenwertkriterium*. Diesem Kriterium zufolge wird ein Faktor dann aus der Analyse ausgeschlossen, wenn er weniger Varianz erklärt als eine Variable, im Fall der Hauptkomponentenanalyse, also wenn der Eigenwert kleiner eins ist. Ob dieses Kriterium inhaltlich sinnvoll ist, ist eine andere Frage: In dem hypothetischen Fall, in dem von zwei Eigenwerten einer den Wert 1,001 und ein anderer den Wert 0,999 hat, würde - der Logik des Algorithmus zur Folge - der zum erstgenannten Eigenwert gehörende Faktor berücksichtigt, der zum zweiten Eigenwert gehörende nicht.

Soll das Eigenwertkriterium auf die Korrespondenzanalyse übertragen werden, so müssen jene Faktoren aus der Interpretation ausgeschlossen werden, die weniger Varianz erklären, als mit einem "durchschnittlichen Faktor" zu erwarten wäre. In dem gegebenen Beispiel ist die Anzahl der Dimensionen fünf; die durchschnittliche erklärte Varianz wäre somit 20% (100% dividiert durch fünf Dimensionen), d. h. in dem gegebenen Beispiel würden lediglich jene Faktoren in der Analyse berücksichtigt, die mehr als 20% der Gesamtvariation der Daten erklären - dies sind die beiden ersten.

Des weiteren kann ein inhaltliches Kriterium gewählt werden: Es werden soviele Faktoren in die Analyse aufgenommen, wie substantiell interpretiert werden können; der Abbruch erfolgt bei dem Faktor, der inhaltlich irrelevant ist und daher vernachlässigt werden kann. Als Kriterium für die inhaltliche Auswahl der Anzahl der zu interpretierenden Faktoren werden in der Hauptkomponentenanalyse üblicherweise die Faktorladungen verwendet, in der Korrespondenzanalyse sind es die quadrierten Faktorladungen und die Trägheitsgewichte der Variablen(ausprägungen). Es sei vorweggenommen, daß auch bei Anwendung dieses Kriteriums die ersten beiden Dimensionen interpretiert werden sollten.

Ein weiteres, in der sozialwissenschaftlichen Literatur bisher kaum diskutiertes Entscheidungskriterium sind die Trägheitsgewichte der Achsen in der Korrespondenzanalyse. Werden diese Werte radiziert, werden also die singularen Werte betrachtet (vgl. Kapitel 3), so sind diese Werte die *kanonischen Korrelationskoeffizienten*[6] zwischen den Zeilen und Spalten der Kontingenztabelle (vgl. Greenacre 1984, Gifi 1990). Die Trägheitsgewichte der Achsen sind damit auch als Assoziationsmaß des Zusammenhanges zwischen den Ausprägungen der Zeilen und denen der Spalten zu interpretieren. In dem gegebenen Beispiel sind die beiden ersten kanonischen Korrelationskoeffizienten 0,42 und 0,30, der dritte ist mit 0,09 deutlich niedriger.

Insgesamt gesehen sind alle Auswahlkriterien, wie auch bei der Hauptkomponentenanalyse, etwas willkürlich und daher kritisierbar. In dem gegebenen Beispiel ist die Entscheidung jedoch relativ einfach: Unter allen diskutierten Entscheidungsregeln können die ersten beiden Faktoren für die Interpretation verwendet werden. Mit diesen zwei Faktoren werden 96,16% (63,92% + 32,24%, siehe Tabelle 4.6) der Gesamtvariation des Modells erklärt; die grafische Darstellung dieser Lösung ist in Abbildung 4.1 wiedergegeben.

Bei der Verwendung der symmetrischen Darstellung können lediglich die Distanzen zwischen den Zeilenprofilen, zwischen den Spaltenprofilen, nicht aber zwischen Zeilen- und Spaltenprofilen interpretiert werden (vgl. Kapitel 2); die Zuordnung zu den Achsenabschnitten ist jedoch eindeutig. Werden die Variablenausprägungen auf die beiden Achsen projiziert, so wird ersichtlich, auf welcher Seite von welcher Achse welche Zeilen- und welche Spaltenmerkmale lokalisiert sind. Dabei soll nochmals darauf hingewiesen werden, daß eine gemeinsame Rangordnung von Zeilen- *und* Spaltenausprägungen auf den Achsen nicht möglich ist, dies entspräche einer Interpretation der dazugehörigen Distanzen auf der Basis der Abstände in der ersten Dimension - und diese sind nicht definiert.

---

6 Die kanonische Korrelation basiert auf der optimalen Linearkombination von zwei Sets von Variablen X (x_1, x_2, ..., x_n) und Y (y_1, y_2, ..., y_m). Als Spezialfall der kanonischen Korrelation kann die multiple Korrelation angesehen werden, wo Y lediglich aus einer Variablen y besteht. Als weiterer Spezialfall von kanonischer und multipler Korrelation kann die (Produkt-Moment-)Korrelation angesehen werden: Anstelle von einem bzw. zwei Sets von Variablen wird lediglich der Zusammenhang von zwei einzelnen Variablen x und y betrachtet (zur kanonischen Korrelation vgl. Jobson 1992, Bortz 1993).

Abbildung 4.1: Symmetrische Darstellung der Zeilen- und Spaltenprofile

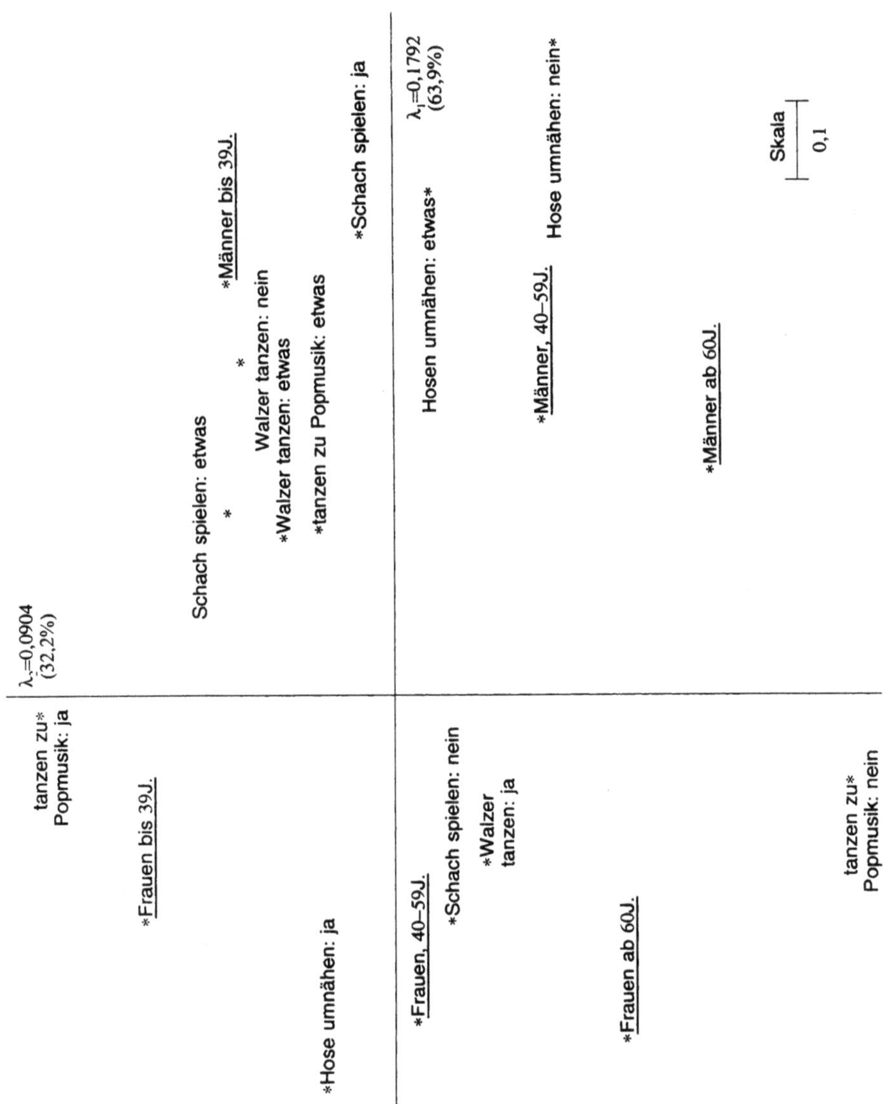

Die erste Achse (dargestellt durch die horizontale Linie) erklärt 63,9% der Gesamtvariation in dem Modell. Werden die sechs Spaltenmerkmale (Männer bis 39 Jahre, ..., Frauen ab 60 Jahre) auf diese projiziert, so wird ersichtlich, daß die erste Dimension von dem Gegensatz "Frauen" versus "Männer" geprägt ist; auf der rechten Seite der grafischen Darstellung sind die drei Kategorien der Männer, auf der linken Seite die drei Kategorien der Frauen lokalisiert. Analog zur Hauptkomponentenanalyse können die Achsen inhaltlich bezeichnet werden - bezogen auf die Spaltenmerkmale wäre die erste Achse die "Geschlechtsdimension". Bezogen auf die vier zu beschreibenden Variablen (Walzer tanzen, Hosen umnähen, zu Popmusik tanzen, Schach spielen) erklärt die latente Variable "Geschlecht" zu knapp 64% die Variation in den aufgeführten kulturellen Kompetenzen. Daraus kann abgeleitet werden, daß das Geschlecht das wichtigste Unterscheidungsmerkmal bei der Zuordnung der oben genannten Fähigkeiten ist. Mit diesem Merkmal können die gewichteten quadrierten Abweichungen der Zeilenprofile vom Durchschnittszeilenprofil am besten erklärt werden.

Die zweite Achse erklärt weitere 32,2% der Gesamtvariation des Modells. Aufgrund der Orthogonalität der Achsen können die erklärten Varianzen addiert werden, so daß insgesamt gut 96% der Variation der Daten mit der zweidimensionalen Darstellung abgebildet werden. Werden die sechs Spaltenmerkmale auf die zweite Achse projiziert, so wird ersichtlich, daß die Kategorien "Männer bis 39 Jahre" und "Frauen bis 39 Jahre" auf dem positiven Abschnitt dieser Achse laden, die Kategorien "Männer ab 60 Jahre" und "Frauen ab 60 Jahre" dem negativen Abschnitt dieser Achse zuzuordnen sind und daß die mittleren Kategorien "Männer, 40 bis 59 Jahre" und "Frauen, 40 bis 59 Jahre" dazwischen liegen. Aufgrund dieser Zuordnungen kann die zweite Achse als "Altersdimension" bezeichnet werden.

Auch wenn die Beschreibung der Achsen als "Geschlechts-" bzw. als "Altersdimension" eindeutig ist, so hat die "Geschlechtsdimension" zusätzlich einen Alterseffekt und die "Altersdimension" zusätzlich einen Geschlechtseffekt. Bezogen auf die erste Achse gibt es die deutliche Unterscheidung von "Frauen" und "Männern" auf den gegenüberliegenden Achsenabschnitten. Innerhalb des Abschnittes der "Frauen" und innerhalb des Abschnittes der "Männer" gibt es jedoch jeweils eine ordinale Ordnung nach dem Alter: die höchsten Werte sind jeweils den bis 39jährigen (0,562 bei den Männern und -0,293 bei den Frauen), die zweithöchsten Werte sind der mittleren Altersgruppe (0,375 und -0,441) und die niedrigsten Werte sind den Älteren zuzuordnen (0,313 und -0,467; vgl. Abbildung 4.1 und für die numerischen Werte Spalte LOC1 in Tabelle 4.7). Mit der zweiten Achse werden die Altersgruppen unterschieden; innerhalb dieser Zuordnung haben jedoch die Männer immer einen niedrigeren Wert als die Frauen der jeweils gleichen Altersgruppe (bis 39 Jahre: 0,252 zu 0,373, 40 bis 59 Jahre: -0,220 zu -0,031 und 60 Jahre und älter: -0,463 zu -0,338; vgl. Abbildung 4.1 und für die numerischen Werte Spalte LOC2 in Tabelle 4.7).

Im Anschluß an die Projektionen der Spaltenmerkmale auf die beiden Achsen werden die Ausprägungen der Zeilen ebenfalls auf diese projiziert. Auf der linken Seite der ersten Achse sind die Ausprägungen "Hosen umnähen: ja", und - in Anbetracht der kürzeren Distanz zum Schwerpunkt weniger deutlich - "Walzer tanzen: ja" sowie "Schach spielen: nein" lokalisiert. Diese korrespondieren mit den drei Kategorien der "Frauen". Daraus kann gefolgert werden, daß Frauen überdurchschnittlich oft die Fähigkeit haben, Hosen umzunähen und Walzer zu tanzen, des weiteren können sie relativ oft nicht Schach spielen. Auf der rechten Seite der ersten Achse laden die Kategorien "Hosen umnähen: nein", "Hosen umnähen: etwas" und "Schach spielen: ja" sowie - schon etwas näher beim Achsenkreuz - die Kategorien "Schach spielen: etwas", "Walzer tanzen: nein", "Walzer tanzen: etwas" und "tanzen zu Popmusik: etwas". Diesen Lokalisationen zufolge haben Männer überdurchschnittlich selten die Fähigkeit, Hosen umzunähen, aber relativ oft die Fähigkeit, Schach zu spielen.

Bevor die Interpretation fortgesetzt wird, sollen einige generelle Anmerkungen wiederholt werden. In der Korrespondenzanalyse werden ausschließlich Profile und keine absoluten Werte interpretiert, d. h. alle Aussagen sind als relative Aussagen zu verstehen. Daraus folgt, das Ausdrücke wie "die meisten" oder "die wenigsten" zu vermeiden sind - derartige Aussagen sind kein Ergebnis der Korrespondenzanalyse, sondern der univariaten Auszählungen - und daß stattdessen Begriffe wie "überdurchschnittlich viele" oder "relativ selten" verwendet werden sollten. Bezogen auf das aktuelle Beispiel bedeutet dies z. B., daß Aussagen wie "Frauen können relativ selten Schach spielen" und "Männer können überdurchschnittlich oft Schach spielen" nicht dahingehend interpretiert werden dürfen, das *Frauen selten und daß Männer oft Schach spielen können*, es bedeutet lediglich, daß beim Vergleich von Männern und Frauen die *Männer häufiger angaben, Schach spielen zu können, als die Frauen.*

Sind die Unterschiede in den drei Profilen von "Schach spielen" für die Unterscheidung der Geschlechter relativ unbedeutend (bezogen auf andere in der gleichen Analyse verwendete Variablen), so liegen die Ausprägungen von "Schach spielen: ja" und "Schach spielen: nein" in der Nähe des Schwerpunktes (dargestellt durch das Achsenkreuz); sind sie relativ wichtig für die Unterscheidung von "Männer" und "Frauen", so liegen sie relativ weit vom Schwerpunkt entfernt. Derartige Diagnosen der "Wichtigkeit" von Variablen und Variablenausprägungen sind zum einen anhand ihrer Lokalisation als auch mit Hilfe der noch detailliert zu diskutierenden numerischen Darstellung möglich. Die absoluten Unterschiede zwischen den Geschlechtern und zwischen den Altersgruppen in bezug auf die verwendeten kulturellen Kompetenzen manifestieren sich in der Höhe der Gesamtträgheitsgewichte und - bezogen auf die einzelnen Faktoren - in der Höhe der Trägheitsgewichte der Achsen, die als (quadrierte) kanonische Korrelationen interpretiert werden dürfen. Je höher die kanonischen Korrelationen sind, desto stärker unterscheiden sich die Profile der Ausgangsdaten.

Bei der Beschreibung der zweiten Achse ist hervorzuheben, daß auf dem positiven Abschnitt die Ausprägung "tanzen zu Popmusik: ja" lädt, während im negativen Abschnitt dieser Achse die Ausprägung "tanzen zu Popmusik: nein" lokalisiert ist. Von den übrigen Variablenausprägungen sind - im Vergleich mit den beiden zuerst genannten Ausprägungen deutlich schwächer - "Schach spielen: etwas", "Walzer tanzen: nein" und "Walzer tanzen: etwas" dem positiven Abschnitt sowie "Hosen umnähen: nein" dem negativen Abschnitt der zweiten Achse zuzuordnen. Bezogen auf die Interpretation von Zeilen- und Spaltenprofilen anhand gemeinsamer Ladungen kann abgeleitet werden, daß Personen unter 39 Jahren (Männer und Frauen) überdurchschnittlich oft zu Popmusik tanzen können während Personen ab 60 Jahren (wiederum Männer und Frauen) dies nur relativ selten können.

Bei den Merkmalen "Schach spielen: etwas" und "Walzer tanzen: etwas" ist anhand der grafischen Darstellung keine eindeutige Zuordnung zu einer der beiden Achsen möglich. Sofern diese beiden Merkmale mit der zweidimensionalen Darstellung überhaupt adäquat abgebildet werden, scheinen sie mit beiden Achsen gleich stark verbunden zu sein. Dieser Befund kann darauf zurückgeführt werden, daß es zwei einander überlagernde Effekte gibt: für "Schach spielen: etwas" könnte dies z. B. bedeuten, daß sowohl die Jüngeren als auch die Männer diese Angabe überdurchschnittlich oft machten.

Wird Abbildung 4.1 insgesamt betrachtet, so können als typische Merkmale der Geschlechtsdimension die kulturellen Kompetenzen "Hosen umnähen: nein", "Hosen umnähen: etwas" und "Schach spielen: ja" den Männern aller Altersgruppen zugeordnet werden; den Frauen aller Altersgruppen ist lediglich das Merkmal "Hosen umnähen: ja" eindeutig zuzuschreiben. Die Altersdimension wird auf der Ebene der Zeilen insbesondere anhand der Fähigkeit, zu Popmusik tanzen zu können, beschrieben (Personen bis 39 Jahre haben diese Fähigkeit überdurchschnittlich oft, Personen ab 60 Jahre relativ selten). Alle anderen Variablenausprägungen sind - verglichen mit den oben genannten sechs Merkmalen - sowohl zur Beschreibung des geschlechts- als auch zur Beschreibung des altersspezifischen Unterschiedes weniger wichtig. Da die Trägheitsgewichte der beiden Achsen relativ groß sind, darf aus den Befunden nicht abgeleitet werden, daß es keinen Zusammenhang zwischen diesen "weniger wichtigen" Merkmalen und dem Geschlecht bzw. dem Alter gibt, die Zusammenhänge sind lediglich *relativ* schwach.

In Tabelle 4.4 sind die Summen der Chi-Quadrat-Distanzen zwischen den jeweils drei Kategorien der kulturellen Kompetenzen wiedergegeben. So ist die Summe der drei χ^2-Distanzen zwischen "Hosen umnähen: ja", "Hosen umnähen: etwas" und "Hosen umnähen: nein" 3,172; im Vergleich mit den anderen drei kulturellen Kompetenzen ist dieser Wert am größten. Diese größte Distanz kann auch anhand von Abbildung 4.1 mit dem Lineal bestätigt werden: Die Summe der Distanzen zwischen den drei Ausprägungen von "Hosen umnähen" ist am größten, die Summe der Distanzen zwischen den drei Ausprägungen von "tanzen zu Popmusik" ist am zweitgrößten und die zwischen den drei Kategorien von

"Walzer tanzen" ist am kleinsten. Die geringfügigen Unterschiede in den Verhältnissen der anhand von Abbildung 4.1 mit dem Lineal zu bestimmenden Distanzen und der χ^2-Distanzen aus Tabelle 4.4 basieren auf der unterschiedlichen Dimensionalität, auf der die Berechnungen basieren: in Abbildung 4.1 sind lediglich die ersten beiden Dimensionen berücksichtigt, in Tabelle 4.4 alle fünf.

In dem gegebenen Beispiel wurden mehr als 96% der Gesamtvariation der Daten mit den ersten beiden Achsen erklärt. D. h., der Fehler, der bei der grafischen Darstellung der ersten beiden Dimensionen gemacht wird - und damit auch der Fehler, der bei der Interpretation der Distanzen zwischen den Zeilen- als auch zwischen den Spaltenprofilen gemacht wird -, beträgt weniger als vier Prozent. Dieser Fehler kann angesichts der insgesamt fünfdimensionalen Lösung als sehr gering angesehen werden; er könnte noch weiter reduziert werden wenn die dritte Dimension in die Abbildung einbezogen bzw. indem eine grafische Darstellung der dritten mit der vierten Achse angefertigt würde.[7] Erklärungsverluste durch grafische Darstellungen, wie sie oben exemplarisch dargestellt wurden, gelten jedoch für (nahezu) alle multivariaten Analysetechniken[8], sie sind kein Spezifikum der Korrespondenzanalyse. Obwohl aufgrund der eigentlich zufriedenstellenden grafischen Darstellung auf eine weitergehende Analyse mittels der numerischen Ausgabe verzichtet werden könnte, sollen die dazugehörenden Koeffizienten vorgestellt und ausführlich diskutiert werden (Tabelle 4.7). Die bei der Interpretation vorkommenden Wiederholungen mit den Ergebnissen der grafischen Darstellung sind beabsichtigt.

Anhand der Lokalisationsparameter (LOC1, LOC2) ist zu erkennen, daß der positive Abschnitt der ersten Achse von den drei Kategorien der Männer (M_BIS39J, M_49B59J, M_60J+) beschrieben wird (vgl. die positiven Vorzeichen in LOC1) und der negative Abschnitt von den drei Kategorien der Frauen (F_BIS39J, F_40B59J, F_60J+; vgl. die negativen Vorzeichen in LOC1). Des weiteren wird auf der ersten Achse die ordinale Ordnung nach dem Alter innerhalb der "Männer" und innerhalb der "Frauen" ersichtlich und auf der zweiten Achse der "geschlechtsspezifische" Zusammenhang mit der Altersachse (die Frauen haben in allen Altersgruppen den jeweils höheren Wert).

Auf der Ebene der "kulturellen Kompetenzen" sind anhand des Vorzeichens in der Spalte "LOC1" die Merkmale "Walzer tanzen: etwas", "Walzer tanzen: nein", "Schach spielen: ja", "Schach spielen: etwas", "Hosen umnähen: etwas", "Hosen umnähen: nein" sowie "tanzen zu Popmusik: etwas" dem positiven Abschnitt der ersten Achse zuzuordnen; die Merkmale "Walzer tanzen: ja", "Schach spielen: nein" und "Hosen umnähen: ja" dem negativen. Die Merkmale "tanzen zu Popmusik: ja" und "tanzen zu Popmusik: nein" kön-

7 Möglichkeiten der grafischen Darstellung höherer Dimensionen in der Korrespondenzanalyse werden ausführlich von Rovan (1994) diskutiert.

8 Eine "hundertprozentige" grafische Umsetzung innerhalb einer Abbildung wäre mittels der *formalen Begriffsanalyse* möglich (siehe hierzu z. B. Wille 1982, Ganter und Wille 1996; zum Vergleich Korrespondenzanalyse und formale Begriffsanalyse, Wolff und Gabler 1998).

Tabelle 4.7: Numerische Darstellung der Lösung

	MASS	SQCOR	INR	LOC1	QCOR1	INR1	LOC2	QCOR2	INR2
M_BIS39J	0,202	0,981	0,280	0,562	0,816	0,357	0,252	0,165	0,143
M_40B59J	0,158	0,893	0,119	0,375	0,665	0,124	-0,220	0,228	0,084
M_60J+	0,105	0,967	0,121	0,313	0,304	0,058	-0,463	0,663	0,249
F_BIS39J	0,226	0,988	0,183	-0,293	0,377	0,108	0,373	0,611	0,347
F_40B59J	0,170	0,956	0,124	-0,441	0,952	0,184	-0,031	0,005	0,002
F_60J+	0,139	0,950	0,173	-0,467	0,624	0,169	-0,338	0,326	0,175
WALZ_J	0,155	0,902	0,037	-0,212	0,661	0,039	-0,128	0,241	0,028
WALZ_E	0,051	0,955	0,015	0,219	0,595	0,014	0,170	0,360	0,016
WALZ_N	0,046	0,798	0,055	0,467	0,645	0,056	0,227	0,153	0,026
SCHACH_J	0,058	0,968	0,091	0,654	0,962	0,137	0,051	0,006	0,002
SCHACH_E	0,037	0,977	0,017	0,253	0,496	0,013	0,249	0,480	0,026
SCHACH_N	0,156	0,975	0,054	-0,296	0,909	0,076	-0,080	0,066	0,011
HOSEN_J	0,156	0,992	0,168	-0,536	0,954	0,251	0,106	0,037	0,020
HOSEN_E	0,027	0,979	0,053	0,738	0,975	0,081	-0,047	0,004	0,001
HOSEN_N	0,066	0,976	0,222	0,929	0,916	0,318	-0,239	0,060	0,042
POPTZ_J	0,113	0,990	0,115	-0,001	0,000	0,000	0,531	0,990	0,353
POPTZ_E	0,040	0,580	0,016	0,225	0,456	0,011	0,118	0,124	0,006
POPTZ_N	0,095	0,983	0,156	-0,072	0,011	0,003	-0,670	0,972	0,470

nen bei der Beschreibung der ersten Achse vernachlässigt werden, ihre Werte sind lediglich geringfügig von Null verschieden - eine Zuordnung zu einem der beiden Achsenabschnitte ist nicht sinnvoll. Mit Ausnahme von "tanzen zu Popmusik" wird die ordinale Ordnung der Variablenausprägungen der drei kulturellen Kompetenzen auf der ersten Dimension konsistent wiedergegeben. Somit kann auch angegeben werden, wie weiblich (bzw. wie männlich) "Walzer tanzen" ist; "ja" hat auf der latenten Variablen einen Wert von "-0,212" (im Gegensatz dazu, "Hosen umnähen: ja" mit "-0,536"), "etwas" hat einen Wert von "0,219" und "nein" hat einen Wert von "0,467" (im Gegensatz dazu, "Hosen umnähen: nein" mit "0,929"). Daraus kann abgeleitet werden, daß je "männlicher" eine Person ist, desto seltener kann sie Walzer tanzen und desto seltener kann sie Hosen umnähen. Des weiteren kann gefolgert werden (vgl. die Interpretation entsprechend der *optimalen Skalierung*, s. Abschnitt 2.11), daß "Hosen umnähen: nein" *männlicher* ist als "Walzer tanzen: nein" und daß "Hosen umnähen: ja" *weiblicher* ist als "Walzer tanzen: ja".

Die zweite Achse kann auf der Ebene der Spaltenmerkmale mit dem Gegensatz "Männer bis 39 Jahre" und "Frauen bis 39 Jahre" versus "Männer ab 60 Jahre" und "Frauen ab 60 Jahre" beschrieben werden; die Merkmale "Männer, 40 bis 59 Jahre" und "Frauen, 40 bis 59 Jahre" liegen dazwischen (vgl. die Werte in der Spalte "LOC2"). Auf der Ebene der "kulturellen Kompetenzen" fallen insbesondere zwei Merkmale auf: "tanzen zu Popmusik: ja", welches dem positiven Abschnitt und damit den jüngeren Befragungsteilnehmern zugeordnet werden kann, und "tanzen zu Popmusik: nein", welches dem negativen Abschnitt zuzuordnen und damit ein Merkmal der älteren Befragten ist. "Tanzen zu Popmusik: etwas" liegt nahezu in der Mitte zwischen diesen beiden Ausprägungen, somit gilt für diese kulturelle Kompetenz, daß die Ordnung der manifesten Kategorien auf der zweiten Achse erhalten bleibt. Daraus kann gefolgert werden, daß je jünger die Befragten sind, desto eher können sie nach Popmusik tanzen. Wird zusätzlich der "Geschlechtseffekt" dieser Dimension mit berücksichtigt, so kann gesagt werden, daß die Frauen gegenüber den Männern bei "tanzen zu Popmusik" erst in einem höheren Alter die Angaben "etwas" und "nein" machten. Mit Hilfe der zweiten Achse wird zudem die ordinale Ordnung von "Walzer tanzen" (Ältere können es relativ oft, Jüngere relativ selten) und von "Hosen umnähen" (von den Jüngeren gaben überdurchschnittlich viele an, daß sie diese kulturelle Kompetenz haben) gewahrt; d. h. auch bei diesen Merkmalen gibt es einen (schwachen) Alterseffekt.

Die *quadrierten Korrelationen* der Merkmale mit den Achsen sind in den Spalten QCOR1 und QCOR2 angegeben. Analog den *Faktorladungen* der Hauptkomponentenanalyse kann anhand dieser Parameter abgelesen werden, wie stark die einzelnen Merkmale durch die Achsen determiniert werden. Da bei der Korrespondenzanalyse, im Gegensatz zur Hauptkomponentenanalyse, in der Regel die *quadrierten Faktorladungen* angegeben werden, muß die Richtung der Ladung den Lokalisationsparametern entnommen werden. Bei den quadrierten Faktorladungen kann ein *Schwellenwert*[9] bestimmt werden, mit dessen entschieden wird, ob ein Merkmal einem Achsenabschnitt zuzurechnen ist oder nicht. Wird als solcher Schwellenwert 0,25 gewählt, was einer Faktorladung von 0,50 entspräche, so werden bei der Zuordnung von Ausprägungen zur ersten Achse die gleichen ausgewählt wie mit Hilfe der Lokalisationsparameter. Da es aber lediglich fünf Dimensionen gibt, sollte ein etwas stärkeres Kriterium gewählt werden, als "willkürlicher" Wert wäre ein Schwellenwert von 0,50 eher angemessen; d. h. es wird gefordert, daß ein Merkmal zu mindestens 50% durch die entsprechende Dimension erklärt werden muß, um einem Achsenabschnitt zugeordnet werden zu können.

Bei Anwendung dieses Kriteriums werden von den Spaltenmerkmalen lediglich "Männer bis 39 Jahre" und "Männer, 40 bis 59 Jahre" dem positiven Abschnitt sowie "Frauen, 40 bis 59 Jahre" und "Frauen ab 60 Jahre" dem negativen Abschnitt der ersten Achse zugeordnet. Da aber auch die Faktorladungen der beiden nunmehr ausgeschlossenen Merk-

9 Schwellenwerte werden als Zuordnungskriterium von Merkmalen zu einem Achsenabschnitt verwendet. Diese letztlich nur als willkürlich zu bezeichnenden Werte basieren auf heuristischen Überlegungen (was ist inhaltlich plausibel?) und auf der Vorstellung, daß ein möglichst "runder" bzw. ein anderer "logischer" Wert gewählt werden sollte.

male mit der ersten Achse zumindest in der "richtigen Richtung" sind, ändert sich an der Interpretation der ersten Dimension als "Geschlechtsdimension" nichts.

Auf der Ebene der Zeilen würden die Merkmale "Schach spielen: etwas" (QCOR1 = 0,496)[10] und "tanzen zu Popmusik: etwas" (QCOR1 = 0,456) von der Interpretation ausgeschlossen. Diese "Ausschlüsse" basieren zwar auf dem zuvor definierten Kriterium, jedoch scheinen sie, bezogen auf die geringfügigen Abweichungen vom Schwellenwert, "willkürlich" zu sein. Inhaltlich dürfte es hingegen plausibel sein, daß die Mittelkategorien von zwei "kulturellen Kompetenzen" aus der Interpretation herausfallen, diese Kategorien liegen zwischen "ja" und "nein" und korrelieren gegebenenfalls mit anderen Merkmalen. Würde der Schwellenwert von 0,50 auf 0,60 erhöht, so würde mit "Walzer tanzen: etwas" eine weitere Mittelkategorie entfallen. Aber unabhängig von dem Wegfall dieser Mittelkategorien, die wichtigste Interpretation der ersten Achse bleibt in jedem Fall erhalten: die Zuordnung von kulturellen Kompetenzen zu den Geschlechtern.

Bei Anwendung des Schwellenwertes auf die zweite Achse bleibt der Gegensatz Jüngere versus Ältere erhalten - "schwerpunktmäßig" nun zwischen "Männern ab 60 Jahre" (QCOR2 = 0,663) und "Frauen bis 39 Jahre" (QCOR2 = 0,611). Anhand dieser Auswahl wird ebenfalls deutlich, daß die zweite Achse zusätzlich mit Hilfe des Geschlechts beschrieben werden kann. Auf der Ebene der kulturellen Kompetenzen bleiben - mit quadrierten Korrelationen von über 0,95 - die Merkmale "tanzen zu Popmusik: ja" und "tanzen zu Popmusik: nein" für die Beschreibung der zweiten Achse erhalten.

Diese Ergebnisse spiegeln die Ausgangsdaten wider: Die Frauen bis 39 Jahre gaben am häufigsten an, daß sie nach Popmusik tanzen können, die Männer ab 60 Jahre verneinten diese Frage am häufigsten (vergleiche auch die Spaltenprofile in Tabelle 4.3). Werden die nächstgroßen quadrierten Korrelationen betrachtet, so wären die "Männer bis 39 Jahre" dem Merkmal "tanzen zu Popmusik: ja" zuzuordnen und die "Frauen ab 60 Jahre" sowie die "Männer, 40 bis 59 Jahre" dem Merkmal "tanzen zu Popmusik: nein"; das Spaltenmerkmal "Frauen, 40 bis 59 Jahre" ist mit der zweiten Achse unkorreliert (QCOR2 = 0,005). Inhaltlich kann aus diesem Ergebnis abgeleitet werden, daß der Übergang von der Fähigkeit, nach Popmusik tanzen zu können zu der fehlenden Fähigkeit, nach Popmusik tanzen zu können, bei den Männern in früheren Jahren als bei den Frauen erfolgt. Dieser Zusammenhang wurde bereits auf der Basis der grafischen Darstellung diskutiert: Bei der Projektion der Altersgruppen auf die zweite Dimension liegen die "Alterskategorien" der Männer nicht auf der gleichen Höhe wie die der Frauen, sondern in Richtung der jeweils höheren Altersgruppe; so liegt z. B. "Männer, 40 bis 59 Jahre" zwischen "Frauen, 40 bis 59 Jahre" und "Frauen ab 60 Jahre" (vgl. Abbildung 4.1).

---

10 Die "Willkürlichkeit" bei der Wahl des Schwellenwertes wird bei der Kategorie "Schach spielen: etwas" deutlich: Würden lediglich zwei Nachkommastellen angegeben, so wäre die quadrierte Faktorladung 0,50, das Merkmal würde also für die Interpretation verwendet.

Ein weiteres diagnostisches Instrument sind die *relativen Trägheitsgewichte der Variablenausprägungen*. Wie bereits in Kapitel 3 dargestellt, werden die *absoluten Trägheitsgewichte der Variablenausprägungen* aus den quadrierten Abständen der Merkmale auf den Achsen zum Achsenkreuz (vgl. die Spalten LOC1 und LOC2 in Tabelle 4.7), multipliziert mit der Masse (vgl. die Spalte MASS in Tabelle 4.7), bestimmt. Da diese Werte definitionsgemäß relativ klein und schwer zu vergleichen sind, werden sie auf die Summe der Trägheitsgewichte der einzelnen Achsen bezogen (INR1, INR2). D. h. mit den *relativen Trägheitsgewichten* wird der prozentuale Anteil angegeben, mit dem die einzelnen Variablenausprägungen die geometrische Ausrichtung der einzelnen Achsen determinieren. Die inhaltliche Interpretation ist umgekehrt zu der der quadrierten Faktorladungen: Während anhand der *quadrierten Faktorladungen* zu erkennen ist, wie stark die einzelnen Achsen die Merkmale erklären, kann anhand der *relativen Trägheitsgewichte* abgelesen werden, wie stark die einzelnen Merkmale - getrennt für Zeilen und Spalten - die geometrische Ausrichtung der Achsen im Projektionsraum determinieren.[11]

Ein hohes Trägheitsgewicht kann sowohl auf einer großen Masse beruhen, d. h. die Ausprägung wurde sehr häufig genannt, als auch auf einer großen Entfernung zum Schwerpunkt, d. h. auf relativ großen Unterschieden der Profilelemente zu den korrespondierenden durchschnittlichen Profilelementen. Werden die relativen Trägheitsgewichte der Spaltenmerkmale auf der ersten Achse betrachtet, so hat "Männer bis 39 Jahre" mit 35,7% (Tabelle 4.7; INR1 = 0,357) den mit Abstand größten Anteil an der geometrischen Ausrichtung der ersten Achse. Werden die Merkmale mit den nächstgroßen relativen Trägheitsgewichten berücksichtigt, so sind "Frauen, 40 bis 59 Jahre", "Frauen ab 60 Jahre" und "Männer, 40 bis 59 Jahre" sukzessive in die Interpretation aufzunehmen. Werden lediglich die vier genannten Ausprägungen berücksichtigt, so ist die Interpretation gleich jener, die bei der Beschreibung der quadrierten Faktorladungen gegeben wurde. Werden zusätzlich die beiden verbleibenden Spaltenmerkmale berücksichtigt - auch ihr Einfluß auf die geometrische Ausrichtung der ersten Achse braucht mit 10,8% und 5,8% nicht vernachlässigt zu werden -, entspricht die Interpretation der der grafischen Darstellung.

Ebenso wie auf der Ebene der Spalten kann auf der Ebene der Zeilen mit Hilfe der relativen Trägheitsgewichte angegeben werden, welche Merkmale den Geschlechts- und welche den Alterseffekt in der Analyse wie stark bedingen. Wird die erste Achse betrachtet, so haben allein die drei Ausprägungen der kulturellen Kompetenz "Hosen umnähen" einen Anteil von 65,0% an der geometrischen Ausrichtung der ersten Achse (die drei Werte in der Spalte INR1 sind zu addieren; 0,251 + 0,081 + 0,318 = 0,650), wobei der relativ niedrige Wert von "Hosen umnähen: etwas" insbesondere auf seine relativ geringe

---

11 Wird in der sozialwissenschaftlichen Literatur von Trägheitsgewichten gesprochen, so sind in der Regel die relativen Trägheitsgewichte gemeint (so z. B. Blasius und Winkler 1989), in der deutschen Übersetzung von Bourdieu's (1982) "feinen Unterschieden" werden diese Werte als "*Trägheiten*" bezeichnet.

Masse zurückzuführen ist. Die Summe der Trägheitsgewichte der drei Ausprägungen von "Hosen umnähen" ist mit 65% wesentlich größer als der zu erwartende durchschnittliche Wert von 25%. Wird wiederum das nächsthohe relative Trägheitsgewicht berücksichtigt, so ist das Merkmal "Schach spielen: ja" in die Interpretation mit einem Anteil 13,7% an der geometrischen Ausrichtung der ersten Achse aufzunehmen. Der Wert des dann folgenden Trägheitsgewichtes "Schach spielen: nein" ist mit 7,3% wiederum deutlich kleiner und liegt unterhalb des mittleren Wertes liegt (100% / 12 Variablenausprägungen = 8,3%), somit kann die erste latente Variable hauptsächlich mit Hilfe der drei Ausprägungen von "Hosen umnähen" sowie mit dem Merkmal "Schach spielen: ja" beschrieben werden. Mit Ausnahme der drei Ausprägungen von "tanzen zu Popmusik", die dazugehörigen Trägheitskoeffizienten sind nahe Null, haben die verbleibenden Merkmale zwar auch einen "Geschlechtseffekt", dieser ist jedoch, verglichen mit den Effekten, die auf "Hosen umnähen" und "Schach spielen: ja" basieren, relativ gering.

Bezogen auf die zweite Achse ist auch bei der Interpretation der relativen Trägheitsgewichte auf der Ebene der Spalten der Gegensatz von "Männern ab 60 Jahre" zu "Frauen bis 39 Jahre" der wichtigste; diese beiden Merkmale determinieren die geometrische Ausrichtung der zweiten Achse zu 59,6% (INR2; 0,249 + 0,347 = 0,596). Werden zusätzlich die beiden nächsthohen Trägheitsgewichte, die der Merkmale "Männer bis 39 Jahre" und "Frauen ab 60 Jahre", berücksichtigt, so erklären die vier Merkmale insgesamt 91,4% der geometrischen Ausrichtung der zweiten Achse; die beiden Mittelkategorien der Altersgruppen können, nicht zuletzt auch aus inhaltlichen Gründen (die 40- bis 59jährigen gehören weder zu den Jüngeren noch zu den Älteren), vernachlässigt werden. Die Interpretation der zweiten Achse anhand der Trägheitskoeffizienten entspricht damit der der grafischen Darstellung; die zweite Achse ist die "Altersdimension".

Von den 12 Zeilenmerkmalen haben lediglich zwei auf der zweiten Achse relevante Trägheitsgewichte: "tanzen zu Popmusik: ja" und "tanzen zu Popmusik: nein". Diese beiden Variablenausprägungen determinieren die geometrische Ausrichtung der zweiten Achse zu 82,3%, alle anderen Merkmale sind zur Beschreibung der "Altersdimension" im Vergleich mit diesen beiden irrelevant. Anders ausgedrückt: Von den vier in der Analyse berücksichtigten kulturellen Kompetenzen haben die beiden Randkategorien von "tanzen zu Popmusik" einen derart starken Alterseffekt, daß die (relativ schwachen) Effekte der anderen Variablenausprägungen vernachlässigt werden können.

Die beiden Faktoren sind entsprechend dem Modell der Korrespondenzanalyse orthogonal zueinander, d. h. sie sind unkorreliert. Werden die kulturellen Kompetenzen betrachtet, so sind insbesondere vier Merkmale *geschlechtsspezifisch*: "Hosen umnähen: nein", "Hosen umnähen: etwas" und "Schach spielen: ja" als Merkmale der Männer sowie "Hosen umnähen: ja" als Charakteristikum der Frauen. Als *altersspezifische* Merkmale wurden "tanzen zu Popmusik: ja" den unter 40jährigen zugeordnet und "tanzen zu Popmusik: nein" den ab 60jährigen. Diese sechs Zeilenausprägungen wurden bereits in den vorangegangenen Interpretationen als wichtigste Beschreibungsmerkmale genannt.

Bislang noch nicht beschrieben wurden die Ergebnisse für das gesamte Modell. Die Masse enthält die Elemente der durchschnittlichen Profile und spiegelt damit die Randsummen der Ausgangsdaten wider. Mittels des *relativen Gesamtträgheitsgewichtes der Variablenausprägungen* (Spalte INR in Tabelle 4.7) wird angegeben, welche Merkmale wie stark zur Determination der geometrischen Ausrichtung des gesamten Modells beitragen, in dem gegebenen Beispiel also bezogen auf die fünf vorhandenen Achsen. Das relative Gesamtträgheitsgewicht einer Variablenausprägung ist das mit den Trägheitsgewichten der Achsen gewichtete Trägheitsgewicht im vollständigen Modell. Das Gesamtträgheitsgewicht einer Variablenausprägung kann auch aus dem Verhältnis des Chi-Quadrat-Anteils einer Ausprägung zu dem Chi-Quadrat-Wert der gesamten Tabelle bestimmt werden; für "Walzer tanzen: ja": 128,17 / 3423,48 = 0,037 (vgl. Tabelle 4.5; zur Begründung Kapitel 3).

Auf der Ebene der Spaltenmerkmale hat die Ausprägung "Männer bis 39 Jahre" mit 28,0% den größten Anteil an der geometrischen Ausrichtung des gesamten Modells. Werden die nachfolgend größten Gesamtträgheitsgewichte aufgeführt, so sind die Merkmale "Frauen bis 39 Jahre" und "Frauen ab 60 Jahre" zu nennen. Wird bei der Ausprägung "Männer ab 60 Jahre" die relativ geringe Masse berücksichtigt und mit dieser ihr relativ niedriges Gesamtträgheitsgewicht erklärt, so haben die beiden Mittelkategorien "Frauen, 40 bis 59 Jahre" und "Männer, 40 bis 59 Jahre" nur eine relativ geringe Bedeutung zur Erklärung der geometrischen Ausrichtung der Achsen im Modell.

Die Werte in der Spalte SQCOR können analog der *Kommunalitäten in der Hauptkomponentenanalyse* interpretiert werden; hier kann abgelesen werden, wie gut die einzelnen Variablenausprägungen durch die beiden in der numerischen Darstellung berücksichtigten Dimensionen erklärt werden. So wird z. B. das Merkmal "Frauen ab 60 Jahre" zu 95,0% (0,624 + 0,326, siehe QCOR1 und QCOR2) erklärt - die Darstellung dieser Ausprägung in dem zweidimensionalen Projektionsraum ist also mit dem einen "Fehler" von 5,0% behaftet. Im Gegensatz dazu das Merkmal der kulturellen Kompetenz "tanzen zu Popmusik: etwas": Jene Ausprägung wird lediglich zu 58,0% durch die ersten beiden Achsen determiniert, die Darstellung mit Hilfe der ersten beiden Hauptachsen kann aufgrund der 42,0% nicht erklärter Varianz als unzureichend bezeichnet werden. Um dieses Merkmal angemessen berücksichtigen zu können, müßte die dritte oder eine noch höhere Dimension in die Interpretation aufgenommen werden.

Insgesamt gesehen können mit Hilfe der Trägheitsgewichte und der quadrierten Faktorladungen sowie mit Hilfe der Gesamtträgheitsgewichte und der Kommunalitäten die Daten differenzierter beschrieben werden, als es mittels der grafischen Darstellung möglich ist. Insbesondere wenn Lösungen in höheren Dimensionen diskutiert werden, kann anhand der numerischen Ergebnisse genauer angegeben werden, auf welcher/welchen Achse(n) welches Merkmal wie stark lädt und wie stark sein Einfluß auf die geometrische Ausrichtung dieser Achse(n) ist. Ob eine derartige Genauigkeit bei der Analyse sozialwissenschaftlicher Daten sinnvoll ist und ob infolge von Meßungenauigkeiten bei der Erhebung kleine Unterschiede interpretiert werden sollten, ist eine andere Frage.

Der wohl wichtigste Vorteil der grafischen Darstellung ist die Möglichkeit, daß auch sehr komplexe Zusammenhänge sehr schnell "gesehen" und inhaltliche Schlußfolgerungen daraus abgeleitet werden können. Die numerische Lösung ist immer dann sinnvoll, wenn die Ergebnisse weitergehend interpretiert und wenn mögliche Fehlprojektionen entdeckt werden sollen.

4.2 Die Aufnahme zusätzlicher Variablen

Um die Stabilität der im vorangegangenen Abschnitt gefundenen Ergebnisse zu untersuchen, werden vier weitere "kulturelle Kompetenzen" in die Analyse aufgenommen. Als beschreibendes Merkmal wird weiterhin die aus "Geschlecht" und "Alter" zusammengesetzte Variable verwendet, die Spaltenstruktur mit den sechs Variablenausprägungen bleibt somit erhalten. Geprüft werden soll im folgenden, wie die zusätzlichen Variablen mit den beiden vorhandenen Achsen korrelieren und ob die bereits gefundenen Zusammenhänge erhalten bleiben. Der besondere Augenmerk gilt im folgenden dem relativ schwachen Zusammenhang von "Walzer tanzen" und der aus "Geschlecht" und "Alter" zusammengesetzten Variablen - bleibt dieser auch bei der Aufnahme weiterer, mit "Geschlecht" bzw. mit "Alter" hoch assoziierter Variablen erhalten, so kann dies als Hinweis auf eine relativ große Stabilität der Ergebnisse der Korrespondenzanalyse interpretiert werden. Um diese Frage beantworten zu können, werden folgende Variablen, jeweils wiederum mit den drei Kategorien "ja", "etwas" und "nein", in das Modell aufgenommen: "Ausfüllen von Steuerformularen", "Einstellen einer Quarz-Uhr", "Fotografieren" und "Anschließen einer Lampe". Die Matrix der Eingabedaten ist in Tabelle 4.8 wiedergegeben, die grafische Darstellung des erweiterten Modells in Abbildung 4.2 und die numerische Lösung in Tabelle 4.9.

Werden die Abbildungen 4.1 und 4.2 verglichen, so wird ersichtlich, daß die Lokalisationen der zwölf Zeilenvariablen aus der ersten Analyse sowie die der sechs Spaltenvariablen nahezu identisch sind. Auf der ersten Achse werden wiederum die beiden "Geschlechter" unterschieden - auf der einen Seite mit den drei Ausprägungen der "Frauen" und auf der anderen Seite mit den drei Ausprägungen der "Männer", d. h. die erste Achse ist wiederum die "Geschlechtsdimension". Des weiteren wird auch bei dieser Analyse ein zusätzlicher Alterseffekt auf dieser Achse ersichtlich: Die ordinale Ordnung der Altersgruppen bleibt innerhalb der Geschlechter erhalten und ist gleichläufig (am weitesten links befinden sich die ab 60jährigen, am weitesten rechts die bis 39jährigen).

Tabelle 4.8: Matrix der Eingabedaten des erweiterten Modells

	M_BIS39J	M_40B59J	M_60J+	F_BIS39J	F_40B59J	F_60J+	Summe
WALZ_J	208	298	208	426	425	323	1888
WALZ_E	178	103	64	158	69	52	624
WALZ_N	235	84	52	109	27	54	561
SCHACH_J	287	146	114	87	47	23	704
SCHACH_E	143	68	44	118	54	27	454
SCHACH_N	195	269	167	485	419	375	1910
HOSEN_J	167	109	91	637	500	406	1910
HOSEN_E	132	76	62	32	12	12	326
HOSEN_N	308	291	165	23	10	11	808
POPTZ_J	386	145	33	535	214	67	1380
POPTZ_E	138	105	33	92	88	32	488
POPTZ_N	95	234	249	58	208	312	1156
LAMPE_J	565	436	264	195	127	54	1641
LAMPE_E	32	24	22	70	30	32	210
LAMPE_N	28	27	42	412	356	334	1199
FOTO_J	516	412	237	532	354	190	2241
FOTO_E	93	52	44	21	38	130	378
FOTO_N	18	22	44	21	38	130	273
STEUER_J	259	280	201	240	199	113	1292
STEUER_E	177	109	47	211	105	74	723
STEUER_N	176	92	75	213	201	227	984
QZUHR_J	533	345	173	374	173	92	1690
QZUHR_E	48	42	29	92	43	32	286
QZUHR_N	41	90	107	204	282	283	1007
Summe	4958	3859	2567	5345	4019	3385	24133

Die vier wichtigsten Merkmale der kulturellen Kompetenz, die in der vorangegangenen Analyse zur Beschreibung dieser Dimension verwendet wurden - "Hosen umnähen: nein", "Hosen umnähen: etwas" und "Schach spielen: ja" zur Beschreibung der Männer sowie "Hosen umnähen: ja" zur Beschreibung der Frauen - sind weiterhin wichtige beschreibende Merkmale dieser Dimension; die Lokalisationen sind nahezu identisch (vgl. auch die entsprechenden Werte in den Spalten LOC1; Tabellen 4.7 und 4.9).

Die zweite Achse ist auch in der Korrespondenzanalyse des erweiterten Datensatzes die "Altersdimension": Auf dem positiven Abschnitt laden die beiden Ausprägungen "Männer bis 39 Jahre" und "Frauen bis 39 Jahre", auf dem negativen Abschnitt die beiden Ausprägungen "Männer ab 60 Jahre" und "Frauen ab 60 Jahre" und dazwischen die beiden

Abbildung 4.2: Grafische Darstellung von acht kulturellen Kompetenzen

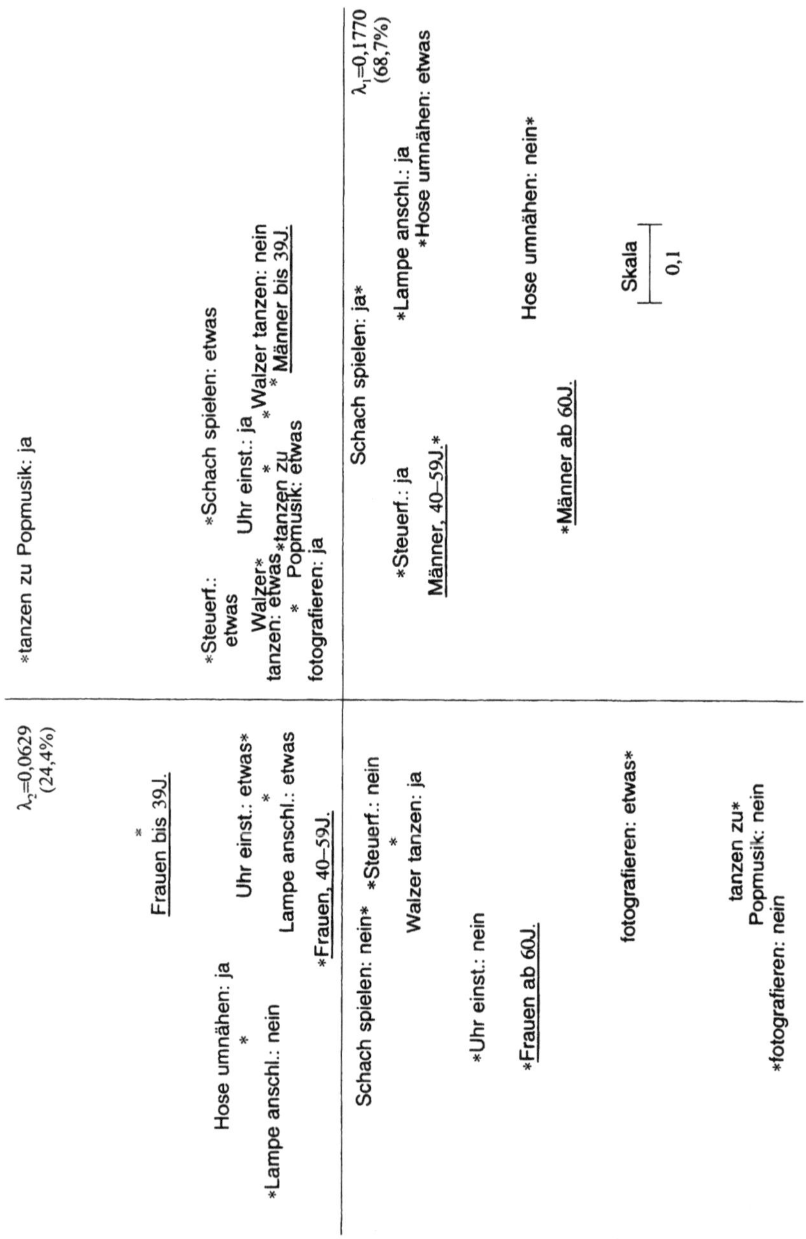

Tabelle 4.9: Numerische Lösung des erweiterten Modells

	MASS	SQCOR	INR	LOC1	QCOR1	INR1	LOC2	QCOR2	INR2
M_BIS39J	0,205	0,931	0,253	0,529	0,882	0,324	0,125	0,049	0,051
M_40B59J	0,160	0,896	0,127	0,398	0,776	0,143	-0,156	0,120	0,062
M_60J+	0,106	0,924	0,092	0,257	0,298	0,040	-0,373	0,625	0,235
F_BIS39J	0,221	0,980	0,149	-0,218	0,273	0,059	0,350	0,706	0,431
F_40B59J	0,167	0,905	0,125	-0,418	0,900	0,164	0,032	0,005	0,003
F_60J+	0,140	0,935	0,255	-0,584	0,727	0,270	-0,312	0,208	0,218
WALZ_J	0,078	0,771	0,022	-0,222	0,688	0,022	-0,077	0,083	0,007
WALZ_E	0,026	0,919	0,008	0,221	0,628	0,007	0,150	0,291	0,009
WALZ_N	0,023	0,658	0,029	0,443	0,602	0,026	0,135	0,056	0,007
SCHACH_J	0,029	0,935	0,048	0,632	0,933	0,066	-0,026	0,002	0,000
SCHACH_E	0,019	0,935	0,009	0,262	0,541	0,007	0,223	0,394	0,015
SCHACH_N	0,079	0,933	0,031	-0,306	0,924	0,042	-0,030	0,009	0,001
HOSEN_J	0,079	0,999	0,097	-0,534	0,906	0,127	0,171	0,093	0,037
HOSEN_E	0,014	0,958	0,028	0,707	0,927	0,038	-0,130	0,031	0,004
HOSEN_N	0,033	0,988	0,119	0,898	0,881	0,152	-0,313	0,107	0,052
POPTZ_J	0,057	0,990	0,065	0,044	0,006	0,001	0,539	0,983	0,264
POPTZ_E	0,020	0,614	0,008	0,233	0,501	0,006	0,111	0,113	0,004
POPTZ_N	0,048	0,987	0,084	-0,153	0,052	0,006	-0,649	0,935	0,321
LAMPE_J	0,068	0,995	0,097	0,598	0,969	0,137	-0,098	0,026	0,010
LAMPE_E	0,009	0,530	0,003	-0,162	0,299	0,001	0,142	0,231	0,003
LAMPE_N	0,050	0,998	0,122	-0,787	0,977	0,173	0,115	0,021	0,010
FOTO_J	0,093	0,828	0,011	0,131	0,567	0,009	0,089	0,261	0,012
FOTO_E	0,016	0,511	0,028	-0,095	0,020	0,001	-0,474	0,491	0,056
FOTO_N	0,011	0,811	0,047	-0,581	0,317	0,022	-0,725	0,494	0,095
STEUER_J	0,054	0,608	0,014	0,182	0,474	0,010	-0,097	0,134	0,008
STEUER_E	0,030	0,933	0,007	0,053	0,047	0,000	0,230	0,886	0,025
STEUER_J	0,041	0,726	0,017	-0,275	0,710	0,017	-0,042	0,017	0,001
QZUHR_J	0,070	0,992	0,040	0,360	0,874	0,051	0,132	0,117	0,019
QZUHR_E	0,012	0,532	0,003	-0,059	0,057	0,000	0,170	0,474	0,005
QZUHR_N	0,042	0,986	0,062	-0,572	0,853	0,077	-0,226	0,133	0,034

mittleren Altersgruppen. Des weiteren wird der Geschlechtseffekt sichtbar: In allen drei Altersgruppen haben die Frauen den höheren Wert auf der zweiten Achse.

Auch entsprechend Abbildung 4.2 ist die kulturelle Kompetenz "tanzen zu Popmusik" ein wichtiges Merkmal zur Beschreibung der Altersdimension: Die Personen, die bis 39 Jahre alt sind, können es überdurchschnittlich oft, die ab 60jährigen können es relativ selten. Die Kategorie "tanzen zu Popmusik: etwas" ist auch in dieser Analyse mit der zweiten Achse unkorreliert (QCOR2 = 0,113), sie liegt relativ nah am Achsenkreuz, die ordinale Ordnung der Ausprägungen von "tanzen zu Popmusik" bleibt erhalten.

Ebenso wie in dem Beispiel mit den vier Variablen, wird in der erweiterten Analyse der erste Faktor (68,7% erklärter Varianzanteil) durch den Gegensatz "Männer" versus "Frauen" determiniert, der zweite Faktor (24,4% erklärter Varianzanteil) durch den Gegensatz "Jüngere" versus "Ältere". Das Gesamtträgheitsgewicht in beiden Analysen unterscheidet sich nur marginal (0,280 versus 0,295), die durchschnittliche Variation der Daten der zuletzt aufgenommen vier Variablen ist etwas größer als die der zuerst verwendeten "kulturellen Kompetenzen".

Wie bereits gezeigt, wird die Gesamtvariation der Daten mit Hilfe des verallgemeinerten Kleinste-Quadrate-Ansatzes (siehe Kapitel 3) derart zerlegt, daß mit der ersten Achse ein Maximum der Varianz erklärt wird, mit der zweiten Achse ein Maximum der verbleibenden Varianz, bis zur letzten, der fünften, Achse, mit der der verbleibende Rest erklärt wird. Werden lediglich die ersten beiden Faktoren berücksichtigt, so erklären diese 93,1% der Gesamtvariation (gegenüber 96,1% in der ersten Analyse), d. h. auch die vier neu aufgenommenen Variablen sind hoch mit "Alter" bzw. mit "Geschlecht" korreliert. Dabei ist der Anteil der erklärten Varianz der ersten Achse in der zweiten Analyse höher als in der ersten (68,7% versus 63,9%), bezogen auf die Varianzerklärung der zweiten Achse ist er entsprechend niedriger (24,4% versus 32,2%). Während die Wichtigkeit der ersten Achse somit gestiegen ist, ist die der zweiten Achse gesunken. Anders ausgedrückt: Die zusätzlich aufgenommenen Zeilenmerkmale sind - verglichen mit denen der ersten Analyse - im Durchschnitt noch stärker geschlechts- als altersspezifische Merkmale.

Bei Betrachtung der zusätzlich berücksichtigten Zeilenmerkmale wird ersichtlich, daß die Kategorien "fotografieren: nein" und "fotografieren: etwas" im negativen Abschnitt der zweiten Achse laden; sie sind damit beschreibende Merkmale der Altersdimension (vgl. auch die relativ hohen quadrierten Korrelationen mit der zweiten Achse, Tabelle 4.9). Auf diesem Achsenabschnitt korrespondieren beide Merkmale mit den Spaltenmerkmalen "Männer ab 60 Jahre" und "Frauen ab 60 Jahre" (vgl. die QCOR2- und INR2-Werte in Tabelle 4.9). Wird zusätzlich die erste Achse betrachtet, so ist das Merkmal "fotografieren: nein" mit "Frauen ab 60 Jahre" positiv assoziiert (beide Merkmale laden im positiven Bereich; siehe QCOR1), während das Merkmal "fotografieren: etwas" mit der ersten Achse unkorreliert ist (QCOR1 = 0,020). Demzufolge wird "fotografieren: etwas" überwiegend mit Hilfe des Alters erklärt, während "fotografieren: nein" sowohl einen Alters- als auch einen Geschlechtseffekt hat - es sind insbesondere die Frauen ab 60 Jahre, die angaben, nicht fotografieren zu können. Das wichtigste Merkmal zur Beschreibung des negativen Abschnitts der zweiten Achse ist jedoch weiterhin "tanzen zu Popmusik: nein" (QCOR2 = 0,935, INR2 = 0,321).

Mit dem positiven Abschnitt der zweiten Achse, welche in der ersten Analyse insbesondere mit den Merkmalen "tanzen zu Popmusik: ja" und "Frauen bis 39 Jahre" sowie - deutlich schwächer - mit "Männer bis 39 Jahre" (vgl. Spalte QCOR2, Tabelle 4.7) assoziiert ist, korrelieren von den zusätzlich aufgenommenen Zeilenmerkmalen zwar die Merkmale "Steuerformular ausfüllen: etwas" (QCOR2 = 0,886) und - deutlich schwächer - "Quarzuhr einstellen: etwas" (QCOR2 = 0,474) positiv, jedoch sind ihre relativen Trägheitsgewichte derart gering (INR2 = 0,025 und INR2 = 0,005), daß diese Merkmale für die geometrische Ausrichtung der zweiten Achse relativ bedeutungslos sind. Diese geringe Bedeutung kann auch anhand von Abbildung 4.2 erkannt werden - die Merkmale liegen relativ nah am Achsenkreuz. Das wichtigste Merkmal zur Beschreibung des positiven Abschnitts der zweiten Achse ist weiterhin "tanzen zu Popmusik: ja" (QCOR2 = 0,983, INR2 = 0,264).

Für beide Analysen wurde bereits gesagt, daß die zweite Achse zusätzlich zu dem dominierenden Alterseffekt einen Geschlechtseffekt hat. Dieser zusätzliche Effekt ist in der Analyse des erweiterten Datensatzes noch deutlicher ausgeprägt als in der ersten: Auch wenn die Kategorie "Männer bis 39 Jahre" weiterhin dem positiven Abschnitt der zweiten Achse zuzuordnen ist, so ist die quadrierte Korrelation dieses Merkmals mit der zweiten Achse nur sehr gering ist (QCOR2 = 0,049). Zwar können jüngere Männer auch dieser Analyse zufolge überdurchschnittlich oft zu Popmusik tanzen, jedoch sind andere kulturelle Kompetenzen hinzugekommen, die diese Gruppe besser charakterisieren; die "Männer bis 39 Jahre" werden nun nahezu ausschließlich mit Hilfe der "Geschlechtsdimension" beschrieben (siehe die hohe quadrierte Faktorladung und das hohe Trägheitsgewicht auf der ersten Achse). Dementgegen bleibt der enge Zusammenhang dieser Achse mit den "Frauen bis 39 Jahre" bestehen: "Tanzen zu Popmusik: ja" bleibt das wichtigste Charakteristikum der jungen Frauen (QCOR2 = 0,706).

Als zusätzliche geschlechtsspezifische kulturelle Kompetenzen sind die Fähigkeiten, eine Lampe anzuschließen und eine Quarz-Uhr einzustellen, zu nennen. Dabei differenziert insbesondere das Merkmal "Lampe anschließen" die beiden Geschlechter: Männer haben diese Fähigkeit überdurchschnittlich oft, Frauen relativ selten. Werden von diesen Variablen lediglich die beiden Ausprägungen "ja" und "nein" berücksichtigt, so ist der Anteil von "Lampe anschließen" zur geometrischen Ausrichtung der ersten Achse noch stärker als der Anteil der entsprechenden Ausprägungen von "Hose umnähen"; das Verhältnis der summierten Trägheitsgewichte ist 0,310 (0,137 + 0,173; siehe INR1 in Tabelle 4.9) zu 0,279 (0,127 + 0,152). Werden die beiden Mittelkategorien hinzugezogen, so hat "Hosen umnähen: etwas" als wichtige Eigenschaft der Männer einen relativ großen Anteil an der geometrischen Ausrichtung der ersten Achse. Dementgegen kann "Lampe anschließen: etwas" allenfalls tendenziell den Frauen zugeordnet werden (LOC1 = -0,162, QCOR1 = 0,299), dieses Merkmal hat keinen Einfluß auf die Determination der ersten Achse (INR1 = 0,001). Bezogen auf das Einstellen von Quarz-Uhren gaben Frauen relativ oft an, diese

Fähigkeit nicht zu haben, während die Männer sie sich überdurchschnittlich oft zuschrieben.

Wird die erste Dimension als latente, kontinuierlich skalierte Variable interpretiert, deren Extreme "sehr männlich" und "sehr weiblich" sind, so sind, mit Ausnahme von "tanzen zu Popmusik", alle "kulturellen Kompetenzen" mit dieser Variablen ordinal verbunden. Die Ausprägungen der einzelnen kulturellen Kompetenzen auf der latenten Variablen können als Ausmaß der "Männlichkeit" bzw. der "Weiblichkeit" interpretiert werden. Eine analoge Interpretation ist für die zweite Dimension möglich - auf dieser Achse wurde die ordinale Ordnung der kulturellen Kompetenzen "Hosen umnähen", "tanzen zu Popmusik" und "fotografieren" gewahrt.

Werden die numerischen Ergebnisse der beiden Analysen auf der Ebene der gemeinsamen Variablen verglichen, so sind die Unterschiede nahezu unbedeutend und betreffen meistens nur die zweite Nachkommastelle (vgl. die Tabellen 4.7 und 4.9). Eine Ausnahme, aber keine Veränderung des inhaltlichen Ergebnisses gibt es bezüglich des Merkmals "Männer bis 39 Jahre"; dessen Korrelation mit der zweiten Achse ist in der zweiten Analyse geringer als in der ersten. Da von den zusätzlich aufgenommenen Variablen mit Ausnahme von "fotografieren: nein" und "fotografieren: etwas" keine altersspezifischen Merkmale hinzugekommen sind, ist die relative Bedeutung von "tanzen zu Popmusik" für die Interpretation der gesamten Tabelle nur leicht zurückgegangen. Gleichzeitig wurden mit den kulturellen Kompetenzen "Quarz-Uhr einstellen" und "Lampe anschließen" wichtige geschlechtsspezifische Eigenschaften zusätzlich in die Analyse aufgenommen, so daß der Anteil der durch die erste Achse erklärten Varianz in der zweiten Analyse größer ist als in der ersten (63,9% versus 68,7%). Mit dieser Umverteilung der "Gewichte" zugunsten der "Geschlechtsdimension" kamen insbesondere für die Beschreibung der "Männer bis 39 Jahre" mit den neu aufgenommenen Merkmalen wichtige Indikatoren hinzu, diese sind wichtiger als "tanzen zu Popmusik: ja", so daß der Zusammenhang mit diesem Merkmal - relativ gesehen - in der zweiten Analyse kleiner ist. Für die "Frauen bis 39 Jahre" bleibt das Merkmal "tanzen zu Popmusik: ja" weiterhin dominierend - "Lampe anschließen: nein" und "Quarz-Uhr einstellen: nein" haben für sie keine ähnlich hohe Beschreibungskraft wie "Lampe anschließen: ja" und "Quarz-Uhr einstellen: ja" für die "Männer bis 39 Jahre".

4.3 Einführung einer dritten Dimension

Nachdem gezeigt werden konnte, daß bei der Aufnahme zusätzlicher Variablen, die in ähnlicher Weise wie die Variablen des Basismodells mit den Spaltenmerkmalen assoziiert sind, sich an der Faktorenstruktur substanziell nichts ändert, soll jetzt eine Variable aufgenommen werden, die weder alters- noch geschlechtsspezifisch ist. Gesucht ist eine "kulturelle Kompetenz", die jüngere Männer sowie ältere Frauen überdurchschnittlich oft und ältere Männer sowie jüngere Frauen relativ selten haben. Da es keine derartige Fähigkeit in dem zugrundeliegenden Datensatz gibt, wurde eine entsprechende Dummyvariable konstruiert und in das Modell mit den vier zuerst berücksichtigten Variablen aufgenommen. Die Konstruktion dieser Dummyvariablen erfolgte auf der Basis der Randsummen, die Häufigkeiten wurden aus der empirischen Verteilung der Variable "Alter × Geschlecht" abgeleitet. In der neuen Variablen haben die "Männer bis 39 Jahre" und die "Frauen ab 60 Jahre" das Merkmal DUMMY1 gemeinsam (jeweils zwei von drei Befragten aus diesen Gruppen haben es "angegeben") und die "Männer ab 60 Jahre" und die "Frauen bis 39 Jahre" das Merkmal DUMMY3 (analog zu DUMMY1 konstruiert). DUMMY2 ist eine Mittelkategorie, die aus der Differenz der anderen beiden Konstrukte zum durchschnittlichen Zeilenprofil gebildet wurde (Tabelle 4.10).

Tabelle 4.10: Häufigkeiten der DUMMY-Variable

	M_BIS39J	M_40B59J	M_60J+	F_BIS39J	F_40B59J	F_60J+	Summe
DUMMY1	418(2/3)	162(1/3)	36(1/9)	77(1/9)	174(1/3)	285(2/3)	1152
DUMMY2	139(2/9)	162(1/3)	73(2/9)	154(2/9)	174(1/3)	95(2/9)	797
DUMMY3	70(1/9)	162(1/3)	218(2/3)	463(2/3)	174(1/3)	47(1/9)	1134
Summe	627	486	327	694	522	427	3083

Wird auf die Matrix mit den fünf berücksichtigten Variablen (siehe Tabellen 4.1 und 4.10) eine Korrespondenzanalyse durchgeführt, so wird mit dem Trägheitsgewicht der ersten Achse (λ_1 = 0,1481) 52,3% der Variation der Eingabedaten erklärt, mit dem Trägheitsgewicht der zweiten Achse (λ_2 = 0,0751) weitere 26,5% und mit dem dritten (λ_3 = 0,0515) zusätzliche 18,2%. Obwohl der dritte Faktor etwas weniger als 20% (Eigenwertkriterium) zur Erklärung der Variation beiträgt, ist das Trägheitsgewicht der dritten Achse für eine Interpretation der dazugehörigen latenten Variable ausreichend groß (vgl. auch die Interpretation als quadrierter kanonischer Korrelationskoeffizient); da die dritte Achse zudem "inhaltlich" interpretiert werden kann, wird die Lösung als dreidimensional angesehen. Die grafische Darstellung der Ergebnisse ist in den Abbildungen 4.3 (erste gegen

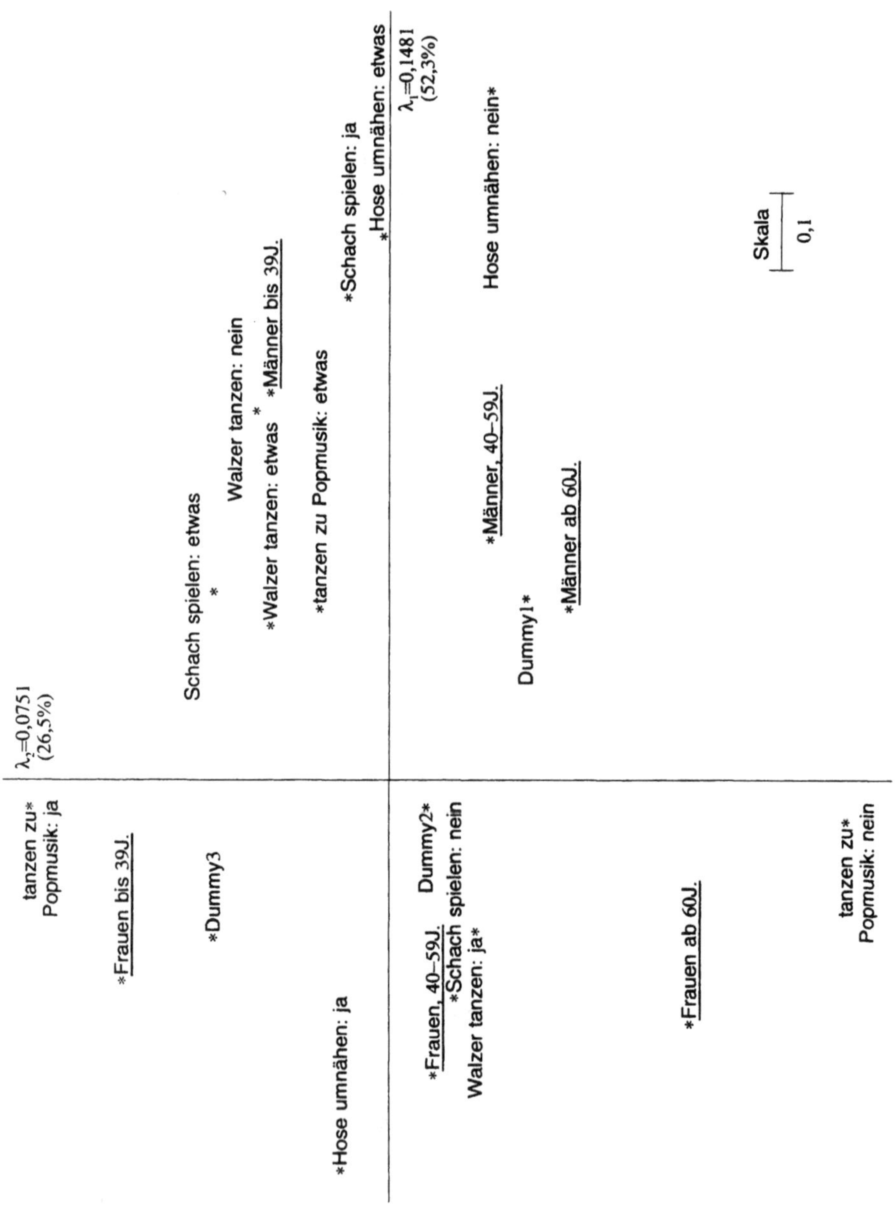

Abbildung 4.3: Korrespondenzanalyse mit einer Dummy-Variablen, erste gegen zweite Dimension

Abbildung 4.4: Korrespondenzanalyse mit einer Dummy-Variablen, erste gegen dritte Dimension

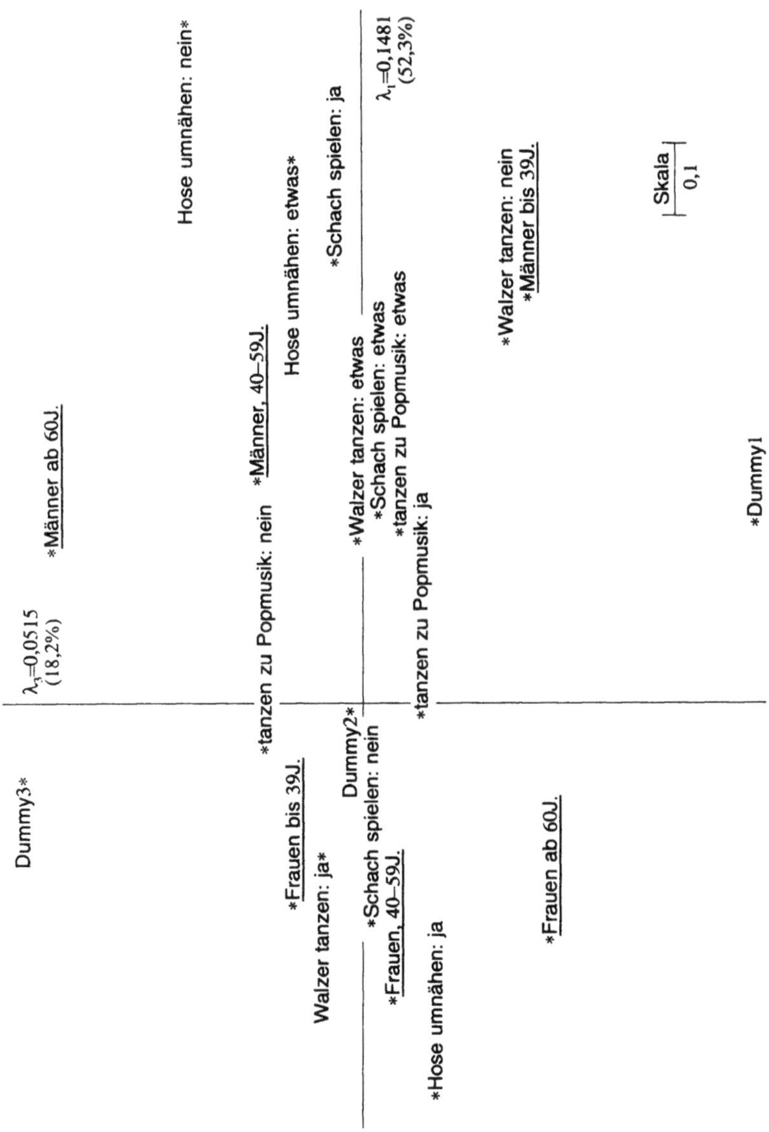

Tabelle 4.11: Korrespondenzanalyse mit einer Dummy-Variablen, numerische Darstellung

	MASS	SQCOR	INR	LOC1	QCOR1	INR1	LOC2	QCOR2	INR2	LOC3	QCOR3	INR3
M_BIS39J	0,203	0,997	0,281	0,551	0,772	0,415	0,168	0,072	0,076	-0,245	0,153	0,236
M_40B59J	0,158	0,889	0,097	0,328	0,614	0,114	-0,150	0,129	0,047	0,160	0,147	0,079
M_60J+	0,105	0,951	0,128	0,214	0,132	0,032	-0,262	0,199	0,096	0,463	0,620	0,439
F_BIS39J	0,226	0,995	0,214	-0,330	0,406	0,166	0,385	0,551	0,445	0,101	0,038	0,045
F_40B59J	0,170	0,924	0,101	-0,385	0,875	0,170	-0,067	0,027	0,010	-0,062	0,022	0,012
F_60J+	0,139	0,979	0,178	-0,331	0,301	0,102	-0,420	0,485	0,325	-0,265	0,193	0,189
WALZ_J	0,123	0,940	0,030	-0,213	0,664	0,038	-0,125	0,229	0,026	0,057	0,048	0,008
WALZ_E	0,041	0,966	0,012	0,206	0,530	0,012	0,187	0,436	0,019	0,003	0,000	0,000
WALZ_N	0,037	0,917	0,044	0,481	0,685	0,057	0,199	0,118	0,019	-0,196	0,114	0,027
SCHACH_J	0,046	0,970	0,072	0,649	0,949	0,131	0,088	0,018	0,005	0,036	0,003	0,001
SCHACH_E	0,030	0,982	0,014	0,239	0,443	0,011	0,263	0,535	0,027	-0,022	0,004	0,000
SCHACH_N	0,125	0,975	0,043	-0,292	0,879	0,072	-0,096	0,096	0,015	-0,008	0,001	0,000
HOSEN_J	0,125	0,996	0,133	-0,531	0,932	0,237	0,055	0,010	0,005	-0,128	0,054	0,040
HOSEN_E	0,021	0,978	0,042	0,731	0,957	0,077	0,011	0,000	0,000	0,106	0,020	0,005
HOSEN_N	0,053	0,983	0,175	0,917	0,893	0,300	-0,143	0,022	0,014	0,253	0,068	0,066
POPTZ_J	0,090	0,998	0,091	-0,027	0,002	0,000	0,523	0,956	0,328	-0,105	0,039	0,019
POPTZ_E	0,032	0,601	0,013	0,227	0,462	0,011	0,111	0,110	0,005	-0,057	0,029	0,002
POPTZ_N	0,076	0,981	0,123	-0,046	0,004	0,001	-0,654	0,927	0,430	0,152	0,050	0,034
DUMMY1	0,075	0,995	0,101	0,235	0,146	0,028	-0,207	0,113	0,043	-0,529	0,737	0,409
DUMMY2	0,052	0,107	0,007	-0,013	0,004	0,000	-0,057	0,081	0,002	0,030	0,022	0,001
DUMMY3	0,074	0,978	0,102	-0,223	0,128	0,025	0,248	0,185	0,061	0,518	0,692	0,387

zweite Dimension) und 4.4 (erste gegen dritte Dimension) wiedergegeben, die numerische in Tabelle 4.11.

Werden die Abbildungen 4.3 und 4.1 verglichen, so sind die Unterschiede nur minimal und für die inhaltliche Interpretation irrelevant. Obwohl mit der zuletzt durchgeführten Korrespondenzanalyse mit den beiden ersten Achsen lediglich 79% statt 96% der Variation der Daten erklärt wird und obwohl eine zusätzliche Dimension eingeführt wurde, bleiben die Ergebnisse für die anderen vier Variablen weitgehend stabil: Die erste Achse ist weiterhin die "Geschlechts-" und die zweite weiterhin die "Altersdimension". Des weiteren gelten sämtliche Zuordnungen von Zeilenmerkmalen zu den Achsen, die bereits bei der Interpretation der Analyse mit den vier "kulturellen Kompetenzen" aufgelistet wurden. Die drei neu aufgenommenen Dummy-Merkmale sind in Abbildung 4.3 alle in unmittelbarer Nähe des Achsenkreuzes, ein Indiz dafür, daß sie mit den beiden ersten Achsen unkorreliert sind.

Wird die dritte Achse in die Interpretation einbezogen (Abbildung 4.4), so ist diese auf der Ebene der Zeilenmerkmale nahezu ausschließlich durch den Gegensatz von DUMMY1 und DUMMY3 gekennzeichnet; damit wird die bei der Konstruktion dieser Variablen vorgegebene negative Assoziation dieser beiden Ausprägungen widergespiegelt. Werden die Spaltenmerkmale auf die dritte Achse projiziert, so ist die Reihenfolge der Altersgruppen bei Männern und Frauen gegenläufig: Beginnend im positiven Abschnitt der dritten Dimension sind bei den Männern die "ab 60jährigen" an der ersten Stelle, entsprechend der Konstruktion der Dummy-Variablen positiv assoziiert mit DUMMY3, die "40- bis 59jährigen" in der Mitte und die "bis 39jährigen" am Ende der Skala, letztere - ebenfalls entsprechend der Konstruktion der Dummy-Variablen - positiv assoziiert mit DUMMY1. Bei den Frauen ist die Reihenfolge umgekehrt, die "Frauen bis 39 Jahre" determinieren gemeinsam mit den "Männern ab 60 Jahre" den positiven Abschnitt der dritten Achse und die "Frauen ab 60 Jahre" zusammen mit den "Männern bis 39 Jahre" den negativen.

Auf der Ebene der numerischen Ergebnisse können die meisten der für Tabelle 4.7 gegebenen Interpretationen der Zeilenmerkmale auf Tabelle 4.11 übertragen werden. Abgesehen von minimalen Differenzen (siehe unten), gibt es bei den ersten beiden Achsen keine Unterschiede in den Wertebereichen der Lokalisationen, der quadrierten Faktorladungen und der relativen Trägheitsgewichte. Die dritte Dimension, die in der ersten Analyse unbedeutend ist, wird bei Einschluß der Dummy-Variablen durch den Gegensatz von DUMMY1 und DUMMY3 bestimmt: knapp 80% ihrer geometrischen Ausrichtung werden auf der Ebene der "kulturellen Kompetenzen" durch diese beiden Merkmale erklärt (Tabelle 4.11, Spalte INR3: 0,409 + 0,387).

Durch die hohen Korrelationen der neu aufgenommenen Zeilenmerkmale mit der dritten Dimension gibt es eine Verschiebung der Zuordnungen auf der Ebene der Spaltenausprägungen. Diese Verschiebung betrifft insbesondere die "Männer ab 60 Jahre": Auch wenn für sie "Hosen umnähen: nein" und "tanzen zu Popmusik: nein" als geschlechts-

bzw. altersspezifisches Merkmal weiterhin typisch ist, so ist diese Gruppierung mit der dritten Dimension am stärksten assoziiert (Tabelle 4.11: QCOR3 = 0,620; INR3 = 0,439) - DUMMY1 ist für die "Männer ab 60 Jahre" das typischste Beschreibungsmerkmal. Obwohl bei den Spaltenprofilen die Merkmale "Frauen bis 39 Jahre" und "Männer ab 60 Jahre" identische Anteile in den Ausprägungen der Dummy-Variablen haben (1/9; 2/9; 2/3), ist "Frauen bis 39 Jahre" nur relativ schwach mit der dritten Dimension assoziiert; für diese Gruppierung sind "tanzen zu Popmusik: ja" sowie "Hosen umnähen: ja" die wichtigeren Beschreibungsmerkmale (vgl. die hohen Faktorladungen auf den ersten beiden Achsen).

Wird das Ergebnis der dritten Korrespondenzanalyse insgesamt betrachtet, so sind die geschlechtsspezifischen Unterschiede der "kulturellen Kompetenzen" am deutlichsten, mit diesen kann die erste Dimension beschrieben werden. An zweiter Stelle folgen die altersspezifischen Merkmale und an dritter Stelle die durch die Dummy-Variable erzeugten Unterschiede.

Die Reihenfolge der Dimensionen wird implizit durch die Auswahl der zu berücksichtigenden Variablen festgelegt; würden mehr alters- als geschlechtsspezifische "kulturelle Kompetenzen" aufgenommen, so wäre die erste Dimension durch die alters- und die zweite durch die geschlechtsspezifischen Merkmale gekennzeichnet. Würden in dem zuletzt gegebenen Beispiel zwei, drei oder mehrere Dummy-Variablen erzeugt, bei denen "Männer bis 39 Jahre" und "Frauen ab 60 Jahre" sowie "Männer ab 60 Jahre" und "Frauen bis 39 Jahre" die entsprechende "kulturelle Kompetenz" gemeinsam haben/nicht haben, so wäre entweder die zweite oder gar die erste Achse die "Dummy-Dimension".

Bei der Korrespondenzanalyse einer zusammengesetzten Kontingenztabelle wird mit der Auswahl der berücksichtigten Variablen die Bedeutung der einzelnen Dimensionen festgelegt: je mehr geschlechtsspezifische Merkmale aufgenommen werden, desto eher ist die erste Dimension die "Geschlechtsdimension". Dies bedeutet aber auch, daß wichtige Gegensätze von Gruppierungen, die nur mit wenigen Variablen erhoben wurden, u. U. erst in höheren Dimensionen sichtbar werden (vgl. auch Blasius 1994c). Aus diesem Ergebnis kann auch abgeleitet werden, daß die Reihenfolge der Dimensionen insbesondere die Auswahl der verwendeten Variablen widerspiegelt und weniger die Relevanz der Dimension für die Befragten.

4.4 Fehlende Werte

Ein Diskussionsschwerpunkt der empirischen Sozialwissenschaften betrifft die *fehlenden Werte*. Werden die Daten mit Hilfe der Korrespondenzanalyse ausgewertet, so können fehlende Angaben, die bei der Frage nach dem Einkommen z. B. mit Hilfe der Kategorien "weiß nicht" und "gebe ich nicht an" erfaßt werden, explizit aufgenommen werden. Bei einer derartigen Berücksichtigung müssen zusätzlich zu den Einkommensgruppen noch die entsprechende(n) Kategorie(n) mit den fehlenden Werten aufgenommen werden. Diese Art der Aufnahme ist problemlos, da alle Ausprägungen von "Einkommen" als nominal skaliert angesehen werden können, welches Angaben wie "weiß nicht" einschließt (vgl. z. B. Blasius 1993). Ähnliches gilt für Item-Batterien, mit denen Einstellungen zu bestimmten Themen erhoben werden; hier kann eine Antwortstrategie der Befragten sein, einen Teil der Fragen - oder auch alle - mit "weiß nicht" zu beantworten. Soll dieses Antwortverhalten beschrieben und mit anderen Merkmalen der Befragten verbunden werden, so müssen die entsprechenden Antwortkategorien in der Analyse berücksichtigt werden (vgl. etwa Thiessen und Blasius 1998, Blasius und Thiessen 2000).

Fehlende Werte können aus inhaltlichen Gründen in der Analyse berücksichtigt werden, ein Vorgehen, welches dann gewählt werden sollte, wenn die Anzahl der "fehlenden Werte" für eine Interpretation ausreichend groß ist. So ist zum Beispiel bei der Frage nach dem Haushaltseinkommens bei Bevölkerungsumfragen mit einer Verweigerungsquote von 15% bis 20% zu rechnen, wobei davon ausgegangen werden kann, daß die Verweigerer nicht den Querschnitt aller Befragten repräsentieren. Sollen Aussagen über die Zusammensetzung dieser Gruppierung gemacht werden, so sollten die Kategorien "weiß nicht" und "keine Angabe" in der Analyse berücksichtigt werden; unter "weiß nicht" sollten überdurchschnittlich viele im Haushalt lebende Jugendliche fallen, unter "keine Angabe" relativ viele "Haushaltsvorstände". Bei den Fragen zur kulturellen Kompetenz sollte es nur wenige Verweigerungen geben und es ist nicht zu erwarten daß diese mit der Variable "Alter $\times$ Geschlecht" kovariieren.

Gibt es keine inhaltlichen Gründe für eine Verweigerung und sollen die fehlenden Angaben daher nicht als eigenständige Kategorien betrachtet werden, so kann bei der Korrespondenzanalyse wie bei vielen anderen multivariaten Verfahren zwischen *paarweisen* und *gemeinsamen Ausschluß* unterschieden werden. Da der gemeinsame Ausschluß von der technischen Seite unproblematisch ist und "lediglich" zu einer Reduktion der Fallzahl führt, soll im folgenden nur der paarweise Ausschluß diskutiert werden. Wiederum ausgehend von Tabelle 4.1 wird bei "Walzer tanzen" jeder dritte Fall als "fehlend" deklariert. Diese "fehlenden Werte" wurden auf die sechs Gruppen proportional zu den Randsummen verteilt, so daß sie mit der Spaltenvariable unkorreliert sind. Eine erste Diagnostik der Unterschiede zwischen den Originaldaten (Tabelle 4.1) und den Ausgangsdaten mit den fehlenden Werten (Tabelle 4.12) ist anhand der Chi-Quadrat-Komponenten möglich; diese sind in Tabelle 4.13 wiedergegeben.

Tabelle 4.12: Eingabedaten der Korrespondenzanalyse mit fehlenden Werten

	M_BIS39J	M_40B59J	M_60J+	F_BIS39J	F_40B59J	F_60J+	Summe
WALZ_J	138	198	138	284	283	215	1256
WALZ_E	119	69	43	105	46	35	417
WALZ_N	157	56	35	73	18	36	375
SCHACH_J	287	146	114	87	47	23	704
SCHACH_E	143	68	44	118	54	27	454
SCHACH_N	195	269	167	485	419	375	1910
HOSEN_J	167	109	91	637	500	406	1910
HOSEN_E	132	76	62	32	12	12	326
HOSEN_N	308	291	165	23	10	11	808
POPTZ_J	386	145	33	535	214	67	1380
POPTZ_E	138	105	33	92	88	32	488
POPTZ_N	95	234	249	58	208	312	1156

Tabelle 4.13: Chi-Quadrat-Komponenten der Tabelle 4.12

	M_BIS39J	M_40B59J	M_60J+	F_BIS39J	F_40B59J	F_60J+	Summe
WALZ_J	53,24	0,00	0,29	0,00	22,80	9,57	85,89
WALZ_E	14,13	0,15	0,01	1,22	8,69	9,01	33,22
WALZ_N	86,51	0,17	0,48	1,64	32,76	4,93	126,49
SCHACH_J	146,30	10,92	21,76	32,74	44,02	57,05	312,78
SCHACH_E	28,35	0,19	0,28	2,29	6,91	20,54	58,57
SCHACH_N	95,12	3,52	5,60	6,53	27,65	45,78	184,19
HOSEN_J	124,91	122,99	59,80	97,40	95,18	75,19	575,46
HOSEN_E	65,93	11,68	22,55	23,61	33,96	24,39	182,13
HOSEN_N	127,36	209,30	75,80	139,61	117,92	91,13	761,12
POPTZ_J	40,60	24,39	86,38	159,28	1,76	80,83	393,25
POPTZ_E	15,52	10,13	6,48	3,05	0,32	18,81	54,32
POPTZ_N	82,66	14,51	134,29	158,27	0,70	143,52	533,95
Summe	880,64	407,96	413,72	625,63	392,67	580,75	3301,37

Abbildung 4.5: Grafische Darstellung der Ergebnisse mit fehlenden Werten

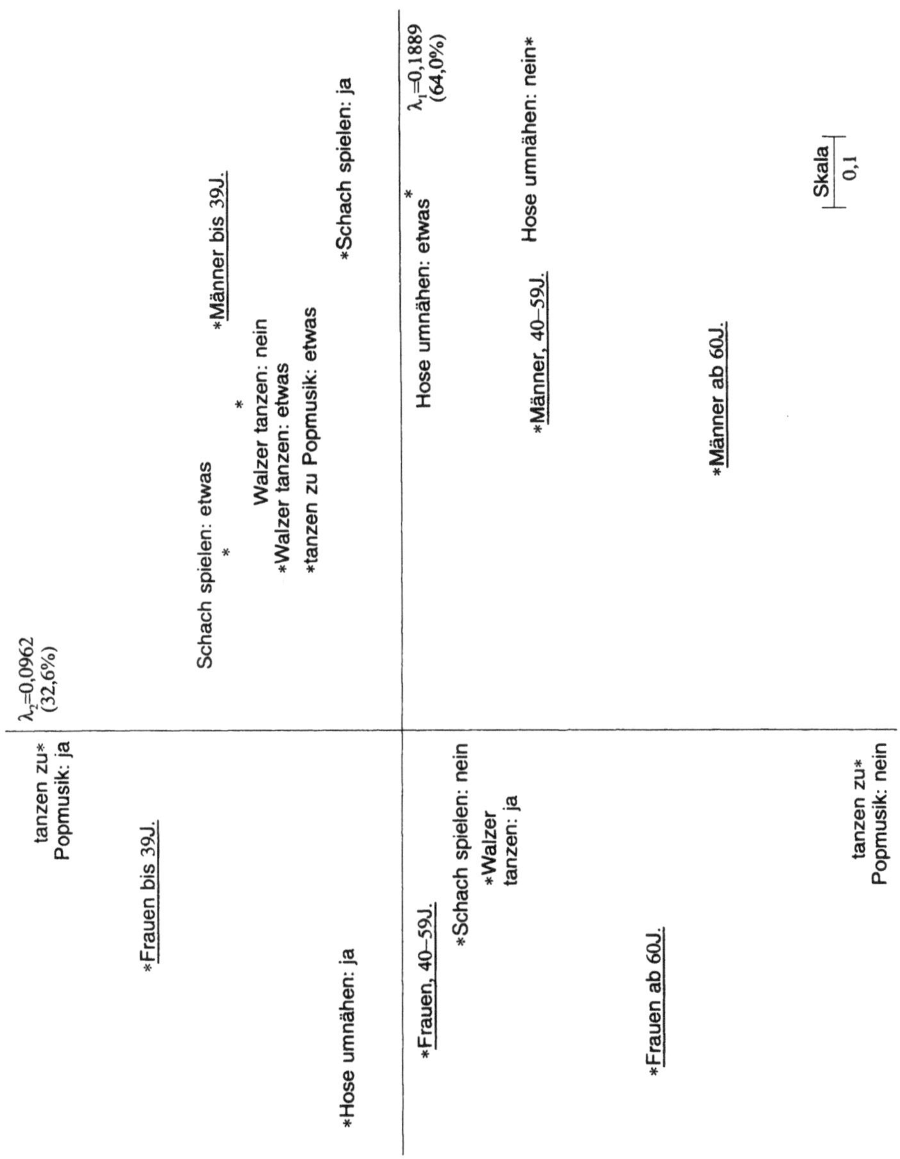

Werden die Tabellen 4.13 und 4.5 verglichen, so sind die Unterschiede in den Ausprägungen der Variablen "Schach spielen", "tanzen zu Popmusik" und "Hose umnähen" nur an den Nachkommastellen zu erkennen.[12] Bei der Variablen "Walzer tanzen" sind alle Komponenten um ein Drittel kleiner als in den Ausgangsdaten, z. B. in der Spalte "Männer bis 39 Jahre": 53,24 zu 79,45 (Walzer tanzen: ja)[13], 14,13 zu 21,12 (Walzer tanzen:

Tabelle 4.14: Numerische Darstellung der Ergebnisse mit fehlenden Werten

	MASS	SQCOR	INR	LOC1	QCOR1	INR1	LOC2	QCOR2	INR2
M_BIS39J	0,203	0,982	0,267	0,554	0,791	0,330	0,272	0,191	0,156
M_40B59J	0,158	0,902	0,124	0,406	0,715	0,138	-0,208	0,186	0,071
M_60J+	0,105	0,969	0,125	0,352	0,351	0,069	-0,466	0,617	0,238
F_BIS39J	0,226	0,989	0,190	-0,322	0,419	0,124	0,376	0,571	0,332
F_40B59J	0,170	0,959	0,119	-0,444	0,952	0,177	-0,039	0,007	0,003
F_60J+	0,139	0,964	0,176	-0,471	0,592	0,163	-0,373	0,372	0,201
WALZ_J	0,112	0,888	0,026	-0,206	0,622	0,025	-0,135	0,265	0,021
WALZ_E	0,037	0,950	0,010	0,212	0,566	0,009	0,175	0,384	0,012
WALZ_N	0,034	0,779	0,038	0,452	0,606	0,036	0,242	0,173	0,020
SCHACH_J	0,063	0,965	0,095	0,650	0,951	0,141	0,078	0,014	0,004
SCHACH_E	0,041	0,974	0,018	0,242	0,454	0,013	0,259	0,520	0,028
SCHACH_N	0,171	0,972	0,056	-0,292	0,884	0,077	-0,092	0,088	0,015
HOSEN_J	0,171	0,994	0,174	-0,541	0,971	0,264	0,082	0,022	0,012
HOSEN_E	0,029	0,976	0,055	0,738	0,976	0,084	-0,016	0,000	0,000
HOSEN_N	0,072	0,979	0,231	0,940	0,938	0,338	-0,197	0,041	0,029
POPTZ_J	0,123	0,992	0,119	-0,024	0,002	0,000	0,531	0,990	0,362
POPTZ_E	0,044	0,593	0,016	0,222	0,443	0,011	0,129	0,151	0,008
POPTZ_N	0,103	0,988	0,162	-0,045	0,004	0,001	-0,674	0,983	0,488

12 Die geringfügigen Unterschiede resultieren daraus, daß die vier Kontingenztabellen eine unterschiedliche Anzahl an fehlenden Werten haben. Wird die Fallzahl einer Tabelle um ein Drittel reduziert, wird die Gesamtfallzahl nicht um genau ein Zwölftel reduziert.

13 Durch den "Ausschluß der fehlenden Werte" reduzieren sich die Spaltensummen und die Gesamtsumme um 1/12 (um exakt 1/12 wenn alle Kontingenztabellen die gleiche Fallzahl hätten), der Effekt der Spalten auf den Erwartungswert bleibt damit (nahezu) unverändert. Bei den Zeilen gibt es lediglich bei den drei Ausprägungen von "Walzer tanzen" Unterschiede zwischen den Tabellen 4.1 und 4.12, die Randsummen wurden um jeweils ein Drittel reduziert; daraus folgt, daß auch die korrespondierenden Erwartungswerte um ein Drittel niedriger sind. Da des weiteren die Verhältnisse zwischen empirischen und erwarteten Werten konstant sind, bleibt als Effekt auf die Chi-Quadrat-Komponenten lediglich die Fallzahl - und diese wurde in der Variablen "Walzer tanzen" um genau ein Drittel reduziert, somit sind auch die Chi-Quadrat-Komponenten von "Walzer tanzen" genau ein Drittel niedriger.

etwas) und 86,51 zu 129,78 (Walzer tanzen: ja). Somit reduziert sich auch der Anteil der Variablen "Walzer tanzen" an der Gesamtvariation der Daten um den Anteil der fehlenden Werte, in dem gegebenen Beispiel also um ein Drittel. Die Ergebnisse der Korrespondenzanalyse sind in Abbildung 4.5 und in Tabelle 4.14 wiedergegeben.

Beim Vergleich der Abbildungen 4.1 und 4.5 sind auch marginale Unterschiede nur sehr schwer zu erkennen; an der Interpretation der Ergebnisse ändert sich nichts. Werden die Trägheitsgewichte der Achsen und deren erklärte Varianzen verglichen, so sind in der Analyse mit den fehlenden Werten sowohl die Trägheitsgewichte beider Achsen als auch die dazugehörigen erklärten Varianzen größer als in der ersten Analyse. Aus diesem Ergebnis kann abgeleitet werden, daß die Variation in "Walzer tanzen" kreuztabelliert mit "Alter × Geschlecht" relativ klein ist; durch die geringere Fallzahl dieser Variablen wurde die durchschnittliche Variation der zu analysierenden Tabelle größer. Die etwas höheren Anteile an erklärter Varianz der beiden ersten Achsen können dahin interpretiert werden, daß die Korrelationen der Ausprägungen von "Walzer tanzen" mit den latenten Dimensionen "Geschlecht" (erste Achse) und "Alter" (zweite Achse) schwächer sind als die durchschnittlichen Korrelationen der anderen neun Merkmale mit diesen beiden Achsen.

Werden die numerischen Ergebnisse (Tabellen 4.7 und 4.14) auf der Ebene der Spaltenausprägungen verglichen, so sind die Unterschiede in allen Koeffizienten nur marginal und inhaltlich irrelevant. Diese Aussage gilt auch für die Ausprägungen der drei unveränderten Zeilenvariablen "Schach spielen", "Hosen umnähen" und "tanzen zu Popmusik". Die Massen - und damit auch die relativen Trägheitsgewichte der Variablenausprägungen (bezogen sowohl auf das gesamte Modell als auch auf die einzelnen Achsen) - sind etwas größer. Dies korrespondiert mit den um ein Drittel reduzierten Massen bei den Ausprägungen von "Walzer tanzen": Bei nahezu identischen Korrelationen mit den Achsen und bei nahezu identischen Lokalisationen auf den Achsen (vgl. die Spalten QCOR1, QCOR2, LOC1 und LOC2 in den beiden Tabellen), werden die um ein Drittel reduzierten Trägheitsgewichte der Variablenausprägungen von "Walzer tanzen" durch die um ein Drittel kleineren Massen verursacht (die Massen gehen als Multiplikatoren in die Berechnung der Trägheitsgewichte ein, siehe Kapitel 3; vgl. etwa die Spalten für die Gesamtträgheitsgewichte der Variablenausprägungen (INR): 0,037 zu 0,026; 0,015 zu 0,010; 0,055 zu 0,038; für die erste Achse (INR1): 0,039 zu 0,025; 0,014 zu 0,009; 0,056 zu 0,036). Diese Reduktion der Anteile der Ausprägungen von "Walzer tanzen" an der geometrischen Ausrichtung der Achsen verteilt sich nahezu proportional auf die anderen Variablenausprägungen.

Die einfache Nichtbeachtung von fehlenden Werten führt in dem gegebenen Beispiel zu keinen verzerrten Ergebnissen, wohl aber zu einer Verlagerung der "Gewichte" - die Masse der Variablen "Walzer tanzen" ist kleiner. Eine derartige Berücksichtigung von fehlenden Werten, oder genauer der Verzicht auf eine Gewichtung zur Nivellierung der fehlenden Werte, kann auch inhaltlich begründet werden: Wenn eine überdurchschnittlich große Anzahl von Personen eine bestimmte Frage nicht beantwortet hat, so kann gefordert werden, daß diese Frage auch ein entsprechend geringeres "Gewicht" bekommen soll, welches zu einem geringeren Anteil an der geometrischen Ausrichtung der Achsen führt. In sozialwissenschaftlichen Studien wird z. B. die Frage nach dem Einkommen relativ oft verweigert; die Nicht-Berücksichtigung dieser Ausprägung führt dann zu einer geringeren Gewichtung dieses Indikators. Diese Vorgehensweise ist in der Regel dann unproblematisch, wenn die Ausfälle nicht mit der Spaltenvariable korreliert sind, wie z. B. bei der Variablen "Walzer tanzen", bei der die "fehlenden Werte" mit dem Merkmal "Alter × Geschlecht" (per Konstruktion) unkorreliert sind.

Wenn jedoch nicht ausgeschlossen werden soll, daß die Ausfälle bei einer Frage wie der nach dem Einkommen systematisch sind, d. h. wenn die Verweigerer dieser Frage ein oder mehrere Merkmale in der Spaltenvariable gemeinsam haben, so sollte (mindestens) eine zusätzliche Kategorie, z. B. die Variablenausprägung "fehlend", in der Analyse berücksichtigt werden. So z. B. wenn "Einkommen" in der oben verwendeten zusammengesetzten Tabelle als zusätzliches Merkmal mit "Alter × Geschlecht" kreuztabelliert würde und wenn angenommen werden kann, daß mindestens eine Gruppe, z. B. die "Männer ab 60 Jahre", diese Frage überdurchschnittlich oft nicht beantwortet haben.

4.5 Passive Variablen

In den bisherigen Beispielen wurden die verwendeten Variablen zur kulturellen Kompetenz mit der Spaltenvariable "Alter × Geschlecht" kreuztabelliert, die Ausprägungen wurden zeilenweise untereinandergeschrieben und alle Informationen wurden genutzt, um den Projektionsraum aufzuspannen. Auf diese Art wurde untersucht, welche der kulturellen Kompetenzen als geschlechts- und welche als altersspezifisch zu charakterisieren sind.

Die Anzahl der Variablen, die in Abhängigkeit zu "Alter × Geschlecht" gesetzt werden sollen, ist formal unbeschränkt - aus inhaltlichen Gründen sollten jedoch nur die Variablen berücksichtigt werden, die für die (sozialwissenschaftliche) Theorie relevant sind. In dem gegebenen Beispiel könnte z. B. zusätzlich untersucht werden, ob Hobbies bzw. ob Präferenzen für politische Parteien alters- oder geschlechtsspezifisch zu erklären sind oder ob die kulturellen Kompetenzen mit Hilfe des Bildungsabschlusses ähnlich gut zu charakterisieren sind wie mit Alter und Geschlecht. In beiden Fällen ist die inhaltliche Fragestellung etwas weitergehend als die Klassifizierung einiger kultureller Kompetenzen auf der Basis von Alter und Geschlecht.

Mit der Korrespondenzanalyse ist es möglich, Variablenausprägungen in einen bereits bestehenden Raum zu projizieren ohne daß diese einen Einfluß auf die geometrische Ausrichtung der Achsen haben. Diese zusätzlich aufgenommenen *passiven Variablenausprä-*

gungen ("*supplementary variables*" oder "*ergänzende Variablen*", in der deutschen Ausgabe der "feinen Unterschiede"werden sie als "*illustrierende Variablen*" bezeichnet) können aber zusammen mit den *aktiven Variablenausprägungen* beschrieben werden. Die Unterscheidung von aktiven und passiven Variablen ist analog zu der in der Clusteranalyse (zur Anwendung von passiven Variablen in der Clusteranalyse, Bacher 1994, Giegler 1994). In der Korrespondenzanalyse werden passive Variablen(ausprägungen) immer dann verwendet, wenn zusätzliche Informationen in einen Raum projiziert werden sollen, ohne dessen Struktur zu beeinflussen, die aber mit Hilfe dieser Struktur beschrieben werden sollen. So verwendet Bourdieu (1982) passive Variablen um sozio-demografische Merkmale in seinen "Raum der Lebensstile" zu integrieren: Der Raum wird mit Hilfe von Lebensstilmerkmalen aufgespannt und darin werden Merkmale wie Altersgruppen nachträglich eingebunden (vgl. auch Abschnitt 9.1).

Passive Variablenausprägungen können auch von anderen Studien kommen, sie müssen lediglich die gleiche Spalten- bzw. die gleiche Zeilenstruktur wie die Ausgangsdaten haben. In dem oben gegebenen Beispiel könnte z. B. die Spaltenvariable "Alter × Geschlecht" mit "Einkommen" kreuztabelliert und die Zeilen dieser Tabelle könnten als "passive Merkmale" in die Analyse mit den kulturellen Kompetenzen eingebunden werden. Das Resultat wäre eine Visualisierung der Einkommensgruppen in Bezug auf Alter und Geschlecht. Des weiteren könnten Informationen der amtlichen Statistik verwendet werden: Auf der Basis des Mikrozensus könnte die Variable "Alter × Geschlecht" gebildet werden und die Variable "Einkommen" könnte in der zugrundeliegenden Umfrage und im Mikrozensus identisch kategorisiert werden. Anhand des Ergebnisses kann dann geprüft werden, ob die Verteilungen des Einkommens bezogen auf "Alter × Geschlecht" im Raum der kulturellen Kompetenzen im ALLBUS und im Mikrozensus identisch sind (wenn es bei den Erhebungen keine Verzerrungen durch Ausfälle oder durch Verweigerungen bei der Frage nach dem Einkommen gab, sollten die korrespondierenden Einkommensgruppen nah zueinander lokalisiert sein).

Eine andere Möglichkeit der Verwendung von passiven Variablen besteht darin, zu untersuchen, ob die Struktur der Antworten bei gleichen Fragen und unter der Bedingung einer identischen Spaltenvariablen von zwei Populationen identisch ist. So kann z. B. getestet werden, ob die Angehörigen identischer Berufsgruppen (als Spaltenvariable) von unterschiedlichen Bevölkerungsgruppen (z. B. den Bewohnern unterschiedlicher Städte oder im Rahmen der Trendanalyse von Bewohnern des gleichen Gebietes zu unterschiedlichen Zeitpunkten) unterschiedliche Lebensstile oder unterschiedliche politische Einstellungen haben (vgl. etwa Blasius 1993, 1994b, Müller-Schneider 1994, Thiessen u. a. 1994, Blasius und Scheuch 1996).

Unabhängig davon, ob zusätzliche Spalten- bzw. ob zusätzliche Zeilenvariablen in der Analyse berücksichtigt werden sollen, die Vorgehensweise ist identisch: Die passiven Merkmale werden in eine bereits bestehende Konfiguration projiziert. Da sie keinen Einfluß auf die geometrische Ausrichtung der Achsen haben, bezeichnet Greenacre (1984, S. 73) derartige Variablenausprägungen als Merkmale mit der Masse "Null" (die Masse ist multiplikativer Bestandteil für die Berechnung des Trägheitsgewichtes der Variablenausprägungen). Da die passiven Merkmale jedoch ein Profil haben, welches analog zu den Profilen der aktiven Merkmale berechnet wird, kann von diesen das (ausschließlich auf der Basis der aktiven Merkmale berechnete) korrespondierende durchschnittliche Zeilen- bzw. Spaltenprofil subtrahiert werden, und da die Achsenausrichtung auch für die passiven Merkmale gültig ist, können auch die Koordinaten dieser Variablenausprägungen im Projektionsraum und die übrigen Koeffizienten der numerischen Ausgabe berechnet werden.

4.5.1 Passive Merkmale der Zeilen

Zur Illustration der oben gegebenen Erläuterungen soll Tabelle 4.1 um die Frage "Welche Partei würden Sie wählen, wenn am nächsten Sonntag Bundestagswahl wäre" erweitert werden. Diese Frage wurde ebenfalls mit der Variablen "Alter × Geschlecht" kreuztabelliert, wobei mit "gehe nicht wählen", "verweigert" und "weiß nicht" drei Kategorien berücksichtigt wurden, die in vielen Studien als "fehlend" klassifiziert werden; die absoluten Werte der resultierenden Kreuztabelle sind in Tabelle 4.15 wiedergegeben. Aufgrund der geringen Fallzahl wurden jene Personen, die ihre Stimme eine der 1986 nicht im Bundestag vertretenen Parteien (NPD, Republikaner) geben wollten, aus der Analyse ausgeschlossen. Da die passiven Merkmale alle die Masse "Null" und somit keinen Einfluß auf die geometrische Ausrichtung der Achsen haben, ist das Problem von "fehlenden Werten" - oder besser: nicht berücksichtigten Kategorien - per Definition irrelevant. Statt der im Bundestag vertretenen Parteien und drei Kategorien der "Antwortverweigerungen" hätten auch ausschließlich die Anhänger der SPD berücksichtigt werden können. Sofern die Ausprägungen als passive Merkmale in die Analyse eingehen ist die Lokalisation des Merkmals "SPD" im Projektionsraum unabhängig von der Berücksichtigung der Merkmale "CDU", "Grüne" und "Nichtwähler" und von deren Lokalisationen.

Auch wenn in Tabelle 4.15 auf die Angabe der Prozentwerte verzichtet wurde, so wird ersichtlich, daß die Grünen insbesondere bei den Jüngeren (Männer und Frauen) eine überdurchschnittlich hohe Anzahl von Wählern haben, während die Älteren diese Partei relativ selten präferierten. Des weiteren haben ca. 28% der Befragten die Frage nach der Parteipräferenz nicht beantwortet - verteilt über die drei Arten der Antwortverweigerung. Dabei ist aus der Literatur bekannt, daß Frauen bei politischen Fragen öfters die Antwort verweigern als Männer (vgl. Francis und Busch 1975, Ferligoj u. a. 1991, Thiessen und Blasius 1998, Blasius und Thiessen 2000), über die Art der Antwortverweigerung wird jedoch kaum etwas gesagt. Für diese sieben Zeilen wurden die Koordinaten im zweidimensionalen Projektionsraum nachträglich berechnet. Da die Lokalisationen der Merkmale in Abbildung 4.6 auf der Basis der Koeffizienten von Tabelle 4.1 berechnet wurden und da die Skalen der Abbildungen 4.1 und 4.6 identisch sind, können beide Abbildungen übereinander gelegt (Abbildung 4.7) und die Variablenausprägungen gemeinsam interpretiert werden. Um die "aktiven" von den "passiven" Merkmalen in der grafischen Darstellung unterscheiden zu können, wurden die Lokalisationen der "passiven" Merkmale mit einem vollen Kreis gekennzeichnet.

Tabelle 4.15: Passive Zeilenausprägungen, Daten

	M_BIS39J	M_40B59J	M_60J+	F_BIS39J	F_40B59J	F_60J+	Summe
CDU	141	142	122	109	151	147	812
SPD	187	171	82	216	150	119	925
FDP	34	36	19	26	40	22	177
Grüne	68	21	8	92	21	9	219
Nichtwähler	38	9	15	37	29	22	150
Verweigert	57	48	36	53	41	32	267
Weiß nicht	70	47	36	126	78	54	411
Summe	595	474	318	659	510	405	2961

Abbildung 4.6: Lokalisationen der passiven Zeilenmerkmale

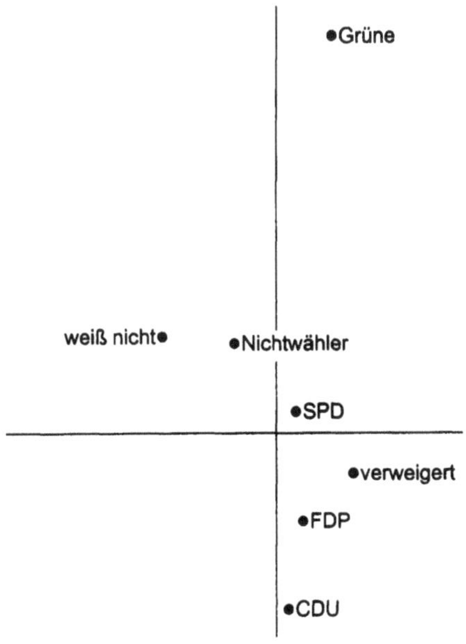

Abbildung 4.7: Ergebnisse der Korrespondenzanalyse auf Tabelle 4.1 mit den passiven Zeilen

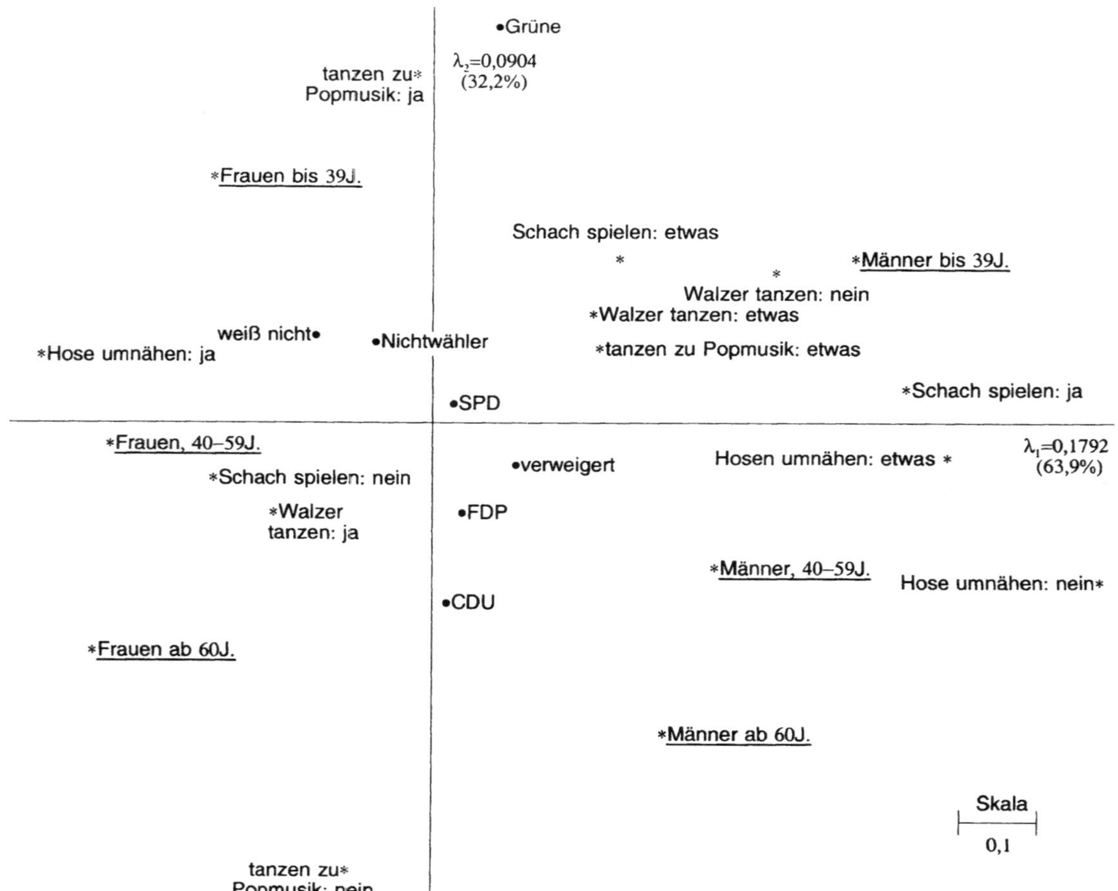

Die Beschreibung der Ergebnisse erfolgt gemeinsam für die aktiven und passiven Zeilenmerkmale, so können z. B. die Distanzen zwischen allen Zeilenausprägungen ("aktive" und "passive") euklidisch interpretiert werden. Werden die Projektionen der "Parteipräferenz" in die Beschreibung der Ergebnisse einbezogen, so fällt insbesondere eine Differenzierung entlang der Altersdimension auf: die Jüngeren gaben überdurchschnittlich oft den Grünen und die Älteren der CDU den Vorzug. Die Anhänger der SPD und die der FDP liegen dazwischen, wobei das durchschnittliche Wählerprofil der Sozialdemokraten etwas jünger als das der Liberalen ist.

Des weiteren fällt auf, daß alle "vier Parteien" in der horizontalen Dimension rechts vom Achsenkreuz lokalisiert sind, d. h. sie sind mit dem Abschnitt der "Männer" positiv assoziiert. Zu dem Abschnitt der "Frauen" gehören relativ oft die "Nichtwähler" und diejenigen, die angaben, daß sie nicht wüßten, welche Partei sie wählen würden. Bezogen auf diese "fehlenden Werte" gibt es damit eine Differenzierung im Antwortverhalten der Geschlechter. Während die Frauen überdurchschnittlich oft die Angabe "weiß nicht" verwendeten und sich damit als "politisch weniger interessiert" zeigten, haben die Männer explizit verweigert. Damit unterscheiden sich die Geschlechter auch bei der Art der Verweigerung: auf der einen Seite die Frauen, die überdurchschnittlich oft indirekt ("weiß nicht") oder neutral ("gehe nicht zur Wahl") verweigerten, auf der anderen Seite die Männer, die relativ oft direkt verweigerten ("keine Angabe").

Wie auch für die aktiven Zeilenausprägungen gibt es für die passiven Merkmale eine numerische Darstellung; die Berechnung der entsprechenden Koeffizienten erfolgt nach dem gleichen Algorithmus, wie er bereits in Kapitel 3 ausführlich dargestellt wurde. Während die Interpretation der quadrierten Faktorladungen und der Kommunalitäten analog zu denen der aktiven Merkmale erfolgt, sind bei den Trägheitsgewichten der Variablenausprägungen aktive und passive Merkmale zu unterscheiden. Bei der Berechnung der Werte für die passiven Zeilenausprägungen werden die "falschen" Massen verwendet; anstelle von "Null" wird die relative Zeilensumme, z. B. der Anteil der "Wähler der Grünen" (ebenfalls bezogen auf die Gesamtsumme n = 12 209; vgl. Tabelle 4.1) als Multiplikator der quadrierten Distanz zum Schwerpunkt verwendet. Damit werden die passiven Merkmale zwar wie die aktiven behandelt, die Trägheitsgewichte der Variablenausprägungen sind aus den genannten Gründen aber als "hypothetische Trägheitsgewichte" zu betrachten (vgl. Blasius 1993), die Werte entsprechen in etwa denen, die sie hätten, wenn die entsprechenden Zeilen als aktive Merkmale betrachtet würden.[14] Die numerischen Werte für die passiven Variablenausprägungen sind in Tabelle 4.16 wiedergegeben.

---

14 Die "hypothetischen" Werte können nicht gleich den Werten sein, die berechnet würden, wenn die passiven Merkmale "aktiv" gesetzt würden: Zum einen ist bei der zusätzlichen Berücksichtigung der passiven Ausprägungen die Summe der relativen Trägheitsgewichte der Variablenausprägungen auf jeder Achse größer eins, zum anderen würde sich bei der Berücksichtigung dieser Merkmale zur Berechnung des Projektionsraums die geometrische Ausrichtung der Achsen (etwas) ändern.

Tabelle 4.16: Passive Zeilenausprägungen, numerische Darstellung der Ergebnisse

	MASS	SQCOR	INR	LOC1	QCOR1	INR1	LOC2	QCOR2	INR2
CDU	0,067	0,941	0,018	0,010	0,001	0,000	-0,269	0,939	0,053
SPD	0,076	0,159	0,002	0,025	0,076	0,000	0,027	0,083	0,001
FDP	0,014	0,315	0,003	0,040	0,027	0,000	-0,133	0,288	0,003
Grüne	0,018	0,931	0,025	0,088	0,020	0,001	0,599	0,911	0,071
Nichtwähler	0,012	0,296	0,003	-0,070	0,063	0,000	0,136	0,234	0,003
Verweigert	0,022	0,860	0,002	0,113	0,651	0,002	-0,064	0,209	0,001
Weiß nicht	0,024	0,882	0,006	-0,163	0,514	0,005	0,138	0,368	0,007
Summe			0,059			0,008			0,139

Werden die numerischen Ergebnisse betrachtet, so sind mit der ersten Achse lediglich die Merkmale "Verweigerer" (QCOR1 = 0,651) und "weiß nicht" (QCOR1 = 0,514) korreliert, ihr "hypothetischer Anteil" an der geometrischen Ausrichtung der ersten Achse ist jedoch zu vernachlässigen (INR1 = 0,002 bzw. 0,005). Damit kann zwar das Merkmal "Verweigerer" den Männern (vgl. das gemeinsame positive Vorzeichen, Tabellen 4.7 und 4.16) und das Merkmal "weiß nicht" den Frauen zugeordnet werden, im Vergleich zu den im Modell berücksichtigten kulturellen Kompetenzen erklärt es mit einem hypothetischen Anteil von weniger als 1% jedoch nur marginal die Unterschiede zwischen den Geschlechtern.

Bezogen auf die zweite Achse fällt insbesondere der Unterschied zwischen den "Grünen" und der "CDU" auf; beide Merkmale sind relativ stark mit der zweiten Achse assoziiert, die Werte der "hypothetischen Trägheitsgewichte der Variablenausprägungen" sind relativ groß. Daraus folgt, daß die Parteiidentifikation, auch verglichen mit den berücksichtigten kulturellen Kompetenzen, ein wichtiges Merkmal ist, wenn die Bevölkerung anhand des Alters differenziert werden soll. Dabei besteht der größte Unterschied zwischen den Wählern der Grünen und den Wählern der Christdemokraten - die Jüngeren nannten überdurchschnittlich oft die Grünen als die Partei, die sie wählen würden, wenn am nächsten Sonntag Bundestagswahlen wären, die Älteren die CDU. Die Sozialdemokraten und die Liberalen wurden von den Mitgliedern aller Altersgruppen entsprechend ihren Anteilen an der Gesamtbevölkerung präferiert. Mit einem hypothetischen Trägheitsgewicht von 13,9% auf der zweiten Achse ist die Erklärungskraft von "präferierte Partei" zwar unterdurchschnittlich (die durchschnittliche Erklärungskraft von jeder der vier aktiven Zeilenvariablen ist 25%) und deutlich niedriger als von "tanzen zu Popmusik", aber größer als die Erklärungskraft der drei anderen kulturellen Kompetenzen "Walzer tanzen", "Schach spielen" und "Hosen umnähen" (vgl. die Angaben in der Spalte INR2 in Tabelle 4.7).

4.5.2 Passive Merkmale der Spalten

Auf die gleiche Art, wie zusätzliche Zeilen als passive Variablenausprägungen in einen bereits bestehenden Raum projiziert werden können, können zusätzliche Spalten als passive Variablenausprägungen in einen bereits bestehenden Raum projiziert werden. In dem gegebenen Beispiel soll zusätzlich zu "Alter × Geschlecht" die Variable "höchster Bildungsabschluß" zu den vier kulturellen Kompetenzen ins Verhältnis gesetzt werden. Dafür wird diese Variable mit ihren insgesamt sieben Ausprägungen (ohne Abschluß, Volksschulabschluß, Mittlere Reife, Fachhochschulreife, Abitur, sonstiger Abschluß, Schüler) mit den vier Variablen zur kulturellen Kompetenz kreuztabelliert. Die Häufigkeiten dieser Tabellen werden als zusätzliche Spalten in Tabelle 4.1 berücksichtigt (Tabelle 4.17).

Wie in der vorangegangenen Analyse wird der Projektionsraum auf der Basis der Effekte zwischen der Variablen "Alter × Geschlecht" und den vier kulturellen Kompetenzen aufgespannt. Die grafische Darstellung erfolgt wiederum auf zwei Arten: In Abbildung 4.8 sind lediglich die Merkmale der passiven Spalten wiedergegeben, in Abbildung 4.9 wurden die Abbildungen 4.1 und 4.8 überlagert. Auch für diese Abbildungen wurde für die Kennzeichnung der Lokalisationen der passiven Merkmale ein voller Kreis verwendet.

Da in Abbildung 4.9 lediglich die Distanzen zwischen den Zeilenmerkmalen (alle "aktiv") und zwischen den Spaltenmerkmalen (den "aktiven" und den "passiven") definiert sind, nicht aber die Distanzen zwischen den "Schulabschlüssen" und den kulturellen Kompetenzen, erfolgt die Interpretation über die Zuordnung der passiven Spaltenmerkmale zu den vier Achsenabschnitten. Dabei wird ersichtlich, daß die Schüler überdurchschnittlich oft angaben, daß sie nach Popmusik tanzen können, während von denen, die "ohne Schulabschluß" waren und von denen, die als formalen Abschluß einen Volksschulabschluß hatten, relativ viele diese Frage verneinten. Des weiteren scheint das Abitur ein Merkmal derjenigen zu sein, die angaben, Schach spielen bzw. die Hosen "nicht" oder nur "etwas" umnähen zu können. Die kulturellen Kompetenzen der Befragten mit Mittlerer Reife und mit einem "sonstigen Abschluß" sind den Ergebnissen der grafischen Darstellung zufolge in allen Bereichen als "durchschnittlich" zu bezeichen (vgl. die Nähe dieser beiden Merkmale zum Achsenkreuz). Um auch bei den passiven Spaltenmerkmalen zu einer weitergehenden Interpretation zu gelangen, werden die numerischen Ergebnisse für diese Variablenausprägungen wiedergegeben (Tabelle 4.18).

Anhand von Tabelle 4.18 wird ersichtlich, daß der Schulabschluß mit der Geschlechtsdimension - mit Ausnahme von "Abitur" - nahezu unkorreliert ist und mit der Altersdimension nur relativ schwach. Bezogen auf die erste Dimension kann lediglich gesagt werden, daß die Befragten mit Abitur überdurchschnittlich oft angaben, Schach spielen zu können und Hosen nicht oder nur etwas umnähen zu können (QCOR1 = 0,427, INR1 = 0,054). Wird das gesamte hypothetische relative Trägheitsgewicht der Variablenausprägungen von "Bildungsabschluß" für die erste Achse betrachtet, so erklären die Ausprägun-

Tabelle 4.17: Aktive und passive Spaltenmerkmale, Häufigkeiten

	M_BIS39J	M_40B59J	M_60J+	F_BIS39J	F_40B59J	F_60J+	OHNEABS	VSCHULE	MREIFE	FHSR	ABITUR	SONSABS	SCHUELER
WALZ_J	208	298	208	426	425	323	29	1068	441	83	222	25	19
WALZ_E	178	103	64	158	69	52	9	289	156	31	117	8	15
WALZ_N	235	84	52	109	27	54	18	284	115	36	85	9	11
SCHACH_J	287	146	114	87	47	23	6	241	183	59	185	12	19
SCHACH_E	143	68	44	118	54	27	4	162	125	29	114	9	11
SCHACH_N	195	269	167	485	419	375	46	1228	402	64	130	21	15
HOSEN_J	167	109	91	637	500	406	38	1040	462	84	227	28	28
HOSEN_E	132	76	62	32	12	12	4	152	69	22	73	1	5
HOSEN_N	308	291	165	23	10	11	14	426	180	41	125	13	9
POPTZ_J	386	145	33	535	214	67	18	569	392	94	247	23	38
POPTZ_E	138	105	33	92	88	32	9	258	101	25	85	4	6
POPTZ_N	95	234	249	58	208	312	28	779	204	32	93	15	0

Abbildung 4.8: Lokalisationen der passiven Spaltenmerkmale

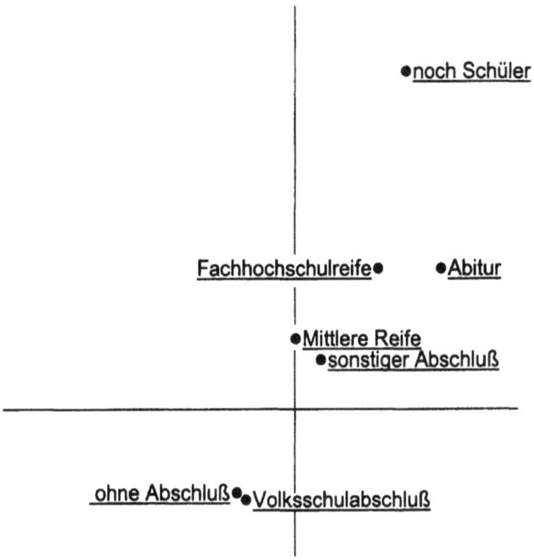

Tabelle 4.18: Passive Spaltenmerkmale, numerische Darstellung der Ergebnisse

	MASS	SQCOR	INR	LOC1	QCOR1	INR1	LOC2	QCOR2	INR2
OHNEABS	0,018	0,238	0,006	-0,094	0,090	0,001	-0,121	0,148	0,003
VSCHULE	0,532	0,765	0,062	-0,089	0,241	0,023	-0,131	0,524	0,101
MREIFE	0,232	0,691	0,014	0,004	0,001	0,000	0,107	0,690	0,029
FHSR	0,049	0,798	0,017	0,079	0,339	0,009	0,208	0,459	0,024
ABITUR	0,139	0,701	0,081	0,263	0,427	0,054	0,211	0,274	0,069
SONSABS	0,014	0,138	0,002	0,030	0,019	0,000	0,076	0,119	0,001
SCHUELER	0,014	0,870	0,017	0,181	0,100	0,003	0,503	0,770	0,040
Summe	1,0		0,199			0,090			0,267

gen des Schulabschlusses lediglich 9% von dem, was die Ausprägungen der Variablen "Alter × Geschlecht" erklären (die sieben Werte in der Spalte INR1 sind zu addieren).[15] Damit ist gezeigt, daß der "Schulabschluß" mit der "Geschlechtsdimension" (nahezu) unkorreliert ist, d. h. die entsprechenden kulturellen Kompetenzen sind (nahezu) unabhängig vom Schulabschluß vorhanden bzw. nicht vorhanden.

15 Die Massen können bei diesem Beispiel vernachlässigt werden, da es genau eine aktive und eine passive Variable gibt, die Anzahl der fehlenden Werte ist in beiden Variablen nahezu identisch und daher zu vernachlässigen.

Abbildung 4.9: Ergebnisse der Korrespondenzanalyse auf Tabelle 4.1 mit den passiven Spalten

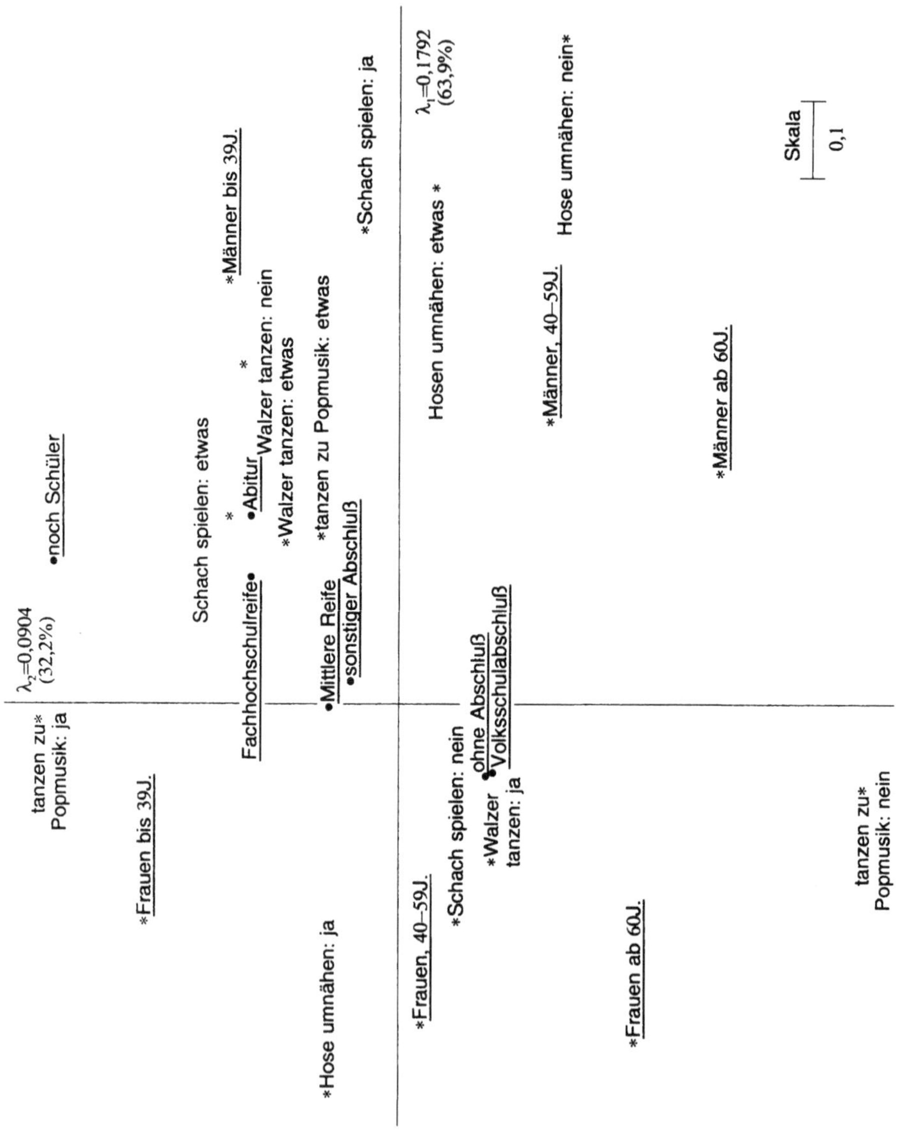

Auch bezogen auf die zweite Dimension ist der Schulabschluß ein wesentlich schlechterer Indikator als die Variable "Alter × Geschlecht", das hypothetische Trägheitsgewicht der Ausprägungen des Schulabschlusses beträgt 26,7% von dem, was die aktiven Spaltenmerkmale erklären. Wird dieser relativ schwache Zusammenhang von "Schulabschluß" mit der "Altersdimension" beschrieben, so gaben Personen mit Volksschulabschluß relativ oft an, daß sie nicht zu Popmusik tanzen können. Dementgegen haben sich Personen mit Mittlerer Reife, Fachhochschulabsolventen, Abiturienten und Schüler diese Fähigkeit relativ oft zugeschrieben (vgl. die entsprechenden Werte in den Spalten LOC2, QCOR2 und INR2).

Wird betrachtet, wie gut die passiven Merkmale in dem durch die Variable "Alter × Geschlecht" und den "kulturellen Kompetenzen" aufgespannten Raum abgebildet werden, so werden lediglich die Merkmale "ohne Schulabschluß" und "sonstiger Abschluß" ungenügend beschrieben (SQCOR = 0,238 bzw. 0,138); diese beiden Merkmale sind weder bezogen auf das Alter noch bezogen auf das Geschlecht mit den vier kulturellen Kompetenzen assoziiert. Für die anderen Ausprägungen des Schulabschlusses gilt, daß sie zwar mit den kulturellen Kompetenzen verbunden sind, daß diese Zusammenhänge aber deutlich geringer sind als die mit Alter und Geschlecht (vgl. die Werte in den Spalten QCOR1 und QCOR2). Am auffälligsten ist das Merkmal "Abitur" - hier besteht zum einen ein "Alterseffekt" - überdurchschnittlich viele Abiturienten können zu Popmusik tanzen - und ein "Geschlechtseffekt" - überdurchschnittlich viele Männer können Schach spielen und Hosen nicht oder nur etwas umnähen.

Es soll an dieser Stelle aber nochmals betont werden, daß die Verwendung von passiven Merkmalen immer dann sinnvoll ist, wenn in einen bereits bestehenden Raum Merkmale integriert werden sollen, die aus inhaltlichen Überlegungen nicht zur Determination des Projektionsraums verwendet werden sollen. Des weiteren werden Merkmale "passiv" gesetzt, wenn die Daten, die dazu gespielt werden sollen, aus anderen Untersuchungen kommen und somit nur einen indirekten Bezug zu der Studie haben. Insgesamt gesehen ist die Verwendung von passiven Merkmalen eine sehr wichtige Eigenschaft der Korrespondenzanalyse, die auch in den folgenden anwendungsorientierten Kapiteln noch oft genutzt wird.

5. Multiple Korrespondenzanalyse

Bei der einfachsten Anwendung der Korrespondenzanalyse werden die I Zeilen und J Spalten einer einzelnen Kontingenztabelle in einem optimalen Unterraum grafisch dargestellt. Die Geometrie dieses Verfahrens wurde ausführlich hergeleitet und die Interpretationsmöglichkeiten der grafischen und der numerischen Darstellung wurden diskutiert. Anschließend wurde die Kontingenztabelle der Eingabedaten derart erweitert, daß mehrere beschreibende Variablen zu einer zu beschreibenden Variable ins Verhältnis gesetzt wurden; in Kapitel 4 wurde die beschreibende Variable "Alter × Geschlecht" simultan auf verschiedene "kulturelle Kompetenzen" bezogen. In der praktischen Anwendung wurden im ersten Schritt die Häufigkeiten der Kreuztabellen von "Alter × Geschlecht" mit den ausgewählten kulturellen Kompetenzen untereinander geschrieben, im zweiten Schritt wurde die resultierende zusammengesetzte Kontingenztabelle mit Hilfe der Korrespondenzanalyse beschrieben.

Werden die Effekte betrachtet, die bei der Korrespondenzanalyse der zusammengesetzten Tabelle in die Interpretation eingingen, so waren dies die Zusammenhänge zwischen "Alter × Geschlecht" und "Tanzen zu Popmusik", "Alter × Geschlecht" und "Hosen umnähen" sowie die anderen bivariaten Interaktionen zwischen "Alter × Geschlecht" und den weiteren in der Analyse berücksichtigten "kulturellen Kompetenzen". D. h. in den Beschreibungen der zusammengesetzten Tabellen wurden ausschließlich die Effekte der einzelnen Zeilenvariablen mit der Spaltenvariable berücksichtigt, die Zusammenhänge zwischen den Zeilenvariablen, also zwischen den "kulturellen Kompetenzen", blieben unberücksichtigt. Dies war entsprechend der Fragestellung auch intendiert - es sollte untersucht werden, welche der kulturellen Kompetenzen geschlechts- und welche altersspezifisch sind. Im folgenden sollen die Zusammenhänge zwischen allen beteiligten Variablen in der Analyse berücksichtigt werden - dieses ist mit Hilfe der *multiplen Korrespondenzanalyse* möglich. Werden wiederum die kulturellen Kompetenzen als Beispiel verwendet, so kann mit Hilfe dieses Verfahrens z. B. angegeben werden, ob die Personen, die Hosen umnähen können, relativ selten angaben, Schach spielen zu können und ob die Personen, die zu Popmusik tanzen können, überdurchschnittlich oft angaben, Walzer tanzen zu können.

Die multiple Korrespondenzanalyse kann immer angewendet werden, wenn Strukturen zwischen den Variablen(ausprägungen) beschrieben werden sollen. In der Lebensstilforschung kann z. B. untersucht werden, welche Lebensstilmerkmale überdurchschnittlich oft zusammen auftreten, in der Medienforschung kann untersucht werden, welche Programme von welchen Personengruppen (unterschieden nach Altersgruppen, höchsten Bildungsabschluß, Geschlecht, ...) bevorzugt (oder abgelehnt) werden, in der Konsumforschung können Kombinationen von Präferenzen beschrieben werden.

5.1 Von der einfachen zur multiplen Korrespondenzanalyse

Die multiple Korrespondenzanalyse kann als einfache Korrespondenzanalyse einer Indikatormatrix oder einer Burt-Tabelle angesehen werden (vgl. Greenacre und Hastie 1987, van der Heijden und de Leeuw 1989), der Algorithmus ist der gleiche. Die *Indikatormatrix* besteht nur aus Nullen und Einsen, sie hat soviele Spalten, wie es Variablenausprägungen gibt,[1] und soviele Zeilen wie Objekte (z. B. Personen). Im Fall der Umfrageforschung wird jeder Befragte durch eine separate Zeile beschrieben; dabei stehen Einsen in den Spalten, in denen die entsprechenden Kategorien genannt wurden und Nullen in den verbleibenden Spalten. Ist z. B. eine Person männlich, so erhält die dazugehörige Zeile bei dem zweispaltigen Merkmal "Geschlecht" eine Eins in der Spalte "männlich" und eine Null in der Spalte "weiblich"; ist diese Person zudem ledig, so erhält sie eine "Eins" in der Kategorie "ledig" und eine "Null" in allen anderen Kategorien des Familienstandes (die Person ist weder verheiratet, noch verwitwet, noch ...). Sind bei den Variablen keine Mehrfachnennungen zugelassen, was z. B. bei Variablen wie "Geschlecht" und "Familienstand" schon per Definition nicht möglich ist, so hat jede Zeile genauso viele Einsen wie es Variablen gibt. Wird davon ausgegangen, daß es keine fehlenden Werte gibt,[2] so ist die Summe der Zeilen gleich der Anzahl der Variablen, und in den Spaltensummen stehen die Häufigkeiten der Variablenausprägungen.

Die *Burt-Tabelle* besteht aus den Kreuztabellen aller beteiligten Variablen, jede Variable wird mit jeder Variablen kreuztabelliert, inkl. der Kreuztabellen der Variablen mit sich selbst. Die Häufigkeiten dieser Tabellen werden zeilen- und spaltenweise zusammengesetzt: Beginnend mit der Kreuztabelle der Variablen V1 mit sich selbst (V1 × V1) wird von rechts die Tabelle (V1 × V2) angesetzt, dann die Tabelle (V1 × V3) bis zur Tabelle der ersten mit der letzten Variable (V1 × VQ). Von (V1 × V1) aus gesehen folgen nach unten die Tabellen (V2 × V1), dann (V3 × V1) bis (VQ × V1). Die verbleibenden Felder werden mit den entsprechenden Tabellen aufgefüllt; rechts unten steht die Tabelle (VQ

1 Gemeint ist die Summe aller Variablenausprägungen aller berücksichtigten Variablen.

2 Da es sich bei der Korrespondenzanalyse um ein Verfahren zur Analyse kategorialer Daten handelt, können auch Kategorien wie "weiß nicht" und "Angabe verweigert" als inhaltlich relevante Merkmale berücksichtigt werden (vgl. z. B. Abschnitt 4.5.1), sie wären damit nicht als "fehlend" zu klassifizieren.

$\times$ VQ). Das Ergebnis ist eine symmetrische Matrix, die alle Kreuztabellen der zu analysierenden Variablen enthält und wo in der Hauptdiagonalen die Randsummen der Variablen stehen (vgl. auch Abschnitt 5.4). Die Burt-Tabelle (**T**) kann auch aus dem Produkt der beschriebenen Indikatormatrix (**H**) mit ihrer transponierten bestimmt werden, also $\mathbf{T} = \mathbf{H}^T \mathbf{H}$; die eine Darstellung ist lediglich eine Transformation der anderen.

Zur Demonstration des Zusammenhanges von einfacher und multipler Korrespondenzanalyse wurde wieder das Beipiel von Porst (1991) ausgewählt, der bei einer telefonischen Befragung den Zusammenhang der "Anschreibeform" (ohne Anschreiben, kurzes Anschreiben, langes Anschreiben) und die "Bereitschaft am Interview teilzunehmen" (Interview durchgeführt, Verweigerung, nicht-angetroffen, Sonstiges) untersuchte (vgl. Abschnitt 2.6); der Zusammenhang zwischen den beiden Variablen ist signifikant (χ^2 = 16,48 mit df = 6). Die Eingabedaten sind nochmals in Tabelle 5.1, die grafische Ausgabe der Ergebnisse (symmetrische Darstellung) ist in Abbildung 5.1 und die numerische Ausgabe der Ergebnisse ist in Tabelle 5.2 wiedergegeben.

Tabelle 5.1: Eingabedaten der Korrespondenzanalyse

	ohne Anschreiben	kurzes Anschreiben	langes Anschreiben	Summe
Interviewte	32	46	36	114
Verweigerungen	62	32	48	142
Nicht-Angetroffene	17	19	13	49
Sonstige Ausfälle	13	20	24	57
Summe	124	117	121	362

In Abbildung 5.1 wurden die Spaltenmerkmale zur besseren Lesbarkeit unterstrichen. Da die Lösung zweidimensional ist, wird die gesamte Variation der Daten mit Hilfe von Abbildung 5.1 dargestellt; d. h. auch, daß die in Abschnitt 2.6 berechneten Distanzen, also die Distanzen zwischen den Zeilen- (Tabelle 2.6) und die Distanzen zwischen den Spaltenprofilen (Tabelle 2.7) mit dem Lineal nachgemessen werden können. Die Distanzen zwischen Spalten- und Zeilenmerkmalen dürfen, wie bereits mehrfach gezeigt, nicht interpretiert werden.

Wie schon in Kapitel 2 auf der Basis der Distanzen gezeigt, besteht auf der Ebene der Spaltenmerkmale der größte Unterschied zwischen "keinem" und einem "kurzen Anschreiben"; dieser Unterschied wird durch die erste Achse reflektiert, mit der 80,8% der Variation der Daten erklärt werden. Aus den korrespondierenden Merkmalen der Zeilen (vgl. die Ladungen auf dem gleichen Achsenabschnitt anhand von Tabelle 5.2. und Abbildung 5.1) wird ersichtlich, daß von denjenigen, die kein Anschreiben erhielten, überdurchschnittlich viele verweigerten und daß von den Personen, die lediglich ein kurzes Anschreiben erhielten, relativ viele zu dem Interview bereit waren. Unabhängig von diesem Gegensatz ist das "lange Anschreiben": Von jenen Personen, die ausführliche Informationen zur Befragung erhielten (inkl. dem Institutsprospekt und der Datenschutzerklärung),

Abbildung 5.1: Grafische Darstellung der Korrespondenzanalyse

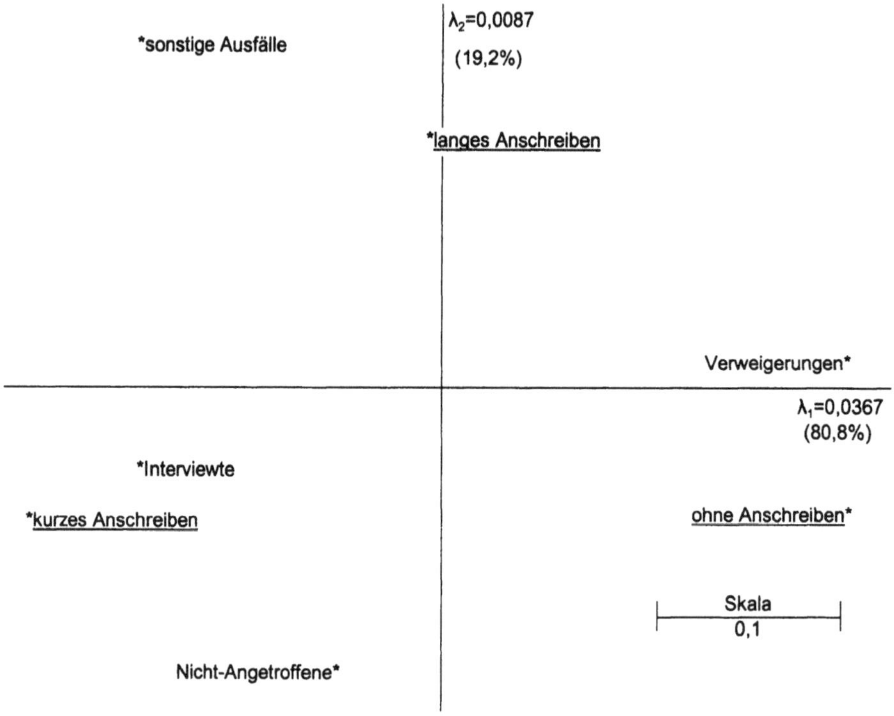

Tabelle 5.2: Numerische Darstellung der Ergebnisse

Name	SQCOR	MASS	INR	LOC1	SLOC1	QCOR1	INR1	LOC2	SLOC2	QCOR2	INR2
in	1,000	0,315	0,222	-0,174	-0,907	0,944	0,259	-0,043	-0,460	0,056	0,066
vw	1,000	0,392	0,478	0,235	1,225	0,997	0,590	0,013	0,139	0,003	0,007
na	1,000	0,135	0,081	-0,073	-0,381	0,198	0,020	-0,148	-1,585	0,802	0,338
so	1,000	0,157	0,219	-0,175	-0,912	0,484	0,131	0,181	1,938	0,516	0,589
oA	1,000	0,343	0,432	0,231	1,204	0,929	0,497	-0,064	-0,658	0,071	0,161
kA	1,000	0,323	0,440	-0,239	-1,246	0,924	0,503	-0,068	-0,728	0,076	0,174
lA	1,000	0,334	0,128	-0,005	-0,026	0,002	0,000	0,132	1,414	0,998	0,665

verweigerten weder überdurchschnittlich viele noch waren überdurchschnittlich viele zu einem Interview bereit. Diese Gruppe von Angeschriebenen ist am besten durch das Merkmal "sonstige Ausfälle" gekennzeichnet und dadurch, daß nur relativ wenige zu den Nicht-Angetroffenen gehören.

Die Informationen aus Tabelle 5.1 werden im folgenden in eine Indikatormatrix geschrieben, diese hat entsprechend der Fallzahl 362 Zeilen und sieben Spalten (vier Kategorien der ursprünglichen Zeilenvariable "Bereitschaft zur Interviewteilnahme" und drei Kategorien der ursprünglichen Spaltenvariable "Art des Anschreibens"). Beginnend mit der Zelle (1, 1) "Interviewte, ohne Anschreiben" bekommen alle Personen, die diese Merkmalskombination haben, in den Spalten "Interviewte" (in-Z1) und "ohne Anschreiben" (oA-S1) eine Eins und in den verbleibenden fünf Spalten eine Null; die ersten 32 Personen (hier identisch mit den ersten 32 Zeilen), die durch die Merkmalskombination "erste Zeile, erste Spalte" (1, 1) gekennzeichnet sind, haben somit die Ausprägungen "1; 0; 0; 0; 1; 0; 0". Die nächsten 46 Personen mit der Antwortkombination "Interviewte, kurzes Anschreiben" (1, 2) haben die Ausprägungen "1; 0; 0; 0; 0; 1; 0", und die letzten 24 Personen (4, 3) "0; 0; 0; 1; 0; 0; 1". Die Gesamtsumme dieser Tabelle ist $n = 724$; da jede Person genau zwei Einsen hat - eine bei der Variablen "Art des Anschreibens" und eine bei der Variablen "Bereitschaft zur Teilnahme" -, muß die Anzahl der Fälle mit zwei multipliziert werden (vgl. Tabelle 5.3). Diese Indikatormatrix wird als Eingabeinformation für die Korrespondenzanalyse verwendet, die Trägheitsgewichte der Achsen und deren erklärte Varianzen sind in Tabelle 5.4 wiedergegeben; zum Vergleich sind dort auch die Trägheitsgewichte und deren erklärte Varianzen der Korrespondenzanalyse auf Tabelle 5.1 angegeben.

Wird die Korrespondenzanalyse auf die Indikatormatrix angewendet, so scheint die Dimensionalität des Projektionsraums Fünf zu sein; dieser Wert ergibt sich, wenn von der Anzahl der Kategorien ($J=7$) die Anzahl der Variablen ($Q=2$) subtrahiert wird. Da die multiple Korrespondenzanalyse jedoch die Eigenschaft hat, daß irrelevante singuläre Werte und singuläre Vektoren errechnet werden, besteht die Empfehlung, daß lediglich die Dimensionen berücksichtigt werden, deren quadrierte singuläre Werte (= Eigenwerte) größer als $1/Q$, in diesem Fall also größer als 0,5 sind (Benzécri 1979, Greenacre 1984, 1988a; zur Begründung siehe auch Abschnitt 5.4). Da dieser Empfehlung zur Folge nur zwei der in Tabelle 5.4 (oberer Teil) aufgeführten Dimensionen relevant sind, sollte es eine Adjustierung der dazugehörigen Trägheitsgewichte in der Form gegeben, daß mit diesen beiden Dimensionen 100% der Variation erklärt werden. Die am häufigsten verwendete Methode basiert auf einem Vorschlag von Benzécri (1979), danach werden die *adjustierten (reskalierten) Eigenwerte* bestimmt aus:

$$\tilde{\lambda}_k = \left[\frac{Q}{Q-1}\left(\lambda_{H,k} - \frac{1}{Q}\right)\right]^2 \qquad (5.1)$$

Tabelle 5.3: Eingabedaten der multiplen Korrespondenzanalyse

Fall Name	in-Z1	vw-Z2	na-Z3	so-Z4	oA-S1	kA-S2	lA-S3	Summe
1 11	1	0	0	0	1	0	0	2
2 11	1	0	0	0	1	0	0	2
3 11	1	0	0	0	1	0	0	2
.								
32 11	1	0	0	0	1	0	0	2
33 12	1	0	0	0	0	1	0	2
.								
79 13	1	0	0	0	0	0	1	2
.								
115 21	0	1	0	0	1	0	0	2
.								
177 22	0	1	0	0	0	1	0	2
.								
209 23	0	1	0	0	0	0	1	2
.								
257 31	0	0	1	0	1	0	0	2
.								
274 32	0	0	1	0	0	1	0	2
.								
293 33	0	0	1	0	0	0	1	2
.								
306 41	0	0	0	1	1	0	0	2
.								
307 41	0	0	0	1	1	0	0	2
.								
319 42	0	0	0	1	0	1	0	2
.								
339 43	0	0	0	1	0	0	1	2
.								
362 43	0	0	0	1	0	0	1	2
Summe	114	142	49	57	124	117	121	724

Tabelle 5.4: Trägheitsgewichte der Achsen und deren erklärte Varianzen

1	0,595914	23,84%	***
2	0,546688	21,87%	***
3	0,500000	20,00%	***
4	0,453312	18,13%	***************************************
5	0,404086	16,16%	***********************************
6	0,000000	0,00%	
	2,500000		
1	0,036798	80,84%	***
2	0,008719	19,16%	************
	0,045517		

Dabei sind die $\tilde{\lambda}_k$ die resultierenden Trägheitsgewichte der Achsen und die $\lambda_{H,k}$ die Trägheitsgewichte der Achsen der Indikatormatrix. Werden die Trägheitsgewichte der Korrespondenzanalyse auf Tabelle 5.3 in die obige Gleichung eingesetzt, so ergeben sich für

$$\tilde{\lambda}_1 = [2 * (0{,}595914 - 0{,}5)]^2 = 0{,}036798$$
$$\tilde{\lambda}_2 = [2 * (0{,}546688 - 0{,}5)]^2 = 0{,}008719;$$

die resultierenden adjustierten Trägheitsgewichte der Achsen sind gleich denen der Korrespondenzanalyse auf die Daten in Tabelle 5.1. Für den Fall der Korrespondenzanalyse auf der Basis nur einer Zeilen- und nur einer Spaltenvariablen ($Q = 2$), in dem gegebenen Beispiel also zwischen der "Art des Anschreibens" und der "Teilnahmebereitschaft", gibt es nur einen Interaktionseffekt, bei der multiplen Korrespondenzanalyse werden somit keine zusätzlichen Informationen berücksichtigt. Die daraus resultierende Gleichheit der Trägheitsgewichte der Achsen wird bei der Reskalierung nach Benzécri (1979) deutlich.

Im Gegensatz zur einfachen Korrespondenzanalyse stehen bei der multiplen Korrespondenzanalyse alle Variablenkategorien in den Spalten, in den Zeilen stehen die Personen - diese können ebenfalls im Projektionsraum berücksichtigt werden. Für den Vergleich mit Abbildung 5.1 werden vorerst nur die sieben Spaltenmerkmale berücksichtigt (Abbildung 5.2).

Werden die Abbildungen 5.1 und 5.2 verglichen, so scheinen sie sich nur bei der Skalierung (vgl. die unterschiedlichen Skalen jeweils im rechten unteren Quadranten) und in der Streckung der zweiten Achse zu unterscheiden. Werden die Zuordnungen der Variablenausprägungen zu den Abschnitten der beiden Achsen betrachtet, so sind diese identisch; die Interpretation der Ergebnisse auf der Basis der grafischen Darstellungen ist somit ebenfalls identisch. Aufgrund der Streckung der zweiten Achse sind jedoch die Abstände in Abbildung 5.1 zwischen den Variablenausprägungen (von Zeilen und Spalten) nicht proportional zu denen von Abbildung 5.2; die Distanzen aus den Tabellen 2.6 und 2.7 können daher nicht mit dem Lineal verifiziert werden. Aber auch wenn die Distanzen nicht euklidisch interpretiert werden können, ist die grafische Darstellung der multiplen Korrespondenzanalyse ein wichtiges Instrument für die Interpretation der Ergebnisse. Unabhängig von der unterschiedlichen Streckung der Achsen bleibt die Zuordnung der Variablenausprägungen zu den Achsenabschnitten erhalten.

Als Eingabeinformation der multiplen Korrespondenzanalyse wurde die Indikatormatrix verwendet. Wie bei der einfachen Korrespondenzanalyse können auch bei der multiplen Korrespondenzanalyse Zeilen und Spalten in eine Abbildung integriert werden; der Unterschied ist lediglich, daß nun die einzelnen Untersuchungspersonen in den Zeilen stehen und nicht mehr eine (oder mehrere) Variable(n). Da in dem gegebenen Beispiel immer mehrere Personen die gleichen Merkmalsausprägungen haben und da diese Personen demzufolge an exakt der gleichen Stelle lokalisiert sind, wurde in den nachfolgenden

Darstellungen die Merkmalskombination als Personenkennzeichnung verwendet, z. B. "21" für "zweite Zeile, erste Spalte", also für die Personen, die "verweigert" hatten und die "kein Anschreiben" erhielten. In der nachfolgenden grafischen Darstellung wurden die Spaltenmerkmale nochmals eingezeichnet; wiedergegeben ist die asymmetrische Darstellung mit den Zeilen in Hauptkoordinaten und den Spalten in Standardkoordinaten (Abbil-

Abbildung 5.2: Grafische Darstellung der Profile der Spalten in der multiplen Korrespondenzanalyse

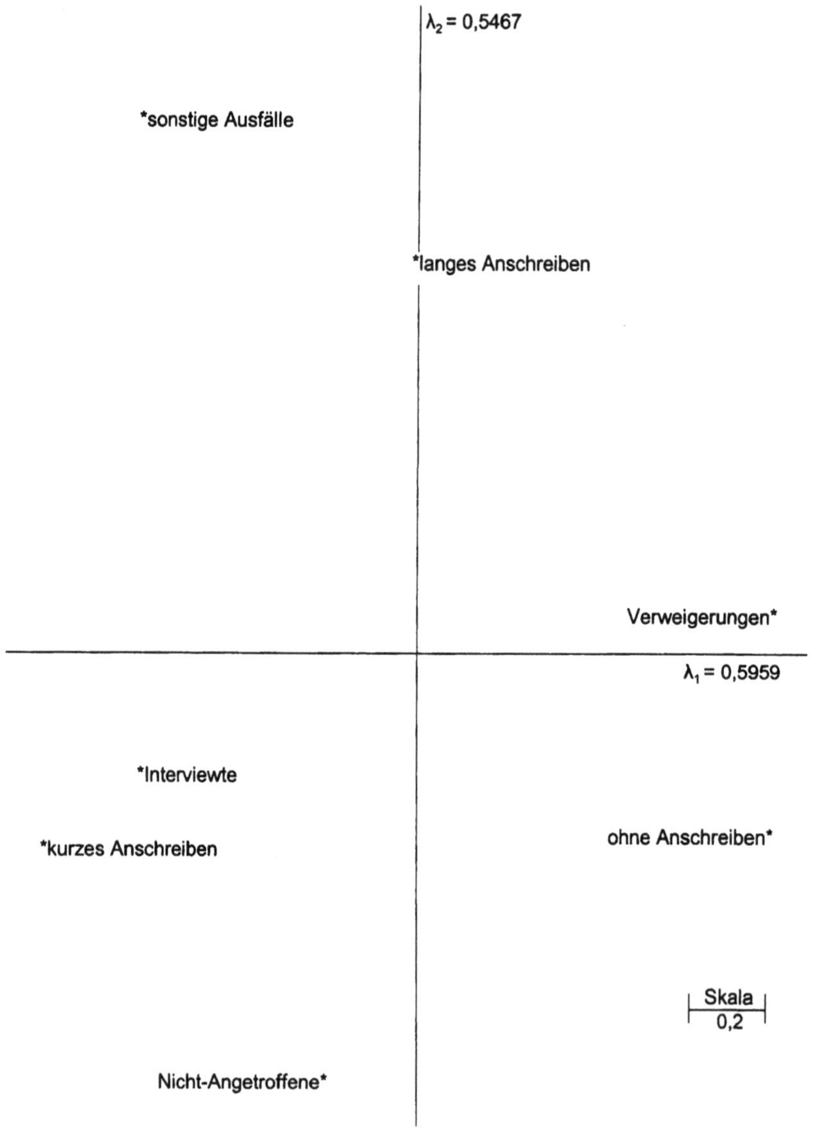

Abbildung 5.3: Asymmetrische Darstellung der multiplen Korrespondenzanalyse

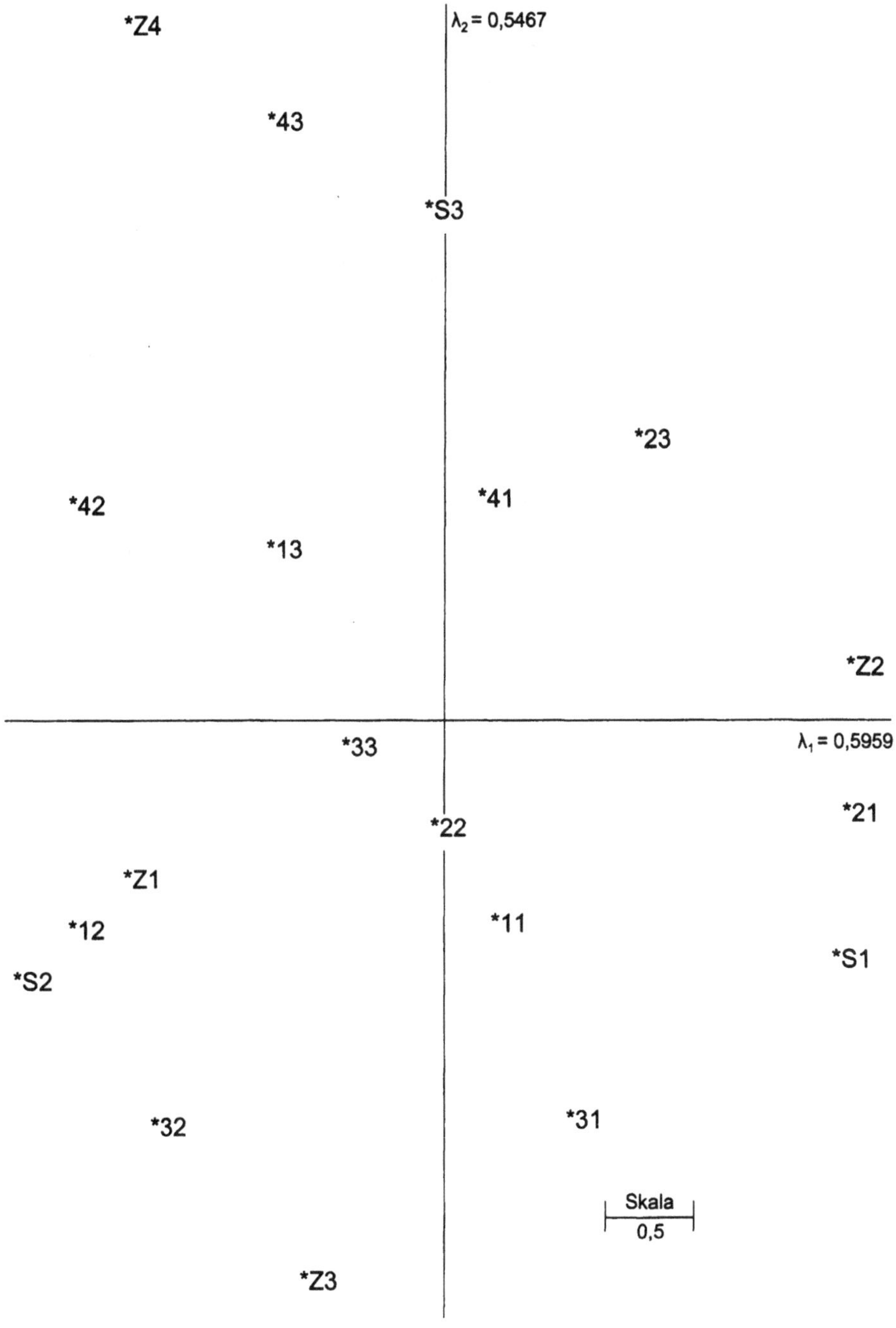

dung 5.3).[3]

Die Zeilen der Darstellung haben als Elemente nur die Werte "0" und "1", d. h. bei zwei berücksichtigten Variablen haben die Zeilenprofile alle die Elemente "0" oder "0,5". In dieser Situation wird durch das baryzentrische System bedingt, daß jedes Zeilenprofil genau in der Mitte zwischen den beiden dazugehörigen Variablenausprägungen liegt. So wird anhand von Abbildung 5.3 ersichtlich, daß die Merkmale der Zeilen exakt in der Mitte auf der Verbindungslinie der korrespondierenden Spaltenausprägungen liegen; so sind z. B. die Personen, die als "sonstiger Ausfall" klassifiziert wurden (Z4) und die ein "kurzes Anschreiben" bekamen (S2), und die somit die Kennzeichnung "42" erhielten, exakt in der Mitte der Verbindungslinie zwischen "Z4" und "S2" lokalisiert.

Es sei noch angemerkt, daß die Standardkoordinaten der Spalten in Abbildung 5.3 identisch sind mit den Standardkoordinaten von Zeilen und Spalten der einfachen Korrespondenzanalyse von Tabelle 5.1 (z. B. für "Interview durchgeführt", Tabelle 5.2: SLOC1 = -0,907; Tabelle 5.5b: LOC1 = -0,701, daraus folgt SLOC1 = 0,701 / $0,5959^{-1/2}$ = -0,907). Caroll u. a. (1986, 1987) sehen auf der Basis dieses Zusammenhanges eine Interpretationsmöglichkeit für die Distanzen zwischen Zeilen und Spalten einer Kontingenztabelle (*Caroll-Green-Schaffer-Skalierung*), es handelt sich jedoch nur um Distanzen zwischen Scheitelpunkten, die inhaltlich keine Interpretation haben (vgl. ausführlich Greenacre 1989). Da zudem die Anwendung der multiplen Korrespondenzanalyse auf zwei Variablen nur eine geringe praktische Relevanz hat, soll dieses Beispiel nicht ausführlich diskutiert werden (zur Diskussion des bivariaten Falles der multiplen Korrespondenzanalyse siehe Greenacre 1984: 130-131, Lebart u. a. 1984: 86-87, Greenacre und Hastie 1987).

Wie bei der einfachen Korrespondenzanalyse gibt es auch bei der multiplen Korrespondenzanalyse eine numerische Ausgabe der Ergebnisse. Die Berechnung der Koeffizienten erfolgt nach dem gleichen Algorithmus, wie er für die einfache Korrespondenzanalyse ausführlich dargestellt wurde (vgl. Kapitel 3); die Wiedergabe der numerischen Ergebnisse für die beiden ersten Achsen erfolgt in Tabelle 5.5. Hierfür wurde von den Zeilen (den Personen, Tabelle 5.5a), die durch identische Ausprägungen in beiden Variablen gekennzeichnet sind, mit Ausnahme der ersten und der letzten Merkmalskombination immer nur eine berücksichtigt.[4]

---

3 Gehen viele Variablen in die multiple Analyse ein, so gibt es aufgrund der vielfältigen Kombinationsmöglichkeiten nur noch per Zufall zwei Personen, die an der gleichen Stelle lokalisiert sind. Sollen dennoch Individuen in den Merkmalsraum integriert werden, so können sie anhand einer beliebigen Variablen, z. B. dem "Geschlecht" oder der "Parteiidentifikation" unterschieden werden (vgl. Rouanet und Le Roux 1993, Le Roux und Rouanet 1998).

4 In der vollständigen numerischen Ausgabe haben die ersten 32 Zeilen identische Werte in allen Koeffizienten - beginnend mit einer Kommunalität von 0,170 und endend mit einem relativen Trägheitsgewicht auf der zweiten Achse von 0,002. Die nächsten 46 Zeilen (Fälle 33 bis 78) haben ebenfalls identische Koeffizienten, ebenso wie die jeweils nachfolgenden, die die gleichen Merkmalskombinationen haben, bis hin zu den letzten 24 (Fälle 339 bis 362) der insgesamt 362 Zeilen.

Tabelle 5.5a: Numerische Ergebnisse der multiplen Korrespondenzanalyse, Zeilen

Fall	Name	SQCOR	MASS	INR	LOC1	QCOR1	INR1	LOC2	QCOR2	INR2
1	11	0,170	0,003	0,002	0,148	0,011	0,000	-0,571	0,159	0,002
..	11	0,170	0,003	0,002	0,148	0,011	0,000	-0,571	0,159	0,002
32	11	0,170	0,003	0,002	0,148	0,011	0,000	-0,571	0,159	0,002
33	12	0,710	0,003	0,002	-1,078	0,544	0,005	-0,595	0,166	0,002
79	13	0,214	0,003	0,002	-0,468	0,105	0,001	0,477	0,109	0,001
115	21	0,895	0,003	0,002	1,215	0,852	0,007	-0,275	0,043	0,000
177	22	0,049	0,003	0,002	-0,011	0,000	0,000	-0,299	0,049	0,000
209	23	0,541	0,003	0,002	0,599	0,203	0,002	0,773	0,338	0,003
257	31	0,350	0,003	0,005	0,411	0,041	0,001	1,133	0,309	0,006
274	32	0,472	0,003	0,005	-0,815	0,157	0,003	-1,157	0,316	0,007
293	33	0,012	0,003	0,005	-0,205	0,010	0,000	-0,085	0,002	0,000
306	41	0,113	0,003	0,004	0,147	0,006	0,000	0,624	0,107	0,002
319	42	0,410	0,003	0,004	-1,079	0,313	0,005	0,600	0,097	0,002
339	43	0,822	0,003	0,004	-0,470	0,060	0,001	1,672	0,762	0,014
362	43	0,822	0,003	0,004	-0,470	0,060	0,001	1,672	0,762	0,014

Tabelle 5.5b: Numerische Ergebnisse der multiplen Korrespondenzanalyse, Spalten

Variable	SQCOR	MASS	INR	LOC1	QCOR1	INR1	LOC2	QCOR2	INR2
in Z1	0,278	0,157	0,137	-0,701	0,226	0,130	-0,337	0,052	0,033
vw-Z2	0,585	0,196	0,122	0,947	0,579	0,295	0,100	0,006	0,004
na-Z3	0,228	0,068	0,173	-0,295	0,014	0,010	1,169	0,214	0,169
so-Z4	0,475	0,079	0,169	-0,703	0,092	0,065	1,430	0,382	0,294
oA-S1	0,584	0,171	0,131	0,930	0,450	0,248	-0,506	0,134	0,080
kA-S2	0,583	0,162	0,135	-0,963	0,443	0,251	-0,542	0,140	0,087
lA S3	0,547	0,167	0,133	-0,022	0,000	0,000	1,043	0,546	0,333

Beim Vergleich der Abbildungen 5.1 und 5.2 wurde gesagt, daß die beiden Achsen mit unterschiedlichen Multiplikatoren gestreckt wurden, woraus die Unterschiede in den grafischen Darstellungen resultieren. Diese Streckungen erfolgten, wie im Fall der einfachen Korrespondenzanalyse bei der Reskalierung der Standardkoordinaten in die Hauptkoordinaten, mit den singulären Werten (vgl. Kapitel 3); diese sind für die multiple Korrespondenzanalyse $\gamma_{H,1} = 0{,}77195$ für die erste Achse ($\sqrt{0{,}5959} = 0{,}77195$; vgl. Tabelle 5.4) und $\gamma_{H,2} = 0{,}73938$ für die zweite Achse; für die einfache Korrespondenzanalyse sind die analogen Werte $\gamma_1 = 0{,}19183$ und $\gamma_2 = 0{,}09338$. Da im bivariaten Fall bei dem Übergang von der einfachen zur multiplen Korrespondenzanalyse keine zusätzlichen Interaktionseffekte berücksichtigt werden, können die Streckungsfaktoren aus den Verhältnissen der korrespondierenden singulären Werte bestimmt werden: für die erste Achse ergibt sich ein Verhältnis von $\gamma_{H,1} / \gamma_1 = 0{,}77195 / 0{,}19183 = 4{,}02$; für die zweite Achse ist das Verhältnis $\gamma_{H,2} / \gamma_2 = 0{,}73938 / 0{,}09338 = 7{,}92$. Werden die Lokalisationen der Variablenausprägungen in der multiplen Korrespondenzanalyse durch diese Werte dividiert, so erhalten wir die Lokalisationen der einfachen Korrespondenzanalyse, z. B. für die Ausprägung "Interviewte": $f_{11} = -0{,}701 / 4{,}02 = -0{,}174$ und $f_{12} = -0{,}337 / 7{,}92 = -0{,}043$.

Die *absoluten Trägheitsgewichte der Variablenausprägungen* auf den Achsen werden aus dem Quadrat der Entfernung zum Achsenkreuz multipliziert mit der Masse bestimmt (vgl. Kapitel 3). Da beim Übergang von der einfachen zur multiplen Korrespondenzanalyse die Entfernungen lediglich mit einer konstanten Größe multipliziert werden, erhöhen sich die absoluten Trägheitsgewichte um den Faktor der Multiplikatoren; die relativen Trägheitsgewichte werden durch diese Multiplikatoren nicht verändert. Da bei der multiplen Korrespondenzanalyse zwei Variablen in den Spalten stehen, sind die Massen der Variablenausprägungen gegenüber der einfachen Korrespondenzanalyse halbiert, und damit werden auch die relativen Trägheitsgewichte halbiert (vgl. die Spalten INR1 und die Spalten INR2 in den Tabellen 5.2 und 5.5b).

Die Berechnung der relativen Trägheitsgewichte der Variablenausprägungen erfolgt mittels Division der absoluten Trägheitsgewichte durch die Summe der Trägheitsgewichte aller Variablenausprägungen bezogen auf die jeweilige Achse (also mittels Division durch die Trägheitsgewichte der Achsen). Die Berechnung der quadrierten Faktorladungen der Variablenausprägungen erfolgt durch Division der absoluten Trägheitsgewichte auf den einzelnen Achsen durch das Gesamtträgheitsgewicht der jeweiligen Variablenausprägungen (also durch die Summen der Trägheitsgewichte auf den einzelnen Achsen; vgl. Kapitel 3). Bestandteile der Gesamtträgheitsgewichte der Variablenausprägungen sind jedoch auch die absoluten Trägheitsgewichte, die zu den "irrelevanten" Dimensionen gehören. Aufgrund der Einbeziehung dieser irrelevanten Werte kann es bei diesen Koeffizienten - und damit ebenso bei den Kommunalitäten - zu deutlichen Unterschieden zwischen der multiplen und der einfachen Korrespondenzanalyse kommen. Wird als Beispiel wiederum die erste Zeile "Interviewte" verwendet, so wird das absolute Trägheitsgewicht dieser Variablenausprägung auf jeder Dimension aus der Masse multipliziert mit dem Quadrat der Entfernung zum Achsenkreuz bestimmt, bezogen auf die erste Achse ergibt sich ein Wert von $i_{a,11} = 0{,}157 * -0{,}701^2 = 0{,}07715$ (vgl. die Angaben in Tabelle 5.5b).[5] Das absolute Gesamtträgheitsgewicht einer Variablenausprägung kann bestimmt werden, indem ihr relatives Gesamtträgheitsgewicht (vgl. die Spalte INR in Tabelle 5.5b) auf das Gesamtträgheitsgewicht des Modells (= 2,5; vgl. die Summe der Trägheitsgewichte der Achsen in Tabelle 5.4,

---

5 Auch in diesen Koeffizienten gehen die Werte aus den "irrelevanten" Dimensionen ein.

oberer Teil) bezogen wird, also $i_{a,1+}$ = 0,137 * 2,5 = 0,3425. Da auch die absoluten Trägheitsgewichte der Variablenausprägungen bezogen auf die einzelnen Achsen bekannt sind, können die quadrierten Faktorladungen bestimmt werden; so z. B. für "Interviewte" auf der ersten Achse: 0,07715 / 0,3425 = 0,226. Für die zweite Zeile "Verweigerer" auf der ersten Achse folgt entsprechend dieser Umrechnung: 0,196 * $0,947^2$ / 0,122 * 2,5 = 0,579; die entsprechenden quadrierten Faktorladungen bei der einfachen Korrespondenzanalyse sind 0,944 und 0,977 und unterscheiden sich damit - im Gegensatz zu den beiden Werten der multiplen Korrespondenzanalyse - nur geringfügig.

Die Dateneingabe der multiplen Korrespondenzanalyse umfaßt 362 Zeilen und sieben Spalten (vgl. Tabelle 5.3), von denen alle Merkmalskombinationen mehrfach vorkommen, so kommt z. B. "Interviewte" und "ohne Anschreiben" genau 32mal vor. Statt 32mal dieselbe Zeile aufzunehmen und statt 32mal die Antwortkombination "1; 0; 0; 0; 1; 0; 0" zu berücksichtigen, können diese Werte in einer mit der Anzahl der Ausprägungen gewichteten Zeile zusammengefaßt werden, also in "32; 0; 0; 0; 32; 0; 0". Analog zu dieser Zusammenfassung können auch alle anderen Zeilen mit den gleichen Kombinationen in den Variablenausprägungen zusammengefaßt werden, statt der relativ aufwendigen Eingabe mit 362 Zeilen kann die Matrix der Eingabedaten auf 12 Zeilen und 7 Spalten verkürzt werden (vgl. Tabelle 5.6); die Ergebnisse der Korrespondenzanalysen der Tabellen 5.3 und 5.6 sind identisch.

In der Umfrageforschung hat die Anwendung der multiplen Korrespondenzanalyse auf zwei Variablen kaum praktische Relevanz, in der Regel wird die Beziehung zwischen einer größeren Anzahl von Variablen untersucht. Wiederum unter Verwendung der ALLBUS-Daten zur kulturellen Kompetenz wird im folgenden beschrieben, wie stark die Ausprägungen von "Walzer tanzen", "Schach spielen", "Hosen umnähen" und "tanzen zu Popmusik" kovariieren. Damit sollen Fragen beantwortet werden wie z. B. ob die Personen, die in der Lage sind, eine Hose umzunähen ("Hosen umnähen: ja"), auch Walzer tanzen können ("Walzer tanzen: ja") und ob die Personen, die "etwas Schach spielen" können, überdurchschnittlich oft "etwas Walzer tanzen" können. Während bei der einfachen Korrespondenzanalyse alle "kulturellen Kompetenzen" auf die Variable "Alter × Geschlecht" bezogen wurden (vgl. Kapitel 4) und die Interaktionen zwischen den kulturellen Kompetenzen unberücksichtigt blieben, sollen nun diese Effekte beschrieben werden. Die Idee der multiplen Korrespondenzanalyse ist damit der der Hauptkomponentenanalyse ähnlich - bei letzterer werden die Interaktionen zwischen allen Variablen als Eingabeinformationen verwendet, bei der multiplen Korrespondenzanalyse die zwischen allen Variablenausprägungen. Die Zusammenhänge zwischen den Merkmalen der "kulturellen Kompetenzen" und den Ausprägungen der Variablen "Alter × Geschlecht" bleiben vorerst unberücksichtigt, sie werden in Abschnitt 5.7 diskutiert.

Tabelle 5.6: Verkürzte Dateneingabe bei der multiplen Korrespondenzanalyse

Name	Z1	Z2	Z3	Z4	S1	S2	S3	Summe
11	32	0	0	0	32	0	0	64
12	46	0	0	0	0	46	0	92
13	36	0	0	0	0	0	36	72
21	0	62	0	0	62	0	0	124
22	0	32	0	0	0	32	0	64
23	0	48	0	0	0	0	48	96
31	0	0	17	0	17	0	0	34
32	0	0	19	0	0	19	0	38
33	0	0	13	0	0	0	13	26
41	0	0	0	13	13	0	0	26
42	0	0	0	20	0	20	0	40
43	0	0	0	24	0	0	24	48
Summe	114	142	49	57	124	117	121	724

5.2 Korrespondenzanalyse einer Indikatormatrix

Es gibt zwei Möglichkeiten, die multiple Korrespondenzanalyse auf die oben genannten vier Variablen anzuwenden: die Eingabe über die Indikatormatrix und die Eingabe über die Burt-Tabelle (siehe Abschnitt 5.3). Da die einzelnen Variablen nur wenige "fehlende Werte" haben und da die explizite Berücksichtigung dieser wenigen Ausfälle kaum interessant sein dürfte, werden im folgenden nur die Fälle berücksichtigt, bei denen alle vier Fragen zu den "kulturellen Kompetenzen" beantwortet sind; diese Vorgehensweise entspricht dem *listweisen Ausschluß der fehlenden Werte* bei der Hauptkomponentenanalyse.

Wird die Dateneingabe über die Indikatormatrix gewählt, so hat die resultierende Tabelle 12 Spalten, von "Walzer tanzen: ja" (Wj) bis "tanzen zu Popmusik: nein" (Pn), und 2945 Zeilen entsprechend der Anzahl der Fälle ohne fehlende Werte. Jeder der Fälle hat in jeder Variablen eine "Eins" für "genannt" und zwei "Nullen" für "nicht genannt" (vgl. Tabelle 5.7); z. B. hat die erste Person die Antwortkombination "Walzer tanzen: nein", "Schach spielen: ja", "Hose umnähen: ja" und "tanzen zu Popmusik: nein". Die Summe der Zeilen ist konstant (=4), die Summe der Spalten ist gleich den Werten der univariaten Verteilungen der Variablen.

Auch bei dieser multiplen Korrespondenzanalyse kann die Dateneingabe verkürzt werden: Bei vier Variablen mit jeweils drei Ausprägungen gibt es insgesamt $3^4 = 81$ Kombinationen von Antworten - von "ja, ja, ja, ja", wenn alle vier Fragen mit "ja" beantwortet wurden, über sämtliche Kombinationen der drei Antwortmöglichkeiten bis "nein, nein, nein, nein", wenn keine der vier kulturellen Kompetenzen vorhanden war. Werden die Daten entsprechend aggregiert, so kommen die Antwortkombinationen zwischen dreimal, z.B. "Walzer tanzen: nein, Schach spielen: etwas, Hosen umnähen: ja und tanzen zu Popmusik: etwas", und 451-mal vor, "Walzer tanzen: ja, Schach spielen: nein, Hosen umnähen: ja und tanzen zu Popmusik: ja" (vgl. "neje" und "jnjj" in Tabelle 5.8). Das am häufigsten angegebene Muster gehört zu der Antwortkombination "Walzer tanzen: ja; Schach spielen: nein; Hosen umnähen: ja", bei wechselnden Angaben bezüglich der Fähigkeit nach Popmusik zu tanzen (vgl. "jnj+" in Tabelle 5.8); dieses und andere auffällige Muster sollten auch mit Hilfe der multiplen Korrespondenzanalyse gefunden werden. Auf die Matrix mit den 12 Spalten und 2945 Zeilen bzw. mit den 81 gewichteten Zeilen, wird die multiple Korrespondenzanalyse angewendet, die Trägheitsgewichte der einzelnen Achsen und deren erklärte Varianzen sind in Tabelle 5.9 wiedergegeben.

Bei vier Variablen und insgesamt 12 Kategorien hat die Lösung maximal acht Dimensionen ("Anzahl der Kategorien" minus "Anzahl der Variablen"). Die Trägheitsgewichte der Achsen als auch die erklärten Varianzen weichen nur geringfügig voneinander ab; werden die ersten beiden Dimensionen betrachtet, so erklären diese zusammen lediglich 32,6% der Variation der Daten. Dieser niedrige Anteil an erklärter Varianz ist auffällig und scheint für eine sozialwissenschaftliche Interpretation unbefriedigend zu sein, aber er ist unterschätzt (vgl. auch Abschnitt 5.4). Eine einfache Möglichkeit der "Verbesserung"

Tabelle 5.7: Indikatormatrix der vier kulturellen Kompetenzen

Fall	Wj	We	Wn	Sj	Se	Sn	Hj	He	Hn	Pj	Pe	Pn	Summe
1,	0	0	1	1	0	0	1	0	0	0	0	1	4
2,	0	1	0	0	0	1	0	0	1	0	0	1	4
3,	1	0	0	0	0	1	1	0	0	0	0	1	4
4,	0	0	1	1	0	0	0	0	1	1	0	0	4
5,	0	1	0	0	0	1	0	0	1	0	1	0	4
6,	1	0	0	0	1	0	1	0	0	1	0	0	4
7,	1	0	0	1	0	0	0	0	1	1	0	0	4
8,	1	0	0	0	0	1	1	0	0	1	0	0	4
9,	1	0	0	0	0	1	1	0	0	0	0	1	4
10,	0	0	1	1	0	0	1	0	0	1	0	0	4
11,	1	0	0	0	0	1	1	0	0	0	1	0	4
12,	0	0	1	1	0	0	1	0	0	0	1	0	4
13,	1	0	0	0	0	1	1	0	0	1	0	0	4
14,	0	1	0	0	1	0	1	0	0	1	0	0	4
15,	1	0	0	0	0	1	1	0	0	1	0	0	4
.													
2945,	0	1	0	0	0	1	1	0	0	0	0	1	4
Summe	1807	593	545	674	429	1842	1842	317	786	1340	475	1130	11780

Tabelle 5.8: Antwortmuster der vier Fragen

jjjj	102	jjje	23	jjjn	41	jjej	22	jjee	17	jjen	16
jjnj	76	jjne	21	jjnn	63	jejj	102	jeje	17	jejn	22
jeej	13	jeee	9	jeen	6	jenj	25	jene	19	jenn	10
jnjj	451	jnje	129	jnjn	371	jnej	20	jnee	10	jnen	37
jnnj	63	jnne	26	jnnn	96	ejjj	35	ejje	10	ejjn	12
ejej	12	ejee	10	ejen	11	ejnj	18	ejne	13	ejnn	11
eejj	42	eeje	7	eejn	13	eeej	8	eeee	3	eeen	3
eenj	17	eene	16	eenn	15	enjj	101	enje	35	enjn	68
enej	13	enee	7	enen	13	ennj	21	enne	17	ennn	62
njjj	29	njje	9	njjn	24	njej	19	njee	6	njen	9
njnj	22	njne	16	njnn	27	nejj	20	neje	3	nejn	7
neej	7	neee	5	neen	8	nenj	13	nene	7	nenn	12
nnjj	57	nnje	19	nnjn	93	nnej	10	nnee	7	nnen	16
nnnj	22	nnne	14	nnnn	64						

Tabelle 5.9: Trägheitsgewichte der Achsen und deren erklärte Varianzen

1	0,351729	17,59%	**
2	0,300253	15,01%	***
3	0,260865	13,04%	*************************************
4	0,249096	12,45%	***********************************
5	0,242389	12,12%	**********************************
6	0,230085	11,50%	*********************************
7	0,204491	10,22%	*****************************
8	0,161088	8,05%	***********************
9	0,000003	0,00%	
10	0,000000	0,00%	
11	0,000000	0,00%	
	2,000000		

dieses Wertes besteht in der Reskalierung der Trägheitsgewichte entsprechend dem Vorschlag von Benzécri (1979). Dieser Idee zufolge sollen nur die Trägheitsgewichte betrachtet werden, die größer als 1 / Q (Q = Anzahl der Variablen) sind, in dem gegebenen Fall also $\lambda_k > 0{,}25$. Wird die von ihm vorgeschlagene Reskalierungsformel auf das Trägheitsgewicht der ersten Achse bezogen, so ergibt sich:

$$\tilde{\lambda}_1 = \left(\frac{Q}{Q-1} \left(\lambda_{H,1} - \frac{1}{Q} \right) \right)^2 = \left(\frac{4}{3} * \left(0{,}351729 - \frac{1}{4} \right) \right)^2 = 0{,}01840$$

Die reskalierten Trägheitsgewichte für die zweite und dritte Achse sind 0,00449 und 0,00021; die Summe der reskalierten Trägheitsgewichte ist damit $\tilde{\lambda}_G = 0{,}022911$. Werden auf der Basis dieser Summe die erklärten Varianzen der Achsen bestimmt, so sind diese 79,7%, 19,4% und 0,9%. Nach dieser Reskalierung können mit den ersten beiden Achsen über 99% der Varianz erklärt werden - wie aber bereits Greenacre (1988a) zeigen konnte, ist dieser Wert überschätzt (vgl. auch Abschnitt 5.4). Es sei an dieser Stelle bereits vorweggenommen, daß sich durch die Reskalierung der Trägheitsgewichte der Achsen an den inhaltlichen Ergebnissen kaum etwas ändert. Die grafische Darstellung der ersten beiden Dimensionen der multiplen Korrespondenzanalyse ist - ohne Reskalierung - in Abbildung 5.4 wiedergegeben.

Da in der multiplen Korrespondenzanalyse die *Interaktionseffekte erster Ordnung* zwischen allen kulturellen Kompetenzen berücksichtigt werden und da gleichzeitig die Variable "Alter × Geschlecht" von der Analyse ausgeschlossen wurde, sind die Ergebnisse deutlich von denen in Kapitel 4 verschieden. Auch wenn, wie noch zu erläutern ist, die Interpretation der Distanzen nicht eindeutig ist, so können die Variablenausprägungen den einzelnen Achsenabschnitten zugeordnet und die gemeinsamen Ladungen interpretiert werden.

Die erste Achse reflektiert den Gegensatz von "Hosen umnähen: ja", "Walzer tanzen: ja" und "Schach spielen: nein" versus "Hosen umnähen: etwas", "Hosen umnähen: nein" und "Schach spielen: ja". Somit haben diejenigen, die sich die kulturelle Kompetenz "Hosen umnähen" zugeschrieben haben, auch relativ oft angegeben, Walzer tanzen zu können, aber nur relativ selten, daß sie die Fähigkeit haben, Schach zu spielen. Dieses Antwortmuster wurde schon bei der Beschreibung der Eingabedaten sichtbar (vgl. Tabelle 5.8),- diejenigen, die angaben, Schach spielen zu können, negierten entweder die entsprechende Frage beim Hosenumnähen oder schränkten sie ein.

Obwohl die Ausprägungen "Hosen umnähen: nein" und "Hosen umnähen: etwas" auf dem gleichen Abschnitt der ersten Achse laden und deren geometrische Ausrichtung auch zu einem relativ großen Teil determinieren (vgl. Tabelle 5.9), unterscheiden sie sich relativ deutlich in bezug auf die zweite Achse. Diese Differenzierung ist dadurch bedingt, daß keine Person gleichzeitig angegeben haben kann, daß sie "Hosen etwas umnähen kann" und daß sie "Hosen nicht umnähen kann". Da die beiden Variablenausprägungen jedoch relativ selten genannt wurden (vgl. die Randsummen in Tabelle 2.1), können sie relativ nah beieinander liegen - die relative Ähnlichkeit der beiden Variablenausprägungen erfolgt in diesem Fall über die Gemeinsamkeit, daß sie in der Spalte "Hosen umnähen: ja" eine "Null" haben; dies trifft für mehr als 60% der Befragten zu. Des weiteren ist den Mitgliedern der beiden Gruppierungen "Hosen umnähen: nein" und "Hosen umnähen: etwas" gemeinsam, daß relativ viele angaben, Schach spielen zu können. Anhand der Lokalisationen und anhand der Ergebnisse aus Kapitel 4 kann vermutet werden, daß die erste Achse

Abbildung 5.4: Grafische Darstellung der ersten beiden Achsen in der multiplen Korrespondenzanalyse

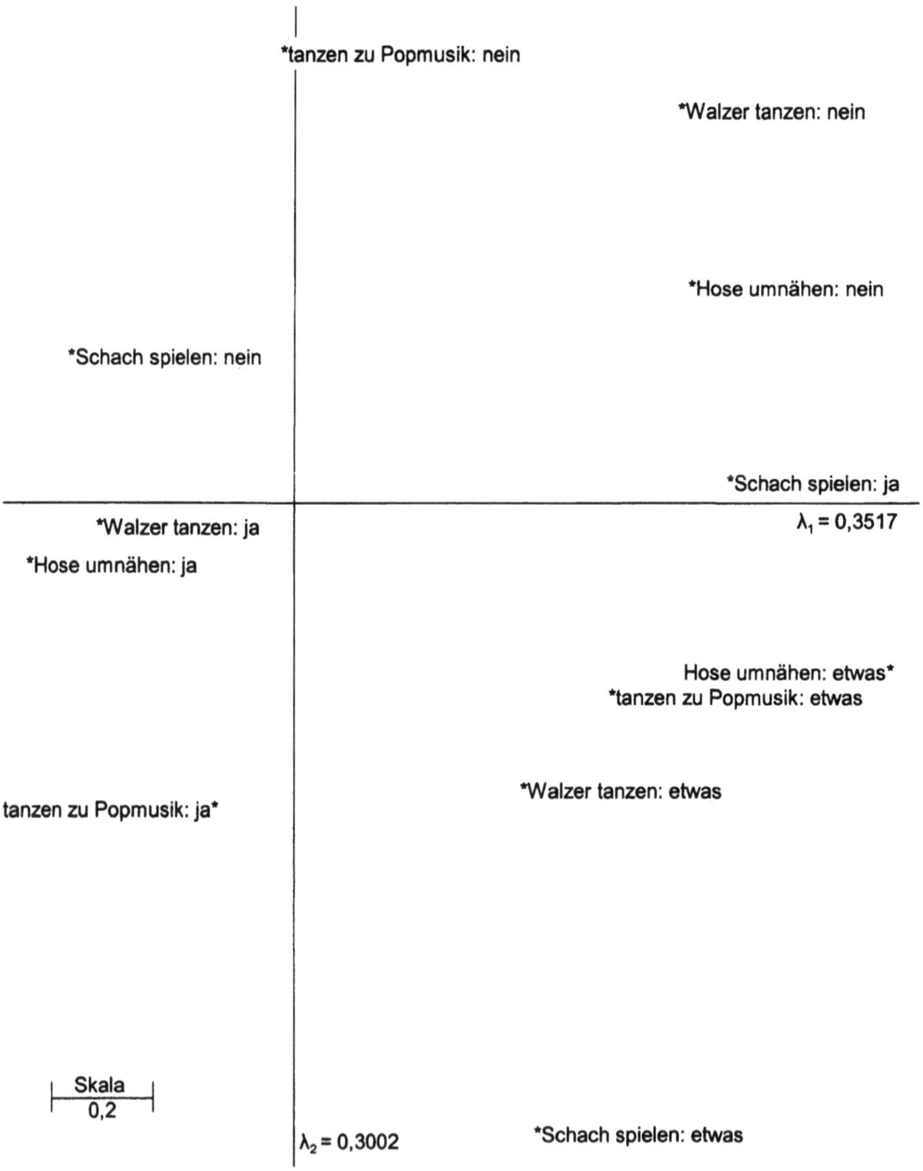

eine "Geschlechtsdimension" ist (dazu ausführlicher Abschnitt 5.7); auf der Basis von Abbildung 5.4 können die Faktoren jedoch lediglich über die beschriebenen Gegensätze in den Ausprägungen der "kulturellen Kompetenz" interpretiert werden und nicht mit Hilfe von nicht berücksichtigten Variablen wie z. B. "Geschlecht".

Die zweite Achse wird insbesondere durch den Gegensatz "tanzen zu Popmusik: ja" versus "tanzen zu Popmusik: nein" beschrieben; des weiteren gaben überdurchschnittlich viele von denen, die zu Popmusik tanzen können, an, daß sie "etwas Schach spielen" können. Bei der Interpretation dieser Achse kann auf der Basis der Ergebnisse der Korrespondenzanalyse der zusammengesetzten Tabelle (Kapitel 4) und der hier gefundenen gemeinsamen Lokalisationen vermutet werden, daß es sich um eine "Altersdimension" handelt; gesagt werden kann jedoch lediglich, daß der zweite Faktor eine "tanzen zu Popmusik-Dimension" ist.

Zusätzlich zu den Variablenausprägungen können die 81 Antwortkombinationen in dem latenten Raum abgebildet werden; in Abbildung 5.5 erfolgt deren Darstellung auf der ersten Achse. Korrespondierend mit den schon beschriebenen gegensätzlichen Lokalisationen der Variablenausprägungen ("Hosen umnähen: etwas", "Schach spielen: ja", "Hosen umnähen: nein" und "Walzer tanzen: nein" im positiven Achsenabschnitt versus "Hosen umnähen: ja", "Schach spielen: nein" und "Walzer tanzen: ja" im negativen Achsenabschnitt) beginnen diese im positiven Abschnitt mit "njee", für "Walzer tanzen: etwas", "Schach spielen: nein", "Hosen umnähen: etwas" und "tanzen zu Popmusik: etwas" - bis zu "jnjj" im negativen Achsenabschnitt, für "Walzer tanzen: ja", "Schach spielen: nein", "Hosen umnähen: ja" und "tanzen zu Popmusik: ja".

Etwas detailliertere Aussagen sind möglich, wenn auf der Basis der Antwortkombinationen die Ausprägungen der einzelnen Variablen betrachtet werden: die erste Variable "Walzer tanzen" und die dritte Variable "Hose umnähen" fluktuieren im positiven Bereich (etwa bis zu einem Skalenwert von 0,800) zwischen "nein" und "etwas", im negativen Bereich (kleiner -0,250) dominiert "ja" und im Mittelbereich (etwa zwischen -0,250 bis 0,800) sind - erwartungsgemäß - keine auffälligen Häufigkeiten von einer der Ausprägungen nachzuweisen. Bei der zweiten Variable "Schach spielen" sind im negativen Bereich die beiden Ausprägungen "nein" und "etwas" lokalisiert, dem positiven Bereich ist die Ausprägung "ja" zuzuordnen. Somit gibt es bei allen drei Variablen relativ deutlich zu unterscheidende Antwortmuster, wobei - bezogen auf die erste Achse - bei "Walzer tanzen" und "Hosen umnähen" die Angaben "etwas" und "nein" eine ähnliche Bedeutung haben und bei "Schach spielen" die Angaben "ja" und "etwas". Diese Interpretation korrespondiert auch mit den Lokalisationen der Variablenausprägungen auf der ersten Achse, die entsprechend mit den auf der Ebene der Antwortkombinationen gefundenen Achsenzuordnungen übereinstimmen.

Das oben beschriebene Muster kann nicht auf die Variable "tanzen zu Popmusik" übertragen werden - so folgen am negativen Pol die Ausprägungen "etwas", "nein" und

Abbildung 5.5: Grafische Darstellung der Merkmalskombinationen und der Variablenausprägungen auf der ersten Achse

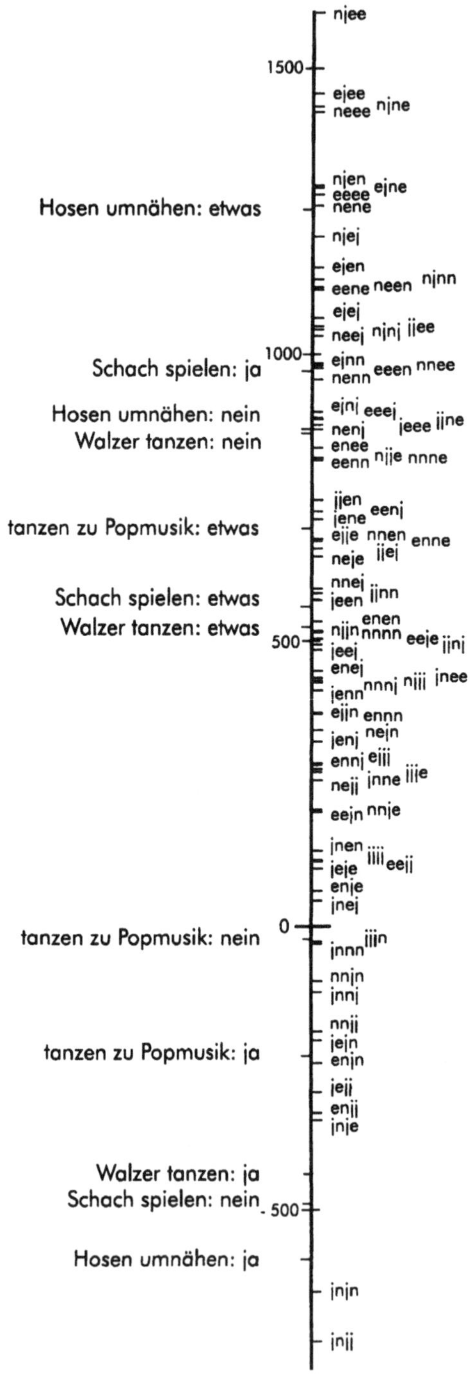

"ja" unmittelbar aufeinander, eine Ordnung in den Abstufungen von "ja" bis "nein" ist auf dieser Achse nicht nachzuweisen. Korrespondierend dazu laden die drei Variablenausprägungen von "tanzen zu Popmusik" in unmittelbarer Nähe des Achsenkreuzes, sie haben nur einen sehr geringen Einfluß auf die geometrische Ausrichtung der ersten Achse.

Um die Ergebnisse weitergehend zu interpretieren, wird die numerische Ausgabe der multiplen Korrespondenzanalyse verwendet. Die Interpretation erfolgt in Anlehnung an die Darstellungen, wie sie etwa von Benzécri et col. (1973), Benzécri (1992); Rouanet und Le Roux (1993), Le Roux und Rouanet (1998) gegeben werden; für diese Interpretation beschränken wir uns auf die ersten beiden Dimensionen (Tabelle 5.10) und auf die Darstellung der Spalten.

Tabelle 5.10: Numerische Ausgabe der multiplen Korrespondenzanalyse

Variablen		MASS	LOC1	INA1	INR1	LOC2	INA2	INR2
Walzer tanzen								
	ja	0,153	-0,433	0,0287	0,082	-0,048	0,0004	0,001
	etwas	0,050	0,525	0,0138	0,039	-0,619	0,0192	0,064
	nein	0,046	0,864	0,0343	0,098	0,832	0,0318	0,107
Summe		*0,250*		*0,0768*	*0,219*		*0,0514*	*0,172*
Schach spielen								
	ja	0,057	0,973	0,0540	0,154	0,036	0,0001	0,000
	etwas	0,036	0,562	0,0114	0,033	-1,376	0,0688	0,230
	nein	0,156	-0,487	0,0370	0,105	0,307	0,0147	0,049
Summe		*0,250*		*0,1024*	*0,292*		*0,0830*	*0,279*
Hosen umnähen								
	ja	0,156	-0,586	0,0536	0,153	-0,130	0,0026	0,009
	etwas	0,027	1,253	0,0424	0,120	-0,360	0,0035	0,012
	nein	0,067	0,868	0,0505	0,143	0,450	0,0136	0,045
Summe		*0,250*		*0,1465*	*0,416*		*0,0197*	*0,066*
Tanzen zu Popmusik								
	ja	0,114	-0,229	0,0060	0,017	-0,663	0,0501	0,166
	etwas	0,040	0,697	0,0194	0,056	-0,414	0,0069	0,023
	nein	0,096	-0,021	0,0000	0,000	0,960	0,0885	0,294
Summe		*0,250*		*0,0254*	*0,073*		*0,1455*	*0,483*

Die Ausgabe der Ergebnisse ist mit der Angabe der *absoluten Trägheitsgewichte der Variablenausprägungen* etwas ausführlicher als bei den gängigen Statistikpaketen. Diese Werte werden zwar nicht für die inhaltliche Interpretation der Ergebnisse benötigt, wohl aber für die Berechnung einiger Koeffizienten. Um die Logik dieser Koeffizienten zu verdeutlichen, werden die entsprechenden Berechnungen aus Kapitel 3 wiederholt, nun auf die multiple Korrespondenzanalyse angewendet. Die absoluten Trägheitsgewichte der Variablenausprägungen (i_a) werden bestimmt aus der Masse (der Spalten) multipliziert mit dem Quadrat der Entfernung des jeweiligen Spaltenprofils zum Achsenkreuz (g^2). Für die erste Spalte "Walzer tanzen: ja" ergibt sich auf der ersten Achse (INA1):

$$i_{a,\text{Walzer-ja},k=1} = 0{,}153 * -0{,}433^2 = 0{,}0287$$

Für die Berechnung der *relativen Trägheitsgewichte der Variablenausprägungen* (i_r) werden die absoluten Trägheitsgewichte der Variablenausprägungen durch die Summe der Trägheitsgewichte der jeweiligen Achse dividiert (siehe Tabelle 5.9). Für die erste Spalte (INR1) folgt:

$$i_{r,\text{ Walzer-ja},k=1} = 0{,}0287 \ / \ 0{,}3517 = 0{,}0816$$

Die Interpretation der relativen Trägheitsgewichte der Variablenausprägungen ist identisch mit jener, wie sie für die einfache Korrespondenzanalyse bereits gegeben wurde, also als Anteil erklärter Varianz an der geometrischen Ausrichtung der jeweiligen Achse. Bezogen auf das gegebene Beispiel kann mit "Walzer tanzen: ja" 8,2% der geometrischen Ausrichtung der ersten Achse erklärt werden. Werden alle drei Ausprägungen von "Walzer tanzen" zusammen betrachtet, so haben diese einen Anteil an der geometrischen Ausrichtung von 0,082 + 0,039 + 0,098 = 0,219 (=21,9%), oder auf der absoluten Ebene: 0,0287 + 0,0138 + 0,0343 = 0,0768 (mit 0,0768 / 0,3517 = 0,219). Da es insgesamt vier Variablen gibt, die alle die gleiche Masse haben (vgl. Tabelle 5.10), liegt der Einfluß von "Walzer tanzen" zur Beschreibung der ersten Achse etwas unter dem Durchschnitt.

Wie für "Walzer tanzen" demonstriert, kann für alle Variablen(ausprägungen) angegeben werden, ob sie überdurchschnittlich viel oder nur relativ wenig zur geometrischen Ausrichtung und damit zur Beschreibung der ersten Achse beitragen. Anhand von Tabelle 5.10 wird ersichtlich, daß insbesondere "Hosen umnähen" wichtig ist für die Beschreibung der ersten Dimension - die drei Ausprägungen dieser Variablen erklären 41,6% der geometrischen Ausrichtung dieser Achse im Projektionsraum. Des weiteren kann mit Hilfe von "Schach spielen" relativ viel Variation der ersten Achse erklärt werden, während "tanzen zu Popmusik" kaum etwas dazu beiträgt (vgl. Spalte INR1, Tabelle 5.10).

Zusätzlich zu der Angabe des Anteils der Variablen an der geometrischen Ausrichtung der ersten Achse kann angegeben werden, welchen Anteil die einzelnen Variablenausprägungen haben. Wird wieder der Durchschnitt als Basis genommen, so haben jene Ausprägungen einen relativ hohen Wert, deren relatives Trägheitsgewicht größer als 0,083 (1 / 12) ist; dies wären "Walzer tanzen: etwas", "Schach spielen: ja", Schach spielen: nein" und die drei Ausprägungen von "Hosen umnähen". "Walzer tanzen: ja", welches auf der Basis der grafischen Darstellung als wichtiges Beschreibungsmerkmal bezeichnet wurde, liegt mit einem Wert von 0,082 zwar knapp unterhalb des verwendeten Schwellenwertes, aber es könnte noch mit in die Interpretation einbezogen werden. Wird das Vorzeichen (vgl. die Spalte LOC1) berücksichtigt, so wird der Gegensatz von "Walzer tanzen: ja", "Schach spielen: nein" und "Hosen umnähen: ja" zu "Walzer tanzen: nein", "Schach spielen: ja", "Hosen umnähen: etwas" und "Hosen umnähen: nein" deutlich.

Auf die gleiche Art, wie die erste Achse beschrieben wurde, kann auch die zweite interpretiert werden. Auf der Ebene der Variablen tragen "Schach spielen" und insbesondere "tanzen zu Popmusik" überdurchschnittlich stark zu deren geometrischer Ausrichtung bei; allein die drei Ausprägungen von "tanzen zu Popmusik" haben einen Anteil von fast 50%, diese "kulturelle Kompetenz" ist damit am wichtigsten zur Beschreibung der zweiten Achse. Auf der Ebene der Variablenausprägungen kann - bei Verwendung des oben definierten Schwellenwertes und bei Einbeziehung des Vorzeichens aus der Spalte LOC2 - ein Gegensatz von "Walzer tanzen: nein" und "tanzen zu Popmusik: nein" zu "Schach spielen: etwas" und "tanzen zu Popmusik: ja" identifiziert werden. Somit gibt es beim "Tanzen" zwar einen Zusammenhang auf der ablehnenden Ebene - diejenigen, die angaben, nicht Walzer tanzen zu können, gaben auch überdurchschnittlich oft an, nicht nach Popmusik tanzen zu können - nicht aber auf der zustimmenden Ebene: Die Fähigkeit, nach Popmusik tanzen zu können, ist unabhängig von der Fähigkeit, Walzer tanzen zu können (vgl. die niedrigen Werte für das absolute und relative Trägheitsgewicht von "Walzer tanzen: ja" auf der zweiten Achse, Tabelle 5.10).

Wie für die einfache Korrespondenzanalyse gilt das Prinzip des *baryzentrischen Systems* auch für die multiple Korrespondenzanalyse, die Ausprägungen jeder Variable sind auf jeder Achse im Gleichgewicht. Dieses Gleichgewicht wird bestimmt aus den Entfernungen zum Schwerpunkt, multipliziert mit den Massen der Variablenausprägungen, summiert über alle Ausprägungen der einzelnen Variablen. Für die Variablen "Walzer tanzen" und "Schach spielen" auf der ersten Achse folgt: $-0{,}433 * 0{,}153 + 0{,}525 * 0{,}050 + 0{,}864 * 0{,}046 = 0{,}973 * 0{,}057 + 0{,}562 * 0{,}036 - 0{,}487 * 0{,}156 = 0$; der Mittelwert für jede Variable ist Null.

Eine weitere Interpretation ist auf der Basis der Varianzen innerhalb der einzelnen Variablen möglich; diese können bei einem Mittelwert von "Null" und bei Kenntnis des absoluten Trägheitsgewichtes einer Variablen (die Summe der jeweiligen Ausprägungen, vgl. Tabelle 5.10) auf den Wert "Eins" standardisiert werden. Somit kann nicht nur bestimmt werden, wieviel die einzelnen Variablenausprägungen zur Erklärung der Varianz beitragen, sondern auch wie stark die Variation innerhalb der einzelnen Variablen - und damit auch innerhalb des gesamten Modells - reduziert wird, wenn zwei (oder mehrere) Ausprägungen zusammengefaßt werden. Da in dem gegebenen Beispiel jeweils nur drei Ausprägungen vorhanden sind, kann eine Subgruppe maximal zwei Ausprägungen umfassen, die ins Verhältnis zu der verbleibenden gestellt wird; so könnten z. B. "Walzer tanzen: etwas" und "Walzer tanzen: nein" zusammengefaßt werden - beide liegen auf der ersten Achse relativ nah beieinander - als Gegensatz zu "Walzer tanzen: ja".

Betrachten wir zuerst die Anteile der erklärten Varianz innerhalb der Variablen: bezogen auf die erste Achse hat "Walzer tanzen: ja" einen Anteil von 0,0287 / 0,0768 = 0,374 oder 37,4% (auf der Basis der relativen Trägheitsgewichte gilt entsprechend 0,082 / 0,219 = 0,374); "Walzer tanzen: etwas" hat einen Anteil von 0,0138 / 0,0768 = 0,180 oder 18,0% und "Walzer tanzen: nein" hat einen Anteil von 0,0343 / 0,0768 = 0,447 oder 44,7%. Da "Walzer tanzen: etwas" und "Walzer tanzen: nein" auf der ersten Achse dicht beieinander liegen, soll geprüft werden, ob diese beiden Kategorien (auf der ersten Achse) zusammengefaßt werden können. Für die Berechnung des absoluten Trägheitsgewichtes zwischen zwei Punkten, von denen einer das *Baryzentrum* von zwei (oder mehr) Variablenausprägungen ist, gilt (vgl. Le Roux und Rouanet 1998, S. 203):

$$i_z = \frac{c_j \, c_{jj'}}{c_j + c_{jj'}} (g_j - g_{jj'})^2$$

Dabei ist c_j die Masse der einzelnen Variablenausprägung, $c_{jj'}$ die Summe der Massen der beiden zusammengefaßten Variablenausprägungen, g_j ist die Distanz der *j*-ten Variablenausprägung zum Schwerpunkt (der Wert auf der Hauptkoordinaten) und $g_{jj'}$ ist die durchschnittliche Distanz der beiden zusammengefaßten Variablenausprägungen zum Schwerpunkt. In dem gegebenen Beispiel ist $c_1 = 0{,}153$, $c_{23} = 0{,}050 + 0{,}046 = 0{,}096$, $g_1 = -0{,}433$ und $g_{23} = ((0{,}050 * 0{,}525) + (0{,}046 * 0{,}864)) / 0{,}096 = 0{,}687$. Werden diese Werte in die Gleichung eingesetzt, so ergibt sich - bezogen auf die erste Achse - für das absolute Trägheitsgewicht zwischen "Walzer tanzen: ja" versus "Walzer tanzen: etwas" und "Walzer tanzen: nein":

$$i_{z,1-23} = \frac{0{,}153 * 0{,}096}{0{,}153 + 0{,}096} (0{,}433 + 0{,}687)^2 = 0{,}0740$$

Wird dieser Wert auf das absolute Trägheitsgewicht der Variablen "Walzer tanzen" auf der ersten Achse bezogen, so kann angegeben werden, wieviel Variation auf dieser Achse durch den Gegensatz von "Walzer tanzen: ja" versus "Walzer tanzen: etwas" und "Walzer tanzen: nein" innerhalb der Variablen "Walzer tanzen" erklärt werden kann: 0,0740 / 0,0768 = 0,963 oder 96,3%. Somit gingen auf der ersten Achse lediglich 3,7% der Variation dieser Variablen verloren, wenn die beiden Kategorien "Walzer tanzen: etwas" und "Walzer tanzen: nein" zusammengefaßt würden.

Wie bereits gezeigt, gibt es auch bei der multiplen Korrespondenzanalyse eine numerische Ausgabe und obwohl die Interpretation der quadrierten Faktorladungen und der Kommunalitäten problematisch ist, wird nachfolgend die vollständige Ausgabe wiedergegeben und diskutiert (Tabelle 5.11).

Wie bei der Interpretation der Trägheitsgewichte der Achsen angeführt, sind lediglich drei der vorhandenen acht Dimensionen relevant; rechnerisch können jedoch die Koeffizienten für alle acht Dimensionen bestimmt werden. Daraus resultiert, daß Berechnungen von Koeffizienten, bei denen die Werte aus der vollständigen Lösung eingehen, zu schwer

Tabelle 5.11: Numerische Ausgabe der multiplen Korrespondenzanalyse

Name	SQCOR	MASS	INR	LOC1	QCOR1	INR1	LOC2	QCOR2	INR2	LOC3	QCOR3	INR3
Wj	0,436	0,153	0,048	-0,433	0,297	0,082	-0,048	0,004	0,001	0,291	0,135	0,050
We	0,533	0,050	0,100	0,525	0,069	0,039	-0,619	0,097	0,064	-1,207	0,367	0,281
Wn	0,354	0,046	0,102	0,864	0,169	0,098	0,832	0,157	0,107	0,347	0,027	0,021
Sj	0,619	0,057	0,096	0,973	0,281	0,154	0,036	0,000	0,000	1,066	0,338	0,249
Se	0,466	0,036	0,107	0,562	0,054	0,033	-1,376	0,323	0,230	-0,724	0,089	0,073
Sn	0,636	0,156	0,047	-0,487	0,396	0,105	0,307	0,158	0,049	-0,222	0,082	0,029
Hj	0,602	0,156	0,047	-0,586	0,574	0,153	-0,130	0,028	0,009	0,021	0,001	0,000
He	0,285	0,027	0,112	1,253	0,189	0,120	-0,360	0,016	0,012	0,815	0,080	0,069
Hn	0,399	0,067	0,092	0,868	0,274	0,143	0,450	0,074	0,045	-0,377	0,052	0,036
Pj	0,602	0,114	0,068	-0,229	0,044	0,017	-0,663	0,366	0,166	0,480	0,192	0,100
Pe	0,188	0,040	0,105	0,697	0,093	0,056	-0,414	0,033	0,023	-0,569	0,062	0,050
Pn	0,641	0,096	0,077	-0,021	0,000	0,000	0,960	0,573	0,294	-0,330	0,068	0,040

interpretierbaren Ergebnissen führen. Dies gilt z. B. für die quadrierten Faktorladungen, die aus den Verhältnissen der absoluten Trägheitsgewichte der Variablenausprägungen auf den einzelnen Achsen und ihren Gesamtträgheitsgewichten bestimmt werden (vgl. Kapitel 3). Da die absoluten Gesamtträgheitsgewichte der Variablenausprägungen mit den "irrelevanten Dimensionen" auch "irrelevante Werte" einschließen, sollten diese Koeffizienten nicht als Berechnungsgrundlage verwendet werden. Analoge Schwierigkeiten bei der Interpretation gelten damit auch für die Kommunalitäten, also den Summen der quadrierten Faktorladungen über die berücksichtigten Dimensionen. Anhand von Tabelle 5.11, bei der die drei vorhandenen Dimensionen berücksichtigt werden, wird ersichtlich, daß diese Werte zwischen 0,188 (18,8% erklärte Varianz) bei der Ausprägung "tanzen zu Popmusik: etwas" und 0,641 bei der Ausprägung "tanzen zu Popmusik: nein" liegen; die restliche Varianz wird durch Dimensionen bestimmt, die als methodische Artefakte zu bezeichnen sind. Ähnliches gilt für das Gesamtträgheitsgewicht (Spalte INR), auch dieses basiert auf der vollständigen Lösung und sollte daher von der Interpretation ausgeschlossen werden.

Im Gegensatz dazu können die relativen Trägheitsgewichte der Variablenausprägungen gut interpretiert werden,- auch wenn die Trägheitsgewichte der Achsen unter- oder überschätzt sind und auch wenn nur drei statt acht Dimensionen relevant sind: Die Verhältnisse der absoluten Trägheitsgewichte zu den Trägheitsgewichten der Achsen bleiben erhalten, da diese für jede Achse separat bestimmt werden. Ähnliches gilt für die Lokalisationen: Wie noch zu zeigen ist (siehe Abschnitt 5.4), ändern sich durch die Reskalierung zwar die Positionen, die Achsen werden mit unterschiedlichen Faktoren reskaliert; die ordinale Ordnung der Variablenausprägungen auf den Achsen bleibt jedoch erhalten und kann als solche interpretiert werden.

5.3 Korrespondenzanalyse einer Burt-Matrix

Im vorangegangen Abschnitt wurde gezeigt, wie die Korrespondenzanalyse auf eine Indikatormatrix angewendet wird, in diesem Abschnitt soll sie auf die *Burt-Tabelle* (*Burt-Matrix*, *Inzidenzmatrix*) bezogen werden. Während bei der Indikatormatrix in den Spalten die Variablenausprägungen und in den Zeilen die Untersuchungseinheiten stehen - und so eine Lokalisation der Untersuchungseinheiten im Projektionsraum möglich ist -, ist die Burt-Matrix eine symmetrische Matrix, bei der in den Zeilen und in den Spalten die Variablenausprägungen stehen. Die Burt-Matrix (**T**) ist die zeilen- und spaltenweise zusammengesetzte Matrix aller Kontingenztabellen aller beteiligten Variablen. Da auch die Kreuztabellationen der Variablen mit sich selbst berücksichtigt werden, stehen in den Hauptdiagonalen der Hauptdiagonalblöcke der Burt-Tabelle die Häufigkeiten der Variablen während die Nebendiagonalelemente der Hauptdiagonalblöcke alle Null sind.

Die Burt-Tabelle kann auch aus dem Produkt der Indikatormatrix (**H**) mit ihrer Transponierten bestimmt werden, also aus $\mathbf{T} = \mathbf{H}^T \mathbf{H}$. Für die vier bereits im vorangegangenen Abschnitt verwendeten kulturellen Kompetenzen wurde eine derartige Burt-Tabelle erzeugt; fehlte in einer der vier Variablen eine Angabe, so wurde - auch aus Vergleichsgründen zu der Analyse der Indikatormatrix - die entsprechende Untersuchungseinheit für die gesamte Tabelle ausgeschlossen (*"gemeinsamer Ausschluß" der fehlenden Werte*). Diese Burt-Tabelle (Tabelle 5.12) wurde als Eingangsinformation für die nachfolgende Korrespondenzanalyse verwendet. Die Trägheitsgewichte der Achsen und deren erklärte Varianzen sind in Tabelle 5.13 wiedergegeben, die Chi-Quadrat-Komponenten in Tabelle 5.14.

Ähnlich wie die Burt-Matrix aus der Indikatormatrix erstellt werden kann, können die Trägheitsgewichte der Achsen der Burt-Matrix aus denen der Indikatormatrix errechnet werden - durch das Quadrieren derselben; z. B. für das erste Trägheitsgewicht: $0{,}3517^2 = 0{,}1237$ (vgl. die Tabellen 5.9 und 5.13). Wird auch auf diese Ergebnisse die von Benzécri (1979) vorgeschlagene Reskalierung angewendet, so ist das Ausschlußkriterium bei den Trägheitsgewichten der Achsen der Burt-Matrix $1 / Q^2 = 0{,}0625$, die Anzahl der relevanten Faktoren ist damit ebenfalls "drei". Bei der Reskalierung wird statt der jeweiligen Trägheitsgewichte der Indikatormatrix die Wurzel aus den Trägheitsgewichten der Achsen der Burt-Matrix verwendet, so daß:

$$\tilde{\lambda}_k = \left(\frac{Q}{Q-1} \left(\sqrt{\lambda_{T,k}} - \frac{1}{Q} \right) \right)^2$$

Die reskalierten Trägheitsgewichte der Achsen und deren daraus abzuleitende erklärte Varianzen sind damit gleich denen, die auf der Basis der Indikatormatrix errechnet wurden.[6] Werden die Trägheitsgewichte der Achsen und deren erklärte Varianzen ohne Reskalierung interpretiert, so führt dies zu unterschiedlichen Ergebnissen, obwohl die Eingabedaten ineinander überführbar sind: auf der Basis der Indikatormatrix werden mit den ersten beiden Dimensionen 32,6% und auf der Basis der Burt-Tabelle 40,9% der Variation in den Daten erklärt. Wie im Abschnitt 5.4 dargestellt, wird mit beiden Angaben die erklärte Varianz unterschätzt (vgl. auch Greenacre 1988a).

Die oben angeführte Unterschätzung wird bei der Betrachtung der Chi-Quadrat-Komponenten ersichtlich (vgl. Tabelle 5.14; die Werte sind auf 1000 standardisiert); der mit Abstand größte Anteil an Variation wird durch die Hauptdiagonalblöcke verursacht (95,4%, die entsprechenden Werte sind zu addieren); diese Variation ist jedoch inhaltlich

6 Die Eigenwerte der Indikatormatrix entsprechen damit den singulären Werten der Burt-Matrix. Wird die singuläre Wertezerlegung der standardisierten Residuen der Indikatormatrix mit $\mathbf{A} = \mathbf{U} \mathbf{\Gamma} \mathbf{V}^T$ beschrieben (vgl. Kapitel 3), wobei in der Diagonalmatrix $\mathbf{\Gamma}$ die singulären Werte stehen (Kapitel 3), so folgt aufgrund des Zusammenhanges von Burt-Matrix und Indikatormatrix für die Matrix der standardisierten Residuen die Zerlegung von $\mathbf{A}^T \mathbf{A} = \mathbf{V} \mathbf{\Gamma} \mathbf{U}^T \mathbf{U} \mathbf{\Gamma} \mathbf{V}^T = \mathbf{V} \mathbf{\Gamma}^2 \mathbf{V}^T$. In der Diagonalmatrix von $\mathbf{\Gamma}^2$ stehen daher die Eigenwerte der Matrix der standardisierten Residuen der Indikatormatrix.

Tabelle 5.12: Die Burt-Tabelle als Eingabeinformation der Korrespondenzanalyse

	Wj	We	Wn	Sj	Se	Sn	Hj	He	Hn	Pj	Pe	Pn	Summe
Wj	1807	0	0	381	223	1203	1258	150	399	874	271	662	7228
We	0	593	0	132	124	337	323	80	190	267	118	208	2372
Wn	0	0	545	161	82	302	261	87	197	199	86	260	2180
Sj	381	132	161	674	0	0	285	122	267	335	125	214	2696
Se	223	124	82	0	429	0	233	62	134	247	86	96	1716
Sn	1203	337	302	0	0	1842	1324	133	385	758	264	820	7368
Hj	1258	323	261	285	233	1324	1842	0	0	939	252	651	7368
He	150	80	87	122	62	133	0	317	0	124	74	119	1268
Hn	399	190	197	267	134	385	0	0	786	277	149	360	3144
Pj	874	267	199	335	247	758	939	124	277	1340	0	0	5360
Pe	271	118	86	125	86	264	252	74	149	0	475	0	1900
Pn	662	208	260	214	96	820	651	119	360	0	0	1130	4520
Summe	7228	2372	2180	2696	1716	7368	7368	1268	3144	5360	1900	4520	47120

Tabelle 5.13: Trägheitsgewichte der Achsen und deren erklärte Varianzen

1	0,123714	23,64%	**
2	0,090152	17,22%	************************************
3	0,068051	13,00%	****************************
4	0,062049	11,85%	*************************
5	0,058752	11,22%	************************
6	0,052939	10,11%	*********************
7	0,041816	7,99%	*****************
8	0,025950	4,96%	**********
9	0,000000	0,00%	
10	0,000000	0,00%	
11	0,000000	0,00%	
	0,523424		

Tabelle 5.14: Chi-Quadrat-Komponenten (auf 1000 standardisiert)

	Wj	We	Wn	Sj	Se	Sn	Hj	He	Hn	Pj	Pe	Pn
Wj	18	15	14	0	0	0	1	0	1	0	0	0
We	15	76	4	0	1	0	0	0	0	0	0	0
Wn	14	4	79	0	0	0	1	1	1	0	0	1
Sj	0	0	0	71	4	17	2	1	2	0	0	0
Se	0	1	0	4	87	11	0	0	0	1	0	1
Sn	0	0	0	17	11	17	1	1	1	0	0	1
Hj	1	0	1	2	0	1	17	8	20	0	0	0
He	0	0	1	1	0	1	8	95	3	0	0	0
Hn	1	0	1	2	0	1	20	3	64	1	0	0
Pj	0	0	0	0	1	0	0	0	1	35	9	21
Pe	0	0	0	0	0	0	0	0	0	9	84	7
Pn	0	0	1	0	1	1	0	0	0	21	7	45

irrelevant. Wird dieser Anteil der Variation aus der Analyse ausgeschlossen, so bleibt der eigentlich zu beschreibende Zusammenhang zwischen den Variablen übrig. Bevor mit der joint Korrespondenzanalyse eine Möglichkeit diskutiert wird, mit der der Anteil der Variation in den Daten, welcher durch die Hauptdiagonalblöcke verursacht wird (Abschnitt 5.5), herausgerechnet werden kann, wird die grafische und numerische Ausgabe der Korrespondenzanalyse auf Tabelle 5.12 vorgestellt.

Beim Vergleich der Abbildungen 5.4 und 5.6 fällt insbesondere die unterschiedliche

Skalierung auf (vgl. die angegebenen Skalen am linken unteren Abbildungsrand); die Variation bei Verwendung der Burt-Matrix ist kleiner als die bei Verwendung der Indikatormatrix als Eingabeinformation (vgl. die niedrigeren Trägheitsgewichte der Achsen). Werden die Lokalisationen der Variablenausprägungen betrachtet, so scheint es keine großen Veränderungen gegeben zu haben; werden die Variablenausprägungen im rechten Winkel auf die beiden Achsen projiziert, so ist die ordinale Ordnung identisch. Da demzufolge die Interpretation von Abbildung 5.6 zu den gleichen Schlußfolgerungen führt wie die von Abbildung 5.4, soll sie an dieser Stelle nicht wiederholt werden. Der Unterschied zwischen den beiden Abbildungen wird ersichtlich, wenn sie übereinander gelegt werden: Die erste und die zweite Achse wurden mit unterschiedlichen Faktoren skaliert - das Verhältnis der ersten zur zweiten Achse ist bei der Korrespondenzanalyse der Burt-Matrix etwas stärker zugunsten der ersten Achse als bei der Korrespondenzanalyse der Indikatormatrix (werden die Achsenkreuze übereinander gelegt und wird die relative Länge der Achsen beachtet, so ist - bei gleicher Länge der ersten Achsen - die zweite Achse bei der Indikatormatrix etwas länger als bei der Burt-Matrix).

Werden die numerischen Ausgaben (Tabellen 5.11 und 5.15) verglichen, so sind die relativen Trägheitsgewichte der Variablenausprägungen auf den einzelnen Achsen identisch. Dies folgt daraus, daß beim Übergang von der Indikatormatrix zur Burt-Matrix lediglich die Trägheitsgewichte der Achsen quadriert werden müssen, es also eine konstante Relation zwischen den beiden Analysen gibt - und da die Trägheitsgewichte der Variablen auf die einzelnen Achsen bezogen werden bleiben die Werte unverändert. Für die Interpretation der Ergebnisse auf der Basis der *relativen Trägheitsgewichte* ist es damit irrelevant, ob die Burt-Matrix oder ob die Indikatormatrix als Eingabeinformation für die Korrespondenzanalyse verwendet wurde. Nicht identisch sind die, in den Tabellen 5.11 und 5.15 nicht wiedergegebenen, absoluten Trägheitsgewichte der Variablenausprägungen auf den einzelnen Achsen.

Da die Massen und die relativen Trägheitsgewichte identisch sind und da die Trägheitsgewichte der Achsen der Burt-Matrix gleich dem Quadrat der Trägheitsgewichte der Achsen der Indikatormatrix sind, kann der Zusammenhang zwischen der Analyse der Burt-Matrix und der der Indikatormatrix wie folgt abgeleitet werden: Die quadrierte Entfernung zum Schwerpunkt dividiert durch das Trägheitsgewicht der korrespondierenden Achse in der einen Darstellung, ist gleich der quadrierten Entfernung zum Schwerpunkt, dividiert durch das Trägheitsgewicht der korrespondierenden Achse in der anderen Darstellung. Formal ausgedrückt:

$$\frac{y_{T,jk}^2}{\lambda_{T,k}} = \frac{y_{H,jk}^2}{\lambda_{H,k}}$$

Wird diese Gleichung nach $y_{T,jk}$ aufgelöst, mit $y_{T,jk}$ als der Entfernung der *j*-ten Spalte auf der *k*-ten Achse der Burt-Tabelle (**T**), so ergibt sich:

$$y_{T,jk} = \sqrt{\frac{y_{H,jk}^2 \lambda_{T,k}}{\lambda_{H,k}}}$$

Abbildung 5.6: Grafische Ausgabe der Korrespondenzanalyse der Burt-Matrix

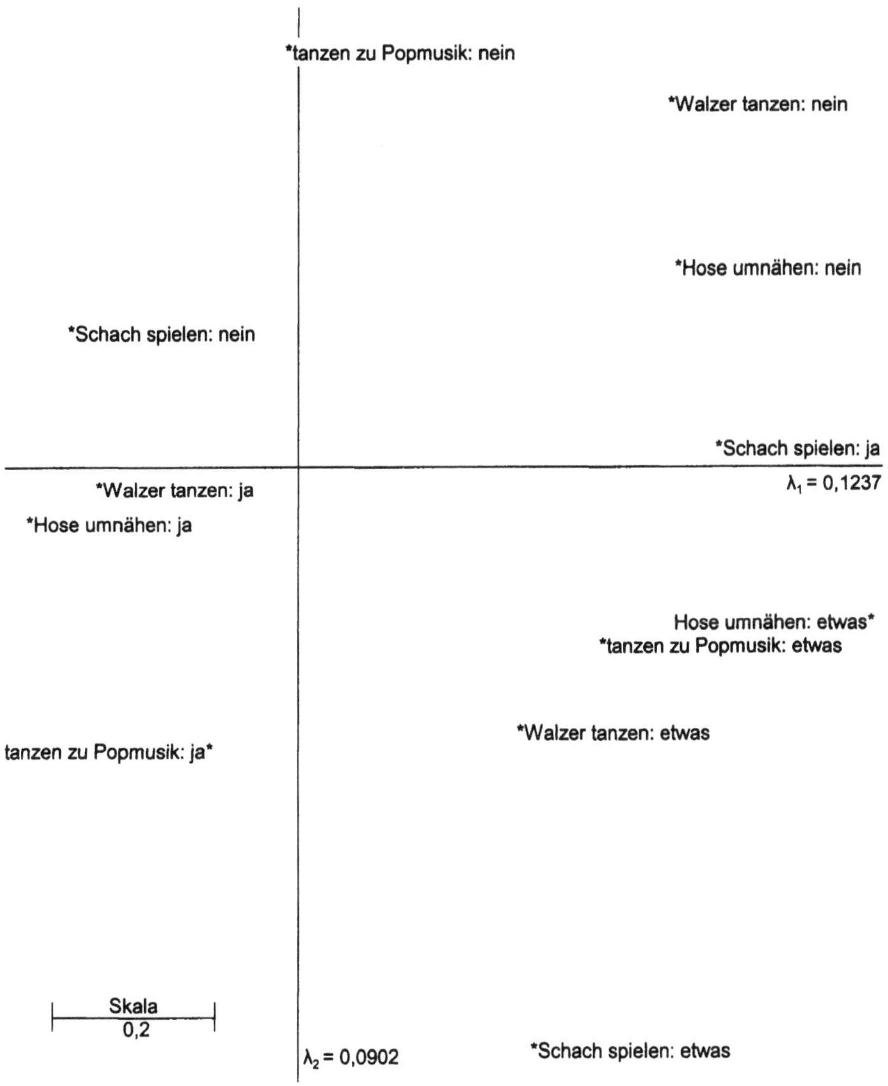

Tabelle 5.15: Numerische Ausgabe der Korrespondenzanalyse der Burt-Matrix, Zeilen = Spalten

Name	SQCOR	MASS	INR	LOC1	QCOR1	INR1	LOC2	QCOR2	INR2	LOC3	QCOR3	INR3
Wj	0,536	0,153	0,049	-0,257	0,398	0,082	-0,026	0,004	0,001	-0,149	0,134	0,050
We	0,586	0,050	0,097	0,311	0,096	0,039	-0,339	0,114	0,064	0,616	0,376	0,281
Wn	0,440	0,046	0,101	0,512	0,230	0,098	0,456	0,182	0,107	-0,177	0,028	0,021
Sj	0,703	0,057	0,098	0,577	0,372	0,154	0,020	0,000	0,000	-0,545	0,331	0,249
Se	0,539	0,036	0,105	0,333	0,073	0,033	-0,754	0,375	0,230	0,370	0,090	0,073
Sn	0,756	0,156	0,049	-0,289	0,506	0,105	0,168	0,172	0,049	0,113	0,078	0,029
Hj	0,748	0,156	0,050	-0,348	0,718	0,153	-0,071	0,030	0,009	-0,011	0,001	0,000
He	0,355	0,027	0,111	0,743	0,257	0,120	-0,197	0,018	0,012	-0,416	0,080	0,068
Hn	0,496	0,067	0,093	0,515	0,362	0,143	0,246	0,083	0,045	0,193	0,051	0,036
Pj	0,673	0,114	0,068	-0,136	0,059	0,017	-0,363	0,422	0,166	-0,245	0,192	0,100
Pe	0,232	0,040	0,102	0,413	0,129	0,056	-0,227	0,039	0,023	0,291	0,064	0,050
Pn	0,725	0,096	0,077	-0,013	0,000	0,000	0,526	0,658	0,294	0,168	0,067	0,040

Für die zweite Spalte auf der ersten Achse gilt demnach:

$$y_{T,21} = \sqrt{\frac{0{,}525^2 * 0{,}1237}{0{,}3517}} = 0{,}311$$

Aufgrund dieses oben beschriebenen Zusammenhanges kann als generelle Reskalierungsformel das radizierte Verhältnis der Trägheitsgewichte der Achsen verwendet werden. So ist der Multiplikator für die Lokalisationen der Variablenausprägungen beim Übergang von der Indikatormatrix zur Burt-Matrix auf der ersten Achse $\sqrt{0{,}1237 / 0{,}3517} = 0{,}593$, für die zweite Achse ist der Wert 0,548.

5.4 Reskalierung

Mit dem Übergang von der Indikatormatrix zur Burt-Tabelle wurde bereits eine Möglichkeit der Reskalierung diskutiert. Es wurde gezeigt, wie von der einen Lösung die andere abgeleitet werden kann; so können die Skalenwerte auf den latenten Variablen (die Lokalisationen) und die Trägheitsgewichte der Achsen aus der Kenntnis des jeweils anderen Ergebnisses bestimmt werden. Des weiteren wurde gezeigt, daß die relativen Trägheitsgewichte der Variablenausprägungen auf den einzelnen Achsen in beiden Lösungen identisch sind. Gemeinsam ist beiden Lösungen auch die Anzahl der relevanten Dimensionen; sofern die Anzahl der Untersuchungseinheiten größer ist als die Anzahl der Variablenausprägungen, ergibt sich diese aus der Differenz der Anzahl der Spalten bei der Indikatormatrix bzw. aus der Anzahl von Zeilen oder Spalten bei der Burt-Tabelle, minus der Anzahl der Variablen (Q). Die Anzahl der vorhandenen Dimensionen wird entsprechend der gewählten Dateneingabe bestimmt: bei der Indikatormatrix ist der Schwellenwert $1 / Q$, bei der Burt-Matrix $1 / Q^2$.

Wie bereits in den vorangegangenen Abschnitten dieses Kapitels diskutiert, können die Trägheitsgewichte der Achsen nach der Formel von Benzécri (1979) umgerechnet werden. Wird diese Reskalierung angewendet, so ist das reskalierte Trägheitsgewicht der ersten Achse $\tilde{\lambda}_1 = 0{,}01840$, der Wert für die zweite Achse ist 0,00449 und der für die dritte ist 0,00021 (vgl. Abschnitt 5.2). Die Summe dieser Werte, also das Gesamtträgheitsgewicht der reskalierten Lösung, ist 0,0231. Dies ist gleichzeitig der Teil des Gesamtträgheitsgewichtes der Burt-Tabelle welcher nach Benzécri durch die Nebendiagonalblöcke verursacht wird. Durch die Hauptdiagonalblöcke wurden 95,4% der Variation erklärt; dieser Wert ergibt sich aus der Differenz des Gesamtträgheitsgewichtes minus des reskalierten Gesamtträgheitsgewichtes, also aus (0,5234 - 0,0231) / 0,5234 = 0,954 (vgl. Tabelle 5.14). Werden auf der Basis der nach Benzécri (1979) reskalierten Trägheitsgewichte der Achsen die Anteile erklärter Varianz bestimmt und wird davon ausgegangen, daß mit den drei Trägheitsgewichten die gesamte Variation der Daten beschrieben wird, so sind die Anteile der erklärten Varianz 79,9%, 19,4% und 0,9%. Während mit der zweidimensionalen Lösung der Korrespondenzanalyse der Indikatormatrix lediglich 32% bzw. gut 40% (der Burt-Matrix) der Variation erklärt werden können, steigt dieser Wert nach der Reskalierung auf über 99%.

Ähnlich wie die Umrechnung der Koordinaten der Indikatormatrix auf die der Burt-Tabelle erfolgte, können die neuen Koordinaten nach der von Benzécri (1979) vorgeschlagenen Reskalierung bestimmt werden. Dabei können sowohl die Ergebnisse auf der Basis der Burt-Matrix als auch die auf der Basis der Indikatormatrix verwendet werden. Für die zweite Zeile auf der ersten Achse ergibt sich bei Verwendung der Ergebnisse auf die Burt-Tabelle:

$$\tilde{g}_{21} = \sqrt{\frac{g_{T,21}^2}{\lambda_{T,1}} * \tilde{\lambda}_1} = \sqrt{\frac{0{,}311^2}{0{,}1237} * 0{,}0184} = 0{,}120$$

und auf der Basis der Ergebnisse der Indikatormatrix:

$$\tilde{g}_{21} = \sqrt{\frac{g_{H,21}^2}{\lambda_{H,1}} * \tilde{\lambda}_1} = \sqrt{\frac{0{,}525^2}{0{,}3517} * 0{,}0184} = 0{,}120$$

Die auf diese Art reskalierten Koordinaten können wiederum als Grundlage für die grafische Darstellung der Variablenausprägungen verwendet werden (Abbildung 5.7). Beim Vergleich von Abbildung 5.7 mit den Abbildungen 5.4 und 5.6 fällt auf, daß die zweite Achse nach der Reskalierung nach Benzécri (1979) relativ kurz ist. Dies ist dadurch bedingt daß die Erklärungskraft der ersten Achse im Vergleich zur zweiten nach der Reskalierung relativ groß ist: während bei der Indikatormatrix das Verhältnis von der ersten zur zweiten Achse 17,6% zu 15,0% und bei der Burt-Matrix 23,6% zu 17,2% ist, gilt nach der Reskalierung nach Benzécri ein Verhältnis von 79,9% zu 19,4%.

Die Verhältnisse zwischen den Trägheitsgewichten der ersten und zweiten Achse sind auch Bestandteil der Reskalierung der grafischen Darstellung. Da sie, bezogen auf die einzelnen Achsen, einen konstanten Effekt auf alle Variablenausprägungen haben, bleibt die ordinale Ordnung der Variablenausprägungen auf den einzelnen Achsen unverändert. Aufgrund der unterschiedlichen Reskalierungen der einzelnen Achsen sind die Distanzen zwischen den Variablenausprägungen jedoch unterschiedlich. Die Abstände zwischen den einzelnen Variablenausprägungen können aber weder bei der Darstellung der Indikatormatrix, noch bei der Darstellung der Burt-Tabelle, noch nach der von Benzécri (1979) vorgeschlagenen Reskalierung als Euklidische Distanzen interpretiert werden.

Die Burt-Matrix besteht, wie gezeigt, aus der spalten- und zeilenweisen Verknüpfung der Kreuztabellationen zwischen allen Variablen, einschließlich der mit sich selbst kreuztabellierten Variablen; letztere Kreuztabellen stehen in den Hauptdiagonalblöcken der Eingabedaten (Tabelle 5.12). Aus der Konstruktion dieser Matrix wird ersichtlich, daß ein

Großteil der Variation durch die Hauptdiagonalblöcke verursacht wird - die quadrierten gewichteten Abweichungen sind hier am größten (vgl. Tabelle 5.14). Gleichzeitig hat diese Variation keine inhaltliche Bedeutung, sie ist lediglich methodisch bedingt. Mit Hilfe der nachfolgenden Reskalierung, die auf einer Idee von Greenacre (1988a, 1993a, 1994b) basiert, kann diese Variation herausgerechnet werden.

Abbildung 5.7: Reskalierung nach Benzécri

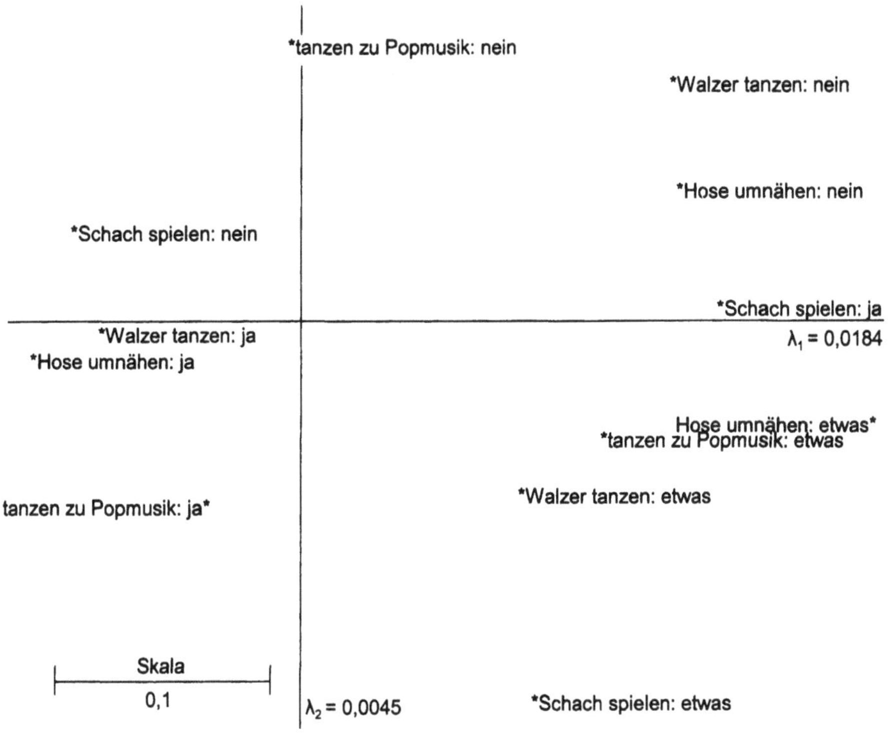

Die Anzahl der Kreuztabellen in der Burt-Matrix ist Q^2, die durchschnittliche gewichtete Abweichung von erwarteten und beobachteten Werten in diesen Tabellen wird mit dem Gesamtträgheitsgewicht der Burt-Matrix λ_T angegeben; die Summe der Trägheitsgewichte aller (zweidimensionalen) Kreuztabellen ist damit $Q^2 * \lambda_T$. Von dieser Summe der Trägheitsgewichte müssen die Trägheitsgewichte der Hauptdiagonalblöcke subtrahiert werden. Die Trägheitsgewichte haben in den Hauptdiagonalblöcken maximale Werte, sie sind gleich dem Minimum von Zeilen- und Spaltenausprägungen minus eins. Bei der Burt-Matrix ist die Summe der Variablenausprägungen J, davon muß die Anzahl der Variablen Q subtrahiert werden, also $(J - Q)$, dies entspricht der Variation in den Hauptdiagonalblöcken. Die Differenz aus $Q^2 * \lambda_T - (J - Q)$ ist somit gleich der Gesamtvariation in den Nebendiagonalblöcken, sie ist der inhaltlich relevante Teil der Variation. Um die durchschnittliche Variation der Nebendiagonalblöcke zu erhalten, muß diese Differenz noch durch die Anzahl der Nebendiagonalblöcke dividiert werden, also durch $Q\ (Q-1)$. Somit ergibt sich für das (durchschnittliche) Gesamtträgheitsgewicht (λ_G) der Nebendiagonalblöcke:

$$\lambda_G = \frac{Q^2\lambda_T - (J - Q)}{Q(Q - 1)} = \frac{Q^2\lambda_T}{Q(Q - 1)} - \frac{J - Q}{Q(Q - 1)}$$

$$= \frac{Q\lambda_T}{Q - 1} - \frac{Q(J - Q)}{Q^2(Q - 1)} = \frac{Q}{Q - 1}\left(\lambda_T - \frac{J - Q}{Q^2}\right)$$

Mit Hilfe dieser Gleichung kann das (korrigierte) Gesamtträgheitsgewicht für das Beispiel mit den vier kulturellen Kompetenzen bestimmt werden:

$$\lambda_G = \frac{4}{3}\left(0{,}52342 - \frac{12-4}{16}\right) = 0{,}03122$$

Auf dieses korrigierte Gesamtträgheitsgewicht müssen die nach Benzécri reskalierten Trägheitsgewichte der einzelnen Achsen bezogen werden. Die erklärte Varianz der ersten Achse ist demnach 0,01840 / 0,03122 = 0,589 oder 58,9%, die erklärte Varianz der zweiten Dimension ist entsprechend 0,00449 / 0,03122 = 0,144 oder 14,4%; mit den ersten beiden Achsen werden also 73,3% der Variation der Daten erklärt. Somit werden bei der Anwendung der Korrespondenzanalyse auf die Burt-Tabelle und auf die Indikatormatrix das Gesamtträgheitsgewicht über- und die erklärten Varianzen der ersten Achsen unterschätzt, nach der Reskalierung entsprechend der Formel von Benzécri werden die erklärten Varianzen der ersten beiden Achsen über- und das Gesamtträgheitsgewicht unterschätzt (vgl. auch Greenacre 1988a).

Damit stellt sich "nur" noch das Problem, wie die Daten in einen zweidimensionalen Raum projiziert werden können, in dem nur die Variation der Nebendiagonalblöcke abgebildet wird. Der vielversprechendste Ansatz, der aber wie auch andere Vorschläge noch keinesfalls ausdiskutiert ist, ist m. E. die von Greenacre (1988a) entwickelte joint Korrespondenzanalyse (vgl. Greenacre 1988a, 1990b, 1991, 1993a,c, Gower und Hand 1996, van der Heijden u. a. 1999, Tateneni und Browne 2000).

5.5 Joint Korrespondenzanalyse

Der Zusammenhang zwischen der joint und der multiplen Korrespondenzanalyse kann analog zu dem Zusammenhang zwischen der Hauptkomponenten- und der Faktorenanalyse gesehen werden. In Abschnitt 3.1 wurde gezeigt, daß in der vollständigen Lösung der Hauptkomponentenanalyse, also wenn die Anzahl der Dimensionen gleich der Anzahl der Variablen ist, die Korrelationsmatrix (**R**) aus dem Produkt der Matrix der Faktorladungen (**L**), von links multipliziert mit ihrer Transponierten, zurückgerechnet werden kann, also $\mathbf{R} = \mathbf{L}^T \mathbf{L}$. Im Gegensatz zur Hauptkomponentenanalyse wird bei der Faktorenanalyse davon ausgegangen, daß jede Variable noch einen spezifischen Fehlerterm hat, so daß auch in der vollständigen Lösung die Korrelationsmatrix mit alleiniger Hilfe der Faktorladungen nicht reproduziert werden kann. Diese Fehlerterme können iterativ geschätzt werden, die Werte werden von den Elementen der Hauptdiagonalen abgezogen, also von den Korrelationen jeder Variablen mit sich selbst, die definitionsgemäß eins ist. Für die Rekonstruktion der Korrelationsmatrix ergibt sich damit $\mathbf{R} = \mathbf{L}^T \mathbf{L} + \mathbf{D}_f$, wobei $\mathbf{D}_f$ eine Diagonalmatrix mit den Elementen des Fehlerterms ist.

In den Abschnitten 2.14 und 3.2 wurde für die einfache Korrespondenzanalyse gezeigt, daß die Ausgangsdaten mit Hilfe der Randsummen, der Standard- bzw. der Hauptkoordinaten von Zeilen und Spalten und mit Hilfe der Trägheitsgewichte der Achsen vollständig rekonstruiert werden können. Dieses Ergebnis gilt auch für die multiple Korrespondenzanalyse, auch hier kann die Burt-Tabelle (**T**) bzw. die Indikatormatrix (**H**) in der vollständigen Lösung perfekt reproduziert werden. Analog zur Matrix der standardisierten Residuen in der einfachen Korrespondenzanalyse (**A**) (vgl. Kapitel 3) kann die Matrix der standardisierten Residuen ($\mathbf{A}_T$) in der multiplen Korrespondenzanalyse beschrieben werden als:

$$\mathbf{A}_T = \mathbf{D}_r^{-1/2}(\mathbf{T} - \mathbf{r}\mathbf{r}^T)\mathbf{D}_r^{-1/2}$$

Wie auch die Korrelationsmatrix (**R**) ist die Matrix der standardisierten Residuen der Burt-Tabelle eine symmetrische Matrix, der Unterschied zu **R** besteht darin, daß in $\mathbf{A}_T$ anstelle von Korrelationen Submatrizes betrachtet werden (vgl. auch Greenacre 1994b, S. 160). Um die Schreibweise zu vereinfachen und um die Ähnlichkeiten zur Hauptkomponenten- und zur Faktorenanalyse zu verdeutlichen, wird für die Rekonstruktion der Daten $\mathbf{T} = \mathbf{M}^T \mathbf{M}$ gewählt, bei Beschränkung auf die ersten k^* Dimensionen gilt demzufolge $\mathbf{T} \approx \mathbf{M}_k^T \mathbf{M}_k$. Ähnlich wie bei der Faktorenanalyse die Hauptdiagonalelemente iterativ geschätzt werden können, werden bei der joint Korrespondenzanalyse die Hauptdiagonalblöcke (**C**, mit den Submatrizen $\mathbf{C}_1$, $\mathbf{C}_2$, ..., $\mathbf{C}_q$, ..., $\mathbf{C}_Q$) iterativ geschätzt. Mit diesem Verfahren wird eine grafische Darstellung gefunden, bei der die Elemente der Hauptdiagonalblöcke keinen Einfluß auf die geometrische Ausrichtung der Achsen und auf die Lokalisationen der Variablenausprägungen im (zweidimensionalen) Projektionsraum haben.

Nachdem a priori festgelegt wird, wieviele Dimensionen als relevant betrachtet werden - dies sind für die grafische Darstellung in der Regel zwei -, wird im ersten Analyseschritt die Korrespondenzanalyse auf die Burt-Matrix angewendet. Mittels der Rekonstruktionsformel (vgl. Abschnitt 3.2) werden die Ausgangsdaten auf der Basis von k^* (=2) Dimensionen geschätzt. Im zweiten Analyseschritt werden die Elemente der Hauptdiagonalblöcke durch die mit Hilfe der Rekonstruktionsformel zurückgerechneten Werte ersetzt, alle anderen Elemente der Ausgangsdaten bleiben unverändert. Auf diese nur in den Hauptdiagonalblöcken veränderte Burt-Matrix wird erneut die Korrespondenzanalyse angewendet und anschließend werden wiederum die Elemente der Hauptdiagonalblöcke durch die im zweiten Schritt rekonstruierten Werte ersetzt, danach erfolgt die erneute Anwendung der Korrespondenzanalyse auf die Burt-Matrix. Dieses Ersetzen der Elemente in den Hauptdiagonalblöcken erfolgt iterativ, bis die Summe der Abweichungen dieser Elemente zwischen zwei Iterationsschritten ein vorgegebenes Abbruchkriterium (z. B. kleiner 0,0001)[7] unterschreitet. Die Ergebnisse der Korrespondenzanalyse auf die letzte Version der Burt-Matrix sind die Ergebnisse der joint Korrespondenzanalyse. Es sei angemerkt, daß der von Greenacre (1988a) entwickelte und für die nachfolgenden Berechnungen verwendete Algorithmus nicht sehr effizient ist und daß z. T. einige tausend Iterationen bis zum Erreichen des Abbruchkriteriums benötigt werden (für einen effizienteren Algorithmus, siehe Boik 1996; für einen nicht-iterativen Algorithmus, der allerdings leicht unterschiedliche Ergebnisse liefert, siehe Gower und Hand 1996 sowie Tateneni und Browne 2000).

Wird die joint Korrespondenzanalyse auf lediglich zwei Variablen angewendet, so gibt es nur einen Nebendiagonalblock (aufgrund der Symmetrie der Eingabedaten kommt er doppelt vor); dies entspricht der Korrespondenzanalyse mit zwei Variablen. Die Ergebnisse der joint Korrespondenzanalyse auf eine derartige Tabelle[8] sind gleich denen der Korrespondenzanalyse der einzelnen Kontingenztabellen (vgl. Greenacre 1988a).

In dem nachfolgenden Beispiel werden jedoch nicht nur zwei, sondern vier Variablen (Q = 4) betrachtet; d. h. es gibt Q * (Q - 1) / 2 = 6 verschiedene Nebendiagonalblöcke. Für jeden dieser Blöcke kann der χ^2-Wert und das Gesamtträgheitsgewicht bestimmt werden; die Werte für die Gesamtträgheitsgewichte der einzelnen Kontingenztabellen liegen zwischen 0,012 (für die zweidimensionale Tabelle "Walzer tanzen" versus "tanzen zu Popmusik") und 0,069 (für die zweidimensionale Tabelle "Schach spielen" versus "Hosen umnähen"). Würden diese sechs Tabellen einzelnen mit Hilfe der Korrespondenzanalyse be-

7 Das Abbruchkriterium sollte relativ klein gewählt werden (kleiner 0,1), da auch bei relativ geringen Differenzen noch relativ große Unterschiede an den Hauptkoordinatenwerten (bei Werten größer 0,1 bis zur zweiten Nachkommastelle) vorhanden sein können.

8 Die Burt-Matrix besteht in dem gegebenen Beispiel aus vier Tabellen: In den beiden Hauptdiagonalblöcken stehen die Kreuztabellationen der Variablen mit sich selbst, in den beiden Nebendiagonalblöcken die Kreuztabelle der beiden Variablen (einmal als VAR1 × VAR2, einmal als VAR2 × VAR1).

schrieben, so wäre jede "kulturelle Kompetenz" Bestandteil von drei grafischen und numerischen Darstellungen, bei denen die bivariaten Assoziationen mit den drei anderen kulturellen Kompetenzen beschrieben werden.

Bezogen auf die grafische Darstellung kann die joint Korrespondenzanalyse als eine *durchschnittliche Visualisierung* dieser sechs Abbildungen verstanden werden (vgl. Greenacre 1988a, 1993a: 135); anstelle von sechs Abbildungen, bei denen jede Variablenausprägung dreimal vorkommt, gibt es nur eine Abbildung, bei der jede Ausprägung genau einmal vorkommt. Diese Darstellung ist die optimale Abbildung der vier kulturellen Kompetenzen und eine Generalisierung der symmetrischen Darstellung der Korrespondenzanalyse mit zwei Variablen (Abbildung 5.8).

Die Ergebnisse der multiplen und die der joint Korrespondenzanalyse sind in der Regel einander sehr ähnlich; sie können jedoch relativ deutlich voneinander abweichen, wenn die einzelnen Variablen mit unterschiedlichen dritten Variablen hoch assoziiert sind (vgl. Greenacre 1993a, S. 150). Daher sind z. B. unterschiedliche Ergebnisse zu erwarten, wenn die joint Korrespondenzanalyse auf die vier kulturellen Kompetenzen angewendet wird - von denen wurden zwei Variablen als "geschlechts-" und eine als "altersspezifisch" bezeichnet. Nachfolgend sind die modifizierten Eingabedaten (Tabelle 5.16), die grafische Darstellung der Ergebnisse in den beiden ersten Dimensionen (Abbildung 5.8) und die numerischen Ergebnisse (Tabelle 5.17) wiedergegeben.

Bei einem Abbruchkriterium von 0,0001 wurden 4876 Iterationen[9] benötigt, um die in Tabelle 5.12 wiedergegebene modifizierte Burt-Matrix zu erhalten, auf der die abschließende Korrespondenzanalyse berechnet wurde. Im Vergleich mit Tabelle 5.12 unterscheiden sich lediglich die Elemente in den Hauptdiagonalblöcken, wobei die Randsummen jedoch unverändert bleiben. Werden z.B. die Elemente der Variablenausprägungen "Walzer tanzen: ja" in dem entsprechenden Hauptdiagonalblock verglichen, so werden aus den Elementen (1807; 0; 0) in der Burt-Matrix (Tabelle 5.12) die Elemente (1158,23; 346,15; 302,62) in der modifizierten Burt-Matrix (Tabelle 5.16); die Summe der Elemente ist in beiden Fällen mit 1807,00 identisch.

Werden die Abbildungen 5.6 und 5.8 miteinander verglichen, so scheinen sie relativ verschieden zu sein, die Strukturen sind unterschiedlich. Werden jedoch in beiden Abbildungen jeweils jene Variablenausprägungen zusammengefaßt, die zu den gleichen Achsenabschnitten gehören, so sind die Ergebnisse relativ ähnlich. Sowohl mit der multiplen als auch mit der joint Korrespondenzanalyse können "Hosen umnähen: nein", "Hosen umnähen: etwas", "Schach spielen: ja" und - etwas weniger deutlich - "Walzer tanzen: nein"

9 Wird der von Boik (1996) entwickelte Algorithmus verwendet, so ist die Anzahl der Iterationen deutlich niedriger. Tateneni und Browne (1999), die in ihrem Programm CorAna beide Algorithmen anbieten, kommen bei dem vorgestellten Algorithmus von Greenacre (1988a, 1994b) auf 4325 Iterationen (über das Abbruchkriterium liegen mir keine Angaben vor) und mit dem von Boik (1996) entwickelten Algorithmus auf 264 Iterationen.

Tabelle 5.16: Modifizierte Burt-Matrix der Eingabedaten (joint Korrespondenzanalyse)

	WJ	WE	WN	SJ	SE	SN	HJ	HE	HN	PJ	PE	PN
Wj	1158,23	346,15	302,62	381,00	223,00	1203,00	1258,00	150,00	399,00	874,00	271,00	662,00
We	346,15	127,54	119,31	132,00	124,00	337,00	323,00	80,00	190,00	267,00	118,00	208,00
Wn	302,62	119,31	123,08	161,00	82,00	302,00	261,00	87,00	197,00	199,00	86,00	260,00
Sj	381,00	132,00	161,00	211,46	124,38	338,16	285,00	122,00	267,00	335,00	125,00	214,00
Se	223,00	124,00	82,00	124,38	79,72	224,90	233,00	62,00	134,00	247,00	86,00	96,00
Sn	1203,00	337,00	302,00	338,16	224,90	1278,93	1324,00	133,00	385,00	758,00	264,00	820,00
Hj	1258,00	323,00	261,00	285,00	233,00	1324,00	1499,38	75,17	267,45	939,00	252,00	651,00
He	150,00	80,00	87,00	122,00	62,00	133,00	75,17	78,63	163,20	124,00	74,00	119,00
Hn	399,00	190,00	197,00	267,00	134,00	385,00	267,45	163,20	355,36	277,00	149,00	360,00
Pj	874,00	267,00	199,00	335,00	247,00	758,00	939,00	124,00	277,00	1007,01	265,89	67,10
Pe	271,00	118,00	86,00	125,00	86,00	264,00	252,00	74,00	149,00	265,89	91,97	117,13
Pn	662,00	208,00	260,00	214,00	96,00	820,00	651,00	119,00	360,00	67,10	117,13	945,76

Abbildung 5.8: Grafische Darstellung der joint Korrespondenzanalyse

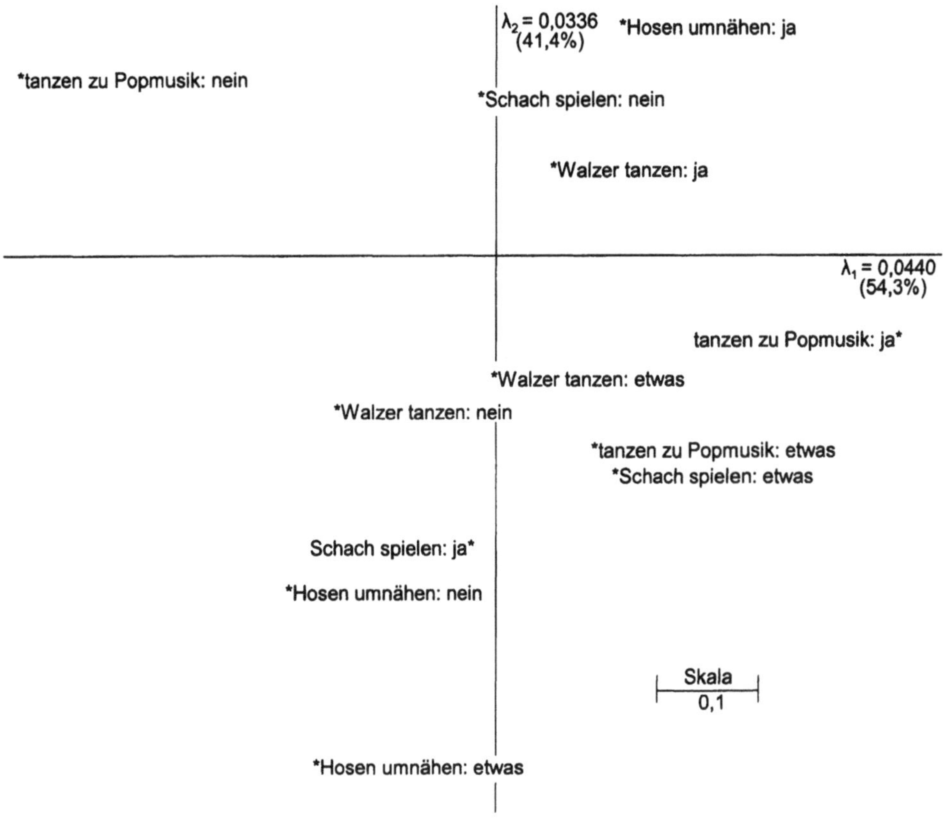

Tabelle 5.17: Numerische Ergebnisse der joint Korrespondenzanalyse

Name	MASS	LOC1	SLOC1	INR1	LOC2	SLOC2	INR2
WJ	0,153	-0,049	-0,235	0,008	0,078	0,425	0,028
WE	0,050	0,005	0,025	0,000	-0,112	-0,609	0,019
WN	0,046	0,157	0,751	0,026	-0,137	-0,746	0,026
SJ	0,057	0,027	0,128	0,001	-0,259	-1,416	0,115
SE	0,036	-0,112	-0,536	0,010	-0,199	-1,084	0,043
SN	0,156	0,016	0,078	0,001	0,141	0,771	0,093
HJ	0,156	-0,119	-0,568	0,050	0,207	1,129	0,200
HE	0,027	0,181	0,863	0,020	-0,459	-2,503	0,169
HN	0,067	0,206	0,984	0,064	-0,300	-1,637	0,179
PJ	0,114	-0,360	-1,719	0,336	-0,077	-0,418	0,020
PE	0,040	-0,092	-0,440	0,008	-0,171	-0,934	0,035
PN	0,096	0,466	-2,223	0,474	0,163	0,888	0,075

zusammengefaßt werden; das gleiche gilt für die Variablenausprägungen "Walzer tanzen: etwas", "tanzen zu Popmusik: etwas" und "Schach spielen: etwas" sowie für die Merkmale "Hosen umnähen: ja", "Schach spielen: nein" und "Walzer tanzen: ja".

Die Interpretation der grafischen Darstellung kann auch in Analogie zur Korrespondenzanalyse auf eine Kreuztabelle mit zwei Variablen erfolgen. In der symmetrischen Darstellung der einfachen Korrespondenzanalyse, also unter Verwendung der Hauptkoordinaten von Zeilen und Spalten, sind die Distanzen zwischen den Merkmalen einer Variablen definiert, also die Distanzen zwischen den Spalten- und die zwischen den Zeilenmerkmalen, nicht aber die Distanzen zwischen Zeilen- und Spaltenmerkmalen. Bei der joint Korrespondenzanalyse können ebenfalls zwei Fälle unterschieden werden: Die Distanzen zwischen den Kategorien der einzelnen Variablen können als χ^2-Distanzen interpretiert werden, also z. B. zwischen "Walzer tanzen: ja", "Walzer tanzen: etwas" und "Walzer tanzen: nein"; die Distanzen zwischen den Ausprägungen unterschiedlicher Variablen sind nicht definiert. Sollen dennoch die Abstände zwischen den Variablen interpretiert werden, so müssen die Standardkoordinaten der Ausprägungen von einer der Variablen[10] und die Hauptkoordinaten der Ausprägungen der anderen Variablen für die Berechnung verwendet werden (vgl. Greenacre 1988a, 1993a). In dieser asymmetrischen Darstellung[11] der joint Korrespondenzanalyse können nun die Distanzen der Variablen, die in den Hauptkoordinaten angegeben sind, zu den einzelnen Scheitelpunkten bestimmt werden. Wie aber auch bei der einfachen Korrespondenzanalyse handelt es sich bei den Scheitelpunkten nicht um eine Visualisierung der Profile, sondern um die der Grenzen des Projektionsraums. Die Interpretation erfolgt auch hier über die Distanzen der Profile (deren Lokalisationen) zu den einzelnen Scheitelpunkten. Des weiteren ermöglicht die asymmetrische Darstellung auch die Interpretation der Daten mit Hilfe von Biplots, also mit Hilfe von Achsen, die an den Scheitelpunkten beginnend und durch den Ursprung (gekennzeichnet durch das Achsenkreuz) gehend in den Projektionsraum gelegt werden (vgl. Abschnitt 2.13; Greenacre 1993b). Werden die Profile auf diese Biplotachsen projiziert, so kann wiederum abgelesen werden, wie "typisch" die in den Standardkoordinaten stehenden Variablenausprägungen für die Profile sind.

Die Interpretation des Gesamtträgheitsgewichtes und der Trägheitsgewichte der Achsen ist nicht ganz eindeutig, da die Zerlegung der standardisierten Residuen nicht wie bei der einfachen Korrespondenzanalyse nur von einer zweidimensionalen Tabelle abhängt, sondern von mehreren. Des weiteren sind bei der joint Korrespondenzanalyse die Ergebnisse in unterschiedlichen Dimensionen auch nicht geschachtelt, d. h. wird anstelle der

---

10 Die Umrechnung von Haupt- in Standardkoordinaten erfolgt, wie bereits in den Kapiteln 2 und 3 beschrieben, aus der Division der Hauptkoordinatenwerte durch die singulären Werte der korrespondierenden Achsen; z. B. "tanzen zu Popmusik: nein" auf der ersten Achse (vgl. Tabelle 5.17): $0{,}466 / 0{,}0440^{1/2} = 2{,}223$.

11 Die Anzahl der möglichen asymmetrischen Darstellungen ist gleich der Anzahl der Variablen.

zweidimensionalen Lösung eine dreidimensionale gewählt, so sind sowohl die Trägheitsgewichte der ersten beiden Achsen als auch die Lokalisationen der Ausprägungen auf den Achsen in beiden Analysen unterschiedlich - in dem einen Fall wird eine zweidimensionale Lösung iterativ optimiert, in dem anderen eine dreidimensionale. Dennoch kann gesagt werden, daß mit der zweidimensionalen Lösung 95,7% der Variation erklärt werden, in der zweidimensionalen Optimierung erklärt die erste Dimension 54,3% der Varianz und die zweite 41,4%.[12]

5.6 Homogenitätsanalyse

Eine andere Form der Betrachtung des multivariaten Falls ist die *Homogenitätsanalyse* (in SPSS als HOMALS bezeichnet, SPSS Inc. 1990) - die Ergebnisse dieser Analyse sind identisch mit denen der multiplen Korrespondenzanalyse. Die Homogenitätsanalyse oder die *duale Skalierung* (vgl. Nishisato 1994, 1996) kann als Generalisierung der *optimalen Skalierung* auf mehr als zwei Variablen angesehen werden. Die Interpretation der Ergebnisse der Homogenitätsanalyse erfolgt im Gegensatz zur multiplen Korrespondenzanalyse weniger auf der Basis der grafischen Darstellung, sondern anhand der numerischen Ausgabe. Mit Hilfe dieses Verfahrens werden für alle Variablenkategorien Skalenwerte gesucht, so daß die beteiligten Variablen maximal miteinander korreliert sind. Die Interpretation erfolgt auf der Basis dieser Skalenwerte und auf der Basis der Korrelationen der manifesten Variablen mit den (latenten) Faktoren.

Zur Beschreibung dieses in den Niederlanden entwickelten Verfahrens (vgl. insbesondere Gifi 1981, 1990) sollen alle 25 "kulturellen Kompetenzen" betrachtet werden, die im Rahmen der 1986er Allgemeinen Bevölkerungsumfrage erhoben wurden (siehe Tabelle 5.18). Die "fehlenden Werte" werden nicht als eigenständige Kategorien berücksichtigt, deren Anzahl ist zum einen relativ klein und zum anderen sind sie für die nachfolgende Darstellung irrelevant; damit gibt es $Q = 25$ Variablen mit insgesamt $J = 75$ Kategorien, die Fallzahl ist $n = 3095$ (zur Behandlung von fehlenden Werte, siehe Gifi 1990). Gesucht werden J Skalen- und n Personenkennwerte, wobei jede der 3095 Personen auf jeder der 25 Variablen genau einen Skalenwert hat; dies sind die den Variablenausprägungen zugehörigen Skalenwerte. Wurde z. B. bei der Variablen "Walzer tanzen" die Ausprägung

12 Greenacre selbst äußert sich nicht eindeutig zu dieser Problematik; in den meisten seiner Analysen ist er eher vorsichtig und nennt nur das Ergebnis für die gewählten k^* Dimensionen, nur selten gibt er die erklärte Varianz der einzelnen Achsen in der joint Korrespondenzanalyse an (z. B. Greenacre 1998, S. 236). Eine umfassende theoretische Arbeit zur joint Korrespondenzanalyse, bei der auch die Trägheitsgewichte der Variablenausprägungen, die erklärten Varianzen und die Verwendung von passiven Variablen diskutiert werden, steht ebenso aus wie die Integration der joint Korrespondenzanalyse in die großen Statistikpakete.

"ja" gewählt, so wird anstelle von "1" (des ursprüngliches Codes dieser Ausprägung) der mit der Homogenitätsanalyse berechnete Skalenwert von "Walzer tanzen: ja" zugeordnet, wurde bei der zweiten Variablen "Wundverband anlegen" die Kategorie "etwas" angegeben, so wird anstelle der "2" der mit der Homogenitätsanalyse bestimmte Skalenwert von "Wundverband anlegen: etwas" zugeordnet.

Die Berechnung der *Skalenwerte der Variablenausprägungen* und der *Personenkennwerte* erfolgt iterativ. Im ersten Schritt werden die 25 Variablen zur kulturellen Kompetenz mit ihren jeweils drei Ausprägungen (1 = "ja", 2 = "etwas", 3 = "nein") z-transformiert, so daß jede Variable den Mittelwert Null und die Varianz Eins hat. Anschließend werden die z-transformierten Variablenausprägungen für jede Person summiert und durch die Anzahl der Variablen ($Q = 25$) dividiert, das Ergebnis sind individuelle Kennwerte für jeden der 3095 Befragten. Auf der Basis dieser Informationen, und unter der Bedingung, daß die Variablen weiterhin den Mittelwert Null und die Varianz Eins haben, und unter der Bedingung, daß die Korrelationen zwischen den Variablen mit den neuen Skalenwerten und der Variablen, welche die Personenkennwerte als Merkmalsausprägungen hat, maximal sein sollen, werden die J Skalenwerte neu geschätzt. Auf der Basis der neuen Skalenwerte werden wiederum die Personenwerte berechnet und mit den neuen Personenkennwerten werden die Skalenwerte der Variablen unter den oben genannten Bedingungen neu geschätzt - unterscheiden sich Personenkennwerte und Skalenwerte zwischen zwei Rechenschritten nur noch minimal, wird die Prozedur abgebrochen.

Die Personenkennwerte werden mit den 25 Variablen, die als Ausprägungen die neu berechneten Skalenkennwerte haben, korreliert; die quadrierten Korrelationen entsprechen der Erklärungskraft der einzelnen Variablen (vgl. Tabelle 5.18, Spalte "Dim1"), analog der Hauptkomponentenanalyse können diese Koeffizienten als (quadrierte) Faktorladungen der Variablen interpretiert werden.[13] Werden die Werte der $Q = 25$ Variablen addiert ($0{,}023 + 0{,}025 + \ldots + 0{,}152 = 6{,}374$) und durch $Q = 25$ dividiert ($= 0{,}2550$), so ist das Ergebnis die (quadrierte) "*durchschnittliche Korrelation*" der Variablen; dieser Wert ist die maximale Korrelation zwischen Personenkennwerten und Skalenwerten und gleich dem Trägheitsgewicht der ersten Achse (dem ersten Eigenwert) der multiplen Korrespondenzanalyse auf der Basis der Indikatormatrix (vgl. Gifi 1990, Greenacre 1993a).

Mit Hilfe der oben beschriebenen Prozedur wurde die maximale Korrelation zwischen Personenkennwerten und Skalenwerten bestimmt. Diese Ideen entsprechen denen der optimalen Skalierung (Kapitel 2). Während mit Hilfe der optimalen Skalierung nur eine Dimension maximiert wird, kann mit Hilfe der Homogenitätsanalyse die verbleibende nicht-erklärte Variation zwischen Personen und Variablenausprägungen - wiederum mit Hilfe des oben beschriebenen iterativen Prozesses - zu einem Maximum erklärt werden; die durchschnittliche Korrelation zwischen Personenkennwerten und Skalenwerten ist

13 Die Berechnung dieser Koeffizienten ist kein Bestandteil der multiplen Korrespondenzanalyse.

gleich dem Trägheitsgewicht der zweiten Achse (dem zweiten Eigenwert) der multiplen Korrespondenzanalyse der Indikatormatrix.

Es kann gezeigt werden (Benzécri 1979), daß die durchschnittliche Korrelation der Variablen mit den Personenkennwerten und den *Q* Variablen mit den neuen Skalenwerten bei echten Zufallsvariablen 1 / *Q* ist; dies ist auch zugleich die Begründung, warum dieser Wert bei der Reskalierung der Trägheitsgewichte der Achsen abgezogen wird (vgl. Gleichung 5.1, Abschnitt 5.1). Die neuen Skalenwerte der Variablenausprägungen sind gleich den Hauptkoordinaten der Spalten und die Personenkennwerte sind gleich den Standardkoordinaten der Zeilen in der multiplen Korrespondenzanalyse (vgl. Gifi 1990, Greenacre 1993b). Aus diesem Grund können grafische Darstellungen, wie sie von der multiplen Korrespondenzanalyse bekannt sind, auch auf der Basis der Ergebnisse der Homogenitätsanalyse angefertigt werden. Wir verzichten auf die grafische Darstellung und geben lediglich die Skalenwerte der Variablenausprägungen für die ersten beiden Achsen an.

Werden die quadrierten Korrelationen der Variablen mit den ersten beiden Achsen betrachtet (vgl. Tabelle 5.18), so haben "Quarzuhr einstellen", "Lampe anschließen", "Zündkerze auswechseln", "Reifen flicken", "Taschenrechner bedienen" und "Tonbandgerät bedienen" relativ hohe Werte (> 0,333) auf der ersten Achse und "Stricken", "Kochen", "Knopf annähen" und "Hosen umnähen" auf der zweiten Achse. Anhand der Skalenwerte der Variablenausprägungen kann abgelesen werden, in welcher Richtung diese Korrelationen sind und wie stark sich die Variablenausprägungen auf den beiden latenten Variablen unterscheiden (siehe Tabelle 5.19); dies sowohl zwischen als auch innerhalb der einzelnen Variablen. So sind, bezogen auf die erste Achse, die Ausprägungen von "Walzer tanzen" einander relativ ähnlich (-0,12; 0,14; 0,23), welches ein weiterer Indikator für die sehr niedrige (nicht vorhandene) Korrelation dieser Fähigkeit mit der ersten Achse ist (Dim1 = 0,023; vgl. Tabelle 5.18). Dem entgegen sind die Skalenwerte von "Tonbandgerät bedienen" relativ unterschiedlich (0,52; -0,25; -1,05), dies als ein Indikator für die relativ hohe Korrelation (Dim1 = 0,472). Die erste Achse spiegelt Gegensätze von kulturellen Kompetenzen wider, die im vorangegangenen Kapitel als "geschlechtsspezifisch" bezeichnet wurden. Dabei haben die den Männern zuzuschreibenden kulturellen Kompetenzen, z. B. Lampe anschließen und Zündkerze auswechseln, die höchsten erklärten Varianzen, d. h. mit Hilfe der ersten Achse werden insbesondere die geschlechtsspezifischen Differenzen bei den "männlichen" Fähigkeiten beschrieben.

Bei fast allen Variablen wird die ordinale Ordnung der manifesten Variablen auf der ersten latenten Dimension wiedergegeben. Ausnahmen sind lediglich die nur schwach (bzw. gar nicht) mit der ersten Achse korrelierten Merkmale "Schreibmaschine schreiben" (0,28; 0,33; -0,61), "Kochen" (-0,24; 0,63; 0,51), "Hosen umnähen" (-0,36; 0,60; 0,56) und "Knopf annähen" (-0,07; 0,65; 0,15), wobei zumindest die letzten drei Fähigkeiten als "weibliche" Kompetenzen angesehen werden können.

Tabelle 5.18: Homogenitätsanalyse, Häufigkeiten und Erklärungskraft der Variablen

Fähigkeit	Variablenausprägungen ja	etwas	nein	Fehlende Werte	Erklärungskraft der Variablen Dim1	Dim2
Walzer tanzen	1889	625	562	19	0,023	0,113
Wundverband anlegen	1825	883	342	45	0,025	0,096
Steuerformular ausfüllen	1293	723	986	93	0,196	0,043
Schach spielen	705	455	1911	24	0,263	0,005
Quarzuhr einstellen	1692	286	1008	109	0,411	0,012
Musikinstrument spielen	739	302	2024	30	0,044	0,078
Lampe anschließen	1643	210	1200	42	0,496	0,103
Computer bedienen	601	290	2104	100	0,210	0,012
Fotografieren	2242	558	273	22	0,304	0,116
Tapezieren	1728	557	761	49	0,264	0,022
Schwimmen	2376	231	476	12	0,294	0,099
Zündkerze auswechseln	1353	157	1497	88	0,505	0,121
Stadtplan lesen	2630	317	124	24	0,296	0,065
Kursbuch lesen	1874	514	521	186	0,198	0,074
Schreibmaschine schreiben	1439	639	1004	13	0,178	0,197
Stricken	1477	204	1397	17	0,325	0,373
Radfahren	2881	98	108	8	0,131	0,063
Kochen	2195	580	306	14	0,140	0,379
Reifen flicken	1881	405	738	71	0,476	0,041
Taschenrechner bedienen	2312	327	417	39	0,442	0,097
Videogerät bedienen	1118	150	1522	305	0,292	0,015
Tonbandgerät bedienen	1911	216	846	122	0,472	0,038
Knopf annähen	2736	243	100	16	0,038	0,346
Hosen umnähen	1912	326	809	48	0,199	0,450
Zu Popmusik tanzen	1382	488	1156	69	0,152	0,193
Durchschnitt					0,252	0,127

Tabelle 5.19: Homogenitätsanalyse, Skalenwerte der Variablenausprägungen

	Ausprägungen, 1. Achse			Ausprägungen, 2. Achse		
Fähigkeit	ja	etwas	nein	ja	etwas	nein
Walzer tanzen	-0,12	0,14	0,23	0,27	-0,35	-0,49
Wundverband anlegen	0,12	-0,10	-0,35	0,26	-0,30	-0,52
Steuerformular ausfüllen	0,40	0,15	-0,62	0,21	0,01	-0,28
Schach spielen	0,77	0,47	-0,40	-0,12	-0,02	0,05
Quarzuhr einstellen	0,55	-0,09	-0,87	0,06	-0,33	-0,03
Musikinstrument spielen	0,32	0,22	-0,15	0,49	0,07	-0,18
Lampe anschließen	0,65	-0,24	-0,83	-0,23	-0,47	0,39
Computer bedienen	0,73	0,66	-0,31	0,22	-0,09	-0,05
Fotografieren	0,32	-0,55	-1,41	0,20	-0,41	-0,80
Tapezieren	0,42	-0,21	-0,80	0,12	-0,26	-0,10
Schwimmen	0,29	-0,58	-1,15	0,16	-0,86	-0,39
Zündkerze auswechseln	0,76	0,23	-0,72	-0,31	-0,70	0,33
Stadtplan lesen	0,22	-1,05	-1,89	0,11	-0,55	-0,78
Kursbuch lesen	0,30	-0,13	-0,92	0,20	-0,37	-0,41
Schreibmaschine schreiben	0,28	0,33	-0,61	0,47	-0,25	-0,50
Stricken	-0,58	0,00	0,60	0,61	0,12	-0,65
Radfahren	0,10	-1,15	-1,52	0,06	-1,28	-0,45
Kochen	-0,24	0,63	0,51	0,39	-0,80	-1,23
Reifen flicken	0,53	-0,47	-1,08	-0,14	-0,02	0,34
Taschenrechner bedienen	0,36	-0,58	-1,52	0,18	-0,46	-0,61
Videogerät bedienen	0,64	0,20	-0,53	0,09	-0,47	-0,06
Tonbandgerät bedienen	0,52	-0,25	-1,05	0,14	-0,41	-0,23
Knopf annähen	-0,07	0,65	0,15	0,22	-1,53	-1,94
Hosen umnähen	-0,36	0,60	0,56	0,52	-0,43	-1,01
Zu Popmusik tanzen	0,32	0,31	-0,50	0,48	-0,20	-0,48

Während die erste Achse insbesondere die "männlichen Fähigkeiten" widerspiegelt, laden auf der zweiten Achse insbesondere die "weiblichen Kompetenzen". Auch für die zweite Achse gilt, daß mit ihr geschlechtsspezifische Differenzen abgebildet werden. Die auf dieser Achse gegenläufigen "männlichen Kompetenzen" (vgl. die umgekehrte Reihenfolge bei den Vorzeichen, Tabelle 5.19), z. B. "Zündkerze auswechseln" und "Lampe anschließen", sind dabei noch etwas schwächer ausgeprägt, als es auf der ersten Achse die "weiblichen Kompetenzen" sind (vgl. die Faktorladungen der Variablen, Tabelle 5.18) - und auch bei diesen Merkmalen wird relativ oft die ordinale Ordnung der Variablenausprägungen verletzt.

Die hier vorgestellte Interpretationsmöglichkeit der Homogenitätsanalyse ist ähnlich der der Hauptkomponentenanalyse: anhand der (quadrierten) Korrelationen der Variablen mit den Achsen (Faktorladungen) und anhand der neuen Skalenwerte können diese interpretiert werden. Des weiteren können bei beiden Verfahren die Personenkennwerte (bei der Hauptkomponentenanalyse werden sie als Faktorwerte bezeichnet, bei der multiplen Korrespondenzanalyse als Standardkoordinaten der Zeilen) in den Datensatz integriert und für eine weitere Analyse verwendet werden. Eine relativ einfache Anwendung dieser latenten Variablen ist innerhalb eines varianzanalytischen Designs möglich, wobei die Mittelswertunterschiede zwischen den relevanten Gruppen, z. B. zwischen Männern und Frauen, auf Signifikanz geprüft werden können (für ein derartiges Vorgehen, vgl. Abschnitt 9.5, Friedrichs und Blasius 2000).

5.7 Passive Variablen

Wie bereits für die einfache Korrespondenzanalyse gezeigt, können auch bei der multiplen Korrespondenzanalyse "ergänzende" bzw. "passive" Variablen eingeführt werden; als Beispiel verwenden wir die Indikatormatrix mit den vier kulturellen Kompetenzen "Hosen umnähen", "Schach spielen", "Walzer tanzen" und "tanzen zu Popmusik" (vgl. Abschnitt 5.2). In der multiplen Korrespondenzanalyse werden alle Interaktionseffekte erster Ordnung zwischen den vier beteiligten kulturellen Kompetenzen berücksichtigt, d. h. alle bivariaten Zusammenhänge zwischen diesen als "aktiv" zu bezeichnenden Variablen werden zur Berechnung des Projektionsraums verwendet. Wenn in diesen Raum weitere Variablen(ausprägungen) projiziert werden sollen, die zwar mit den Merkmalen der kulturellen Kompetenzen kovariieren, die aber nichts zur geometrischen Ausrichtung der Achsen im Projektionsraum beitragen sollen, so können passive Variablen(ausprägungen) verwendet werden. Nachfolgend wird beschrieben, wie die Merkmale der sechsstufigen Variablen "Alter × Geschlecht" mit den Merkmalen der kulturellen Kompetenzen kovariieren (Abbildung 5.9).

Abbildung 5.9: Multiple Korrespondenzanalyse mit passiven Variablen

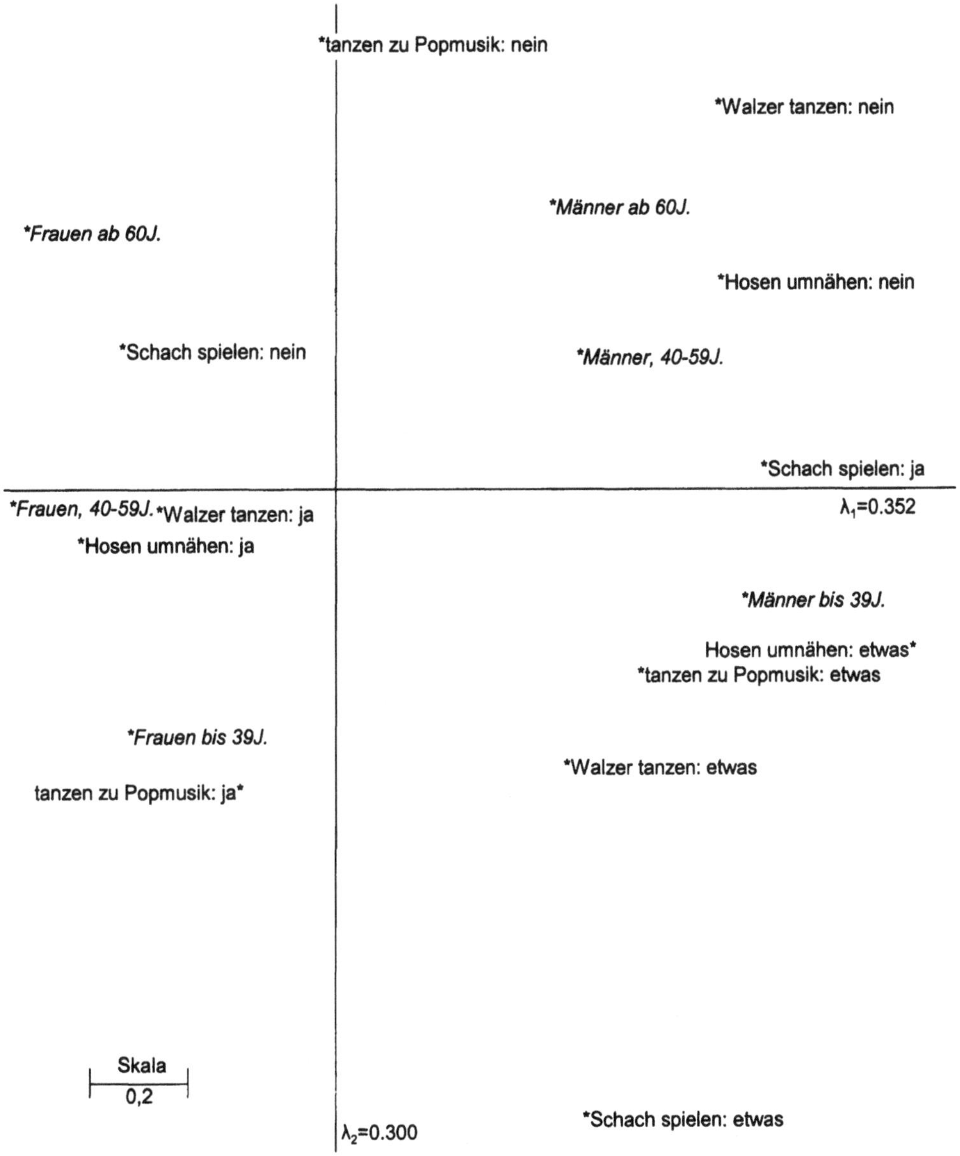

Im Unterschied zu dem in Abschnitt 4.1 gegebenen Beispiel soll diesmal nicht untersucht werden, ob die einzelnen kulturellen Kompetenzen geschlechts- oder altersspezifisch sind, sondern wie die Merkmale von "Alter × Geschlecht" mit der Struktur der kulturellen Kompetenzen assoziiert sind. In den durch die vier kulturellen Kompetenzen determinierten Raum werden die sechs Merkmale von "Alter × Geschlecht" hineinprojiziert. Die Problemstellung ist somit in beiden Untersuchungen unterschiedlich.

Die Möglichkeiten, die bei der Interpretation der Ergebnisse der multiplen Korrespondenzanalysen ohne die passiv gesetzten Variablen beschrieben wurden, gelten auch für die nachträglich aufgenommenen Merkmale: die Abstände zwischen den passiven Variablenausprägungen als auch die Abstände zwischen den passiven und den zur Determination des Raums verwendeten Variablenausprägungen können als *gewichtete Euklidische Distanzen* interpretiert werden. Damit ist eine gemeinsame Interpretation von manifesten und latenten Variablen möglich.

Abbildung 5.9 zufolge laden im positiven Abschnitt die drei Ausprägungen der Männer und im negativen Bereich die drei Ausprägungen der Frauen. Den Männern sind dabei insbesondere die Ausprägungen "Schach spielen: ja", "Hosen umnähen: etwas", "Hosen umnähen: nein", "Walzer tanzen: nein" sowie "tanzen zu Popmusik: etwas", "Walzer tanzen: etwas" und "Schach spielen: etwas" zuzuordnen, den Frauen die Ausprägungen "Hosen umnähen: ja", "Schach spielen: nein", "Walzer tanzen: ja" und "tanzen zu Popmusik: ja"; obwohl die Fragestellung der beiden Analysen unterschiedlich ist, stimmt die auf der Basis von Abbildung 5.9 gegebene Interpretation weitgehend mit der von Abbildung 4.1 überein. Dieses Ergebnis ist zumindest nicht überraschend, da die erste Achse die in Kapitel 4 als "geschlechtsspezifische Merkmale" bezeichneten Kompetenzen widerspiegelt und da es eine hohe Assoziation zwischen den geschlechtsspezifischen kulturellen Kompetenzen gibt; wird "Geschlecht" als Merkmal in den Projektionsraum integriert, so sollte es mit diesen Merkmalen kovariieren.

Wird die zweite Achse in die Interpretation einbezogen, so laden die "Männer bis 39 Jahre" und die "Frauen bis 39 Jahre" auf dem negativen und die "Männer ab 60 Jahre" sowie die "Frauen ab 60 Jahre" auf dem positiven Achsenabschnitt. Damit korrespondierend kann den jüngeren Befragten "tanzen zu Popmusik: ja" und "Schach spielen: etwas" zugeordnet werden, den älteren Befragten "tanzen zu Popmusik: nein" und "Walzer tanzen: nein". Werden beide Achsen simultan interpretiert, so wird deutlich, daß es hauptsächlich die älteren Männer sind, die überdurchschnittlich oft angaben, daß sie nicht Walzer tanzen können; den älteren Frauen kann als Merkmal noch "Schach spielen: nein" zugeordnet werden (vgl. die jeweils gemeinsamen Ladungen auf beiden Achsen).Des weiteren kann aus der simultanen Interpretation beider Achsen und der Einbeziehung von "Alter × Geschlecht" geschlossen werden, daß es insbesondere die jüngeren Frauen sind, die überdurchschnittlich oft angaben, daß sie zu Popmusik tanzen können. Auch dieses Ergebnis steht im Einklang mit den Ergebnissen der zusammengesetzten Tabelle.

Wurde in der Analyse der zusammengesetzten Tabelle untersucht, welche Merkmalsausprägungen von welchen Gruppen (Alter × Geschlecht) überdurchschnittlich oft bzw. relativ selten angegeben wurden, so wird bei der multiplen Korrespondenzanalyse die Struktur der kulturellen Kompetenzen beschrieben. Zu den mit Hilfe der multiplen Korrespondenzanalyse gefundenen Antwortmustern können weitere Merkmale hinzugefügt werden, ohne daß diese einen Einfluß auf die bereits gefundene Struktur haben. Wie auch bei der einfachen Korrespondenzanalyse gibt es bei der multiplen Korrespondenzanalyse für die passiven Variablen eine numerische Darstellung Ergebnisse, diese ist in Tabelle 5.20 wiedergegeben.

Tabelle 5.20: Numerische Darstellung der passiven Variablen

Name	SQCOR	MASS	INR	LOC1	QCOR1	INR1	LOC2	QCOR2	INR2
Mb39J	0,236	0,050	0,100	0,936	0,220	0,125	-0,253	0,016	0,011
M40-59J	0,073	0,040	0,105	0,552	0,057	0,034	0,291	0,016	0,011
M60J+	0,070	0,026	0,112	0,485	0,027	0,017	0,612	0,043	0,032
Fb39J	0,159	0,057	0,096	-0,475	0,067	0,037	-0,557	0,092	0,059
F40-59J	0,104	0,043	0,104	-0,708	0,104	0,061	-0,038	0,000	0,000
F60J+	0,126	0,034	0,108	-0,701	0,078	0,048	0,553	0,049	0,035
Summe			0,250			0,322			0,148

Die Koeffizienten zur Beschreibung der numerischen Ergebnisse der passiven Variablen in der multiplen Korrespondenzanalyse sind die gleichen wie die, die für die Beschreibung der zusammengesetzten Tabelle verwendet wurden (vgl. Abschnitt 4.5); die relativen Trägheitsgewichte der Variablenausprägungen sind auch hier als "hypothetische Werte" zu interpretieren. Obwohl es sich "lediglich" um hypothetische Werte handelt, so sind sie die wichtigsten Interpretationshilfen, da die interpretativen Einschränkungen der numerischen Lösung der multiplen Korrespondenzanalyse auch auf die passiven Variablen(ausprägungen) übertragen werden müssen, so z. B. die relativ schlechte Interpretierbarkeit der quadrierten Faktorladungen.

Zur Determination des Projektionsraums wurden vier Variablen verwendet, die, infolge des listweisen Ausschlusses der fehlenden Werte, alle die gleiche Masse haben. Da es bei der neu aufgenommenen Variablen "Alter × Geschlecht" keine zusätzlichen fehlenden Werte gibt, ist die Masse dieser passiven Variable genau 1 / 4 der der aktiven Merkmale (vgl. auch die Summe der sechs Werte in der Spalte "Masse", Tabelle 5.20). Unter der Annahme, daß die Variable "Alter × Geschlecht" bei den hypothetischen relativen Trägheitsgewichten durchschnittliche Werte hat, ist die erwartete Summe der sechs Ausprägungen bei den einzelnen Achsen "0,25".

Auf der Basis der Ladungen der Merkmale der passiven Variablen wurde bereits abgeleitet, daß die erste Achse die Geschlechts- und die zweite Achse die Altersdimension ist (vgl. auch die Vorzeichen in den Spalten LOC1 und LOC2). Werden die hypothetischen Trägheitsgewichte der sechs Ausprägungen addiert, so ist die Summe auf der ersten Achse 0,322 und auf der zweiten Achse 0,148. Damit ist der Zusammenhang der Merkmale von "Alter × Geschlecht" mit den beiden Achsen auf der Basis dieser Analyse gezeigt, wobei die "Geschlechtsdimension" die wichtigere zur Beschreibung der Struktur der kulturellen Kompetenzen ist. Dieses Ergebnis steht ebenfalls im Einklang mit dem Ergebnis, welches aus der Analyse der zusammengesetzten Tabelle abgeleitet wurde.

Ebenso wie in der multiplen Korrespondenzanalyse passive Variablenausprägungen verwendet werden können, ist die Einbeziehung "passiver Personen" möglich. Diese Personen könnten z. B. aus Studien in anderen Ländern kommen, in denen die gleichen Fragen gestellt wurden. Mit Hilfe derartiger Informationen könnte dann untersucht werden, ob sich die Antwortstrukturen von Befragten aus unterschiedlichen Ländern (oder allgemein: aus unterschiedlichen Populationen) unterscheiden. Wir verzichten an dieser Stelle auf eine derartige Anwendung der multiplen Korrespondenzanalyse und verweisen auf die Abschnitte 9.2 und 9.3, in denen die grafische Darstellung von Individuen im Projektionsraum diskutiert wird.

6. Die Analyse von mehrdimensionalen Tabellen

Wie in Kapitel 5 gezeigt, werden bei der multiplen Korrespondenzanalyse alle Interaktionseffekte erster Ordnung berücksichtigt, das entspricht dem Vorgehen bei der Hauptkomponentenanalyse. Für einige Fragestellungen ist die ausschließliche Aufnahme der Interaktionseffekte erster Ordnung jedoch nicht ausreichend, zum Beschreiben von komplexen Zusammenhängen müssen u. U. die Effekte zweiter oder noch höherer Ordnung berücksichtigt werden. Als oft diskutiertes Beispiel seien die drei Variablen "Einkommen", "Bildung" und "Prestige" genannt.

Den Annahmen von Scheuch (1961 [1970]) zufolge sind "Einkommen" und "Bildung" die unabhängigen Variablen, "Prestige" ist die abhängige; wenn alle drei Indikatoren als metrische Merkmale aufgefaßt werden, wäre die Regressionsanalyse eine geeignete Methode, die Daten zu beschreiben. Als Hypothesen könnten abgeleitet werden: "Je höher das Einkommen, desto höher das Prestige" und "Je höher die Bildung, desto höher das Prestige". Werden die Variablenausprägungen zusammengefaßt, so daß die Merkmale als kategorial aufgefaßt werden können, so wäre die einfache Korrespondenzanalyse eine geeignete Methode zur Beschreibung der Zusammenhänge: "Einkommen" und "Bildung" wären die "beschreibenden" Variablen, "Prestige" wäre die "zu beschreibende". Visualisiert werden die gewichteten Abweichungen der empirischen von den erwarteten Werten in den Tabellen "Einkommen" versus "Prestige" sowie "Bildung" versus "Prestige". Wird die multiple Korrespondenzanalyse als Verfahren gewählt, so würde zusätzlich die Variation von "Einkommen" versus "Bildung" berücksichtigt.

In dem gegebenen Beispiel wird auch häufig eine Hypothese formuliert, die einen *Interaktionseffekt zweiter Ordnung* zwischen den drei Variablen beinhaltet: "Je höher das Einkommen *und* je höher die Bildung, desto höher das Prestige". Dieser Annahme zufolge kann ein hoher Prestigewert nur dann erreicht werden, wenn sowohl das Einkommen als auch die Bildung hoch sind. Werden die Daten als kategorial angesehen, so wird als Auswertungsverfahren häufig das log-lineare Modell gewählt; Eingabedaten sind dann die Häufigkeiten der dreidimensionalen Tabelle "Einkommen" × "Bildung" × "Prestige".

Soll zur Lösung dieses Problems die Korrespondenzanalyse verwendet werden, so muß als Eingabeinformation ebenfalls die dreidimensionale Kontingenztabelle gewählt werden. In dem gegebenen Beispiel kann dann der Interaktionseffekt zweiter Ordnung, also der Zusammenhang zwischen den drei Variablen, numerisch beschrieben und grafisch dargestellt werden. Beispiele für eine derartige Anwendung geben Greenacre (1993a), der die Wahl einer Automarke in Abhängigkeit von "Einkommen" und "Alter" setzt, sowie Carlier und Kroonenberg (1998), die auf der Basis von Daten der amtlichen französischen Statistik den Zusammenhang von "Region" und "Berufsklassifikation" zu unterschiedlichen "Zeitpunkten" untersuchen. Um nicht das bereits eingeführte Beispiel wechseln zu müssen, werden nachfolgend die drei Variablen "tanzen zu Popmusik", "Hosen umnähen" und "Alter × Geschlecht" betrachtet.

6.1 Die Visualisierung von Interaktionseffekten

Um die einzelnen Effekte in der grafischen Darstellung zu verdeutlichen, werden sie sukzessive in die Analyse aufgenommen. Wir beginnen mit der Korrespondenzanalyse einer zusammengesetzten Kontingenztabelle mit einer "zu beschreibenden" und zwei "beschreibenden" Variablen, daran anschließend folgt der multiple Fall, bei dem alle Interaktionen erster Ordnung zwischen den beteiligten Variablen berücksichtigt werden, und abschließend die Korrespondenzanalyse der mehrdimensionalen Tabelle. Um für alle Analysen einen einheitlichen Datensatz zu haben und um damit den Vergleich der Ergebnisse zu erleichtern, werden nur jene Fälle betrachtet, die in den drei Fragen keine fehlenden Werte haben, die Fallzahl wird dadurch auf $n = 2979$ reduziert. In Tabelle 6.1 sind die absoluten Werte aus den Kreuztabellen von "Alter × Geschlecht" versus "Hosen umnähen" und "Alter × Geschlecht" versus "tanzen zu Popmusik" wiedergegeben, in Abbildung 6.1 die grafische Darstellung der Ergebnisse der Korrespondenzanalyse dieser zusammengesetzten Tabelle.

Mit Hilfe der ersten beiden Dimensionen werden 98,5% der Variation der Daten erklärt; die erste erklärt 62,2% und spiegelt die geschlechtsspezifischen Unterschiede in bezug auf die kulturelle Kompetenz "Hosen umnähen" wider. Die zweite Dimension erklärt 36,3% der Variation und reflektiert die altersspezifischen Unterschiede in bezug auf die Fähigkeit, nach Popmusik tanzen zu können. Dieses Ergebnis steht im Einklang mit den in Kapitel 4 durchgeführten Analysen und soll daher nicht weiter diskutiert zu werden.[1]

1 Da die numerischen Ergebnisse keinen zusätzlichen Erkenntnisgewinn bringen, wird in diesem Kapitel auf sie verzichtet.

Tabelle 6.1: Eingabedaten, Korrespondenzanalyse der zusammengesetzten Tabelle

	Männer			Frauen			
	bis 39J.	40-59J.	ab 60J.	bis 39J.	40-59J.	ab 60J.	Summe
Hosen-ja	165	107	90	627	488	387	1864
Hosen-etwas	131	76	59	32	11	12	321
Hosen-nein	303	290	157	23	10	11	794
Tanzen-ja	371	139	33	533	214	66	1356
Tanzen-etwas	133	103	32	92	88	32	480
Tanzen-nein	95	231	241	57	207	312	1143
Summe	1198	946	612	1364	1018	820	5958

Abbildung 6.1: Grafische Darstellung der Ergebnisse

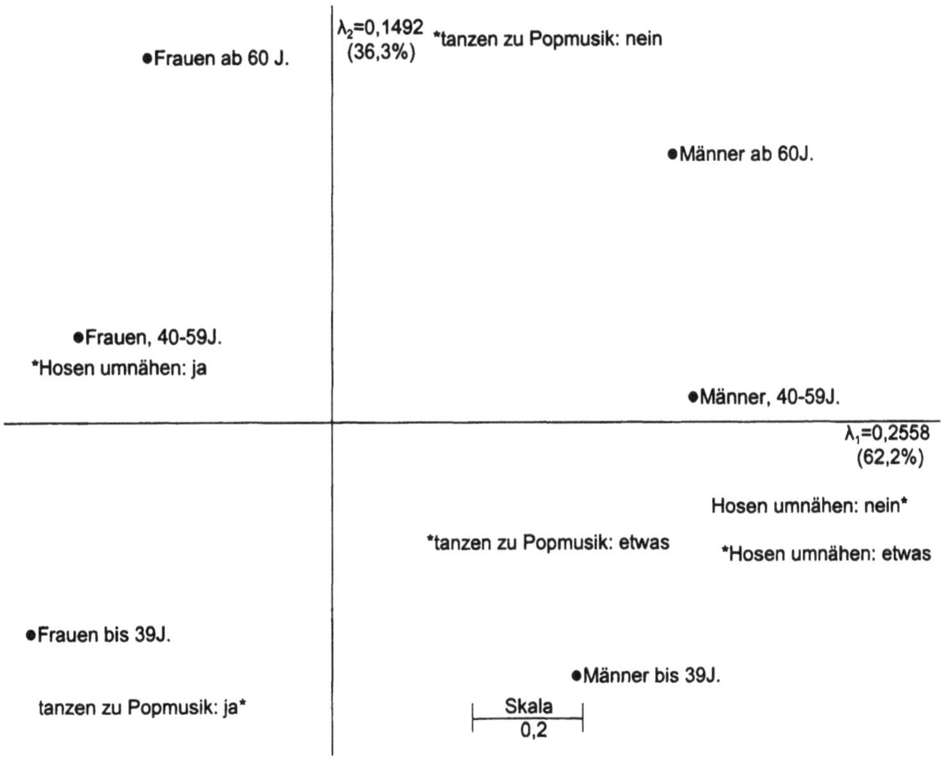

Im nächsten Schritt soll geprüft werden, wie stark sich das Ergebnis verändert, wenn zusätzlich der Zusammenhang zwischen "Hosen umnähen" und "tanzen zu Popmusik" berücksichtigt wird. Als Eingabeinformation der multiplen Korrespondenzanalyse wird die Burtmatrix mit ihren insgesamt neun Subtabellen gewählt (die Häufigkeiten der Kreuztabelle von "Hosen umnähen" versus "tanzen zu Popmusik" können der letzten Spalte von Tabelle 6.2 entnommen werden). Die grafische Darstellung der Ergebnisse ist in Abbildung 6.2 wiedergegeben.

Abbildung 6.2: Grafische Darstellung der multiplen Korrespondenzanalyse

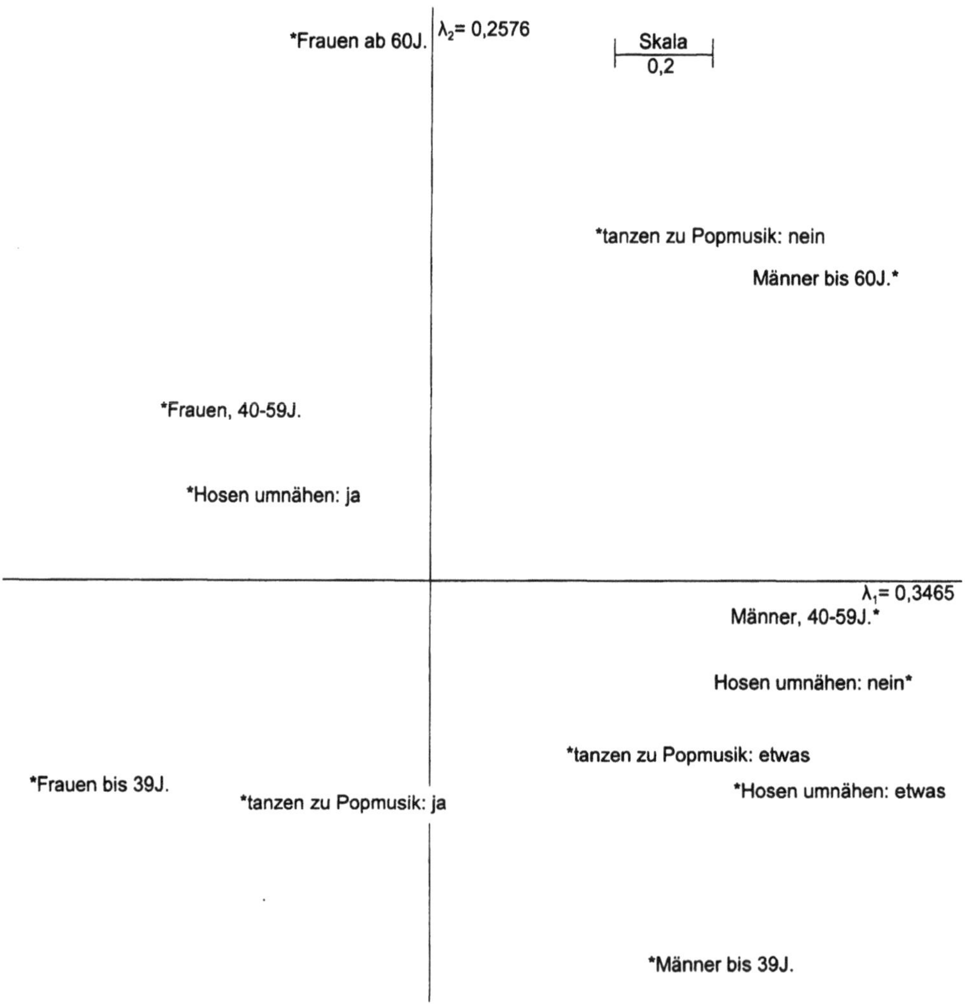

Werden die grafischen Darstellungen der einfachen und der multiplen Korrespondenzanalyse verglichen (Abbildungen 6.1 und 6.2), so gibt es nur marginale Unterschiede: die erste Achse spiegelt in beiden Analysen die geschlechtsspezifischen, die zweite die altersspezifischen Unterschiede wider. Werden des weiteren variablenweise die Muster der Lokalisationen der Ausprägungen in den beiden Projektionsräumen verglichen, so sind auch diese einander sehr ähnlich. So können z. B. bei der Variablen "Alter × Geschlecht" die drei Ausprägungen der Frauen in beiden Fällen durch eine schräge Linie von "oben" nach "unten" und in einem Winkel von etwa 20 Grad von "rechts" nach "links" verbunden werden. In der gleichen Weise können auch die Lokalisationen der Ausprägungen der anderen Variablen in beiden Abbildungen durch einander ähnliche Muster beschrieben werden. Somit dürfte der zusätzlich berücksichtigte Effekt der Kreuztabelle "Hosen umnähen" versus "tanzen zu Popmusik" - im Vergleich zu den anderen beiden Effekten - relativ gering sein. Die Frage, ob dieser zusätzliche Effekt zwischen "Hosen umnähen" versus "tanzen zu Popmusik" in der Analyse dennoch berücksichtigt werden soll, kann zum einen mit Hilfe der Korrespondenzanalyse auf eine mehrdimensionale Tabelle und zum anderen auf der Basis eines statistischen Tests (Abschnitt 6.2) beantwortet werden.

Bevor ein derartiger Test durchgeführt wird, soll der Interaktionseffekt zweiter Ordnung zwischen den beiden kulturellen Kompetenzen und der Variablen "Alter × Geschlecht" grafisch dargestellt und interpretiert werden; dafür wird die dreidimensionale Kontingenztabelle benötigt, das Eingabeformat der Daten entspricht dem der log-linearen Modelle und dem der Analyse der latenten Klassen (vgl. Vermunt 1997). In Tabelle 6.2 sind die Häufigkeiten der Kreuztabellation von "Alter × Geschlecht" mit "Hosen umnähen" mit "tanzen zu Popmusik" wiedergegeben.[2]

Anhand von Tabelle 6.2 wird die sehr schiefe Verteilung der Daten ersichtlich; obwohl die Fallzahl mit $n = 2979$ ziemlich groß ist, haben bereits zwei Zellen die Häufigkeit "Null", d. h. die entsprechende Variablenkombination kommt nicht vor. Die schiefe Verteilung der Daten wird insbesondere bei den Frauen ersichtlich: Während von den ab 60-jährigen keine angegeben hat, zu Popmusik tanzen und Hosen (nur) etwas bzw. nicht umnähen zu können, haben von der gleichen Altersgruppe 292 Befragte angegeben, daß sie Hosen umnähen, aber nicht zu Popmusik tanzen können. Diese Tabelle wird sowohl als Eingabeinformation der nachfolgenden Korrespondenzanalyse als auch für die nachfolgende log-lineare Analyse verwendet (Abschnitt 6.2), mit welcher die statistische Signifikanz der einzelnen Effekte untersucht werden soll. Die grafische Darstellung der Ergebnisse dieser *multi-way Korrespondenzanalyse* (zur multi-way Korrespondenzanalyse vgl. auch Choulakian 1988, Kroonenberg 1989, Greenacre 1993a, Carlier und Kroonenberg 1996,

2 Es sei angemerkt, daß auch die Variable "Alter × Geschlecht" aus zwei Variablen zusammengesetzt ist, die Tabelle damit eigentlich vier Dimensionen hat. Der mögliche Zusammenhang zwischen "Alter" und "Geschlecht" soll jedoch vernachlässigt werden.

1998, Heiser und Meulman 1998) ist in Abbildung 6.3 wiedergegeben.

Tabelle 6.2: Dreidimensionale Kontingenztabelle zwischen "Alter × Geschlecht", "Hosen umnähen" und "Tanzen zu Popmusik"

		Alter × Geschlecht						
Hosen umnähen	Tanzen zu Popmusik	M. bis 39J.	M. 40-59J.	M. 60J. u. mehr	F. bis 39J.	F. 40-59J.	F. 60J. u. mehr	Gesamt
	ja	115	48	16	493	210	66	948
Ja	etwas	29	20	11	84	83	29	256
	nein	21	39	63	50	195	292	660
	ja	79	17	5	25	1	0	127
Etwas	etwas	30	24	9	5	4	2	74
	nein	22	35	45	2	6	10	120
	ja	177	74	12	15	3	0	281
Nein	etwas	74	59	12	3	1	1	150
	nein	52	157	133	5	6	10	363
Gesamt		599	473	306	682	509	410	2979

Die Dimensionalität von Tabelle 6.2 mit ihren neun Zeilen und sechs Spalten ist fünf, davon erklärt die erste Dimension 51,3% der Variation und die zweite weitere 32,4%; die dritte erklärt 14,7%, die vierte 1,1% und die fünfte 0,6%. Nach den in Kapitel 4.1 angegebenen Kriterien ist die Lösung damit zweidimensional. Wird Abbildung 6.3 mit den Abbildungen 6.1 und 6.2 verglichen, so sind die Lokalisationen von "Alter × Geschlecht" nahezu identisch - auf der Basis dieser Variablen kann die erste Achse wieder als Geschlechts- und die zweite wieder als Altersdimension interpretiert werden.

Die nunmehr drei Ausprägungen von "Hosen umnähen: ja" laden alle auf dem linken Abschnitt der ersten Achse und können damit den Frauen zugeordnet werden. Des weiteren laden die drei Ausprägungen von "Hosen umnähen: etwas" ebenso wie die drei Ausprägungen von "Hosen umnähen: nein" auf dem rechten Abschnitt der ersten Achse und können damit den Männern zugeordnet werden - auch dieses Ergebnis ist konsistent mit den vorangegangenen. Für die jeweils drei Ausprägungen der Variablen "tanzen zu Popmusik" gilt: die drei zu "tanzen zu Popmusik: ja" gehörigen Merkmale laden zusammen mit den "bis 39jährigen" (Männer und Frauen) auf dem unteren Abschnitt der zweiten Achse, die drei zu "tanzen zu Popmusik: nein" gehörenden Ausprägungen laden zusam-

Abbildung 6.3: Grafische Darstellung der multi-way Korrespondenzanalyse der Daten in Tabelle 6.2

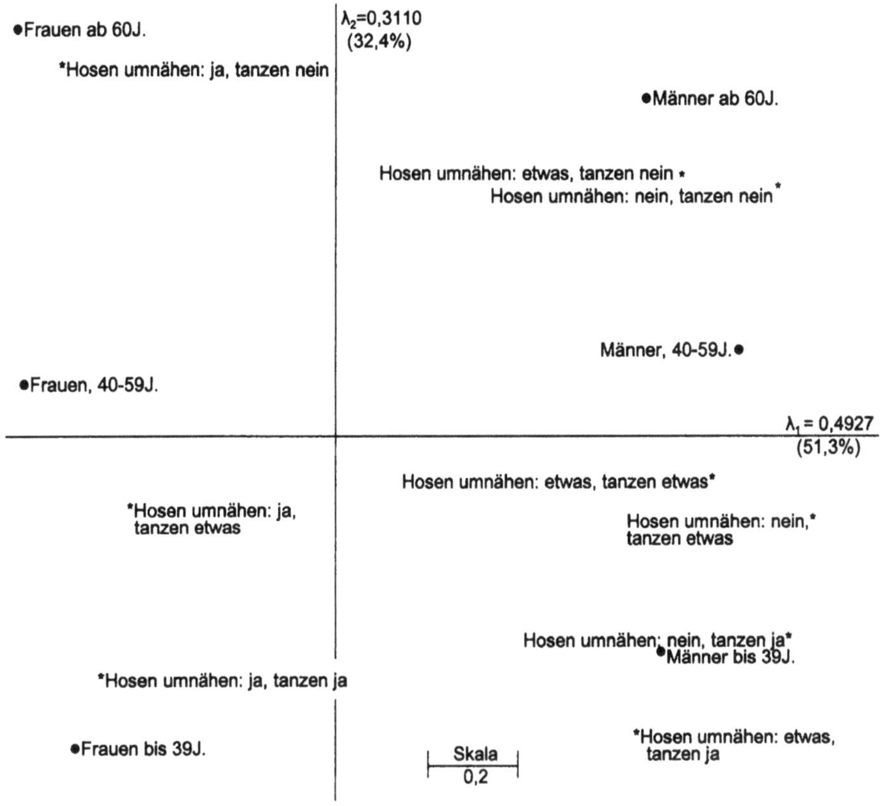

men mit den "ab 60jährigen" (Männer und Frauen) auf dem positiven Abschnitt der zweiten Achse. Somit bleibt die Zuordnung der kulturellen Kompetenzen "Hosen umnähen" und "tanzen zu Popmusik" zu den geschlechts- und altersspezifischen Merkmalen erhalten.

Um zu prüfen, ob es einen Interaktionseffekt zweiter Ordnung gibt, d. h. ob es einen gemeinsamen Effekt einer oder mehrerer Ausprägungen von "Hosen umnähen" und einer oder mehrerer Ausprägungen von "tanzen zu Popmusik" auf "Alter × Geschlecht" gibt, müssen die Muster der Ausprägungen im Projektionsraum verglichen werden. Für den Vergleich der Lokalisationen der drei Ausprägungen von "Hosen umnähen: ja" mit den drei Ausprägungen von "Hosen umnähen: etwas" und den drei Ausprägungen von "Hosen umnähen: nein" wurden die drei jeweils zusammengehörenden Merkmale mit einer Linie verbunden (Abbildung 6.4a). Verlaufen die Linien parallel zueinander, so gibt es keinen Einfluß durch die Variable "tanzen zu Popmusik"; sind die Linienverläufe einander verschieden oder überschneiden sie sich gar, so gibt es einen Interaktionseffekt zwischen den beiden Variablen auf "Alter × Geschlecht" (vgl. auch Greenacre 1993a, Carlier und

Kroonenberg 1998). Ebenso wurden die jeweils drei Merkmale der Variablen "tanzen zu Popmusik" durch Linien verbunden, um so zu prüfen, ob es an dieser Stelle einen Interaktionseffekt zweiter Ordnung gibt (Abbildung 6.4b).

Abbildungen 6.4a, b: Grafische Darstellung der Interaktionen zweiter Ordnung

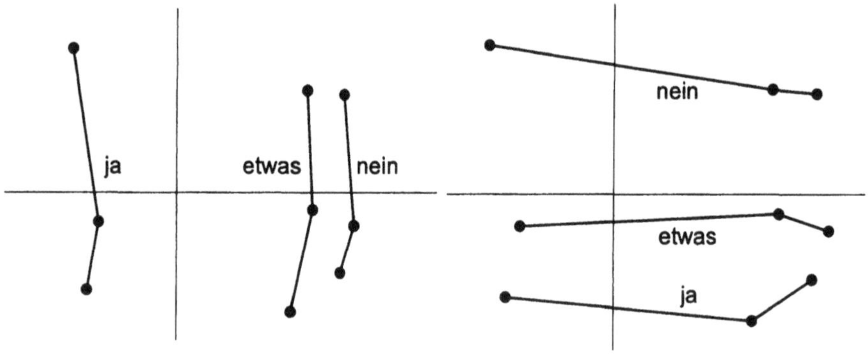

Wie anhand der Abbildungen 6.4a und 6.4b zu erkennen ist, verlaufen die Verbindungslinien der Variablenausprägungen nahezu parallel zueinander. Dies gilt insbesondere für die drei Merkmale von "Hosen umnähen", der Zusammenhang dieser Variablen mit "Alter × Geschlecht" wird nicht durch die Angaben zu "tanzen zu Popmusik" beeinflußt. Bezogen auf die drei Merkmale von "tanzen zu Popmusik" gibt es zwar marginale Unterschiede der Linienverläufe, aber diese lassen allenfalls einen schwachen Interaktionseffekt durch die Variable "Hosen umnähen" vermuten, die Richtungen der Verläufe sind nicht eindeutig: bezogen auf "tanzen zu Popmusik: ja" fällt die Linie erst ab und steigt dann an (von "Hosen umnähen: ja" nach "Hosen umnähen: nein"), bei "tanzen zu Popmusik: etwas" steigt sie erst an und fällt dann ab, bei "tanzen zu Popmusik: nein" ist der Abstieg konstant.

Nachdem festgestellt wurde, daß die Interaktionen zwischen "tanzen zu Popmusik" und "Hosen umnähen" mit "Alter × Geschlecht" allenfalls als marginal bezeichnet werden können, soll nachfolgend getestet werden, welche der oben beschriebenen Effekte zwischen den Variablen statistisch signifikant sind. Aufgrund der modelltheoretischen Ähnlichkeiten der Korrespondenzanalyse mit dem log-linearen Modell (vgl. van der Heijden und de Leeuw 1985, van der Heijden u. a. 1989, 1994) wird diese Methode als Testverfahren gewählt.

6.2 Das Modell der log-linearen Analyse

Das in den sechziger Jahren insbesondere von Goodman (1968, 1972) entwickelte log-lineare Modell basiert in seiner ursprünglichen Form auf manifesten Variablen.[3] Die zugrundeliegende Idee dieser Analysemethode ist, die Zellenhäufigkeiten (also die n_{ij}) mit Hilfe der Randsummen und der Interaktionseffekte unterschiedlicher Ordnungen zu schätzen. Im *saturierten Modell*, also unter Einbeziehung aller Interaktionseffekte, können die Daten (die Zellenhäufigkeiten der Kontingenztabelle) perfekt rekonstruiert werden, das Ziel ist jedoch, mit möglichst wenigen Parametern auszukommen.

Ausgehend von einer Gleichverteilung aller Elemente der Stichprobe (n) über alle Zellen der Kontingenztabelle (dies ist der Effekt der Gesamtsumme) werden sukzessiv die Effekte der Randsummen, die Interaktionseffekte erster Ordnung, die Interaktionseffekte zweiter Ordnung bis zu den Interaktionseffekten der k^*-ten Ordnung[4] in die Analyse aufgenommen, bis die Daten zufriedenstellend rekonstruiert werden können. Um diese Idee zu erläutern, verwenden wir das oben angeführte Beispiel zur kulturellen Kompetenz mit den drei Variablen "tanzen zu Popmusik", "Hosen umnähen" und "Alter × Geschlecht". In diesem Beispiel gibt es zusätzlich zu der Gesamtsumme (n) die Randsummen der drei Variablen (n_{i++}, n_{+j+}, n_{++k}), drei Interaktionseffekte erster Ordnung (die Effekte zwischen jeweils zwei Variablen, n_{ij+}, n_{i+k}, n_{+jk}) und einen Interaktionseffekt zweiter Ordnung (die Effekte zwischen den drei Variablen). Mit Hilfe dieser Parameter können die Häufigkeiten der dreidimensionalen Kontingenztabelle (n_{ijk}) vollständig rekonstruiert werden.

Unter der Annahme des *Unabhängigskeitsmodells* gibt es keinen Zusammenhang zwischen den drei Variablen. Diese Annahme wird in dem gegebenen Fall nicht bestätigt werden können, da, wie bereits mehrfach gezeigt, "Alter × Geschlecht" sowohl mit "tanzen zu Popmusik" als auch mit "Hosen umnähen" hoch assoziiert ist. Sollen die Daten, die Häufigkeiten in der Tabelle 6.2, rekonstruiert werden, müssen zumindest die *Interaktionseffekte* zwischen "Alter × Geschlecht" und "Hosen umnähen" sowie die zwischen "Alter × Geschlecht" und "tanzen zu Popmusik" berücksichtigt werden. Mit Hilfe der log-linearen Analyse soll die Frage beantwortet werden, ob für eine zufriedenstellende Rekonstruk-

3 Es gibt inzwischen eine Vielzahl von Erweiterungen des log-linearen Modells, von denen u. a. das RC- oder log-multiplikative Modell der Korrespondenzanalyse noch ähnlicher ist als das einfache log-lineare Modell (vgl. van der Heijden u. a. 1994, de Falguerolles 1998). Da hier jedoch lediglich ein Test auf Signifikanz der Effekte vorgestellt werden soll, verzichten wir auf die Diskussion dieser Weiterentwickelungen. Der an einem Vergleich dieser Verfahren mit der Korrespondenzanalyse interessierte Leser sei auf die Arbeiten von Goodman (1986, 1991), van der Heijden u. a. (1989, 1994) und Vermunt (1997) verwiesen.

4 Bei K Variablen sind die höchsten Interaktionseffekte (K-1)-ter Ordnung; werden diese zur Rekonstruktion der Daten verwendet, so handelt es sich um das saturierte Modell. Analog zur Korrespondenzanalyse, bei der möglichst wenige Dimensionen zur Beschreibung der Daten verwendet werden sollen, soll bei den log-linearen Modellen die Anzahl der berücksichtigten Interaktionseffekte möglichst klein sein.

tion der Daten auch der Interaktionseffekt zwischen "tanzen zu Popmusik" und "Hosen umnähen" und ob der Interaktionseffekt zwischen allen drei Variablen benötigt wird.

Die Suche des angemessenen Modells erfolgt in mehreren Schritten: ausgehend vom *Nullmodell*, also dem Modell, bei dem nur die Gesamtsumme zur Schätzung der Erwartungswerte verwendet wird[5], wird als zweites das Unabhängigkeitsmodell getestet.[6] Ist eins dieser Modelle bereits ausreichend für die Rekonstruktion der Daten, kann die Analyse an der jeweiligen Stelle abgebrochen werden. In dem weiteren Verlauf der Analyse werden dann sukzessive die Interaktionseffekte in das Modell aufgenommen. Dabei wird das Modell gesucht, bei dem unter Verwendung von möglichst wenigen Informationen die Abweichungen von empirischen und erwarteten Werten nicht (mehr) signifikant sind. Ist diese Nicht-Signifikanz erreicht, gibt es in den Daten keine Variation mehr, die mit Hilfe von Interaktionseffekten erklärt werden kann.[7]

Betrachten wir zuerst den einfachsten Fall, also den Fall mit lediglich zwei Variablen. Das log-lineare Modell ist definiert als:

$$\ln n_{ij} = u + u_{1(i)} + u_{2(j)} + u_{12(ij)},$$

dabei ist u der logarithmierte Effekt der Konstanten[8], $u_{1(i)}$ ist der logarithmierte Effekt der ersten Variablen (mit dem Laufindex i), $u_{2(j)}$ ist der logarithmierte Effekt der zweiten Variablen (mit dem Laufindex j)[9] und $u_{12(ij)}$ ist der logarithmierte Interaktionseffekt zwischen der ersten und zweiten Variablen; dieser Effekt steht für die (logarithmierten) gewichteten Abweichungen der Erwartungswerte von den empirischen Werten. Wird die oben angegebene Gleichung entlogarithmiert, so gilt:

$$n_{ij} = \exp(u + u_{1(i)} + u_{2(j)} + u_{12(ij)}) = \tau * \tau_{1(i)} * \tau_{2(j)} * \tau_{12(ij)}$$

Um das log-lineare Modell zu erläutern, soll die Kontingenztabelle der Variablen "Alter × Geschlecht" versus "Hosen umnähen" betrachtet werden (vgl. Tabelle 2.1 in Kapitel 2). Ist es möglich, die Tabelle nur mit Hilfe der Konstanten (in der Literatur als "grand

---

5 Die Erwartungswerte sind damit für alle Zellen identisch; dieser Wert wird bestimmt, indem die Stichprobengröße (n) durch die Anzahl der Zellen dividiert wird, in dem gegebenen Fall $\hat{n}_{ijk}$= 2979 / 54 = 55,2 (für alle Kombinationen von i, j und k).

6 Anstelle des Unabhängigkeitsmodells können in einem dazwischen liegenden Schritt die Haupteffekte der Variablen auch einzeln aufgenommen werden, vgl. Abschnitt 6.3.

7 Gemeint ist der programmtechnische Ablauf. Beim - in der sozialwissenschaftlichen Anwendung oft beabsichtigten - "Testen von Hypothesen" sollte vor der ersten Analyse eine (Hilfs-)theorie entwickelt werden, mit welcher angegeben werden kann, welche Effekte signifikant sind und welche nicht. Im Fall der hypothesentestenden Datenanalyse sollte dann nur dieses eine Modell auf seine Signifikanz untersucht werden. Muß die "Theorie" (öfters) "modifiziert" werden, so wird der Begriff "hypothesentestend" irreführend.

8 Der Effekt der Konstanten basiert auf der ausschließlichen Kenntnis der Gesamtsumme (n). Wird angenommen, daß alle Fälle über alle Zellen gleich verteilt sind, so werden die Erwartungswerte aus der Division der Fallzahl (n) durch die Anzahl der Zellen ($I * J$) bestimmt.

9 Werden die Effekte beider Randsummen berücksichtigt, so wird vom Unabhängigkeitsmodell gesprochen. In diesem Fall werden die Erwartungswerte aus dem Produkt der Randsummen, dividiert durch die Gesamtsumme, bestimmt.

mean" bezeichnet) zu rekonstruieren, so ist das sparsamste Modell ausreichend, welches geschätzt werden kann - verwendet wird nur die Information, wieviele Personen gefragt wurden. D. h. es bleibt unberücksichtigt, wieviele Männer und Frauen in den jeweiligen Altersgruppen befragt wurden und wieviele Personen angaben, Hosen umnähen zu können bzw. es nicht zu können. Die Erwartungswerte werden in diesem Nullmodell dadurch bestimmt, daß die Gesamtsumme (n = 3044) durch die Anzahl der Zellen (6 * 3 = 18) dividiert wird; für alle 18 Erwartungswerte von Tabelle 2.1 gilt demnach $\hat{n}_{ij}$ = 3044 / 18 = 169,1. Wird auf der Basis dieser (einander identischen) Erwartungswerte Chi-Quadrat (nach Pearson) berechnet, so ist χ^2 = 3487,4 mit df = 17 (es wird nur ein Parameter für die Berechnung der Erwartungswerte benötigt, der der Gesamtsumme; df = 3 * 6 - 1). Da dieser Wert hoch signifikant ist, müssen zur Reproduktion der Ausgangsdaten weitere Effekte berücksichtigt werden.

Im zweiten Schritte werden die Effekte der Randsummen berücksichtigt, also die univariaten Verteilungen der Variablen "Hosen umnähen" und "Alter × Geschlecht". Dabei wird zunächst als zusätzliche Information nur die Verteilung von "Alter × Geschlecht" berücksichtigt, also einer Variablen, bei der die vorhandenen Unterschiede in den Randsummen auf die gewählten Altersgrenzen und auf die unterschiedliche Verteilung von Männern und Frauen in der Grundgesamtheit zurückzuführen sind. Da die Fallzahlen in den sechs Kategorien nicht sehr unterschiedlich sind, sollte sich die Rekonstruktion der Ausgangsdaten nur etwas verbessern. Für die Berechnung der Erwartungswerte werden in diesem Fall die Randsummen der Spalten von Tabelle 2.1 durch die Anzahl der Zellen dividiert; für die drei Elemente der ersten Spalte "Männer bis 39 Jahre" sind die Erwartungswerte somit 607 / 3 = 202,3. Auf der Basis dieser Erwartungswerte wird der Chi-Quadrat-Wert von χ^2 = 3023,6 bestimmt mit df = 18 - 6 = 12 (sechs Parameter - die sechs Spaltensummen - wurden für die Erwartungswerte benötigt); auch dieser Wert ist hochsignifikant und gegenüber dem Wert des Nullmodells nur unwesentlich verbessert.

Einen stärkeren Effekt sollte die Variable "Hosen umnähen" haben - hier sind die Randsummen wesentlich ungleicher verteilt als bei "Alter × Geschlecht" und inhaltlich aussagekräftiger. Die Berechnung der Erwartungswerte erfolgt bei diesem Modell, indem die Zeilensummen von Tabelle 2.1 durch die Anzahl der Spalten dividiert werden; für die sechs Elemente der ersten Zeile sind die Erwartungswerte 1910 / 6 = 318,3. Auf der Basis dieser Werte wird ein Chi-Quadrat-Wert von χ^2 = 1747,6 mit df = 15 (18 Zellen minus drei Randsummen) bestimmt; dieser Wert ist zwar deutlich besser als die beiden vorangegangenen, aber ebenfalls hoch signifikant.

Im nächsten Schritt wird getestet, ob mit Hilfe des Unabhängigkeitsmodells die Kontingenztabelle ausreichend beschrieben werden kann. Wie bereits in Abschnitt 2.7 diskutiert, werden in diesem Modell die Haupteffekte beider Variablen, also die Randsummen von "Alter × Geschlecht" und von "Hosen umnähen" berücksichtigt. Dies führt zu einem Chi-Quadrat-Wert von χ^2 = 1520,6 mit 10 Freiheitsgraden (vgl. auch Tabelle 2.4), dieser

Wert ist wie die drei vorangegangenen hoch signifikant. Daraus folgt, daß der einzig noch verbleibende Effekt, der Interaktionseffekt zwischen "Hosen umnähen" und "Alter × Geschlecht", berücksichtigt werden muß, um die Daten zu reproduzieren.

Im folgenden soll "tanzen zu Popmusik" als dritte Variable berücksichtigt werden, es soll also einen Interaktionseffekt zweiter Ordnung geben. Wird das saturierte Modell betrachtet,[10] so kann dieses dargestellt werden als:

$$\ln n_{ijk} = u + u_i + u_j + u_k + u_{ij} + u_{ik} + u_{jk} + u_{ijk}$$

Das Modell soll möglichst sparsam sein, d. h. es sollen lediglich jene Effekte berücksichtigt werden, die zur Rekonstruktion der Daten erforderlich sind. Um die Signifikanz der oben aufgeführten Effekte bestimmen zu können, wird eine Testgröße benötigt, welche die Eigenschaft haben soll, daß die Summe der einzelnen Effekte gleich die des Gesamteffektes ist. Eine derartige Testgröße ist der Likelihood-Ratio Chi-Quadrat-Wert (L^2). Im Fall von zwei Variablen ist diese Testgröße definiert als:

$$L^2 = 2\sum_{i=1}^{I} \sum_{j=1}^{J} n_{ij} \ln\left(\frac{n_{ij}}{\hat{n}_{ij}}\right) \tag{6.1}$$

Betrachtet werden die logarithmierten Verhältnisse von erwarteten und empirischen Werten, multipliziert mit den empirischen Werten und summiert über alle Zellen. In der Regel weichen der Pearsonsche und der Likelihood-Ratio Chi-Quadrat-Wert nicht stark voneinander ab, der letztere Koeffizient hat aber den Vorteil, daß er in einzelne Komponenten zerlegt werden kann, die additiv verknüpft genau die Summe des Wertes für die gesamte Tabelle ergeben (zur Beschreibung dieses Koeffizienten siehe auch Jobson 1992, Vermunt 1997).

Aus den Eigenschaften der log-linearen Modelle und des Likelihood-Ratio Chi-Quadrat-Wertes folgt, daß mit Hilfe der u_i und der u_j die Anteile von jeder Variablenausprägung, in dem gegebenen Beispiel also z. B. die Effekte von "Hosen umnähen: ja" und "männlich, bis 39 Jahre", auf die Gesamtvariation (L^2) angegeben werden können. Des weiteren kann mit Hilfe der u_{ij} die Stärke jedes einzelnen Interaktionseffektes zwischen den beteiligten Variablen (z. B. von "Männer bis 39 Jahre" auf "Hosen umnähen: nein") bestimmt werden, und es kann zusätzlich angegeben werden, welcher dieser Effekte wie hoch signifikant ist. Auf der Basis dieser Werte kann dann entschieden werden, welche Effekte unberücksichtigt bleiben können, ohne daß dies eine signifikante Auswirkung auf die Reproduktion der Ausgangsdaten hat.

10 Ab dieser Stelle wird auf die (Goodmansche) Numerierung der Variablen verzichtet (doppelte Indizierung mit Hilfe der Variablennummern und der Laufindizes), durch den Laufindex sind sie aber noch eindeutig gekennzeichnet.

6.3 Die Anwendung des log-linearen Modells

Das oben beschriebene Modell kann auf mehrere Variablen erweitert werden. Da die Dateneingabe bei dem log-linearen Modell jedoch über eine mehrdimensionale Kontingenztabelle erfolgt (d. h. die Anzahl der Zellen ist gleich dem Produkt der Anzahl der Ausprägungen der beteiligten Variablen) und da der Anteil der Nullzellen gering sein sollte und da Interaktionseffekte höherer Ordnung (dritter, vierter, ... Ordnung) in der Umfrageforschung meistens nur sehr schwer inhaltlich interpretiert werden können, liegt die reale Grenze in der Regel bei drei bis fünf Variablen, die zudem auch nur relativ wenige Kategorien haben. In dem in Abschnitt 4.1 eingeführten Beispiel mit den vier kulturellen Kompetenzen mit jeweils drei Ausprägungen und der Variablen "Alter × Geschlecht" mit sechs Ausprägungen wäre die Anzahl der Kategorien 3 * 3 * 3 * 3 * 6 = 486.

Nicht nur, daß die Interpretation der Effekte höherer Ordnung sehr schwierig und für den Leser nur schwer nachvollziehbar wäre, bei 486 möglichen Antwortkombinationen ist trotz des großen Stichprobenumfanges von 2945 Fällen (ohne "fehlende Werte") mit einem großen Anteil von Nullzellen zu rechnen. Nullzellen erschweren die Schätzung der Ergebnisse, so kann der Likelihood-Ratio Chi-Quadrat-Test nicht auf diese Werte angewendet werden, da der Logarithmus von Null (wenn $n_{ij} = 0$; vgl. Formel 6.1) nicht definiert ist.[11] Auch aus diesem Grund beschränken wir uns in dem nachfolgenden Beispiel auf die drei Variablen "Alter × Geschlecht", "Hosen umnähen" und "tanzen zu Popmusik".

Das dazugehörige log-lineare Modell mit drei Variablen wurde bereits eingeführt:

$$\ln n_{ijk} = u + u_i + u_j + u_k + u_{ij} + u_{ik} + u_{jk} + u_{ijk}$$

Dabei ist u der Effekt der Konstanten, u_i bis u_k sind die Haupteffekte der drei Variablen ("Alter × Geschlecht" mit i = 1, ..., 6; "Hosen umnähen" mit j =1, 2, 3; "Tanzen zu Popmusik" mit k = 1, 2, 3), u_{ij} bis u_{jk} sind die drei Interaktionseffekte erster Ordnung und u_{ijk} ist der Interaktionseffekt zweiter Ordnung. Aus den bisherigen Analysen ist bekannt, daß "Alter × Geschlecht" sowohl mit "tanzen zu Popmusik" als auch mit "Hosen umnähen" hoch signifikant assoziiert ist; zu fragen ist jedoch, ob zum einen der Zusammenhang von "tanzen zu Popmusik" und "Hosen umnähen" und ob zum anderen der Interaktionseffekt zweiter Ordnung für die Rekonstruktion der Daten (Tabelle 6.2) benötigt wird.

Wird im ersten Schritt für die Berechnung der Erwartungswerte nur die Konstante berücksichtigt, wird also die Gesamtsumme (n = 2979) durch die Anzahl der Zellen ($I * J * K$ = 6 * 3 * 3 = 54) dividiert, so ist der Likelihood-Ratio Chi-Quadrat-Wert L^2 = 4682,1 mit df = 53 (54 Zellen minus ein Parameter für die Gesamtsumme, welcher für die Berechnung der Erwartungswerte benötigt wurde); dieser Wert ist hoch signifikant.

---

11 Programmtechnisch kann dieses Problem dadurch gelöst werden, daß bei den Nullzellen der Wert 0,5 hinzu addiert wird. Damit kann zwar L^2 ausgerechnet werden, die Ausgangsdaten werden jedoch etwas verfälscht.

Mit der Aufnahme der Effekte der Randsummen verbessert sich der Wert zwar auf L^2 = 2761,8 (mit *df* = 44)[12], er bleibt aber hoch signifikant. Da somit die Randsummen nicht zur Rekonstruktion der Kontingenztabelle ausreichen, muß das Unabhängigkeitsmodell verworfen werden, d. h. es gibt einen signifikanten Zusammenhang zwischen den beteiligten Variablen.

Zur Modellierung dieses Zusammenhanges werden die Interaktionseffekte erster Ordnung und, sofern nötig, auch der Interaktionseffekt zweiter Ordnung herangezogen. Betrachten wir zuerst die Interaktionseffekte erster Ordnung und prüfen sie im einzelnen darauf, inwieweit sie helfen, die Häufigkeiten von Tabelle 6.2 zu rekonstruieren. Die Likelihood-Ratio Chi-Quadrat-Werte der einzelnen Effekte sind in Tabelle 6.3 wiedergegeben.

Tabelle 6.3: Likelihood-Ratio Chi-Quadrat-Werte

nur Konstante	4682,1 (*df*= 53)
Randsummen	2761,8 (*df*= 44)
Interaktionseffekte erster Ordnung:[13]	
- "Geschlecht × Alter" mit "Hosen umnähen":	1638,9 (*df*= 10)
- "Geschlecht × Alter" mit "Tanzen zu Popmusik":	1009,4 (*df*= 10)
- "Tanzen zu Popmusik" mit "Hosen umnähen":	38,9 (*df*= 4)
Interaktionseffekt zweiter Ordnung[14]	17,9 (*df*= 20)

Bei den in Tabelle 6.3 angeführten Interaktioneeffekten handelt es sich um *partielle Likelihood-Ratio Chi-Quadrat-Werte*; mit diesen wird angegeben, um wieviel sich der L^2-Wert des Unabhängigkeitsmodells verringert, wenn der entsprechende Interaktionseffekt berücksichtigt wird. So erfolgt mit Hilfe des Zusammenhanges von "Hosen umnähen" versus "tanzen zu Popmusik" eine - statistisch hoch signifikante - partielle Verringerung des Likelihood-Ratio Chi-Quadrat-Wertes von L^2 = 38,9; wird dieser Wert von dem Wert des Unabhängigkeitsmodells abgezogen, so verbleibt ein zu erklärender Anteil von L^2 =

12 54 Zellen minus 2 Parameter für "tanzen zu Popmusik" (der dritte Wert dieser Variable ergibt sich aus der Differenz zur Gesamtsumme, er liefert somit keine weiteren Informationen), minus 2 Parameter für "Hosen umnähen", minus 5 Parameter für "Alter × Geschlecht" minus einem Parameter für die Gesamtsumme.

13 Die Berechnung der Freiheitsgrade erfolgt durch $(I - 1) * (J - 1)$, z. B. für "Tanzen zu Popmusik" × "Hosen umnähen" (3 - 1) * (3 - 1) = 4.

14 Die Berechnung der Freiheitsgrade erfolgt durch $(I - 1) * (J - 1) * (K - 1)$, also (3 -1) * (3 - 1) * (6 - 1) = 20.

2761,8 - 38,9 = 2722,9 was einer Verbesserung von gut einem Prozent entspricht. Für diese Verbesserung werden vier Freiheitsgrade benötigt, die Anzahl der Freiheitsgrade für dieses Modell beträgt damit *df* = 44 - 4 = 40 - ob dieser (hoch signifikante) Interaktionseffekt daher im Modell berücksichtigt werden sollte, bleibt zu diskutieren.

Eine wesentlich stärkere Reduktion des L^2-Wertes erfolgt durch die Berücksichtigung des Interaktionseffektes zwischen "Geschlecht × Alter" versus "Hosen umnähen" mit einem partiellen Anteil von L^2 = 1638,9. Der zu erklärende Anteil an Variation verringert sich in diesem Fall auf L^2 = 2761,8 - 1638,9 = 1122,9 (*df* = 44 - 10 = 34).[15] Aber auch dieser Effekt reicht ebenso wenig wie der Interaktionseffekt von "Alter × Geschlecht" versus "tanzen zu Popmusik" aus, um die Häufigkeiten von Tabelle 6.2 angemessen rekonstruieren zu können.

Es wurde gezeigt, daß alle drei Interaktionseffekte erster Ordnung hoch signifikant sind und daß sie somit für die Rekonstruktion der Daten relevant sind. Aufgrund der großen Unterschiede in den Verbesserungen der Modelle gegenüber dem Unabhängigkeitsmodell muß jedoch gefragt werden, ob der Effekt zwischen den beiden kulturellen Kompetenzen relevant ist, oder ob für die Rekonstruktion der Kontingenztabelle nicht doch die beiden anderen Effekte ausreichen.

Werden alle drei Interaktionseffekte im Modell berücksichtigt, so sinkt der Likelihood-Ratio Chi-Quadrat-Wert auf L^2 = 17,9 mit *df* = 20 (von den 44 Freiheitsgraden des Unabhängigkeitsmodells müssen 24 für die Schätzung der Interaktionseffekte abgezogen werden, siehe Tabelle 6.3). Dieser Wert ist nicht signifikant, so daß die Häufigkeiten in Tabelle 6.2 mit Hilfe der Randsummen und mit Hilfe der Interaktionseffekte erster Ordnung angemessen rekonstruiert werden können, der Interaktionseffekt zweiter Ordnung wird nicht benötigt.

6.4 Log-lineares Modell und Korrespondenzanalyse

In der log-linearen Analyse wird versucht, mit Hilfe von Interaktionseffekten unterschiedlicher Ordnung die Ausgangsdaten zu rekonstruieren. In dem oben gegebenen Beispiel sind die drei Interaktionsterme erster Ordnung zwar unterschiedlich groß, aber alle drei sind hoch signifikant, der Interaktionseffekt zweiter Ordnung kann dagegen vernachlässigt werden. Generell gilt, daß auf der Basis der Likelihood-Ratio Chi-Quadrat-Koeffizienten entschieden werden kann, welche der Interaktionseffekte berücksichtigt werden sollen und welche nicht.

---

15 Für die Berücksichtigung der Interaktionseffekte einer (3 × 6)-Tabelle werden 10 Freiheitsgrade benötigt; *df* = (3 -1) * (6 - 1).

Ähnliche modelltheoretische Überlegungen, wie sie für die log-linearen Modelle üblich sind, können auch auf die Korrespondenzanalyse angewendet werden. Wie bereits in den Kapiteln 2 und 3 diskutiert, werden bei der Korrespondenzanalyse mit Hilfe von Faktoren Abweichungen vom Unabhängigkeitsmodell erklärt - was in der log-linearen Analyse die Interaktionseffekte erklären, erklären in der Korrespondenzanalyse latente Variablen. Des weiteren soll bei beiden Verfahren das sparsamste Modell gewählt werden; in der log-linearen Analyse ist es das Modell mit den wenigsten Interaktionseffekten, in der Korrespondenzanalyse ist es das Modell mit den wenigsten Faktoren (eine ausführliche Beschreibung des Zusammenhangs dieser Modelle geben van der Heijden u. a. 1989, 1994).

Für die Rekonstruktion der Daten mit Hilfe von latenten Variablen gilt im Modell der Korrespondenzanalyse:

$$n_{ij} = n r_i c_j \left(1 + \sum_{k=1}^{K} x_{ik} g_{jk} \right)$$

wobei $n\ r_i c_j$ der Teil des Unabhängigkeitsmodells ist. Mit Hilfe von k^* Faktoren ($k = 1, \ldots, k^*, \ldots, K$) und den dazugehörigen Lokalisationen der Variablenausprägungen auf diesen Faktoren, können die Abweichungen von der statistischen Unabhängigkeit modelliert werden. Demzufolge ist die Korrespondenzanalyse nicht nur eine explorative Technik, sondern sie kann (im statistischen Sinn) als Modell bezeichnet werden (vgl. z. B. van der Heijden u. a. 1994, S. 79).

Sollen Interaktionseffekte in der Korrespondenzanalyse berücksichtigt werden, so können diese Effekte direkt in einer Variablen verbunden werden. Dieses haben wir auch in einigen der bisherigen Analysen bereits gemacht, ohne dies explizit zu erwähnen. Bei der Verwendung der Variablen "Alter × Geschlecht" wurde der Interaktionseffekt zwischen "Alter" und "Geschlecht" nur nicht diskutiert, er war nicht von inhaltlichem Interesse.

Im Abschnitt 6.3 wurde gefragt, ob der Effekt zwischen "Hosen umnähen" und "tanzen zu Popmusik" für die Rekonstruktion der Daten relevant ist. Für die Beantwortung dieser Frage gibt es zwei Argumentationsmöglichkeiten. Erstens, alle signifikanten Effekte sind relevant, also muß dieser Interaktionseffekt berücksichtigt werden. Wenn so entschieden wird, d. h. wenn alle signifikanten Interaktionseffekte erster Ordnung berücksichtigt werden sollen, wäre die multiple Korrespondenzanalyse das Verfahren der Wahl (Abbildung 6.2). Soll zusätzlich der Interaktionseffekt zweiter Ordnung berücksichtigt werden, so muß eine Korrespondenzanalyse der dreidimensionalen Kontingenztabelle (multi-way Korrespondenzanalyse) durchgeführt werden (Abbildung 6.3).

Wird dementgegen argumentiert, daß die Effekte zwischen "Hosen umnähen" und "tanzen zu Popmusik" vernachlässigt werden können, z. B. weil sie relativ klein oder weil sie kein Bestandteil der (sozialwissenschaftlichen) Theorie sind, so ist die einfache Korrespondenzanalyse auf die zusammengefaßte Tabelle das Verfahren der Wahl (Abbildung 6.1). In diesem zweiten Fall wird dann (lediglich) untersucht, welche der kulturellen Kompetenzen geschlechts- und welche altersspezifisch sind.

Ohne es zu diskutieren, sei angemerkt, daß es ähnliche Zusammenhänge zwischen der Korrespondenzanalyse und anderen modelltheoretischen Verfahren gibt. Erwähnt seien hier lediglich die Zusammenhänge mit dem RC- oder log-multiplikativen Modell (vgl. van der Heijden u. a. 1989, 1994, de Falguerolles 1998), der Analyse latenter Klassen (vgl. van der Heijden u. a. 1989, 1994, 1999, McCutcheon 1998, van der Ark und van der Heijden 1998), dem "latent budget modell" (van der Ark und van der Heijden 1998, van der Ark 1999) und der Idealpunktdiskriminanzanalyse (van der Heijden u. a. 1994, Takane 1998).

7. Die Analyse von quadratischen Tabellen

7.1 Problemstellung

In der empirischen Sozial- und Wirtschaftsforschung liegen sehr oft Tabellen vor, bei denen in den Zeilen und Spalten die gleichen Ausprägungen stehen. Ein Beispiel für derartige quadratische Tabellen sind "*Netzwerke*": In den Zeilen stehen z. B. die Personen, die andere als Freunde wählen, und in den Spalten stehen die Personen, die als Freunde gewählt werden. Handelt es sich bei dem zu beschreibenden Netzwerk um eine Schulklasse, so stehen in den Zeilen und in den Spalten die Schüler, für jede Person gibt es genau eine Zeile und genau eine Spalte. Anhand einer derartigen Tabelle kann abgelesen werden, wer wen (als Freund, als Klassensprecher, ...) gewählt hat und wer von wem gewählt wurde. Mit Hilfe von Verfahren der *Netzwerkanalyse* kann u. a. beschrieben werden, welche Personen zentral sind, d. h. wer überdurchschnittlich oft gewählt wurde (zur Netzwerkanalyse vgl. z. B. Schenk 1984, Jansen 1999). Soll die Struktur dieser Tabelle mit den wählenden Schülern in den Zeilen und den gewählten Schülern in den Spalten mit Hilfe von grafischen Darstellungen beschrieben werden, so kann dafür die Korrespondenzanalyse verwendet werden.

Sehr ähnliche Daten liegen in der *Bibliometrie* vor (z. B. van Meter und Turner 1994, Renner 1997), wenn analysiert werden soll, wer wen zitiert hat und wer von wem zitiert wurde. Auf der Basis von Veröffentlichungen diverser Autoren können diese Angaben z. B. aus deren zitierter Literatur gewonnen werden; in die Spalten können die zitierenden und in die Zeilen die zitierten Autoren geschrieben werden. Bei dieser Analyse können sowohl die Häufigkeiten des gegenseitigen Zitierens als auch die Häufigkeiten des Selbstzitierens berücksichtigt werden.

In den Wirtschaftswissenschaften sind u. a. *Import-Export-Tabellen* zu nennen. In den Zeilen und Spalten stehen die Länder, in den Nebendiagonalelementen die Warenströme (Umsätze, ...) zwischen den Ländern und in der Hauptdiagonale der Verbrauch einheimischer Produkte (Umsatz) im eigenen Land.

Eine andere Fragestellung besteht bei der Auswertung von *Paneldaten*. Hier kann die Forschungsfrage z. B. auf die Veränderung des Berufsstatus oder auf die Veränderung von Einstellungen zu einem bestimmten Objekt bezogen sein. In den Zeilen stehen die Ausprägungen des Berufsstatus bzw. des Einstellungsobjektes zum ersten Zeitpunkt, in den Spalten die entsprechenden Ausprägungen zum zweiten Zeitpunkt.

In den hier gegebenen Beispielen ist eine *quadratische Tabelle* die Grundlage der Analyse; im ersten Fall (den Netzwerken) stehen die Personen in den Zeilen und Spalten, und die Beziehungen zwischen diesen werden beschrieben, im letzten Beispiel (z. B. beim Berufsstatus) stehen die Ausprägungen einer Variablen zu zwei verschiedenen Zeitpunkten in den Zeilen und Spalten, und es werden Aussagen über Veränderungen im Aggregat gemacht.

In der Marktforschung wird u. a. untersucht, ob ein Produkt gewechselt bzw. nicht gewechselt wird. So wird eine Automobilfirma daran interessiert sein zu wissen, ob ein Kunde beim Neukauf eines Autos wieder die alte Marke wählt oder ob er zu einer anderen wechselt - und wenn ja, zu welcher? Und wenn der Kunde von einer anderen Marke kommt, so ist die Frage, von welcher Marke er kommt. Das gleiche methodische Problem besteht bei der Wahl der bevorzugten Partei: Wie groß ist der Anteil der Stammwähler einer Partei, von welcher Partei wurde nach welcher Partei gewechselt, für welche Partei haben sich die Nichtwähler entschieden und welche Partei verlor an die Nichtwähler? In der Mobilitätsforschung ist der Untersuchungsgegenstand das Umzugsverhalten: Wie groß ist der Anteil der Haushalte, der bei einem Umzug im gleichen Viertel (der gleichen Stadt) wohnen bleibt und wieviele Haushalte wechseln von welchem Viertel (welcher Stadt) in welches Viertel (welche Stadt)?

In den zuletzt gegebenen Beispielen stehen in den Zeilen und Spalten jeweils Variablenausprägungen, so z. B. die Automarke, der Berufsstatus, die präferierte Partei und der Wohnstandort zu zwei Zeitpunkten. Diesen Beispielen ist gemeinsam, daß es eine überdurchschnittlich große Anzahl von Personen gibt, die ihrer jeweiligen Automarke bzw. ihrem Wohnstandort treu bleiben.

Datengrundlage sind in allen Fällen quadratische Kontingenztabellen, bei denen in der Regel die Hauptdiagonalen überdurchschnittlich stark besetzt sind: es bleiben mehr Personen ihrer Automarke treu als zu einer bestimmten anderen Marke wechseln, und es bleiben mehr Personen in einer Stadt wohnen als in eine bestimmte andere ziehen. Mit den ersten Dimensionen der Korrespondenzanalyse einer derartigen quadratischen Tabelle werden daher insbesondere die gewichteten Abweichungen der Hauptdiagonalelemente von den durchschnittlichen Werten beschrieben, an diesen Stellen wird die meiste Variation verursacht. Von besonderen Interesse sind aber oft die Personen bzw. die Haushalte, die von Automarke A zu B wechseln bzw. die von Wohnstandort A nach B ziehen (und umgekehrt) - und auch diese Wechsel sollen angemessen beschrieben werden.

Im Bereich der statistischen Datenanalyse gibt es eine Vielzahl von Techniken, um derartige Tabellen zu analysieren, wobei insbesondere die log-linearen Modelle (z. B. Goodman 1968, 1972, Hagenaars 1997, Vermunt 1997, Andreß u. a. 1997) genannt werden sollen. Im Bereich dieser Modelle wurden mehrere Vorschläge gemacht, die Effekte der Hauptdiagonalen herauszurechnen, bekannt sind diese Modelle unter dem Namen "*quasi-symmetrie Modelle*" (vgl. z. B. Goodman 1968, Vermunt 1997, de Falguerolles 1998).

Zur Visualisierung derartiger Daten wird auch relativ oft die multidimensionale Skalierung verwendet (z. B. Blau und Duncan 1967, Best 1990), in neuerer Zeit zunehmend auch die Korrespondenzanalyse (z. B. Blasius 1991, 1994a, Greenacre und Blasius 1997, Greenacre 2000). Als Beispiel für die Analyse von quadratischen Tabellen soll im folgenden die berufliche Mobilität der Mitglieder der Frankfurter Nationalversammlung beschrieben werden. Beginnend mit dem bivariaten Fall der *intragenerationalen Mobilität* wird im ersten Schritt der Hauptberuf zur Zeit des Bestehens der Frankfurter Nationalversammlung (1848/49) in Relation zu dem Beruf des Vaters (*intergenerationale Mobilität*) und zum Beruf beim Eintritt ins Arbeitsleben (intragenerationale Mobilität) gesetzt. Im Anschluß an die multivariate Betrachtung des Zusammenhanges zwischen allen drei Berufsklassifikationen (im zweiten Schritt mit Hilfe der multiplen Korrespondenzanalyse) wird abschließend die Tabelle in einen symmetrischen und einen schief-symmetrischen Teil zerlegt, um damit die Effekte der Hauptdiagonalelemente herausrechnen zu können. Diese Vorgehensweise ermöglicht die getrennte Visualisierung der "beruflichen Konstanz" und der "beruflichen Veränderungen".

7.2 Mobilitätstabellen

Die Analyse von Mobilitätsdaten hat eine lange Tradition. Zu den wichtigsten Arbeiten gehört die von Blau und Duncan (1967) - die beiden Autoren beschreiben die berufliche Mobilität in den Vereinigten Staaten mit Hilfe der multidimensionalen Skalierung. Dieser als klassisch zu bezeichnende Ansatz, mit dem (Un-)Ähnlichkeiten im Mobilitätsverhalten zwischen Objekten, z. B. zwischen Berufsgruppen, durch Distanzen in einem niederdimensionalen Raum dargestellt werden können, wurde von vielen Autoren übernommen; so auch von Best (1990) für seine Analyse der beruflichen Mobilität von Mitgliedern der Frankfurter Nationalversammlung (FNV). In getrennten Analysen beschreibt Best die inter- und die intragenerationale Mobilität der Mitglieder der FNV; als Ähnlichkeitsmaße für die multidimensionale Skalierung verwendete er den Dissimilaritätsindex und den Phi-Koeffizienten.

In der nachfolgenden Reanalyse dieser Daten wird die Korrespondenzanalyse verwendet. Der Vorteil dieses Verfahrens liegt zum einen darin, daß die Daten nicht vor der Analyse in Ähnlichkeitsmaße transformiert werden müssen, als Eingabedaten können die Häufigkeiten der Kontingenztabellen verwendet werden. Zum anderen können die inter- und die intragenerationale Mobilität innerhalb einer Analyse beschrieben und die Effektstärken direkt miteinander verglichen werden.

Sowohl bei der multidimensionalen Skalierung als auch bei der Korrespondenzanalyse wird mit der Berufsstabilität bzw. mit der Berufsvererbung der größte Teil der Variation der Daten erklärt. Berufliche Veränderungen sind im Gegensatz zum Verbleiben im Beruf relativ selten und daher in der Auswertung erst mittels höherdimensionaler Lösungen interpretierbar. In diesem Kapitel werden Vorschläge gemacht, mit denen die berufliche Mobilität der Mitglieder der FNV beschrieben und grafisch dargestellt werden kann.

7.3 Die Frankfurter Nationalversammlung

Die FNV war das erste demokratische Parlament in Deutschland; sie tagte vom Mai 1848 bis zum Mai 1849. Die wichtigste Aufgabe der FNV war, eine einheitliche Verfassung für einen großen Flächenstaat zu entwerfen. Die Parlamentarier wurden in Wahlkreisen bestimmt, wobei in jedem Wahlkreis ein Sitz vergeben werden konnte (vgl. Eyck 1973). Die Wahlen waren im wesentlichen Honorationswahlen, an denen 80% der männlichen Bevölkerung teilnehmen durften (vgl. ausführlich Langewiesche 1981). Hamerow (1972) zufolge gab es bei den "Besitzlosen" und "Ungebildeten" nicht nur ein großes Desinteresse an den Wahlen, sondern es wurde auch versucht, Teile der unterprivilegierten Bevölkerungsgruppen (insbesondere Landarbeiter, Tagelöhner, Fabrikarbeiter und Dienstboten) von der Wahl auszuschließen.

Die 809 Parlamentarier der FNV, von denen Best und Kuznia (1986) Daten sammeln konnten, übten insgesamt 927 verschiedene Berufe aus, die von Best (1990) in 10 Berufsgruppen zusammengefaßt wurden. Die Gruppen sind differenziert nach funktionalen Bereichen und innerhalb dieser weiter unterschieden nach funktionalen Differenzierungen. So z. B. der Staatsdienst, der nach Bildung (einschließlich Wissenschaft), Justiz, Verwaltung und Militär unterteilt wird. Die verbleibenden sechs Berufsgruppen sind der Klerus, die Unternehmer, die Gutsbesitzer, die Advokaten, die freiberuflich Tätigen (bezogen auf die Mitglieder der FNV hauptsächlich Publizisten, Journalisten, Literaten und Künstler) sowie die Residualkategorie "Kleinbürger". Alle Mitglieder der FNV gehörten zu einer Elite von Bürgern, von denen 87% eine akademische Ausbildung hatten, als Äquivalente galten lediglich Besitz, Abstammung oder ein Offizierspatent (Best 1989, S. 58).

Sowohl für die Analyse der intergenerationalen als auch für die Analyse der intragenerationalen Mobilität kann Best (1990) mit Hilfe der multidimensionalen Skalierung vier

Cluster nachweisen, die den sozialen Grundfunktionen der strukturell funktionalen Systemtheorie von Parsons (1971) entsprechen. Das Cluster der Unternehmer und Kleinbürger entspricht der durch das wirtschaftliche Subsystem wahrgenommenen Anpassungsfunktion (Adaption). Das zweite Cluster umfaßt die im Bildungsbereich Tätigen, es entspricht der durch das kulturelle Subsystem wahrgenommenen Funktion der Normerhaltung und Spannungsbewältigung (Pattern Maintenance); hierzu gehören die im Wissenschaftsbereich Tätigen, die Freiberuflichen (Journalisten, Publizisten, ...) und die Angehörigen des Klerus, die in der Mitte des 19. Jahrhunderts auch eine wichtige Bildungsfunktion hatten. Zum dritten Cluster werden die Angehörigen aus Verwaltung und Justiz sowie die Advokaten gerechnet, es entspricht der Funktion der sozialen Kontrolle und Aufrechterhaltung von Gesetzesnormen (Integration). Das vierte Cluster, die Gutsbesitzer und Militärs, beinhaltet die Exponenten der traditionellen Führungsgruppen mit der Funktion der Zielerreichung (Goal Attainment); der erste Sohn erbt die Felder, der zweite macht Karriere beim Militär. Da es in dem Datensatz nur relativ wenige Kleinbürger und Unternehmer gibt, wird in den nachfolgenden Beispielen auf diese beiden Kategorien verzichtet.

7.4 Intragenerationale Mobilität

Zur Beschreibung der intragenerationalen Mobilität wird der Hauptberuf im Jahre 1848/49 als Spaltenvariable (in den Tabellen und Abbildungen abgekürzt mit "h") mit den Ausprägungen Justiz (j), Verwaltung (v), Bildung (b), Militär (m), Klerus (k), Gutsbesitzer (g), Advokat (a) und freie Berufe (f) verwendet. Als Zeilenvariablen werden die entsprechenden Berufe zur Zeit des Eintritts in das Berufsleben "Erstberuf" (e) sowie - in den späteren Analysen - die entsprechenden Berufe des Vaters (v) verwendet. Für die Beschreibung der intragenerationalen Mobilität hat die Matrix der Eingabedaten somit acht Zeilen und acht Spalten (Tabelle 7.1).

Bereits anhand von Tabelle 7.1 werden die überdurchschnittlich hohen Werte in der Hauptdiagonalen (unterstrichene Werte) sichtbar, diese Diagonalfelder haben auch die höchsten Chi-Quadrat-Komponenten (Tabelle 7.2; die Werte sind auf die Summe 1000 standardisiert). Der Anteil der Residuen ist allein in diesen acht Zellen über 80 Prozent, d. h. der weitaus größte Teil der Variation der Daten wird durch die Berufsstabilität verursacht. Der Zusammenhang zwischen den beiden Variablen ist erwartungsgemäß hoch signifikant (χ^2 = 1419,4 mit df = 49).

Wird der Zusammenhang zwischen den Zeilen und Spalten betrachtet, so wird anhand der Chi-Quadrat-Komponenten ersichtlich, daß die stärksten Effekte zwischen allen Zeilen und allen Spalten bestehen, wobei unterschiedliche Ausprägungen der Hauptdiagonalen betroffen sind. Damit unterscheidet sich dieses Beispiel von den vorangegangenen; bei denen zur kulturellen Kompetenz kovariierten die Ausprägungen des "Geschlechts" und des "Alters" mit den gleichen Fähigkeiten - dieses wurde in mehreren (oder sogar allen) Ausprägungen sichtbar; z. B. bei "tanzen zu Popmusik": die "Frauen bis 39 Jahre" und die "Männer bis 39 Jahre" sind mit der Ausprägung "ja" positiv assoziiert, die "Frauen, 60 Jahre und älter" und die "Männer, 60 Jahre und älter" mit der Ausprägung "nein"; bei der Analyse dieser Mobilitätstabelle sind lediglich einzelne Zellen betroffen. In Tabelle 7.3 sind die Trägheitsgewichte der Achsen und deren erklärte Varianzen angegeben.

Tabelle 7.1: Matrix der Eingabedaten

	hj	hv	hb	hm	hk	hg	ha	hf	Summe
ej	117	83	19	0	1	17	76	6	319
ev	11	37	6	0	0	7	7	6	74
eb	4	3	67	1	4	3	5	13	100
em	0	5	1	16	0	8	1	0	31
ek	0	1	11	0	26	0	1	0	39
eg	0	4	0	0	0	19	1	0	24
ea	8	2	1	0	0	0	22	1	34
ef	0	7	20	0	4	1	0	37	69
Summe	140	142	125	17	35	55	113	63	690

Tabelle 7.2: Chi-Quadrat-Komponenten von Tabelle 7.1

	hj	hv	hb	hm	hk	hg	ha	hf
ej	30	3	18	6	10	2	8	13
ev	1	22	3	1	3	0	2	0
eb	9	11	93	1	0	2	6	1
em	4	0	3	214	1	9	2	2
ek	6	4	2	1	206	2	3	3
eg	3	0	3	0	1	108	2	2
ea	0	3	3	1	1	2	34	1
ef	10	3	3	1	0	3	8	105

Anhand von Tabelle 7.3 wird ersichtlich, daß in diesem Beispiel die Bestimmung der Anzahl der relevanten Faktoren nicht so eindeutig ist, wie bei den "kulturellen Kompetenzen". Wird z. B. ein Scree-Test durchgeführt, so ist kein eindeutiger Sprung in dem Niveau der Trägheitsgewichte ersichtlich, die Abnahme der Werte verläuft nahezu gleichmäßig, eine Entscheidung anhand dieses Kriteriums wäre daher nicht eindeutig. Wird das per Definition etwas willkürliche Eigenwertkriterium als Entscheidungshilfe verwendet, so würden drei Dimensionen in der Interpretation berücksichtigt (λ_k > 2,057 / 7 = 0,294); dennoch kann auch die vierte Dimension (λ_4 = 0,236) und evt. Auch die fünfte Dimension (λ_5 = 0,158) für die inhaltliche Interpretation wichtig sein (vgl. die hohen Werte für die Trägheitsgewichte der Achsen).

Tabelle 7.3: Trägheitsgewichte der Achsen und deren erklärte Varianzen

1	0,644426	31,33%	**
2	0,531011	25,81%	**
3	0,386678	18,80%	*********************************
4	0,236155	11,48%	********************
5	0,155785	7,57%	*************
6	0,080178	3,90%	******
7	0,022902	1,11%	**
	2,057135		

Da mit der ersten Achse der Korrespondenzanalyse die meiste Variation der Daten erklärt wird, sollte damit der Gegensatz zwischen zwei (oder mehreren) Berufen erklärt werden, zwischen denen es nur relativ wenige Wechsel gibt. Die Berufe, *zwischen* denen es überdurchschnittlich viele Wechsel gibt, werden gemeinsam auf einem Abschnitt der ersten Achse laden, negativ assoziiert mit einer Gruppe von Berufen, *zwischen* denen es ebenfalls relativ viele Wechsel gibt, *mit* denen es aber gleichzeitig nur relativ wenige Wechsel gibt. Bezogen auf die Theorie von Parsons, derzufolge es überdurchschnittlich viele Wechsel *innerhalb* der Subsysteme, aber nur relativ wenige Wechsel *zwischen* den Subsystemen gibt, sollten mit Hilfe der ersten beiden Achsen die hier verwendeten acht Berufe in drei Cluster aufgeteilt werden können, deren Elemente den Parsonsschen Grundfunktionen entsprechen; d. h. erwartet werden drei Felder, von denen das erste die Gutsbesitzer und das Militär umfaßt, das zweite Verwaltung, Justiz und Advokaten und das dritte die freien Berufe, Bildung und den Klerus. Die grafische Darstellung der Ergebnisse ist in Abbildung 7.1 wiedergegeben.

Anhand von Abbildung 7.1 und anhand der Projektionen der Berufskategorien auf die beiden Achsen wird ersichtlich, daß die drei vorhergesagten Cluster auch empirisch abgegrenzt werden können: im linken unteren Quadranten befinden sich die sechs Ausprägungen von Verwaltung, Advokaten und Justiz (Integration), im linken oberen Cluster die "Gutsbesitzer" und "Militärs" (Goal Attainment) und im rechten Abschnitt die Kategorien des Bildungsbereiches (Pattern Maintenance). Erwartungsgemäß laden die korrespondierenden Ausprägungen des Berufes zu Beginn der Karriere (Erstberuf) und während des Bestehens der FNV 1848/49 (Hauptberuf) auf beiden Achsen jeweils auf den gleichen Abschnitten. Aus dem Ergebnis, daß die Parsonsschen Subsysteme deutlich separiert werden können, kann abgeleitet werden, daß die Berufsstabilität und die intragenerationale Mobilität innerhalb der Subsysteme größer ist als die Mobilität zwischen den Subsystemen. Insofern können die diesbezüglichen Ergebnisse von Best (1990) bestätigt werden.

Abbildung 7.1: Grafische Darstellung der intragenerationalen Mobilität

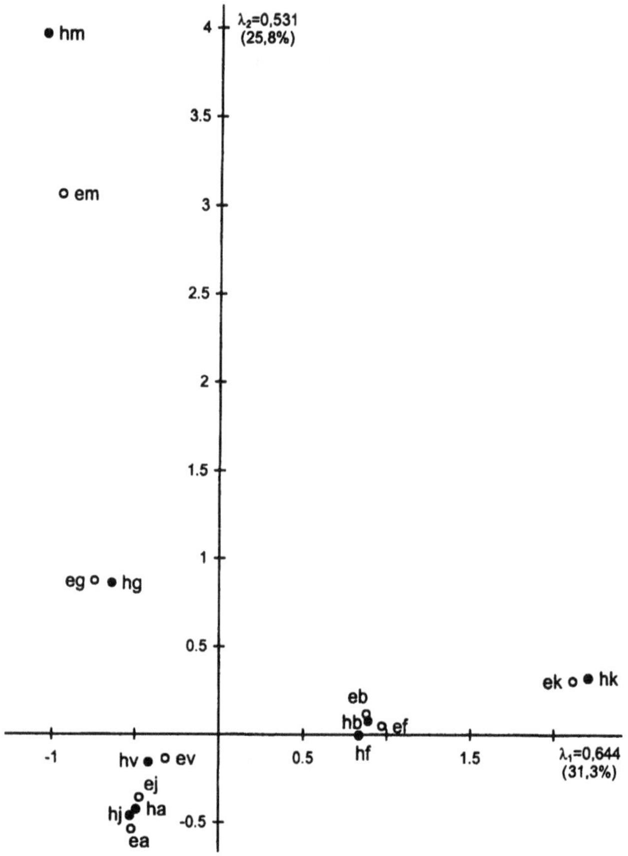

Die erste Achse ist gekennzeichnet durch den Gegensatz der im Bildungsbereich Tätigen zu den anderen beiden Berufsgruppen. Wenn somit jemand zu Beginn seiner beruflichen Karriere im Bildungsbereich tätig war, so war er es überdurchschnittlich oft auch noch 1848/49. Dabei gehören die beiden Ausprägungen des Klerus zwar zu dem gleichen Cluster, sie liegen aber etwas separiert von den anderen vier Ausprägungen des Bildungsbereiches; die Mobilität zwischen den Berufen innerhalb dieses Clusters scheint somit stärker zwischen den Freiberuflichen (Journalisten, Publizisten, ...) und den im Wissenschaftsbereich Tätigen zu verlaufen als zwischen den Mitgliedern dieser beiden Berufsgruppen und den Angehörigen des Klerus.

Des weiteren sind die vier Ausprägungen der traditionellen Führungsgruppen mit der Funktion der Zielerreichung (die "Militärs" und die "Gutsbesitzer") dem positiven Abschnitt der zweiten Dimension zuzuordnen, sie sind mit den Berufen "Justiz" und "Verwaltung" negativ assoziiert, welche die Funktion der "sozialen Kontrolle und der Aufrechterhaltung von Gesetzesnormen" haben. Während diese beiden Gruppierungen auf dem gleichen Abschnitt der ersten Achse laden und dort der Gegenpol zum "kulturellen Subsystems" sind, kann mit der zweiten Achse der Gegensatz zwischen diesen beiden Gruppierungen beschrieben werden.

Werden die Ergebnisse der Korrespondenzanalyse von Tabelle 7.1 analog der hierarchischen Clusteranalyse interpretiert (zu den Ähnlichkeiten der Korrespondenzanalyse mit der Clusteranalyse vgl. Greenacre 1988b, 1993a, b, Blasius und Georg 1992, Lebart 1994, Blasius 1994c, Gabler und Blasius 2000), so besteht der Hauptgegensatz zwischen den im Bildungsbereich Tätigen zu den traditionellen Führungskräften, den in Justiz und Verwaltungsbereich Tätigen und den Advokaten. Auf der zweiten Stufe der hierarchischen Clusteranalyse würde zwischen den Führungskräften und den in Justiz und Verwaltungsbereich Tätigen unterschieden. Innerhalb des Subsystems des Bildungsbereiches nehmen wiederum die Angehörigen des Klerus eine Randstellung ein, und innerhalb der Führungskräfte sind die Angehörigen des Militärs von den Gutsbesitzern separiert. Für eine weitergehende Interpretation dieser Ergebnisse werden die numerischen Ergebnisse der ersten vier Dimensionen betrachtet (Tabelle 7.4).

Bezogen auf den Beruf zu Beginn der Karriere wird anhand von Tabelle 7.4 deutlich, daß nicht einmal mit vier von sieben vorhandenen Dimensionen eine zufriedenstellende Beschreibung von allen acht Berufsausprägungen möglich ist: Auf der Ebene der "Berufe zum Beginn der Karriere" werden die Positionen im Projektionsraum der Angehörigen der "Verwaltung" zu weniger als 30% (SQCOR = 0,297), und die der "Advokaten" zu weniger als 45% (SQCOR = 0,448) erklärt. Diese beiden Ausprägungen werden auch beim "Hauptberuf 1848/49" am schlechtesten mit Hilfe der vierdimensionalen Darstellung abgebildet, die Variablenausprägung "Verwaltung" wird mit Hilfe der ersten vier Achsen zu gut 45% (SQCOR = 0,457), die Variablenausprägung "Advokaten" zu knapp 70% (SQCOR = 0,692) erklärt. Die "Berufsstabilitäten" von diesen beiden Gruppierungen, die ebenfalls als überdurchschnittlich hoch zu bezeichnen sind (vgl. Tabellen 7.1 und 7.2), werden erst in höheren Dimensionen abgebildet. Die Ursache hierfür ist eine relativ große berufliche Mobilität der Angehörigen dieser beiden Gruppierungen - relativ viele Angehörige der Verwaltung und relativ viele Advokaten begannen ihre Karriere bei der Justiz (vgl. Tabelle 7.1).

Auf der ersten Achse wird der Gegensatz zwischen den Ausprägungen des kulturellen Subsystems und den anderen Berufsausprägungen widergespiegelt (vgl. die Spalten LOC1, INR1). Dabei ist sowohl auf der Ebene des Berufs zum Beginn der Karriere als auch auf

Tabelle 7.4: Numerische Ergebnisse der intragenerationalen Mobilität

Berufe zu Beginn der Karriere

NAME	SQCOR	MASS	INR	LOC1	QCOR1	INR1	LOC2	QCOR2	INR2	LOC3	QCOR3	INR3	LOC4	QCOR4	INR4
ej	0,972	0,462	0,089	-0,469	0,553	0,158	-0,359	0,323	0,112	0,165	0,068	0,032	0,105	0,027	0,021
ev	0,297	0,107	0,031	-0,317	0,168	0,017	-0,137	0,032	0,004	-0,082	0,011	0,002	-0,227	0,086	0,023
eb	0,675	0,145	0,122	0,880	0,445	0,174	0,117	0,008	0,004	-0,614	0,217	0,141	0,093	0,005	0,005
em	0,999	0,045	0,236	-0,944	0,083	0,062	3,062	0,869	0,793	0,089	0,001	0,001	0,709	0,047	0,096
ek	0,996	0,057	0,226	2,114	0,544	0,392	0,306	0,011	0,010	1,898	0,439	0,527	-0,077	0,001	0,001
eg	0,970	0,035	0,118	-0,743	0,079	0,030	0,873	0,109	0,050	0,107	0,002	0,001	-2,339	0,781	0,806
ea	0,448	0,049	0,045	-0,515	0,143	0,020	-0,540	0,156	0,027	0,246	0,033	0,008	0,465	0,116	0,045
ef	0,758	0,100	0,133	0,974	0,348	0,147	0,049	0,001	0,000	-1,056	0,408	0,288	-0,065	0,002	0,002

Hauptberufe 1848/49

NAME	SQCOR	MASS	INR	LOC1	QCOR1	INR1	LOC2	QCOR2	INR2	LOC3	QCOR3	INR3	LOC4	QCOR4	INR4
hj	0,896	0,203	0,063	-0,525	0,430	0,087	-0,464	0,336	0,082	0,205	0,066	0,022	0,203	0,065	0,036
hv	0,457	0,206	0,045	-0,419	0,387	0,056	-0,156	0,053	0,009	0,053	0,006	0,001	-0,070	0,011	0,004
hb	0,727	0,181	0,128	0,891	0,548	0,223	0,078	0,004	0,002	-0,494	0,168	0,114	0,097	0,006	0,007
hm	0,999	0,025	0,224	-1,042	0,058	0,042	3,964	0,838	0,729	0,077	0,000	0,000	1,383	0,102	0,200
hk	0,984	0,051	0,222	2,203	0,540	0,382	0,324	0,012	0,010	1,968	0,431	0,508	-0,105	0,001	0,002
hg	0,978	0,080	0,127	-0,640	0,125	0,051	0,859	0,225	0,111	0,061	0,001	0,001	-1,436	0,628	0,696
ha	0,692	0,164	0,064	-0,489	0,298	0,061	-0,428	0,229	0,057	0,233	0,068	0,023	0,279	0,097	0,054
hf	0,735	0,091	0,127	0,836	0,245	0,099	-0,004	0,000	0,000	-1,182	0,490	0,330	-0,048	0,001	0,001

der Ebene des Hauptberufs zur Zeit des Bestehens der FNV der Effekt der Ausprägung "Klerus" überdurchschnittlich groß - obwohl nur relativ wenige Personen diesen Beruf ausgeübt haben (vgl. die Spalte "Masse"), trägt diese Variablenausprägung sowohl auf der Ebene der Zeilen als auch auf der Ebene der Spalten zu nahezu 40% zur geometrischen Ausrichtung der ersten Achse bei. Des weiteren hat bei den Berufen zum Beginn der Karriere die Ausprägung "Justiz" einen relativ starken Effekt auf die geometrische Ausrichtung der ersten Achse (CTR1 = 0,158), welcher insbesondere durch seine sehr große Masse (46,2% der Befragten gaben als ersten Beruf "Justiz" an) verursacht wird.

Die zweite Achse spiegelt insbesondere den Gegensatz der Führungskräfte zu den Verwaltungskräften wider; innerhalb der Führungskräfte nehmen wiederum die Militärs eine Sonderstellung ein - jede der beiden Ausprägungen determiniert zu etwa 75% die geometrische Ausrichtung der zweiten Achse. Die Angehörigen des Bildungsbereiches sind mit dieser Achse nahezu unkorreliert, d. h. Wechsel, insbesondere von und zum Militär gibt es - bezogen auf die zweite Achse - weder überdurchschnittlich oft noch überdurchschnittlich selten.

Mit der dritten Achse wird der Gegensatz innerhalb des kulturellen Subsystems beschrieben: Die berufliche Mobilität ist zwischen den Angehörigen der freien Berufe und den im wissenschaftlichen Bereich Tätigen größer als zwischen einer dieser beiden Gruppierungen und den Angehörigen des Klerus. Wer sich einmal für den Klerus entschieden hat, wechselt nur selten den Beruf. Wenn es dennoch zu einem Wechsel kommt, dann überdurchschnittlich oft in die Wissenschaft oder in einen freien Beruf (siehe die gemeinsamen Ladungen auf der ersten Achse). Sofern sich jemand nicht gleich beim Eintritt in das Berufsleben für den Klerus entschieden hat, dann kam er überdurchschnittlich oft aus den Bereichen "Wissenschaft" oder "freier Beruf" - aber auch hier ist die Berufsstabilität größer als der Wechsel innerhalb des Subsystems. Dieses Ergebnis soll exemplarisch anhand der Originaldaten belegt werden: Von den Personen, die zum Beginn ihrer Karriere dem Klerus angehörten, wechselten 11 innerhalb des kulturellen Subsystems, während nur zwei in einen anderen Bereich gingen. Des weiteren kommen von den neun Personen, die erst im Hauptberuf 1848/49 Kleriker waren, acht aus den Bereichen "Wissenschaft" und "freie Berufe"; die Majorität, 26 Personen, gehörte zu beiden Zeitpunkten dem Klerus an.

Die vierte Achse spiegelt den Gegensatz innerhalb der Führungskräfte wider. Am stärksten ist zwar auch hier die berufliche Stabilität, aber wenn es bei den Mitgliedern dieses Subsystems zu einem beruflichen Wechsel kommt, dann überdurchschnittlich oft innerhalb dieser Gruppierung, also zwischen den Militärs und Gutsbesitzern. Anhand von Tabelle 7.1 wird ersichtlich, daß zwei von drei späteren Gutsbesitzern ihre berufliche Karriere außerhalb der Land- und Forstwirtschaft starteten. Bezogen auf die absoluten Werte kommen zwar die meisten aus der Justiz, bezogen auf die relativen Werte kommen jedoch die meisten vom Militär - von den 15 Personen, die das Militär verließen, wurden acht zu Gutsbesitzern.

7.5 Intra- versus intergenerationale Mobilität

Im vorangegangen Abschnitt wurde ausschließlich die intragenerationale Mobilität beschrieben. Zusätzlich zu der beruflichen Mobilität gibt es in dem verwendeten Datensatz auch Angaben zum Beruf des Vaters, so daß auch die "Berufsvererbung", der Sohn übt den gleichen Beruf aus wie der Vater, beschrieben werden kann. Eine derartige *intergenerationale Mobilität* ist sowohl zwischen dem Beruf zum Beginn der Karriere als auch zwischen dem Hauptberuf 1848/49 und dem Beruf des Vaters zu erwarten. Im folgenden soll die Mobilität zwischen dem Beruf des Vaters und dem Hauptberuf 1848/49 simultan mit der intragenerationalen Mobilität analysiert werden. Beschrieben werden somit die Effekte von "Hauptberuf 1848/49" und "Beruf des Vaters" sowie von "Hauptberuf 1848/49" und "Beruf zum Beginn der Karriere", die Eingabe für die Korrespondenzanalyse sind die Häufigkeiten der zusammengesetzten Kontingenztabelle aus intra- und intergenerationaler Mobilität (Tabelle 7.5). Mit Hilfe dieser Analyse kann angegeben werden, ob die Berufsvererbung oder ob die berufliche Stabilität stärker mit "Hauptberufe 1848/49" assoziiert ist. Bei der Interpretation dieser Effekte muß berücksichtigt werden, daß für lediglich 465 Abgeordnete eine Zuordnung des "Berufs des Vaters" zu einer der acht Grup-

Tabelle 7.5: Zusammengesetzte Tabelle aus inter- und intragenerationaler Mobilität

	hj	hv	hb	hm	hk	hg	ha	hf	Summe
ej	117	83	19	0	1	17	76	6	319
ev	11	37	6	0	0	7	7	6	74
eb	4	3	67	1	4	3	5	13	100
em	0	5	1	16	0	8	1	0	31
ek	0	1	11	0	26	0	1	0	39
eg	0	4	0	0	0	19	1	0	24
ea	8	2	1	0	0	0	22	1	34
ef	0	7	20	0	4	1	0	37	69 (690)
vj	22	15	12	0	0	4	15	1	69
vv	27	34	20	4	4	8	24	5	126
vb	6	16	9	2	7	0	6	8	54
vm	8	8	1	3	0	1	3	2	26
vk	8	6	13	0	3	4	6	5	45
vg	11	12	6	3	1	35	5	5	78
va	4	10	2	0	0	2	10	2	30
vf	5	6	8	0	2	0	8	8	37 (465)
Summe	231	249	196	29	52	109	190	99	1155

pen möglich war, für den "Beruf zum Beginn der Karriere " gibt es eine derartige Angabe von 690 Abgeordneten; für alle diese Personen konnte der "Hauptberuf 1848/49" einer der acht Berufsgruppen zugeordnet werden.

Anhand von Tabelle 7.5 werden die überdurchschnittlich hohen Werte in den beiden Hauptdiagonalen sichtbar, diese Diagonalfelder haben auch die höchsten Chi-Quadrat-Komponenten (vgl. Tabelle 7.6). Der Anteil der Residuen beträgt in diesen 16 Zellen nahezu 80 Prozent (es sind die Werte in den Hauptdiagonalen von Tabelle 7.6 zu addieren), d. h. der weitaus größte Teil der Variation der Daten wird durch die Berufsvererbung und durch die Berufsstabilität erklärt. Dabei sind die durch die Berufsstabilität bedingten Residuen deutlich größer als die durch die Berufsvererbung bedingten; die "Berufsvererbung" hat einen Anteil von 7,8% an der Variation der Daten, die "Berufsstabilität" von 71,4%.

Tabelle 7.6: Chi-Quadrat-Komponenten der zusammengesetzten Mobilitätstabelle (auf 1000 standardisiert)

	hj	hv	hb	hm	hk	hg	ha	hf
vj	3	0	0	1	2	1	1	2
vv	0	1	0	0	0	1	0	2
vb	1	1	0	0	5	3	1	1
vm	1	1	2	5	1	1	0	0
vk	0	1	2	1	0	0	0	0
vg	1	1	2	0	1	62	3	0
va	0	1	1	0	1	0	3	0
vf	0	0	0	1	0	2	0	4
ej	27	2	14	5	7	3	6	10
ev	1	17	2	1	2	0	1	0
eb	8	10	89	1	0	3	5	1
em	4	0	2	179	1	5	2	2
ek	5	4	2	1	201	2	3	2
eg	3	0	2	0	1	74	1	1
ea	0	2	2	1	1	2	29	1
ef	8	3	4	1	0	3	7	98

Wie in dem vorangegangenen Beispiel gibt es auch bei der Analyse der zusammengesetzten Tabelle keinen eindeutigen Sprung in der Höhe der Trägheitsgewichte der Achsen (Tabelle 7.7), auch bei diesem Beispiel kann die Entscheidung ob drei, vier oder fünf Dimensionen berücksichtigt werden sollen, nicht mit Hilfe des Scree-Testes durchgeführt werden. Werden die Gesamtträgheitsgewichte der beiden Korrespondenzanalysen miteinander verglichen, so ist das durchschnittliche Ausmaß der Variation in der zweiten Korrespondenzanalyse deutlich niedriger als in der ersten, bei der nur die intragenerationale Mobilität beschrieben wurde. Dieser Unterschied ist Folge der geringeren Variation bei der intergenerationalen Mobilität; durch die damit verbundenen kleineren Residuen ist auch die durchschnittliche Variation, das Gesamtträgheitsgewicht, kleiner, als wenn ausschließlich die intragenerationale Mobilität analysiert wird. Somit ist zu erwarten, daß sich die Ergebnisse der beiden Analysen nicht stark unterscheiden - mit den ersten beiden Dimensionen sollten die Gegensätze zwischen den Parsonschen Gruppierungen und mit den höheren Dimensionen die Differenzen innerhalb dieser Berufscluster abgetragen werden können. Die grafische Darstellung der ersten beiden Achsen ist in Abbildung 7.2 wiedergegeben (symmetrische Darstellung).

Tabelle 7.7: Trägheitsgewichte der Achsen und deren erklärte Varianzen

1	0,450686	31,30%	**
2	0,346069	24,04%	**************************************
3	0,256832	17,84%	****************************
4	0,199491	13,86%	**********************
5	0,110524	7,68%	************
6	0,053040	3,68%	******
7	0,023107	1,60%	***
	1,439748		

Werden die Abbildungen 7.1 und 7.2 miteinander verglichen, so sind die Strukturen der beiden Darstellungen identisch; auch anhand von Abbildung 7.2 sind drei Cluster zu erkennen, die den Grundfunktionen von Parsons (1971) entsprechen. Auffallend ist, daß die Abbildungen in beiden Dimensionen spiegelbildlich sind - diese Spiegelung ist jedoch für die Interpretation der Ergebnisse ohne Bedeutung.[1]

Werden die Ausprägungen auf die beiden Achsen projiziert, so laden mit zwei Ausnahmen (jeweils bezogen auf die zweite Dimension, "Beruf des Vaters: freier Beruf" und - in unmittelbarer Nähe der Achse, aber auf der "falschen Seite" - "Beruf des Vaters: Klerus") die korrespondierenden Berufskategorien vom Beruf des Vaters, vom Beruf zu Be-

1 Es gibt keinen Algorithmus, der die Ausrichtung der Achsen verbindlich vorschreibt. Anstelle der spiegelbildlichen Darstellungen wäre es möglich (und durchaus auch sinnvoll), die Lokalisationen von Zeilen- und Spaltenausprägungen der einen Abbildung sowohl für die erste als auch für die zweite Dimension mit "minus eins" zu multiplizieren und auf dieser Basis die Grafik anzufertigen. Eine derartige "Manipulation" hätte nicht einmal im Text vermerkt werden müssen, da es keine Festlegung der Richtung der Achsen gibt; die Ähnlichkeit der Grafiken würde etwas schneller ersichtlich werden. Bei zwei Abbildungen in Kapitel 4 wurde dieser "Trick" bereits angewendet, um der Geschlechtsdimension in allen Beispielen die gleiche Ausrichtung zu geben: im linken Abschnitt die Frauen, im rechten die Männer.

ginn der Karriere und vom Hauptberuf 1848/49 auf den gleichen Abschnitten der ersten beiden Achsen. Des weiteren können die drei Grundfunktionen von Parsons auch in der simultanen Darstellung von inter- und intragenerationaler Mobilität nachgewiesen werden: Im rechten oberen Quadranten sind die neun Ausprägungen von "Verwaltung", "Advokaten" und "Justiz", welche die Funktion der sozialen Kontrolle und der Aufrechterhaltung der Gesetzesnormen haben, im rechten unteren Cluster sind die "Gutsbesitzer" und "Militärs", also die Mitglieder der traditionellen Führungskräfte, und im linken Abschnitt die Kategorien des kulturellen Subsystems ("Klerus", "freie Berufe" und "Bildungsanstalten"). Aus diesem Ergebnis kann abgeleitet werden, daß sowohl die inter- als auch die intragenerationale Mobilität *innerhalb* der Subsysteme größer ist als die *zwischen* den Subsystemen.

Abbildung 7.2: Grafische Darstellung der inter- und intragenerationalen Mobilität

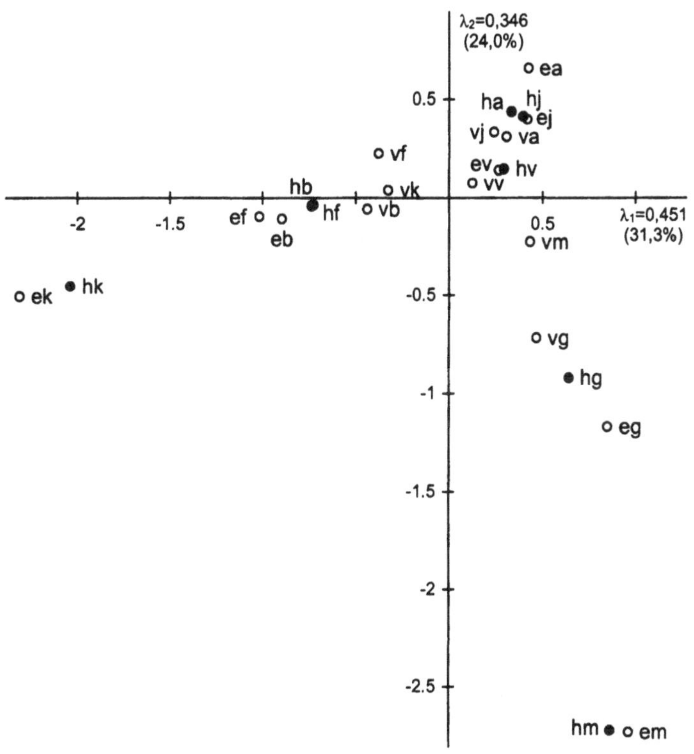

Wie auch schon bei der vorangegangenen Analyse ist die erste Achse durch den Gegensatz der im Bildungsbereich Tätigen zu allen anderen Berufsgruppen gekennzeichnet. Wenn somit jemand zu Beginn seiner beruflichen Karriere im Bildungsbereich tätig war bzw. wenn sein Vater in diesem Bereich tätig war, so war er es auch relativ oft während seiner Amtszeit in der FNV. Des weiteren gehören, wie in der Analyse der intragenerationalen

nalen Mobilität, die Ausprägungen des Klerus zu diesem Cluster, und wiederum liegen die entsprechenden Ausprägungen des Hauptberufes 1848/49 und des Berufes zum Beginn der Karriere etwas separiert; die intragenerationale Mobilität innerhalb dieses Clusters scheint somit stärker zwischen den Freiberuflichen (Journalisten, Publizisten, ...) und den im Wissenschaftsbereich Tätigen zu verlaufen als zwischen den Mitgliedern dieser beiden Berufsgruppen und den Angehörigen des Klerus.

Bezogen auf den Vergleich zwischen den beiden Arten der Mobilität scheint bei den Geistlichen die Berufsstabilität stärker als die Berufsvererbung zu sein, die Ausprägung "Beruf des Vaters: Klerus" liegt relativ nah am Achsenkreuz und im positiven Bereich der zweiten Achse. Da diese Ausprägung aber in unmittelbarer Nähe zu "Beruf des Vaters: Bildung" und "Beruf des Vaters: freier Beruf" sowie zu den anderen Kategorien von "freier Beruf" und "Bildung" liegt, kann aus Abbildung 7.2 gefolgert werden, daß wenn der Vater Kleriker war und wenn der Sohn diesen Beruf nicht als Hauptberuf 1848/49 ausübte, er zur Zeit der FNV überdurchschnittlich oft einen der anderen beiden Berufe innerhalb des kulturellen Subsystems ausübte.

Die sechs Ausprägungen der traditionellen Führungsgruppen mit der Funktion der Zielerreichung (die Militärs und die Gutsbesitzer) sind dem negativen Abschnitt der zweiten Dimension zuzuordnen, sie sind insbesondere mit den Angehörigen aus Justiz und Verwaltung negativ assoziiert, welchen die Funktion der sozialen Kontrolle und der Aufrechterhaltung von Gesetzesnormen zukommt. Während diese beiden Gruppierungen gemeinsam auf dem positiven Abschnitt der ersten Achse laden (als Gegenpol zu den im Bildungsbereich Tätigen), laden sie auf der zweiten Achse auf gegenüberliegenden Abschnitten, d. h. mit der vertikalen Achse kann der Gegensatz zwischen diesen beiden Gruppierungen beschrieben werden.

Wird die numerische Ausgabe der Korrespondenzanalyse der zusammengesetzten Tabelle betrachtet (Tabelle 7.8), so kann - mit Ausnahme von "Beruf des Vaters: Klerus" und "Beruf des Vaters: freier Beruf" auf der zweiten Achse - anhand der Vorzeichen bei den Lokalisationen sowohl die inter- als auch die intragenerationale Mobilität innerhalb der drei Blöcke von Berufen bestätigt werden. Werden die Trägheitsgewichte der Variablenausprägungen in die Interpretation einbezogen, so wird deutlich, wie stark die "intragenerationale Mobilität" die geometrische Ausrichtung der Achsen bedingt, so beträgt ihr Anteil bei der ersten Achse über 90% (bei der Zeilendarstellung sind die letzten acht Werte in der Spalte INR1 zu addieren). Die "intergenerationale Mobilität" verläuft zwar in der postulierten Richtung, hat in den meisten Fällen jedoch nur einen relativ geringen Anteil an der Erklärung der Variation. Die einzige Ausnahme ist "Gutsbesitzer", dieses Merkmal hat bei der intergenerationalen Mobilität einen Anteil von 10,0% an der geometrischen Ausrichtung der zweiten Achse (bei der intragenerationalen Mobilität ist der Anteil von "Gutsbesitzer" auf dieser Achse 7,2%) und von 25,8% auf die vierte Achse (der Anteil der intragenerationalen Mobilität beträgt 38,0%).

Tabelle 7.8: Numerische Ergebnisse der zusammengesetzten Mobilitätstabelle

NAME	SQCOR	MASS	INR	LOC1	QCOR1	INR1	LOC2	QCOR2	INR2	LOC3	QCOR3	INR3	LOC4	QCOR4	INR4
vj	0,760	0,060	0,010	0,239	0,248	0,008	0,335	0,486	0,019	-0,056	0,014	0,001	0,053	0,012	0,001
vv	0,730	0,109	0,005	0,126	0,266	0,004	0,074	0,092	0,002	-0,085	0,119	0,003	0,123	0,253	0,008
vb	0,655	0,047	0,013	-0,440	0,494	0,020	-0,058	0,009	0,000	-0,113	0,032	0,002	0,217	0,120	0,011
vm	0,807	0,023	0,010	0,433	0,303	0,009	-0,224	0,081	0,003	-0,039	0,003	0,000	0,509	0,420	0,029
vk	0,802	0,039	0,005	-0,326	0,639	0,009	0,039	0,009	0,000	0,121	0,088	0,002	-0,105	0,066	0,002
vg	0,989	0,068	0,071	0,467	0,144	0,033	-0,716	0,339	0,100	0,059	0,002	0,001	-0,873	0,504	0,258
va	0,478	0,026	0,007	0,308	0,234	0,005	0,310	0,238	0,007	-0,036	0,003	0,000	0,034	0,003	0,000
vf	0,769	0,032	0,009	-0,378	0,373	0,010	0,225	0,132	0,005	0,287	0,215	0,010	0,136	0,048	0,003
ej	0,957	0,276	0,074	0,404	0,421	0,100	0,408	0,429	0,133	-0,189	0,092	0,038	0,074	0,014	0,008
ev	0,198	0,064	0,024	0,266	0,133	0,010	0,140	0,037	0,004	0,070	0,009	0,001	-0,102	0,020	0,003
eb	0,660	0,087	0,115	-0,896	0,418	0,154	-0,106	0,006	0,003	0,670	0,234	0,151	0,056	0,002	0,001
em	0,999	0,027	0,195	0,962	0,089	0,055	-2,732	0,714	0,579	-0,099	0,001	0,001	1,429	0,196	0,275
ek	0,998	0,034	0,219	-2,311	0,571	0,400	-0,507	0,028	0,025	-1,922	0,395	0,485	-0,194	0,004	0,006
eg	0,992	0,021	0,083	0,850	0,125	0,033	-1,169	0,236	0,082	-0,017	0,000	0,000	-1,910	0,631	0,380
ea	0,417	0,029	0,038	0,422	0,096	0,012	0,656	0,232	0,037	-0,067	0,038	0,008	0,307	0,051	0,014
ef	0,777	0,060	0,123	-1,018	0,348	0,137	-0,096	0,003	0,002	1,125	0,426	0,294	-0,005	0,000	0,000
hj	0,842	0,200	0,062	0,395	0,352	0,069	0,413	0,384	0,098	-0,191	0,082	0,028	0,101	0,023	0,010
hv	0,400	0,216	0,043	0,293	0,300	0,041	0,146	0,074	0,013	-0,073	0,019	0,005	0,045	0,007	0,002
hb	0,702	0,170	0,124	-0,738	0,517	0,205	-0,041	0,002	0,001	0,438	0,182	0,127	0,047	0,002	0,002
hm	0,999	0,025	0,196	0,864	0,066	0,042	-2,723	0,658	0,538	-0,097	0,001	0,001	1,757	0,274	0,389
hk	0,988	0,045	0,224	-2,039	0,581	0,415	-0,453	0,029	0,027	-1,635	0,374	0,469	-0,159	0,004	0,006
hg	0,995	0,094	0,162	0,641	0,166	0,086	-0,922	0,344	0,232	0,015	0,000	0,000	-1,096	0,485	0,568
ha	0,675	0,165	0,063	0,334	0,203	0,041	0,437	0,348	0,091	-0,199	0,072	0,025	0,168	0,052	0,023
hf	0,739	0,086	0,126	-0,727	0,250	0,101	-0,037	0,001	0,000	1,017	0,489	0,345	0,008	0,000	0,000

Werden die verbleibenden sieben Berufskategorien betrachtet, so hat die intragenerationale Mobilität bei den Angehörigen des Klerus einen sehr großen Effekt auf die geometrische Ausrichtung der ersten (40,0%) und der dritten Achse (48,5%), während bei diesen Berufen die intergenerationale Mobilität fast vernachlässigt werden kann - die entsprechenden Anteile sind 0,9% und 0,2%. Ähnliches gilt für die "freien Berufe", auch bei diesen dominiert die intra- über die intergenerationale Mobilität überaus deutlich (vgl. die entsprechenden Trägheitsgewichte der Variablenausprägungen für die erste und dritte Achse).

Mit Hilfe der vier Achsen können bei den meisten der acht Berufe die Veränderungen bzw. die berufliche Stabilität und die berufliche Vererbung relativ gut beschrieben werden, in einigen Fällen werden über 95% der Variation erklärt (vgl. die Spalte "Quality" in Tabelle 7.8). Dem entgegen sind bei der "Verwaltung" und bei den "Advokaten" vier Dimensionen nicht ausreichend, um deren berufliche Mobilität angemessen zu beschreiben.

7.6 Intra- und intergenerationale Mobilität

Im vorangegangen Beispiel wurden die inter- und die intragenerationale Mobilität simultan beschrieben. Als Basis der Analyse wurde eine zusammengesetzte Tabelle verwendet, bei der die Interaktionseffekte zwischen dem "Hauptberuf 1848/49" und dem "Beruf des Vaters" sowie zwischen dem "Hauptberuf 1848/49" und dem "Beruf zu Beginn der Karriere" berücksichtigt wurden. Im folgenden sollen zusätzlich die Effekte zwischen den "Berufen des Vaters" und den "Berufen zu Beginn der Karriere" in die Analyse einbezogen werden. Damit werden alle bivariaten Zusammenhänge zwischen den drei Variablen berücksichtigt, die zu verwendende Methode ist daher die multiple Korrespondenzanalyse. Die Matrix der Eingabedaten für diese Analyse ist in Tabelle 7.9, die Chi-Quadrat-Komponenten sind in Tabelle 7.10 und die Chi-Quadrat-Zerlegung sowie die Reskalierungen der Trägheitsgewichte der Achsen und die daraus abzuleitenden erklärten Varianzen sind in Tabelle 7.11 wiedergegeben.

Anhand der Chi-Quadrat-Komponenten wird ersichtlich, daß fast die gesamte Variation durch die Hauptdiagonalblöcke erklärt wird, von dem verbleibenden Rest wird wiederum ein relativ großer Teil durch die Hauptdiagonalen der beiden Kontingenztabellen "Hauptberuf im Jahr 1848/49" versus "Beruf zu Beginn der Karriere" absorbiert (Tabelle 7.10). Bevor wir uns den Wechseln zwischen den Berufen widmen und deren Effekte auf die Variation der Tabelle herausrechnen, sollen die bereits vorgestellten Möglichkeiten zur Reskalierung der Ergebnisse anhand der Mobilitätsdaten diskutiert werden.

Benzécri (1979) zufolge werden lediglich die Achsen berücksichtigt, deren Trägheitsgewichte größer als $1 / Q^2$ sind, in dem gegebenen Beispiel also größer als 1 / 9; diesem

Tabelle 7.9: Datenmatrix für die multiple Korrespondenzanalyse

	hj	hv	hb	hm	hk	hg	ha	hf	vj	vv	vb	vm	vk	vg	va	vf	ej	ev	eb	em	ek	eg	ea	ef
hj	141	0	0	0	0	0	0	0	22	27	6	8-	8	11	4	5	117	11	4	0	0	0	8	0
hv	0	143	0	0	0	0	0	0	15	34	16	8	6	12	10	6	83	37	3	5	1	4	2	7
hb	0	0	126	0	0	0	0	0	12	20	9	1	13	6	2	8	19	6	67	1	11	0	1	20
hm	0	0	0	18	0	0	0	0	0	4	2	3	0	3	0	0	0	0	1	16	0	0	0	0
hk	0	0	0	0	35	0	0	0	0	4	7	0	3	1	0	2	1	0	4	0	26	0	0	4
hg	0	0	0	0	0	55	0	0	4	8	0	1	4	35	2	0	17	7	3	8	0	19	0	1
ha	0	0	0	0	0	0	113	0	15	24	6	3	6	5	10	8	76	7	5	1	1	1	22	0
hf	0	0	0	0	0	0	0	66	1	5	8	2	5	5	2	8	6	6	13	0	0	0	1	37
vj	22	15	12	0	0	4	15	1	68	0	0	0	0	0	0	0	51	4	5	0	3	1	4	0
vv	27	34	20	4	4	8	24	5	0	126	0	0	0	0	0	0	66	14	14	7	4	3	8	7
vb	6	16	9	2	7	0	6	8	0	0	52	0	0	0	0	0	18	7	9	2	5	0	2	8
vm	8	8	1	3	0	1	3	2	0	0	0	25	0	0	0	0	11	4	4	4	0	1	0	1
vk	8	6	13	0	3	4	6	5	0	0	0	0	46	0	0	0	16	4	13	1	4	1	1	5
vg	11	12	6	3	1	35	5	5	0	0	0	0	0	77	0	0	25	10	6	12	1	16	2	3
va	4	10	2	0	0	2	10	2	0	0	0	0	0	0	29	0	14	4	2	0	0	0	5	4
vf	5	6	8	0	2	0	8	8	0	0	0	0	0	0	0	36	10	3	6	0	1	0	2	13
ej	117	83	19	0	1	17	76	6	51	66	18	11	16	25	14	10	325	0	0	0	0	0	0	0
ev	11	37	6	0	0	7	7	6	4	14	7	4	4	10	4	3	0	75	0	0	0	0	0	0
eb	4	3	67	1	4	3	5	13	5	14	9	4	13	6	2	6	0	0	100	0	0	0	0	0
em	0	5	1	16	0	8	1	0	0	7	2	4	1	12	0	0	0	0	0	33	0	0	0	0
ek	0	1	11	0	26	0	1	0	3	4	5	0	4	1	0	1	0	0	0	0	39	0	0	0
eg	0	4	0	0	0	19	1	0	1	3	0	1	1	16	0	0	0	0	0	0	0	24	0	0
ea	8	2	1	0	0	0	22	1	4	8	2	0	1	2	5	2	0	0	0	0	0	0	34	0
ef	0	7	20	0	4	1	0	37	0	7	8	1	5	3	4	13	0	0	0	0	0	0	0	73

Tabelle 7.10: Chi-Quadrat-Komponenten

	hj	hv	hb	hm	hk	hg	ha	hf	vj	vv	vb	vm	vk	vg	va	vf	ej	ev	eb	em	ek	eg	ea	ef
hj	27	2	1	0	0	1	1	1	0	0	0	0	0	0	0	0	3	0	1	0	0	0	0	1
hv	2	23	1	0	0	1	1	1	0	0	0	0	0	0	0	0	0	2	1	0	0	0	0	0
hb	1	1	30	0	0	1	1	1	0	0	0	0	0	0	0	0	1	0	9	0	0	0	0	0
hm	0	0	0	40	0	0	0	0	0	0	0	0	0	0	0	0	0	0	0	15	0	0	0	0
hk	0	0	0	0	42	0	0	0	0	0	0	0	0	0	0	0	1	0	0	0	20	0	0	0
hg	1	1	1	0	0	26	1	0	0	0	0	0	0	6	0	0	0	0	0	0	0	7	0	0
ha	1	1	1	0	0	1	28	1	0	0	0	0	0	0	0	0	1	0	0	0	0	0	3	1
hf	1	1	1	0	0	0	1	38	0	0	0	0	0	0	0	0	1	0	0	0	0	0	0	9
vj	0	0	0	0	0	0	0	0	24	1	0	0	0	1	0	0	0	0	0	0	0	0	0	0
vv	0	0	0	0	0	0	0	0	1	19	1	0	1	1	0	0	0	0	0	0	0	0	0	0
vb	0	0	0	0	0	0	0	0	0	1	26	0	0	0	0	0	0	0	0	0	0	0	0	0
vm	0	0	0	0	0	0	0	0	0	0	0	28	0	0	0	0	0	0	0	0	0	0	0	0
vk	0	0	0	0	0	0	0	0	0	1	0	0	28	0	0	0	0	0	0	0	0	0	0	0
vg	0	0	0	0	0	6	0	0	1	1	0	0	0	24	0	0	0	0	0	1	0	3	0	0
va	0	0	0	0	0	0	0	0	0	0	0	0	0	0	28	0	0	0	0	0	0	0	0	0
vf	0	0	0	0	0	0	0	0	0	0	0	0	0	0	0	28	0	0	0	0	0	0	0	1
ej	3	0	1	0	1	0	1	1	0	0	0	0	0	0	0	0	13	2	2	1	1	1	1	2
ev	0	2	0	0	0	0	0	0	0	0	0	0	0	0	0	0	2	32	1	0	0	0	0	0
eb	1	1	9	0	0	0	0	0	0	0	0	0	0	0	0	0	2	1	32	0	0	0	0	1
em	0	0	0	15	0	0	0	0	0	0	0	0	0	1	0	0	1	0	0	35	0	0	0	0
ek	0	0	0	0	20	0	0	0	0	0	0	0	0	0	0	0	1	0	0	0	43	0	0	0
eg	0	0	0	0	0	7	0	0	0	0	0	0	0	3	0	0	1	0	0	0	0	31	0	0
ea	0	0	0	0	0	0	3	0	0	0	0	0	0	0	0	0	1	0	0	0	0	0	35	0
ef	1	0	0	0	0	0	1	9	0	0	0	0	0	0	0	1	2	0	1	0	0	0	0	37

Tabelle 7.11: Chi-Quadrat-Zerlegung und reskalierte Trägheitsgewichte

	Ohne Reskalierung Trägheits-gewichte	Anteil Varianz	Trägheitsgewichte nach Benzécri	Anteil Varianz Benzécri	Anteil Varianz Greenacre
1	0,554829	15,74%	0,3811	30,63	21,34
2	0,474664	13,47%	0,2846	22,87	15,94
3	0,430407	12,21%	0,2343	18,83	13,12
4	0,342398	9,72%	0,1427	11,47	7,99
5	0,313280	8,89%	0,1153	9,27	6,46
6	0,238846	6,78%	0,0543	4,36	3,04
7	0,204853	5,81%	0,0320	2,57	1,79
8	0,116620	3,31%	0,0001	0,01	0,01
			1,2444	100,00	69,69
9	0,110862	3,15%			
10	0,106416	3,02%		(Summe Trägheitsgewichte nach	
11	0,103971	2,95%		Greenacre: 1,7859)	
12	0,097945	2,78%			
13	0,095827	2,72%			
14	0,085966	2,44%			
15	0,069940	1,98%			
16	0,053544	1,52%			
17	0,049050	1,39%			
18	0,027924	0,79%			
19	0,021882	0,62%			
20	0,012430	0,35%			
21	0,006837	0,19%			
22	0,005447	0,15%			
23	0,000021	0,00%			
	3,523959				

Kriterium zufolge können die ersten acht Dimensionen interpretiert werden. Nach der Reskalierung mit

$$\lambda_k = \left[\frac{Q}{Q-1}\left(\sqrt{\lambda_{kT}} - \frac{1}{Q}\right)\right]^2$$

ergibt sich für die ersten beiden Trägheitsgewichte (vgl. Tabelle 7.11):

$$\lambda_1 = \left[\frac{3}{2}\left(\sqrt{0{,}5548} - \frac{1}{3}\right)\right]^2 = 0{,}3811, \quad \lambda_2 = \left[\frac{3}{2}\left(\sqrt{4747} - \frac{1}{3}\right)\right]^2 = 0{,}2846$$

Die Summe der acht reskalierten Trägheitsgewichte der Achsen, also das reskalierte Gesamtträgheitsgewicht, ist 1,2444. Werden die reskalierten Trägheitsgewichte auf dieses Gesamtträgheitsgewicht bezogen, so erklärt die erste Achse 30,6% und die zweite Achse 22,9% der Variation der Daten. Wird Greenacres (1988) Kritik an Benzécri beachtet und wird das Gesamtträgheitsgewicht nach der von ihm vorgeschlagenen Berechnung bestimmt (vgl. Abschnitt 5.4), so ergibt sich ein Wert von

$$\lambda_G = \frac{Q}{Q-1} * \left(\lambda_T - \frac{J-Q}{Q^2}\right) = \frac{3}{3-1} * \left(3{,}5240 - \frac{24-3}{9}\right) = 1{,}7859$$

Werden die reskalierten Trägheitsgewichte auf das Gesamtträgheitsgewicht nach Greenacre (1988) bezogen, so erklärt die erste Achse "lediglich" 21,3% und die zweite Achse "lediglich" 15,9% der Variation der Daten. Damit gibt es drei mögliche Werte, die für die durch die beiden ersten Achsen erklärte Varianz angegeben werden können: ohne Reskalierung 29,2%, mit der Reskalierung der Trägheitsgewichte nach Benzécri 53,5% und mit der zusätzlichen Reskalierung des Gesamtträgheitsgewichtes nach Greenacre 37,3%. Welche der vorgeschlagenen Reskalierungen aber auch immer verwendet wird, abgesehen von der Höhe der Trägheitsgewichte der Achsen (diese sind bei den Reskalierungen von Greenacre und Benzécri identisch), den erklärten Varianzen und - mit der Höhe der Trägheitsgewichte einhergehend - der Skalierung der Achsen, besteht der Unterschied in den grafischen Darstellungen lediglich in der Länge der zweiten Achse relativ zur ersten.

Wird eine der beiden Reskalierungen verwendet, so ist es für die grafischen Darstellungen zudem irrelevant, ob die erklärten Varianzen nach Benzécri oder nach Greenacre bestimmt werden - da die absoluten Trägheitsgewichte der Achsen identisch sind, sind auch die Abbildungen identisch. Und ob reskaliert wird oder nicht - die sozialwissenschaftliche Interpretation auf der Basis der grafischen Darstellung ist in allen Fällen identisch (vgl. Abbildungen 7.3 und 7.4). Erfolgt die Interpretation in Anlehnung an die Homogenitätsanalyse (Gifi 1990, Abschnitt 5.6), also als Rangreihe der Ausprägungen auf den einzelnen Achsen, ist die Reskalierung irrelevant.

Die multiple und die einfache Korrespondenzanalyse unterscheiden sich zum einen in der Berücksichtigung der unterschiedlichen Effekte und zum anderen in der benötigten bzw. nicht benötigten Differenzierung zwischen Zeilen- und Spaltendarstellung. Auch wenn die Distanzen zwischen den Profilen der multiplen Korrespondenzanalyse nicht euklidisch interpretiert werden dürfen (vgl. Abschnitt 5.3), so können bei der multiplen Korrespondenzanalyse auf den einzelnen Achsen Rangreihen der 24 Ausprägungen gebildet und interpretiert werden. Bei der einfachen Korrespondenzanalyse auf die zusammengesetzte Tabelle müssen dementgegen zwei Rangreihen gebildet werden, einmal für 16 Merkmale bei der Darstellung der Zeilen und einmal für acht Merkmale bei der Darstellung der Spalten.

Werden die Ergebnisse der multiplen Korrespondenzanalyse mit denen der einfachen auf die zusammengesetzte Tabelle verglichen, so sind die Unterschiede allenfalls als marginal zu bezeichen. Wie auch bei der vorangegangenen Analyse sind die drei Cluster entsprechend den Parsonsschen Grundfunktionen deutlich zu separieren. Und wie ebenfalls schon auf der Basis der Ergebnisse der vorangegangenen Analyse gefolgert wurde, ist die "intragenerationale Mobilität" insbesondere bei den Angehörigen des Klerus überdurchschnittlich hoch. Da es bei der inhaltlichen Interpretation keine nennenswerten Unterschiede zwischen den beiden Modellen gibt, diese waren aufgrund der relativ geringen Assoziation zwischen dem "Beruf des Vaters" und dem "Beruf zu Beginn der Karriere" auch

Abbildung 7.3: Grafische Darstellung der multiplen Korrespondenzanalyse

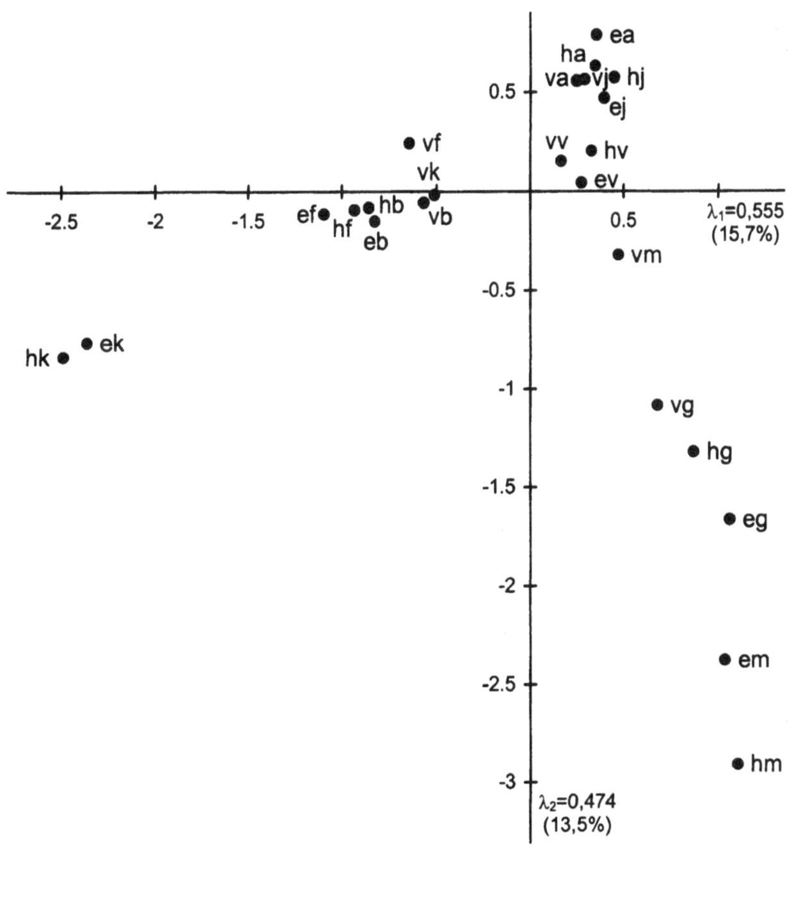

Abbildung 7.4: Grafische Darstellung der multiplen Korrespondenzanalyse nach der Reskalierung der Trägheitsgewichte

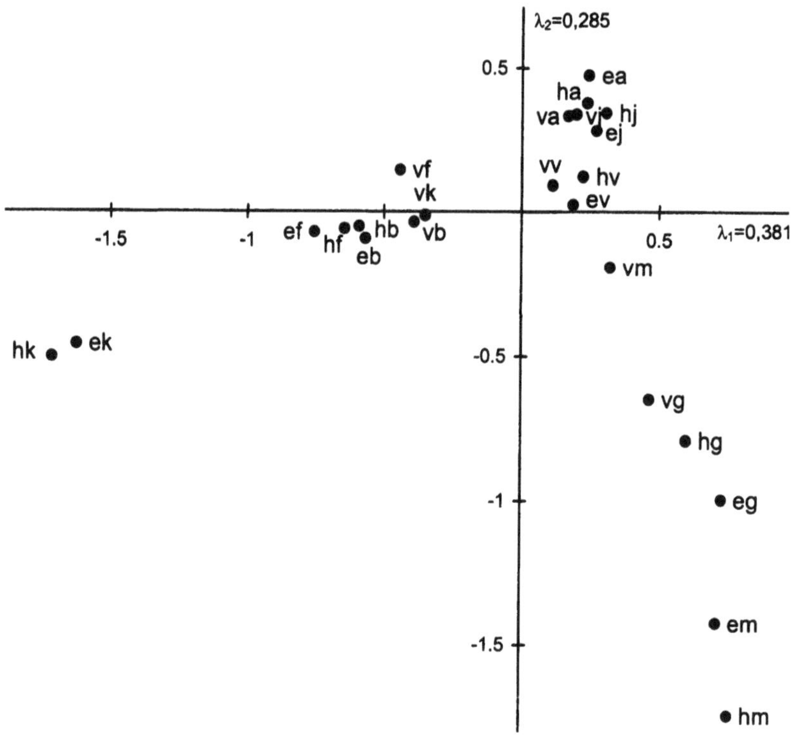

nicht zu erwarten, verzichten wir auf eine ausführlichere Interpretation der Ergebnisse der grafischen Darstellung und gehen über zur numerischen Darstellung. Da die Interpretation der quadrierten Faktorladungen und der Kommunalitäten nicht eindeutig ist (vgl. Kapitel 5), beschränken wir uns auf die Darstellung der relativen Trägheitsgewichte und der Lokalisationen der Variablenausprägungen (Tabelle 7.12).

Auch anhand der numerischen Ausgabe kann die überdurchschnittlich starke Assoziation zwischen dem "Beruf zu Beginn der Karriere" und dem "Hauptberuf 1848/49" abgelesen werden. Bezogen auf die erste Achse haben die acht Ausprägungen des "Hauptberufs 1848/49" einen Anteil von 44,7%, die acht Ausprägungen des "Berufs des Vaters" einen Anteil von 10,3% und die acht Ausprägungen des "Berufs zu Beginn der Karriere" einen Anteil von 45,0% an der geometrischen Ausrichtung der Achsen im Projektionsraum.

Tabelle 7.12: Numerische Darstellung der Ergebnisse

	MASS	LOC1	INR1	LOC2	INR2	LOC3	INR3	LOC4	INR4
hj	0,073	0,447	0,026	0,574	0,051	-0,289	0,014	-0,094	0,002
hv	0,077	0,326	0,015	0,203	0,007	-0,084	0,001	-0,032	0,000
hb	0,063	-0,861	0,085	-0,082	0,001	0,510	0,038	-0,063	0,001
hm	0,009	1,101	0,020	-2,912	0,166	0,039	0,000	-3,293	0,293
hk	0,017	-2,491	0,192	-0,836	0,025	-2,367	0,223	0,159	0,001
hg	0,032	0,873	0,044	-1,320	0,119	-0,018	0,000	1,343	0,170
ha	0,060	0,347	0,013	0,633	0,051	-0,246	0,008	-0,160	0,004
hf	0,033	-0,937	0,052	-0,095	0,001	1,560	0,184	0,115	0,001
vj	0,040	0,289	0,006	0,565	0,027	-0,302	0,009	-0,000	0,000
vv	0,074	0,165	0,004	0,153	0,004	-0,120	0,002	-0,193	0,008
vb	0,031	-0,567	0,018	-0,057	0,000	-0,050	0,000	-0,249	0,006
vm	0,015	0,470	0,006	-0,320	0,003	0,072	0,000	-0,774	0,026
vk	0,027	-0,509	0,013	-0,018	0,000	0,126	0,001	0,119	0,001
vg	0,045	0,680	0,038	-1,083	0,112	0,033	0,000	0,842	0,094
va	0,017	0,246	0,002	0,557	0,011	0,091	0,000	-0,008	0,000
vf	0,021	-0,643	0,016	0,243	0,003	0,732	0,027	-0,018	0,000
ej	0,169	0,393	0,047	0,470	0,078	-0,233	0,021	-0,036	0,001
ev	0,039	0,272	0,005	0,044	0,000	0,085	0,001	0,185	0,004
eb	0,051	-0,829	0,063	-0,151	0,002	0,649	0,050	-0,081	0,001
em	0,018	1,036	0,034	-2,376	0,211	0,008	0,000	-1,884	0,184
ek	0,019	-2,365	0,191	-0,762	0,023	-2,361	0,245	0,148	0,001
eg	0,014	1,061	0,028	-1,662	0,080	-0,039	0,000	2,209	0,197
ea	0,018	0,353	0,004	0,790	0,024	-0,227	0,002	-0,232	0,003
ef	0,036	-1,098	0,078	-0,114	0,001	1,430	0,172	0,102	0,001
SH	0,364		0,447		0,421		0,468		0,472
SV	0,270		0,103		0,160		0,039		0,135
SE	0,364		0,450		0,419		0,491		0,392

SH: Summe "Hb 48/49"

SV: Summe "Beruf Vater"

SE: Summe "Erstberuf"

7.7 Die Analyse von Veränderungen

In den vorangegangenen Auswertungen wurden die Häufigkeiten der Kreuzzähltabelle als Analyseeinheit gewählt. Dabei hatten erwartungsgemäß die berufliche Stabilität und die Berufsvererbung einen sehr hohen Anteil an der Variation der Daten haben so daß die grafische Darstellung überwiegend durch diese Zusammenhänge bestimmt wurde. Die Beschreibung von Veränderungen, in dem gegebenen Beispiel also die Berufswechsel zwischen den Generationen und während des Karriereverlaufs, erfolgte mit Hilfe der höheren Dimensionen und wurde auch dort durch die Effekte der Hauptdiagonale(n) überlagert.

Häufig besteht aber gerade das Interesse darin, daß die Veränderungen grafisch sichtbar gemacht werden sollen. In dem gegebenen Beispiel soll z. B. gezeigt werden, wie stark die Wechsel zwischen den Berufen sind und von wo nach wo wie oft gewechselt wird. Wird die Fragestellung auf den Autokauf bezogen, so kann z. B. gezeigt werden, welche Autotypen überdurchschnittlich oft/relativ selten von den Personen gekauft werden, die bis dato einen Audi (oder eine spezielle Type dieser Marke) fuhren und die bei der Neuanschaffung zu einer anderen Marke wechseln. Des weiteren kann gezeigt werden, von welchen Typen überdurchschnittlich viele/relativ wenige wechseln, die sich bei der Neuanschaffung für einen Audi entscheiden - und es kann untersucht werden, welche Personen bzw. welche Personengruppen von wo nach wo wechseln (bzw. ihrer Marke treu bleiben). Oder bezogen auf den ehelichen Haushalt: Wie ändert sich die Aufgabenverteilung über Zeit, wer übernimmt welche Arbeiten im haushalt (Abwaschen, Einkaufen, kleinere Reparaturen, ...)? - und bezogen auf die sich zwischen zwei Wahlperioden verändernden Präferenzen für politische Parteien: Welche Personen (oder Gruppen von Personen) wechseln von welcher Partei zu welcher anderen, für welche Partei entscheiden sich die "Nichtwähler" überdurchschnittlich oft/relativ selten und aus welchen Wählern welcher Parteien rekrutieren sich die "Nichtwähler"? In allen genannten Beispielen wird es von Interesse sein, die Veränderungen grafisch darzustellen, ohne daß z. B. die Markentreue beim Autokauf oder die Stammwählerschaft bei politischen Wahlen in der Abbildung berücksichtigt wird; im Mittelpunkt des Interesses stehen die Veränderungen, also z. B. die Wechselwähler.

In einer ähnlichen Weise, wie die Effekte der Hauptdiagonalen bei der loglinearen Analyse mit Hilfe der quasi-symmetrie Modelle berechnet bzw. herausgerechnet werden können (vgl. Caussinus 1965, Goodman 1968, Vermunt 1997), oder mit Hilfe der biloglinearen Modelle (vgl. van der Heijden und Moijaart 1995, Vermunt 1997, de Falguerolles 1998), kann mit Hilfe der Korrespondenzanalyse der Effekt der Hauptdiagonalen bestimmt werden. Anders ausgedrückt, mit Hilfe der Korrespondenzanalyse können die Abweichungen von der symmetrischen Tabelle (die Veränderungen), also die schief-symmetrischen Teile der Tabelle, grafisch dargestellt werden. Als Beispiel für die nachfolgende Analyse verwenden wir die anfangs vorgestellte Mobilitätstabelle mit den acht Berufen zu Beginn der Karriere und den acht Hauptberufen 1848/49 (vgl. Tabelle 7.1); die in dem nachfolgenden Abschnitt gegebene Darstellung ist eine Erweiterung der Arbeit von Greenacre und Blasius (1997), wobei insbesondere die Interpretation der Ergebnisse ausführlicher ist; die statistischen Grundlagen basieren auf zwei Arbeiten von Greenacre (1996, 2000).

7.8 Symmetrische und schief-symmetrische Tabellen

In der Tabelle der intragenerationalen Mobilität der Mitglieder der FNV stehen in den Zeilen die acht Berufe zu Beginn der Karriere, in den Spalten die acht Hauptberufe in 1848/49. Im folgenden sollen die gewichteten Abweichungen innerhalb des symmetrischen Teils der Tabelle grafisch dargestellt werden, also des Teils, in welchen die Veränderungen im Aggregat der Berufe stehen. So wechselten z. B. 83 Personen von der Justiz in die Verwaltung, aber nur 11 Personen von der Verwaltung in die Justiz (vgl. Tabelle 7.1). Diese und alle anderen Veränderungen sollen in einer Abbildung zusammengefaßt werden, aus der ersichtlich wird, welche Berufe Personen an welche Berufe abgegeben haben und von welchen Berufen sie Personen bekommen haben.

Constantine und Gower (1978) sowie Gower (1980) diskutieren eine Zerlegung einer derartigen quadratischen Matrix in einen *symmetrischen* und einen *schief-symmetrischen Anteil*; es gilt $\mathbf{N} = \mathbf{M}_{sym} + \mathbf{M}_{s\text{-}s}$, wobei die Matrix **N** die absoluten Werte der Ausgangsdaten, $\mathbf{M}_{sym}$ die Häufigkeiten des symmetrischen Teils von **N** und $\mathbf{M}_{s\text{-}s}$ die Häufigkeiten des schief-symmetrischen Teils von **N** enthält. Die Berechnung der symmetrischen Anteile der Daten erfolgt durch $\mathbf{M}_{sym} = (\mathbf{N} + \mathbf{N}^T) / 2$ und der schief-symmetrischen Anteile durch $\mathbf{M}_{s\text{-}s} = (\mathbf{N} - \mathbf{N}^T) / 2$. Damit sind die Hauptdiagonalelemente Bestandteil von $\mathbf{M}_{sym}$, an den entsprechenden Stellen von $\mathbf{M}_{s\text{-}s}$ stehen Nullen. Wird für das erste Element der zweiten Zeile ($n_{21} = 11$) und für das zweite Element der ersten Zeile ($n_{12} = 83$) der symmetrische Anteil bestimmt, so ist $m_{sym;\,12} = m_{sym;\,21} = (n_{21} + n_{12}) / 2 = (11 + 83) / 2 = 47$; für die schief-symmetrischen Anteile gilt $m_{s\text{-}s;\,21} = (n_{21} - n_{12}) / 2 = (11 - 83) / 2 = -36$ und $m_{s\text{-}s;\,12} = (83 - 11) / 2 = 36$. Für die Summe der standardisierten Residuen gilt, daß die Spur von $(\mathbf{N}\,\mathbf{N}^T)$ = die Spur von $(\mathbf{M}_{sym}\,\mathbf{M}_{sym}^T)$ + die Spur von $(\mathbf{M}_{s\text{-}s}\,\mathbf{M}_{s\text{-}s}^T)$ ist; die Spur des Kreuzproduktes $(\mathbf{M}_{sym}\,\mathbf{M}_{s\text{-}s}^T)$ ist gleich Null (vgl. Greenacre 1996). Die Werte für die symmetrischen und schief-symmetrischen Anteile von **N** sind in den Tabellen 7.13a und 7.13b wiedergegeben.

Wie in Kapitel 3 gezeigt wurde, wird bei der Korrespondenzanalyse die Summe der quadrierten gewichteten Abweichungen der beobachteten von den erwarteten Werten (Gesamtträgheitsgewicht) zerlegt, diese ist gleich der Spur von $\mathbf{D}_r^{-1}(\mathbf{P} - \mathbf{r}\mathbf{c}^T)\mathbf{D}_c^{-1}(\mathbf{P} - \mathbf{r}\mathbf{c}^T)^T$.

Tabellen 7.13a und 7.13b: Symmetrische und schief-symmetrische Anteile der Eingabedaten

Tabelle 7.13a: Symmetrischer Teil

	hj	hv	hb	hm	hk	hg	ha	hf	Summe
ej	117	47,0	11,5	0,0	0,5	8,5	42,0	3,0	229,5
ev	47,0	37	4,5	2,5	0,5	5,5	4,5	6,5	108,0
eb	11,5	4,5	67	1,0	7,5	1,5	3,0	16,5	112,5
em	0,0	2,5	1,0	16	0,0	4,0	0,5	0,0	24,0
ek	0,5	0,5	7,5	0,0	26	0,0	0,5	2,0	37,0
eg	8,5	5,5	1,5	4,0	0,0	19	0,5	0,5	39,5
ea	42,0	4,5	3,0	0,5	0,5	0,5	22	0,5	73,5
ef	3,0	6,5	16,5	0,0	2,0	0,5	0,5	37	66,0
Summe	229,5	108,0	112,5	24,0	37,0	39,5	73,5	66,0	690,0

Tabelle 7.13b: Schief-symmetrischer Teil

	hj	hv	hb	hm	hk	hg	ha	hf	Summe
ej	0	36,0	7,5	0,0	0,5	8,5	34,0	3,0	89,5
ev	-36,0	0	1,5	- 2,5	- 0,5	1,5	2,5	- 0,5	-34,0
eb	- 7,5	- 1,5	0	0,0	- 3,5	1,5	2,0	- 3,5	-12,5
em	0,0	2,5	0,0	0	0,0	4,0	0,5	0,0	7,0
ek	- 0,5	0,5	3,5	0,0	0	0,0	0,5	- 2,0	2,0
eg	- 8,5	- 1,5	- 1,5	- 4,0	0,0	0	0,5	- 0,5	-15,5
ea	-34,0	- 2,5	- 2,0	- 0,5	- 0,5	- 0,5	0	0,5	-39,5
ef	- 3,0	0,5	3,5	0,0	2,0	0,5	- 0,5	0	3,0
Summe	- 89,5	34,0	12,5	- 7,0	- 2,0	15,5	39,5	- 3,0	0,0
Quotient	- 0,390	0,315	0,111	- 0,292	- 0,054	0,392	0,537	- 0,045	
Zugänge	0	39,5	16	0	2,5	16	40	3,5	
Quotient	0	0,366	0,142	0	0,068	0,405	0,544	0,053	
Abgänge	- 89,5	- 5,5	-3,5	- 7	- 4,5	- 0,5	- 0,5	- 6,5	
Quotient	- 0,390	- 0,051	- 0,031	- 0,292	- 0,122	- 0,013	- 0,007	- 0,098	

Bei der (einfachen) Korrespondenzanalyse wird dies durch eine singuläre Werte-Zerlegung der Matrix der standardisierten Residuen $\mathbf{A} = \mathbf{D}_r^{-1/2}(\mathbf{P} - \mathbf{rc}^T)\mathbf{D}_c^{-1/2}$ erfüllt, die auch als verallgemeinerte singuläre Werte-Zerlegung geschrieben werden kann, als GSVD ($\mathbf{P}$ - $\mathbf{rc}^T$) in den

Metriken von $\mathbf{D}_r^{-1}$ und $\mathbf{D}_c^{-1}$. Wird die Zentrierung und die Gewichtung der Korrespondenzmatrix **P** etwas verändert, wird anstelle von $(\mathbf{P} - \mathbf{rc}^T)$ die Matrix $(\mathbf{P} - \mathbf{ww}^T)$ in den Metriken von $\mathbf{D}_w^{-1}$ und $\mathbf{D}_w^{-1}$ mit $\mathbf{w} = 1/2\,(\mathbf{r} + \mathbf{c})$ zerlegt, dann kann die zentrierte Matrix geschrieben werden als $\mathbf{P} - \mathbf{ww}^T = \mathbf{Q}_{sym} - \mathbf{ww}^T + \mathbf{Q}_{s\text{-}s}$ mit dem symmetrischen Anteil $\mathbf{Q}_{sym} = 1/2\,(\mathbf{P} + \mathbf{P}^T)$ und dem schief-symmetrischen Anteil $\mathbf{Q}_{s\text{-}s} = 1/2\,(\mathbf{P} - \mathbf{P}^T)$. Das zu zerlegende Gesamtträgheitsgewicht ist wie der Zerlegung der Matrix der standardisierten Residuen bei der bis dato diskutierten Anwendung der Korrespondenzanalyse die Spur von $\mathbf{D}_w^{-1}(\mathbf{P} - \mathbf{ww}^T)\mathbf{D}_w^{-1}(\mathbf{P} - \mathbf{ww}^T)^T$ und dies ist Constantine und Gower (1978) sowie Gower (1980) zufolge gleich die Summe der Trägheitsgewichte von

$$\operatorname{tr}(\mathbf{D}_w^{-1}(\mathbf{Q}_{sym} - \mathbf{ww}^T)\mathbf{D}_w^{-1}(\mathbf{Q}_{sym} - \mathbf{ww}^T)^T) + \operatorname{tr}(\mathbf{D}_w^{-1}\mathbf{Q}_{s-s}\mathbf{D}_w^{-1}\mathbf{Q}_{s-s}^T).$$

Die verallgemeinerte singuläre Werte-Zerlegung kann nun, jeweils in den Metriken von $\mathbf{D}_w^{-1}$, auf den zu zentrierenden symmetrischen Teil der Korrespondenzmatrix $(\mathbf{Q}_{sym} - \mathbf{ww}^T)$ und auf den bereits zentrierten schief-symmetrischen Teil der Korrespondenzmatrix $\mathbf{Q}_{s\text{-}s}$ angewendet werden. Aus der Verwendung der gleichen Metrik folgt, daß die Analyse von $(\mathbf{Q}_{sym} - \mathbf{ww}^T)$ in den Zeilen und Spalten der numerischen Ausgabe symmetrisch ist, in der Analyse des schief-symmetrischen Anteils der Ausgangsdaten $\mathbf{Q}_{s\text{-}s}$ unterscheiden sich Constantine und Gower (1978) zufolge die Werte für Zeilen und Spalten.

Die oben vorgestellte Anwendung kann in dieser Form nicht mit Hilfe der auf dem Markt befindlichen Programme zur Korrespondenzanalyse durchgeführt werden. Greenacre (1996) zeigt, daß die Anwendung der Korrespondenzanalyse auf den symmetrischen und auf den schief-symmetrischen Teil auch mit Hilfe einer einzigen Analyse durchgeführt werden kann. Hierfür muß die Matrix der Eingabedaten **N** transponiert $(\mathbf{N}^T)$ und sowohl zeilen- als auch spaltenweise an die Matrix **N** gekettet werden. Um als Ergebnis wieder eine symmetrische Eingabedatenmatrix zu erhalten, wird anschließend **N** nochmals an den noch freien Block zwischen den beiden $\mathbf{N}^T$ - Blöcken gekettet. Auf die derart zusammengesetzte Kontingenztabelle, die im folgenden als Blockmatrix $(\mathbf{T}^*)$ bezeichnet wird, kann der Algorithmus der einfachen Korrespondenzanalyse (vgl. Kapitel 3) angewendet werden.

$$\mathbf{T}^* = \begin{bmatrix} \mathbf{N} & \mathbf{N}^T \\ \mathbf{N}^T & \mathbf{N} \end{bmatrix}$$

Anhand der numerischen Ausgabe wird ersichtlich, welche der Achsen den symmetrischen Teil und welche den schief-symmetrischen Teil der Daten reflektieren. In Tabelle 7.14 ist die Matrix der Eingabedaten entsprechend dem Vorschlag von Greenacre (1996) wiedergegeben, in Tabelle 7.15 die Zerlegung des Gesamtträgheitsgewichtes.

Tabelle 7.14: Eingabe der Mobilitätstabelle als Blockmatrix

	hj	hv	hb	hm	hk	hg	ha	hf	ej	ev	eb	em	ek	eg	ea	ef	
ej	117	83	19	0	1	17	76	6	117	11	4	0	0	0	8	0	hj
ev	11	37	6	0	0	7	7	6	83	37	3	5	1	4	2	7	hv
eb	4	3	67	1	4	3	5	13	19	6	67	1	11	0	1	20	hb
em	0	5	1	16	0	8	1	0	0	0	1	16	0	0	0	0	hm
ek	0	1	11	0	26	0	1	0	1	0	4	0	26	0	0	4	hk
eg	0	4	0	0	0	19	1	0	17	7	3	8	0	19	0	1	hg
ea	8	2	1	0	0	0	22	1	76	7	5	1	1	1	22	0	ha
ef	0	7	20	0	4	1	0	37	6	6	13	0	0	0	1	37	hf
hv	117	11	4	0	0	0	8	0	117	83	19	0	1	17	76	6	ej
hb	83	37	3	5	1	4	2	7	11	37	6	0	0	7	7	6	ev
hm	19	6	67	1	11	0	1	20	4	3	67	1	4	3	5	13	eb
hk	0	0	1	16	0	0	0	0	0	5	1	16	0	8	1	0	em
hg	1	0	4	0	26	0	0	4	0	1	11	0	26	0	1	0	ek
ha	17	7	3	8	0	19	0	1	0	4	0	0	0	19	1	0	eg
hf	76	7	5	1	1	1	22	0	8	2	1	0	0	0	22	1	ea
hf	6	6	13	0	0	0	1	37	0	7	20	0	4	1	0	37	ef
	ej	ev	eb	em	ek	eg	ea	ef	hj	hv	hb	hm	hk	hg	ha	hf	

Tabelle 7.15: Trägheitsgewichte der Achsen und deren erklärte Varianzen

1	0,639946	28,80%	***
2	0,503746	22,67%	***
3	0,380719	17,13%	*******************************
4	0,168357	7,58%	*************
5	0,147377	6,63%	************
6	0,139198	6,26%	***********
7	0,139198	6,26%	***********
8	0,061673	2,78%	*****
9	0,014232	0,64%	*
10	0,014232	0,64%	*
11	0,006673	0,30%	*
12	0,006673	0,30%	*
13	0,000122	0,01%	
14	0,000062	0,00%	
15	0,000062	0,00%	
	2,222271		

Anhand der Chi-Quadrat-Zerlegung wird ersichtlich, welche Achsen den symmetrischen Teil und welche den schief-symmetrischen Teil beinhalten. Greenacre (1996) zufolge gilt bei der Anwendung der Korrespondenzanalyse auf eine Blockmatrix des oben gezeigten Typs, daß jeweils zwei aufeinanderfolgende Achsen, die identische Eigenwerte haben, zum schief-symmetrischen Teil der Daten gehören, alle anderen gehören zum symmetrischen Teil; demzufolge reflektieren die Achsen 6 und 7, 9 und 10, 11 und 12 sowie 14 und 15 den schief-symmetrischen Teil. Auf der Basis von Tabelle 7.15 kann somit auch angegeben werden, wieviel Prozent der Variation der Daten durch den symmetrischen Teil und wieviel Prozent durch den schief-symmetrischen Teil erklärt wird: 85,6% und 14,4% (die entsprechenden Werte der erklärten Varianzen sind zu addieren). Damit ist nachgewiesen, daß der Großteil der Variation von Tabelle 7.1 auf die Berufsstabilität und auf die sich neutralisierenden Wechsel (von Beruf "A" nach Beruf "B" und von Beruf "B" nach Beruf "A") zurückzuführen ist; mit der Korrespondenzanalyse auf Tabelle 7.1 wurde daher - zwangsläufig - überwiegend die Berufsstabilität visualisiert.

Werden die Ergebnisse der Korrespondenzanalyse auf Tabelle 7.14 grafisch dargestellt, so erklären die ersten beiden Achsen (Abbildung 7.5), die beide Teile der symmetrischen intragenerationalen Mobilität widerspiegeln, 50,5% der Variation der gesamten Daten und 59,0% des symmetrischen Anteils. Zur Darstellung des schief-symmetrischen Teils der intragenerationalen Mobilität werden die Achsen 6 und 7 verwendet (Abbildung 7.6), diese erklären weitere 13,5% der Variation der gesamten Daten und 93,9% des schief-symmetrischen Anteils. In diesem schief-symmetrischen Teil sind die Berufswechsel grafisch dargestellt, d.h. es wird ersichtlich, welcher "Beruf" an welchen "Beruf" Personen abgegeben und von welchem "Beruf" Personen gewonnen wurden. Aufgrund der Zerlegung der Daten in einen symmetrischen und einen schief-symmetrischen Teil sind die Berufe in beiden Abbildungen nur einmal aufgeführt; die Unterscheidung in "Beruf zu Beginn der Karriere" und "Hauptberuf 1848/49" ist durch die gewählte Transformation aufgehoben.

Abbildung 7.5: Grafische Darstellung des symmetrischen Teils der intragenerationalen Mobilität (Achsen 1 und 2)

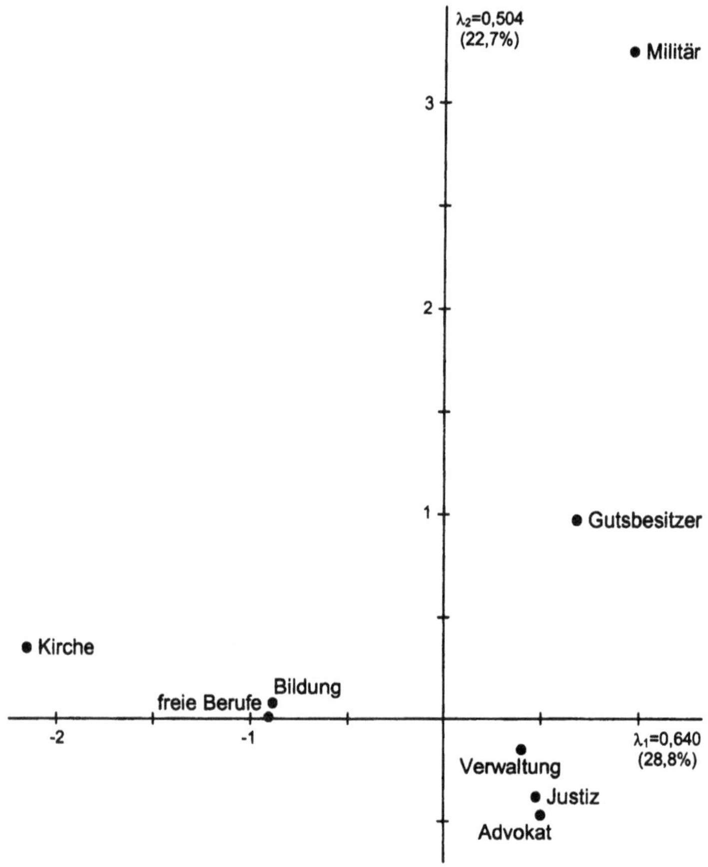

Obwohl die Dateneingabe sehr verschieden ist (Tabelle 7.1 versus Tabelle 7.14), gibt es kaum Unterschiede zwischen den Abbildungen 7.1 und 7.5; in beiden Abbildungen sind die drei Cluster der Grundfunktionen von Parsons gut zu erkennen. Des weiteren ist beim "kulturellen Subsystem" auch in Abbildung 7.5 der "Klerus" von den "freien Berufen" und von den Berufen des "Bildungsbereichs" separiert. Die beiden Berufe der traditionellen Führungskräfte (Gutsbesitzer, Militär) gehören wiederum zu den gleichen Achsenabschnitten, sind aber ebenfalls relativ weit voneinander entfernt. Des weiteren formen die drei Berufe der "sozialen Kontrolle und Aufrechterhaltung von Gesetzesnormen" ein ziemlich homogenes Cluster. Somit ist (bis an diese Stelle) die inhaltliche Interpretation der Daten mit der von Abbildung 7.1 identisch,- eine weitere Bestätigung, daß mit der Korrespondenzanalyse von Tabelle 7.1 überwiegend der symmetrische Zusammenhang abgebildet wurde.

Abbildung 7.6: Grafische Darstellung des schief-symmetrischen Teils der intragenerationalen Mobilität (Achsen 6 und 7)

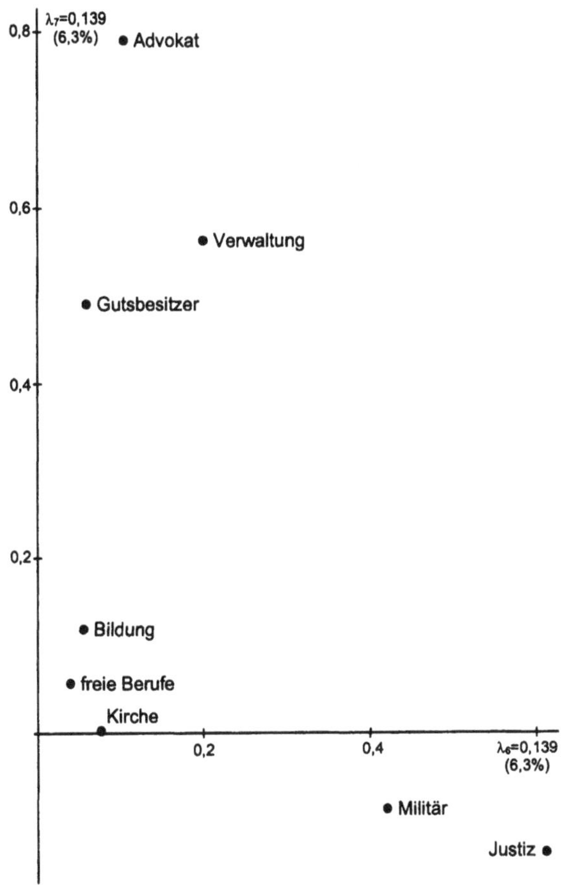

Mit Hilfe von Abbildung 7.6 werden die schief-symmetrischen Teile von Tabelle 7.1 grafisch dargestellt; die hier visualisierten "Veränderungen" können anhand von Tabelle 7.13b nachvollzogen werden. Um die Interpretation zu erleichtern und um einige Informationen aus dieser Tabelle numerisch aufzuzeigen, wurden einige Kennwerte integriert. So wurden in Tabelle 7.13a die Randsummen angegeben, also die mittlere Anzahl der Personen, für die im Aggregat eine berufliche Stabilität gilt. Enthalten sind in dieser Tabelle jene Personen, die im gleichen Beruf blieben, und der Mittelwert aus "Abgängen" und "Zugängen". Der Wert von 229,5 bei "Justiz" entsteht aus der Addition von 117 Personen, die im Beruf geblieben sind, und einer mittleren Anzahl von 112,5 Wechslern; von insgesamt 225 Personen haben im Durchschnitt 112,5 von einem der anderen sieben Berufe zur Justiz gewechselt, von der Justiz sind im Schnitt 112,5 Personen in einen der anderen Berufe gegangen.[2]

Tabelle 7.13b ist durch die Differenzen der Berufswechsler zu der mittleren Anzahl der Wechsler gekennzeichnet; in dieser Tabelle sind zusätzlich die Summen der Zugänge, die der Abgänge und die der Differenzen aus Zugängen und Abgängen angegeben. Der Gesamtwert von "+12,5" bei "Hauptberuf 1848/49: Bildung" bedeutet, daß insgesamt 25 Personen mehr in diesen Bereich wechselten als Personen aus ihm in einen anderen Bereich (vgl. auch Tabelle 7.1; 125 - 100 = 25); bezogen auf Zugänge und Abgänge sind im Mittel 32 Personen (2 * 16; vgl. Zeile "Zugänge" in der Spalte "hb") gekommen; von denen kamen 15 aus der "Justiz", drei aus der "Verwaltung", sieben vom "Klerus" und sieben von den "freien Berufen", während sieben gingen (drei wurden "Gutsbesitzer" und vier "Advokaten"). Die "Justiz" hat - mit Ausnahme des Militärs - an alle anderen Berufe abgegeben, insgesamt 179 Personen. Die Advokaten haben - mit Ausnahme der "freien Berufen", an die sie eine Stelle abgaben - von allen Berufen Personen bekommen: 68 von den "Juristen", fünf von der "Verwaltung", vier von der "Bildung" und je einen aus den Bereichen "Militär", "Klerus" und "Gutsbesitzer", insgesamt also 80 Personen; minus der einen Person, die in einen "freien Beruf" ging, so daß die Differenz "+79 Personen" ist. Die ebenfalls in Tabelle 7.13b aufgenommenen prozentualen Werte spiegeln das Verhältnis von "Zugängen", "Abgängen" und der "Differenz von Zugängen und Abgängen" (Tabelle 7.13b) zu der mittleren Anzahl von Personen aus "Zugängen" und "Abgängen" wider (Tabelle 7.13a), so z. B. für die "Justiz": -89,5 / 229,5 = -0,390. Da es keine "Zugänge" gibt, ist der Quotient für "Zugänge" gleich Null und damit sind die Quotienten für die "Abgänge" und für die Differenz aus "Abgängen" und "Zugängen" identisch.

Abbildung 7.6 spiegelt die in Tabelle 7.13b ausgewiesenen "Zugänge" und "Abgänge" wider - dargestellt sind die Achsen 6 und 7, die zusammen 93,3% der Variation des schief-symmetrischen Teils der Daten erklären. Da diese 93,3% lediglich 12,5% der gesamten Variation der Daten reflektieren, sind die Skalenabstände relativ groß; werden beide Tabellen auf die gleiche Skala gebracht, so sind die Abstände zwischen den Variablenausprägungen in der Darstellung des schief-symmetrischen Teils relativ klein und die Zusammenhänge nur noch relativ schwer erkennbar (Abbildung 7.7).

---

2 Gemeint ist der Durchschnitt aus "Abgängen" und "Zugängen" zu den einzelnen Berufen; für die "Justiz" ergibt sich 0,5 * (11 + 84) = 47, für die "Bildung" 0,5 * (4 + 19) = 11,5 ... und für die "freien Berufe" 0,5 * (0 + 6) = 3, summiert über alle sieben Berufe ergibt dies einen mittleren Gesamtwert von 112,5; vgl. Tabellen 7.1 und 7.13a.

Die durch die horizontale Achse gekennzeichnete sechste Dimension (Abbildung 7.6, rechter Teil von Abbildung 7.7) reflektiert den Anteil der Abgänge - je weiter ein "Beruf" in dieser Dimension (im positiven Bereich) vom Achsenkreuz entfernt ist, desto größer sein relativer "Verlust" (vgl. Tabelle 7.13b). Die durch die vertikale Achse gekennzeichnete siebte Dimension reflektiert den Anteil der Zugänge - je weiter ein "Beruf" auf dieser Achse im unteren Achsenabschnitt lokalisiert ist, desto größer der relative "Gewinn".

Abbildung 7.7: Vergleich des symmetrischen und schief-symmetrischen Teils der Variation auf der gleichen Skala (Achsen 1 und 2 sowie 6 und 7)

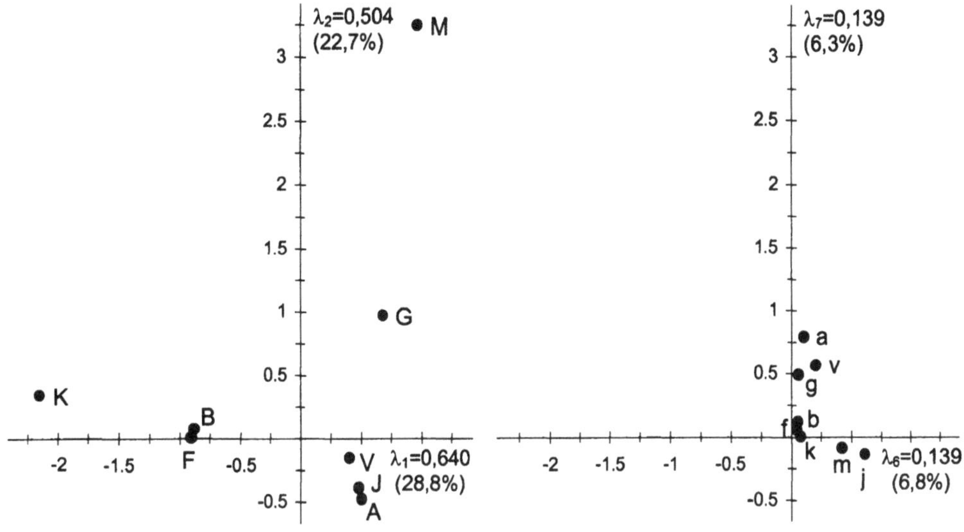

Der oben gegebenen Interpretation zufolge haben "Gutsbesitzer" und "Advokaten" relativ große Zugänge, aber keine bzw. nur minimale Abgänge, während "Militär" und "Justiz" relativ große Abgänge, aber keine oder kaum Zugänge zu verzeichnen haben. Für den "Klerus" und für die "freien Berufe" gilt, daß sie weder durch relativ hohe Zugänge noch durch relativ hohe Abgänge gekennzeichnet sind, im "Bildungsbereich" überwiegen die Zugänge. Die "Verwaltung" ist durch relativ hohe Zugänge, aber auch durch einige Abgänge gekennzeichnet: bei einer Gewinn-Verlust-Rechnung von "+68" Personen wurden 79 aus den Bereichen "Justiz", "Militär", "Klerus" und "freie Berufe" gewonnen und 11 an "Bildung", "Gutsbesitzer" und "Advokaten" abgegeben (vgl. Tabelle 7.13b).

Wird Abbildung 7.6 von links nach rechts gelesen, also entlang der sechsten Dimension, so gab die "Verwaltung" Personen an "Bildung", "Gutsbesitzer" und "Advokaten" ab; wird Abbildung 7.6 von oben nach unten gelesen, also entlang der siebten Dimension, so bekam die "Verwaltung", mit Ausnahme der "Advokaten", von allen anderen "Berufen" Personen. Wird diese Interpretation für alle Berufe durchgeführt, so ist eine weitgehende Übereinstimmung[3] mit den Daten aus Tabelle 7.13b festzustellen; die "Bildung" gab z. B. nur Personen an "Gutsbesitzer" und "Advokaten" ab, gegenüber den anderen Berufsgruppen besteht ein positives Tauschverhältnis (vgl. die Positionen auf der horizontalen Achse). Des weiteren kann gezeigt werden, daß die Flächen zwischen zwei Ausprägungen und dem Achsenkreuz proportional zum Ausmaß des "Wechselns" sind; dieser Zusammenhang wird anhand eines kleineren Beispiels in Abschnitt 8.2.3 dokumentiert.

Eine weitergehende Beschreibung der Ergebnisse ist mit weiteren Abbildungen bzw. mit der numerischen Ausgabe der Korrespondenzanalyse möglich. Um die Ausgabe des symmetrischen und des schief-symmetrischen Teils einer quadratischen Tabelle bei Anwendung des Vorschlags von Greenacre (1996) zur Dateneingabe zu demonstrieren, also die Anwendung der Korrespondenzanalyse auf Tabelle 7.14, wurden die Koeffizienten für die Achsen 1, 2, 6 und 7 wiedergegeben (Tabelle 7.16). Dabei wird bei der Identifizierung der Variablenausprägungen auf eine Unterscheidung zwischen "Beruf zu Beginn der Karriere" und dem "Hauptberuf 1848/49" verzichtet - sie ist nicht nötig, da jede Zeile und jede Spalte jeweils beides repräsentiert (vgl. die Übereinstimmung von Zeilen- und Spaltenbezeichnungen in Tabelle 7.14).

Werden die beiden ersten Dimensionen betrachtet, so ist die Symmetrie von Zeilen- und Spaltendarstellung ersichtlich, alle korrespondierenden Werte sind identisch. Des weiteren sind auch die jeweils analogen Werte innerhalb der Zeilen- und innerhalb der Spaltendarstellung identisch. Die Determination der geometrischen Ausrichtung der ersten Achse erfolgt dabei mit 38,8% überdurchschnittlich stark durch den "Klerus" (die beiden Werte in der Spalte INR1 sind zu addieren) sowie mit 20,0% durch die "Bildung". Die geometrische Ausrichtung der zweiten Achse erfolgt zu 72,8% durch das "Militär".

Bei den beiden Achsen, die den Hauptteil der Variation des schief-symmetrischen Teils von Tabelle 7.1 erklären (Achsen 6 und 7), sind - abgesehen vom Vorzeichen - die Werte für die Zeilendarstellung der sechsten Achse mit denen der Spaltendarstellung der siebten Achse identisch und umgekehrt. Des weiteren unterscheiden sich die korrespondierenden Werte innerhalb der Zeilen- und innerhalb der Spaltendarstellung um das Vorzeichen bei der Lokalisation, ansonsten sind auch sie identisch. Für die grafische Darstellung der Ergebnisse kann sowohl der obere als auch der untere Teil der Zeilen- oder der Spaltendarstellung verwendet werden - mit Ausnahme der Ausrichtung der Achsen gibt es keine Unterschiede. Werden die Ergebnisse inhaltlich interpretiert, so haben bei der Zeilendarstellung - diese wurde für die grafische Darstellung gewählt - die Berufe "Verwaltung" und "Advokaten" mit 35,8% bzw. mit 47,8% einen überdurchschnittlich starken Anteil an der geometrischen Ausrichtung der siebten Achse, während "Justiz" die geometrische Ausrichtung der sechsten Achse mit 89,4% nahezu alleine

3 Vollständig können die Informationen aus Tabelle 7.13b nicht widergespiegelt werden, da mit Abbildung 7.6 "lediglich" 93,9% der Variation des schief-symmetrischen Anteils aus Tabelle 7.1 erklärt werden.

determiniert. Bezogen auf die Wechsel werden somit mit den Dimensionen 6 und 7 insbesondere die überdurchschnittlich starken Abgänge der "Justiz" und die relativ großen Zugänge von "Advokaten" und "Verwaltung" dokumentiert.

Die hier vorgestellte Zerlegung einer Matrix in einen symmetrischen und einen schief-symmetrischen Teil kann auf beliebig große Tabellen als auch auf mehrere Variablen erweitert werden. So könnte der "Beruf des Vaters" in die Analyse einbezogen werden, und es könnten von allen drei Variablen die symmetrischen und die schief-symmetrischen Teile bestimmt und visualisiert werden (vgl. hierzu Greenacre und Clavel 1998, Greenacre 2000).

Tabelle 7.16: Numerische Ausgabe der Korrespondenzanalyse auf die Blockmatrix - Zeilen

NAME	MASS	INR	LOC1	QCOR1	INR1	LOC2	QCOR2	INR2	...	LOC6	QCOR6	INR6	LOC7	QCOR7	INR7
j	0,166	0,060	0,475	0,281	0,059	-0,381	0,182	0,048		0,612	0,468	0,447	-0,138	0,024	0,023
v	0,078	0,028	0,400	0,199	0,020	-0,151	0,028	0,004		0,200	0,049	0,022	0,563	0,394	0,179
b	0,082	0,058	-0,884	0,493	0,100	0,077	0,004	0,001		0,055	0,002	0,002	0,119	0,009	0,008
m	0,017	0,101	0,964	0,072	0,025	3,246	0,816	0,364		0,421	0,014	0,022	-0,088	0,001	0,001
k	0,027	0,104	-2,154	0,541	0,194	0,348	0,014	0,006		0,076	0,001	0,001	0,003	0,000	0,000
g	0,029	0,052	0,680	0,114	0,021	0,973	0,233	0,054		0,059	0,001	0,001	0,491	0,059	0,050
a	0,053	0,036	0,499	0,164	0,021	-0,470	0,146	0,023		0,104	0,007	0,004	0,790	0,411	0,239
f	0,048	0,060	-0,904	0,292	0,061	0,009	0,000	0,000		0,039	0,001	0,001	0,057	0,001	0,001
j	0,166	0,060	0,475	0,281	0,059	-0,381	0,182	0,048		-0,612	0,468	0,447	0,138	0,024	0,023
v	0,078	0,028	0,400	0,199	0,020	-0,151	0,028	0,004		-0,200	0,049	0,022	-0,563	0,394	0,179
b	0,082	0,058	-0,884	0,493	0,100	0,077	0,004	0,001		-0,055	0,002	0,002	-0,119	0,009	0,008
m	0,017	0,101	0,964	0,072	0,025	3,246	0,816	0,364		-0,421	0,014	0,022	0,088	0,001	0,001
k	0,027	0,104	-2,154	0,541	0,194	0,348	0,014	0,006		-0,076	0,001	0,001	-0,003	0,000	0,000
g	0,029	0,052	0,680	0,114	0,021	0,973	0,233	0,054		-0,059	0,001	0,001	-0,491	0,059	0,050
a	0,053	0,036	0,499	0,164	0,021	-0,470	0,146	0,023		-0,104	0,007	0,004	-0,790	0,411	0,239
f	0,048	0,060	-0,904	0,292	0,061	0,009	0,000	0,000		-0,039	0,001	0,001	-0,057	0,001	0,001

Tabelle 7.16, Fortsetzung: Numerische Ausgabe der Korrespondenzanalyse auf die Blockmatrix - Spalten

NAME	MASS	INR	LOC1	QCOR1	INR1	LOC2	QCOR2	INR2	...	LOC6	QCOR6	INR6	LOC7	QCOR7	INR7
j	0,166	0,060	0,475	0,281	0,059	-0,381	0,182	0,048		-0,138	0,024	0,023	-0,612	0,468	0,447
v	0,078	0,028	0,400	0,199	0,020	-0,151	0,028	0,004		0,563	0,394	0,179	-0,200	0,049	0,022
b	0,082	0,058	-0,884	0,493	0,100	0,077	0,004	0,001		0,119	0,009	0,008	-0,055	0,002	0,002
m	0,017	0,101	0,964	0,072	0,025	3,246	0,816	0,364		-0,088	0,001	0,001	-0,421	0,014	0,022
k	0,027	0,104	-2,154	0,541	0,194	0,348	0,014	0,006		0,003	0,000	0,000	-0,076	0,001	0,001
g	0,029	0,052	0,680	0,114	0,021	0,973	0,233	0,054		0,491	0,059	0,050	-0,059	0,001	0,001
a	0,053	0,036	0,499	0,164	0,021	-0,470	0,146	0,023		0,790	0,411	0,239	-0,104	0,007	0,004
f	0,048	0,060	-0,904	0,292	0,061	0,009	0,000	0,000		0,057	0,001	0,001	-0,039	0,001	0,001
j	0,166	0,060	0,475	0,281	0,059	-0,381	0,182	0,048		0,138	0,024	0,023	0,612	0,468	0,447
v	0,078	0,028	0,400	0,199	0,020	-0,151	0,028	0,004		-0,563	0,394	0,179	0,200	0,049	0,022
b	0,082	0,058	-0,884	0,493	0,100	0,077	0,004	0,001		-0,119	0,009	0,008	0,055	0,002	0,002
m	0,017	0,101	0,964	0,072	0,025	3,246	0,816	0,364		0,088	0,001	0,001	0,421	0,014	0,022
k	0,027	0,104	-2,154	0,541	0,194	0,348	0,014	0,006		-0,003	0,000	0,000	0,076	0,001	0,001
g	0,029	0,052	0,680	0,114	0,021	0,973	0,233	0,054		-0,491	0,059	0,050	0,059	0,001	0,001
a	0,053	0,036	0,499	0,164	0,021	-0,470	0,146	0,023		-0,790	0,411	0,239	0,104	0,007	0,004
f	0,048	0,060	-0,904	0,292	0,061	0,009	0,000	0,000		-0,057	0,001	0,001	0,039	0,001	0,001

8. Die Analyse von Panel- und Trenddaten

8.1 Zur Struktur der Daten

Zu den wichtigsten sozialwissenschaftlichen Aufgaben gehört die Beschreibung von Veränderungen über Zeit. Um Veränderungen, z. B. von Einstellungen oder Verhaltensweisen, messen zu können, ist es notwendig, daß zu allen Zeitpunkten das gleiche Meßinstrument eingesetzt wird. Im Fall der Umfrageforschung bedeutet dies, daß die Fragen zu dem zu untersuchenden Thema zu allen Zeitpunkten gleichlautend sein müssen. *Panel-* und *Trenddatenstudien* sind dadurch gekennzeichnet, daß die gleichen Fragen (oder zumindest ein Teil davon) nach einer gewissen Zeitspanne noch einmal, oder in einem gewissen Abstand immer wieder, gestellt werden.

Während bei *Panelstudien* die gleichen Personen zu verschiedenen Zeitpunkten wiederholt befragt werden, wodurch der administrative Aufwand sehr groß wird (Adressenpflege, durch Umzüge von Personen werden die durchschnittlichen Wege zu den Befragungspersonen länger, Identifikation der Personen über die Studien hinweg, ...), muß bei *Trendstudien* lediglich darauf geachtet werden, daß die *Grundgesamtheit* in allen Erhebungen identisch ist. Diese Bedingung ist relativ einfach einzuhalten, wenn die Grundgesamtheit die gesamte Wohnbevölkerung (mit deutscher Staatsangehörigkeit) innerhalb einer bestimmten Altersgruppe (z. B. zwischen 18 und 65 Jahren) eines Landes (oder einer Region) umfaßt.

Sowohl mit Panel- als auch mit Trendstudien ist es möglich, Veränderungen in Einstellungen und Verhaltensweisen über Zeit zu messen. In Deutschland werden z. B. mit Hilfe von Trenduntersuchungen die Einstellungen der Bevölkerung zu den politischen Parteien und zu den bekanntesten Politikern im Rahmen der Politikbarometer monatlich erfaßt, womit Aussagen über deren Akzeptanz (Beliebtheit, Fähigkeiten, ...) über Zeit gemacht werden können. Als ein weiteres wichtiges Instrument zur regelmäßigen Messung von Veränderungen in den Einstellungen zur Demokratie und zum Leben im allgemeinen sind die EUROBAROMETER zu nennen, die zweimal jährlich in allen Ländern der Europäischen Union durchgeführt werden. Mit Hilfe von Fragen zur wirtschaftlichen Lage der befragten Haushalte kann abgeschätzt werden, wieviele Haushalte sich ökonomisch abgesichert fühlen und welchen Effekt politische Maßnahmen zur Verbesserung der Arbeitsmarktsituation haben und wie sich diese Randbedingungen auf die Einstellung der Bevölkerung - oder auf Teile derselbigen - auswirken. Werden solche globalen Einstellungen abgefragt und stehen nicht die einzelnen Individuen im Zentrum des Interesses, sondern die Grundgesamtheit, so ist es in der Regel nicht nötig, die gleichen Personen immer wieder zu befragen, es genügt, wenn für jede Befragung eine Zufallsauswahl getroffen wird, bei der jede Zielperson die gleiche Wahrscheinlichkeit hat, Mitglied der Stichprobe zu werden.

Für Aussagen über die persönlichen Belastungen durch Arbeitslosigkeit und wie sich damit verbunden über Zeit die eigenen wirtschaftlichen Bedingungen sowie die Einstellungen zu politischen Themen ändern, werden in der Regel Paneluntersuchungen benötigt. Am bekanntesten dürfte das vom Deutschen Institut für Wirtschaft betreute Sozio-Ökonomische Panel (SOEP) sein. Während somit bei der Trendanalyse Veränderungen nur im Aggregat beschrieben werden können, ist es mit Hilfe von Panelanalysen auch möglich, Veränderungen in den individuellen Einstellungsmerkmalen zu beschreiben.

Wird die Korrespondenzanalyse zur Visualisierung von Veränderungen über Zeit verwendet, also zur Beschreibung von Panel- oder Trenddaten, so sollte ein *Referenzzeitpunkt* bestimmt werden, der als Bezugspunkt benutzt werden kann; dieses kann z. B. der Zeitpunkt der ersten Messung sein. Werden für eine Trendanalyse die Daten des EUROBAROMETERS (zur Beschreibung dieses Datensatzes vgl. Abschnitt 8.3.1) verwendet und sollen die Länder der Europäischen Union in bezug auf eine spezifische Fragestellung verglichen werden, so können in die Spalten die Ausprägungen verschiedener Variablen geschrieben werden und in die Zeilen die Ausprägungen der Länder; in den Zellen der resultierenden Tabelle stehen die univariaten Häufigkeiten der Variablen in den einzelnen Ländern. Diese Kontingenztabelle kann zur Bestimmung der geometrischen Ausrichtung der Achsen im projektionsraum verwendet werden.

In einem durch die Daten des ersten Meßzeitpunktes definierten Raum können die entsprechenden Angaben für die nachfolgenden Zeitpunkte hineinprojiziert werden - z. B. mit Hilfe von passiven Variablen. Die Eingabedaten haben damit drei Dimensionen: die erste Dimension wird durch die Variablenausprägungen bestimmt, die zweite durch die "Länder" und die dritte ist die Zeit. Für jeden weiteren Meßzeitpunkt werden die Daten in Form einer Kontingenztabelle aufgeschrieben, und diese werden mit den Daten der aktiven Merkmale verknüpft.

Bei der Panelanalyse können zusätzlich zu der Analyse im *Aggregat* - diese ist identisch mit der Trenddatenanalyse - auch Veränderungen in den Einstellungen (in der Berufsposition, ...) der einzelnen Individuen beschrieben werden. Ausgangspunkt bei der *Aggregatdatenanalyse* kann die Kontingenztabelle sein, welche die Daten des Referenzzeitpunktes enthält. Für jeden weiteren Meßzeitpunkt wird die gleiche Kontingenztabelle erzeugt und - in Abhängigkeit von der sozialwissenschaftlichen Fragestellung - zeilen- oder spaltenweise an die Ausgangstabelle angehängt; diese zusätzlichen Merkmale sollten "passiv" gesetzt werden (vgl. Thiessen u. a. 1994, Blasius 2000a).

Werden *Individualdaten* verwendet, so ist es möglich, die Veränderungen von einzelnen Personen zu beschreiben und grafisch darzustellen, was insbesondere bei der Analyse von Datensätzen mit kleinen Fallzahlen interessant ist. Werden z. B. die Einstellungen von ausgewählten Politikern zu relevanten gesellschaftlichen Themen betrachtet, so kann grafisch dargestellt werden, welche Einstellungen von welchen Politikern sich zu welchem Zeitpunkt in welche Richtung verändert haben. Als Referenzzeitpunkt können die Daten des ersten Erhebungszeitpunktes gewählt werden - eine entsprechende Tabelle hätte in den Spalten die Variablenausprägungen (eine Frage könnte z. B. die "Einstellung zu Kernkraftwerken" sein mit den Ausprägungen "alle Abschalten innerhalb von 25 Jahren", "Abschalten innerhalb von 30 Jahren" und "Mindestlaufzeit: 35 Jahre"; weitere Fragen zu anderen umweltpolitischen oder sonstigen Bereichen würden mit dieser Frage spaltenweise verknüpft) und in den Zeilen die Politiker. Die zu beschreibende Tabelle besteht damit nur aus Nullen und Einsen und die multiple Korrespondenzanalyse wäre das Verfahren der Wahl. Die gleichen Einstellungsmerkmale können von den bereits ausgewählten Personen zu weiteren Zeitpunkten nochmals erhoben und zeilenweise an die Daten der Ausgangstabelle angehängt werden. In der zu analysierenden Matrix wären dann alle Politiker mehrfach vorhanden - mit der Struktur ihrer Einstellungen zu den abgefragten Bereichen zu den jeweiligen Zeitpunkten. Wird der erste Zeitpunkt als Referenzzeitpunkt gewählt und wird damit die geometrische Ausrichtung der Achsen im Projektionsraum festgelegt, so kann über Zeit verfolgt werden, welcher Politiker zu welchem Zeitpunkt seine Einstellungen zu welchem Thema in welche Richtung verändert hat.

8.2 Paneldaten

8.2.1 Die Verteilung von Aufgaben in ehelichen Haushalten

1976 befragten Roland Eckart und Alois Hahn junge, gerade verheiratete Ehepaare über ihr Zusammenleben im gemeinsamen Haushalt (zu den Ergebnissen dieser Studie siehe Eckart u. a. 1989). Ein Ziel dieser Studie war, die Verteilung von Aufgaben, wie z. B. Geschirr spülen und Auto fahren, in diesen Haushalten aus der Sicht der Männer und aus der Sicht der Frauen zu beschreiben. Die Befragung wurde zweimal jeweils im zweijährigen Abstand mit einem weitgehend identischen Fragebogen wiederholt. Da keine Aussagen über mögliche unterschiedliche Ansichten von Männern und Frauen gemacht werden sollen, beschränken wir uns auf die Antworten der Männer und zudem auf die Fälle, bei denen die Daten zu allen drei Zeitpunkten vollständig sind; die Fallzahl von 223 Paaren ($n = 446$) wird damit auf $n = 169$ reduziert.[1]

Im folgenden verwenden wir Daten über die Verteilung von 13 Aufgaben und Pflichten im ehelichen Haushalt und beschreiben, wie diese sich über Zeit verändert haben: Frühstück zubereiten (in den Abbildungen 8.1 bis 8.4b sowie in den Tabellen 8.1 bis 8.10 abgekürzt mit F; die nachfolgende Ziffer steht für den Erhebungszeitpunkt: 1 = 1976, 2 = 1978, 3 = 1980), Abendessen zubereiten (Z), Kochen im allgemeinen (K), kleinere Reparaturen im Haushalt (R), Einkaufen (E), Wäsche waschen (W), Versicherungsangelegenheiten erledigen (V), Auto fahren (A), Geschirr spülen (G), Bankangelegenheiten erledigen (B), die Wohnung sauber machen (S), sonstige Behördengänge und Besuche von Ämtern (Ä), Urlaub und Ausflüge organisieren (U). Zu jeder dieser 13 Tätigkeiten konnten die Befragten angeben, ob sie überwiegend vom Ehemann (M), überwiegend von der Ehefrau (F), überwiegend von beiden gemeinsam (G) oder überwiegend abwechselnd (A) ausgeführt werden.

Gab es in den vier Jahren zwischen der ersten und der letzten Befragung Veränderungen in der Form, daß z. B. eine Aufgabe zum ersten Befragungszeitpunkt überdurchschnittlich oft gemeinsam, zum zweiten Zeitpunkt sowohl relativ oft gemeinsam als auch relativ oft von der Ehefrau und zum dritten Zeitpunkt überdurchschnittlich oft von der Ehefrau alleine ausgeübt wurde, so können diese Veränderungen auch grafisch dargestellt werden. In dem hier gegebenen hypothetischen Beispiel sollte die Aufgabe zum ersten Zeitpunkt in dem Quadranten von "gemeinsam", zum dritten Zeitpunkt in dem Quadranten von "überwiegend Ehefrau" und zum zweiten Zeitpunkt zwischen diesen beiden Ausprägungen liegen. Betrachtet werden hier lediglich die Veränderungen im Aggregat, Veränderungen in den Ansichten von einzelnen Personen werden nicht berücksichtigt.

Bei der nachfolgenden Beschreibung der Veränderungen in den Verteilungen der Aufgaben ist für jede Aufgabe angegeben, von wem sie überwiegend ausgeführt wurde (gemeinsam, abwechselnd, Ehefrau, Ehemann). Die Tabellen haben damit für jeden Zeitpunkt 13 Zeilen (entsprechend der Anzahl der Aufgaben in den ehelichen Haushalten) und vier Spalten.

Anhand von Tabelle 8.1 wird die schiefe Verteilung der einzelnen Aufgaben und Pflichten sichtbar: So ordneten 74,6% der befragten Männer ($n_{4.4} = 126$) die "kleineren Reparaturen im Haushalt" sich selbst zu, aber nur 3,6% ihrer Frau. Ähnliches, aber mit umgedreh-

1 Die Daten sind im Zentralarchiv für Empirische Sozialforschung unter der Studiennummer S1562 erhältlich.

tem Vorzeichen, gilt für "Wäsche waschen": 78,7% der Befragten sahen dies als Aufgabe ihrer Frau an, lediglich ein Mann befand, daß diese Tätigkeit seine Aufgabe ist. Urlaube und Ausflüge wurden überwiegend gemeinsam geplant ($n_{13.2}$ = 137 oder 81,1%), während der Besuch von Ämtern eine Aufgabe ist, die relativ oft abwechselnd ausgeführt wurde ($n_{12.3}$ = 72 oder 42,6%). Zusätzlich zu den Angaben, wie oft die einzelnen Aufgaben von wem ausgeführt wurden, sind in Tabelle 8.1 die Spaltensummen vermerkt, also wie groß die Anzahl der Aufgaben ist, die überwiegend der Frau und die überwiegend dem Mann zugeordnet wurden und wie groß die Anteile der Aufgaben sind, welche als "gemeinsam" bzw. als "abwechselnd" klassifiziert wurden. Ohne die Aufgaben entsprechend ihrer Arbeitsintensität zu gewichten, haben die Männer n_{+1} = 681 oder 31,0% der Aufgaben (überwiegend) ihren Frauen und n_{+4} = 399 oder 18,2% sich selbst zugeordnet, 30,6% der Aufgaben wurden als gemeinsame und 20,3% als abwechselnd durchgeführte Tätigkeiten bezeichnet.

Tabelle 8.1: Paneldaten - Haushalte, nur Männer

	F	G	A	M	Summe
F1	78	21	47	23	169
Z1	94	29	41	5	169
K1	115	13	31	10	169
R1	6	17	20	126	169
E1	53	68	40	8	169
W1	133	17	18	1	169
V1	14	87	3	65	169
A1	10	23	61	75	169
G1	51	66	46	6	169
B1	21	88	33	27	169
S1	77	66	24	2	169
Ä1	26	40	72	31	169
U1	3	137	9	20	169
Summe	681	672	445	399	2197

Im folgenden werden die oben vorgestellten Daten von Eckart und Hahn zuerst nur für den ersten Zeitpunkt beschrieben; Eingabeinformation der Korrespondenzanalyse sind somit die Häufigkeiten aus Tabelle 8.1. Die Variation in der Tabelle ist - erwartungsgemäß - mit einem Gesamtträgheitsgewicht von $\lambda_G = 0,653$ relativ groß. Die Lösung ist zweidimensional: Mit der ersten Dimension werden 57,0%, mit der zweiten Dimension weitere 32,0% der Gesamtvariation erklärt.

Abbildung 8.1: Paneldaten, Wahrnehmungen der Männer zum Referenzzeitpunkt

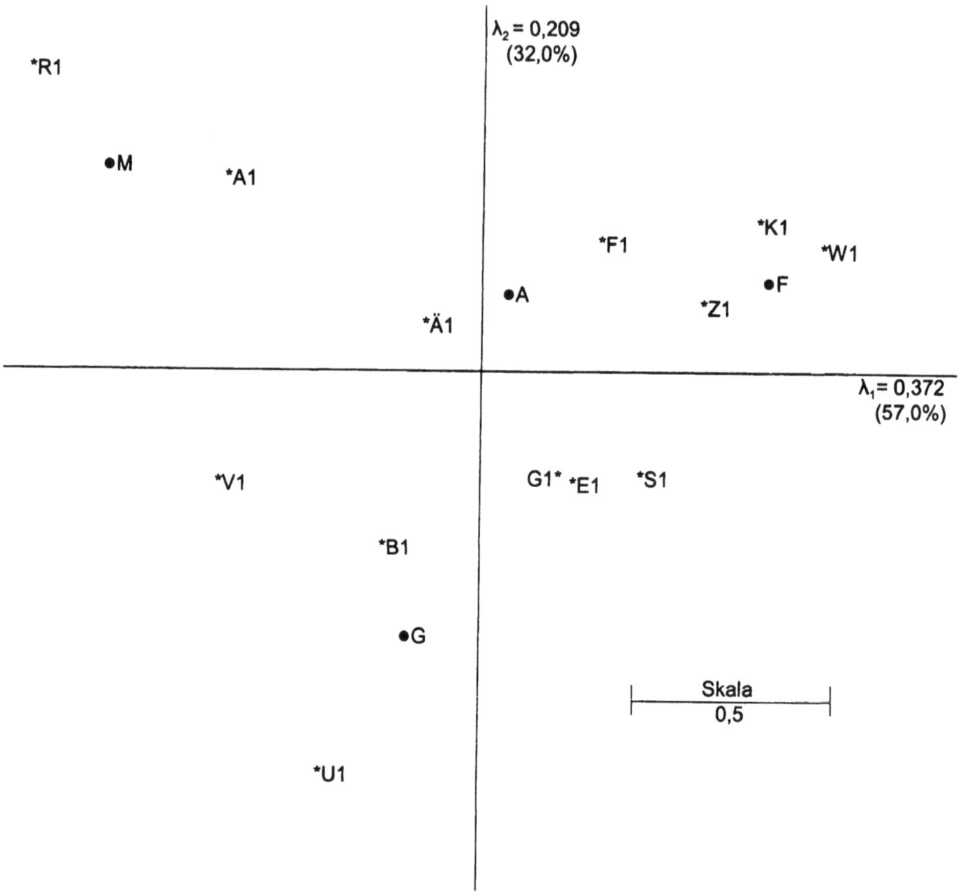

Auf den gleichen Achsenabschnitten wie "Aufgaben, die überwiegend vom Mann übernommen wurden" laden (M; zur Unterscheidung von Zeilen und Spalten sind die Lokalisationen der Spalten mit einem "vollen Kreis" gekennzeichnet) - und sind daher diesen zuzuordnen - die Merkmale "kleinere Reparaturen im Haushalt" (R1) und "Autofahren" (A1). Den Frauen wurden überdurchschnittlich oft die als "typisch weiblich" zu bezeichnenden Aufgaben im ehelichen Haushalt zugeschrieben: insbesondere "Wäsche waschen" (W1), "Abendessen zubereiten" (Z1) und "Kochen im allgemeinen" (K1). Während die "Urlaubs- und Ausflugsplanung" (U1) relativ oft gemeinsam erfolgte, war das "Zubereiten des Frühstücks" (F1) eine Aufgabe, die überdurchschnittlich oft "abwechselnd" (A) ausgeführt wurde. "Geschirr spülen" (G1), "Einkaufen" (E1) und "Saubermachen" (S1) sind zum ersten Befragungszeitpunkt Aufgaben, von denen lediglich angegeben werden kann, daß sie, im Vergleich zu anderen Aufgaben, relativ selten vom Ehemann ausgeübt wurden (sowohl auf der ersten als auch auf der zweiten Achse laden diese Merkmale auf der gegenüberliegenden Seite der "Männer").

Tabelle 8.2: Numerische Darstellung

Name	SQCOR	MASS	INR	LOC1	QCOR1	INR1	LOC2	QCOR2	INR2
F	0,947	0,310	0,306	0,745	0,862	0,463	0,234	0,085	0,081
G	0,995	0,306	0,227	-0,192	0,076	0,030	-0,667	0,919	0,653
A	0,125	0,203	0,096	0,061	0,012	0,002	0,187	0,113	0,034
M	0,976	0,182	0,371	-1,017	0,776	0,505	0,516	0,200	0,232
F1	0,948	0,077	0,026	0,326	0,479	0,022	0,322	0,469	0,038
Z1	0,997	0,077	0,046	0,601	0,925	0,075	0,167	0,071	0,010
K1	0,960	0,077	0,082	0,727	0,756	0,109	0,378	0,204	0,053
R1	0,955	0,077	0,255	-1,220	0,687	0,308	0,763	0,268	0,214
E1	0,866	0,077	0,016	0,202	0,300	0,008	-0,277	0,566	0,028
W1	0,882	0,077	0,128	0,931	0,796	0,179	0,306	0,086	0,035
V1	0,798	0,077	0,083	-0,700	0,696	0,101	-0,268	0,102	0,026
A1	0,858	0,077	0,094	-0,674	0,569	0,094	0,481	0,289	0,085
G1	0,701	0,077	0,019	0,214	0,278	0,009	-0,265	0,424	0,026
B1	0,971	0,077	0,031	-0,259	0,252	0,014	-0,437	0,719	0,070
S1	0,946	0,077	0,032	0,428	0,683	0,038	-0,266	0,263	0,026
Ä1	0,104	0,077	0,040	-0,150	0,066	0,005	0,115	0,039	0,005
U1	0,984	0,077	0,146	-0,425	0,146	0,037	-1,020	0,838	0,383

Anhand der Trägheitsgewichte der Variablenausprägungen wird ersichtlich, daß auf der Ebene der Spaltenvariablen die erste Achse nahezu ausschließlich durch den Gegensatz der "Aufgaben der Frauen" und den "Aufgaben der Männer" beschrieben wird, diese beiden Merkmale erklären ihre geometrische Ausrichtung zu 96,8%. Zusätzlich zu kleineren Reparaturen im Haushalt, die auf der Ebene der Haushaltsaufgaben über 30% der Variation der ersten Achse erklären, haben auf Seiten der "Männer" noch die "Versicherungsangelegenheiten" und das "Autofahren" einen überdurchschnittlich starken Einfluß auf die geometrische Ausrichtung der ersten Achse - auf der Seite der "Frauen" gilt dies lediglich für "Kochen im allgemeinen" (INR1 = 0,109); das "Zubereiten des Abendessens" liegt mit einem Trägheitsgewicht von INR1 = 0,075 knapp unterhalb des Durchschnittwertes (1 / 13 = 0,077).

Die zweite Achse wird durch den Gegensatz von "gemeinsam" versus allen anderen

Ausprägungen bestimmt, also gegenüber eine Tätigkeit "alleine" auszuführen. Auch anhand der numerischen Darstellung wird ersichtlich, daß die mit Abstand wichtigste Tätigkeit, die gemeinsam ausgeführt wird, das Planen von Urlauben und Ausflügen ist - auf der Ebene der Aufgaben des Haushaltes erklärt dieses Merkmal 38,3% der geometrischen Ausrichtung der ersten Achse.

Das "abwechselnde" Ausführen einer Tätigkeit (SQCOR = 0,125) als auch der "Besuch von Ämtern" (SQCOR = 0,104) wird durch die ersten beiden Dimensionen nur unzureichend beschrieben, diese beiden Merkmale werden zu nahezu 90% durch die in Tabelle 8.2 nicht berücksichtigte dritte Dimension erklärt. Soll angegeben werden, ob Ämter überdurchschnittlich oft oder nur relativ selten abwechselnd besucht werden, muß die dritte Dimension berücksichtigt werden. Auf letztere wurde aber aufgrund ihres geringen Anteils an der Gesamtvariation der Daten verzichtet.

8.2.2 Veränderungen in der Verteilung der Aufgaben über Zeit

Um Veränderungen über Zeit in der Verteilung der Aufgaben in den ehelichen Haushalten in der grafischen Darstellung sichtbar zu machen, werden die Daten der ersten Befragung 1976 als Referenzzeitpunkt verwendet, die Daten der beiden nachfolgenden Befragungen als passive Merkmale (Tabelle 8.3). Anhand der Lokalisationen der einzelnen Aufgaben zu den unterschiedlichen Zeitpunkten kann abgelesen werden, ob - aus der Sicht der Männer - die einzelnen Aufgaben innerhalb des vierjährigen Beobachtungszeitraums zunehmend von den Männern, zunehmend von den Frauen, zunehmend abwechselnd oder zunehmend gemeinsam ausgeführt wurden oder ob es keine Veränderungen im Aggregat gab, also ob die Anteile, welche die vier Gruppierungen an den 13 Aufgaben über Zeit haben, gleichgeblieben sind. Im letztgenannten Fall würden in der grafischen Darstellung die Projektionen der einzelnen Aufgaben für alle drei Zeitpunkte an der jeweils gleichen Stelle sein, im Fall der Veränderung kann die Bewegung (Richtung und Stärke) in der grafischen Darstellung abgelesen werden. Die Matrix der Eingabedaten hat somit 39 Zeilen, von denen lediglich die 13 zum ersten Zeitpunkt gehörenden Aufgaben als "aktiv" gesetzt werden, und vier Spalten. Die grafische Darstellung der Ergebnisse ist in Abbildung 8.2 wiedergegeben.

Werden zuerst die Merkmale betrachtet, bei denen es im Aggregat (nahezu) keine Veränderungen gibt, d. h. bei denen die Profile über Zeit nahezu unverändert bleiben, so sind insbesondere "kleinere Reparaturen im Haushalt" (R1, R2, R3), "Wäsche waschen" (W1, W2, W3), "Kochen im allgemeinen" (K1, K2, K3) und das "Planen von Urlauben und Ausflügen" (U1, U2, U3) zu nennen - die jeweiligen Ausprägungen liegen in unmittelbarer Nähe zueinander. Die erste dieser Aufgaben war und blieb die Aufgabe des Mannes, die beiden folgenden waren und blieben die Aufgaben der Frau und die Urlaube wurden zu allen drei Zeitpunkten gemeinsam geplant. Ob es bei diesen Aufgaben dennoch zu (größeren) Verschiebungen innerhalb der Haushalte kam und ob es lediglich in der Summe keine Veränderungen gibt, kann anhand dieser Darstellung nicht beurteilt werden.

Tabelle 8.3: Aufgabenverteilungen in den Haushalten, weitere Zeitpunkte

	F	G	A	M	Summe
F2	96	10	35	28	169
Z2	99	27	35	8	169
K2	114	13	32	10	169
R2	8	9	29	123	169
E2	74	51	29	15	169
W2	148	5	15	1	169
V2	14	70	15	70	169
A2	4	24	68	73	169
G2	65	53	40	11	169
B2	30	69	35	35	169
S2	94	51	20	4	169
Ä2	35	29	58	47	169
U2	0	150	15	4	169
F3	90	7	41	31	169
Z3	107	27	29	6	169
K3	125	11	24	9	169
R3	5	10	30	124	169
E3	70	42	47	10	169
W3	146	8	13	2	169
V3	13	61	6	89	169
A3	5	38	65	61	169
G3	76	57	31	5	169
B3	38	48	35	48	169
S3	98	44	26	1	169
Ä3	33	23	62	51	169
U3	6	151	3	9	169

Die Konstanz im Aggregat über Zeit gilt lediglich für die oben genannten Aufgaben, bei den anderen ändert sich die Zuordnung. So wurde "Saubermachen" zum Zeitpunkt der ersten Erhebung noch relativ oft als "gemeinsame" Aktivität angesehen (vgl. die Position dieses Merkmals auf dem negativen Abschnitt der zweiten Achse), zum zweiten Zeitpunkt kann diese Tätigkeit bereits als "ihr Job" bezeichnet werden, zum dritten Zeitpunkt lädt

"Saubermachen" nur noch auf dem positiven Abschnitt der ersten Achse, diese Tätigkeit ist damit den Frauen zuzuordnen. Eine nahezu analoge Bewegung im Projektionsraum gilt auch für "Einkaufen" - auch diese Tätigkeit wurde zu Beginn der Ehe überdurchschnittlich oft als gemeinsame Tätigkeit angesehen, über die Zeit wurde es zunehmend ihre Aufgabe. Auch das Erledigen von "Bank-" und "Versicherungsangelegenheiten" waren Tätigkeiten, die anfangs relativ oft gemeinsam ausgeübt wurden, im Laufe der Jahre jedoch überwiegend von den "Männern" wahrgenommen wurden (vgl. die Bewegung aus dem Quadranten von "gemeinsam" in den Quadranten des "Mannes"). Eine etwas detailliertere Interpretation der Ergebnisse kann mit Hilfe der numerischen Lösung erfolgen, diese ist in Tabelle 8.4 wiedergegeben

Wie bereits in Kapitel 4.5 ausführlich diskutiert, können die Koeffizienten der passiven Merkmale als hypothetische Werte interpretiert werden. Da es sich in dem gegebenen Fall

Abbildung 8.2: Grafische Darstellung der Veränderungen über Zeit

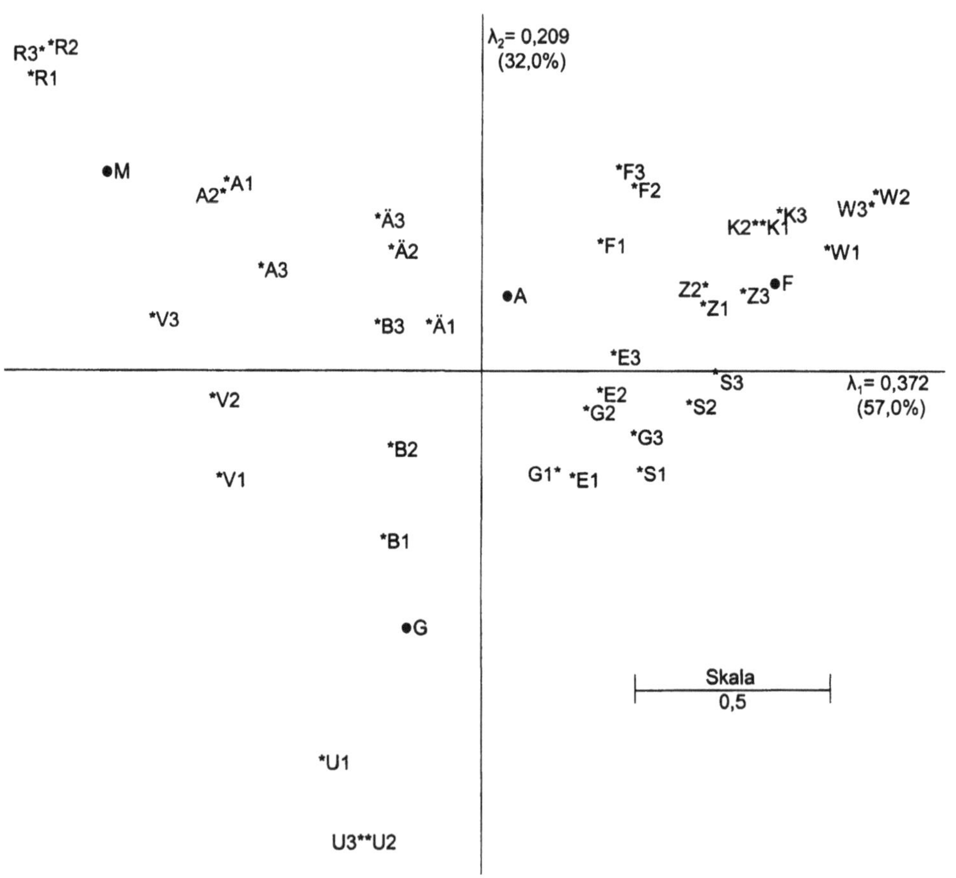

Tabelle 8.4: Numerische Darstellung der passiven Merkmale

Name	SQCOR	MASS	INR	LOC1	QCOR1	INR1	LOC2	QCOR2	INR2
F2	0,970	0,077	0,049	0,420	0,424	0,036	0,476	0,546	0,084
Z2	0,990	0,077	0,049	0,607	0,889	0,076	0,205	0,101	0,015
K2	0,967	0,077	0,081	0,720	0,759	0,107	0,377	0,208	0,052
R2	0,981	0,077	0,245	-1,156	0,642	0,276	0,839	0,339	0,260
E2	0,931	0,077	0,012	0,309	0,911	0,020	-0,046	0,020	0,001
W2	0,873	0,077	0,179	1,060	0,740	0,232	0,448	0,132	0,074
V2	0,898	0,077	0,067	-0,711	0,892	0,105	-0,058	0,006	0,001
A2	0,775	0,077	0,105	-0,696	0,541	0,100	0,458	0,234	0,077
G2	0,916	0,077	0,012	0,287	0,832	0,017	-0,091	0,084	0,003
B2	0,958	0,077	0,011	-0,236	0,589	0,012	-0,187	0,369	0,013
S2	0,861	0,077	0,043	0,557	0,843	0,064	-0,081	0,018	0,002
Ä2	0,617	0,077	0,029	-0,230	0,219	0,011	0,310	0,398	0,035
U2	1,000	0,077	0,191	-0,309	0,059	0,020	-1,234	0,941	0,561
F3	0,998	0,077	0,047	0,356	0,320	0,026	0,519	0,679	0,099
Z3	0,954	0,077	0,062	0,681	0,877	0,096	0,201	0,076	0,015
K3	0,912	0,077	0,105	0,809	0,731	0,135	0,402	0,180	0,059
R3	0,985	0,077	0,252	-1,188	0,662	0,292	0,831	0,323	0,254
E3	0,821	0,077	0,018	0,357	0,815	0,026	0,030	0,006	0,000
W3	0,853	0,077	0,170	1,028	0,732	0,219	0,418	0,121	0,064
V3	0,833	0,077	0,115	-0,894	0,817	0,165	0,122	0,015	0,005
A3	0,684	0,077	0,073	-0,598	0,580	0,074	0,252	0,103	0,023
G3	0,993	0,077	0,023	0,412	0,871	0,035	-0,154	0,122	0,009
B3	1,000	0,077	0,010	-0,267	0,864	0,015	0,106	0,136	0,004
S3	0,944	0,077	0,050	0,632	0,944	0,083	-0,014	0,000	0,000
Ä3	0,650	0,077	0,041	-0,271	0,210	0,015	0,393	0,441	0,057
U3	0,976	0,077	0,192	-0,324	0,065	0,022	-1,220	0,912	0,548

um Paneldaten handelt, bei denen die fehlenden Werte von der Analyse ausgeschlossen wurden, können die jeweils korrespondierenden Trägheitsgewichte der Variablenausprägungen direkt miteinander verglichen werden, ohne daß unterschiedliche Massen berücksichtigt werden müssen.

Bezogen auf die Aufgaben des Mannes - dieses Merkmal determiniert auf der Ebene der Spalten den negativen Abschnitt der ersten Achse - bleibt der Einfluß von "kleineren Reparaturen im Haushalt" nahezu unverändert bestehen, die Werte für die Trägheitsgewichte sind zu allen drei Zeitpunkten nahezu identisch ($INR1_{t1}$ = 0,308; $INR1_{t2}$ = 0,276; $INR1_{t3}$ =

0,292). Dementgegen sind die "Versicherungsangelegenheiten" zum dritten Zeitpunkt ein noch wichtigeres Beschreibungsmerkmal der Männer, als sie es zum ersten Zeitpunkt bereits waren ($INR1_{t1} = 0,101$; $INR_{t3} = 0,165$), während der (hypothetische) Einfluß des "Autofahrens" vom ersten zum dritten Zeitpunkt etwas geringer wird ($INR_{t1} = 0,094$; $INR1_{t3} = 0,074$). Bei den Frauen ist bei allen der für sie bereits zum ersten Zeitpunkt "typischen Aufgaben" eine über Zeit noch weiter verstärkte Zuordnung festzustellen - die (hypothetischen) relativen Trägheitsgewichte von "Zubereiten des Abendessens", "Kochen im allgemeinen", "Wäsche waschen" und von "Saubermachen" sind zum dritten Zeitpunkt z. T. deutlich größer als zum ersten (vgl. die entsprechenden Werte in den Tabellen 8.2 und 8.4).

Werden die (hypothetischen) Trägheitsgewichte der Variablenausprägungen für den zweiten und den dritten Zeitpunkt addiert, so ist das relative Gesamtträgheitsgewicht der ersten Achse zum zweiten Zeitpunkt 1,076 und zum dritten Zeitpunkt sogar 1,203 (gegenüber dem standardisierten Wert von 1,0 zum ersten Zeitpunkt). Aus diesen angestiegenen Werten kann geschlossen werden, daß sich die geschlechtsspezifische Aufgabenverteilung in ehelichen Haushalten über Zeit weiter ausdifferenziert hat.[2]

Daß "Einkaufen" zum zweiten und dritten Zeitpunkt eine Aufgabe der Frau und daß "Bankangelegenheiten" zum dritten Zeitpunkt eine Aufgabe des Mannes ist, kann in der numerischen Darstellung lediglich anhand der quadrierten Faktorladungen (vgl. die Spalte QCOR1) erkannt werden. Obwohl die Korrelationen dieser beiden Merkmale mit der ersten latenten Variablen sehr hoch sind - und sie somit durch diese erklärt werden -, würden diese Ausprägungen nur wenig zur geometrischen Ausrichtung der ersten Achse beitragen, wenn sie "aktiv" gesetzt würden. Sie liegen relativ nahe am Schwerpunkt im Projektionsraum und sind aufgrund der hohen Korrelationen mit der ersten Achse zwar als Merkmale der Frauen bzw. der Männer zu interpretieren, jedoch sind sie weniger typisch als z. B. "kleinere Reparaturen im Haushalt" auf Seiten der "Männer" oder "Kochen im allgemeinen" auf Seiten der "Frauen".

Bezogen auf die zweite Achse erhält die "gemeinsame Planung von Urlauben und Ausflügen" ein noch stärkeres Gewicht auf die geometrische Ausrichtung der zweiten Dimension, als sie es zum ersten Zeitpunkt bereits hatte; die (hypothetischen) Trägheitsgewichte dieses Merkmals sind zum zweiten Zeitpunkt $INR2_{t2} = 0,561$ und zum dritten Zeitpunkt $INR2_{t3} = 0,548$ (gegenüber dem ersten Zeitpunkt mit $INR2_{t1} = 0,383$). Dieses Ergebnis soll exemplarisch anhand der Eingabedaten belegt werden: Hatten zum ersten Zeitpunkt noch 32 Männer (von 169) etwas anderes als "gemeinsam" angegeben, so waren es zum zweiten Zeitpunkt nur noch 19 und zum dritten nur noch 18.

---

2 Unberücksichtigt blieben an dieser Stelle die Einflüsse von "gemeinsam" und "abwechselnd",- deren Erklärungskräfte auf die geometrische Ausrichtung der ersten Achse sind aber nur marginal.

8.2.3 Verschiebungen in der Verteilung einer Aufgabe

Im vorangegangenen Abschnitt wurden ausschließlich die Veränderungen im Aggregat betrachtet, unberücksichtigt blieben die Wechsel innerhalb einer Aufgabe von einer Verantwortlichkeit zur anderen. So wurde, z. B. bezogen auf "Bankangelegenheiten", zu jedem Zeitpunkt lediglich beschrieben, ob diese Aufgabe den Männern oder den Frauen zugeschrieben werden kann oder ob diese Aufgabe überwiegend gemeinsam bzw. überwiegend abwechselnd ausgeführt wurde. Angaben darüber, ob es zwischen den Zeitpunkten zu Wechseln in der Aufgabenverteilung kam, die sich jedoch im Aggregat ausgeglichen haben, blieben unberücksichtigt.[3]

Wird eine Kreuztabelle erzeugt, bei der in den Zeilen die Aufgabenzuteilung von "Bankangelegenheiten" zum ersten Zeitpunkt steht und in den Spalten die Aufgabenzuteilung von "Bankangelegenheiten" zum zweiten Zeitpunkt, so hat diese Tabelle 16 Felder (Tabelle 8.5a). Während in der vorangegangenen Analyse lediglich die Randsummen dieser beiden Variablen berücksichtigt wurden, sollen nun auch die Wechsel im Aggregat in die Auswertung einbezogen werden. Dieser Fall entspricht den in Kapitel 7.5 dargestellten, auch hier wird als Eingabe eine quadratische Matrix verwendet, bei der die Zeilen- und Spaltenmerkmale identisch sind. In die nachfolgende Analyse werden alle Befragten einbezogen (Männer und Frauen), welche die Frage nach den Bankangelegenheiten zum ersten und zum zweiten Zeitpunkt beantwortet haben, dies sind $n = 441$ Personen. Auch diese Tabelle wird in den symmetrischen und schief-symmetrischen Teil zerlegt (Tabellen 8.5 b, c).

Ebenso wie bei den Mobilitätsdaten ist auch in diesem Beispiel die Hauptdiagonale überdurchschnittlich stark besetzt, d. h. der Großteil der Variation in dieser Tabelle wird durch die Kontinuität der Aufgabenverteilung über Zeit verursacht. Bezogen auf die Veränderungen gaben von den 208 Personen, die zum ersten Zeitpunkt "Bankangelegenheiten" als eine gemeinsame Aufgabe ansahen, 29 zum zweiten Zeitpunkt an, daß diese nunmehr die Aufgabe der Frau sei, für 46 wurde es die Aufgabe des Mannes und für 40 eine Aufgabe, die abwechselnd ausgeführt wird; mit 93 Nennungen (=44,7%) hat die Kontinuität der Aufgabenzuordnung ("gemeinsam") aber den größten Anteil. Ähnliche Tauschverhältnisse gibt es auch zwischen den anderen Optionen, wobei in allen Fällen die Konstanz der Aufgabenzuordnung überdurchschnittlich hoch ist. Bezogen auf "Gewinne" und "Verluste" kommt es insbesondere bei "gemeinsam" zu einer Verlagerung zu einer der drei anderen Ausprägungen, nur diese Gruppe hat in der Summe (T2-T1) einen negativen Wert.

---

3 Wenn in 20 Haushalten eine Aufgabe zwischen zwei Erhebungszeitpunkten von den "Männern" zu den "Frauen" überging und wenn gleichzeitig in 20 anderen Haushalten die gleiche Aufgabe von den "Frauen" auf die "Männer" übertragen wurde, dann sind im Aggregat keine Veränderungen zu beobachten.

Tabelle 8.5: "Bankangelegenheiten", Häufigkeiten erster und zweiter Befragungszeitpunkt, symmetrischer und schief-symmetrischer Anteil

8.5a: Häufigkeiten

		Zeitpunkt 2					
		F	G	A	M	Summe	T2-T1
	F	29	16	8	1	54	25
Zeit-	G	29	93	40	46	208	-58
punkt 1	A	12	27	26	20	85	2
	M	9	14	13	58	94	31
Summe		79	150	87	125	441	

8.5b: Symmetrischer Teil

		Zeitpunkt 2				
		F	G	A	M	Summe
	F	29,0	22,5	10,0	5,0	66,5
Zeit-	G	22,5	93,0	33,5	30,0	179,0
punkt 1	A	10,0	33,5	26,0	16,5	86,0
	M	5,0	30,0	16,5	58,0	109,5
Summe		66,5	179,0	86,0	109,5	441,0

8.5c: Schief-symmetrischer Teil

		Zeitpunkt 2				
		F	G	A	M	Summe
	F	0,0	-6,5	-2,0	-4,0	-12,5
Zeit-	G	6,5	0,0	6,5	16,0	29,0
punkt 1	A	2,0	-6,5	0,0	3,5	-1,0
	M	4,0	-16,0	-3,5	0,0	-15,5
Summe		12,5	-29,0	1,0	15,5	0,0

Bevor die getrennte Visualisierung des symmetrischen und des schief-symmetrischen Teils der Tabelle erfolgt, werden die Daten von Tabelle 5a mit Hilfe der Korrespondenzanalyse beschrieben. Die grafische Darstellung dieser Ergebnisse ist in Abbildung 8.3, die numerische Darstellung ist in Tabelle 8.6 wiedergegeben.

Abbildung 8.3: Grafische Darstellung der "Erledigung von Bankangelegenheiten", erster versus zweiter Zeitpunkt

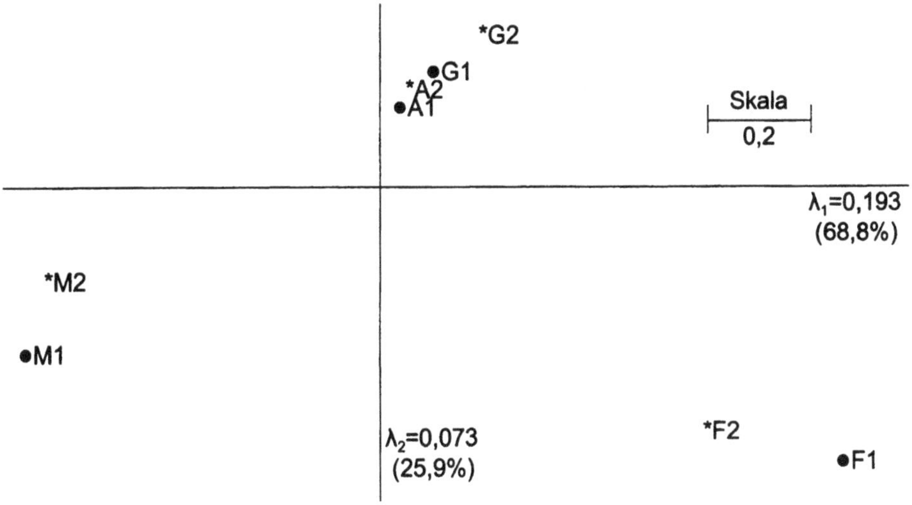

Tabelle 8.6: Numerische Darstellung der "Erledigung von Bankangelegenheiten", erster versus zweiter Zeitpunkt

Name	SQCOR	MASS	INR	LOC1	QCOR1	INR1	LOC2	QCOR2	INR2
F1	1,000	0,122	0,429	0,860	0,753	0,469	-0,492	0,246	0,408
G1	0,868	0,472	0,095	0,078	0,109	0,015	0,207	0,760	0,278
A1	0,250	0,193	0,053	0,017	0,004	0,000	0,138	0,246	0,051
M1	0,999	0,213	0,423	-0,683	0,837	0,515	-0,300	0,162	0,264
F2	1,000	0,179	0,362	0,613	0,663	0,349	-0,437	0,337	0,471
G2	0,902	0,340	0,142	0,181	0,281	0,058	0,269	0,621	0,340
A2	0,366	0,197	0,060	0,041	0,020	0,002	0,172	0,346	0,080
M2	0,998	0,283	0,436	-0,634	0,933	0,591	-0,167	0,065	0,109

Mit der ersten Achse der Korrespondenzanalyse der Daten von Tabelle 8.5a werden 68,8% der Variation der Daten erklärt, mit der zweiten weitere 25,9%; die Lösung kann damit als zweidimensional angesehen werden. Auf der ersten Achse wird der Gegensatz von "Männern" und "Frauen" abgetragen. Dabei können die gemeinsamen Ladungen der "Männer" zum ersten und zweiten Zeitpunkt und die der "Frauen" zu beiden Zeitpunkten auf den konträren Achsenabschnitten zum einen durch eine relativ große Kontinuität der Aufgabenzuordnung erklärt werden und zum anderen durch relativ wenige Wechsel zwischen den

Ehepartnern.

Die zweite Achse wird im positiven Abschnitt durch die Merkmale "abwechselnd" und "gemeinsam" beschrieben. Dabei liegen sowohl die Spalten- als auch die Zeilenmerkmale von "abwechselnd" und "gemeinsam" in unmittelbarer Nähe. Dieser Befund könnte darauf zurückzuführen sein, daß die Befragten diese beiden Begriffe nicht deutlich voneinander trennten - auch wenn die Bank mal von dem einen und mal von dem anderen besucht wird, in den meisten Fällen dürfte es sich um ein gemeinsames Bankkonto handeln; die Wechsel zwischen diesen beiden Kategorien wären als zufällig zu bezeichnen, die Unterscheidung zwischen "gemeinsam" und "abwechselnd" wäre etwas irreführend. Negativ korreliert sind diese beiden Merkmale mit den Merkmalen "Männer" und "Frauen" auf der zweiten Achse. Der Austausch zwischen der eindeutigen Zuordnung der Aufgabe entweder zum "Mann" oder zur "Frau" und der "gemeinsamen" bzw. der "abwechselnden" Erledigung der Bankgeschäfte ist damit geringer als der zwischen "abwechselnd" und "gemeinsam", er ist aber größer als der zwischen "Männern" und "Frauen", der Gegensatz zwischen den Geschlechtern wurde auf der ersten Achse abgetragen.

Mit Hilfe der numerischen Darstellung kann das Ergebnis etwas relativiert werden: Zwar werden auch bei der numerischen Darstellung der Ergebnisse die gemeinsamen Ladungen von "abwechselnd" und "gemeinsam" auf den ersten beiden Achsen ersichtlich, jedoch wird "abwechselnd" noch zu einem sehr hohen Anteil durch die dritte Achse beschrieben (zum ersten Zeitpunkt zu 75,0%, zum zweiten Zeitpunkt zu 63,4%). Der beschriebene Zusammenhang zwischen "gemeinsam" und "abwechselnd" bleibt damit zwar bestehen, er ist aber nicht so deutlich, wie er durch die grafische Darstellung der ersten beiden Dimensionen suggeriert wird.

Um im folgenden zwischen dem symmetrischen von dem schief-symmetrischen Teil der Tabelle unterscheiden zu können, wurde eine weitere Korrespondenzanalyse gerechnet. Dabei wurde als Eingabe wiederum die von Greenacre (1996) vorgeschlagene Formatierung verwendet. Die modifizierte Matrix der Eingabedaten ist in Tabelle 8.7, die Trägheitsgewichte der Achsen und deren erklärte Varianzen sind in Tabelle 8.8 wiedergegeben.

Die Lösung der Korrespondenzanalyse von Tabelle 8.7 hat sieben Dimensionen, wobei die erste, zweite und fünfte Dimension zu dem symmetrischen Teil und die verbleibenden vier Dimensionen zum schief-symmetrischen Teil gehören. Wird die gesamte Lösung betrachtet, so werden mit der ersten Dimension 60,0% der Variation der Daten erklärt und mit der zweiten zusätzliche 19,7%. Werden die Trägheitsgewichte der beiden Achsen lediglich auf den symmetrischen Teil bezogen, so sind die entsprechenden Anteile der erklärten Varianz 71,1% und 23,4%; d. h. mit den beiden ersten Dimensionen werden nahezu 95% des symmetrischen Teils erklärt.

Tabelle 8.7: Modifizierte Matrix der Eingabedaten

	F	G	A	M	FT	GT	AT	MT	Summe
F	29	16	8	1	29	29	12	9	133
G	29	93	40	46	16	93	27	14	358
A	12	27	26	20	8	40	26	13	172
M	9	14	13	58	1	46	20	58	219
FT	29	29	12	9	29	16	8	1	133
GT	16	93	27	14	29	93	40	46	358
AT	8	40	26	13	12	27	26	20	172
MT	1	46	20	58	9	14	13	58	219
Summe	133	358	172	219	133	358	172	219	1764

Tabelle 8.8: Trägheitsgewichte der Achsen, absolut und relativ

1	0,180893	59,99%	**
2	0,059528	19,74%	****************
3	0,023446	7,78%	******
4	0,023446	7,78%	******
5	0,014007	4,65%	****
6	0,000107	0,04%	
7	0,000107	0,04%	
	0,301533		

Die zu der dritten und vierten Dimension gehörenden Zeilen- und Spaltenausprägungen haben die gleichen Trägheitsgewichte, die gleichen quadrierten Faktorladungen - und die Lokalisationen unterscheiden sich lediglich am Vorzeichen (vgl. auch die numerische Ausgabe der Ergebnisse, Tabelle 8.9). Bezogen auf die gesamte Kontingenztabelle erklären die dritte und die vierte Dimension jeweils 7,8% der Variation, bezogen auf den schief-symmetrischen Teil jeweils 49,8%. Somit hat der schief-symmetrische Teil einen Anteil von gut 15% an der gesamten Variation der Daten; mit Hilfe der dritten und vierten Dimension werden davon über 99,5% erklärt. Für die nachfolgenden grafischen Darstellungen werden die ersten beiden Dimensionen (symmetrischer Teil, Abbildung 8.4a) und die Dimensionen drei und vier verwendet (schief-symmetrischer Teil, Abbildung 8.4b).

Der symmetrische Teil der Darstellung (Abbildung 8.4a) ist weitgehend identisch mit der Korrespondenzanalyse von Tabelle 8.1 - der Unterschied besteht lediglich darin, daß es

Abbildung 8.4a: Grafische Darstellung der Korrespondenzanalyse von Tabelle 8.7, symmetrischer Teil

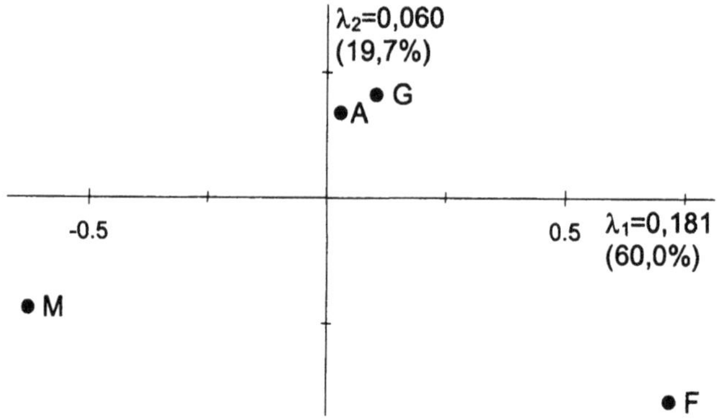

Abbildung 8.4b: Grafische Darstellung der Korrespondenzanalyse von Tabelle 8.7, schief-symmetrischer Teil

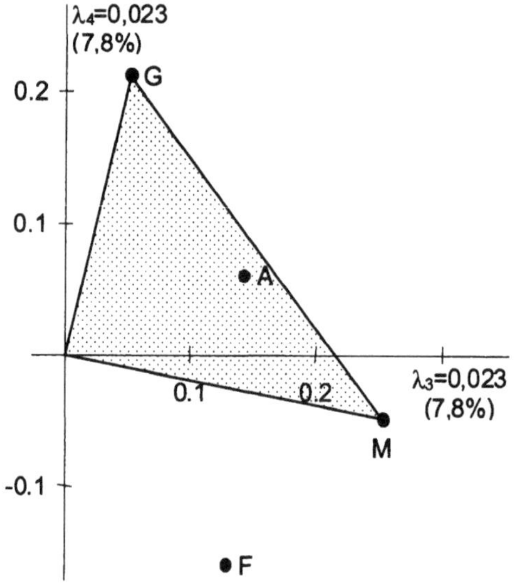

bei dieser Analyse keine Unterscheidung zwischen Zeilen- und Spaltendarstellung gibt. Die nahezu identischen Ergebnisse sind ein weiterer Beleg dafür, daß bei der Korrespondenzanalyse einer quadratischen Tabelle mit identischen Zeilen- und Spaltenausprägungen (Tabelle 8.1) überwiegend die gewichteten Abweichungen der Hauptdiagonalelemente von den dazugehörigen Erwartungswerten der Eingabedaten visualisiert wurden. Die Veränderungen über Zeit werden im schief-symmetrischen Teil grafisch dargestellt.

Tabelle 8.9: Numerische Darstellung der Korrespondenzanalyse von Tabelle 8.7

Name	SQCOR	MASS	INR	LOC1	QCOR1	INR1	LOC2	QCOR2	INR2	LOC3	QCOR3	INR3	LOC4	QCOR4	INR4
F	0,999	0,075	0,181	0,719	0,713	0,215	-0,406	0,228	0,209	-0,128	0,023	0,053	0,160	0,036	0,083
G	0,911	0,203	0,074	0,104	0,099	0,012	0,205	0,380	0,143	-0,052	0,024	0,023	-0,212	0,408	0,389
A	0,509	0,098	0,034	0,028	0,008	0,000	0,169	0,273	0,047	-0,142	0,192	0,084	-0,061	0,036	0,016
M	0,999	0,124	0,211	-0,629	0,774	0,272	-0,220	0,095	0,101	-0,253	0,125	0,340	0,048	0,005	0,012
FT	0,999	0,075	0,181	0,719	0,713	0,215	-0,406	0,228	0,209	0,128	0,023	0,053	-0,160	0,036	0,083
GT	0,911	0,203	0,074	0,104	0,099	0,012	0,205	0,380	0,143	0,052	0,024	0,023	0,212	0,408	0,389
AT	0,509	0,098	0,034	0,028	0,008	0,000	0,169	0,273	0,047	0,142	0,192	0,084	0,061	0,036	0,016
MT	0,999	0,124	0,211	-0,629	0,774	0,272	-0,220	0,095	0,101	0,253	0,125	0,340	-0,048	0,005	0,012

In Abbildung 8.7b kann die vierte Dimension (die vertikale Achse) als "Verlustdimension" bezeichnet werden, die horizontale Achse spiegelt die "Gewinndimension" wider. Dabei kann die vertikale Achse als Rangreihe interpretiert werden: Im oberen positiven Abschnitt steht die Ausprägung "gemeinsam", dieses Merkmal verliert vom ersten zum zweiten Zeitpunkt an die drei anderen. Es folgt die Kategorie "abwechselnd", welche an "die Männer" und an "die Frauen" verliert und schließlich verlieren "die Männer" noch an "die Frauen" (vgl. auch Tabelle 8.1). Die horizontale Achse spiegelt weitgehend die "Gewinne" wider: Am weitesten im positiven Bereich liegen die "Männer", sie haben die meisten "Gewinne" zu verzeichen, am dichtesten zum Achsenkreuz liegt "gemeinsam", welches keine "Gewinne" zu verzeichnen hat.

Mit Hilfe der Abbildung des schief-symmetrischen Teils der Daten können auch die gewichteten Anteile von "Gewinnen" und "Verlusten" sichtbar gemacht werden - diese sind proportional zu den Flächen zwischen den jeweils beteiligten Variablenausprägungen und dem Achsenkreuz. Exemplarisch eingezeichnet wurde diese Fläche für den Zusammenhang von "gemeinsam" und "Männer". Während die "Männer" vom ersten zum zweiten Zeitpunkt 14 Personen an "gemeinsam" abgaben, d. h. in 14 Fällen haben die Männer zum ersten Befragungszeitpunkt die Bankgeschäfte erledigt, zum zweiten Befragungszeitpunkt wurde diese Aufgabe gemeinsam ausgeführt, bekamen sie im gleichen Zeitraum 46 Personen, sie "gewinnen" also 32 Personen (vgl. Tabelle 8.5). Dieser "Gewinn" (oder "Verlust" für "Gemeinsam") ist der größte von allen, hierzu gehört auch die größte Fläche. Die Größen der Flächen zwischen den vier Variablenausprägungen sind in Tabelle 8.10 wiedergegeben.

Tabelle 8.10: "Gewinne" und "Verluste"

	F	G	A
G	0,0177		
A	0,0153	0,0135	
M	0,0172	0,0281	0,0111

8.3 Die Analyse von Trenddaten

Seit 1974 werden in den Mitgliedsländern der Europäischen Union zweimal jährlich etwa 1000 Interviews (in Luxemburg und Nordirland etwa 300) zu verschiedenen Bereichen der Politik durchgeführt; diese Studien sind als Eurobarometer bekannt. Ein Vorteil dieser Erhebungen ist die regelmäßige Replikation von Fragen, so z. B. zur Demokratie- und zur Lebenszufriedenheit. Auf der Basis der Daten des Eurobarometer können sowohl Vergleiche zwischen den einzelnen Mitgliedsländern der Europäischen Union als auch Trendvergleiche über Zeit innerhalb der einzelnen Länder und zwischen den Ländern durchgeführt werden. Mit Hilfe derartiger *Trenduntersuchungen* kann z. B. die Frage beantwortet werden, wie stabil die Unterschiede zwischen den Mitgliedsländern in der "Zufriedenheit mit der Demokratie" in den letzten 20 Jahren waren oder ob es Unterschiede auf der Links-Rechts-Skala gibt (sowohl über Zeit als auch zwischen den Ländern).

Wie bei der Analyse der Paneldaten sollen Veränderungen in den Einstellungen der Bevölkerung zu ausgewählten Fragen über Zeit grafisch dargestellt werden. Auf der Basis eines Referenzzeitpunktes, z. B. des Zeitpunktes, an dem die zu beschreibenden Variablen zum ersten Mal berücksichtigt wurden, kann bei dieser Anwendung der Korrespondenzanalyse über Zeit verfolgt werden, welche Positionen die Mitgliedsländer im Darstellungsraum zueinander haben und welche Länder bezüglich dem Antwortverhalten ihrer Bürger einander ähnlich (unähnlich) sind und wie das Antwortverhalten der Bewohner der zu betrachtenden Länder über Zeit einander ähnlicher (unähnlicher) wird. Des weiteren kann untersucht werden, welche Positionen erst in den neunziger Jahren in die Europäische Union aufgenommenen Länder, z. B. Österreich und Finnland, in dem Darstellungsraum einnehmen. Zusätzlich zu diesen Analysen kann untersucht werden, ob es regionale Unterschiede innerhalb der Länder gibt: Bezogen auf Deutschland kann z. B. beschrieben werden, wie sich die aggregierten Einstellungen der Bewohner der "neuen Bundesländer" von denen der "alten Bundesländer" unterscheiden; bezogen auf Italien mag es ein Nord-Süd-Gefälle und in Belgien mag es Unterschiede zwischen der flämisch- und der französisch-sprachigen Bevölkerung geben. In den nachfolgenden Beispielen werden sowohl die zusätzlichen Zeitpunkte als auch die regionalen Unterteilungen mit Hilfe von passiven Variablen beschrieben.

In einer vorangegangenen Studie haben Blasius und Scheuch (1996) gezeigt, daß die Deutschen (betrachtet wurden ausschließlich die alten Bundesländer) in den siebziger Jahren sowohl mit der Demokratie als auch mit ihrem Leben überdurchschnittlich zufrieden waren - in den achtziger Jahren hatten sie dementgegen "lediglich" eine mittlere Position (vgl. Scheuch 1990). Diese Fragestellung soll nun auf andere Länder, zusätzliche Zeitpunkte und auf die aktuellen Daten ausgeweitet werden.

8.3.1 Die Daten des Eurobarometers

Erstmalig im November 1976 wurden im Eurobarometer[4] Fragen zur Lebenszufriedenheit (mit den zwei Ausprägungen "zufrieden", "nicht zufrieden"), zur Zufriedenheit mit der Demokratie ("zufrieden", "nicht zufrieden") und zur politischen Einstellung (erhoben auf einer 10 Punkte-Skala von "links" bis "rechts") gestellt. Für die nachfolgenden Analysen - wurden die Ausprägungen der letzten Frage zu fünf Gruppen zusammengefaßt (1-2 = sehr links, in den nachfolgenden Abbildungen und Tabellen mit "LL" abgekürzt; 3-4 = links, "L"; 5-6 = Mitte, "LR"; 7-8 = rechts, "R"; 9-10 = sehr rechts, "RR"); des weiteren wurden die Personen, die diese Frage nicht beantwortet haben, in der Kategorie "MD" zusammengefaßt. Diese Fragen wurden in allen Ländern der Europäischen Union gestellt - 1976 waren dies Frankreich, Belgien, die Niederlande, Deutschland, Italien, Luxemburg, Dänemark, Irland und Großbritannien. Die absoluten Häufigkeiten dieser Angaben sind in Tabelle 8.11 wiedergegeben.

Tabelle 8.11: Eurobarometer, Häufigkeiten des Referenzzeitpunktes

	Lebens-zufriedenheit		Demokratie-zufriedenheit		Links-Rechts-Skala						
	Ja	Nein	Ja	Nein	Links		Mitte		Rechts	MD	Summe
F	689	297	420	463	110	258	305	198	35	94	2869
B	912	84	532	321	67	107	286	212	130	199	2850
NL	908	83	667	324	79	183	295	257	149	37	2982
D	824	167	787	192	38	229	337	260	112	24	2970
I	570	421	136	830	177	219	310	97	64	133	2957
L	263	34	164	85	12	43	103	39	37	67	847
DK	919	69	554	428	48	186	444	181	48	94	2971
IR	870	126	590	348	28	138	413	198	97	127	2935
GB	839	158	511	430	46	118	345	270	110	110	2937
NI	251	49	65	207	10	28	130	66	31	35	872
Summe	7045	1488	4426	3628	615	1509	2968	1778	813	920	25190

Tabelle 8.11 hat die Struktur einer zusammengesetzten Tabelle (vgl. Kapitel 4), obwohl lediglich die univariaten Verteilungen von zehn Studien wiedergegeben sind, in denen zum gleichen Zeitpunkt die gleichen Fragen gestellt wurden. Ohne an dieser Stelle die Problematik von Übersetzungen und funktionaler Äquivalenz der Fragen zu berücksichtigen (vgl.

4 Die Daten der Eurobarometer sind im Zentralarchiv für Empirische Sozialforschung erhältlich.

dazu van der Zouwen 2000), sollen die Profile von Tabelle 8.11 mit Hilfe der Korrespondenzanalyse verglichen werden.

In den Spalten von Tabelle 8.11 stehen die Ausprägungen der drei oben genannten Variablen mit ihren insgesamt zehn Ausprägungen - die beiden dichotomen Variablen zur Demokratie- und Lebenszufriedenheit (DJ, DN und LJ, LN) und die zur Fünferskala zusammengefaßte Frage zur politischen Einstellung, zuzüglich der Spalte "fehlend" bei der Links-Rechts-Skala. In den Zeilen stehen die Länder zum Referenzzeitpunkt, als solcher wurde 1976 (November) gewählt, das Jahr, in dem die genannten Fragen zum ersten Mal gestellt wurden. Nordirland (NI) wurde als separates Land betrachtet und nicht mit dem restlichen Großbritannien zusammengefaßt. Bei den zusätzlichen Zeitpunkten wählten wir einen Vierjahreszyklus; dies auch in Abhängigkeit von dem Vorhandensein der gleichen Fragen mit den gleichen Antwortkategorien in den Eurobarometer-Studien.

8.3.2 Die Struktur der Daten zum Referenzzeitpunkt

In Abbildung 8.5 sind die ersten zwei der insgesamt sieben Achsen wiedergegeben. Dabei erklärt die erste Achse gut 70% der Variation der Daten zum Referenzzeitpunkt 1976, die zweite weitere 15,6%; die Lösung ist damit nahezu eindimensional. Werden die Merkmale des Referenzzeitpunktes - sowohl die Variablenausprägungen (in Abbildung 8.5 durch einen ausgefüllten Kreis gekennzeichnet) als auch die der "Länder" (durch einen Stern gekennzeichnet) - auf diese Achse projiziert, so ist auf der Ebene der Variablenausprägungen die Ordinalität der "Links-Rechts-Skala" korrekt wiedergegeben. Dabei ist die "extreme Linke" (LL) auf der rechten Seite der ersten Achse relativ deutlich von den anderen Merkmalen dieser Skala separiert; d. h. bezogen auf die zum Referenzzeitpunkt betrachteten Länder scheint der Unterschied zwischen einer "eher linken" Einstellung (L) und einer "sehr linken" Einstellung (LL) deutlich größer zu sein als z. B. zwischen einer "eher rechten" (R) und einer "sehr rechten" Einstellung (RR). Während die politisch "sehr linke" Einstellung mit den Aussagen "ich bin mit der Demokratie hier im Land nicht zufrieden" und "ich bin mit meinem Leben nicht zufrieden" positiv assoziiert ist, sind die "Rechten" überdurchschnittlich oft mit ihrem Leben als auch mit der Demokratie zufrieden.

Werden die "Länder" auf die erste Achse projiziert, so wird sichtbar, daß 1976 insbesondere die Bewohner von Italien (I) mit der Demokratie und dem Leben nicht zufrieden waren (vgl. die gemeinsamen Projektionen mit den entsprechenden Variablenausprägungen im rechten Abschnitt der ersten Achse), während von den Niederländern (NL) und den Deutschen (D) überdurchschnittlich viele zufrieden waren (vgl. deren Lokalisationen im negativen Achsenabschnitt). Als "Land der Mitte" kann zum Referenzzeitpunkt Großbritannien bezeichnet werden, wobei sein "nordirischer Teil" im Bevölkerungsdurchschnitt im politi-

Abbildung 8.5: Grafische Darstellung der Korrespondenzanalyse, Eurobarometer, Referenzzeitraum

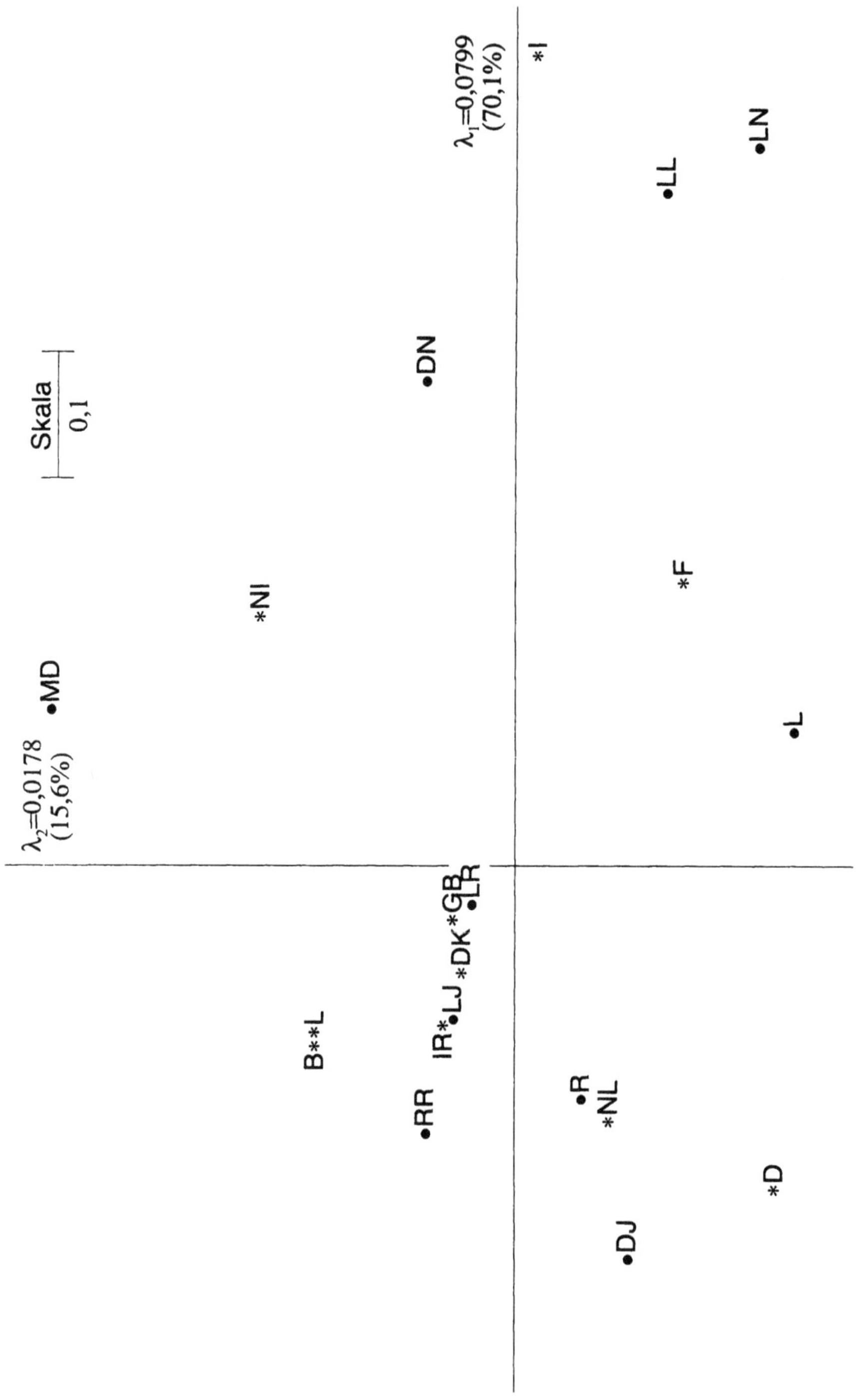

Tabelle 8.12: Numerische Darstellung, Referenzzeitpunkt 1976

Name	SQCOR	MASS	INR	LOC1	QCOR1	INR1	LOC2	QCOR2	INR2	LOC3	QCOR3	INR3	LOC4	QCOR4	INR4
F1	0,950	0,114	0,083	0,224	0,602	0,071	-0,152	0,277	0,147	-0,016	0,003	0,004	-0,075	0,068	0,127
B1	0,981	0,113	0,075	-0,143	0,272	0,029	0,184	0,452	0,216	-0,138	0,255	0,312	-0,010	0,001	0,002
NL1	0,917	0,118	0,076	-0,211	0,610	0,066	-0,083	0,094	0,046	-0,021	0,006	0,007	0,123	0,207	0,351
D1	0,979	0,118	0,131	-0,266	0,556	0,104	-0,231	0,420	0,353	-0,016	0,002	0,004	-0,013	0,001	0,004
I1	0,996	0,117	0,465	0,670	0,993	0,659	-0,014	0,000	0,001	-0,027	0,002	0,012	0,022	0,001	0,011
L1	0,938	0,034	0,027	-0,133	0,191	0,007	0,183	0,361	0,063	-0,128	0,177	0,079	-0,139	0,209	0,128
DK1	0,887	0,118	0,049	-0,101	0,218	0,015	0,055	0,065	0,020	0,156	0,517	0,412	-0,064	0,088	0,096
IR1	0,883	0,117	0,032	-0,138	0,612	0,028	0,068	0,147	0,030	0,034	0,038	0,020	-0,052	0,086	0,061
GB1	0,597	0,117	0,018	-0,051	0,147	0,004	0,056	0,180	0,021	0,008	0,004	0,001	0,068	0,266	0,107
NI1	0,937	0,035	0,045	0,197	0,263	0,017	0,232	0,362	0,104	0,172	0,200	0,148	0,129	0,112	0,113
LJ	0,970	0,280	0,047	-0,124	0,800	0,054	0,056	0,166	0,050	0,008	0,004	0,003	0,002	0,000	0,000
LN	0,964	0,059	0,216	0,588	0,829	0,255	-0,213	0,109	0,150	-0,094	0,021	0,076	-0,043	0,004	0,022
DJ	0,994	0,176	0,187	-0,330	0,898	0,240	-0,102	0,085	0,102	-0,025	0,005	0,016	-0,025	0,005	0,022
DN	0,998	0,144	0,223	0,400	0,905	0,288	0,084	0,040	0,057	0,075	0,032	0,118	0,062	0,022	0,109
LL	0,892	0,024	0,086	0,553	0,765	0,093	-0,129	0,041	0,023	-0,177	0,078	0,110	0,053	0,007	0,014
L	0,930	0,060	0,046	0,107	0,131	0,009	-0,248	0,705	0,207	0,013	0,002	0,002	-0,089	0,092	0,094
LR	0,936	0,118	0,024	-0,029	0,036	0,001	0,052	0,115	0,018	0,126	0,668	0,267	-0,052	0,117	0,064
R	0,777	0,071	0,040	-0,191	0,570	0,032	-0,053	0,044	0,011	-0,007	0,001	0,000	0,102	0,163	0,144
RR	0,921	0,032	0,043	-0,225	0,333	0,020	0,082	0,044	0,012	-0,189	0,235	0,166	0,216	0,308	0,297
MD	0,995	0,037	0,089	0,126	0,057	0,007	0,425	0,654	0,371	-0,215	0,166	0,242	-0,181	0,118	0,235

schen Spektrum weiter "links" stand, des weiteren waren die Nordiren mit dem Leben und der Demokratie im Durchschnitt weniger zufrieden als die (durchschnittliche) Bevölkerung von Großbritannien (ohne Nordirland).

Die zweite Achse ist im positiven Bereich insbesondere durch jene Gruppe von Befragten gekennzeichnet, die bei der Frage zur politischen Einstellung "keine Angabe" gemacht haben (MD); der Gegenpol dazu - im negativen Abschnitt der zweiten Achse - besteht insbesondere aus den im politischen Spektrum "eher links" (L) angesiedelten Personen bzw. aus jenen Personen, die mit dem Leben unzufrieden waren (LN). Während von den Nordiren, den Belgiern und den Luxemburgern 1976 relativ viele die Frage nach der politischen Einstellung verweigerten, haben sich von den Deutschen und von den Franzosen überdurchschnittlich viele auf dem Links-Rechts-Spektrum eingeordnet. Ob diese Unterschiede zwischen den Ländern in der Verweigerung der Frage zur politischen Einstellung auf unterschiedlichen Einstellungsmustern basieren oder ob sie auf Unterschiede in den Intervieweranweisungen zurückgeführt werden können, kann auf der Basis dieser Ergebnisse nicht beurteilt werden.

Das Trägheitsgewicht der ersten Achse (der erste Eigenwert) erklärt 70,1% der Variation, das zweite weitere 15,6%, das dritte weitere 6,1% und das vierte weitere 4,5%. Entsprechend dem *Eigenwertkriterium* würden bei insgesamt sieben vorhandenen Dimensionen (auf der Ebene der Länder: 10 - 1 = 9 Dimensionen; auf der Ebene der Variablen: 10 Variablenausprägungen - 3 Variablen = 7 Dimensionen)[5] lediglich die ersten beiden Dimension berücksichtigt. Da es jedoch über Zeit zu Verschiebungen kommen kann und da Zusammenhänge, die für 1976 noch als "unbedeutend" klassifiziert wurden, in späteren Jahren relevant sein mögen, werden für die numerische Ausgabe die ersten vier Dimensionen berücksichtigt (Tabelle 8.12).

Bezogen auf die erste Dimension werden mit der numerischen Lösung die Ergebnisse bestätigt, die aus der grafischen Darstellung abgeleitet werden konnten: Auf der Ebene der Variablen besteht der Hauptgegensatz zwischen denjenigen, die mit der Demokratie und dem Leben zufrieden sind, versus denen, die damit nicht zufrieden sind. Dabei erklären bereits die beiden Ausprägungen der Variablen "Demokratiezufriedenheit" 52,8% der geometrischen Ausrichtung der ersten Achse, die der "Lebenszufriedenheit" weitere 30,9%; d. h. der Indikator "Demokratiezufriedenheit" ist für die Differenzierung der Bewohner in den Ländern der Europäischen Union im Jahre 1976 wichtiger als der Indikator "Lebenszufriedenheit". Während die Zufriedenheit mit der Demokratie und mit dem Leben mit einer (eher) rechten politischen Einstellung verbunden ist, ist die Unzufriedenheit mit einer (eher)

5 Durch eine geringfügig unterschiedliche Anzahl von fehlenden Werten bei den einzelnen Fragen gibt es rechnerisch zwar neun Dimensionen, die letzten beiden, mit einem erklärten Anteil an der Gesamtvariation von 0,2%, sind jedoch irrelevant.

linken politischen Einstellung assoziiert.

Auf der Ebene der Länder wird die geometrische Ausrichtung der ersten Achse durch Italien zu 65,9% erklärt. Verglichen mit den anderen Ländern der Europäischen Union waren die Italiener 1976 sehr unzufrieden mit ihrem demokratischen System und mit ihrem Leben. Zusätzlich zu Italien kann einzig bei Frankreich und Nordirland noch eine relative Unzufriedenheit erkannt werden, in allen anderen Ländern ist der Anteil der Zufriedenen als durchschnittlich bzw. überdurchschnittlich hoch zu bezeichnen - zu den letzteren gehören insbesondere die Bewohner von Deutschland und den Niederlanden.

Die geometrische Ausrichtung der zweiten Achse wird zu 37,1% durch die bei der Frage zur politischen Einstellung berücksichtigte Kategorie "keine Angabe" (MD) determiniert. Negativ ist dieses Merkmal mit einer "eher linken politischen Einstellung" (L) assoziiert, alle anderen Merkmale haben auf dieser Dimension keine relevante Ladung (vgl. die Spalte QCOR2). Die Belgier haben überdurchschnittlich oft die Frage nach der Einordnung in das Links-Rechts-Spektrum verweigert, die Deutschen - und mit Abstrichen auch die Franzosen - haben diese Frage relativ oft beantwortet, wobei sie überdurchschnittlich oft eine "eher linke politische Einstellung" bekundet haben. Während die "eher linke politische Einstellung" für Frankreich auf den ersten beiden Dimensionen konsistent ist, dominiert in Deutschland, verbunden mit einer positiven Einstellung zur Demokratie und zum Leben, eine "eher rechte politische Einstellung". Da die erste Achse den größten Teil der Variation erklärt, kann für Deutschland gesagt werden, daß es eine relativ große Gruppe von Personen gibt, die mit der Demokratie und dem Leben zufrieden sind und die sich auf dem politischen Spektrum überdurchschnittlich oft "eher rechts" einordnen. Davon unabhängig gibt es eine relativ kleine Gruppe von Personen, die politisch "eher links" eingestellt und die mit dem Leben und mit der Demokratie weder zufrieden noch unzufrieden sind.

Die dritte Achse spiegelt im positiven Bereich die Antworttendenz zur "Mitte" (LR) bei der Frage zur politischen Einstellung wider und im negativen Bereich die bei dieser Frage berücksichtigte Antwortkategorie "keine Angabe". Da die Mittelkategorie einer Skala auch als versteckte Antwortverweigerung verwendet wird (vgl. Krosnick und Fabrigar 1997, Blasius und Thiessen 2000), symbolisiert diese Achse insbesondere Gegensätze im Antwortverhalten (genaue Fragestellung bzw. Intervieweranweisung) in den Ländern der Europäischen Union. Auf der Ebene der Länder wurde in Dänemark überdurchschnittlich oft eine der beiden mittleren Kategorien gewählt (diese wurden zu "LR" zusammengefaßt), in Belgien die direkte Antwortverweigerung. Auf der Variablenebene kann die vierte Dimension hauptsächlich mit "weißen Rauschen" beschrieben werden, auf der Ebene der Länder gibt es zwar einen schwachen Gegensatz von Großbritannien, Irland und den Niederlanden versus Luxemburg und Frankreich, dieser kann aber nicht mit Hilfe der verwendeten Variablen beschrieben werden.

8.3.3 Die Struktur der Daten über Zeit

Ein Ziel der Europäischen Union ist, einen gemeinsamen Wirtschaftsraum zu schaffen, in dem gleichberechtigte Partner zusammen arbeiten. Wenn die Ziele der Europäischen Union erreicht werden, sollten sich die Lebensbedingungen - die objektiven und die subjektiv wahrgenommenen - einander anpassen; d. h. es sollte eine "Tendenz zur Mitte" geben, die durchschnittlichen Einstellungen zur Demokratie und zum Leben sowie die Einstufung in das Links-Rechts-Spektrum sollten einander ähnlicher werden. In der grafischen Darstellung sollten sich die Lokalisationen "der Länder" mit zunehmender Zeit in Richtung Achsenkreuz verschieben, in der numerischen Ausgabe sollte - bei konstanter Stichprobengröße (also bei konstanter Masse) - die Summe der hypothetischen Trägheitsgewichte der Variablenausprägungen im Zeitverlauf kleiner werden. Wurden die Gegensätze - entgegen den Erwartungen - zwischen den Ländern über Zeit größer, so ist die Bewegungsrichtung der Lokalisationen weg von der Mitte und die Summe der hypothetischen Trägheitsgewichte größer; die Zufriedenen wurden zufriedener, die Unzufriedenen wurden unzufriedener, die Profile wurden unterschiedlicher, die Variation der Daten ist größer.

Um die Veränderungen in den Einstellungsprofilen über Zeit sichtbar machen zu können, wurden dieselben Variablen aus den Erhebungen vom April 1979, März 1983, April 1987, März 1991 und April 1995 verwendet. Die Daten für diese Jahre, bei denen in allen Ländern die Stichprobengröße unverändert blieb (die Massen können also unberücksichtigt bleiben), sind in Tabelle 8.13 wiedergegeben (angegeben sind die Zeilenprofile, Eingabedaten der Korrespondenzanalyse sind jedoch die Häufigkeiten), die grafische Darstellung in Abbildung 8.6.

Werden die Antwortprofile der Befragten aus den alten Bundesländern zu den nachfolgenden Zeitpunkten in den bereits beschriebenen Darstellungsraum projiziert, so kann eine "Bewegung" auf der ersten Achse abgelesen werden: waren von den Deutschen 1976 und ebenfalls 1979 (vgl. die Lage von "D2" relativ zum Achsenkreuz in Abbildung 8.6) relativ viele dem "rechten politischen Spektrum" zuzuordnen und waren überdurchschnittlich viele mit dem Leben als auch mit der Demokratie zufrieden, so können die Bewohner der alten Bundesländer im Jahr 1983 (D3) schon eher als "Bevölkerung der Mitte" bezeichnet werden (vgl. die Position von "D3" relativ zur Position von "D2" und dem Achsenkreuz). Bezogen auf die Situation in den Mitgliedsländern der Europäischen Union von 1976 waren zwar auch 1983 noch immer überdurchschnittlich viele mit dem Leben und der Demokratie zufrieden (die Position ist weiterhin links vom Achsenkreuz), aber das Verhältnis von "zufrieden" zu "nicht zufrieden" ist stärker dem des Durchschnittes der Europäischen Union von 1976 angeglichen, als dies noch 1979 der Fall war. Für 1987 kann ein "Anstieg" auf der Zufriedenheitsskala verzeichnet werden ("Bewegung" nach links auf der ersten Achse), in 1991 sowie 1995 äußerten sich die Bewohner der alten Bundesländer wieder unzufriedener

Tabelle 8.13: Die Verteilungen der Variablenausprägungen in den Ländern zu nachfolgenden Zeitpunkten, Zeilenprofile

	Lebens-zufriedenheit		Demokratie-zufriedenheit		Links-Rechts-Skala						
	Ja	Nein	Ja	Nein	Links		Mitte		Rechts	MD	Summe
April 1979											
F2	23,7	10,6	13,5	17,4	3,3	10,1	10,1	5,9	1,4	4,1	100,0
B2	31,4	3,1	15,2	15,0	2,1	3,7	10,4	6,0	3,3	9,6	100,0
NL2	32,0	1,6	22,0	10,4	3,2	8,6	9,6	6,4	3,9	2,3	100,0
D2	29,4	4,1	27,3	5,0	0,6	6,1	12,8	7,1	2,4	5,2	100,0
I2	19,7	13,8	5,3	27,6	6,3	8,9	10,8	2,2	1,3	4,3	100,0
L2	31,7	1,9	21,0	11,3	2,1	6,2	12,0	8,2	1,7	4,1	100,0
DK2	32,0	1,7	21,6	10,7	1,0	6,1	14,8	6,2	1,7	4,3	100,0
IR2	28,7	5,7	16,3	14,8	0,6	2,9	14,1	7,1	3,2	6,5	100,0
GB2	29,1	4,8	18,0	14,0	1,2	4,6	15,0	8,0	2,3	3,1	100,0
NI2	29,2	5,0	9,2	22,3	0,6	4,1	16,5	7,1	2,9	3,0	100,0
März 1983											
F3	25,2	9,1	12,9	18,4	2,8	8,3	11,6	6,2	1,8	3,7	100,0
B3	28,8	5,7	15,2	15,3	1,0	3,5	10,5	8,3	2,9	8,8	100,0
NL3	31,1	2,6	18,0	14,5	3,5	7,6	10,6	8,1	2,8	1,2	100,0
D3	27,4	6,0	24,8	7,7	1,3	7,3	12,2	6,6	2,1	4,5	100,0
I3	22,7	10,9	5,7	27,0	4,1	8,6	11,8	2,5	1,5	5,2	100,0
L3	31,7	2,2	21,4	10,1	2,1	5,5	15,0	5,4	3,6	3,0	100,0
DK3	32,4	1,5	24,1	8,1	1,1	5,6	11,9	8,8	3,1	3,4	100,0
IR3	27,9	5,9	15,4	16,7	1,1	3,4	12,5	8,2	4,5	4,4	100,0
GB3	29,5	4,4	21,9	10,0	1,6	5,2	13,7	8,5	2,6	2,5	100,0
NI3	30,4	4,1	13,7	17,3	1,2	2,9	14,6	7,6	3,2	5,0	100,0
April 1987											
F4	27,0	6,9	17,9	14,1	2,8	9,0	12,5	4,4	1,4	4,0	100,0
B4	28,9	4,6	18,5	13,7	2,2	6,0	11,6	6,7	1,6	6,2	100,0
NL4	31,2	2,5	20,6	11,7	2,5	9,5	11,0	7,7	1,9	1,5	100,0
D4	29,1	4,5	25,6	7,2	1,6	7,4	11,7	6,8	1,6	4,7	100,0
I4	24,0	9,7	10,0	22,6	4,4	7,0	12,0	3,0	1,6	5,6	100,0
L4	32,0	1,4	26,1	6,5	1,9	4,4	14,5	5,0	3,0	5,3	100,0
DK4	32,4	1,3	23,8	8,7	1,7	7,6	11,0	7,7	2,3	3,5	100,0
IR4	27,1	6,8	18,4	13,4	0,8	3,2	12,4	8,4	3,7	5,7	100,0
GB4	29,1	4,6	20,1	12,1	1,0	4,5	13,7	8,9	2,1	3,8	100,0
NI4	30,3	4,0	11,6	19,7	0,5	2,2	16,9	7,0	2,6	5,2	100,0

Tabelle 8.13: Fortsetzung

	Lebens-zufriedenheit		Demokratie-zufriedenheit		Links-Rechts-Skala						
	Ja	Nein	Ja	Nein	Links		Mitte		Rechts	MD	Summe
März 1991											
F5	27,1	6,5	20,7	11,6	3,2	8,1	11,9	4,2	1,2	5,4	100,0
B5	30,5	3,2	22,0	10,5	1,1	4,9	12,1	6,4	1,9	7,4	100,0
NL5	32,1	1,4	25,0	7,9	2,0	8,4	11,8	6,4	2,2	2,9	100,0
D5	30,2	3,2	23,0	10,0	1,5	7,0	11,3	7,2	2,1	4,5	100,0
I5	26,9	6,6	10,7	22,2	3,3	5,9	11,0	2,9	1,2	9,2	100,0
L5	32,0	2,0	25,8	5,8	1,3	5,4	12,3	4,3	2,2	8,8	100,0
DK5	32,4	1,0	27,3	5,8	1,7	6,8	11,5	9,0	2,2	2,3	100,0
IR5	29,5	4,2	22,4	9,8	1,4	5,4	13,0	5,5	3,4	5,4	100,0
GB5	29,4	4,3	20,4	12,2	1,3	5,9	15,3	7,1	2,0	2,1	100,0
NI5	30,1	4,1	14,7	16,7	2,0	5,0	13,9	5,9	2,7	5,0	100,0
April 1995											
F6	24,5	8,8	15,7	17,3	3,0	9,1	10,7	4,3	1,6	5,0	100,0
B6	29,7	3,9	18,4	14,1	2,1	6,2	11,3	6,6	2,2	5,3	100,0
NL6	31,6	2,0	23,8	9,0	1,7	9,6	11,4	7,4	0,8	2,8	100,0
D6	28,8	4,3	22,3	11,0	1,5	7,6	12,4	5,4	1,4	5,3	100,0
I6	26,1	7,2	6,5	26,6	4,3	7,3	7,9	4,4	2,0	7,6	100,0
L6	32,1	1,8	25,8	6,3	1,2	7,4	11,6	5,7	0,7	7,4	100,0
DK6	32,6	0,7	27,7	5,5	1,6	7,9	10,7	10,1	1,3	1,7	100,0
IR6	30,3	3,5	23,7	8,7	1,2	5,5	15,1	4,9	1,1	6,1	100,0
GB6	28,4	5,3	16,1	16,3	1,8	8,0	14,8	4,9	1,0	3,3	100,0
NI6	31,1	2,7	19,5	12,6	0,4	5,5	18,6	3,8	1,1	4,7	100,0

und mehr entsprechend dem Durchschnitt der Europäischen Union von 1976.

Auch für Italien kann eine Tendenz zur Mitte beschrieben werden, in diesem Fall weg von der relativen Unzufriedenheit mit dem Leben und der Demokratie sowie weg von dem linken politischen Rand. Die Bewegung hin zur Mitte, die selbst jedoch zu keinem Zeitpunkt erreicht wird, gilt von 1979 bis 1991, 1995 ist wieder eine Bewegung zu einer größeren Unzufriedenheit festzustellen (vgl. die Bewegung von "Italien" in Abbildung 8.6).[6]

6 Um die grafische Darstellung übersichtlich gestalten zu können, wurde darauf verzichtet, die aktiven Merkmale des Referenzzeitpunktes nochmals aufzunehmen. Die Skala in den Abbildungen 8.5 und 8.6 ist identisch, so daß die beiden Grafiken - und ebenso die in diesem Kapitel noch folgenden - übereinandergelegt und gemeinsam interpretiert werden können. Um dies besser nachvollziehen zu können, wurden die Abbildungen 8.5 bis 8.9 auf separaten Seiten gedruckt.

Abbildung 8.6: Die Lokalisationen der Länder im Referenzraum zu späteren Zeitpunkten*)

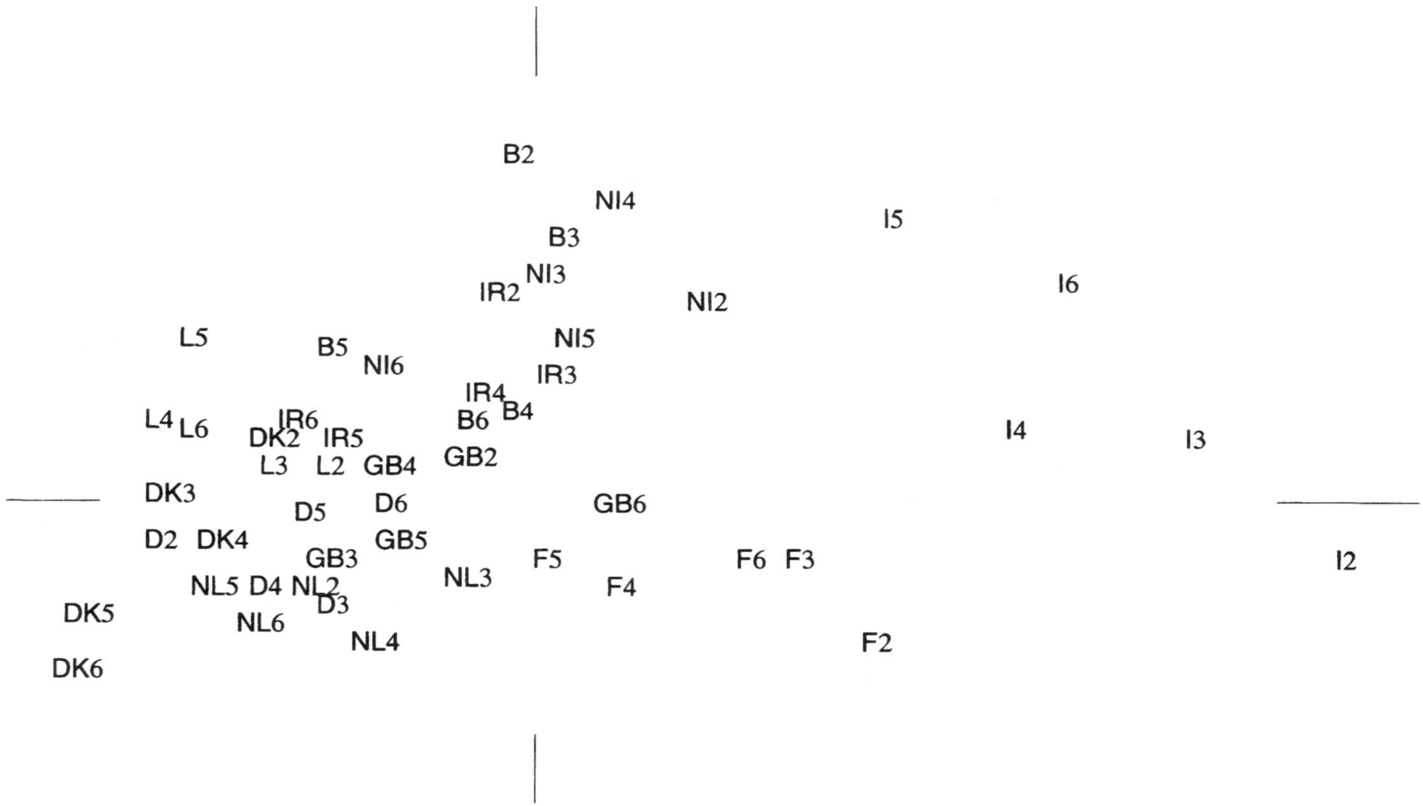

*) Werden die Abbildungen 8.5 bis 8.9 auf Folie kopiert und übereinander gelegt ergibt sich der vollständige Projektionsraum.

Ein gegensätzliches Muster hat Dänemark: Äußerten sich deren Bewohner 1976 eher durchschnittlich (vgl. die Position von "DK" in der Abbildung 8.5), so ist über Zeit eine relativ konstante "Bewegung in den linken Achsenabschnitt" zu verzeichnen. Aus einer Bevölkerung, deren Lebens- und Demokratiezufriedenheit im Referenzjahr als leicht überdurchschnittlich zu bezeichnen war, wurde eine Bevölkerung, die seit dem Beginn der 90er Jahre deutlich überdurchschnittlich zufrieden ist. Damit einhergehend wurde der Anteil der Gruppe größer, die eine (eher) rechte politische Einstellung bekundete.

Die Bewegungen auf der zweiten Achse in Richtung auf das Koordinatenkreuz - oder von diesem weg - sind inhaltlich kaum relevant, sie spiegeln insbesondere den steigenden/ den sinkenden Anteil an Verweigerern bei der Frage nach der "Links-Rechts-Einstufung" wider. So ist in den alten Bundesländern der Anteil der Verweigerungen bei dieser Frage im Zeitverlauf gestiegen - er entspricht 1991 und 1995 etwa dem Durchschnitt der Verweigerungen in allen Ländern der Europäischen Union des Jahres 1976 (Abbildung 8.6; vgl. die Positionen von D5 und D6 auf der zweiten Achse).

Eine weitere Beschreibung dieser Daten ist mit Hilfe der Koeffizienten für die passiven Merkmale möglich (Tabelle 8.14). Da die Fallzahl in allen Ländern über die Erhebungszeitpunkte identisch ist und da die Anzahl der fehlenden Werte entweder kaum variiert (bei den Fragen zur Demokratiezufriedenheit und zur Lebenszufriedenheit) bzw. da die "fehlenden Werte" bei der Frage der politischen Einstellung in der Analyse berücksichtigt werden, können die Massen der Zeilen (die "Gewichte" der Länder zu den unterschiedlichen Zeitpunkten) als identisch angesehen werden. Unter dieser Voraussetzung können die hypothetischen relativen Trägheitsgewichte der Variablenausprägungen (zur Interpretation dieser Werte vgl. Abschnitt 4.5) direkt als Maßzahl zur Beschreibung des Ausmaßes der "Wanderungsbewegungen" verwendet werden. Werden die Daten jahresweise betrachtet und werden die Werte über die Länder summiert, so ist ein Wert von größer 1,0 ein Indikator dafür, daß sich die Länder im Durchschnitt weiter von der Mitte entfernt haben, ein Wert von kleiner 1,0 ist ein Indikator dafür, daß die Einstellungen in den Ländern im Durchschnitt einander ähnlicher geworden sind.

Im Vergleich mit 1976 und bezogen auf die erste Dimension steigt die oben definierte Maßzahl von 1,0 auf 1,181 (1979), um dann über 0,787 (1983) auf 0,528 (1987) zu sinken; danach steigt der Wert des hypothetischen relativen Gesamtträgheitsgewichtes der ersten Achse wieder über 0,704 (1991) auf 0,815 (1995). Auf der Basis dieser Ergebnisse kann eine globale Bewegung der Länder zur Mitte bestätigt werden. Der erste Anstieg des hypothetischen relativen Gesamtträgheitsgewichtes und der darauffolgende Rückgang ist allerdings zu einem großen Teil auf die Angaben aus Italien zurückzuführen - 1979 (I2) war dessen hypothetisches Trägheitsgewicht 0,774 oder 77,4%; 1987 war der Wert auf 0,236 gesunken. Die Bevölkerung in Italien ist zwar auch 1995 immer noch relativ unzufrieden mit dem Leben und der Demokratie, sie ist aber in Richtung "Europäische Mitte" gerückt. Der

Tabelle 8.14: Numerische Darstellung, weitere Zeitpunkte als passive Variablen

Name	SQCOR	MASS	INR	LOC1	QCOR1	INR1	LOC2	QCOR2	INR2	LOC3	QCOR3	INR3	LOC4	QCOR4	INR4
F2	0,922	0,115	0,107	0,264	0,663	0,101	-0,126	0,151	0,103	-0,022	0,005	0,008	-0,104	0,103	0,246
B2	0,954	0,111	0,126	-0,019	0,003	0,000	0,315	0,765	0,618	-0,123	0,117	0,243	-0,095	0,070	0,198
NL2	0,533	0,120	0,089	-0,198	0,459	0,058	-0,076	0,067	0,038	-0,020	0,005	0,007	0,012	0,002	0,003
D2	0,964	0,117	0,149	-0,314	0,679	0,144	-0,035	0,008	0,008	-0,059	0,024	0,058	-0,192	0,253	0,843
I2	0,985	0,139	0,556	0,667	0,976	0,774	-0,050	0,006	0,020	0,002	0,000	0,000	-0,037	0,003	0,037
L2	0,734	0,035	0,017	-0,183	0,610	0,015	0,035	0,023	0,002	0,043	0,034	0,009	-0,061	0,068	0,026
DK2	0,967	0,125	0,089	-0,215	0,571	0,072	0,069	0,059	0,034	0,099	0,122	0,178	-0,132	0,214	0,427
I2	0,714	0,115	0,059	-0,025	0,010	0,001	0,195	0,648	0,244	0,007	0,001	0,001	-0,057	0,055	0,072
GB2	0,800	0,118	0,027	-0,073	0,198	0,008	0,040	0,061	0,011	0,119	0,533	0,240	-0,015	0,008	0,005
NI2	0,926	0,036	0,039	0,137	0,148	0,008	0,182	0,261	0,066	0,241	0,457	0,296	0,086	0,059	0,052
F3	0,935	0,116	0,061	0,223	0,825	0,072	-0,052	0,046	0,018	0,036	0,021	0,021	-0,051	0,043	0,059
B3	0,752	0,118	0,104	0,014	0,002	0,000	0,245	0,595	0,396	-0,099	0,097	0,165	-0,077	0,059	0,137
NL3	0,438	0,117	0,053	-0,073	0,103	0,008	-0,068	0,091	0,031	0,076	0,113	0,098	0,082	0,131	0,154
D3	0,956	0,122	0,080	-0,178	0,424	0,049	-0,090	0,108	0,056	-0,047	0,029	0,038	-0,172	0,394	0,711
I3	0,966	0,122	0,330	0,537	0,931	0,439	0,061	0,012	0,025	0,060	0,012	0,062	-0,059	0,011	0,084
L3	0,759	0,034	0,019	-0,206	0,657	0,018	0,031	0,015	0,002	0,060	0,057	0,018	-0,045	0,031	0,013
DK3	0,974	0,120	0,110	-0,317	0,963	0,151	0,006	0,000	0,000	0,015	0,002	0,004	-0,029	0,008	0,020
IR3	0,634	0,115	0,034	0,006	0,001	0,000	0,120	0,430	0,093	0,013	0,005	0,003	0,081	0,198	0,150
GB3	0,884	0,120	0,046	-0,182	0,757	0,050	-0,046	0,047	0,014	0,054	0,065	0,049	-0,024	0,013	0,014
NI3	0,927	0,037	0,018	0,000	0,000	0,000	0,209	0,771	0,091	0,089	0,139	0,042	0,032	0,018	0,007

Tabelle 8.14, Fortsetzung: Numerische Darstellung, weitere Zeitpunkte als passive Variablen

Name	SQCOR	MASS	INR	LOC1	QCOR1	INR1	LOC2	QCOR2	INR2	LOC3	QCOR3	INR3	LOC4	QCOR4	INR4
F4	0,866	0,117	0,039	0,068	0,120	0,007	-0,072	0,133	0,034	0,026	0,018	0,012	-0,152	0,596	0,527
B4	0,769	0,117	0,030	-0,030	0,030	0,001	0,086	0,249	0,048	-0,020	0,014	0,007	-0,119	0,477	0,323
NL4	0,606	0,117	0,077	-0,149	0,294	0,032	-0,122	0,198	0,098	0,088	0,104	0,132	-0,028	0,010	0,018
D4	0,962	0,117	0,096	-0,221	0,521	0,071	-0,074	0,059	0,036	-0,042	0,018	0,029	-0,184	0,363	0,781
I4	0,974	0,124	0,182	0,390	0,907	0,236	0,065	0,025	0,029	0,003	0,000	0,000	-0,083	0,041	0,169
L4	0,879	0,034	0,044	-0,318	0,673	0,042	0,080	0,042	0,012	-0,029	0,005	0,004	-0,154	0,158	0,156
DK4	0,837	0,116	0,100	-0,274	0,766	0,110	-0,029	0,009	0,006	0,016	0,003	0,004	-0,077	0,060	0,135
IR4	0,372	0,117	0,043	-0,047	0,052	0,003	0,104	0,255	0,071	-0,048	0,055	0,039	-0,020	0,009	0,009
GB4	0,695	0,115	0,035	-0,132	0,504	0,025	0,032	0,030	0,007	0,065	0,120	0,069	-0,038	0,041	0,032
NI4	0,928	0,037	0,038	0,051	0,023	0,001	0,272	0,637	0,155	0,176	0,267	0,167	0,014	0,002	0,001
F5	0,880	0,117	0,055	0,006	0,001	0,000	-0,047	0,041	0,014	-0,050	0,046	0,041	-0,207	0,793	0,982
B5	0,929	0,124	0,099	-0,175	0,336	0,048	0,144	0,228	0,145	-0,049	0,027	0,044	-0,176	0,338	0,753
NL5	0,834	0,122	0,124	-0,280	0,677	0,120	-0,077	0,052	0,041	0,029	0,007	0,015	-0,106	0,097	0,271
D5	0,893	0,127	0,063	-0,195	0,677	0,061	-0,007	0,001	0,000	-0,007	0,001	0,001	-0,110	0,214	0,301
I5	0,929	0,119	0,203	0,295	0,449	0,130	0,256	0,338	0,438	-0,042	0,009	0,030	-0,161	0,133	0,604
L5	0,969	0,058	0,109	-0,291	0,397	0,062	0,153	0,109	0,076	-0,130	0,079	0,141	-0,287	0,384	0,940
DK5	0,924	0,118	0,177	-0,380	0,844	0,214	-0,098	0,056	0,063	0,023	0,003	0,009	-0,060	0,021	0,084
IR5	0,925	0,118	0,054	-0,171	0,559	0,043	0,056	0,060	0,021	-0,042	0,034	0,030	-0,119	0,271	0,328
GB5	0,954	0,124	0,043	-0,128	0,418	0,026	-0,034	0,030	0,008	0,133	0,448	0,317	-0,048	0,058	0,056
NI5	0,975	0,034	0,009	0,021	0,014	0,000	0,150	0,751	0,043	0,072	0,175	0,026	-0,032	0,034	0,007

Tabelle 8.14, Fortsetzung: Numerische Darstellung, weitere Zeitpunkte als passive Variablen

Name	SQCOR	MASS	INR	LOC1	QCOR1	INR1	LOC2	QCOR2	INR2	LOC3	QCOR3	INR3	LOC4	QCOR4	INR4
F6	0,898	0,118	0,071	0,201	0,585	0,059	-0,053	0,040	0,018	-0,024	0,008	0,010	-0,135	0,265	0,424
B6	0,678	0,124	0,022	-0,048	0,114	0,004	0,075	0,284	0,040	-0,000	0,000	0,000	-0,075	0,280	0,136
NL6	0,776	0,119	0,125	-0,236	0,468	0,083	-0,108	0,099	0,079	0,074	0,046	0,094	-0,140	0,164	0,458
D6	0,907	0,125	0,061	-0,122	0,265	0,023	0,002	0,000	0,000	0,005	0,000	0,000	-0,190	0,641	0,880
I6	0,859	0,125	0,290	0,428	0,694	0,287	0,204	0,158	0,292	-0,042	0,007	0,031	-0,014	0,001	0,005
L6	0,923	0,058	0,096	-0,288	0,438	0,060	0,065	0,022	0,014	-0,062	0,020	0,032	-0,289	0,442	0,955
DK6	0,870	0,119	0,219	-0,393	0,734	0,229	-0,148	0,104	0,145	0,047	0,010	0,038	-0,068	0,022	0,107
IR6	0,955	0,117	0,114	-0,200	0,361	0,058	0,074	0,050	0,036	0,023	0,005	0,009	-0,244	0,539	1,373
GB6	0,921	0,125	0,046	0,053	0,067	0,004	-0,002	0,000	0,000	0,151	0,545	0,409	-0,113	0,308	0,316
NI6	0,946	0,035	0,035	-0,132	0,155	0,008	0,127	0,144	0,032	0,185	0,304	0,175	-0,197	0,343	0,270

für die letzten Meßzeitpunkte beobachtete Anstieg von "Ungleichheit" in den Ländern der Europäischen Union ist zu einem relativ großen Teil mit der gestiegenen Lebens- und Demokratiezufriedenheit bzw. mit der "Bewegung" zu einer rechten politischen Einstellung in Dänemark zu beschreiben - betrug dessen hypothetisches Trägheitsgewicht 1987 (DK4) noch 0,110, so stieg es innerhalb der folgenden vier Jahre auf einen Wert von 0,214 an und hatte 1995 einen Wert von 0,229.

Die zweite Dimension reflektiert insbesondere den Anteil der Verweigerer bei der Frage nach der politischen Einstellung. Hatte Belgien 1976 auf der Ebene der Verweigerer (positiver Abschnitt) mit 21,6% den größten Anteil an der geometrischen Ausrichtung der zweiten Achse, so steigt dieser Wert 1979 auf (hypothetische) 61,8%, 1983 liegt der Wert noch bei 39,6%, 1987 ist er mit 4,8% nur noch sehr gering. Für Deutschland, das auf der Ebene der Nicht-Verweigerer (negativer Abschnitt der zweiten Achse) 1976 mit 35,3% den insgesamt größten Anteil an der geometrischen Ausrichtung der zweiten Achse hatte, ist der Wert bereits zum zweiten Berichtszeitpunkt mit 0,8% nicht mehr auffällig.

Wird die dritte Dimension betrachtet, die auf der Basis der Referenzdaten eine Erklärungskraft von 6,1% hat, so ist auch hier ein Rückgang der hypothetischen Trägheitsgewichte der Variablenausprägungen zu verzeichnen (die kumulierten Werte sind, jahresweise betrachtet, kleiner 1,0), d. h. auch hier ist eine Bewegung zur Mitte zu beobachten. Dementgegen erhöhen sich die Werte auf der vierten Achse; diese ist zwar aufgrund ihrer relativ geringen Erklärungskraft (4,5% auf der Basis der Referenzdaten) für die Interpretation relativ unbedeutend, dennoch bindet sie - insbesondere für die letzten Meßzeitpunkte - einen relativen hohen Anteil an Variation (vgl. die hohen quadrierten Korrelationskoeffizienten und die hohen Trägheitsgewichte, Tabelle 8.14). Bezogen auf den ersten Meßzeitpunkt wurde diese Achse inhaltlich nicht interpretiert, sie spiegelt lediglich einen schwachen Gegensatz von Großbritannien, Irland und den Niederlanden versus Luxemburg und Frankreich wider (vgl. die unterschiedlichen Vorzeichen in der Spalte "LOC4", Tabelle 8.12). Werden die hypothetischen Werte für die drei letzten Meßzeitpunkte betrachtet, so sind die Vorzeichen für alle Länder identisch; d. h. die Unterschiede zwischen den beiden Gruppen von Ländern werden stärker. Da dieser Dimension jedoch keine Merkmale zugeschrieben werden können, können diese Differenzen auch "methodisch" bedingt sein.

8.3.4 Die Aufnahme weiterer Merkmale

Eine weitere Möglichkeit der Verwendung von passiven Merkmalen besteht in der Zerlegung der Variablen auf der Basis einer *Kontrollvariablen.* Auf die gleiche Weise wie es Thiessen u. a. (1994) auf der Basis von Paneldaten gezeigt haben, können Trenddaten in Subgruppen aufgesplittet werden und gemeinsam mit der Ursprungsvariablen im Projektionsraum dargestellt und interpretiert werden. Für Belgien kann z. B. die Bevölkerung in den flämisch- und den französisch-sprachigen Teil unterschieden werden und für jeden einzelnen Zeitpunkt kann grafisch dargestellt werden, ob und wie stark sich die Einstellungen in den beiden Bevölkerungsteilen unterscheiden. Dabei ergibt sich die Lokalisation der Gesamtbevölkerung aus dem gewichteten Mittel der Lokalisationen der beiden Teilpopulationen im Projektionsraum; z. B. für das Jahr 1976, erste Achse: 0,066 * -0,234 + 0,047 * -0,017 = 0,113 * -0,143 oder für das 1979, zweite Achse: 0,066 * 0,321 + 0,045 * 0,307 = 0,111 * 0,315 (vgl. Tabellen 8.16, 8.12, 8.14). In Tabelle 8.15 sind die Zeilenprofile für die beiden belgischen Teilpopulationen zu den unterschiedlichen Zeitpunkten wiedergeben, in Abbildung 8.7 deren Lokalisationen im Projektionsraum (die grafische Darstellung erfolgte auf derselben Skala wie bereits die Abbildungen 8.5 und 8.6, die Abbildungen können daher übereinander gelegt werden) und in Tabelle 8.16 die numerische Darstellung der Ergebnisse.

Tabelle 8.15: Zeilenprofile für die beiden Teile von Belgien

	Lebens-zufriedenheit		Demokratie-zufriedenheit		Links-Rechts-Skala						
	Ja	Nein	Ja	Nein	Links		Mitte		Rechts	MD	Summe
November 1976											
BFL1	32,5	2,3	20,6	9,5	2,2	2,7	9,2	8,7	5,9	6,3	100,0
BFR1	31,3	3,8	16,0	13,7	2,6	5,2	11,2	5,7	2,7	7,9	100,0
April 1979											
BFL2	32,0	2,5	16,4	13,8	1,4	2,5	10,7	7,3	4,5	8,9	100,0
BFR2	30,6	4,1	13,5	16,8	3,1	5,6	10,0	4,1	1,6	10,7	100,0
März 1983											
BFL3	31,5	3,2	18,0	12,3	0,7	2,0	10,8	9,3	3,6	8,6	100,0
BFR3	25,6	8,6	11,8	19,0	1,3	5,3	10,2	7,1	2,0	9,1	100,0
April 1987											
BFL4	30,8	2,8	19,5	12,4	1,4	4,7	14,3	7,8	1,5	4,6	100,0
BFR4	26,5	6,9	17,1	15,3	3,3	7,7	8,0	5,2	1,8	8,1	100,0
März 1991											
BFL5	31,9	1,7	23,0	9,5	0,6	4,5	11,8	8,3	2,1	6,6	100,0
BFR5	28,9	4,9	20,8	11,6	1,7	5,3	12,5	4,3	1,7	8,3	100,0
April 1995											
BFL6	31,2	2,5	18,9	13,6	2,5	6,0	13,0	7,9	3,2	1,1	100,0
BFR6	27,9	5,7	17,7	14,7	1,7	6,5	9,2	5,1	0,9	10,6	100,0

Abbildung 8.7: Grafische Darstellung der zwei Teile von Belgien im Projektionsraum

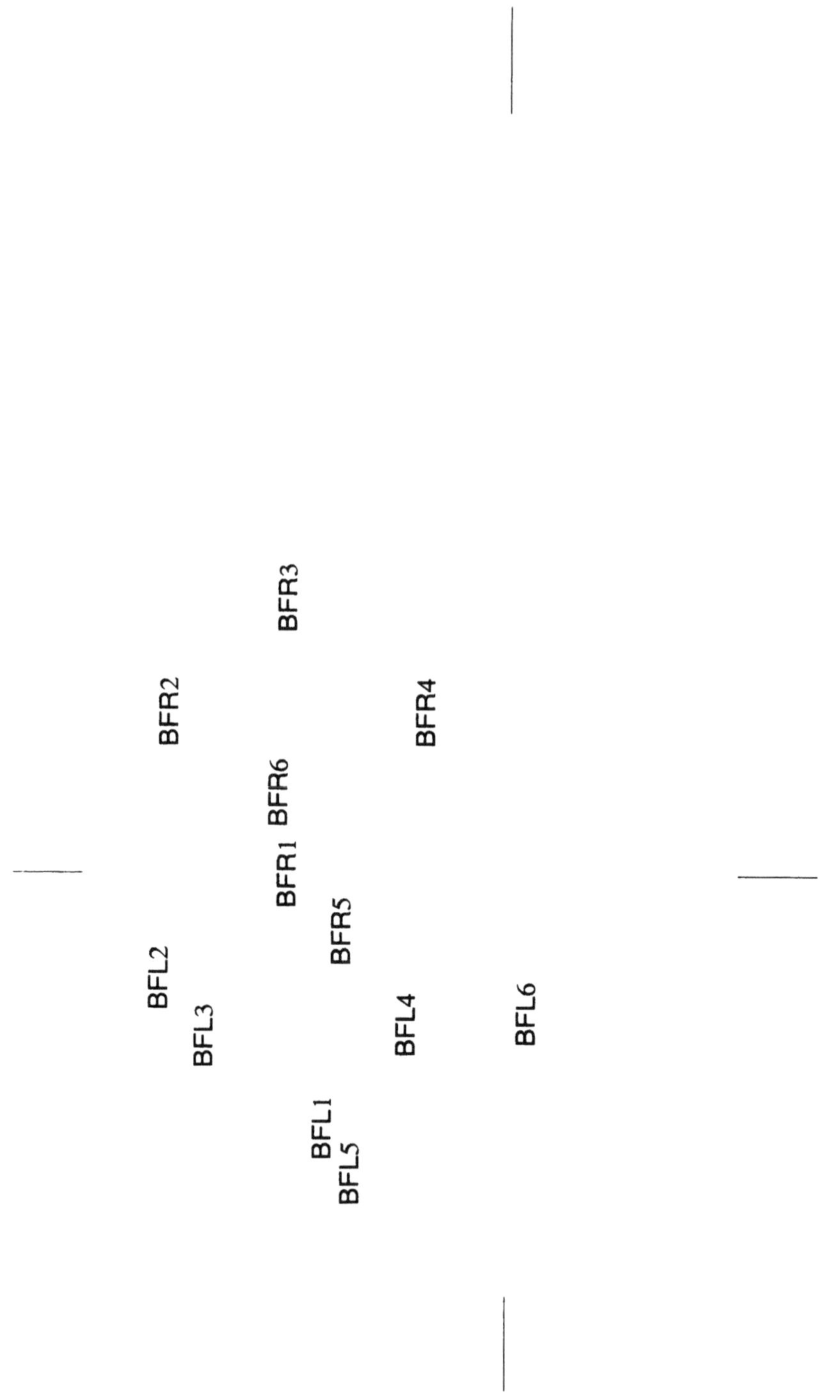

Tabelle 8.16: Numerische Darstellung der zwei Teile von Belgien

Name	SQCOR	MASS	INR	LOC1	QCOR1	INR1	LOC2	QCOR2	INR2	LOC3	QCOR3	INR3	LOC4	QCOR4	INR4
BFL1	0,996	0,066	0,069	-0,234	0,456	0,045	0,171	0,243	0,108	-0,178	0,263	0,299	0,064	0,035	0,054
BFR1	0,914	0,047	0,028	-0,017	0,004	0,000	0,203	0,612	0,110	-0,084	0,104	0,048	-0,114	0,193	0,121
BFL2	0,979	0,066	0,077	-0,106	0,085	0,009	0,321	0,776	0,380	-0,122	0,113	0,142	-0,025	0,005	0,008
BFR2	0,884	0,045	0,072	0,109	0,065	0,007	0,307	0,518	0,238	-0,125	0,085	0,101	-0,198	0,216	0,347
BFL3	0,846	0,064	0,076	-0,150	0,167	0,018	0,280	0,581	0,283	-0,108	0,086	0,107	-0,042	0,013	0,022
BFR3	0,759	0,053	0,066	0,211	0,315	0,030	0,203	0,289	0,123	-0,088	0,055	0,059	-0,119	0,100	0,149
BFL4	0,872	0,066	0,028	-0,141	0,409	0,016	0,095	0,184	0,033	0,084	0,145	0,067	-0,081	0,134	0,085
BFR4	0,800	0,051	0,039	0,115	0,149	0,008	0,074	0,062	0,016	-0,155	0,272	0,176	-0,168	0,318	0,281
BFL5	0,900	0,068	0,069	-0,264	0,599	0,059	0,139	0,165	0,073	-0,024	0,005	0,006	-0,124	0,131	0,204
BFR5	0,946	0,057	0,047	-0,068	0,048	0,003	0,151	0,239	0,073	-0,079	0,066	0,051	-0,237	0,592	0,628
BFL6	0,796	0,069	0,027	-0,126	0,360	0,014	-0,029	0,019	0,003	0,111	0,280	0,123	0,078	0,137	0,082
BFR6	0,826	0,055	0,079	0,050	0,015	0,002	0,205	0,259	0,130	-0,139	0,119	0,153	-0,265	0,433	0,763

Anhand von Abbildung 8.7 sind deutliche Einstellungsunterschiede zwischen der französisch- und der flämisch-sprachigen Bevölkerung zu erkennen: Für alle sechs Zeitpunkte gilt dabei, daß die französisch sprechenden Bewohner mit dem Leben und mit der Demokratie deutlich unzufriedener sind als die flämisch sprechenden. Bezogen auf den europäischen Durchschnitt haben die Bewohner des flämischen Teils zu allen Zeitpunkten eine überdurchschnittlich hohe Lebens- und Demokratiezufriedenheit und eine relative rechte politische Einstellung. Dementgegen ist im französisch-sprachigen Belgien die Lebens- und Demokratiezufriedenheit als unterdurchschnittlich und die (mittlere) politische Einstellung als "eher links" zu bezeichnen.

Mit Hilfe des Konzepts der passiven Variablen können nicht nur die Länder, deren Bevölkerung bereits an der ersten Erhebung teilgenommen hat und mit deren Daten der Projektionsraum determiniert wurde, zu späteren Zeitpunkten erneut berücksichtigt werden, sondern auch Länder, die erst zu einem späteren Zeitpunkt anfingen, an der halbjährlich stattfindenden Befragung teilzunehmen. Dies gilt z. B. für die erst in den achtziger bzw. erst in den neunziger Jahren in die Europäische Union aufgenommenen Länder Griechenland, Spanien, Portugal, Österreich, Finnland und Schweden, sowie für das "Beinahe-Mitglied" Norwegen.[7] Die Daten für diese Länder sind in Tabelle 8.17 (Zeilenprofile), die grafische Darstellung ist in Abbildung 8.8 wiedergegeben (auch diese Abbildung wurde wie die drei vorangegangenen skaliert). Um die Güte der Projektionen im latenten Raum besser bewerten zu können, wird auch die numerische Ausgabe der Ergebnisse der ersten vier Dimensionen berichtet (Tabelle 8.18).

Anhand von Abbildung 8.8 ist die relative hohe Lebens- und Demokratiezufriedenheit der Norweger - bezogen auf den Durchschnitt der Europäischen Union von 1976 und verglichen mit allen anderen Ländern zu allen anderen Zeitpunkten - zu erkennen. Eine überdurchschnittlich hohe Zufriedenheit bzw. eine (eher) rechte politische Einstellung gilt auch für die erst Mitte der 90er Jahre aufgenommenen Länder Österreich, Schweden und Finnland. Dementgegen ist in Spanien und Portugal, deren Bevölkerungen einander ähnliche Einstellungen haben, insbesondere für das Erhebungsjahr 1995 die Zufriedenheit mit der Demokratie und dem Leben als unterdurchschnittlich zu bezeichnen. Der "Verlauf" von Griechenland im Projektionsraum ist ebenfalls ähnlich dem der anderen beiden südeuropäischen Länder: vom ersten zum zweiten Erhebungszeitpunkt (bei Griechenland von 1983 (G3) nach 1987 (G4), bei Spanien und Portugal von 1987 (SP4 und P4) nach 1991 (SP5 und P5)) ist ein Anstieg in der Zufriedenheit und eine Bewegung zur "europäischen Mitte" zu erkennen, danach scheint die Unzufriedenheit wieder anzusteigen; die Länder bewegen sich wieder von der Mitte weg.

---

7 In Erwartung des Beitritts zur Europäischen Union nahm Norwegen 1995 an der Eurobarometer-Untersuchung teil.

Tabelle 8.17: Zeilenprofile für die nach 1979 der Europäischen Union beigetretenen Länder

	Lebens-zufriedenheit		Demokratie-zufriedenheit		Links-Rechts-Skala						
	Ja	Nein	Ja	Nein	Links		Mitte		Rechts	MD	Summe
März 1983											
G3	21,6	12,5	20,1	11,7	3,9	7,2	9,6	3,0	3,7	6,7	100,0
April 1987											
G4	23,4	10,3	20,6	11,8	2,4	7,5	11,0	6,6	2,7	3,6	100,0
SP4	25,3	8,7	16,7	14,9	3,3	9,0	8,6	2,8	0,9	9,8	100,0
P4	22,9	11,3	19,6	11,5	1,4	4,9	11,3	6,4	2,6	8,2	100,0
März 1991											
G5	18,5	15,1	12,6	20,0	2,2	4,7	11,1	5,5	4,3	5,9	100,0
SP5	27,2	6,5	20,5	12,2	3,6	10,1	8,9	2,6	0,7	7,7	100,0
P5	24,7	9,2	24,1	8,0	1,7	5,7	11,0	4,7	1,7	9,1	100,0
D-O5	20,6	12,7	11,4	21,7	2,3	8,9	14,2	4,0	0,7	3,5	100,0
April 1995											
G6	17,2	16,2	9,8	23,3	2,2	5,0	12,0	4,2	3,4	6,6	100,0
SP6	24,9	8,6	13,7	18,8	3,0	8,5	9,8	3,7	1,3	7,4	100,0
P6	22,0	11,9	14,0	18,1	1,9	6,2	9,1	6,1	1,5	9,2	100,0
N6	30,9	2,3	27,8	5,1	1,4	7,8	13,3	6,7	1,3	3,5	100,0
F6	30,3	3,4	17,9	14,6	1,1	6,4	12,1	8,6	1,7	4,0	100,0
S6	32,3	1,2	18,6	14,3	2,0	9,0	10,9	8,0	1,6	1,9	100,0
A6	30,3	3,2	21,4	11,1	1,7	4,2	13,2	4,3	1,2	9,6	100,0
D-O6	24,4	8,8	16,3	16,8	2,3	8,2	14,2	2,9	0,3	5,9	100,0

Werden die numerischen Werte betrachtet (Tabelle 8.18), so wird ersichtlich, daß insbesondere "Spanien" und "Portugal" in den Jahren 1987 und 1991 kaum mit ersten Achse assoziiert sind (vgl. SP4, SP5, P4 und P5 in der Spalte QCOR1), mit den Variablen zur Lebens- und Demokratiezufriedenheit wird in diesen beiden Ländern anscheinend etwas anderes als eine latente "Zufriedenheit" gemessen - die oben gemachten Aussagen müssen daher relativiert werden. Das ändert sich für 1995, zu diesem Zeitpunkt kann die erste Achse zur Beschreibung des Ausmaßes an Demokratie- und Lebenszufriedenheit in den beiden südeuropäischen Ländern verwendet werden (vgl. die relativ hohen hypothetischen Trägheitsgewichte und die relativ hohen quadrierten Faktorladungen). Ein ähnliches Muster wie Spanien und Portugal hat Griechenland: 1983 und 1987 kann die erste Dimension nicht für

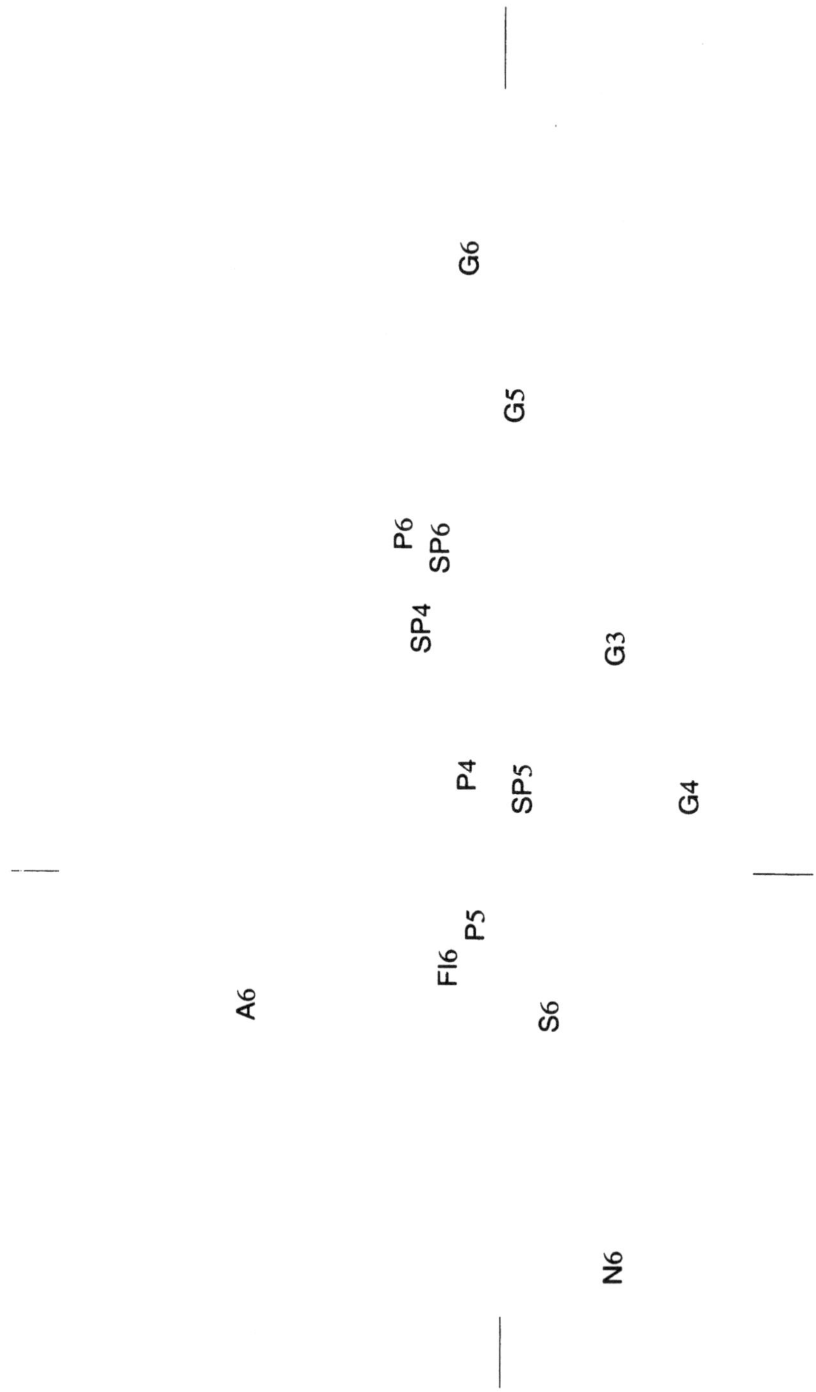

Abbildung 8.8: Grafische Darstellung der neuen Mitgliedsländer der Europäischen Union

Tabelle 8.18: Passive Variablen, neue Mitglieder der Europäischen Union

Name	SQCOR	MASS	INR	LOC1	QCOR1	INR1	LOC2	QCOR2	INR2	LOC3	QCOR3	INR3	LOC4	QCOR4	INR4
G3	0,869	0,116	0,165	0,169	0,177	0,042	-0,098	0,060	0,063	-0,262	0,425	1,152	-0,183	0,206	0,764
G4	0,811	0,117	0,057	0,053	0,051	0,004	-0,162	0,477	0,173	-0,083	0,125	0,116	-0,094	0,159	0,202
SP4	0,912	0,115	0,191	0,192	0,195	0,053	0,075	0,030	0,036	-0,190	0,192	0,600	-0,306	0,495	2,117
P4	0,630	0,114	0,132	0,075	0,043	0,008	0,031	0,007	0,006	-0,189	0,272	0,588	-0,201	0,307	0,908
G5	0,674	0,118	0,244	0,374	0,593	0,207	-0,005	0,000	0,000	-0,138	0,080	0,321	-0,021	0,002	0,010
SP5	0,788	0,118	0,149	0,060	0,025	0,005	-0,014	0,001	0,001	-0,140	0,137	0,335	-0,299	0,624	2,079
P5	0,858	0,117	0,180	-0,047	0,012	0,003	0,027	0,004	0,005	-0,221	0,278	0,820	-0,315	0,564	2,276
D-O5	0,932	0,127	0,233	0,396	0,749	0,249	-0,097	0,045	0,067	0,108	0,056	0,214	-0,131	0,082	0,428
G6	0,758	0,119	0,364	0,499	0,718	0,373	0,035	0,004	0,008	-0,092	0,025	0,146	-0,065	0,012	0,100
SP6	0,892	0,117	0,123	0,256	0,547	0,096	0,062	0,032	0,025	-0,071	0,042	0,084	-0,180	0,271	0,745
P6	0,770	0,117	0,196	0,282	0,415	0,116	0,091	0,043	0,054	-0,158	0,131	0,421	-0,186	0,181	0,798
N6	0,966	0,117	0,171	-0,337	0,679	0,166	-0,100	0,060	0,066	0,026	0,004	0,011	-0,193	0,223	0,857
F6	0,609	0,121	0,033	-0,085	0,234	0,011	0,049	0,078	0,016	0,089	0,259	0,139	-0,034	0,038	0,028
S6	0,451	0,120	0,083	-0,127	0,204	0,024	-0,039	0,020	0,010	0,133	0,226	0,307	-0,001	0,000	0,000
A6	0,937	0,118	0,164	-0,121	0,091	0,021	0,236	0,351	0,369	-0,078	0,038	0,103	-0,269	0,456	1,682
D-O6	0,960	0,124	0,108	0,188	0,352	0,054	0,002	0,000	0,000	0,045	0,020	0,035	-0,243	0,589	1,430

die Beschreibung dieses Landes verwendet werden, 1991 und 1995 sind die quadrierten Faktorladungen und die (hypothetischen) Trägheitsgewichte auf der ersten Dimension für eine diesbezügliche Zuordnung ausreichend. Von den erst ab Mitte der 90er Jahre im EUROBAROMETER berücksichtigten Ländern hat lediglich Norwegen eine für die Interpretation ausreichend hohe Faktorladung auf der ersten Achse, die zuvor gemachten Aussagen zur Lebens- und Demokratiezufriedenheit sollten daher für Schweden, Finnland und Österreich abgeschwächt werden.

Zum Abschluß der Betrachtung von Trenddaten sollen die Werte für die neuen Bundesländer (D-O) in den latenten Raum projiziert werden. Die Daten wurden bereits in Tabelle 8.17 aufgenommenen, die grafische Darstellung erfolgt in Abbildung 8.9, die numerischen Werte sind in Tabelle 8.18 integriert. Für diese abschließende grafische Darstellung wurden noch einmal die "aktiven Merkmale" berücksichtigt.

Anhand der numerischen Werte für die neuen Bundesländer (Tabelle 8.18) kann festgehalten werden, daß die erste Dimension für die beiden berücksichtigten Erhebungsjahre aussagekräftig ist; die hypothetischen Trägheitsgewichte und die Faktorladungen sind ausreichend groß. Die Bewohner der neuen Bundesländer können hinsichtlich ihrer Einstellungen von denen der alten Bundesländer relativ deutlich abgegrenzt werden: 1991 erfolgte die Einordnung auf der politischen Skala relativ oft im linken Bereich (L und LL) und relativ viele waren unzufrieden mit dem Leben und der Demokratie; dies gilt sowohl für den direkten Vergleich der beiden deutschen Landesteile als auch für den Vergleich zum Durchschnitt der Europäischen Union von 1976. 1995 war die politische Einstellung in den neuen Bundesländern zwar immer noch überdurchschnittlich "links" und die "Zufriedenheit" mit dem "Leben" und der "Demokratie" unterdurchschnittlich, jedoch ist eine Bewegung zur Mitte (dem Durchschnitt der Einstellungen in allen Ländern der Europäischen Union 1976) und damit eine Annäherung an die Einstellungen der Bewohner der alten Bundesländer zu erkennen (vgl. die Lokalisationen von "D-O5" und "D-O6" im Projektionsraum). Sollten eines Tages die Unterschiede zwischen "Ost" und "West" aufgehoben sein und sollten sich die Einstellungen der Bewohner in den beiden Landesteilen gleichen, dann sind die Lokalisationen der "neuen" und der "alten Bundesländer" in unmittelbarer Nähe zueinander.

Abbildung 8.9: Grafische Darstellung des Referenzzeitraums und der Lokalisationen der alten und neuen Bundesländer zu späteren Zeitpunkten

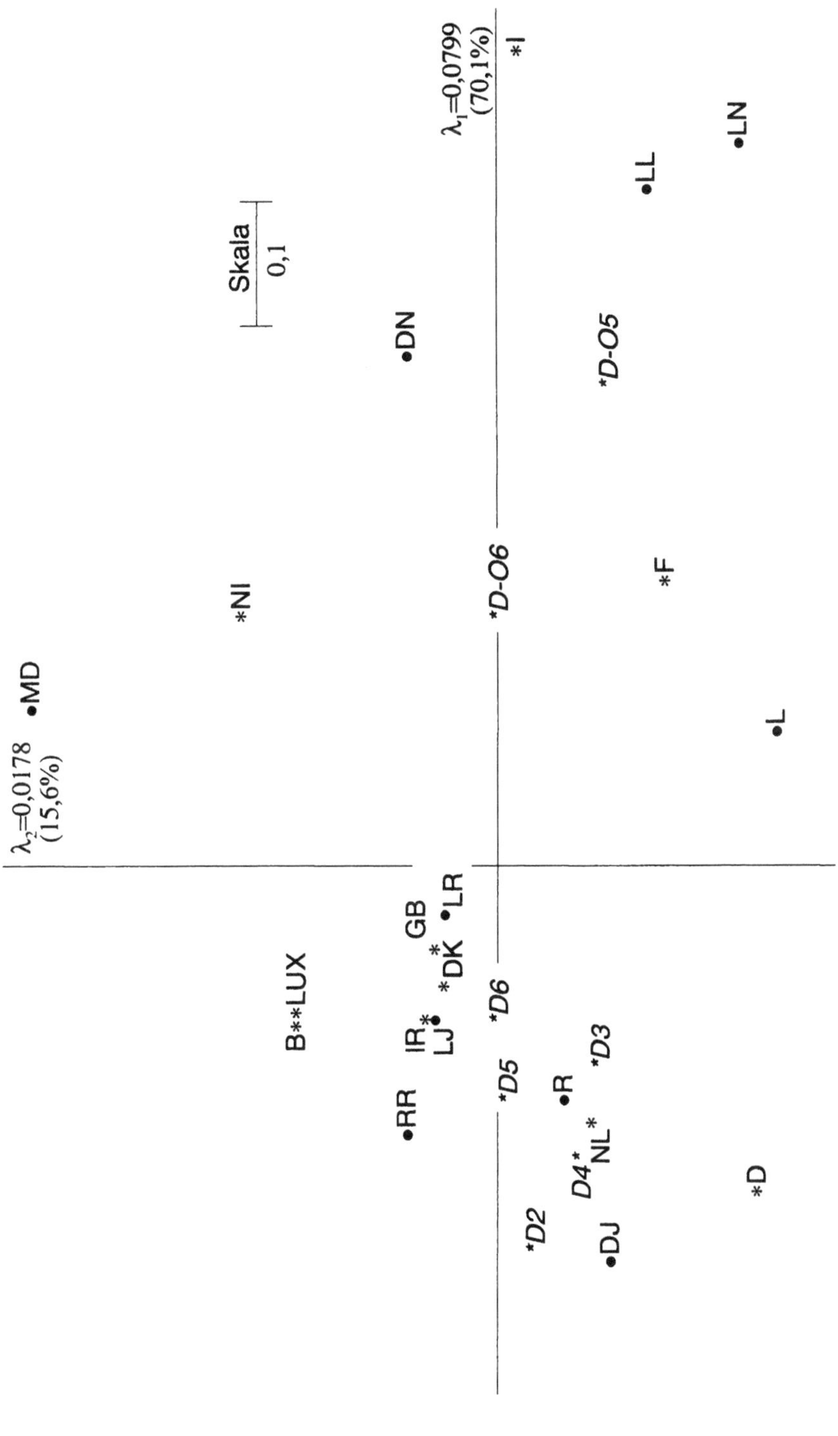

9. Weitere Anwendungen

Zusätzlich zu den in den vorangegangenen Kapiteln gegebenen Beispielen aus verschiedenen Bereichen der empirischen Sozialforschung, kann die Korrespondenzanalyse auf die unterschiedlichsten Arten von Datenstrukturen angewendet werden; einige der bis dato noch nicht vorgestellten Möglichkeiten sollen nachfolgend diskutiert werden. An erster Stelle soll dabei die Analyse von Datensätzen mit kleinen oder sehr kleinen Fallzahlen genannt werden. Diese Art der Anwendung dürfte insbesondere für die qualitative Sozialforschung von Interesse sein, bei der zumeist sehr viele Daten von sehr wenigen Personen (oder anderen Analyseeinheiten, z. B. Unternehmen) erhoben werden.

Eine bislang ebenfalls noch nicht diskutierte Datenstruktur liegt bei *multi-response-Tabellen* vor, bei der die Befragten zwei, drei oder mehr Merkmale aus einer vorgegebenen Liste auswählen sollen. Derartige Tabellen werden u. a. in der Lebensstilforschung verwendet, so z. B. wenn die Befragten einige Merkmale ihres Kleidungsstils, ihrer Wohnzimmereinrichtung und ihrer Urlaubswünsche nennen sollen, mit denen sie sich am besten identifizieren können. Des weiteren wird die Korrespondenzanalyse auch zur Beschreibung von ordinalen Daten und Rangdaten verwendet: So können z. B. Daten zur Präferenzordnung bei der Wahl des Urlaubsortes oder bei der Wichtigkeit von politischen Zielen analysiert werden.

9.1 Multi-Response-Tabellen

In den Sozial- und Wirtschaftswissenschaften werden relativ oft Fragen gestellt, bei denen der Befragte eine Anzahl von Merkmalen aus einer vorgegebenen Liste auswählen soll. So können in der Lebensstilforschung die Befragten gebeten werden, ihre Wohnungseinrichtung anhand einer vorgegebenen Liste von Merkmalen zu charakterisieren, oder sie können aufgefordert werden, die Quellen für den Erwerb ihrer Möbel anzugeben (vgl. etwa Bourdieu 1982, Blasius und Winkler 1989). Andere Arten von Fragen beziehen sich auf die am häufigsten gesehenen Fernsehsendungen, auf die präferierten Freizeitbeschäftigungen

(Giegler 1982, Schulze 1992), auf die bevorzugten Politiker oder auf die wichtigsten politischen Ziele. All diesen Fragen ist gemeinsam, daß aus einer Liste von vorgegebenen Merkmalen einige ausgewählt werden sollen. Statt mit Hilfe einer Liste können die Merkmale auch offen erhoben werden, so kann z. B. gefragt werden, welche Sehenswürdigkeiten einer Stadt auswärtigen Besuchern gezeigt werden. Die Anzahl dieser Sehenswürdigkeiten dürfte spätestens nach der Kodierung überschaubar sein, und es wird nur sehr wenige geben, die alle genannt haben - und im Bedarfsfall kann eine Restriktion auf die fünf (drei, vier, fünf, sieben, ...) wichtigsten Sehenswürdigkeiten gesetzt werden.

Anstelle von Fragen können auch Bilder von Wohnungseinrichtungen vorgelegt werden, von denen der Befragte jene auswählen soll, welche er besonders mag (Blasius und Georg 1992) bzw. welche er nicht mag. Im Rahmen einer Lebensstiluntersuchung forderte Wuggenig seine Befragten dazu auf, die Teile ihres Wohnzimmers und ihres Bades zu fotografieren, die sie besonders mögen und jene, die sie nicht mögen (Wuggenig 1990, Wuggenig und Mnich 1994). Da die Anzahl der Bilder begrenzt und da die fotografierten Objekte zusammengefaßt wurden, liegt hier die gleiche Datenstruktur vor: eine Auswahl von Objekten aus einer überschaubaren Menge.

Diese Ideen finden auch in der Marktforschung Anwendung, wenn bestimmte Produkte danach ausgewählt werden sollen, ob sie gefallen oder nicht (z. B. Autotypen). Werden multi-response-Tabellen mit Hilfe der Korrespondenzanalyse ausgewertet, so können zum einen Produkte oder Lebensstilmerkmale bestimmten Bevölkerungsgruppen zugeordnet werden, zum anderen ist eine Clusterung einander ähnlicher Lebensstilmerkmale bzw. Produkte möglich. Schließlich können auch Kombinationen von Lebensstilmerkmalen (oder Kombinationen von Präferenzen) zu anderen Merkmalen der Befragten in Beziehung gesetzt werden.

9.1.1 Die Beschreibung von Lebensstilen

Die Arbeiten von Bourdieu (1982, 1988) dürften mit ausschlaggebend gewesen sein, daß die empirische Analyse von Lebensstilen zu einem zentralen Bestandteil der Sozialwissenschaften wurde. Lebensstile können als Teil des Konzeptes der "sozialen Ungleichheit" angesehen werden. Noch bis in die späten 60er Jahre galten die Merkmale "Einkommen", "Berufsposition" und "Bildung" als ausreichend zur sozialen Differenzierung, so daß andere Merkmale wie "Ausstattung mit Konsumgütern" gegenüber diesen drei, meist hoch miteinander korrelierenden Variablen vernachlässigt werden konnten (vgl. z. B. Scheuch 1970 [1961]). Während es jedoch in den 60er Jahren noch nahezu selbstverständlich war, daß mit einer höheren Bildung auch eine höhere Berufsposition und ein höheres Einkommen einhergingen, differenzierte sich die (westliche) Gesellschaft in den letzten 30 Jahren mehr und mehr aus, es kam zu "Statusinkonsistenzen"; als "typische" Beispiele können der arbeitslose Akademiker mit seiner hohen formalen Bildung, aber mit einem in der Regel sehr niedrigen "Einkommen" sowie der selbständige Handwerker mit einer häufig relativ niedrigen formalen Bildung, aber mit einem oft relativ hohen Einkommen, angesehen werden.

Diese Statusinkonsistenzen führten dazu, daß zusätzlich zu der vertikalen Dimension sozialer Ungleichheit (u. a. gemessen mit Hilfe der Variablen "Einkommen") eine horizontale Dimension - die "neue" soziale Ungleichheit - eingeführt wurde (Bergmann u. a. 1969). Da das Einkommen als Indikator der vertikalen Dimension zur Differenzierung von Akademikern und Facharbeitern häufig nicht ausreicht - im "oberen Bereich" sind der selbständige Facharbeiter und der sich in guter Berufsposition befindende Akademiker, im "unteren Bereich" der arbeitslose Facharbeiter und der arbeitslose Sozialwissenschaftler -, sollen diese Gruppen auf der horizontalen Dimension unterschieden werden. Gesucht sind also, zusätzlich zu den Unterscheidungsmerkmalen der vertikalen Ungleichheit, Merkmale der horizontalen Ungleichheit, z. B. Merkmale des Lebensstils.

Ein weiterer zentraler Ort der Lebensstilforschung ist die Marktforschung. Für Anbieter von Produkten ist es nicht nur wichtig zu wissen, wie alt ihre Kunden sind, welches Geschlecht und welche Bildung sie haben, sondern auch, welches die Merkmale ihres Lebensstils sind. Sind Vorlieben (oder Antipathien) für bestimmte Kleidungsstile bekannt (bei Männern z. B. das Tragen eines Anzuges oder einer bestimmten Art von Anzügen), so kann dieses Wissen direkt in der Werbung eingesetzt werden. Die Personen, die in der Werbung ein Produkt anpreisen, werden dann so gekleidet, daß sich die potentiellen Kunden mit ihnen weitestgehend identifizieren können. Und was für die Kleidung gilt, gilt ebenso für die Wohnung (das Lokal, ...), in der der Werbespot aufgezeichnet werden soll, für die zur Schau gestellten Einstellungen und Verhaltensweisen der Akteure. In Deutschland können insbesondere die Arbeiten von Becker und Nowak (1982) genannt werden, die seit vielen Jahren sehr erfolgreich Lebensstilkonzepte in der Marktforschung einsetzen.

9.1.2 Gentrification

Die Wiederaufwertung innenstadtnaher Wohnviertel wird in Deutschland seit Mitte der 80er Jahre in der sozialwissenschaftlichen Fachliteratur diskutiert (Dangschat 1988, Dangschat und Friedrichs 1988, Blasius und Dangschat 1990, Blasius 1993, Alisch 1993, Friedrichs und Kecskes 1996). Äußerlich sichtbar wird sie durch z. T. sehr aufwendige Renovierungen an den Fassaden von Wohngebäuden und durch den Zuzug von "neuen" Bewohnern, die in die im Mietpreis deutlich gestiegenen bzw. in Einzeleigentum umgewandelten Wohnungen ziehen. Diese Veränderungen von Wohnvierteln und ein häufig damit verbundener Wechsel der Nachbarschaft, der populärwissenschaftlich als "qualitativer Bevölkerungsaustausch" bezeichnet wird, werden in der Literatur unter dem Begriff "Gentrification" zusammengefaßt.

Die Wiederaufwertung geht einher mit dem Zuzug "neuer Bewohner", die in der Regel relativ jung, meistens unverheiratet und kinderlos sind sowie über ein überdurchschnittlich hohes Einkommen und über "neue" Lebensstile verfügen. Mit Hilfe von Lebensstilvariablen sollen im folgenden "alte" und "neue" Bevölkerungsgruppen eines gentrifizierten Gebiets in dem Kölner Stadtteil Nippes unterschieden werden. Der Theorie zufolge ziehen im Laufe der Gentrifizierung (Dangschat 1991) "neue" Bewohner in die von (Wieder-) Aufwertung betroffenen Gebiete und verdrängen die Alteingesessenen: In der ersten Phase kommen die sogenannten "Pioniere"; diese sind relativ jung, gut gebildet und risikofreudig. Da sie in der Regel über ein höheres Haushaltseinkommen verfügen als die Alteingesessenen, haben sie auf dem Wohnungsmarkt die besseren Chancen.[1] In der nächsten Phase kommen die gut situierten und - verglichen mit den Pionieren - in der Regel schon etwas älteren "Gentrifier"; diese verdrängen ihrerseits die Pioniere und viele der noch verbliebenen Alteingesessenen.

Der von Blasius (1993) verwendeten Operationalisierung zufolge sind Pioniere bis 35 Jahre alt (bei zwei und mehr Personen im Haushalt ist mindestens eine Person unter 36 Jahre, die anderen sind maximal 39 Jahre alt), haben als formalen Bildungsabschluß mindestens Abitur (bei zwei Personen haben beide Abitur, bei drei und mehr Personen hat der Befragte mindestens Abitur) und ein Nettoeinkommen von unter DM 2.000,- pro Person. Des weiteren lebt in Pionierhaushalten höchstens ein Kind.

Während die Pioniere in Haushalten aller Größen leben können, wohnen Gentrifier in maximal Zwei-Personen-Haushalten plus maximal einem Kind. Gentrifier sind unter 46 Jahre alt (in Zwei-Personen-Haushalten ist eine Person maximal 45 Jahre, die andere maximal 49 Jahre alt), bezüglich ihrer formalen Bildung gibt es keine Einschränkungen, jedoch haben sie mindestens DM 2.000,- pro Kopf zur Verfügung. Sofern ein Kind mit im Haushalt lebt, liegt das zur Verfügung stehende Nettoeinkommen bei DM 3.000,- (eine Person mit Kind) bzw. bei DM 5.000,- (zwei Personen mit Kind).

Alle anderen Personen, die zwar unter 46 Jahre alt sind, für die aber mindestens eines der anderen Definitionsmerkmale von "Gentrifier" oder "Pionier" nicht zutrifft, sind der Gruppe "Sonstige" zugeordnet, die verbleibenden älteren Personen der Gruppe "Ältere". Diese vier Bevölkerungsgruppen sollen in den nachfolgenden Analysen anhand ihrer Lebensstile unterschieden werden.

1 Vier Studenten, die alle Bafög erhalten, haben in der Regel mehr Geld zur Verfügung als eine vierköpfige Familie, bei der lediglich eine Person berufstätig ist.

9.1.3 Die Theorie von Bourdieu

Ohne den Anspruch, die Theorie von Bourdieu vollständig beschreiben zu wollen, soll die empirische Umsetzung seiner wichtigsten Annahmen beschrieben werden. Bourdieu (1982, 1983) definiert drei Arten von Kapital: das *ökonomische*, das *kulturelle* und das *soziale Kapital*. Dabei umfaßt das *ökonomische Kapital* alle Arten von verfügbaren Geldmitteln, Einkommen und Besitz. Das *kulturelle Kapital* ist eine Art von Bildungskapital: Zusätzlich zu der formalen Bildung umfaßt es sowohl das Wissen um Kunst (operationalisiert u. a. mit Wissensfragen zu berühmten Komponisten und deren Werke) als auch den Lebensstil (operationalisiert u. a. mit der Frage nach den häufigsten Quellen des Möbelerwerbs). Das *soziale Kapital* ist über die Menge und die Intensität der sozialen Kontakte definiert (zur Kompatibilität der Kapitale siehe Bourdieu 1983, Krais 1983, Lüdtke 1989).

Im empirischen Teil seiner "feinen Unterschiede" beschreibt Bourdieu (1982) Klassenfraktionen (operationalisiert über die Berufsposition) innerhalb eines "*Raums der sozialen Positionen*", welcher den objektiven (den materiellen) Lebensbedingungen entsprechen soll. Des weiteren definiert Bourdieu einen "*Raum der Lebensstile*", der durch das Verhalten der Akteure definiert wird.

Die *Dimensionen* des "Raums der Lebensstile" sind u. a. die Ausprägungen der Variablen der Lebensstile. So verwendet Bourdieu die Frage "Wo kaufen Sie am häufigsten ihre Möbel?" Ausprägungsmerkmal - und damit Dimension des "Raums der Lebensstile" - ist z. B. "Designer". Die Ausprägungshäufigkeiten der Merkmale (z. B. von "Möbelkauf beim Designer") sind bestimmt durch ihr empirisch gemessenes Vorkommen in den korrespondierenden Variablen - entsprechend Bourdieus "feinen Unterschieden" sind dies die "sozialen Positionen", also die "Berufspositionen". D. h., die Dimension (das Zeilenprofil) "Möbelkauf beim Designer" hat Elemente in den Ausprägungen der Variablen "Berufsposition", also z. B. in "Kunstproduzent" und in "Hochschullehrer".

Die Dimensionen des "Raums der sozialen Positionen" entsprechen den unterschiedlichen Berufspositionen, die ihre Ausprägungshäufigkeiten u. a. in den Merkmalen der Lebensstile haben. So hat die Dimension (das Spaltenprofil) "Hochschullehrer" u. a. ein Element beim "Möbelkauf beim Designer". Auf der methodischen Ebene verbindet Bourdieu (1985) den "Raum der Lebensstile" und den "Raum der sozialen Positionen" zum "sozialen Raum". Die Achsen dieses "*sozialen Raums*" können im Sinn der Bourdieuschen Theorie als "ökonomisches" und "kulturelles Kapital" interpretiert werden. Anhand der Koordinaten auf diesen Dimensionen können sowohl die Berufspositionen als auch die Merkmale des Lebensstils lokalisiert werden (vgl. Blasius und Winkler 1989).

Es sei angemerkt, daß der "Raum der Lebensstile" und der "Raum der sozialen Positionen" auf den gleichen Elementen mit den gleichen Ausprägungshäufigkeiten basieren. Dabei stehen die Lebensstilmerkmale in den Zeilen und die Berufspositionen in den Spalten der (empirisch erhobenen) Kontingenztabelle(n). Der Unterschied zwischen diesen beiden Räumen liegt in der Betrachtungsweise - bei der Beschreibung des "Raums der Lebensstile" werden die Zeilenprofile, bei der Beschreibung des "Raums der sozialen Positionen" die Spaltenprofile ausgewertet.

Bei der Auswahl der zu berücksichtigenden Lebensstilmerkmale beschränken wir uns im folgenden auf Variablen, die sich bei der empirischen Überprüfung der Bourdieuschen Theorie bereits bewährt haben (Blasius und Winkler 1989): auf die "Arten der Wohnungseinrichtung" (warm, modern, sauber/ordentlich, pflegeleicht, phantasievoll, gepflegt, harmonisch, praktisch/funktional, komfortabel, gemütlich, stilvoll), auf die "Orte des häufigsten Möbelerwerbs" (geerbt, Flohmarkt, Kaufhaus, selbst gebaut, Fachgeschäft, Handwerker, Designer, Antiquitätenhändler, Möbelhaus) sowie auf die "Arten von Speisen beim Bewirten von Gästen" (improvisiert, fein/erlesen, gute deutsche Küche, reichhaltig und gut, nahrhaft und ergiebig, originell, exotisch, einfach, aber hübsch angerichtet). Die Ausprägungen dieser drei Fragen wurden als Listen vorgelegt, von den aufgeführten Merkmalen sollten jeweils maximal drei genannt werden.

Die meisten der oben aufgeführten Merkmale sollten nicht als "harte" Indikatoren verstanden werden. So ist es zwar einigermaßen unproblematisch, "selbst gebaute Möbel" als objektives Kriterium anzusehen, aber was ist "gute deutsche Küche", "ein exotisches Essen" oder eine "warme Wohnungseinrichtung"? Die Beantwortung dieser Frage ist jedoch für die Messung von "Lebensstil" kaum relevant, entscheidend ist die subjektive Zuordnung zu den aufgeführten Begriffen. "Lebensstil" muß nicht durch ein bestimmtes - objektiv nachprüfbares - Verhalten bzw. eine bestimmte Einstellung sichtbar werden, sondern kann auch als subjektive Zuordnung zu einem bestimmten Verhalten verstanden werden. Daher ist es z. B. nicht notwendig zu fragen, was den Gästen serviert wird, sondern wie die servierten Speisen bezeichnet werden, welches Label sie haben. So kann ein Gericht für den einen in die Kategorie "gute deutsche Küche" gehören, während ein anderer genau das gleiche Gericht als "reichhaltig und gut" und es ein Dritter als "originell" bzw. als "einfach, aber hübsch angerichtet" bezeichnen würde.

Bei Bourdieu werden Bevölkerungsgruppen anhand ihrer Berufspositionen unterschieden. An Stelle dieses Kriteriums differenzieren wir, bezogen auf unsere Fragestellung bezüglich der Lebensstile von alten und neuen Bewohnern, zwischen Gentrifiern, Pionieren, Sonstigen und Älteren. Diese vier Bevölkerungsgruppen sollen, analog zu Bourdieus "sozialen Positionen", mittels "typischer Lebensstile" beschrieben werden.

9.1.4 Der soziale Raum I

Im Rahmen eines Forschungsprojekts an der Universität zu Köln wurden zwischen 1989 und 1990 insgesamt 825 Personen in einem gentrifizierten Gebiet im innenstadtnahen Bereich von Köln (in Nippes) nach ihren Umzugsmotiven, ihrer Einstellung zum Wohngebiet, zur Bewertung ihrer Wohnung und ihres Wohnumfeldes, zu den öffentlichen Einrichtungen im Wohngebiet und zu ihren Lebensstilen befragt (Blasius und Rohlinger 1990).[2] Die Daten dieser Untersuchung werden im folgenden reanalysiert, weitere wichtige Ergebnisse der Gentrification-Studie sowie die Beschreibung der Stichprobe sind in Blasius (1993) wiedergegeben.

In der ersten Analyse dieser Daten stehen in den Zeilen die Ausprägungen der Lebensstile und in den Spalten die vier oben definierten Bevölkerungsgruppen; damit wird die Datenstruktur von Bourdieu auf das Problem "Gentrification" übertragen. Bourdieu verband seinen "Raum der Lebensstile" und seinen "Raum der sozialen Positionen" mit Hilfe der Korrespondenzanalyse zum "sozialen Raum". Formal betrachtet bezog er die Zeilenprofile, also die Ausprägungen der Lebensstile, und die Spaltenprofile, also die Ausprägungen der Berufspositionen, einer Kontingenztabelle aufeinander.

Im ersten Schritt werden die drei in Abschnitt 9.1.3 beschriebenen multi-response Variablen "Arten der Wohnungseinrichtung", "Quellen des Möbelerwerbs" und "Arten von Speisen, die Gästen serviert werden" mit der Variablen "Gentrifier (= 132), Pioniere (= 133), Sonstige (= 316) und Ältere (= 242)" kreuztabelliert. Dabei wird auf der bivariaten Ebene u. a. ersichtlich, daß aus der Gruppe der Älteren 120 (= 50,4%) eine "saubere und ordentliche Wohnungseinrichtung" präferierten, aber lediglich 20,5% aus der Gruppe der Gentrifier und nur 10,5% aus der Gruppe der Pioniere (die Werte können aus Tabelle 9.1 und den oben gemachten Angaben berechnet werden). Aus diesem Ergebnis kann jedoch keinesfalls abgeleitet werden, daß die Wohnungen der Älteren sauberer sind als die der Pioniere bzw. die der Gentrifier - es legten nur überdurchschnittlich viele Ältere darauf Wert, daß diese Eigenschaft ihrer Wohnung zugeordnet wird. Auf der anderen Seite gaben lediglich 2,9% der Älteren an, daß ihre Wohnung "phantasievoll" eingerichtet ist, während 36,8% der Pioniere und 28,0% der Gentrifier dieses Label wählten - die Wohnungen der Älteren sind eben "per Definition" nicht phantasievoll eingerichtet, eine "phantasievolle Wohnungseinrichtung" paßt nicht zu ihrem Lebensstil.

Auch wenn nur bei einigen Merkmalen hoch signifikante Unterschiede ("genannt" versus "nicht genannt") zwischen den vier Gruppen festzustellen sind, so gibt es doch bei jeder der drei berücksichtigten Variablen Ausprägungen, anhand derer die Gentrifier von den Pionieren und diese von den Älteren und Sonstigen unterschieden werden können. Statt

2 Die Daten werden vom Zentralarchiv für Empirische Sozialforschung zur Verfügung gestellt.

nachfolgend die bivariaten Ergebnisse im Detail aufzuführen (siehe hierzu Blasius 1993), sollen die Zusammenhänge zwischen allen Lebensstilmerkmalen und den vier Bevölkerungsgruppen mit Hilfe der Korrespondenzanalyse beschrieben werden.

In den Zeilen der Eingabematrix stehen die Ausprägungen des Lebensstils, in den Spalten die vier zu differenzierenden Bevölkerungsgruppen. Bei den Lebensstilmerkmalen wurden insgesamt 30 Ausprägungen in drei multi-response-Variablen berücksichtigt. Nicht von Bourdieu verwendet, aber eine im Zusammenhang mit der Gentrification-Diskussion immer wieder genannte Variable, ist das Baualter des Wohngebäudes: Die "neuen" Bewohner bevorzugen große Wohnungen mit gleichgroßen, hohen Räumen, eine Hierarchie der Zimmer (z. B. in Wohnzimmer, Schlafzimmer, Kinderzimmer) wird abgelehnt (vgl. etwa Zukin 1982, Dangschat 1991). Derartige Wohnungen sind insbesondere in Altbauten innenstadtnaher Viertel von Großstädten zu finden. Die entsprechende Variable "Baualter des Hauses" (mit den Ausprägungen "vor 1918 erbaut", "zwischen 1918 und 1945 erbaut" und "nach 1945 erbaut") wird als zusätzliches Lebensstilmerkmal berücksichtigt, die Matrix der Eingabedaten hat daher insgesamt 33 Zeilen und vier Spalten (siehe Tabelle 9.1).

Die Eingabe von multi-response-Tabellen weicht von den bisher dokumentierten Formaten ab: Werden die Zeilensummen betrachtet, also die Massen der "Lebensstilmerkmale", und wird (vorerst) davon ausgegangen, daß alle Befragten zu jeder Frage drei Angaben gemacht haben, so addieren sich diese innerhalb einer Variablen (z. B. "Quellen des Möbelerwerbs") zur dreifachen Gesamtsumme; statt drei einzelne Fragen zu betrachten, wird eine Frage mit relativ vielen Ausprägungen dreifach gewichtet. So werden bei der Frage zu den Quellen des Möbelerwerbs neun Angaben berücksichtigt, d. h. im Durchschnitt erhalten drei Ausprägungen das Gewicht (die Masse) einer Frage, bei der Wohnungseinrichtung sind es etwas mehr als vier Kategorien (insgesamt wurden 13 Ausprägungen berücksichtigt), bei den präferierten Speisen für Gäste etwas weniger als drei. Das Baualter ist in dieser Liste die einzige Variable, bei der nur eine Antwort möglich ist, sie hat drei Ausprägungen und liegt damit bei der Gewichtung der Kategorien im Durchschnitt. Die Anzahl der Kategorien pro Frage ist bei zusammengesetzten Tabellen nicht auf einen konstanten Wert festgesetzt, sie sollte zwar nicht sehr stark variieren, aber Unterschiede zwischen drei und fünf Antwortvorgaben verursachen keine Probleme bei der Auswertung.

Werden die Variablenausprägungen betrachtet, so sind in dem zu gebenden Beispiel die Randsummen gleich der Anzahl der Nennungen des jeweiligen Lebensstilmerkmals. Damit haben die Merkmale, die überdurchschnittlich oft genannt wurden, ein größeres Gewicht. Während diese Eigenschaft bisher nicht zur Diskussion stand, kann bei den multi-response-Tabellen gegensätzlich argumentiert werden: Zum einen kann es inhaltlich sinnvoll sein, die Lebensstilmerkmale mit der Anzahl ihrer Nennungen zu gewichten. Ein Merkmal, welches oft genannt wurde, hat dann ein entsprechend höheres Gewicht in der Auswertung. Zum anderen kann gefordert werden, daß jedes Merkmal als eigenständige Variable aufgefaßt werden soll, in diesem Fall müßten alle Ausprägungen gleich gewichtet sein.

Tabelle 9.1: Eingabedaten der Korrespondenzanalyse

	Gentrifier	Pioniere	Sonstige	Ältere	Summe
mgeerbt	37	51	54	25	167
mflohm	35	40	51	9	135
mkhs	31	39	99	37	206
msgbt	38	58	60	8	164
mfgs	56	21	107	126	310
mhw	12	3	17	17	49
mdesigner	15	3	7	3	28
maqh	22	15	40	17	94
mmhs	76	75	205	145	501
wwarm	31	39	109	75	254
wmodern	22	24	32	11	89
wsauber	27	14	129	120	290
wpflege	25	27	53	40	145
wphsv	37	49	57	7	150
wdiskret	8	4	15	11	38
wgepflegt	10	5	47	51	113
wrustikal	3	2	13	17	35
wharmon	43	27	47	39	156
wprakt	53	63	108	61	285
wkomfort	18	15	19	14	66
wgemütlich	75	91	193	147	506
wstilvoll	19	16	25	28	88
simprovisiert	39	60	77	24	200
serlesen	34	18	49	28	129
sdeutsch	11	7	61	74	153
sreichh	48	47	107	56	258
snahrhaft	14	25	46	10	95
soriginell	58	50	94	29	231
seinfach	57	52	144	69	322
sexotisch	21	23	33	12	89
vor1918	65	41	115	75	296
zw18u45	21	29	48	39	137
nach1945	37	43	103	112	295
Summe	1098	1076	2364	1536	6074

In dem zweiten Fall, bei dem jede Ausprägung als Variable betrachtet wird, hätte jede Angabe, z. B. "Wohnungseinrichtung: warm", mit "genannt" und "nicht genannt" zwei Ausprägungen - statt 33 Zeilen hätte die Matrix der Eingabedaten 63 Zeilen (30 Variablen mit jeweils zwei Ausprägungen, die Variable "Baualter" hätte unverändert drei Ausprägungen). Sollen die vier Gruppen mit Hilfe der Lebensstilmerkmale charakterisiert werden und sollen die Merkmale entsprechend der Anzahl ihrer Nennungen berücksichtigt werden, wäre eine derartige Verdopplung von Variablenausprägungen kontraproduktiv. Im folgenden soll Tabelle 9.1 mit Hilfe der einfachen Korrespondenzanalyse beschrieben werden, die grafische Darstellung der Ergebnisse (symmetrische Darstellung) ist in Abbildung 9.1 wiedergegeben.

Abbildung 9.1: Gentrification I - Grafische Darstellung der einfachen Korrespondenzanalyse

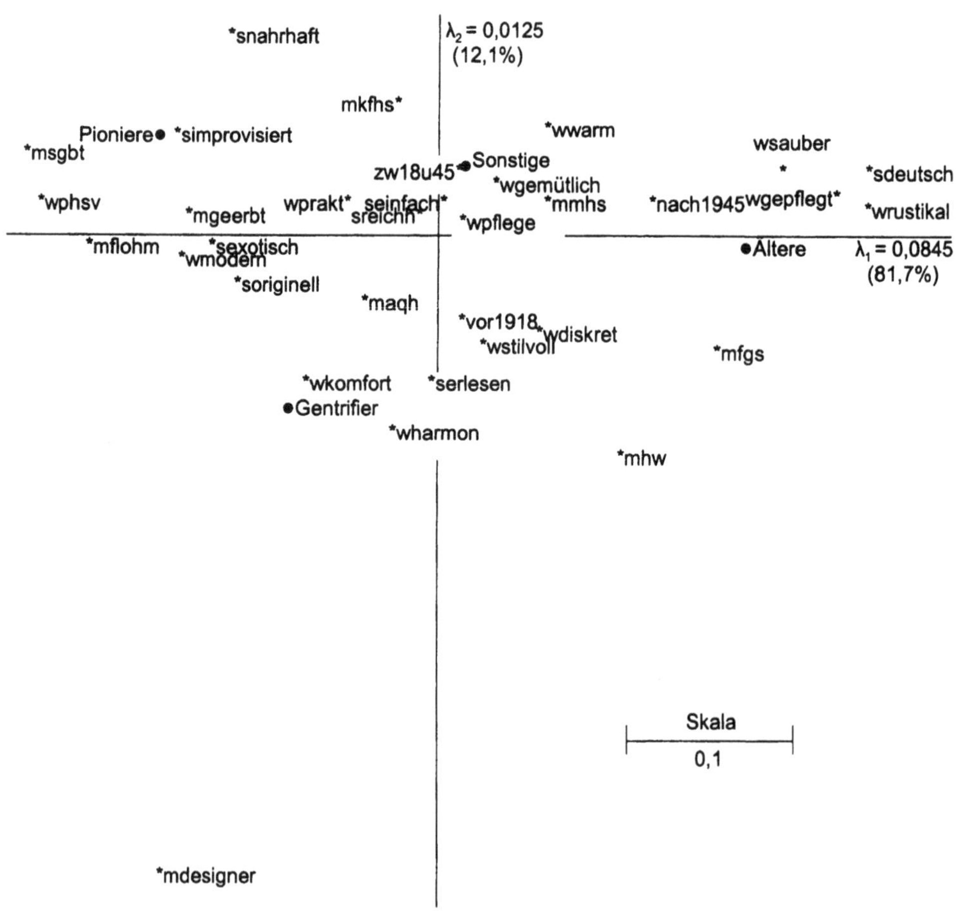

Legende

Quellen des Möbelerwerbs		*Eigenschaften der Wohnungseinrichtung*	
mgeerbt	geerbt	wwarm	warm
mflohm	auf dem Flohmarkt gekauft	wmodern	modern
mkfhs	Kaufhaus	wsauber	sauber, ordentlich
msgbt	selbst gebaut	wpflege	pflegeleicht
mfgs	Fachgeschäft	wphsv	phantasievoll
mhw	bei einem Handwerker gekauft	wdiskret	nüchtern, diskret
mdesigner	Designer/Inneneinrichtungsstudio	wgepflegt	gepflegt
maqh	Antiquitätenhändler	wrustikal	rustikal
mmhs	Möbelhaus	wharmon	harmonisch
		wprakt	praktisch, funktional
Speisen für Gäste		wkomfort	komfortabel
serlesen	fein und erlesen	wgemütlich	gemütlich
simprovisiert	improvisiert	wstilvoll	stilvoll
sdeutsch	gute deutsche Küche		
sreichh	reichhaltig und gut	*Baualter des Gebäudes*	
snahrhaft	nahrhaft und ergiebig	vor1918	vor 1918 erbaut
soriginell	originell	zw18u45	zwischen 1918 und 1945 erbaut
seinfach	einfach, aber hübsch angerichtet	nach1945	nach 1945 erbaut
sexotisch	exotisch		

Die erste Achse erklärt 81,7% der Variation des Gesamtmodells; d. h. die Lösung kann als eindimensional bezeichnet werden. Auf dem positiven Abschnitt der ersten Achse "lädt" das Merkmal "Ältere"; gegensätzliche Lebensstilmerkmale haben die Pioniere und - mit Abstrichen, da näher am Achsenkreuz liegend - die Gentrifier.

Werden zusätzlich die Projektionen der Lebensstilmerkmale auf der ersten Achse betrachtet, so können der Gruppe der Älteren folgende Eigenschaften zugeordnet werden: Sie kaufen ihre Möbel überdurchschnittlich oft im Fachgeschäft, sie wohnen relativ oft in Gebäuden, die nach 1945 erbaut wurden (viele von den Älteren sind in den Zeiten des Wiederaufbaus in diese Wohnungen gezogen und seitdem nicht mehr umgezogen), sie beschrieben ihre Wohnungen überdurchschnittlich oft mit "sauber, ordentlich", "gepflegt" bzw. "rustikal" und servieren ihren Gästen relativ häufig "Speisen nach guter deutscher Küche". Dementgegen die Pioniere: Sie haben ihre Möbel überdurchschnittlich oft "selbst gebaut", "geerbt" bzw. "auf dem Flohmarkt" erworben. Die Wohnungseinrichtungen wurden relativ häufig als "phantasievoll" bzw. "modern" beschrieben und den Gästen werden "improvisierte", "nahrhafte und ergiebige", "exotische" bzw. "originelle" Speisen angeboten.

Die Gruppe der Gentrifier kann in zwei Subgruppen unterteilt werden: Zum einen in die, die einen ähnlichen Lebensstil wie die Pioniere haben (vgl. die gemeinsamen Ladungen auf der ersten Achse) und zum anderen in jene, deren Lebensstil durch den "Möbelkauf beim Designer", durch eine "komfortable", "harmonische" bzw. "stilvolle" Wohnungseinrichtung und durch das Wohnen in Altbauten ("vor 1918 erbaut") gekennzeichnet ist (vgl. die Ladungen auf der zweiten Achse). Die beiden Gruppen können anhand des ökonomischen Kapitals unterschieden werden. Während die Mitglieder der einen Gruppe vermutlich gerade den Status "Gentrifier" erreicht haben (z. B. kurz nach dem Übergang vom Studium in den Beruf), handelt es sich bei den Mitgliedern der zweiten Gruppe um etwas ältere und noch besser verdienende Personen, die schon längere Zeit Gentrifier sind. Dies ist auch inhaltlich plausibel: Mit dem definitorischen Übergang vom "Pionier" zum "Gentrifier" (z. B. beim Eintritt ins Berufsleben) ändert sich zwar das Einkommen - das ökonomische Kapital wird größer -, nicht aber der Lebensstil. Es dürfte in der Regel einige Zeit dauern, bis sich der ehemalige Pionier von seinen alten Möbeln getrennt und seinen Geschmack verändert hat (vgl. ausführlich, Blasius 1993).

Das Merkmal "Sonstige" liegt zwischen "Pioniere", "Gentrifier" und "Ältere" in der Nähe des Achsenkreuzes. Die Mitglieder dieser Bevölkerungsgruppe können nicht anhand eines speziellen Lebensstils beschrieben werden - sie haben, bezogen auf die verwendeten Merkmale, durchschnittliche Werte. So servieren die "Sonstigen" ihren Gästen durchschnittlich oft "Speisen nach guter deutscher Küche", der Anteil derjenigen, die ihre Möbel "auf dem Flohmarkt" bzw. "im Fachgeschäft" kaufen, entspricht dem durchschnittlichen Anteil aller Befragten; des weiteren sind weder eine "phantasievolle" noch eine "saubere, ordentliche" Wohnungseinrichtung spezifische Merkmale für die Mitglieder dieser Bevölkerungsgruppe.

Werden die Ergebnisse im Kontext der Bourdieuschen Theorie interpretiert, so kann die erste Dimension als "kulturelles Kapital" bezeichnet werden: Auf der einen Seite laden die als "gut bürgerlich" zu bezeichnenden Lebensstilmerkmale, z. B. "deutsche Küche" und "saubere und ordentliche Wohnungseinrichtung", auf der anderen Seite die als "alternativ" zu bezeichnenden Merkmale, z. B. "phantasievolle Wohnungseinrichtung" und "selbst gebaute" bzw. "auf dem Flohmarkt" erworbene Möbel. Die zweite Achse, mit 12,1% erklärter Varianz anscheinend kaum relevant, kann als "ökonomisches Kapital" etikettiert werden; sie ist im Bereich des hohen ökonomischen Kapitals (unterer Abschnitt) insbesondere durch den Möbelkauf "beim Designer" bzw. "beim Handwerker", durch eine "komfortable" bzw. "harmonische" Wohnungseinrichtung und durch "erlesene Speisen" gekennzeichnet. Daß das "kulturelle Kapital" mit 81,7% erklärter Varianz gegenüber dem "ökonomischen Kapital" deutlich dominiert, liegt an der Wahl der verwendeten Variablen - mit diesen wurde überwiegend das "kulturelle Kapital" gemessen. Aus dem oben vorgestellten Ergebnis kann daher nicht abgeleitet werden, daß das kulturelle Kapital wichtiger als das ökonomische ist.

Generell kann mit Hilfe der Korrespondenzanalyse, wie auch mit Hilfe anderer Datenreduktionsverfahren, eine Vielzahl von Informationen zusammengefaßt und anhand von Koeffizienten und Ähnlichkeiten (z. B. anhand von grafischen Darstellungen) interpretiert werden. Dabei gilt, daß je mehr Variablen(ausprägungen) zu einem Set gehören, mit denen die gleiche latente Variable beschrieben wird (z. B. das "kulturelle Kapital"), desto dominierender ist dieses Set. Gibt es z. B. relativ viele Fragen zum kulturellen und nur relativ wenige Fragen zum ökonomischen Kapital, so wie in dem oben angeführten Beispiel, dann haben die Variablen des kulturellen Kapitals aufgrund der höheren Fragenhäufigkeit ein stärkeres Gewicht. Angenommen, von zehn dichotomen Fragen (mit den Ausprägungen "genannt" versus "nicht genannt") messen acht das kulturelle Kapital und zwei das ökonomische. Sind die zwei Fragen zum ökonomischen Kapital relativ hoch korreliert[3] und sind die acht Fragen zum kulturellen Kapital ähnlich hoch korreliert und sind die Korrelationen zwischen den beiden Sets von Variablen relativ niedrig (oder sogar unkorreliert), so sind die Ausprägungen des kulturellen Kapitals (in dem fiktiven Beispiel die Gegensätze von "genannt" und "nicht genannt") aufgrund des höheren Trägheitsgewichtes (in welches die Masse als Multiplikator einfließt; vgl. Kapitel 3) auf der ersten Achse der Korrespondenzanalyse abzutragen, während die Ausprägungen des kulturellen Kapitals auf der zweiten oder auf einer noch höheren Achse laden (vgl. auch Blasius 1994c).

9.1.5 Der soziale Raum II

In dem vorangegangenen Abschnitt wurden die Gentrifier, die Pioniere, die Sonstigen und die Älteren anhand ihrer Lebensstile charakterisiert. Dabei waren lediglich die Zuordnungen der Merkmale zu den vier Gruppen von Interesse; das Vorgehen entspricht dem von Bourdieu wenn er in seinen "feinen Unterschieden" den "Raum der Lebensstile" mit dem "Raum der sozialen Positionen" zum "sozialen Raum" verbindet (vgl. Blasius und Winkler 1989, Blasius 2000b). Nicht von Interesse war die Betrachtung von Kombinationen von Lebensstilmerkmalen, also z. B. ob Personen, die eine "warme Wohnungseinrichtung" präferieren, ihren Gästen überdurchschnittlich oft "Speisen nach guter deutscher Küche servieren" bzw. ob sie überdurchschnittlich oft das Möbelhaus als Quelle des Möbelerwerbs angegeben haben. Derartige Kombinationen von Merkmalen sollen bei der weitergehenden Beschreibung des "soziales Raums" berücksichtigt werden.

Um die Interaktionseffekte zwischen den Variablen(ausprägungen) zu berücksichtigen, werden im zweiten Auswertungsschritt die Daten mit Hilfe der multiplen Korrespondenzanalyse beschrieben. Auch Bourdieu verwendet dieses Verfahren in seinen späteren Arbeiten, so z. B. beim "Homo Academicus" (1988), wo er Hochschullehrer in einem "Raum der Fakultäten" beschreibt. Als Variablen(ausprägungen) verwendete er u. a. sozio-demografische Merkmale, diese sind in den Spalten abgetragen; die Individuen, also die Hochschul-

3 Die Richtung der Korrelation ist dabei unwichtig; so kann die Ausprägung "genannt" ein hohes kulturelles Kapital symbolisieren (z. B. "selbst gebaute Möbel") oder auch ein niedriges (z. B. "Servieren von Speisen nach guter deutscher Küche") - beide Merkmale korrelieren hoch mit der latenten Variablen "kulturelles Kapital", das eine positiv, das andere negativ.

lehrer, sind in den Zeilen abgetragen.[4] Während Bourdieu zusätzlich zu den Variablenausprägungen die einzelnen Hochschullehrer im Projektionsraum berücksichtigt und anhand ihrer Lokalisation interpretiert, ist in der nachfolgenden Analyse der Gentrification-Daten lediglich die Struktur der Spaltenmerkmale von Interesse.

Bei den in der Gentrification-Studie verwendeten multi-response-Tabellen waren pro Frage maximal drei Angaben möglich, die Befragten konnten sich aber auch auf eine oder zwei Angaben beschränken. Bei der Frage zum Gebäudealter gab es drei Antwortvorgaben, von denen genau eine gewählt werden mußte: entweder das Gebäude wurde vor 1918, zwischen den beiden Weltkriegen oder nach 1945 erbaut. Die vierte (zwar nicht vorgelesene, aber dennoch vorhandene) Antwortvorgabe war "weiß nicht", auch diese Antwort kann sozialwissenschaftlich interpretiert und soll in der nachfolgenden Analyse berücksichtigt werden. Werden die vier Ausprägungen dieser Frage betrachtet, so gilt für jeden Befragten, daß genau eine Angabe zutrifft und die anderen drei nicht zutreffen. Werden die vier Ausprägungen in die Spalten einer Matrix geschrieben und wird "zutreffend" mit Eins kodiert und "nicht zutreffend" mit Null, so hat bei dieser Frage jede Person (jede Zeile der Matrix) eine Eins und drei Nullen, die Zeilensumme (die Masse einer Person) ist damit in allen Fällen gleich Eins. Werden mehrere Fragen betrachtet, bei der jeweils genau eine Antwort möglich ist, so ist die Zeilensumme gleich der Anzahl der Fragen - die Zeilensumme ist somit für alle Befragten identisch (vgl. die Indikatormatrizes aus Kapitel 5, Tabellen 5.3 und 5.7).

Würde auf die oben beschriebene Art *eine* multi-response-Frage kodiert (0 = "nicht genannt", 1 = "genannt"), so wäre die Zeilensumme gleich der Anzahl der Nennungen. Dies würde zu einer Gewichtung der Personen führen, die von der Anzahl der Nennungen abhängig und inhaltlich wenig sinnvoll ist. Um eine derartige Gewichtung mit der Anzahl der Nennungen zu vermeiden, kann jede Antwortvorgabe als Frage mit zwei Ausprägungen (0 = nicht genannt, 1 = genannt) verstanden werden; für die insgesamt 30 Antwortvorgaben der drei multi-response-Fragen (Tabelle 9.1) werden damit 60 Spalten in der Dateneingabe benötigt. Das Eingabeformat ist identisch mit dem von Dummy-Variablen, welche z. B. die Ausprägungen "richtig/falsch" oder "ja/nein" haben.

Zu den 60 Spalten der drei multi-response-Tabellen kommen die vier Spalten für das "Gebäudealter" hinzu (mit den Ausprägungen "bis 1918", "zwischen 1918 und 1945", "nach 1945" und "weiß nicht"), so daß die Matrix der Eingabedaten insgesamt 64 Spalten hat. In der nachfolgenden Analyse werden nur jene Befragte berücksichtigt, die alle drei multi-

4 An dieser Stelle sei angemerkt, daß die multiple Korrespondenzanalyse relativ rechenzeitintensiv ist (es muß eine singuläre Wertezerlegung der Matrix der standardisierten Residuen durchgeführt werden; vgl. Kapitel 3). Dieses Problem ist zwar heute nicht mehr relevant, wohl aber zur Zeit, als Bourdieu seine "feinen Unterschiede" schrieb. Wird diese Problematik berücksichtigt, so wird dies ein wichtiger Grund sein, warum Bourdieu in seinen früheren Arbeiten hauptsächlich die einfache Korrespondenzanalyse verwendete, während er in den neueren Arbeiten zumeist die multiple einsetzt.

response-Fragen beantwortet haben, beim "Gebäudealter" ist "weiß nicht" eine zulässige Antwort und keine Verweigerung. Die Berücksichtigung von fehlenden Angaben bei den multi-response-Fragen würde zu einem Cluster der Antwortverweigerungen führen, da jede verweigerte Frage soviele "weiß nicht" bei den einzelnen Personen implizieren würde, wie es Antwortkategorien gibt; die Interpretation der dazugehörigen Dimension wäre trivial. Durch den Ausschluß der Personen, die mindestens eine der drei multi-response-Fragen nicht beantwortet haben, reduziert sich der Stichprobenumfang auf $n = 751$.

Um in dem durch die oben genannten Variablen(ausprägungen) definierten Projektionsraum auch die "Gentrifier", die "Pioniere", die "Sonstigen" und die "Älteren" verorten zu können, wurden diese vier Ausprägungen als passive Merkmale in die Analyse einbezogen. Die Matrix der Eingabedaten hat somit insgesamt 68 Spalten (64 aktive und vier passive) und 751 Zeilen, die grafische Darstellung (nur Spaltenmerkmale) ist in Abbildung 9.2 wiedergegeben.

Für jede dichotome Variable dieser Daten gilt, daß ein Lebensstilmerkmal entweder "genannt" oder "nicht genannt" wurde. Daraus folgt, daß die Ausprägungen, die zu der gleichen Variablen gehören, in allen Elementen verschieden sind und daher in allen Dimensionen auf den gegensätzlichen Achsenabschnitten laden; eine Verbindungslinie zwischen diesen beiden Ausprägungen verläuft in allen Dimensionen durch den Ursprung. Wenn z. B. die Ausprägung "phantasievolle Wohnungseinrichtung: genannt" im linken oberen Quadranten lokalisiert ist, so ist "phantasievolle Wohnungseinrichtung: nicht genannt" im rechten unteren Quadranten. Wenn "Möbelkauf beim Designer: genannt" im linken unteren Quadranten liegt, so steht "Möbelkauf beim Designer: nicht genannt" im rechten oberen Quadranten. Für die grafische Darstellung der Ergebnisse ist daher ausreichend, lediglich die Ausprägungen "genannt" zu berücksichtigen.

Während in der einfachen Korrespondenzanalyse (Abbildung 9.1) die Zuordnung zu den vier Typen von Bewohnern im Zentrum der Interpretation steht, ist es bei der multiplen Korrespondenzanalyse (Abbildung 9.2) die Bildung von Clustern, also von Merkmalen, die gemeinsam genannt wurden. So gibt es im linken unteren Quadranten ein Cluster, zu welchem die "stilvolle Wohnungseinrichtung", "erlesene Speisen für Gäste", eine "harmonische Wohnungseinrichtung" sowie der "Möbelkauf beim Handwerker", "beim Antiquitätenhändler" bzw. "beim Designer" gehören; dies sind alles Merkmale eines etwas luxuriöseren Lebensstils. Am nächsten zu diesem Cluster (zu den gleichen Achsenabschnitten gehörend) befinden sich - erwartungsgemäß - die "Gentrifier". Diese Gruppe von Personen kann zudem durch die Bevorzugung von "vor 1918 erbauten Wohnungen" sowie von "exotischen" bzw. "originellen Speisen" beschrieben werden.

Des weiteren gibt es ein Cluster, welches die Merkmale "selbst gebaute Möbel", "Möbelkauf auf dem Flohmarkt", eine "phantasievolle Wohnungseinrichtung" und "das Servieren von improvisierten Speisen für Gäste" umfaßt. Diese Art von Lebensstil kann den "Pionieren" zugeordnet werden. In der Nähe der "Älteren" gibt es nur zwei Merkmale: "Servieren von Speisen nach deutscher Küche" und der "Möbelkauf im Fachgeschäft". Werden zusätzlich die Lokalisationen auf den Achsen für die Interpretation der Ergebnisse verwendet, so sind den Älteren noch die Merkmale der "sauberen" und der "gepflegten Wohnungseinrichtung" zuzuordnen.

Abbildung 9.2: Gentrification II - grafische Darstellung der multiplen Korrespondenzanalyse

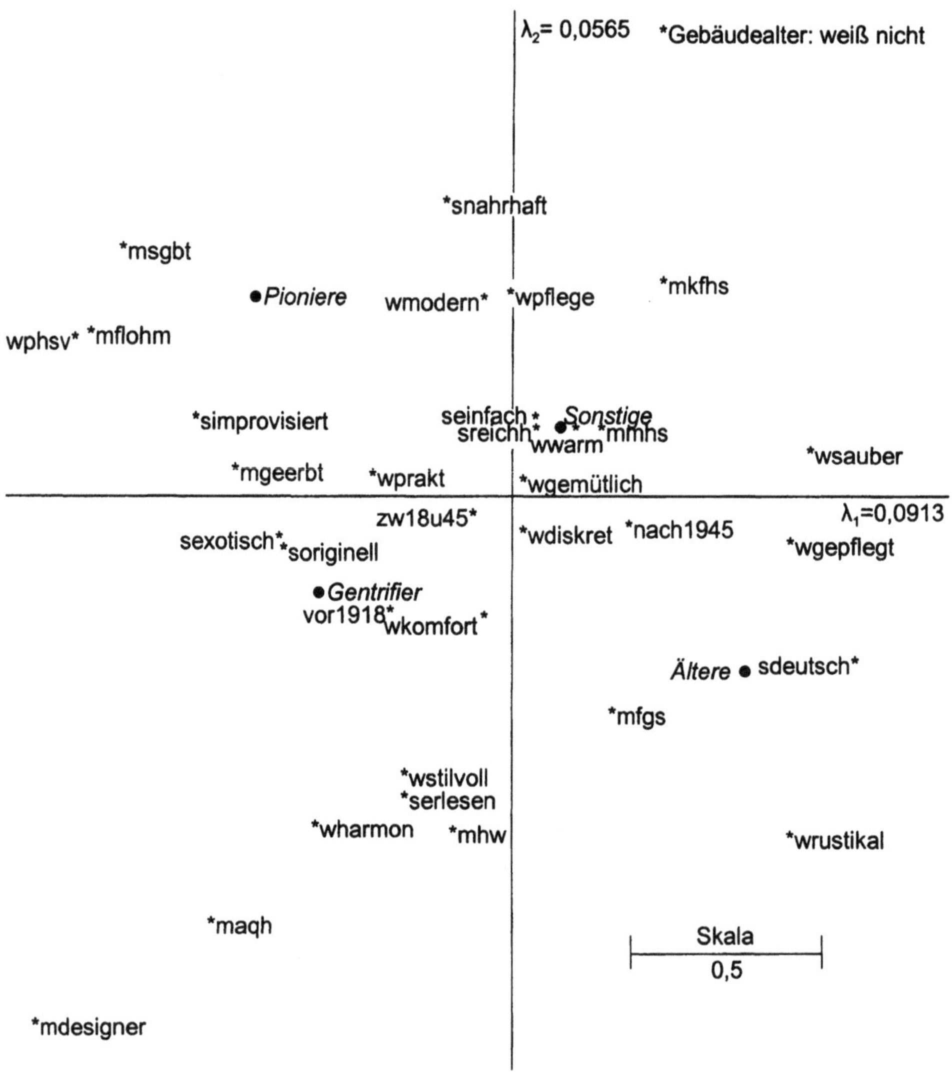

Legende

Quellen des Möbelerwerbs		*Eigenschaften der Wohnungseinrichtung*	
mgeerbt	geerbt	wwarm	warm
mflohm	auf dem Flohmarkt gekauft	wmodern	modern
mkfhs	Kaufhaus	wsauber	sauber, ordentlich
msgbt	selbst gebaut	wpflege	pflegeleicht
mfgs	Fachgeschäft	wphsv	phantasievoll
mhw	bei einem Handwerker gekauft	wdiskret	nüchtern, diskret
mdesigner	Designer/Inneneinrichtungsstudio	wgepflegt	gepflegt
maqh	Antiquitätenhändler	wrustikal	rustikal
mmhs	Möbelhaus	wharmon	harmonisch
		wprakt	praktisch, funktional
Speisen für Gäste		wkomfort	komfortabel
serlesen	fein und erlesen	wgemütlich	gemütlich
simprovisiert	improvisiert	wstilvoll	stilvoll
sdeutsch	gute deutsche Küche		
sreichh	reichhaltig und gut	*Baualter des Gebäudes*	
snahrhaft	nahrhaft und ergiebig	vor1918	vor 1918 erbaut
soriginell	originell	zw18u45	zwischen 1918 und 1945 erbaut
seinfach	einfach, aber hübsch angerichtet	nach1945	nach 1945 erbaut
sexotisch	exotisch		

Die "Sonstigen" scheinen - wie auch in der vorangegangen einfachen Korrespondenzanalyse - die durchschnittliche Bevölkerung zu symbolisieren, sie sind relativ nahe am Achsenkreuz lokalisiert. Sollen dieser Gruppe von Personen dennoch Merkmale zugeordnet werden, so sind insbesondere die "warme", "diskrete" und "gemütliche Wohnungseinrichtung" sowie "einfache" und "reichhaltige, aber gute Speisen für Gäste" zu nennen. Ein weiteres Merkmal ist die Angabe "Gebäudealter: weiß nicht", die ebenfalls im rechten oberen Quadranten lokalisiert ist.[5]

Wie auch bei der einfachen Korrespondenzanalyse scheint die erste Achse insbesondere das Niveau des kulturellen Kapitals widerzuspiegeln, mit der "sauberen" und "gepflegten Wohnungseinrichtung" sowie der "deutschen Küche" im positiven und der "phantasievollen Wohnungseinrichtung" und den "selbst gebauten Möbeln" im negativen Bereich. Die Interpretation der zweiten Achse ist nicht eindeutig: der negative Bereich dieser Achse ist sowohl durch Merkmale eines eher luxuriösen Lebensstils gekennzeichnet (u. a. dem "Möbelkauf beim Designer" bzw. "beim Antiquitätenhändler", einer "harmonischen Wohnungseinrichtung" und dem "Servieren von erlesenen Speisen"), welche als Indikatoren für ein hohes ökonomisches Kapital angesehen werden können (siehe die Ausprägungen im linken unte-

5 Ausprägungen wie die von "Sonstige", die in der Nähe des Achsenkreuzes liegen, können auf einer höheren Dimension weit vom Achsenkreuz entfernt lokalisiert sein. Die Interpretation als "Durchschnittsbevölkerung" ist daher nur auf die ersten beiden Achsen zu beziehen.

ren Quadranten), als auch durch Merkmale wie "deutsche Küche", "Möbelkauf im Fachgeschäft" und "rustikale Wohnungseinrichtung" (rechter unterer Quadrant), welche ein eher niedriges bis mittleres ökonomisches Kapital widerspiegeln. Werden des weiteren die vier Typen von Bewohnern auf die zweite Dimension projiziert, so wird ersichtlich, daß die zweite Dimension nicht als "ökonomisches Kapital" bezeichnet werden kann, andernfalls müßte angenommen werden, daß die Älteren ein höheres ökonomisches Kapital als die per Definition gut verdienenden Gentrifier haben.

Soll dennoch eine ökonomische Dimension in den Projektionsraum gelegt werden, so muß diese zwischen den ersten beiden Dimensionen verlaufen, etwa von "Möbelkauf beim Designer", zum "Möbelkauf beim Antiquitätenhändler" über eine "komfortable Wohnungseinrichtung" und den "Möbelkauf im Kaufhaus" bis zum "Gebäudealter: weiß nicht". Bezogen auf die vier Typen hätten die Gentrifier das mit Abstand höchste ökonomische Kapital, während die Werte für die anderen drei Gruppen einander ähnlich wären (die Schnittpunkte mit der fiktiven Geraden lägen kurz hinter dem Achsenkreuz im oberen rechten Quadranten). Die erste Dimension könnte dann als "Kapitalvolumen" (vgl. auch die Interpretation von Bourdieu 1982 in seinen "feinen Unterschieden") interpretiert werden; im negativen Bereich u. a. gekennzeichnet durch eine "phantasievolle Wohnungseinrichtung" und "improvisierte" sowie "exotische Speisen" für ein hohes Kapitalvolumen, im positiven sind die "saubere" und die "gepflegte Wohnungseinrichtung" Indikatoren für ein niedriges Kapitalvolumen (vgl. ausführlich Blasius 2000b).

9.2 Kleine Fallzahlen

Eines der wichtigsten Merkmale der qualitativen Sozialforschung sind kleine Fallzahlen. In der Regel werden derartige Daten nicht numerisch ausgewertet, und in den Fällen, in denen auf eine quantitative Analyse nicht verzichtet werden soll, werden die Daten meistens nur uni- oder bivariat beschrieben. Da es bei der Korrespondenzanalyse keine Restriktionen auf die Fallzahl gibt, kann sie auch verwendet werden, um Strukturen in Daten mit kleinen Fallzahlen zu beschreiben. So können z. B. die Einstellungen von "relevanten Personen", z. B. von bekannten Politikern oder Managern großer Betriebe, und auch diese Personen selbst, in einem Projektionsraum abgebildet werden. Die Einstellungen von Politikern können auf der Basis von Medienberichten erhoben und es kann grafisch dargestellt werden, welcher Politiker zu welchem Zeitpunkt welche Meinung geäußert hat.

Wird die multiple Korrespondenzanalyse eingesetzt, so stehen in den Zeilen die Individuen und in den Spalten die Merkmalsausprägungen. Auf diese Art können einzelne Personen bzw. andere Untersuchungsobjekte, z. B. große Konzerne, anhand ihrer Charakteristika, z. B. anhand ihrer sozio-demografischen Merkmale bzw. anhand ihrer Hierarchiestrukturen, miteinander verglichen werden. Personen (Konzerne), die bezüglich der verwendeten Merkmale einander ähnlich sind, befinden sich im Projektionsraum in räumlicher Nähe, Personen (Konzerne) die relativ unterschiedliche Merkmale haben, sind weit voneinander entfernt.

Um diese Art der Anwendung der Korrespondenzanalyse an einem Beispiel zu demonstrieren, werden 12 Politiker (Person A bis Person L) verglichen, deren Einstellungen zu sieben politisch relevanten Themen im Spätsommer 1999 erhoben wurden.[6] Bei den Politikern handelt es sich um vier Personen von der SPD (A, B, C, D), um vier Personen von der CDU/CSU (E, F, G, H), um zwei Personen von Bündnis 90/Grüne (I, J), um eine Person von der F.D.P. (K) und um eine Person von der PDS (L). Folgende Einstellungsobjekte wurden berücksichtigt:

- Rentenerhöhung, nur Inflationsausgleich: ja (rj), nein (rn)
- Atomausstieg: maximale Laufzeit 25 Jahre, wie in einem von Umweltminister Trittin vorgeschlagenen Gesetzesentwurf (a1), eine mittelfristige Lösung (a2), oder, wie von der Energiewirtschaft gefordert, eine Laufzeit von 35 Jahren (a3)
- Altautoverordnung ab 2003: ja (aj), nein (an)
- Studiengebühren einführen: ja (sj), nein (sn)
- Beteiligung der Bundeswehr im Kosovokonflikt: ja (bj), nein (bn)
- Doppelte Staatsbürgerschaft: ja (zj), nein (zn)
- Bau der Referenzstrecke für den Transrapid, Hamburg - Berlin: ja (tj), nein (tn)

In Tabelle 9.2 sind die sieben Einstellungsobjekte der 12 Politiker wiedergegeben. So ist Politiker A (von der SPD) für eine Rentenerhöhung, die nur die Inflation ausgleicht; er würde die Atomkraftwerke, wie von der Industrie gefordert, 35 Jahre laufen lassen; er ist gegen die Altautoverordnung; er ist gegen die Einführung von Studiengebühren; er ist für den Einsatz von Bodentruppen im Kosovo; er ist für die zweite Staatsbürgerschaft und für den Bau der Referenzstrecke "Hamburg - Berlin" des Transrapid. Werden die Daten variablenweise betrachtet, so sind vier Personen (drei von der SPD, einer von den Bündnisgrünen) für eine Rentenerhöhung, mit der lediglich inflationsbedingte Preissteigerungen ausgeglichen werden, zwei Personen sind für den schnellstmöglichen Ausstieg aus der Atomenergie (die beiden Mitglieder der Bündnisgrünen) und zwei Personen sind gegen die Beteiligung der Bundeswehr im Kosovokonflikt (einer von den Grünen und der Abgeordnete der PDS). Die Daten von Tabelle 9.2 sind die Eingabeinformation der Korrespondenzanalyse, die gra-

6 Bei den Daten handelt es sich zwar um fiktive Werte, aber es sollten sich leicht Politiker mit den genannten Merkmalskombinationen finden lassen.

fische Darstellung der Ergebnisse ist in Abbildung 9.3 wiedergegeben (symmetrische Darstellung).

Tabelle 9.2: Kleine Fallzahlen - Einstellungen von Politikern

	rj	rn	a1	a2	a3	aj	an	sj	sn	bj	bn	zj	zn	tj	tn	Summe
A	1	0	0	0	1	0	1	0	1	1	0	1	0	1	0	7
B	1	0	0	1	0	0	1	0	1	1	0	1	0	1	0	7
C	1	0	0	0	1	0	1	1	0	1	0	1	0	1	0	7
D	0	1	0	0	1	0	1	0	1	1	0	1	0	0	1	7
E	0	1	0	0	1	0	1	1	0	1	0	0	1	1	0	7
F	0	1	0	0	1	0	1	0	1	1	0	0	1	1	0	7
G	0	1	0	1	0	0	1	1	0	1	0	0	1	1	0	7
H	0	1	0	0	1	0	1	1	0	1	0	0	1	1	0	7
I	0	1	1	0	0	1	0	0	1	1	0	1	0	0	1	7
J	1	0	1	0	0	1	0	0	1	0	1	1	0	0	1	7
K	0	1	0	0	1	0	1	1	0	1	0	1	0	1	0	7
L	0	1	0	1	0	1	0	0	1	0	1	1	0	1	0	7
Summe	4	8	2	3	7	3	9	5	7	10	2	8	4	9	3	84

Die Korrespondenzanalyse von Tabelle 9.2 hat eine eindimensionale Lösung: Werden die Trägheitsgewichte der Achsen nach Benzécri (1979) reskaliert (vgl. Kapitel 5), so erklärt die erste Dimension 95,3% der gesamten Variation, die zweite könnte mit einem Anteil von 3,4% vernachlässigt werden. Im negativen Bereich der ersten Achse wird mit "Atomausstieg in den nächsten 25 Jahren", der Zustimmung zur Altautoverordnung, der Ablehnung von Bundeswehreinsätzen im Kosovo, von Studiengebühren und von der Referenzstrecke des Transrapid sowie der Zustimmung zur zweiten Staatsbürgerschaft eine als eher links zu bezeichnende Politik widergespiegelt. Korrespondierend mit diesen Ergebnissen ist der positive Abschnitt der ersten Achse durch eher industriefreundliche Merkmale gekennzeichnet: den späten Atomausstieg, die Befürwortung der Referenzstrecke des Transrapid, die Einführung von Studiengebühren und die Ablehnung der Altautoverordnung. Gleichzeitig werden die von den gegenwärtigen Regierungsparteien gemachten Vorschläge zur Rentenreform (Erhöhung nur bis zum Inflationsausgleich und nicht wie bisher an die Lohnentwicklung angepaßt) und zur doppelten Staatsbürgerschaft abgelehnt. Somit spiegelt die erste Dimension insbesondere die unterschiedlichen Ansichten von Politikern aus Opposition und Koalisation wider.

Abbildung 9.3: Kleine Fallzahlen - Einstellungen von Politikern

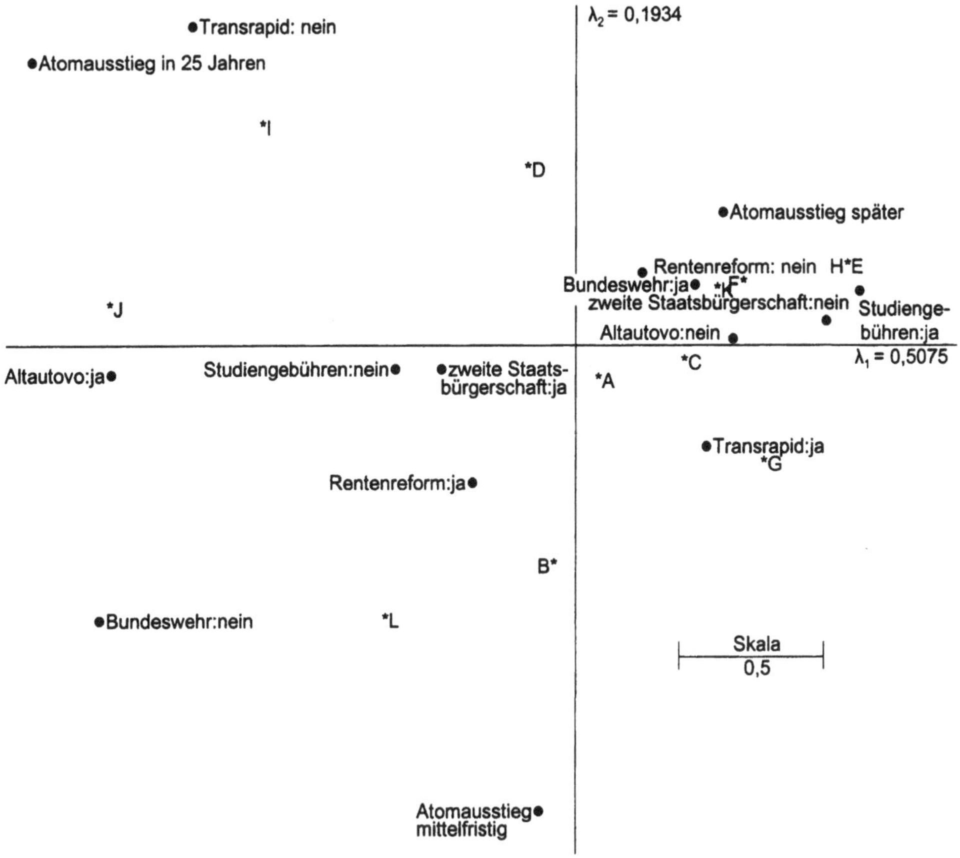

Werden die Politiker in die Abbildung integriert, so sind die beiden Politiker der Bündnisgrünen im negativen Abschnitt der ersten Achse lokalisiert, die vier der SPD in der Mitte und die vier Mitglieder der CDU als auch der F.D.P.-Politiker im positiven Abschnitt. Der Politiker von der PDS befindet sich auf der linken Seite der ersten Achse, zwischen den Politikern der Bündnisgrünen und denen der SPD. Damit können die Einstellungsobjekte den einzelnen Personen zugeordnet und mit Hilfe der grafischen Darstellung kann nachvollzogen werden, welcher Politiker von welcher Partei welche Einstellung hatte. Die gleichen Variablen könnten von den gleichen Politikern zu späteren Zeitpunkten nochmals erhoben werden, und in einer Analyse dieser zeitbezogenen Daten könnte gezeigt werden, welcher Politiker wann seine Meinung von "wo" nach "wo" gewechselt hat.

9.3 Rangreihen

In dem oben genannten Beispiel wurden die Einstellungsmerkmale kategorial erhoben, die Politiker unserer fiktiven Stichprobe konnten dafür oder dagegen sein, und bei der Frage zum Atomausstieg konnten sie auch eine mittlere Position einnehmen. Eine andere Möglichkeit ist, Informationen in Form von Rangreihen zu erheben; die Zielpersonen können befragt werden, welches (politische) Ziel für sie das wichtigste ist, welches das zweitwichtigste, bis hin zu der Frage, welches (politische) Ziel für sie das unwichtigste ist. Auch bei dieser Art von Information kann die Anzahl der Befragten klein sein, wir verwenden wiederum fiktive Daten für die oben bereits eingeführten 12 Politiker. Als Einstellungsobjekte wurden vorgegeben:

1: Bekämpfung der Arbeitslosigkeit
2: Wirtschaftliches Wachstum
3: Sicherung der Renten
4: Erhalt des Gesundheitssystems
5: Niedrigere Steuern
6: Stärkung des Umweltschutzes
7: Integration der osteuropäischen Länder in die Europäische Union
8: Doppelte Staatsbürgerschaft

Werden die Daten auf diese Weise erhoben, so hat jede Person in jeder Spalte einen Wert, der von 1 (am wichtigsten) bis 8 (am unwichtigsten) reichen kann. So gilt z. B. für Politiker G, daß für ihn die Bekämpfung der Arbeitslosigkeit am wichtigsten ist (Rangplatz 1), gefolgt von dem Ziel des wirtschaftlichen Wachstums (Rangplatz 2) bis hin zur doppelten Staatsbürgerschaft, die für ihn das unwichtigste politische Ziel ist (Rangplatz 8). Kann sich eine Person an einer Stelle nicht zwischen zwei (oder mehreren) politischen Zielen entscheiden, so wird der Mittelwert der betreffenden Rangreihenplätze verwendet. In dem in Tabelle 9.3 gegebenen Beispiel kann sich Politiker C nicht entscheiden, was ihm am wichtigsten und was ihm am zweitwichtigsten ist, die Sicherung der Renten oder der Erhalt des Gesundheitssystems in der jetzigen Form - beide Ziele erhalten daher den gemittelten Rangplatz 1,5.

Entsprechend Tabelle 9.3 sind die Zeilensummen ($n_{i+} = 36$) für alle Politiker identisch, d. h. die Untersuchungsobjekte haben die gleiche Masse. Dies gilt nicht für die Spaltensummen: Je niedriger die Wichtigkeit einer Aufgabe im Mittel eingeschätzt wurde, desto höher ist der Rangwert und desto höher ist die Spaltensumme. So wurde z. B. die "Bekämpfung der Arbeitslosigkeit" im Durchschnitt als wesentlich wichtiger eingestuft als die "doppelte Staatsbürgerschaft", entsprechend hat die "Bekämpfung der Arbeitslosigkeit" mit $n_{+1} = 31$

einen deutlich niedrigeren Wert als die "doppelte Staatsbürgerschaft" mit $n_{+8} = 71$. Würden die Rangdaten aus Tabelle 9.3 direkt in die Korrespondenzanalyse eingelesen, so hätte die "doppelte Staatsbürgerschaft" mehr als das doppelte Gewicht (Masse) als die "Bekämpfung der Arbeitslosigkeit". Um eine derartige unterschiedliche Gewichtung der Variablen zu vermeiden, schlägt Greenacre (1993) eine Prozedur vor, die er als "Doubling" bezeichnet.

Tabelle 9.3: Fiktive Rangplätze der 12 Politiker

	1	2	3	4	5	6	7	8	Summe
A	4	8	5	3	2	1	7	6	36
B	3	6	2	1	8	4	7	5	36
C	3	5	1,5	1,5	6	4	8	7	36
D	2	6	5	3	4	1	7	8	36
E	3	2	6	5	1	8	4	7	36
F	1	3	4	5	2	6	7	8	36
G	1	2	3	4	5	6	7	8	36
H	4	1	2	6	3	8	5	7	36
I	1	7	5	4	8	2	6	3	36
J	5	8	2	1	7	3	6	4	36
K	1	4	2	3	5	6	8	7	36
L	3	8	6	5	7	4	2	1	36
Summe	31	60	43,5	41,5	58	53	74	71	432

Bei der "*Verdopplung*" werden zuerst alle Variablen auf den gleichen Nullpunkt zentriert, die Skalen der einzelnen Variablen beginnen damit Null. In dem gegebenen Beispiel bedeutet dies, daß von allen Eintragungen in Tabelle 9.3 der Wert Eins abgezogen werden muß; Politiker "G" erhält bei der "Bekämpfung der Arbeitslosigkeit" nun den Rangwert 0, das "wirtschaftliche Wachstum" erhält den Rangwert 1 und die "doppelte Staatsbürgerschaft" den Rangwert 7, die Zeilensumme ist für jeden Politiker 28. Im zweiten Schritt werden die Werte für jeden Politiker "verdoppelt", es wird eine zweite Rangreihe gebildet, die gegenläufig zur ursprünglichen ist: der Politiker "G-" hat bei der "Bekämpfung der Arbeitslosigkeit" den Rangwert 7, bei dem "wirtschaftlichen Wachstum" den Rangwert 6 und bei der "doppelten Staatsbürgerschaft" den Rangwert 0. Werden die Werte von "G" und "G-" innerhalb der Spalten addiert, so ist die Summe jeweils 7; bezogen auf die zweimal 12 Politiker hat jede Variable die Summe $n_{+j} = 12 * 7 = 84$. Damit ist die Gewichtung für alle acht politischen Ziele identisch. Diese "verdoppelten" Daten (Tabelle 9.4) werden als Eingangsinformation der nachfolgenden Korrespondenzanalyse verwendet.

Die erste Dimension der Korrespondenzanalyse von Tabelle 9.4 erklärt 39,4% der gesamten Variation, die zweite weitere 37,4% und die dritte 12,0% - bei insgesamt sieben Dimensionen kann die Lösung damit als zweidimensional angesehen werden. Aufgrund der perfekten negativen Korrelation der verdoppelten Daten sind die gegensätzlichen "Politiker" in allen Dimensionen jeweils in dem gegenüberliegenden Quadranten lokalisiert; werden zwei konträre "Politiker" in dem Projektionsraum verbunden, z. B. "G" und "G-", so geht die Verbindungslinie immer durch den Ursprung. Die symmetrische Darstellung der Ergebnisse der ersten beiden Dimensionen ist in Abbildung 9.4 wiedergegeben, dabei wurden sowohl die Einstellungsmerkmale als auch die Politiker und ihre Kontraparts berücksichtigt.

Tabelle 9.4: Modifizierte Eingabedaten nach der "Verdopplung"

	1	2	3	4	5	6	7	8	Summe
A-	3	7	4	2	1	0	6	5	28
A	4	0	3	5	6	7	1	2	28
B-	2	5	1	0	7	3	6	4	28
B	5	2	6	7	0	4	1	3	28
C-	2	4	0,5	0,5	5	3	7	6	28
C	5	3	6,5	6,5	2	4	0	1	28
D-	1	5	4	2	3	0	6	7	28
D	6	2	3	5	4	7	1	0	28
E-	2	1	5	4	0	7	3	6	28
E	5	6	2	3	7	0	4	1	28
F-	0	2	3	4	1	5	6	7	28
F	7	5	4	3	6	2	1	0	28
G-	0	1	2	3	4	5	6	7	28
G	7	6	5	4	3	2	1	0	28
H-	3	0	1	5	2	7	4	6	28
H	4	7	6	2	5	0	3	1	28
I-	0	6	4	3	7	1	5	2	28
I	7	1	3	4	0	6	2	5	28
J-	4	7	1	0	6	2	5	3	28
J	3	0	6	7	1	5	2	4	28
K-	0	3	1	2	4	5	7	6	28
K	7	4	6	5	3	2	0	1	28
L-	2	7	5	4	6	3	1	0	28
L	5	0	2	3	1	4	6	7	28
Summe	84	84	84	84	84	84	84	84	672

Abbildung 9.4: Grafische Darstellung der fiktiven Rangskalen

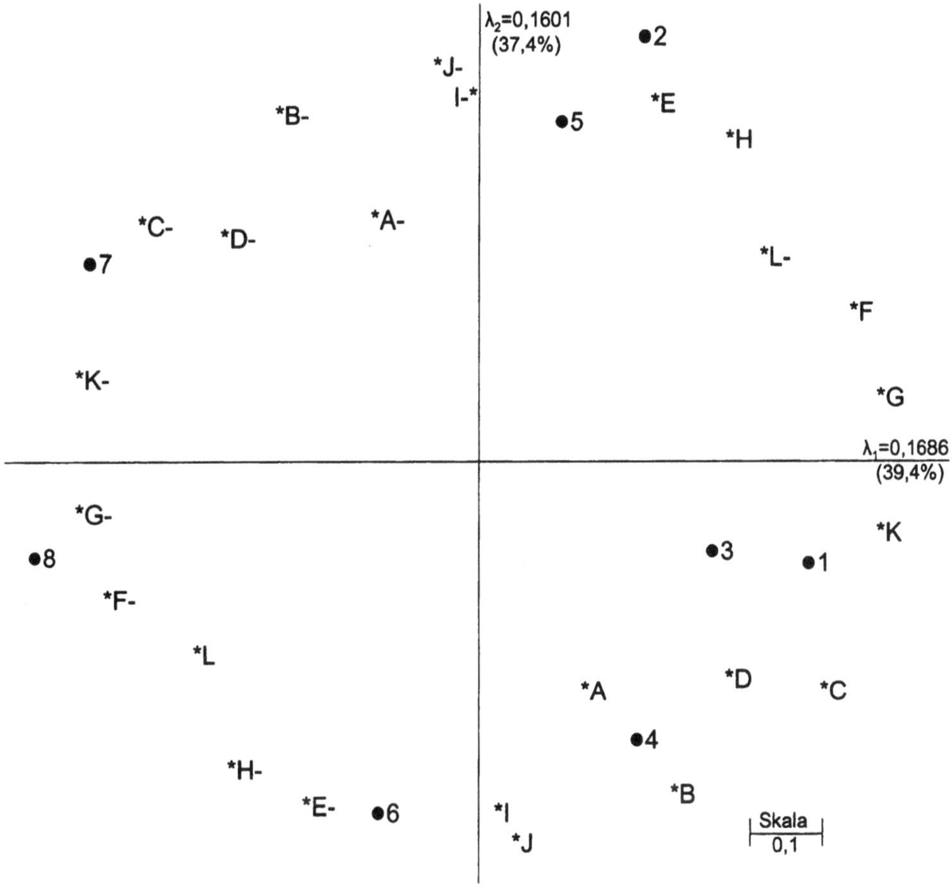

Mit Ausnahme des "Politikers von der PDS" befinden sich die Lokalisationen von allen "Politikern" auf dem rechten Abschnitt der ersten Achse, wobei die beiden Vertreter der Bündnisgrünen allerdings sehr dicht am Achsenkreuz lokalisiert sind. Mit der zweiten Achse werden insbesondere die vier Politiker der CDU - diese sind im positiven Abschnitt lokalisiert - von den Politikern der anderen Parteien unterschieden. Werden die Distanzen zwischen den Zeilen (den Politikern) betrachtet, so können die Politiker von der SPD und die von der CDU zu Clustern zusammengefaßt werden, die deutlich voneinander getrennt sind. Der Abgeordnete der F.D.P. ist genau zwischen diesen beiden Gruppierungen lokalisiert, und die beiden Politiker der Grünen sind in der Nähe der SPD.

Werden die Ergebnisse für die Politiker zusammenfassend betrachtet, so scheinen die Wichtigkeiten von politischen Zielen zwar innerhalb der beiden großen Parteien einander ähnlich zu sein, jedoch gibt es relativ deutliche Unterschiede zwischen Sozial- und Christdemokraten. Die beiden Bündnisgrünen weichen in ihren Einstellungen nur geringfügig von den Politikern der SPD ab, der Politiker von der PDS hat hinsichtlich seiner "Einstellungen" zwar eine größere Ähnlichkeit mit den Sozialdemokraten und Grünen als mit den Christdemokraten, jedoch ist er auch deutlich von den erstgenannten separiert.

Werden den Politikern die Einstellungsobjekte zugeordnet, so haben bei der SPD insbesondere der Erhalt des Gesundheitssystems in seiner bisherigen Form, die Sicherung der Renten und die Bekämpfung der Arbeitslosigkeit eine hohe Priorität. Bei den Politikern der CDU kommt zu den beiden letztgenannten Punkten noch das wirtschaftliche Wachstum und niedrigere Steuern hinzu. Einig sind sich die Mitglieder der beiden großen Parteien hinsichtlich der Wichtigkeit der Themen "Integration der osteuropäischen Länder in die Europäische Union" und "doppelte Staatsbürgerschaft", beide Punkte stehen bei ihnen - auch hier unterscheiden sie sich von dem Politiker der PDS - in der Wichtigkeit hinten an. Für die beiden Grünen ist, zusätzlich zu dem Erhalt des Gesundheitssystems und - mit Abstrichen - der Bekämpfung der Arbeitslosigkeit und der Sicherung der Renten, noch die Stärkung des Umweltschutzes von großer Bedeutung.

9.4 Testen auf Ordinalität

Unter den kategorialen Daten haben die *Daten mit ordinalen Meßniveau* eine Sonderstellung. Häufig werden Vier-, Fünf- oder Sieben-Punkteskalen, die z. B. Ausprägungen von "stimme voll und ganz zu" bis "stimme gar nicht zu" haben, in den Sozialwissenschaften als ordinal oder gar als metrisch angesehen, und es werden Auswertungsverfahren verwendet, die ein derartiges Skalenniveau voraussetzen. In vielen Fällen wird jedoch vorab nicht geprüft, ob die verwendeten Fragen die Eigenschaft, ordinal (oder gar metrisch) zu sein, erfüllen. So kann z. B. auf einer Fünf-Punkte-Skala die Mittelkategorie etwas anderes messen als die anderen vier Ausprägungen, sie wird u. a. als versteckte Antwortverweigerung benutzt (vgl. Krosnick und Fabrigar 1997, Thiessen und Blasius 1998). In diesem Fall kann sie nur noch per Zufall den Mittelpunkt der Skala repräsentieren, sie kann aber ebenso an einem anderen Punkt der Antwortdisputationen liegen. Des weiteren muß die Ordinalität von kompliziert formulierten Fragen angezweifelt werden, z. B. von Fragen, die eine Verneinung im Text haben. Wird dem Inhalt einer solchen Frage zugestimmt, so muß die Frage verneint werden; doch zu einer derartigen doppelten Verneinung sind viele Befragte nicht fähig, sie geben die "falschen" Antworten (vgl. Blasius und Thiessen 2001).

In einer Studie zum Thema "political efficacy" können Blasius und Thiessen (2001) auf der Basis von Daten der kanadischen Wahlstudie von 1984 ($n = 3377$) zeigen, daß der in der

Literatur immer wieder beschriebene Zusammenhang, dem zufolge Personen mit wenig Interesse an Politik und Personen mit niedrigerer Bildung politisch stärker entfremdet sind als an Politik interessierte Personen (vgl. Craig 1979, Finkel 1985, Hayes und Bean 1993, Vetter 1997), ein methodologisches Artefakt ist; die Ursache für unterschiedliche Antwortmuster ist eine zu komplizierte Frageformulierung. Wie auch die oben zitierten Autoren, verwenden Blasius und Thiessen ein Set von bekannten und häufig verwendeten Fragen, die mit Hilfe einer Fünfer-Skala formuliert sind. Werden die Daten bivariat oder mit Hilfe eines Ansatzes ausgewertet, bei dem ordinales oder gar metrisches Meßniveau vorausgesetzt wird, so können auch Blasius und Thiessen die bis dato vorliegenden Ergebnisse bestätigen. Bei der Aufteilung der Daten in zwei etwa gleich große Gruppen - den politisch Interessierten und den politisch weniger Interessierten - und bei der getrennten Anwendung der multiplen Korrespondenzanalyse auf beide Datensätze wird jedoch deutlich, daß die Befragten mit geringem politischem Interesse (bzw. die Befragten mit relativ niedriger Bildung) einige der Fragen (insbesondere die komplizierteren, also u. a. jene, bei denen eine Verneinung in der Formulierung enthalten ist) nicht verstanden und stereotyp mit "stimme zu" geantwortet haben. Dieses nachgewiesene Antwortmuster korreliert hoch mit dem Schwierigkeitsgrad der Fragen und verleitet zu der (falschen) Schlußfolgerung, daß politisch weniger Interessierte von der Politik überdurchschnittlich stark entfremdet sind.

Im folgenden wird anhand eines einfachen Beispiels beschrieben, wie sich testen läßt, ob bei einem Set von Fragen ordinales Meßniveau vorausgesetzt werden kann. Soll eine bestimmte latente Einstellung gemessen werden, so wird in der Regel eine Itembatterie verwendet, bei der alle Fragen das gleiche Einstellungsobjekt erfassen (sollen) - und diese Messung soll möglichst eindimensional sein. Der Test auf die Dimensionalität der Daten und die Beschreibung der latenten Variablen erfolgt bei dichotomen Daten häufig mit der Rasch-Skalierung; haben die Fragen vier, fünf oder mehr Abstufungen, so wird häufig die Faktorenanalyse verwendet.

Die Fragen können beliebige Themen betreffen, z. B. die "politische Einstellung", die "Einstellung zur Todesstrafe" oder die Einstellung zur "Berufstätigkeit von Frauen mit Kindern". Kann unterstellt werden, daß es eine Hauptdimension gibt, mit der das Intendierte gemessen wird - bei der Frage nach der Einstellung zur Todesstrafe könnte diese Dimension einer Skala von "sehr für die Todesstrafe" bis "sehr gegen die Todesstrafe" entsprechen - so muß die gesuchte latente Variable mit der ersten Dimension (evtl. auch mit den ersten beiden Dimensionen) des Projektraums beschrieben werden können. Werden z. B. Fragen mit vier Ausprägungen verwendet (von "stimme sehr zu" bis "lehne vollkommen ab"), so sollte mit der ersten latenten Variablen - eventuell von kleinen Fehlern abgesehen - die Ordinalität der manifesten Variablen wiedergegeben werden. Soll mit einem Satz von Fragen die "Einstellung zur Todesstrafe" gemessen werden, so sollte die erste Dimension dieses Einstellungsobjekt widerspiegeln: Wird die uneingeschränkte Befürwortung im extremen positiven

Bereich abgetragen und wird die uneingeschränkte Ablehnung - als Gegensatz zur uneingeschränkten Befürwortung - im extremen negativen Bereich abgetragen, so sollten alle Ausprägungen der manifesten Variablen entsprechend des Niveaus ihrer Zustimmung und des Niveaus der Frage zwischen diesen beiden Extremen liegen. Ist die Ordinalität einer Frage nicht gewährleistet, sind z. B. bei einer Fünf-Punkte-Skala die Werte "3" (weder noch) und "4" (stimme etwas zu; im Sinn von "für die Todesstrafe") vertauscht, so würde mit der "3" eine stärkere Zustimmung zur Todesstrafe gemessen als mit der "4"; dies wäre entgegen der intendierten Absicht. Derartige Vertauschungen können in einzelnen Fällen noch als "zufällig" interpretiert oder mit Hilfe einer (unbeabsichtigten) mehrdeutigen Fragestellung erklärt werden; sind jedoch die "1" und die "4" vertauscht, so ist dies ein deutliches Indiz, daß entweder die Frage nicht verstanden bzw. daß die Richtung der Frage nicht beachtet wurde.

Als Beispiel für einen Test auf Ordinalität wählen wir sechs vierstufige Fragen zum Thema "Berufstätige Frauen und Kinder" die der Allgemeinen Bevölkerungsumfrage 1996 (ALLBUS 1996) entnommen sind.[7] Die Fragen wurden wie folgt eingeleitet: "Über die Aufgaben der Frau in der Familie und bei der Kindererziehung gibt es verschiedene Meinungen. Bitte sagen Sie mir nun zu jeder Frage auf dieser Liste, ob Sie ihr voll und ganz zustimmen, eher zustimmen, eher nicht zustimmen oder überhaupt nicht zustimmen." Bei den sechs Statements handelt es sich um:

1. Eine berufstätige Frau kann ein genauso herzliches und vertrauensvolles Verhältnis zu ihren Kindern finden wie eine Mutter, die nicht berufstätig ist.
2. Für eine Frau ist es wichtiger, ihrem Mann bei seiner Karriere zu helfen, als selbst Karriere zu machen.
3. Ein Kleinkind wird sicherlich darunter leiden, wenn seine Mutter berufstätig ist.
4. Es ist für alle Beteiligten viel besser, wenn der Mann voll im Berufsleben steht und die Frau zu Hause bleibt und sich um den Haushalt und die Kinder kümmert.
5. Es ist für ein Kind sogar gut, wenn seine Mutter berufstätig ist und sich nicht nur auf den Haushalt konzentriert.
6. Eine verheiratete Frau sollte auf eine Berufstätigkeit verzichten, wenn es nur eine begrenzte Anzahl von Arbeitsplätzen gibt, und wenn ihr Mann in der Lage ist, für den Unterhalt der Familie zu sorgen.

Werden die Aussagen insgesamt betrachtet, so wird anscheinend mit allen die generelle Einstellung zu berufstätigen Frauen gemessen, die Skala dürfte eindimensional sein. Dabei ist das Niveau, d. h. der "Schwierigkeit" einer Aussage zuzustimmen bzw. sie abzulehnen,

---

7 Die Daten der Allgemeinen Bevölkerungsumfragen sind im Zentralarchiv für Empirische Sozialforschung erhältlich.

unterschiedlich: So dürfte die vollkommene Ablehnung des ersten Statements, daß auch eine berufstätige Frau ein herzliches Verhältnis zum Kind haben kann bzw. die vollkommene Zustimmung zu dem Statement, daß die Frau zu Hause bleiben und die Kinder versorgen sollte, eine überdurchschnittlich starke Ablehnung der Berufstätigkeit von Frauen mit Kindern messen. Wird andererseits die Aussage, daß eine Frau mit einem Kleinkind nicht arbeiten sollte, vollkommenen abgelehnt, so dürfte diese Person auf dem entgegensetzten Ende der latenten Skala angesiedelt sein. Dabei dürfte die "vollkommene Ablehnung" des letztgenannten (Statement 6: "Eine verheiratete Frau ...") "schwieriger" sein als die "uneingeschränkte Zustimmung" zu dem zuerst genannten (Statement 1: "Eine berufstätige Frau ..."). Beide Antworten spiegeln eine positive Einstellung zur Berufstätigkeit der Frau wider, jedoch auf einem unterschiedlichen Niveau. Die Formulierung der Statements scheint zwar relativ einfach zu sein, ihre Länge könnte aber ebenso wie ihre umgekehrte Formulierung der Statements 1 und 5 Verständnisschwierigkeiten verursachen. Die oben aufgeführten Statements wurden von 3021 Befragten beantwortet, ihre univariaten Verteilungen sind in Tabelle 9.5 wiedergegeben.

Tabelle 9.5: Univariate Verteilungen der sechs Statements zur Einstellung zur Berufstätigkeit von Frauen (n = 3021 von 3518)

Fragen	Stimme voll und ganz zu	Stimme eher zu	Stimme eher nicht zu	Stimme gar nicht zu
Auch eine berufstätige Frau kann ein herzliches Verhältnis zu Kindern haben	1782	695	388	156
Die Frau sollte dem Mann lieber bei der Karriere helfen	349	621	1071	980
Frauen sollten nicht arbeiten, wenn sie ein kleines Kind haben	1095	923	610	393
Frauen sollten zu Hause bleiben und die Kinder versorgen	581	698	942	800
Frauen sind bessere Mütter bei Berufstätigkeit	516	895	956	654
Frauen sollten nach der Heirat den Arbeitsmarkt frei machen	598	667	818	938

Wie anhand von Tabelle 9.5 zu erkennen ist, gibt es deutliche Unterschiede bei der Verteilung der Antworten auf die einzelnen Statements, d. h. mit ihnen wird - wie intendiert - die Einstellung zur Berufstätigkeit von Frauen auf unterschiedlichem Niveau gemessen.

Wird die multiple Korrespondenzanalyse auf diese Daten angewendet, so hat die Indikatormatrix der Eingabedaten 24 Spalten (sechs Fragen mit jeweils vier Ausprägungen) und 3021 Zeilen. Die Ergebnisse der Korrespondenzanalyse dieser Daten sind in Abbildung 9.5 wiedergegeben, wobei jeweils die Ausprägungen, die zu dem gleichen Statement gehören, mit Linien verbunden wurden.

Das (unkorrigierte) Trägheitsgewicht der ersten Achse dieser Lösung ist mit $\lambda_1 = 0{,}469$ relativ groß, das zweite ist mit $\lambda_2 = 0{,}334$ schon deutlich kleiner; werden die Trägheitsgewichte nach Benzécri (1979) reskaliert und wird ein Screetest dieser Werte durchgeführt, so ist die Lösung nahezu eindimensional. Dieses Ergebnis ist erwartungsgemäß, da mit allen Variablen die gleiche latente Einstellung abgefragt wurde.

Abbildung 9.5: Grafische Darstellung der multiplen Korrespondenzanalyse

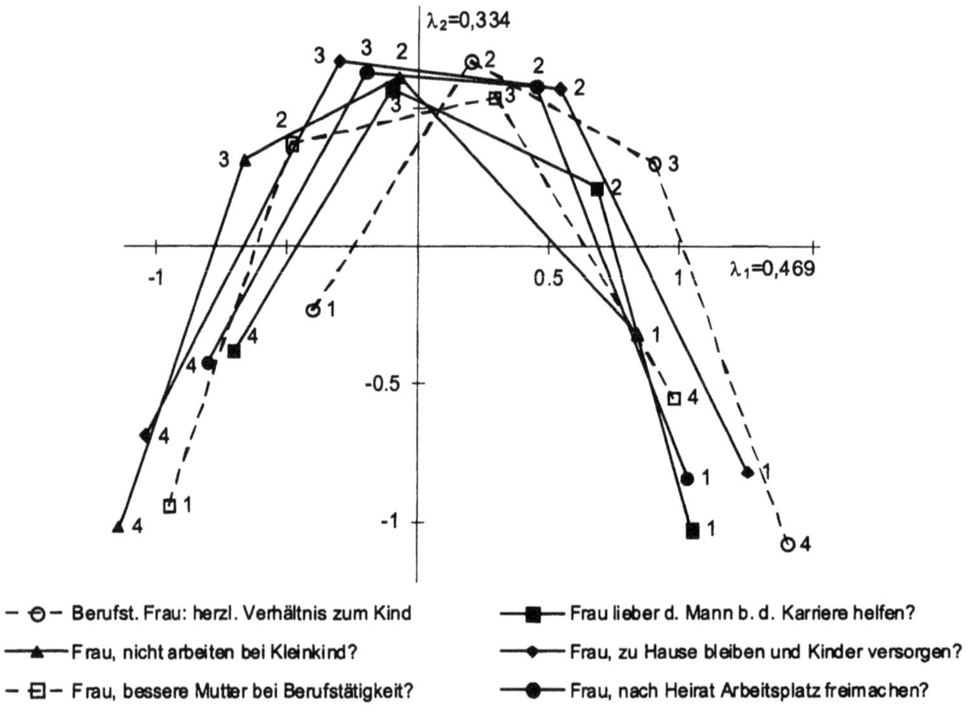

Anhand von Abbildung 9.5 wird ersichtlich, daß das ordinale Meßniveau auf der ersten Dimension in allen Fällen erhalten bleibt, die Ausprägungen der einzelnen Variablen sind alle in der richtigen Reihenfolge. Dies ist ein Beleg dafür, daß mit den Statements das gemessen wurde, was gemessen werden sollte. Die Interpretation der ersten Dimension ist einfach: Der negative Bereich ist durch eine Befürwortung der Berufstätigkeit der Frauen gekennzeichnet, der positive Bereich durch eine Ablehnung derselben; die erste Achse mißt damit die globale Einstellung zur Berufstätigkeit der Frauen.

Wie erwartet, messen die einzelnen Fragen die Einstellung zur "Berufstätigkeit der Frauen" auf einem unterschiedlichen Niveau: Während das Statement "Frauen sollten nicht arbeiten, wenn sie kleine Kinder haben" relativ weit links auf der Skala angesiedelt ist, d. h. die Ablehnung dieser Aussage kennzeichnet einen hohen negativen Wert und die Zustimmung lediglich einen relativ niedrigen positiven Wert auf dem Kontinuum von "Frauen sollten auf jeden Fall berufstätig sein" bis "Frauen sollten nicht berufstätig sein", ist die Aussage "Berufstätige Frauen können ein herzliches Verhältnis zum Kind haben" relativ weit rechts angesiedelt. D. h. wird dieses Item abgelehnt, so ist dies ein Indikator für eine strenge Orientierung in Richtung "Frauen sollten nicht berufstätig sein".

Die zweite Dimension spiegelt im positiven Bereich die mittleren und im negativen Bereich die extremen Ausprägungen wider. Die zweidimensionale Darstellung der Ergebnisse hat damit die Form eines Hufeisens, dieser Effekt wird als *Horseshoe-Effekt* (Guttman 1950) oder *Guttman-Effekt* (Benzécri u. a. 1973) bezeichnet. Die zweite Dimension ist somit nur durch einen methodischen Effekt gekennzeichnet, der mit der Geometrie der Korrespondenzanalyse begründet werden kann, sie hat keine inhaltliche Interpretation.

Der Horseshoe-Effekt in der Korrespondenzanalyse kann am einfachsten am zweidimensionalen Fall erklärt werden, d. h. wenn die Anzahl der Zeilen bzw. die Anzahl der Spalten drei ist. Mit drei Zeilen (oder drei Spalten), z. B. mit Hilfe der Variablen "höchster Schulabschluß" mit den Ausprägungen "Hauptschule", "Mittlere Reife" und "Abitur/Universitätsabschluß", wird ein Dreieck aufgespannt, in dem die Profile der ordinalen Variablen, z. B. die *m* Ausprägungen von "politisches Interesse", eingetragen werden können. Wenn die Variable "Schulabschluß" mit dem "politischen Interesse" korreliert ist (je höher die Schulbildung, desto stärker das politische Interesse), so sollte mit der ersten latenten Variable das "politische Interesse" gemessen werden. In der asymmetrischen Darstellung sollte das niedrigste politische Interesse in der Nähe des Scheitelpunktes "Hauptschule" liegen und das höchste politische Interesse in der Nähe des Scheitelpunktes "Abitur"; d. h. die Endpunkte der Variablen "politisches Interesse" liegen in der Nähe der korrespondierenden Scheitelpunkte von "Schulabschluß". Die beiden Endpunkte von "politisches Interesse" können - in der ordinalen Reihenfolge - mit den anderen Ausprägungen der Variablen verbunden werden. Aus der angenommenen Korrelation folgt des weiteren, daß mittlere Werte für "politisches Interesse" überdurchschnittlich oft mit einem "mittleren Schulabschluß" (also mit der Mittleren Reife) einhergehen. Ist die Distanz der mittleren Ausprägung von "politisches Interesse" zu dem Scheitelpunkt "Mittlere Reife" ähnlich groß wie die der beiden Endpunkte der Skala zu "Hauptschule" und zu "Abitur", so ist die Verbindungslinie in Richtung auf den dritten Scheitelpunkt im Projektionsraum gekrümmt - es entsteht ein "Horseshoe", wie er in Abbildung 9.5 wiedergegeben ist. Dieser Horseshoe-Effekt wird in der Regel bei ordinalen Daten nachgewiesen, er kann als weiterer Beleg für die Ordinalität der Daten verwendet werden (zum Horseshoe-Effekt vgl. auch Greenacre 1984, van Rijckevorsel 1987, Gifi 1990).

Nicht aufgenommen in Abbildung 9.5 sind die Lokalisationen der Befragten, da bei einer Fallzahl von über 3000 die individuellen Ausprägungen nicht von Interesse sind. Auf die gleiche Art wie die Faktorwerte aus der Hauptkomponentenanalyse können die entsprechenden Personenwerte jedoch gespeichert, als Ausprägungen einer latenten Variablen interpretiert und für weitergehende Analysen verwendet werden (siehe Abschnitt 9.5).

Die Ordinalität der Daten kann im Projektionsraum lediglich dann widergespiegelt werden, wenn mit den Fragen eine konstante latente Einstellung gemessen wird; die Messung derselben setzt das formale Verständnis der Fragen voraus. Gibt es während des Interviews, also wenn von der einen zu der anderen Aussage übergegangen wird, einen Einstellungswechsel, so wird die erste Dimension nicht das messen, was intendiert war. Nun ist die Wahrscheinlichkeit für derartige Änderungen in den Einstellungen zwar vernachlässigbar klein, es kann aber durchaus sein, daß Personen Fragen nicht verstehen, dieses nicht zugeben wollen und daher irgendeine Antwort geben (vgl. z. B. Schuman und Presser 1981, Thiessen und Blasius 1998, Blasius und Thiessen 2001). Wenn diese Annahme richtig ist und wenn sie für die vorgelegten sechs Fragen zur Berufstätigkeit von Frauen zutrifft, so hätte das zur Folge, daß im Projektionsraum die ordinale Struktur der Variablen nicht mehr

Tabelle 9.6: Univariate Verteilungen der sechs Fragen zur Einstellung zur Berufstätigkeit von Frauen, nur Befragte ohne Schulabschluß (n = 52 von 69)

Fragen	Stimme voll und ganz zu	Stimme eher zu	Stimme eher nicht zu	Stimme gar nicht zu
Auch eine berufstätige Frau kann ein herzliches Verhältnis zu Kindern haben	20	10	14	8
Die Frau sollte dem Mann lieber bei der Karriere helfen	15	19	14	4
Frauen sollten nicht arbeiten, wenn sie ein kleines Kind haben	27	15	7	3
Frauen sollten zu Hause bleiben und die Kinder versorgen	26	12	9	5
Frauen sind bessere Mütter bei Berufstätigkeit	1	9	21	21
Frauen sollten nach der Heirat den Arbeitsmarkt frei machen	24	14	9	5

abgebildet werden kann. Um ein Beispiel für ein derartiges "Mißverstehen" von Fragen zu geben, wird die Teilstichprobe derjenigen betrachtet, die keinen Schulabschluß haben; bei dieser Personengruppe sind Verständnisschwierigkeiten aufgrund der niedrigen formalen Bildung am wahrscheinlichsten. Die univariaten Verteilungen der sechs Statements dieser Teilgruppe sind in Tabelle 9.6 wiedergegeben.

Abbildung 9.6: Grafische Darstellung der Einstellungen zur Berufstätigkeit von Frauen, nur Befragte ohne Schulabschluß

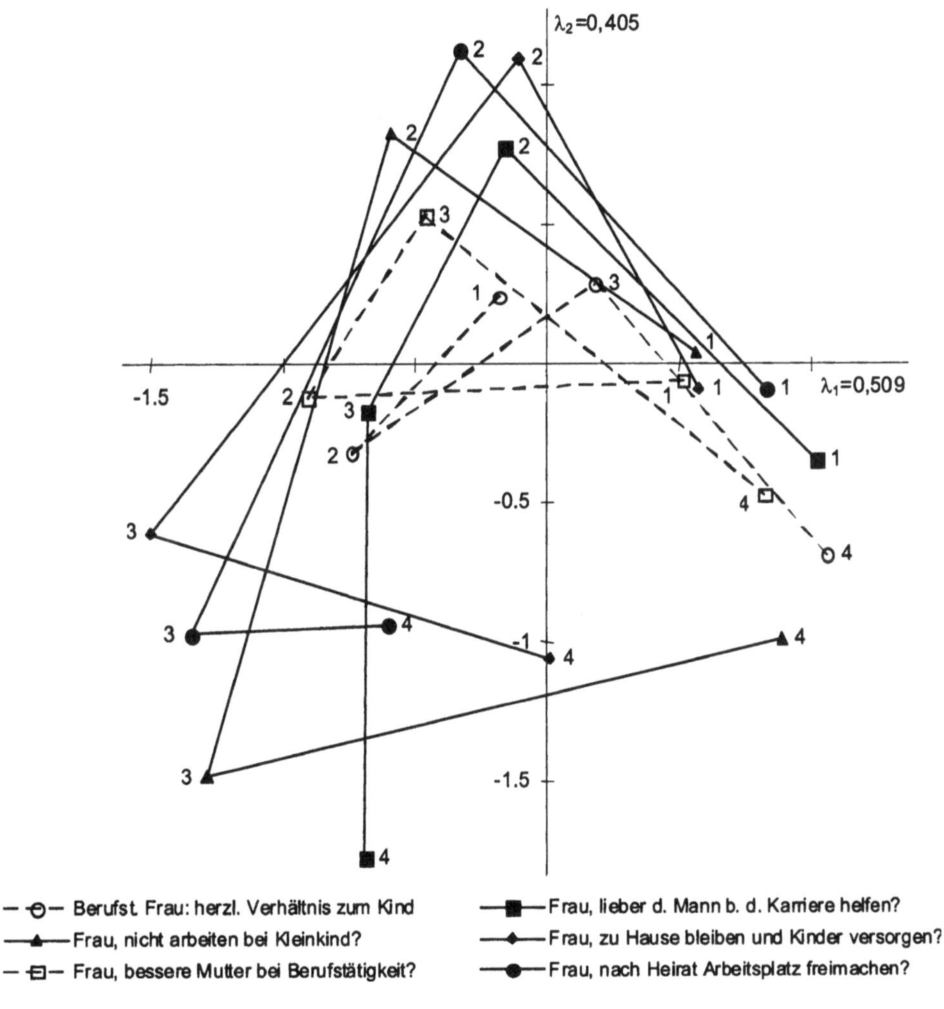

Werden zuerst die fehlenden Werte betrachtet, so haben von allen Befragten 3021 oder 85,9% alle Statements beantwortet, bei der Gruppe derjenigen, die keinen Schulabschluß haben, waren es 52 oder 75,4%. Auch wenn die Differenz in der erwarteten Richtung ist -

Personen mit niedrigerer Bildung verweigern überdurchschnittlich oft (vgl. z. B. Converse 1976-77, Faulkenberry und Mason 1978, Rapoport 1985, Thiessen und Blasius 1998, Blasius und Thiessen 2000) -, so sollten die Ergebnisse nur tendenziell betrachtet werden, da nur relativ wenige Personen angegeben haben, daß sie über keinen Schulabschluß verfügen. Werden die Verteilungen der Variablenausprägungen der Tabellen 9.6 und 9.5 verglichen, so gibt es dementgegen deutliche Unterschiede zwischen den Befragten ohne Schulabschluß und allen anderen. Diese Differenzen könnten sowohl auf eine unterschiedliche Einstellung dieser Teilgruppe zur Berufstätigkeit der Frauen als auch auf ein häufigeres Mißverständnis der Aussagen zurückgeführt werden. Um diese Frage zu beantworten, werden die Daten aus Tabelle 9.6 ebenfalls mit Hilfe der multiplen Korrespondenzanalyse beschrieben, die grafische Darstellung der Ergebnisse ist in Abbildung 9.6 wiedergegeben.

Anhand von Abbildung 9.6 wird ersichtlich, daß weder die Ordinalität der Variablen mit der ersten Dimension wiedergegeben wird, noch daß der "Horseshoe" vorhanden ist. Wenn auch bei einigen Fragen die Ausreißer von der "Ordinalität" auf einer kleinen Fallzahl basieren und daher nicht besonders aussagekräftig sind (vgl. die geringen Häufigkeiten in Tabelle 9.6), so gilt dies nicht für das erste Statement ("Eine berufstätige Frau kann ein genauso herzliches ...") des Sets - die Lokalisation der Ausprägung "stimme voll und ganz zu", die immerhin von 20 der Befragten (= 38,5%) gewählt wurde, ist an der falschen Stelle. Da zudem auch die zweite Achse nicht zu interpretieren ist, kann davon ausgegangen werden, daß ein Teil der Befragten ohne Schulabschluß einige der Aussagen nicht verstanden hat und irgendwelche Antworten gab.

9.5 Die Verwendung von latenten Variablen in der Varianzanalyse

Die *Personenkennwerte*, die mit der multiplen Korrespondenzanalyse für jede Achse bestimmt werden, können gespeichert und die resultierende(n) latente(n) Variable(n) können in weitergehenden Analysen beschrieben oder zur Beschreibung dritter Variablen verwendet werden. Während die Verwendung von latenten Variablen aus der Hauptkomponenten- und aus der Faktorenanalyse als Standard angesehen werden kann, fehlt diese Diskussion bei der Korrespondenzanalyse. Um diese Vorgehensweise zu demonstrieren wurden aus dem vorangegangenen Abschnitt die Standardkoordinaten der Befragten ($n = 3021$) auf den ersten beiden Dimensionen gespeichert. Die beiden latenten Variablen, die als "Einstellung zur Berufstätigkeit von Frauen" und als "Horseshoe" bezeichnet werden können, sollen mit Hilfe von dritten Variablen beschrieben werden.

Im folgenden soll untersucht werden, wie stark die "Einstellung zur Berufstätigkeit von

Frauen" mit dem "Geschlecht", mit dem "Schulabschluß", mit dem "Familienstand", mit der "Konfession", mit der "Kirchgangshäufigkeit" und mit der "präferierten Partei" (gemessen über die Zweitstimme bei der letzten Bundestagswahl) kovariiert. Da die zu beschreibenden latenten Variablen metrisch und da die anderen Variablen kategorial skaliert sind, ist die Varianzanalyse ein geeignetes Verfahren um die "Einstellung zur Berufstätigkeit der Frauen" zu erklären. Bei dieser latenten Variablen stehen positive Werte für eine positive Einstellung zur Berufstätigkeit von Frauen und negative Werte für eine negative Einstellung zur Berufstätigkeit von Frauen.

Da die latente Variable "Horseshoe" auf einem methodischen Artefakt basiert, sind etwaige Zusammenhänge mit den aufgeführten Variablen lediglich als ein Indiz für ein bestimmtes Antwortmuster zu interpretieren: Positive Werte stehen für ein "mittleres" Antwortverhalten - es wurden überdurchschnittlich oft die Angaben "stimme etwas zu" und "lehne etwas ab" gewählt. Negative Werte stehen für eine Tendenz die Antwortalternativen "stimme vollkommen zu" und "lehne voll und ganz ab" überdurchschnittlich oft gewählt zu haben. In Tabelle 9.7 sind die Mittelwerte der latenten Variablen, die F-Werte und die dazugehörigen Signifikanzniveaus sowie die quadrierten Eta-Werte für die beiden latenten Variablen angegeben.

Wie aus Tabelle 9.7 ersichtlich wird, sind alle aufgeführten Zusammenhänge statistisch signifikant, sie unterscheiden sich jedoch erheblich in bezug auf den Anteil der erklärten Varianz (η^2) - in allen Fällen sind sie jedoch bei der "Einstellung zur Berufstätigkeit" höher als bei dem "Horseshoe". Bezogen auf die zweite latente Variable sollte aufgrund der sehr niedrigen η^2-Werte auch nur von tendenziellen Zusammenhängen gesprochen werden.

Von den ausgewählten Merkmalen erklärt das "Geschlecht" am wenigsten. Zwar sahen die befragten Frauen die Berufstätigkeit von Frauen im Durchschnitt positiver als die Männer, jedoch liegt der Anteil der erklärten Varianz gerade bei einem Prozent. Bezogen auf das Antwortverhalten ("Horseshoe") verwendeten die Frauen etwas öfter die Extremwerte, während die Männer etwas häufiger eine der beiden Mittelkategorien gewählt haben.

Der Zusammenhang der Einstellung zur Berufstätigkeit von Frauen und dem höchsten Schulabschluß ist monoton steigend: je höher der Schulabschluß, desto positiver ist die Einstellung. Zusammen mit der Konfession - Konfessionslose sind in bezug auf die Berufstätigkeit von Frauen überdurchschnittlich positiv eingestellt, Mitglieder der Kirchen relativ negativ - erklären diese beiden Merkmale am besten die vorhandene Einstellung, die erklärten Varianzen liegen bei über zehn Prozent. Bei der "Konfession" ist noch hervorzuheben, daß die stärkste Ablehnung der Berufstätigkeit von Frauen bei den Mitgliedern nichtchristlicher Religionen zu finden ist.

Ein ebenfalls monotoner Zusammenhang ist bei der "Kirchgangshäufigkeit" zu verzeichnen: Je häufiger eine Person zur Kirche geht, desto negativer ist diese Person zur Berufstätigkeit von Frauen eingestellt. Dieses Ergebnis ist konform mit den oben genannten

Tabelle 9.7: Ergebnisse der Varianzanalysen

			Einstellung: Berufs. Frau und Kind		Horseshoe	
		N	Mittelwert	F, sig, η^2	Mittelwert	F, sig, η^2
Geschlecht	männlich	1502	-0,103	31,7 (.001) (.01)	0,063	11,7 (.001) (.00)
	weiblich	1519	0,101		-0,062	
Schulabschluß	keinen	52	-0,916	94,0 (.001) (.11)	-0,252	3,4 (.01) (.01)
	Hauptschule	1352	-0,311		-0,042	
	Mittlere Reife	913	0,212		0,061	
	Fachhochschule	172	0,277		0,154	
	Abitur	495	0,464		-0,031	
Familienstand	vh, zus.lebend	1971	-0,062	25,6 (.001) (.03)	-0,033	5,8 (.001) (.01)
	vh, getrent lbd.	56	0,077		-0,198	
	verwitwet	231	-0,384		-0,076	
	geschieden	174	0,174		-0,046	
	ledig	589	0,298		0,171	
Konfession	römisch-katholisch	826	-0,257	84,6 (.001) (.12)	0,079	9,6 (.001) (.02)
	evangelisch	1066	-0,133		0,100	
	ev. Freikirche	33	-0,360		-0,124	
	andere chr. Religion	54	-0,602		-0,040	
	nicht-chr. Religion	69	-0,909		-0,382	
	konfessionslos	970	0,464		-0,146	
Kirchgangshäufigkeit	mehr als 1 x Woche	47	-0,965	43,1 (.001) (.07)	-0,415	8,1 (.001) (.01)
	1 x Woche	174	-0,573		-0,107	
	1-3 x Monat	220	-0,327		0,099	
	mehrmals im Jahr	504	-0,127		0,082	
	seltener	970	-0,004		0,102	
	nie	1075	0,255		-0,116	
Bundestagswahl, Zweitstimme	CDU-CSU	790	-0,208	25,2 (.001) (.08)	-0,004	4,6 (.001) (.02)
	SPD	704	-0,022		0,023	
	F.D.P.	172	0,003		0,126	
	Bündnis90/Grüne	248	0,423		0,013	
	Republikaner	23	-0,295		-0,232	
	PDS	106	0,882		-0,433	
	andere Partei	22	0,180		0,542	
	keine Zweitstimme	21	0,158		-0,115	

Befunden zur Konfessionszugehörigkeit. Ebenfalls erwartungsgemäß ist der Zusammenhang mit der Parteipräferenz: Anhänger der christlichen Parteien sowie der Republikaner haben eine eher negative, die Anhänger der Grünen und insbesondere die der PDS eine positive Einstellung zur Berufstätigkeit von Frauen.

Beim Familienstand gibt es zwar auch statistisch signifikante Unterschiede bei der Einstellung zur Berufstätigkeit von Frauen und beim "Horseshoe", jedoch gilt hier das gleiche wie beim "Geschlecht" - die Anteile der erklärten Varianz sind derart niedrig, so daß die Zusammenhänge nur vorsichtig interpretiert werden sollten. Dabei haben die Verheirateten und die Zusammenlebenden erwartungsgemäß eine als "durchschnittlich" zu bezeichnende Einstellung zur Berufstätigkeit von Frauen. Die geringen Unterschiede basieren auf den Einstellungen der Verwitweten, die relativ negativ zur Berufstätigkeit der Frauen eingestellt sind, und den Ledigen, die überdurchschnittlich positiv eingestellt sind.

Bezogen auf das Antwortverhalten haben die Ledigen relativ oft mittlere Werte angegeben; da sie gleichzeitig die positivste Einstellung zur Berufstätigkeit haben, scheinen die Ledigen eine relativ homogene Gruppe zu sein, die überdurchschnittlich oft eine schwache Zustimmung in Richtung auf die Berufstätigkeit von Frauen bekundeten. Als Gegensatz dazu können die Getrenntlebenden genannt werden - diese Gruppe von Personen hat auf der latenten Variable "Einstellung zur Berufstätigkeit von Frauen" einen mittleren und auf der Variable "Horseshoe" den mit Abstand negativsten Wert, d. h. von dieser Gruppe wurden am häufigsten die beiden extremen Antwortkategorien verwendet. Demzufolge können die Getrenntlebenden in zwei Gruppen unterschieden werden: Die einen befürworten die Berufstätigkeit von Frauen überdurchschnittlich stark, die anderen lehnen sie überdurchschnittlich stark ab.

9.6 Gruppenvergleiche

In Abschnitt 9.3 wurde das "Doubling" ("Verdoppelung") eingeführt, um bei Rangdaten zu einer gleichen Gewichtung von allen Variablen zu kommen. Eine andere Art von Daten, bei denen diese Prozedur ebenfalls verwendet werden sollte, sind Mittelwerte (von Einstellungen), die in einer Untersuchung für verschiedene Gruppen vorliegen. Für eine Untersuchung der Einstellungen von 17jährigen zu den Jobs ihrer Eltern berechnen z. B. Thiessen und Blasius (2000) die Mittelwerte von verschiedenen Gruppen, die mit Hilfe der Variablen "Geschlecht", "Klassenzugehörigkeit" (Arbeiter, Angestellte) und "Region", in der sie leben (drei Untersuchungsgebiete in Kanada) definiert wurden. Da die Mittelwerte ungleich sind, unterscheiden sich die Randsummen der Variablen und der Gruppen. Um eine dadurch verursachte "Gewichtung" aus der Analyse herauszunehmen, mußten die Daten "verdoppelt" werden.

In der Allgemeinen Bevölkerungsumfrage von 1998 (ALLBUS 1998)[8] wurde gefragt, ob es eine Rechtsgleichstellung für Italiener, Aussiedler, Asylbewerber, Türken und Juden geben sollte; als Antwortkategorien zu den jeweiligen Bevölkerungsgruppen wurden siebenstufige Skalen (1 = "stimme gar nicht zu" bis 7 = "stimme vollkommen zu") vorgegeben. Im folgenden interessiert uns, ob die Einstellungen zu den fünf genannten Gruppen vom Familienstand (unterschieden wird nach "verheiratet", "verwitwet", "geschieden" und "ledig") und von der Bildung (unterschieden wird nach "Volksschule", "mittlere Reife" und "Abitur/Universität") oder von einer Kombination beider Merkmale abhängig sind - und diese Unterschiede sollen grafisch dargestellt werden. Zu diesem Zweck wurden die beiden erklärenden Merkmale interaktiv verknüpft, so daß 12 Gruppen unterschieden werden können (von den "verheirateten Volksschülern" bis zu den "ledigen Abiturienten und Universitätsabsolventen").

Für diese 12 Gruppen wurden im ersten Schritt die Mittelwerte für die fünf Variablen berechnet. Um die Werte auf den Nullpunkt zu zentrieren, wurde von allen Mittelwerten der Wert "Eins" abgezogen, so daß der Bereich der Werte zwischen Null und Sechs liegt. Da die Mittelwerte für die 12 Gruppen unterschiedlich sind, woraus folgt, daß auch die Randsummen von Zeilen und Spalten unterschiedlich sind, wurden die Variablen "verdoppelt", d. h. jeder Mittelwert wurde von dem maximalen Wert (= 6) abgezogen. Werden diese zusätzlichen Werte in der Analyse berücksichtigt, so sind nicht nur alle Variablen gleichgewichtet (die jeweils "positiven" und "negativen" Werte sind zu addieren), sondern auch alle Gruppen. Die Ergebnisse dieser "Verdopplung" stehen in Tabelle 9.8, diese Werte sind gleichzeitig die Eingabeinformationen für die Korrespondenzanalyse.

In Tabelle 9.8 stehen die verdoppelten Mittelwerte für die zwölf Gruppen - in der jeweils ersten Spalte die aus den Daten berechneten, in der jeweils zweiten Spalte die "verdoppelten". So haben die "verheirateten Volksschüler" (erste Zeile) bei der Frage zur Rechtsgleichstellung der Italiener (erste beiden Spalten) einen Mittelwert von 3,47 (der Wert auf der ursprünglichen Skala liegt damit zwischen "4" - weder noch - und "5" - stimme eher zu); der komplementäre (der "gedoppelte") Wert ist 2,53. Die entsprechenden Werte der "ledigen Abiturienten und Hochschulabsolventen" für die Aussiedler sind 4,39 und 1,61.

Anhand von Tabelle 9.8 wird ersichtlich, daß es sowohl Einstellungsunterschiede hinsichtlich der unterschiedlichen Gruppen von Ausländern als auch hinsichtlich der 12 Bevölkerungsgruppen gibt. Während den Italienern, den Aussiedlern und den Juden noch relativ oft eine Rechtsgleichstellung zugestanden wurde, wurde diese für die Asylbewerber überdurchschnittlich oft abgelehnt; zwischen diesen beiden Gruppen sind die Türken angesiedelt. Des weiteren gibt es einen Zusammenhang der Einstellung mit der Bildung: je höher

8 Die Daten des ALLBUS 1998 sind im Zentralarchiv für Empirische Sozialforschung erhältlich.

diese ist, desto eher wird Ausländern eine Rechtsgleichheit zugestanden. Bezogen auf den Familienstand haben die Verheirateten und insbesondere die Ledigen eine überdurchschnittlich positive Einstellung in bezug auf die Rechtsgleichstellung von Ausländern. Insgesamt sind jedoch die Unterschiede zwischen den zwölf Bevölkerungsgruppen geringer als die in bezug auf die unterschiedlichen Ausländer, womit die Ergebnisse von Fuchs u. a. (1995) bestätigt werden, demzufolge die Herkunft ein wichtiger Prädikator für die Einstellung zu Ausländern ist.

Tabelle 9.8: Verdopplung - Einstellung zu Ausländern

	Italiener		Aussiedler		Asylbewerber		Türken		Juden		Summe
VS, vh	3,47	2,53	3,58	2,42	1,71	4,29	2,56	3,44	3,75	2,25	30
VS, vw	2,98	3,02	3,26	2,74	1,49	4,51	2,11	3,89	3,47	2,53	30
VS, gs	3,31	2,69	3,53	2,47	1,59	4,41	2,09	3,91	3,62	2,38	30
VS, ld	3,73	2,27	3,75	2,25	1,84	4,16	2,89	3,11	3,84	2,16	30
MR, vh	3,58	2,42	3,72	2,28	1,95	4,05	2,87	3,13	4,26	1,74	30
MR, vw	3,73	2,27	4,03	1,97	1,70	4,30	2,51	3,49	4,00	2,00	30
MR, gs	3,85	2,15	3,85	2,15	2,47	3,53	3,35	2,65	4,18	1,82	30
MR, ld	3,75	2,25	3,75	2,25	2,25	3,75	3,14	2,86	4,11	1,89	30
Abi, vh	4,20	1,80	4,42	1,58	2,49	3,51	3,55	2,45	4,67	1,33	30
Abi, vw	3,31	2,69	4,00	2,00	1,56	4,44	2,25	3,75	4,69	1,31	30
Abi, gs	3,88	2,12	4,20	1,80	2,32	3,68	2,73	3,27	4,63	1,37	30
Abi, ld	4,29	1,71	4,39	1,61	2,80	3,20	3,79	2,21	4,71	1,29	30
Summe	44,08	27,92	46,48	25,52	24,17	47,83	33,84	38,16	49,93	22,07	360

Die Matrix der Eingabedaten hat 12 Zeilen und 10 Spalten, von denen jede zweite Spalte das Komplement der vorangegangenen ist, die Lösung hat damit fünf Dimensionen - die erste erklärt 82,4% der Variation, die zweite weitere 13,4%. Obwohl die Lösung entsprechend den Kriterien aus Abschnitt 4.1 als eindimensional angesehen werden kann, wurde aus ästhetischen Gründen die zweidimensionale Darstellung gewählt (Abbildung 9.7).

Werden die fünf Gruppen von Ausländern auf die erste Achse projiziert, so liegen sie alle im negativen Bereich, die komplementären Werte (diese wurden mit dem ersten Buchstaben und dem Minuszeichen abgekürzt, für die "Asylbewerber" wurde der dritte Buchstabe "y" verwendet) liegen entsprechend im positiven Bereich. Daraus kann abgeleitet werden, daß die Unterschiede in bezug auf die komplementären Werte größer sind als die zwischen den fünf Gruppen; d. h. es gibt keine extremen Gegensätze bei der Bewertung der Ausländer - es ist nicht so, daß eine oder zwei Gruppen sehr willkommen geheißen werden und die anderen sehr abgelehnt werden. Am weitesten links auf der Skala befinden sich die Asylbewerber, ganz in der Nähe die Türken. Mehr zum Zentrum der Darstellung sind die Italiener, Aussiedler und Juden lokalisiert. Die erste Dimension kann damit als Maß für die Akzeptanz von Rechtsgleichheit für Ausländer interpretiert werden. Je weiter links sich eine Gruppierung auf dieser Skala befindet, desto seltener/desto weniger wird ihre Rechtsgleichheit akzeptiert.

Abbildung 9.7: Grafische Darstellung der Ergebnisse von Tabelle 9.8

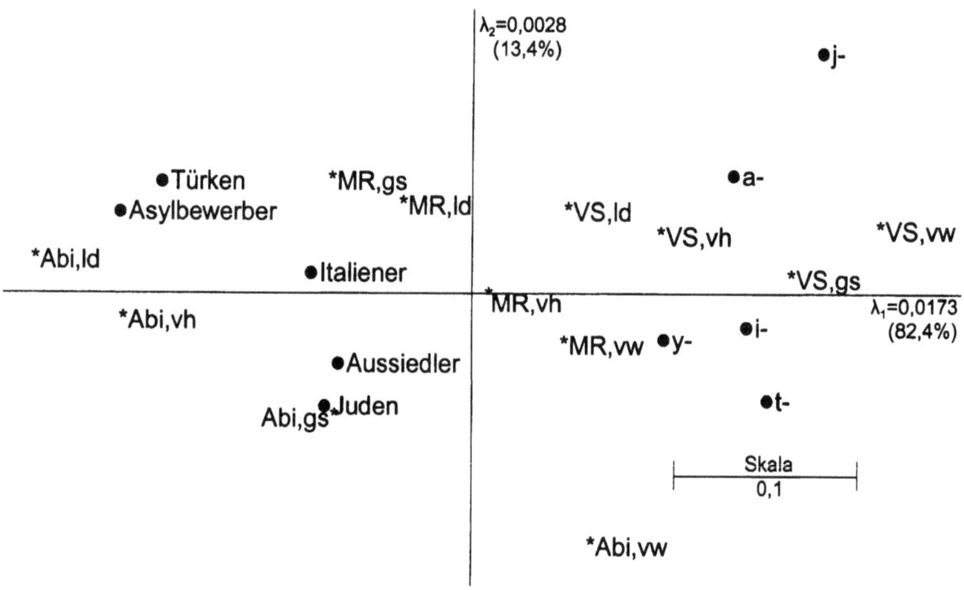

Werden die zwölf Gruppen auf die erste Achse projiziert, so stehen am weitesten links die Gruppen der Abiturienten und Hochschulabsolventen, in der Mitte die Absolventen der Mittleren Reife und ganz rechts die Volksschulabsolventen. D. h. die "liberalste" Einstellung haben die Abiturienten und Universitätsabsolventen, die am wenigsten "liberale" Einstellung haben die Volksschulabsolventen. Die Unterscheidung der Gruppierungen nach dem Familienstand erfolgt in Abhängigkeit von der formalen Bildung: bei den Abiturienten/Hochschulabsolventen und den Volksschülern gilt die Reihenfolge "ledig", "verheiratet", "geschieden" und "verwitwet". D. h. in bezug auf den Familienstand haben bei den Volksschulabsolventen sowie bei den Abiturienten und Hochschulabsolventen die Ledigen die "liberalste" Einstellung, am wenigsten "liberal" sind die Verwitweten. Bei den Absolventen mit Mittlerer Reife fallen die Geschiedenen aus der oben genannten "Ordnung": Deren Einstellung zur Rechtsgleichheit von Ausländern ist - bezogen auf diese Bildungsgruppe - überdurchschnittlich "liberal".

Werden der Familienstand und der Schulabschluß gemeinsam betrachtet, so fällt die Interaktion zwischen den Ausprägungen dieser beiden Variablen auf. Die ledigen und verheirateten Abiturienten und Hochschulabsolventen haben eine relativ positive Einstellung zur Rechtsgleichstellung von Ausländern, während die diesbezügliche Einstellung der verwitweten Abiturienten und Hochschulabsolventen eher der Einstellung der ledigen Volksschulabsolventen entspricht. Bezogen auf ihre Bildungsgruppe haben sie eine überdurchschnittlich negative Einstellung zur Rechtsgleichstellung von Ausländern.

Literatur

Agresti, A. (1990). *Categorical Data Analysis*. New York: Wiley.

Alisch, M. (1993). *Frauen und Gentrification*. Wiesbaden: Deutscher Universitätsverlag.

Andreß, H.-J., Hagenaars, J. A. und St. Kühnel (1997). *Analyse von Tabellen und kategorialen Daten*. Berlin: Springer.

Arabie, P. (1991). Was Euclid an Unnecessarily Sophisticated Psychologist?, in: *Psychometrika, 56*, S. 567-587.

Arminger, G. (1979). *Faktorenanalyse*. Stuttgart: Teubner.

Bacher, J. (1994). *Clusteranalyse*. München: Oldenbourg.

Balbi, S. (1994). Influence and Stability in Nonsymmetrical Correspondence Analysis, in: *Metron, 52*, S. 111-128.

Balbi, S. (1998). Graphical Displays in Nonsymmetrical Correspondence Analysis, in: J. Blasius und M. Greenacre (eds.), *Visualization of Categorical Data*, S. 297-309. San Diego: Academic Press.

Becker, U. und H. Nowak (1982). Lebensweltanalyse als neue Perspektive der Meinungs- und Marktforschung, in: *E.S.O.M.A.R. Kongreß, Band 2*, S. 247-267.

Benzécri, J.-P. (1979). Sur le calcul des taux d'inertia dans l'analyse d'un questionnaire. Addendum et erratum a [BIN.MULT], in: *Cahiers de L'analyse des Données, 4*, S. 377-378.

Benzécri, J.-P. (1992). *Correspondence Analysis Handbook*. New York: Marcel Dekker.

Benzécri, J.-P. et collaborateurs (1973). *L'analyse des données. L'analyse des correspondances*. Paris: Dunod.

Bergmann, J., Brandt, G., Körber, K., Mohl,. E. T. und C. Offe (1969). Herrschaft, Klassenverhältnis und Schichtung, in: T. Adorno (Hg.), *Spätkapitalismus oder Industriegesellschaft?*, S. 67-116. Stuttgart.

Best, H. (1989). Soziale Morphologie und politische Orientierungen bildungsbürgerlicher Abgeordneter in der Frankfurter Nationalversammlung und in der Pariser Assemblée nationale constituante, in: J. Kocka (Hrsg.), *Bildungsbürgertum im 19. Jahrhundert, Teil IV*, S. 53-94. Stuttgart: Klett-Cotta.

Best, H. (1990). *Die Männer von Bildung und Besitz*. Düsseldorf: Econ.

Best, H. unter Mitarbeit von R. Kuznia (1986). *Die Abgeordneten der Frankfurter Nationalversammlung 1848/49. Datenhandbuch*. Köln: Institut für angewandte Sozialforschung.

Blasius, J. (1991). Intergenerationale und intragenerationale Mobilität von Parlamentariern der Frankfurter Nationalversammlung. Eine Anwendung der Korrespondenzanalyse, in: H. Best und H. Thome (Hrsg.), *Neuere Methoden der Analyse historischer Daten*, S. 80-104. Heidelberg: Scripta Mercature.

Blasius, J. (1993). *Gentrification und Lebensstile. Eine empirische Untersuchung*. Wiesbaden: Deutscher Universitätsverlag.

Blasius, J. (1994a). Correspondence Analysis in Social Science Research, in: M. Greenacre und J. Blasius (eds.), *Correspondence Analysis in the Social Sciences. Recent Developments and Applications*, S. 23-52. London: Academic Press.

Blasius, J. (1994b). Gentrification und lokale Lebensstile in Köln. Eine Anwendung der Korrespondenzanalyse, in: *Allgemeines Statistisches Archiv, 78*, S. 96-113.

Blasius, J. (1994c). Empirische Lebensstilforschung, in: J. Dangschat und J. Blasius (Hrsg.), *Lebensstile in den Städten*, S. 237-254. Opladen: Leske + Budrich.

Blasius, J. (2000a). Die Visualisierung von Paneldaten mit Hilfe der Korrespondenzanalyse, in: J. Reinecke und C. Tarnai (Hrsg.), *Angewandte Klassifikationsanalyse in den Sozialwissenschaften*, S. 208-232. Münster:Waxmann.

Blasius, J. (2000b). Die Analyse von Lebensstilen mit Hilfe der Korrespondenzanalyse, erscheint in: *Österreichische Zeitschrift für Soziologie (Heft 4, 2000)*.

Blasius, J. und J. Dangschat, Hrsg. (1990). *Gentrification - Die Aufwertung innenstadtnaher Wohngebiete*. Frankfurt/Main: Campus.

Blasius, J. und W. Georg (1992). Clusteranalyse und Korrespondenzanalyse in der Lebensstilforschung: Ein Vergleich am Beispiel der Wohnungseinrichtung, in: *ZA-Information, Heft 30*, S. 112-133.

Blasius, J. und M. Greenacre (1994). Computation of Correspondence Analysis, in: M. Greenacre und J. Blasius (eds), *Correspondence Analysis in the Social Sciences. Recent Developments and Applications*, S. 53-78. London: Academic Press.

Blasius, J. und H. Rohlinger (1988). KORRES - A Program to Analyze Categorical Data, in: *Psychometrika, 53*, S. 425-426.

Blasius, J. und H. Rohlinger (1989). KORRES - A Program for Multivariate Analysis of Categorical Data from Contingency Tables, in: SAS Institute Inc. (eds.), *SEUGI'89, Proceedings of the SAS User Group International*, S. 98-117. Cary, N.C.: SAS Institute Inc.

Blasius, J. und H. Rohlinger (1990). *Gentrification in Köln-Nippes - zum Wandel innenstadtnaher Wohnviertel*. Köln: unveröffentlichter Forschungsbericht.

Blasius, J. und E. K. Scheuch (1996). How Different are European Countries from Each Other? Describing Trend Data by Using Correspondence Analysis, in: C. Hayashi und E. K. Scheuch (eds.), *Quantitative Social Research in Germany and Japan*, S. 230-248. Opladen: Leske + Budrich.

Blasius, J. und V. Thiessen (2000). Exploring Response Structures. Substantive and Non-Substantive Answer Categories. Köln und Halifax: eingereicht.

Blasius, J. und V. Thiessen (2001). Methodological Artefacts in Measures of Political Efficacy and Trust: A Multiple Correspondence Analysis, erscheint in: *Political Analysis, 9, (Heft 1/2001)*.

Blasius, J. und J. Winkler (1989). Gibt es die "feinen Unterschiede"? Eine empirische Überprüfung der Bourdieuschen Theorie, in: *Kölner Zeitschrift für Soziologie und Sozialpsychologie, 41*, S. 72-94.

Blau, P. M. und O. D. Duncan (1967). *The American Occupational Structure*. New York: Free Press.

BMS, The (K. M. van Meter, M.-A. Schlitz, P. Cibois und L. Mounier) (1994). Correspondence Analysis: A History and French Sociological Perspectiv, in: M. Greenacre und J. Blasius (eds.), *Correspondence Analysis in the Social Sciences. Recent Developments and Applications*, S. 128-137. London: Academic Press.

Boik, R. J. (1996). An Efficient Algorithm for Joint Correspondence Analysis, in: *Psychometrika, 61*, S. 255-269.

Borg, I. und J. Lingoes (1987). *Multidimensional Similarity Structure Analysis*. New York: Springer.

Borg, I. und P. J. F. Groenen (1997). *Modern Multidimensional Scaling*. New York: Springer.

Bortz, J. (1993). *Statistik für Sozialwissenschaftler*. Berlin: Springer, 4. Auflage.

Bourdieu, P. (1979, [1982]). *La Distinction. Critique Sociale du Judgement*. Paris: Les Editions de Minuit. (Dt. Übersetzung von 1982, *Die feinen Unterschiede. Kritik der gesellschaftlichen Urteilskraft*. Frankfurt/Main: Suhrkamp.)

Bourdieu, P. (1983). Ökonomisches Kapital, kulturelles Kapital und soziales Kapital, in: R. Kreckel (Hg.), *Soziale Welt, Sonderband 2: Soziale Ungleichheiten*, S. 183-198.

Bourdieu, P. (1985). *Sozialer Raum und "Klassen". Leçon sur Leçon*. Frankfurt/Main: Suhrkamp.

Bourdieu, P. (1988). *Homo Academicus*. Frankfurt/Main: Suhrkamp.

Carlier, A. und P. M. Kroonenberg (1996). Decompositions and Biplots in Three-Way Correspondence Analysis, in: *Psychometrika, 61*, S. 355-374.

Carlier, A. und P. M. Kroonenberg (1998). The Case of the French Cantons: An Application of Three-Way Correspondence Analysis, in: J. Blasius und M. Greenacre (eds.), *Visualization of Categorical Data*, S. 253-275. San Diego: Academic Press.

Carroll, J. D., Green, P. E. und C. M. Schaffer (1986). Interpoint Distance Comparisons in Correspondence Analysis, in: *Journal of Marketing Research, 23*, S. 271-280.

Carroll, J. D., Green, P. E. und C. M. Schaffer (1987). Comparing Interpoint Distances in Correspondence Analysis: A Clarification, in: *Journal of Marketing Research, 24*, S. 445-450.

Caussinus, H. (1965). Contribution à l'analyse statistique des tabelaux carrés, in: *Annales de le Faculté des Sciences de L'Université de Toulouse, 29*, S. 77-182.

Constantine, A. G. und J. C. Gower (1978). Graphical Representation of Asymmetry, in: *Applied Statistics, 27*, S. 297-304.

Converse, P. E. (1964). The Nature of Belief Systems in Mass Politics, in: D. E. Apter (ed.), *Ideology and Discontent*, S. 206-261. Glencoe: Free Press.

Converse, P. E. (1970). Attitudes and Non-Attitudes: Continuation of a Dialogue, in: E.

R. Tufte (ed.), *The Quantitative Analysis of Social Problems*, S. 168-189. Reading, MA: Addison-Wesley.

Converse, J. M. (1976-77). Predicting no Opinion in the Polls, in: *Public Opinion Quarterly, 40*, S. 515-530.

Coombs, C. und L. Coombs (1976). "Don't Know": Item Ambiguity or Respondent Uncertainty, in: *Public Opinion Quarterly, 25*, S. 497-514.

Craig, S. C. (1979). Efficacy, Trust, and Political Behaviour, in: *American Politics Quarterly, 8*, S. 85-109.

D'Ambra, L. und N. C. Lauro (1989). Non Symmetrical Analysis of Three-Way Contingency Tables, in: R. Coppi und S. Bolasco (eds.), *Multiway Data Analysis*, S. 301-315. Amsterdam: North Holland.

Dangschat, J. S. (1988). Gentrification: der Wandel innenstadtnaher Wohnviertel, in: J. Friedrichs (Hrsg.), *Soziologische Stadtforschung. Sonderheft 29 der Kölner Zeitschrift für Soziologie und Sozialpsychologie*, S. 272-292.

Dangschat, J. S. und J. Blasius (1987). Social and Spatial Disparities in Warsaw in 1978: An Application of Correspondence Analysis to a "Socialist City", in: *Urban Studies, 24*, S. 173-191.

Dangschat, J. S. und J. Friedrichs (1988). *Gentrification in der inneren Stadt von Hamburg. Eine empirische Untersuchung des Wandels von drei Wohnvierteln.* Hamburg: Gesellschaft für Sozialwissenschaftliche Stadtforschung.

De Falguerolles, A. (1998). Log-Bilinear Biplots in Action, in: J. Blasius und M. Greenacre (eds.), *Visualization of Categorical Data*, S. 527-539. San Diego: Academic Press.

De Leeuw, J. (1984). The Gifi-System of Nonlinear Multivariate Analysis, in: E. Diday, M. Jambu, L. Lebart, J. Pages und R. Tomassone (eds.), *Data Analysis and Informatics III*, S. 415-424. Amsterdam: North Holland.

De Leeuw, J. (1998). Here's Looking at Multivariables, in: J. Blasius und M. Greenacre (eds.), *Visualization of Categorical Data*, S. 1-11. San Diego: Academic Press.

Dillman, D. A. (1978). *Mail and Telephone Surveys. The Total Design Method.* New York: Wiley.

Dillman, D. A. (1991). The Design and Administration of Mail Surveys, in: *Annual Review of Sociology, 17*, S. 225-249.

Dillman, D. A., Gallegos, J. G. und J. H. Frey (1976): Reducing Refusual Rates for Telephone Interviews, in: *Public Opinion Quarterly, 40*, S. 66-78.

Eckart, C. und G. Young (1936): The Approximation of One Matrix by Another of Lower Rank, in: *Psychometrika, 1*, S. 211-218.

Eckart, R., Hahn, A. und M. Wolf (1989). *Die ersten Jahre junger Ehen. Verständigung durch Illusionen?* Frankfurt/Main.

Eyck, F. (1973). *Deutschlands große Hoffnung - Die Frankfurter Nationalversammlung 1848/49*. München.

Faulkenberry, G. D. und R. Mason (1978). Characteristics of Nonopinion and no Opinion Response Groups, in: *Public Opinion Quarterly, 42*, S. 533-543.

Ferligoj, A., Ule, M. und T. Rener (1991). Sex Differences in "Don't Know" Rate: The Case of Slovenia, in: *Wisdom, Heft 1/2*, S. 1-21.

Finkel, S. E. (1985). Reciprocal Effects of Participation and Political Efficacy, in: *American Journal of Political Science, 29*, S. 891-913.

Francis, J. und L. Busch (1975). What we Know about "I Don't Knows", in: *Public Opinion Quarterly, 39*, S. 207-218.

Friedrichs, J. und J. Blasius (2000). *Leben in benachteiligten Wohngebieten*. Opladen: Leske + Budrich.

Friedrichs, J. und R. Kecskes (Hrsg.) (1996). *Gentrification. Theorie und Forschungsergebnisse*. Opladen: Leske + Budrich.

Fuchs, D., Gerhards, J. und E. Roller (1995). Wir und die anderen. Ethnozentrismus in den zwölf Ländern der europäischen Gemeinschaft, in: *Kölner Zeitschrift für Soziologie und Sozialpsychologie, 47*, S. 238-253.

Gabler, S. (1993). Die grafische Darstellung in der Korrespondenzanalyse, in: *ZUMA-Nachrichten, Heft 32*, S. 22-37.

Gabler, S. und J. Blasius (2000). Clustering and Scaling: Grouping Variables in Burt Matrices, in: R. Decker und W. Gaul (eds.), *Classification and Information Processing at the Turn of the Millenium*, S. 95-104. Berlin: Springer.

Gabriel, K. R. (1971). The Biplot-Graphic Display of Matrices with Applications to Principal Components Analysis, in: *Biometrika, 58*, S. 453-467.

Gabriel, K. R. (1981). Biplot Display of Multivariate Matrices for Inspecting of Data and Diagnosis, in: V. Barnett (ed.), *Interpreting Multivariate Data*, S. 147-174. Chichester: Wiley.

Galton, F. (1869). *Hereditary Genius*. London: Macmillan.

Ganter, B. und R. Wille (1996). *Formale Begriffsanalyse. Mathematische Grundlagen*. Berlin: Springer.

Giegler, H. (1982). *Dimensionen und Determinanten der Freizeit*. Opladen: Westdeutscher Verlag.

Giegler, H. (1994). Lebensstile in Hamburg, in: J. Dangschat und J. Blasius (Hrsg.), *Lebensstile in den Städten*, S. 255-272. Opladen: Leske + Budrich.

Gifi, A. (1981). *Nonlinear Multivariate Analysis*. Leiden: Department of Data Theory.

Gifi, A. (1990). *Nonlinear Multivariate Analysis*. Chichester: Wiley.

Gilua, Z. und S. J. Haberman (1986). Canonical Analysis of Contingency Tables by Maximum Likelihood, in: *Journal of the American Statistical Association, 81*, S. 780-788.

Gilua, Z. und S. J. Haberman (1988). The Analysis of Multivariate Contingency Tables by Restricted Canonical and Restricted Association Models, in: *Journal of the American Statistical Association, 83*, S. 760-771.

Goodman, L. A. (1968). The Analysis of Cross-Classified Data: Independence, Quasi-Independence and Interactions in Contingency Tables with and without Missing Entries, in: *Journal of the American Statistical Association, 63*, S. 1091-1131.

Goodman, L. A. (1972). A General Model for the Analysis of Surveys, in: *American Journal of Sociology, 77*, S. 57-109.

Goodman, L. A. (1985). The Analysis of Cross-Classified Data Having Ordered and/or Unordered Categories: Association Models, Correlation Models, and Asymmetry Models for Contingency Tables with or without Missing Entries, in: *Annals of Statistics, 13*, S. 10-69.

Goodman, L. A. (1986). Some Useful Extentions in the Usual Correspondence Analysis Approach in the Analysis of Contingency Tables (with Discussion), in: *International Statistical Review, 54*, S. 243-270.

Goodman, L. A. (1991). Measures, Models, and Graphical Display in the Analysis of Cross-Classified Data (with Discussion), in: *Journal of the American Statistical Associa-*

tion, 86, S. 1085-1138.

Gower, J. C. (1980). Problems in Interpreting Asymmetrical Chemical Relationships, in: F. A. Bisby, J. G. Vaughan und C. A. Wright (eds.), *Chemosystematics: Principles and Practice*, S. 399-409. London: Academic Press.

Gower, J. C. und D. J. Hand (1996). *Biplots*. London: Chapman & Hall.

Greenacre, M. J. (1984). *Theory and Applications of Correspondence Analysis*. London: Academic Press.

Greenacre, M. J. (1988a). Correspondence Analysis of Multivariate Categorical Data by Weighted Least Squares, in: *Biometrika, 75*, S. 457-467.

Greenacre, M. J. (1988b). Clustering of Rows and Columns of a Contingency Table, in: *Journal of Classification, 5*, S. 39-51.

Greenacre, M. J. (1990a). *SimCA Version 2.* Irene, South Africa.

Greenacre, M. J. (1990b). Some Limitations of Multiple Correspondence Analysis, in: *Computational Statistics Quarterly, 3*, S. 249-256.

Greenacre, M. J. (1991). Interpreting Multiple Correspondence Analysis, in: *Applied Stochastic Models and Data Analysis, 7*, S. 195-210.

Greenacre, M. J. (1993a). *Correspondence Analysis in Practice*. London: Academic Press.

Greenacre, M. J. (1993b). Biplots in Correspondence Analysis, in: *Journal of Applied Statistics, 20*, S. 251-269.

Greenacre, M. J. (1993c). Multivariate Generalisations of Correspondence Analysis, in: C. M. Cuadras und C. R. Rao (eds.): *Multivariate Analysis: Future Directions 2*, S. 327-340. Amsterdam: North-Holland.

Greenacre, M. J. (1994a). Correspondence Analysis and its Interpretation, in: M. Greenacre und J. Blasius (eds.), *Correspondence Analysis in the Social Sciences. Recent Developments and Applications*, S. 3-22. London: Academic Press.

Greenacre, M. J. (1994b). Multiple and Joint Correspondence Analysis, in: M. Greenacre und J. Blasius (eds.), *Correspondence Analysis in the Social Sciences. Recent Developments and Applications*, S. 141-161. London: Academic Press.

Greenacre, M. J. (1996). An Adaption of Correspondence Analysis for Square Asymmetric Matrices. Working paper 189, Department of Economics and Business, University Pompeu Fabra, Barcelona.

Greenacre, M. J. (1998). Diagnostics for Joint Displays in Correspondence Analysis, in: J. Blasius und M. Greenacre (eds.), *Visualization of Categorical Data,* S. 221-238. San Diego: Academic Press.

Greenacre, M. J. (2000). Correspondence Analysis of Square Asymmetric Matrices, in: *Applied Statistics, 49,* S. 297- 310.

Greenacre, M. J. und J. Blasius (1994). Preface, in: M. J. Greenacre und J. Blasius (eds.), *Correspondence Analysis in the Social Sciences. Recent Developments and Applications*, S. vii-xv. London: Academic Press.

Greenacre, M. J. und J. Blasius (1997). Correspondence Analysis of Square Tables, with an Application to Social Mobility, in: R. Klar und O. Opitz (Hrsg.), *Classification and Knowledge Organization*, S. 573-580. Berlin: Springer.

Greenacre, M. J. und J. G. Clavel (1998). Correspondence Analysis of Two Transition Tables. Working paper 298, Department of Economics and Business, University Pompeu Fabra, Barcelona.

Greenacre, M. J. und T. Hastie (1987). The Geometric Interpretation of Correspondence Analysis, in: *Journal of the American Statistical Association, 82*, S. 437-446.

Guttman, L. (1941). The Quantification of a Class of Attributes: A Theory and Method of Scale Construction, in: P. Horst (ed.), *Studies in Social Psychology in World War II. The Prediction of Personal Adjustment*, S. 319-348. New York: Social Science Research Council.

Guttman, L. (1950). The Principal Components of Scale Analysis, in: S. A. Stouffer, L. Guttman, E. A. Suchman, P. F. Lazarsfeld, S. A. Star und J. A. Clausen (eds.), *Measurement and Prediction*, S. 312-361. Princeton, N.J.: Princeton University Press.

Hagenaars, J. (1990). *Categorical Longitudinal Data - Loglinear Analysis of Panel, Trend and Cohort Data*. Newbury Park: Sage.

Hamerow, T. S. (1972). Die Wahlen zum Frankfurter Parlament, in: E.-W. Böckenförde (Hrsg.), *Moderne Deutsche Verfassungsgeschichte (1815 - 1918)*, S. 215-236. Köln.

Hayashi, C. (1950). On the Quantification of Qualitative Data from the Mathematico-Statistical Point of View, in: *Annals of the Institute of Statistical Mathematics, 2*, S. 35-47.

Hayashi, C. (1952). On the Prediction of Phenomena from Qualitative Data and the Quantification of Qualitative Data from the Mathematico-Statistical Point of View, in: *Annals of the Institute of Statistical Mathematics, 3*, S. 35-47.

Hayashi, C. (1954). Multidimensional Quantification - with the Applications to the Analysis of Social Phenomena, in: *Annals of the Institute of Statistical Mathematics, 5*, S. 231-245.

Hayes, B. C. und C. S. Bean (1993). Political Efficacy: A Comparative Study of the United States, West Germany, Great Britain and Australia, in: *European Journal of Political Research, 23*, S. 261-280.

Heiser, W. J. und J. J. Meulman (1994). Homogeneity Analysis: Exploring the Distribution of Variables and their Nonlinear Relationships, in: M. Greenacre und J. Blasius (eds.), *Correspondence Analysis in the Social Sciences. Recent Developments and Applications*, S. 179-209. London: Academic Press.

Heiser, W. J. und J. J. Meulman (1998). Visual Display of Interaction in Multiway Contingency Tables by Use of Homogeneity Analysis: The 2 x 2 x 2 x 2 Case, in: J. Blasius und M. Greenacre (eds.), *Visualization of Categorical Data*, S. 277-296. San Diego: Academic Press.

Hippler, H.-J. (1988). Methodische Aspekte schriftlicher Befragungen: Probleme und Forschungsperspektiven, in: *Planung und Analyse, 15 (Heft 6)*, S. 244-248.

Hirschfeld, H. O. (1935). A Connection between Correlation and Contingency, in: *Proceedings of the Cambridge Philosophical Society, 31*, S. 520-524.

Hotelling, H. (1933). Analysis of a Complex of Statistical Variables into Principal Components, in: *The Journal of Educational Psychology, 24*, S. 417-441 und S. 498-520.

Jansen, D. (1999). *Einführung in die Netzwerkanalyse*. Opladen: Leske + Budrich.

Jobson, J. D. (1992). *Applied Multivariate Data Analysis. Volume II: Categorical and Multivariate Methods*. New York: Springer.

Kim, J. O. und C. Mueller (1979). *Factor Analysis*. Beverly Hills, CA: Sage.

Krais, B. (1983). Bildung als Kapital: Neue Perspektiven für die Analyse der Sozialstruktur?, in: R. Kreckel (Hrsg.), *Soziale Ungleichheiten. Sonderband 2 der Sozialen Welt*, S. 199-220.

Krause, E. F. (1975). *Taxicab Geometry*. Menlo Park, CA: Addison-Wesley.

Kroonenberg, P. M. (1989). Singular Value Decomposition of Interactions in Three-Way Contingency Tables, in: R. Coppi und S. Bolasco (eds.), *Multiway Data Analysis*, S. 169-184. Amsterdam: North Holland.

Krosnick, J. A. und L. R. Fabrigar (1997). Designing Rating Scales for Effective Measurement Surveys, in: L. Lyberg, P. Biemer, M. Collins, E. de Leeuw, C. Dippo, N. Schwarz, D. Trewin (eds.), *Survey Measurement and Process Quality*, S. 141-164. New York: Wiley.

Kühnel, S. (1993). *Zwischen Boykott und Kooperation*. Frankfurt/Main: Peter Lang.

Langewiesche, D. (1981). Die Deutsche Revolution von 1848/49 und die vorrevolutionäre Gesellschaft: Forschungsstand und Forschungsperspektiven, in: *Archiv für Sozialgeschichte, 21*, S. 458-498.

Larson, R. C. und G. Sadiq (1983). Facility Locations with the Manhatten Metric in the Presence of Barriers to Travel, in: *Operations Research, 31*: 652-669.

Lauro, N. C. und L. D'Ambra (1984). L'analyse non symétrique des correspondances, in: E. Diday, M. Jambu, L. Lebart, J. Pages und R. Tomassone (eds.), *Data Analysis and Informatics III*, S. 433-446. Amsterdam: North Holland.

Lauro, N. C. und R. Siciliano (1989). Exploratory Methods and Modelling for Contingency Tables Analysis: An Integrated Approach, in: *Statistica Applicata, 1*, S. 5-32.

Lebart, L. (1994). Complementary Use of Correspondence Analysis and Cluster Analysis, in: M. Greenacre und J. Blasius (eds.), *Correspondence Analysis in the Social Sciences. Recent Developments and Applications*, S. 162-178. London: Academic Press.

Lebart, L., Morineau, A. und K. M. Warwick (1984). *Multivariate Descriptive Statistical Analysis: Correspondence Analysis and Related Techniques for Large Matrices*. New York: Wiley.

Le Roux, B. und H. Rouanet (1998). Interpreting Axes in Multiple Correspondence Analysis: Method of the Contributions of Points and Deviations, in: J. Blasius und M. Greenacre (eds.), *Visualization of Categorical Data*, S. 197-220. San Diego: Academic Press.

Lüdtke, H. (1989). *Expressive Ungleichheit. Zur Soziologie der Lebensstile*. Opladen: Leske + Budrich.

Lüdtke, H. (1994). Strukturelle Lagerung und Identität. Zum Zusammenhang von Ressourcen, Verhalten und Selbstbildern in Lebensstilen, in: J. Dangschat und J. Blasius (Hrsg.), *Lebensstile in den Städten*, S. 313-332. Opladen: Leske + Budrich.

McCutcheon, A. L. (1987). *Latent Class Analysis*. Beverly Hills, CA: Sage.

McCutcheon, A. L. (1998). Correspondence Analysis Used Complementary to Latent Class Analysis in Comparative Social Research, in: J. Blasius und M. Greenacre (eds.), *Visualization of Categorical Data*, S. 477-488. San Diego: Academic Press.

Minkowski, H. (1891). Über die positiven quadratischen Formen und über kettenbruchartige Algorithmen, in: *Journal für die reine und angewandte Mathematik, 107*, S. 278-297.

Müller-Schneider, Th. (1994). The Visualization of Structural Change by Means of Correspondence Analysis, in: M. Greenacre und J. Blasius (eds.), *Correspondence Analysis in the Social Sciences. Recent Developments and Applications*, S. 267-279.

Nishisato, S. (1978). Optimal Scaling of Paired Comparison and Rank Order Data: An Alternative to Guttman's Formulation, in: *Psychometrika, 43*, S. 263-271.

Nishisato, S. (1980). *Analysis of Categorical Data: Dual Scaling and its Applications.* Toronto: University of Toronto Press.

Nishisato, S. (1994). *Elements of Dual Scaling: An Introduction to Practical Data Analysis.* Hillsdale, NJ: Lawrence Erlbaum.

Nishisato, S. (1996). Gleaning in the Field of Dual Scaling, in: *Psychometrika, 61*, S. 559-600.

Parson, T. (1971). *The System of Modern Societies*. Englewood Cliffs, NJ.

Pearson, K. (1901). On Lines and Planes of Closest Fit to a System of Points in Space, in: *Philosophical Magazine, 2, 6th Series*, S. 557-572.

Porst, R. (1991). Ausfälle und Verweigerungen bei einer telefonischen Befragung, in: *ZUMA-Nachrichten, Heft 29*, S. 57-69.

Rapoport, R. B. (1985). Like Mother, Like Daughter: International Transmission of DK Response Rates, in: *Public Opinion Quarterly, 49*, S. 198-208.

Renner, I. (1997). Soziale Kohärenz und Innovativität. Struktureffekte zur Akzeptanz neuer Themen in sozialwissenschaftlichen Forschungsfeldern, in: *Kölner Zeitschrift für Soziologie und Sozialpsychologie, 49*, S. 74-97.

Rouanet, H. und B. Le Roux (1993). *L'analyse des données multidimensionelles*. Paris: Dunod.

Rovan, J. (1994). Visualizing Solutions in more than Two Dimensions, in: M. Greenacre und J. Blasius (eds.), in: *Correspondence Analysis in the Social Sciences. Recent Developments and Applications*, S. 267-279. London: Academic Press.

Schenk, M. (1984). *Soziale Netzwerke und Kommunikation*. Tübingen: Mohr.

Scheuch, E. K. (1990). Die Suche nach der Besonderheit der heutigen Deutschen, in: *Kölner Zeitschrift für Soziologie und Sozialpsychologie, 42*, S. 734-752.

Scheuch, E. K., unter Mitarbeit von H. Daheim (1970 [1961]). Sozialprestige und soziale Schichtung, in: D. V. Glass und R. König (Hrsg.), *Soziale Schichtung und Mobilität. Sonderheft 5 der Kölner Gesellschaft für Soziologie und Sozialpsychologie* (4. Aufl. 1970), S. 65-103.

Scheuch, U. (1988). *Rückmeldungen im Kommunikationsprozeß. Dargestellt an der Hörerpost des Deutschlandsfunks*. Köln: Hundt.

Schulze, G. (1992). *Die Erlebnisgesellschaft. Kultursoziologie der Gegenwart*. Frankfurt/ Main: Campus.

Schuman, H. und S. Presser (1981). *Questions and Answers in Attitude Surveys*. New York: Academic Press.

Snelders, H. M. J. J. und M. J. W. Stokmans (1994). Product Perception and Preference in Consumer Decision-making, in: M. Greenacre und J. Blasius (eds.), in: *Correspondence Analysis in the Social Sciences. Recent Developments and Applications*, S. 324-349. London: Academic Press.

Spearman, C. (1904). General Intelligence Objectively Determined and Measured, in: *American Journal of Psychology, 15*, S. 201-293.

Spencer, H. (1862). *First Principles*. New York: Burt.

SPSS (1990). *Categories*. Chicago: SPSS Inc.

Takane, Y. (1998). Visualization in Ideal Point Discriminant Analysis, in: J. Blasius und M. Greenacre (eds.), *Visualization of Categorical Data*, S. 441-459. San Diego: Academic Press.

Tateneni, K. und M. W. Browne (1999). *CorAna. Simple and Joint Correspondence Analysis, Release 2.0, September 1999*. Princeton, NJ und Columbus, OH.

Tateneni, K. und M. W. Browne (2000). A Noniterative Method of Joint Correspondence Analysis, in: *Psychometrika, 65*, S. 157-165.

Thiessen, V. und J. Blasius (1998). Using Multiple Correspondence Analysis to Distinguish between Substantive and Non-Substantive Responses, in: J. Blasius und M. Greenacre (eds.), *Visualization of Categorical Data*, S. 239-252. San Diego: Academic Press.

Thiessen, V. und J. Blasius (2000). Correspondence Analysis of Ratings: An Application of Doubling to Youth's Images of Work, erscheint in: J. Blasius, E. de Leeuw, J. Hox und P. Schmidt (eds.), *Social Science Methodology in the New Millenium. Proceedings of Fifth International Conference on Logic and Methodology, Cologne 3-6 Oct., 2000*. Köln: Zentralarchiv für Empirische Sozialforschung

Thiessen, V., Rohlinger, H. und J. Blasius (1994). The "Significance" of Minor Changes in Panel Data: A Correspondence Analysis of the Devision of Household Tasks, in: M. Greenacre und J. Blasius (eds.), in: *Correspondence Analysis in the Social Sciences. Recent Developments and Applications*, S. 252-266. London: Academic Press.

Van der Ark, L. A. (1999). *Contributions to Latent Budget Analysis. A Tool for the Analysis of Compositional Data*. Leiden: DSWO Press.

Van der Ark, L. A. und P. G. M. van der Heijden (1998). Graphical Display of Latent Budget Analysis and Latent Class Analysis, with Special Reference to Correspondence Analysis, in: J. Blasius und M. Greenacre (eds.), *Visualization of Categorical Data*, S. 489-508. San Diego: Academic Press.

Van der Heijden, P. G. M., de Falguerolles, A. und J. de Leeuw (1989). A Combined Approach to Contingency Table Analysis Using Correspondence Analysis and Loglinear Analysis, in: *Applied Statistics, 38*, S. 249-292.

Van der Heijden, P. G. M. und J. de Leeuw (1985). Correspondence Analysis Used Complementary to Loglinear Analysis, in: *Psychometrika, 50*, S. 429-447.

Van der Heijden, P. G. M. und J. de Leeuw (1989). Correspondence Analysis, with Special Attention to the Analysis of Panel Data and Event History Data, in: C. C. Clogg (ed.), *Sociological Methodology 1989*, S. 43-87. Oxford: Basil Blackwell.

Van der Heijden, P. G. M., Gilula, Z. und L. A. van der Ark (1999). An Extended Study into the Relationship between Correspondence Analysis and Latent Class Analysis, in: M. E. Sobel und M. P. Becker (eds.), *Sociological Methodology 1999*, S. 147-186.

Van der Heijden, P. G. M., Mooijaart, A. und Y. Takane (1994). Correspondence Analysis and Contingency Table Models, in: M. Greenacre und J. Blasius (eds.), *Correspondence Analysis in the Social Sciences. Recent Developments and Applications*, S. 79-111. London: Academic Press.

Van der Heijden, P. G. M. und A. Mooijaart (1995). Some new Log-bilinear Models for the Analysis of Asymmetry in a Square Contingency Table, in: *Sociological Methods and Research, 24*, S. 7-29.

Van der Zouwen, J. (2000). An Assessment of the Difficulty of Questions Used in the ISSP-Questionnaires, the Clarity of their Wording, and the Comparability of the Responses, in: *ZA-Informationen, Heft 46,* S. 96-114.

Van Meter, K. und W. A. Turner (1994). Cognitive Mapping. The German FORRIS Database and Sociological Abstracts' Aids Research, in: H. Best (Hrsg.), *Informations- und Wissensverarbeitung in den Sozialwissenschaften: Beiträge zur Umsetzung neuer Informationstechnologien*, S. 257-274. Opladen: Westdeutscher Verlag.

Van Rijckevorsel, J. (1987). *The Application of Fuzzy Coding and Horseshoes in Multiple Correspondence Analysis*. Leiden: DSWO Press.

Vermunt, J. K. (1997). *Log-Linear Models for Event Histories*. Thousand Oaks, CA: Sage.

Vetter, A. (1997). Political Efficacy: Alte und neue Meßmodelle im Vergleich, in: *Kölner Zeitschrift für Soziologie und Sozialpsychologie, 49*, S. 53-73.

Wille, R. (1982). Restructuring Lattice Theory: An Approach Based on Hierarchies of Concepts, in: I. Rival (ed.), *Ordered Sets*, S. 445-470. Dordrecht-Boston: Reidel.

Wolff, K. E. und S. Gabler (1998). Comparison of Visualizations in Formal Concept Analysis and Correspondence Analysis, in: J. Blasius und M. Greenacre (eds.): *Visualization of Categorical Data*, S. 85-97. San Diego: Academic Press.

Wuggenig, U. (1990). Die Photobefragung als projektives Verfahren, in: *Angewandte Sozialforschung, 16*, S. 109-129.

Wuggenig, U. und P. Mnich (1994). Explorations in Social Spaces: Gender, Age, Class Fractions and Photographical Choices of Objects, in: M. Greenacre und J. Blasius (eds.), *Correspondence Analysis in the Social Sciences. Recent Developments and Applications,* S. 302-323. London: Academic Press.

Zukin, S. (1982). *Loft-Living. Culture and Capital in Urban Change*. Baltimore.

Abkürzungen

$\mathbf{T}^*$ Blockmatrix

$\mathbf{T}$ Burt-Tabelle (Burtmatrix)

$\mathbf{C}_q$ Burt-Tabelle, q-ter Hauptdiagonalblock

$\mathbf{D}_f$ Diagonalmatrix des Fehlerterms

$\mathbf{D}_c$ Diagonalmatrix der Massen der Spalten

$\mathbf{D}_r$ Diagonalmatrix der Massen der Zeilen

$\mathbf{D}_\lambda$ Diagonalmatrix der Trägheitsgewichte (Eigenwerte)

K Dimensionalität der Matrix im vollständigen Raum, Rang

K^* Dimensionalität der Matrix im reduzierten Raum

d Distanz

$g_{jj'}$ Distanz, durchschnittliche zum Schwerpunkt

$d^2_{ii'}$ Distanz, euklidische, zwischen zwei Zeilen

e_k Eigenvektor, k-ter

$\mathbf{B}$ Eigenvektoren, Matrix der

λ_k Eigenwert, k-ter, Trägheitsgewichte der k-ten Achse

$\mathbf{N}$ Eingabedaten, Matrix der

n_{ij} Eingabedaten, Wert der i-ten Zeile und der j-ten Spalte

$\hat{n}_{ij}$ Eingabedaten, erwarteter Wert der i-ten Zeile und der j-ten Spalte

n_{i+} Eingabedaten, Summe der i-ten Zeile

n_{+j} Eingabedaten, Summe der j-ten Spalte

$\mathbf{M}_{sym}$ Eingabedaten, Matrix der, symmetrischer Teil

$m_{sym,ij}$ Eingabedaten, symmetrischer Teil, Element der i-ten Zeile und j-ten Spalte

$\mathbf{M}_{s\text{-}s}$ Eingabedaten, Matrix der, schief-symmetrischer Teil

$m_{s\text{-}s,ij}$ Eingabedaten, schief-symmetrischer Teil, Element der i-ten Zeile und j-ten Spalte

$\mathbf{I}$ Einheitsmatrix

n Fälle, Anzahl der

k Faktoren, Anzahl der

k^* Faktoren, Anzahl der im reduzierten Raum

$\mathbf{L}$ Faktorladungen, Matrix der

$\mathbf{S}$ Faktorwerte, Matrix der

$\mathbf{w}$ Gewichtungsvektor

$\mathbf{G}$ Hauptkoordinaten der Spalten, Matrix der

g_{jk} Hauptkoordinaten, Element der

	j-ten Spalte auf dem *k*-ten Faktor
$\tilde{g}_{jk}$	Hauptkoordinaten, Element der *j*-ten Spalte auf dem *k*-ten Faktor, reskaliert nach Benzécri
$g_{H,jk}$	Hauptkoordinaten der Indikatormatrix, Element der *j*-ten Spalte auf dem *k*-ten Faktor
$g_{T,jk}$	Hauptkoordinaten der Burt-Tabelle, Element der *j*-ten Spalte auf dem *k*-ten Faktor
$\mathbf{F}$	Hauptkoordinaten der Zeilen, Matrix der
f_{ik}	Hauptkoordinaten, Element der *i*-ten Zeile auf dem *k*-ten Faktor
i	Indexnummer der Zeilen
j	Indexnummer der Spalten
k	Indexnummer der Faktoren
$\mathbf{H}$	Indikatormatrix
$\mathbf{R}$	Korrelationsmatrix
$\mathbf{P}$	Korrespondenzmatrix
p_{ij}	Korrespondenzmatrix, Element der *i*-ten Zeile und der *j*-ten Spalte
$\mathbf{Q}_{sym}$	Korrespondenzmatrix, symmetrischer Teil
$\mathbf{Q}_{s\text{-}s}$	Korrespondenzmatrix, schiefsymmetrischer Teil
u	loglineare Modelle, Parameter
c_j	Masse der *j*-ten Spalte
$c_{jj'}$	Massen, Summe von zwei Spalten
r_i	Masse der *i*-ten Zeile
$\mathbf{A}^{-1}$	Matrix **A**, Inverse von
$tr(\mathbf{A})$	Matrix **A**, Spur von
$\mathbf{A}^T$	Matrix **A**, transponiert
$\mathbf{c}_j$	Profilvektor der *j*-ten Spalte
$\mathbf{c}_j^*$	Profilvektor der *j*-ten Spalte, gewichtet
$\mathbf{r}_i$	Profilvektor der *i*-ten Zeile
$\mathbf{r}_i^*$	Profilvektor der *i*-ten Zeile, gewichtet
$\mathbf{c}$	Schwerpunkt der Spalten
$\mathbf{c}^*$	Schwerpunkt der Spalten, gewichtet
$\mathbf{r}$	Schwerpunkt der Zeilen
$\mathbf{r}^*$	Schwerpunkt der Zeilen, gewichtet
$\mathbf{U}$	singulareVektoren, linke, Matrix der
$\mathbf{V}$	singulare Vektoren, rechte, Matrix der
γ_k	singularer Wert, *k*-ter
Γ	singulare Werte, Matrix der
J	Spalten, Anzahl der
$\mathbf{A}$	standardisierte Residuen, Matrix der
$\mathbf{A}_T$	standardisierte Residuen, Burtmatrix der
a_{ij}	standardisierte Residue, Wert der *i*-ten Zeile und der *j*-ten Spalte
$\mathbf{Y}$	Standardkoordinaten der Spalten, Matrix der
y_{jk}	Standardkoordinaten, Element der *j*-ten Spalte auf dem *k*-ten Faktor
$\mathbf{X}$	Standardkoordinaten der Zeilen, Matrix der
x_{ik}	Standardkoordinaten, Element der *i*-ten Zeile auf dem *k*-ten Faktor
$i_{a,ik}$	Trägheitsgewicht, absolut, Element der *i*-ten Zeile auf der *k*-ten Achse
λ_T	Trägheitsgewicht, gesamt, der Burtmatrix
Λ	Trägheitsgewichte, Matrix der

$\tilde{\lambda}$ Trägheitsgewicht, reskaliert nach Benzécri
λ_T Trägheitsgewicht der Burt-Tabelle
λ_G Trägheitsgewichte, Summe der Gesamtträgheitsgewicht
$\mathbf{I}_r$ Trägheitsgewicht, relativ Matrix der
$i_{r,ik}$ Trägheitsgewichte, relativ, Element der *i*-ten Zeile auf der *k*-ten Achse
$\mathbf{I}_a$ Trägheitsgewicht, absolut Matrix der
$i_{a,i+}$ Trägheitsgewicht, absolut, gesamt, der *i*-ten Zeile
$i_{r,i+}$ Trägheitsgewicht, relativ, gesamte Modell, der *i*-ten Zeile
i_z Trägheitsgewicht, zwischen den Spaltenprofilen
Q Variablen, Anzahl der
m Variablenausprägungen, Anzahl der
I Zeilen, Anzahl der
z z-standardisierte Werte
$\mathbf{Z}$ z-standardisierte Werte, Matrix der

Index

www.ingramcontent.com/pod-product-compliance
Lightning Source LLC
LaVergne TN
LVHW080744300926
849162LV00008BA/1743
* 9 7 8 3 4 8 6 2 5 7 3 0 4 *